La conversion des actes juridiques

Logiques Juridiques

Fondée par Gérard Marcou
Dirigée par Jean-Claude Némery et Thomas Perroud

Le droit n'est pas seulement un savoir, il est d'abord un ensemble de rapports et pratiques que l'on rencontre dans presque toutes les formes de sociétés. C'est pourquoi il a toujours donné lieu à la fois à une littérature de juristes professionnels, produisant le savoir juridique, et à une littérature sur le droit, produite par des philosophes, des sociologues ou des économistes notamment.

Parce que le domaine du droit s'étend sans cesse et rend de plus en plus souvent nécessaire le recours au savoir juridique spécialisé, même dans des matières où il n'avait jadis qu'une importance secondaire, les ouvrages juridiques à caractère professionnel ou pédagogique dominent l'édition, et ils tendent à réduire la recherche en droit à sa seule dimension positive. À l'inverse de cette tendance, la collection « Logiques juridiques » des éditions L'Harmattan est ouverte à toutes les approches du droit. Tout en publiant aussi des ouvrages à vocation professionnelle ou pédagogique, elle se fixe avant tout pour but de contribuer à la publication et à la diffusion des recherches en droit, ainsi qu'au dialogue scientifique sur le droit. Comme son nom l'indique, elle se veut plurielle.

Dernières parutions

Gabriel ECKERT et Jean-Philippe KOVAR, *La régulation économique et financière face aux défis de l'information,* 2018.
Adil MOUSSEBBIH, *Le contentieux électoral dans la jurisprudence du Conseil constitutionnel marocain, Étude comparative*, 2018.
CLUB MARC BLOCH, *Citoyen !*, 2018.
Lamine TIRERA, *L'État stratège*, 2018.
Léa CASTELLON, *La place de la victime dans le procès pénal,* 2018.
Soror BAHBOUHI, *Le conflit d'intérêts du banquier*, 2018.
Tenile MASCOLO GIL, *Les droits de l'homme dans le Mercosur,* 2018.
Mohammed BERRAOU, *La responsabilité des acteurs de la gestion publique devant la Cour des comptes. Le modèle marocain*, 2017.
Eric GILARDEAU, *Cicéron, père de la codification du droit civil*, 2017.
Daphne AKOUMIANAKI, *Les rapports entre l'ordre juridique constitutionnel et les ordres juridiques européens. Analyse à partir du droit constitutionnel grec*, 2016.
Boris BARRAUD, *La Recherche juridique. Sciences et pensées du droit*, 2016.

Hafedh BOUAZIZ

La conversion des actes juridiques

Préface d'Olivier Gout
Avant-propos de Sami Jerbi

L'Harmattan

بسم الله الرحمن الرحيم

5-7, rue de l'Ecole-Polytechnique, 75005 Paris

www.editions-harmattan.fr

ISBN : 978-2-343-15031-4
EAN : 9782343150314

DÉDICACE

À ma mère, à mon père, pour tous les sacrifices consentis,
À mon épouse, pour sa patience,
À mes deux petits anges, que Dieu le tout puissant les garde.

PRÉFACE

Olivier Gout,
Professeur à l'Université Jean Moulin- Lyon 3
Directeur du Centre de droit de la responsabilité et des assurances

Il m'est tout particulièrement agréable de présenter la thèse de M. Bouaziz que les éditions l'Harmattan lui font l'honneur de publier.

Ce travail est en effet le fruit d'une collaboration fructueuse entre deux Universités, celle de Sfax en Tunisie et celle de Lyon 3 en France puisqu'il a été mené dans le cadre d'une convention de cotutelle. Mais ce travail c'est avant tout celui de Monsieur Bouaziz qui l'a mené d'une manière remarquable.

La conversion par réduction des actes juridiques n'est pas familière à tous les juristes français. Pour cette raison, on rappellera qu'elle appartient à la catégorie des techniques qui permettent de maintenir un acte juridique tombant sous le coup de la nullité à condition de trouver une nouvelle qualification juridique permettant d'abriter l'acte initialement vicié. C'est en général le juge qui, en s'appuyant sur la finalité économique de l'acte, va trouver les ressources nécessaires pour justifier le passage de la forme initiale à la forme secondaire. Notons toutefois qu'un texte, relevant du domaine des effets de commerce, la consacre explicitement. En effet, lorsqu'une lettre de change est irrégulière, faute de satisfaire aux mentions obligatoires requises, l'article L 511-1 II du Code de commerce dispose, dans une formule révélatrice, que « *le titre dans lequel l'une des énonciations indiquées au I fait défaut ne vaut pas comme lettre de change…* ». Ce texte annonce ainsi une récupération possible de l'acte vicié qui pourra s'analyser subsidiairement comme un billet à ordre ou une reconnaissance de dette. En dehors de ce cadre elle est néanmoins très rarement utilisée par les juridictions françaises pour sauver un acte juridique de l'annulation. Pourtant elle avait fait l'objet de travaux remarqués au début du 20ème siècle en France (v. notamment par ex. X. Perrin, *De la conversion par réduction des actes et des personnes juridiques,* Th. Dijon, 1911 ; J. Piédelièvre, *Des effets produits par les actes nuls*, thèse Paris, 1911, p. 116 à 137).

Mais depuis elle se fait discrète en France et si les ouvrages actuels de droit des obligations y font parfois référence, ce n'est le plus souvent que pour l'évoquer sans vraiment l'analyser. Il est possible de le regretter car elle offre une vraie sanction alternative à la nullité, un remède à l'invalidité de l'acte, et permet de le maintenir un acte lorsque cela est préférable après l'avoir quelque peu transformé. Elle compose ainsi avec les besoins de sécurité de notre temps et, à l'instar de la nullité partielle et de la réfaction, elle pourrait ainsi venir compléter la panoplie d'outils alternatifs à l'anéantissement intégral d'un contrat vicié. Il est donc possible de regretter que la réforme du droit des contrat issue à la fois de l'ordonnance n° 2016-131 du 10 février 2016 portant réforme du droit des contrats, du régime général et de la preuve des obligations et de la loi de ratification n° 2018-287 du 20 avril 2018 ne la consacre pas explicitement et généralement. Mais on peut toujours espérer que les parties développent le réflexe d'y recourir davantage ou que le juge tente d'en tirer toutes les virtualités.

De surcroît, lorsqu'on sort des frontières françaises, on y apprend notamment que le droit allemand la reconnait dans l'article 140 du BGB en disposant que « si un acte juridique nul répond aux conditions requises pour un autre acte juridique, ce dernier produira effet lorsqu'il y a lieu d'admettre que sa mise en œuvre aurait été voulue si la nullité avait été connue ». En droit Tunisien aussi elle est bien connue et visée par l'article 328 du COC disposant que « l'obligation qui est nulle comme telle, mais qui a les conditions de validité d'une autre obligation légitime, doit être régie par les règles établies pour cette obligation ».

Et voici qu'un auteur, Monsieur Bouaziz, décide de militer pour son développement, estimant que la conversion est un sujet riche de potentialités, se prêtant à l'ébauche d'une théorie générale. Il entend en effet lui donner un nouveau souffle afin qu'elle joue un rôle plus conséquent dans l'avenir.

Pour y parvenir Monsieur Bouaziz entend d'abord mieux cerner cette notion parfois difficilement accessible mais aussi proposer un régime juridique permettant de la rendre plus effective. Au titre de la construction de la conversion, il est ainsi proposé une double évolution : une extension de son domaine (à l'inexécution et à la caducité notamment, ce qui est très novateur par rapport aux définitions et utilisations actuelles et fait l'une des originalités de ce travail) et une restriction de son fondement (purement objectif plutôt que subjectif comme trop souvent à l'heure actuelle). Il suggère de surcroît d'inciter le juge à y recourir plus fréquemment, son office le lui permettant, tout comme l'évolution des principes directeurs du droit des contrats et de la procédure civile.

L'objectif qu'il s'est donné tout au long de sa réflexion a été d'élargir le domaine de la conversion par réduction, parce que convaincu de son intérêt, sans menacer toutefois sa cohérence.

Mais nous n'en dirons pas plus sur le contenu de cette thèse qu'il appartiendra au lecteur de découvrir. Nous soulignerons simplement que l'étude est audacieuse, pleine de promesses et révèle une incontestable habileté technique au service d'une théorie générale embrassant aspects substantiels et processuels. Loin de se contenter de remettre à jour une notion ancienne, M. Bouaziz, suggère une véritable reconstruction du dispositif pour lui donner une force de frappe digne de ce nom au sein des différents outils du droit des contrats et des actes juridiques.

De surcroît il est important de préciser, pour se convaincre de la qualité des travaux ici présentés, qu'il a été souligné lors de la soutenance que Monsieur BOUAZIZ propose, dans un style clair et élégant, une véritable thèse qui marquera à n'en pas douter les recherches portant sur le mécanisme de la conversion aussi bien en droit tunisien qu'en droit français et plus largement encore. Cette étude deviendra en effet incontournable pour tous ceux qui entendront réfléchir sur un thème qui n'avait pas été suffisamment exploré jusqu'alors.

C'est d'ailleurs tout ce que l'on peut souhaiter à un nouvel enseignant-chercheur : voir ses travaux reconnus par ses pairs, participer à l'enrichissement de la connaissance, nourrir le débat et inspirer de nouvelles réflexions.

Nous ne doutons pas qu'il en sera ainsi s'agissant de la thèse de Monsieur Bouaziz.

AVANT-PROPOS

Sami Jerbi

Professeur à la Faculté de droit de Sfax, Université de Sfax
Directeur de l'UR Obligations et arbitrage.

L'édition l'Harmattan a pris l'heureuse initiative de publier la thèse de M. Hafedh Bouaziz.

Le thème de la conversion remonte le temps. Le premier correspond à celui des sources matérielles du Code tunisien des obligations et des contrats. Les systèmes musulmans, et germaniques ont amené cette théorie, consacrée dans l'article 328 COC, similaire à son homologue 140 du BGB. Ce n'est pas sans se demander pourquoi le Code civil français, qui a irrigué de sa sève ces sources, n'a pas été sur cette question un abreuvoir des travaux préparatoires du COC. Et de constater que l'absence de référence à la conversion, a continué même dans la dernière réforme du droit du contrat français.

Mais cette omission au niveau des textes n'a pas empêché, bien au contraire, de se référer au droit français, afin d'analyser cette notion, à travers une jurisprudence constructive, qui a su, à travers quelques applications « réanimer » un acte nul, en le classant dans « un centre d'accueil » juridique, par la technique de la qualification, notamment dans les contrats formels. La doctrine française a été également favorable à la conversion, en systématisant ces applications jurisprudentielles, et par une contribution féconde aux débats.

La sanction de la nullité est destinée « à assurer l'efficacité de la règle juridique, sans être donc un état de l'acte ». Elle doit être restreinte à ce qui est strictement nécessaire « à la suppression de l'illégalité ». Simler a souligné que la conversion par réduction « est à la théorie de la nullité sur le plan qualitatif ce que la notion de la nullité partielle est au plan quantitatif ». Sans rester aux limites des sanctions de la nullité partielle, de la clause réputée non écrite, ou de l'usage « des paires de ciseaux », pour amputer la partie maligne d'un acte et laisser subsister sa substance saine, la conversion enrichit la panoplie des sanctions de l'acte juridique. La thèse a procédé à sa conceptualisation théorique, pour lui donner une place sur le piédestal des sanctions de l'acte juridique. Tout en marquant son autonomie par rapport aux autres notions telles que la réfection, la caducité. Le remodelage par la qualification des reliques d'un acte juridique, permet de le configurer sous un autre régime.

La terre n'est pas neuve. Mais elle est laissée en jachère. L'auteur y met de nouvelles semences. Les premières marquent un plaidoyer pour une approche objective, adepte de la finalité économique du contrat, et forte de la lettre de l'article 328 COC et de ses sources d'inspiration. Elle se démarque de l'opinion subjective, qui voit dans l'acte mineur, un substitut à l'acte majeur, voulu par la volonté des parties.

Les secondes sont plus audacieuses et plus fertilisantes. Au-delà de la nullité, la conversion est une sanction à la vertu salvatrice, puisque l'auteur l'étend aussi à l'acte juridique anéanti par la résolution ou la caducité, et peaufine ainsi la construction théorique et technique de cette sanction.

Etant un acte juridictionnel, il entoure sa mise en application par des jalons procéduraux et fondamentaux qui canalisent le pouvoir du juge. L'alliage entre une vision utile du contrat, et la rationalisation de ce pouvoir, pour éviter des dérives arbitraires achèvent les dernières pierres, que l'auteur pose dans l'édifice de la théorie de la conversion.

Le deuxième temps retrouvé correspond à l'actualité de cette théorie dans les mouvements de codification. Connue des droits italiens, allemands, et suisses, l'espoir de voir l'article 1143 du projet de la réforme du droit français du contrat, ne serait ce que dans un souci d'une harmonisation avec les principes européens des contrats, s'est évanoui. Car la codification du Code tunisien des obligations et des contrats n'est pas, grâce à la richesse de ses sources matérielles, sans rappeler l'esprit de la commission Lando. Le rapprochement des solutions substantielles entre des systèmes différents, répondra, selon certains, aux objectifs du droit comparé.

Ces ingrédients de départ ont alimenté dans la thèse une démonstration profonde de l'intérêt de cette notion, mais surtout une définition de son régime, jusque là resté inachevé dans la doctrine. Soutenue devant un jury tuniso français, les membres ont été unanimes pour dire qu'elle remplit tout ce que l'on attendait d'une thèse, et qu'elle constitue une référence incontournable pour les chercheurs. La place qu'elle donne au droit comparé conforte la contribution scientifique qu'elle apporte à la science juridique, au droit comparé, et aux systèmes tunisien et français.

M. Hafedh Bouaziz l'a préparée dans un cadre de cotutelle entre l'Université de Sfax et de Lyon3, signe d'une collaboration louable, et d'une conquête cette fois de l'espace méditerranéen. Rédigée dans un style élégant et démonstratif, elle augure de la capacité scientifique de son auteur à conquérir une place prestigieuse dans la carrière universitaire.

LISTE DES PRINCIPALES ABRÉVIATIONS

Adde	: Ajouter
Al.	: Alinéa
AJDA	: L'Actualité Juridique du Droit Administratif
AJT	: Actualités Juridiques Tunisiennes
A.P.D.	: Archives de Philosophie de Droit
Art.	: Article
Ass.	: Assemblée
BCC	: Bulletin de la Cour de cassation
Bibl. dr. privé	: Bibliothèque de droit privé
Bull. civ.	: Bulletin civil de la Cour de cassation
BGB	: Bürgerliches Gesetzbuch (Code civil allemand)
Cass.	: Cassation
Cass. civ.	: Cassation civile
Cass. com.	: Cassation commerciale
CA	: Cour d'appel
C.Com.	: Code de Commerce
CCF	: Code Civil Français
CCI	: Code civil italien
CCM	: Code de Commerce Maritime
CDIP	: Code de droit international privé
CDR	: Code des Droits Réels
C. trav.	: Code du travail
concl.	: Conclusions
Cf.	: Comparer avec
CE	: Conseil d'État
CEJJ	: Centre des Études Juridiques et Judiciaires
CERP	: Centre d'Études, de Recherches et de Publications
Ch. réun.	: Chambres Réunies
Chron.	: Chronique
COC	: Code des Obligations et des Contrats
Coll.	: Collection
Concl.	: Conclusions
Contra	: Solution contraire
CPCC	: Code de Procédure Civile et Commerciale
CPU	: Centre de Publication Universitaire
CSC	: Code des Sociétés Commerciales
CSP	: Code du Statut Personnel

D.	: Recueil Dalloz
DEA	: Diplôme d'Etudes Approfondies
D.S.	: Recueil Dalloz Sirey
D.H.	: Recueil Dalloz Hebdomadaire
D.P.	: Revue Dalloz Périodique
Dr et patr.	: Revue Droit et Patrimoine
Éd.	: Édition
Éd. G.	: Édition générale
Ex.	: Exemple
Fasc.	: Fascicule
FDSPT	: Faculté de Droit et des Sciences Politiques de Tunis
Gaz. Pal.	: Gazette du Palais
Ibid.	: *Ibidem* = Au même endroit
In	: Dans
In fine	: À la fin
Infra.	: Ci-dessous
IORT	: Imprimerie Officielle de la République Tunisienne
IR	: Informations Rapides
J.	: Jurisprudence
JCP éd. CI	: Juris-Classeur Périodique, édition Commerce et Industrie
JCP éd. E	: Juris-Classeur Périodique, édition Entreprise
JCP éd.G	: Juris-Classeur Périodique, édition Générale
JCP éd. N	: Juris-Classeur Périodique, édition Notariale
JORT	: Journal Officiel de la République Tunisienne
J.-Cl. Civ.	: Juris-Classeur civil
LGDJ	: Librairie Générale de Droit et de Jurisprudence
LPA	: Les Petites Affiches
Loc.cit.	: *Loco citato* = À l'endroit précité
N°	: Numéro
Obs.	: Observations
Op.cit.	: *Operecitato* = dans l'ouvrage précité
P.	: Page
PP.	: Pages
Pan.	: Panorama
Plén.	: Plénière
Préc.	: Précité(e)(s)
Préf.	: Préface
PUAM	: Presses Universitaires d'Aix-Marseille
PUF	: Presses Universitaires de France
RCJB	: Revue Critique de Jurisprudence Belge
Rev. Crit. Lég. Jur.	: Revue Critique de Législation et de Jurisprudence
Rep. Defrénois	: Répertoire du Notariat Defrénois
Rép. proc. civ.	: Répertoire de Procédure Civile Dalloz
Req.	: Requête
RDC	: Revue des Contrats
Rev. dr. publ.	: Revue du droit public
RIDC	: Revue Internationale de Droit Comparé
RIEJ	: Revue interdisciplinaire d'études juridiques
RJL	: Revue de Jurisprudence et de Législation

RRJ	: Revue de la Recherche Juridique, droit prospectif
Rev. Soc.	: Revue des sociétés
RTD	: Revue Tunisienne de Droit
RTD civ.	: Revue Trimestrielle de Droit civil
RTD com.	: Revue Trimestrielle de Droit commercial
S.	: Sirey
s.	: Suivantes
Somm.	: Sommaire
Spéc.	: Spécialement
Supra	: Ci-dessus
T.	: Tome
TGI	: Tribunal de Grande Instance
Th.	: Thèse
TPI	: Tribunal de Première Instance
V.	: Voir
Vol.	: Volume

ص	: صفحة
أ. ق. ت	: مجلة الأحداث القانونية التونسية
م. إ. ع.	: مجلة الالتزامات والعقود
م. ت. ق.	: المجلة القانونية التونسية
م. ق. ت.	: مجلة القضاء والتشريع
ج	: جزء

SOMMAIRE

INTRODUCTION 21

PREMIÈRE PARTIE
LA REDÉFINITION DE LA NOTION DE CONVERSION 53

TITRE I
LA DUALITÉ FONCTIONNELLE DE LA CONVERSION 55

CHAPITRE I
LA CONVERSION SURVENANT POUR VICES ORIGINAIRES 57

CHAPITRE II
LA CONVERSION POUR UNE CAUSE SURVENANT *A POSTERIORI* 143

TITRE II
L'UNITÉ CONCEPTUELLE DE LA CONVERSION 171

CHAPITRE I
L'UNITÉ DE L'OPERATION DE CONVERSION 175

CHAPITRE II
L'UNITÉ DU FONDEMENT DE LA CONVERSION 243

CONCLUSION DE LA PREMIÈRE PARTIE 293

DEUXIÈME PARTIE
LA RÉNOVATION DU RÉGIME DE LA CONVERSION 295

TITRE I
LA RÉNOVATION DU RÉGIME SUBSTANTIEL DE LA CONVERSION 297

CHAPITRE I
LA RÉNOVATION DU RÉGIME LÉGAL 299

CHAPITRE II
LA RÉNOVATION SOUHAITABLE DU RÉGIME
D'INTERVENTION DU JUGE 321

TITRE II
LA RÉNOVATION DU RÉGIME PROCESSUEL DE LA CONVERSION 391

CHAPITRE I
LA RÉNOVATION DU RÉGIME APPLICABLE A L'EXERCICE
DE LA CONVERSION 393

CHAPITRE II
LA RÉNOVATION DU RÉGIME APPLICABLE
À LA DÉCISION DE CONVERSION 415

CONCLUSION DE LA DEUXIÈME PARTIE 435

CONCLUSION GÉNÉRALE 437

ANNEXES 441

BIBLIOGRAPHIE EN LANGUE FRANÇAISE 461

BIBLIOGRAPHIE EN LANGUE ARABE 489

TABLE DES MATIÈRES 513

INTRODUCTION

> *« Le juge fait bien souvent le contrat à la place des parties, le procès devenant à de nombreux égard, le lieu ou le temps où s'exécute, se fait et se défait le contrat... »*[1]
>
> L. CADIET

1. Le titre de notre thèse peut surprendre le lecteur, même juriste. Cela s'explique par le fait que l'institution que nous nous proposons d'étudier est peu connue dans notre droit. Il est de même surprenant de constater que nombre de mécanismes juridiques importants restent, encore aujourd'hui, mal connus. Un tel constat est d'autant plus justifié que la conversion ne semble jamais avoir fait l'objet d'une étude approfondie en droit tunisien et les indexes alphabétiques de la plupart des ouvrages de droit civil ne comportent même pas le mot ! Les rares auteurs tunisiens qui ont traité la notion relèvent d'ailleurs que la conversion est négligée, voire ignorée par la doctrine, non invoquée par les justiciables et partant très rarement appliquée par les tribunaux[2]. Cette constatation mérite qu'on s'arrête sur cette notion peu connue et inexploitée pour en faire une étude approfondie, à condition toutefois qu'elle recèle effectivement quelques originalités et que son étude présente une certaine utilité. Si ces deux propositions-originalité de la notion et utilité de son étude- s'avèrent exactes au terme de cette introduction, elles constitueront une justification certaine de notre entreprise.

2. Qu'entend-on exactement par conversion par réduction ? L'expression « *conversion* » exprime le changement, le passage d'une situation à une autre situation[3]. Cela se vérifie aussi à la vue de l'étymologie du mot « conversion », qui procède du latin *Conversio*, signifiant « *l'acte de*

---

[1] L. CADIET, « *Les jeux du contrat et du procès : esquisse, philosophie du droit et droit économique* », *in* Mélanges en l'honneur de G. FARJAT, éd. Frison-Roche, 1999, n° 32, p. 42.

[2] N. BESROUR, Sanction des règles de formation du contrat et maintien du rapport contractuel, thèse de doctorat, Faculté de droit et des sciences politiques de Tunis, 2001, n° 304, p. 461.

[3] A. COURET, « *La notion juridique de conversion* », *in* Mélanges offerts à M. P. Vigreux, t.1, Coll. travaux et recherches de l'I.P.A.-I.A.E. de Toulouse, 1981, n°1, p. 221.

tourner, de changer »[4]. Le terme de « *conversion* » évoque généralement une notion appartenant au domaine religieux : elle est selon le Petit Larousse le fait d'abandonner une religion pour en embrasser une autre, passage de l'incroyance à la foi[5]. A côté cependant de cette signification première et dominante, il en est d'autres qui sont également retenues dans les domaines d'économie[6], de change[7], de sport[8], de l'art militaire[9] et de l'état de la personne[10].

3. Le droit appréhende aussi la notion de conversion. Différentes définitions ont pu être données à cette notion. Le Dictionnaire *Vocabulaire juridique* de l'Association Henri Capitant publié sous la direction du Doyen Gérard Cornu, définit la conversion comme « *le nom donné à un procédé intellectuel de revalorisation des actes nuls, qui consiste à faire sortir d'un acte juridique nul un autre acte juridique valable auquel le premier peut être ramené (réduit), c'est-à-dire à sauver l'acte inclus de la nullité en lui donnant effet, si ses effets correspondent bien à l'intention des parties et si ses conditions de validité se trouvent réunies...* »[11]. Un auteur allemand du siècle passé, Roemer[12], a défini la conversion en ces termes : « *Si l'acte juridique dont la formation est envisagée par les parties se trouve nul en*

---

[4] J. BOUFFARTIGUE, A.-M. DELRIEU, Etymologies du français. Les racines latines, *Encyclopedia Britannica*, Berlin, 1996, V° Conversion, cité par P. LIPINSKI, « *La conversion des actes juridiques* », R.R.J., étude prospectif, 2002-3, n°2, p. 1167.

[5] Le petit Larousse illustré, sous la dir. de I. JEUGE-MAYNARD, Paris, L.G.D.J. 2015, V. Conversion 1°.

[6] « *Adaptation (d'une personne, d'une entreprise) à une nouvelle activité économique par la suite de suppression ou de la disparition de l'ancienne, ou en raison des modifications de l'environnement* » (J. REY-DEBOVE et A. REY (sous la dir.), Le nouveau petit Robert : dictionnaire alphabétique et analogique de la langue française, Paris, Le Robert 2009, V. Conversion.

[7] La conversion désigne une « *opération monétaire qui, réalisant pour une valeur équivalente un changement d'unité de compte ou d'instrument de paiement, peut avoir plus spécialement pour objet soit de substituer un instrument monétaire à un autre dans la même monnaie (conversion de francs billets en francs pièces) ou unité monétaire à une autre (conversion de francs en dollars, ou au sein de l'Union européenne, conversion d'une unité monétaire nationale en euro ou inversement), soit de changer une monnaie contre de l'or* » (conversion en or) (G. CORNU, *Vocabulaire juridique*, P.U.F., Quadrige, 11e éd., 2016, V° Conversion 1°).

[8] « *Demi tour effectué sur place, à skis* » (J. REY-DEBOVE et A. REY (sous la dir.), Le nouveau petit Robert, préc., V. Conversion 2°.

[9] Le terme conversion signifie en domine militaire, « *l'évolution tactique qui amène une armée à changer la direction de son front* ». Le petit Larousse illustré, sous la dir. de I. JEUGE-MAYNARD, Paris, L.G.D.J. 2015, V. Conversion 3°.

[10] La conversion désigne en ce domaine le changement d'une personne, de sexe masculin au sexe féminin, V. notamment Cour d'appel de Tunis, n° 10298 du 22 déc. 1993, R.T.D. 1995 note, R. JLASSI-JEBLI (en arabe).

[11] G. CORNU, *Vocabulaire juridique, préc.*, V° Conversion par réduction d'un acte nul.

[12] *Zur Lehre der Conversion der Rechtsgechxfte überhaupt und ihrer besonderen Anwendung aüf das Wechselversprechen, dans Archiv fur civilislosche Praxis*, année 1853 (vol. 36), pp. 66 à 94, cité par X. PERRIN, La conversion par réduction des actes et des personns juridiques, Essai d'une théorie en droit français, th. Dijon, 1911 n°1, p. 2 et s., note 4.

raison du manque d'un élément, il peut se faire qu'il contienne en soi tous les éléments d'un autre acte, et que cet autre acte puisse valoir ». Mohamed ZINE définit la conversion comme étant « *le changement de la qualification d'un contrat, en vue de lui faire produire ses effets, en dépit de la nullité qui l'a entaché lorsqu'il a été sous sa qualification originelle* »[13]. L'auteur suisse Olivier Cornaz la définit comme « *la substitution à un acte nul d'un acte valable tiré des éléments de l'acte nul* »[14]. René JAPIOT, enfin, qualifie la conversion comme « *l'opération qui consiste, lorsqu'un acte juridique, tel qu'il a été passé en fait par les parties, est inefficace, mais renferme les éléments nécessaires à la formation d'un acte valable, à tirer de cet acte nul un acte nouveau qui réponde au but économique que les parties avaient en vue* »[15].

4. Afin de bien appréhender le mécanisme ou le processus de la conversion par réduction, il semble opportun de dresser les deux phases du raisonnement tenu par le juge dans le cadre de cette opération. Dans un premier temps, le magistrat est appelé à détruire l'acte nul, dont les éléments gisent désormais épars, sans liens entre eux, sans force de cohésion[16]. Il est question de savoir, dans un second temps, si l'on ne peut pas en attribuant aux débris épars une qualification nouvelle, faire produire un certain effet aux volontés[17]. Un auteur relève que « *si l'édifice est détruit, il reste encore des matériaux utilisables* »[18]. Le juge interviendra alors pour les réunir et leur redonner la vitalité que la nullité leur avait enlevée[19]. L'acte nouveau est dès lors édifié avec les « *restes* »[20] ou les « *débris* »[21] du premier. L'office du juge paraît incontournable, décliné dans une double fonction de destruction de l'acte initial et de reconstruction d'un acte nouveau[22].

---

[13] V. Mohamed ZINE
محمد الزين، النظرية العامة للالتزام، 1- العقد، طبعة 2، تونس 1997، عدد 314، ص 248.
" تحول العقد هو عبارة عن تغيير في وصف العقد من شأنه أن يرتب له جميع آثاره بالرغم من البطلان الذي لحقه عندما كان على وصفه الأصلي".

[14] O. CORNAZ, La conversion des actes juridiques, th. Lausanne 1937, p. 13 ; *Cf.* Ph. SIMLER qui définit la conversion comme « le phénomène juridique grâce auquel un acte nul, remplissant cependant les conditions requises pour un autre acte, ayant un résultat semblable et conforme au but envisagé par les parties, sera valable dans cette mesure » (Ph. SIMLER, La nullité partielle des actes juridiques, préf. A. WEIL, Paris, L.G.D.J., 1969, n°13, p. 13).

[15] R. JAPIOT, Des nullités en matière d'actes juridiques. Essai d'une théorie d'ensemble, th. Dijon, 1909, p. 672, note1 ; *Cf.* WINDSCHEID, *Lehrbuch des pandektenrechts*, tome1, 9e éd., 1906, §82, pp. 430 et 431, cité par R. JAPIOT, th. préc., p. 672, note1.

[16] X. PERRIN th. préc., n° 61, p. 82.

[17] *Ibid.- Adde* O. GOUT, Le juge et l'annulation du contrat, P.U.A.M., 1999, préf. P. ANCEL, n° 718, p. 488 ; F. TERRE, L'influence de la volonté individuelle sur les qualifications, préf. R. Le Balle, L.G.D.J. 1957, n° 524, p. 421.

[18] A. PIEDELIEVRE, « Quelques réflexions sur la maxime « *Quod nullim et nullim producit effectum* », *in* Mélanges offerts à Monsieur le Professeur P. VOIRIN, L.G.D.J., 1966, p. 645.

[19] X. PERRIN, th. préc., n° 61, p. 82.

[20] P. LIPINSKI, art. préc., n° 28, p. 234.

[21] N. LAURENT-BONNE, « *La conversion par réduction du testament authentique défectueux* », note sous cass. civ., 12 juin 2014, D. 2014, p. 1747 et s.

[22] P. LIPINSKI, art. préc., n° 28, p. 234.

5. Les caractères de la conversion qui forment par leur réunion un *criterium* permettant de déterminer nettement les limites de notre institution, semblent maintenant bien définis. Le caractère essentiel de la conversion consiste d'abord dans la diminution ou la réduction des éléments de l'acte originaire. L'institution est d'ailleurs qualifiée par la doctrine de *conversion par réduction*[23]. L'expression a été proposée en considération de l'effet principal de cette technique : la diminution des éléments du premier acte. La conversion emporte, ensuite, deuxième caractère, passage d'une forme majeure à une forme mineure[24]. Il y a toujours entre les deux formes un rapport de complexité décroissant, la première nécessitant plus d'éléments que la seconde et n'ayant pu, pour cette raison, être créée ou subsister, alors que celle-ci trouvait tout ce qui était utile pour sa vie[25]. La conversion se caractérise, enfin, par son aspect objectif dans la mesure où elle opère sans même avoir été prévue par les parties[26]. Elle trouve sa source dans la volonté de la loi ou du juge[27]. Les parties, en effet, n'auront pas su d'ordinaire que leur acte était nul, et qu'elles ne pouvaient pas par conséquent prévoir l'acte second, même subsidiairement[28]. On ne pense pas qu'il y ait lieu dès lors de se préoccuper d'une conversion par réduction subjective ou volontaire[29].

6. La conversion opère d'un côté par réduction et d'un autre côté par substitution d'actes ou de formes juridiques. En nous appuyant sur ces deux caractères, il est facile de la distinguer des institutions connues pour que son autonomie conceptuelle soit reconnue. La conversion provoque, d'abord, un changement de qualification. Cependant, le changement de la nature du contrat ne résulte pas toujours d'une conversion, de même que tout changement de qualification n'est pas toujours une conversion. La conversion doit donc être distinguée de certains mécanismes imposés par la loi ou par le juge conduisant à des résultats assez proches. Il importe de les distinguer, car des confusions entre ces institutions ont parfois lieu en doctrine et en jurisprudence.

7. Une première confusion doit être évitée : celle qui consiste à assimiler la conversion à la **novation** du contrat[30]. La conversion, comme la novation

---

[23] J. CARBONNIER, Droit civil, Les obligations, t.4, PUF, 22e refondue, 2000, n° 109, p. 211 ;J. GHESTIN (sous la dir.), Traité de droit civil, Les effets du contrat, Paris, L.G.D.J., 2e éd., 1994, n° 83 ; F.TERRE, Ph. SIMLER, Y. LEQUETTE, Droit civil, Les obligations,11e éd., Dalloz 2013, n° 422,p. 466 ; G. CORNU, *Vocabulaire juridique*, *préc.*, V° Conversion par réduction d'un acte nul.; X . PERRIN, th. préc., n° 2, p. 5. ; P. LIPINSKI, art. préc., n° 13, p. 1175.

[24] X. PERRIN, th. préc., n° 6 et 7, pp. 11 et 12.

[25] *Ibid.*, n° 4, p. 8.

[26] *Ibid.*, p. 5 et s., spéc. p. 8.

[27] V. *infra* n°s 462 et s.

[28] O. CORNAZ, th.préc., p. 40 et la bibliographie citée par cet auteur dans la même page.

[29] X. PERRIN, th. préc., n° 5, p. 10 ; V. *infra* n°s 395 et s.

[30] La novation est définie par l'article 357 du C.O.C., l'équivalent de l'article 1329 du C.C.F., comme « *l'extinction d'une obligation moyennant la constitution d'une obligation nouvelle qui lui est substituée* ». *Adde* sur la novation notamment : J. CARBONNIER, Droit civil, Les obligations, *op.cit.*, n° 348, p. 543 ; G. MARTY, P.RAYNAUD et PH. JESTAZ, Droit civil,

exprime l'idée de changement, de passage d'un état de droit à un autre. Elle ne risque cependant d'être confondue avec la novation que si elle réalise substitution de contrat[31]. Dans la novation par changement de créancier ou de débiteur, ou par le changement de l'un des éléments objectifs de l'obligation, principalement l'objet et la cause, la conversion se distingue nettement de la novation en ce que la nouveauté qui affecte l'obligation n'entraîne pas la création d'un acte nouveau[32]. La novation par changement d'objet pourrait, toutefois réaliser dans certaines hypothèses une situation similaire à la conversion. Les parties peuvent décider qu'un louage subsistera comme prêt à usage[33]. On rencontrera d'ailleurs ici les deux traits distinctifs de la conversion : la transformation et la réduction des éléments du louage, car la disparition du prix le transforme nécessairement en un prêt gratuit[34].

Les interférences entre les deux notions ne doivent pas cependant occulter les différences entre elles et qui permettent d'exclure le risque de confusion juridique. D'une part, la doctrine s'accorde à admettre que la validité du premier contrat est une condition indispensable à la novation[35]. Ce qui revient à dire qu'on ne peut pas nover un acte nul[36]. Le critère permettant davantage de distinguer ces deux institutions est essentiellement d'ordre subjectif. La novation suppose la volonté commune des parties d'éteindre l'obligation ancienne par la création d'une obligation nouvelle. La volonté de nover -ou *animus novandi-* doit être claire et dénuée d'équivoque[37]. La novation constitue ainsi, par définition même, une opération volontaire, une technique purement contractuelle. Aucun élément impératif ne s'y est infiltré. En revanche, rappelons-le, l'accord des volontés

---

Les obligations, t.2, Le régime, Sirey, 2e éd., 1989, n° 409, p.377 ; J. FLOUR, J.-L. AUBERT, E. SAVAUX, t.3, Le rapport d'obligation, 9e éd., Sirey, 2015, n°416 ; A. GHOZI, La modification de l'obligation par la volonté des parties, Etude de droit français, préf. D. TALLON, Paris, L.G.D.J. 1980, nos 109 et s., pp. 50 et s. ; Ch. PACTET, « *De la réalisation de la novation* » R.T.D.civ. 1975, n°6, p.439.

31 D. CHOLET, « la novation du contrat », R.T.D.civ. 2006, p. 467 et s.; *Adde* G. MARTY, P.RAYNAUD PH. JESTAZ, Droit civil, Les obligations, *op.cit.*, n° 417, p.385.

32 X. PERRIN, th. préc., n°11, p. 15 ; J. FLOUR, J.-L. AUBERT, Y. FLOUR, E. SAVAUX, Les obligations, t.3, Le rapport d'obligation, n°420 ; G. MARTY, P.RAYNAUD PH. JESTAZ, Droit civil, Les obligations, *op.cit.*, n° 415 ; P. LIPINSKI, art. préc., n° 28, p. 1184.

33 L'exemple a été cité par X. PERRIN, th. préc., n° 10, p.15.

34 *Ibid.*

35 J. CARBONNIER, Droit civil, Les obligations, *op.cit.*, n° 348 ; G. MARTY, P. RAYNAUD, PH. JESTAZ, Droit civil, Les obligations, *op.cit.*, n° 411 ; J ; Ch. PACTET, « *De la réalisation de la novation* », art. préc., n°7, p.439 ; A. RIEG, Rép. civ. Dalloz, 2003, V° Novation, n°9, p.1.

36 L'article 359 du C.O.C. prévoit qu'« *il faut pour opérer la novation : 1)que l'ancienne obligation soit valable ; 2) que l'obligation nouvelle qui lui est substituée soit aussi valable* ». V. en ce sens Mohamed BAG BAG
محمد بقبق، قانون مدني ، النظرية العامة للالتزام، التصرف القانوني ، مجمع الأطرش للكتاب المختص ، تونس 2009 ، عدد 347 ، ص 257.

37 Aux termes de l'article 358 du C.O.C., l'équivalent de l'article 1330 du C.C.F. « *la novation ne se présume point, il faut que la volonté de l'opérer soit exprimée* ».

ne saurait réaliser une conversion[38]. Le concours de la loi ou du juge s'impose comme une nécessité absolue pour voir véritablement naître la conversion.

8. La conversion du contrat présente également quelques ressemblances extérieures avec la **requalification**. Les deux opérations conduisent à rattacher un contrat à une catégorie ou à un type auquel il n'était pas initialement attaché. Ainsi une vente moyennant un prix dérisoire peut être transformée en une donation par l'effet d'une requalification ou de conversion de contrat[39]. Les deux opérations diffèrent cependant sur un point fondamental. Le critère de différenciation est essentiellement d'ordre subjectif ou psychologique. En effet, comme l'a déjà relevé, à juste titre, M. Olivier Gout, « dans le cadre de la conversion par réduction on remplace l'acte initialement voulu par les parties, alors que dans le cadre de la requalification, on révèle l'acte réel, c'est-à-dire celui qui a été voulu dans sa substance par les contractants (...) »[40].

La requalification suppose que l'on ait eu parfaitement conscience de l'espèce de l'acte créé ; on ne s'est pas trompé sur ces éléments. Les parties ont simplement commis l'insignifiante méprise de lui donner un nom ce qui aurait dû en recevoir un autre. Le rôle de l'interprète qu'est le juge dans ce cas est de redresser la qualification erronée retenue par les parties pour donner à cet acte son véritable vêtement juridique en tenant compte des éléments de fait[41]. La requalification n'implique donc au fond aucune dégénérescence de l'acte initialement voulu par les parties, ou pour reprendre une formule de Mme Pancrazi-Tian, aucune « réduction des volontés contractuelles[42].

La conversion par réduction, au contraire, ne se limite pas à modifier l'appellation d'un contrat, mais elle conduit à modifier le contenu même des obligations contractuelles initialement prévues, et opère en conséquence une mutation matérielle de la nature de l'opération. Elle fait naître de la sorte une situation juridique nouvelle et dépasse ainsi une simple erreur de dénomination[43]. L'objectif poursuivi par le juge n'est pas donc simplement de situer tel contrat dans le cadre adéquat correspondant à la volonté des

[38] V. *supra* n° 5.
[39] M.-P LAMOUR, Le sauvetage du contrat, th. Grenoble, 2001, n° 443, p. 331.
[40] O. GOUT, *op.cit.*, n°708, p. 481.
[41] J. GHESTIN (sous dir.), Traité de droit civil, Les effets du contrat, par J. GHESTIN, Ch. JAMIN, et M. BILLIAU, 3e éd., L.G.D.J., 2ème éd. 2001, n° 56 et s., p. 77 et s., ; F. TERRE, L'influence de la volonté individuelle sur les qualifications, L.G.D.J., 1956 ; F. TERRE, « *Retour sur la qualification* », *in* Mélanges en l'honneur de Jean-Buffet, L.P.A., 2004.419 ; P. LIPINSKI, art. préc., n° 31, p. 1189.
[42] M.- E. PANCRAZI-TIAN, La protection judiciaire du lien contractuel, P.U.A.M., 1996, n° 27, p. 37 ; X. PERRIN, th. préc., n° 31, p. 41 ; D. GRILLET-PONTON, Essai sur le contrat innomé, th. dact., Lyon III, 1982, n° 261, p. 303. L'auteur observe à propos de la requalification que « *Le changement de qualification étudié ici est exempt de toute manipulation relativement au contrat considéré* ».
[43] O. GOUT, *op.cit.*, n° 704, p. 479 et n° 716, p. 487 ; P. LIPINSKI, art. préc. n° 31, p. 1189.

parties, mais de sauver un contrat nul[44]. La conversion se distingue doublement de la requalification, d'abord, par le fait qu'elle présuppose une réduction des éléments et des effets de l'acte primitif, ensuite parce qu'elle constitue un correctif ou une alternative à l'anéantissement d'un acte vicié[45].

9. La conversion ne doit pas être aussi confondue avec le procédé de la **réfection** du contrat[46]. Il suffit de comparer la définition de la réfection avec celle de la conversion pour exclure toute tentative d'assimilation. Selon le dictionnaire Vocabulaire juridique, la réfection implique « *l'établissement d'un nouvel acte instrumentaire (acte refait) destiné à remplacer un acte antérieur (généralement pour vice de forme), sans en modifier au fond sa teneur* »[47]. Ainsi par exemple, une donation faite par acte sous seing privé pourra être refaite en la forme authentique qu'exige la loi. La conversion et la réfection convergent ainsi en ce qu'elles ont pour but le sauvetage par substitution d'un acte valable à l'acte nul. « *La conversion par réduction confine aussi à un procédé de réfection du contrat* »[48]. L'opposition fondamentale consistant à relever que la conversion, contrairement à la réfection, n'implique pas un nouvel acte de volonté. Procédé objectif, la conversion se caractérise par le fait que la réfection de l'acte est l'ouvre de la loi ou du juge. De même, si la réfection exige de l'auteur de l'acte qu'il le refasse dans son entier, la conversion consiste pour le juge, à extraire l'acte nouveau des restes de l'acte initial[49]. La conversion se révèle ainsi un procédé intéressant, car économique. Elle permettrait, en effet, de réaliser une économie de moyens et des frais, puisqu'au lieu d'exiger aux contractants de refaire l'acte ou de recommencer l'opération, il suffirait de le remplacer par un autre, édifié avec les débris du premier[50]. Pour toutes ces raisons, un auteur estime que la conversion constitue « *un procédé original de réfection du contrat* »[51].

10. La **simulation**[52] offre parfois une analogie beaucoup plus profonde avec la conversion, particulièrement dans l'hypothèse où un acte est déguisé

---

[44] O. GOUT, *op.cit.*, n° 708, pp. 481 et 482.

[45] *Ibid.*, n° 705 et s., p. 480 et s. ; J. PIEDELIEVRE, Des effets produits par les actes nuls. Essai d'une théorie d'ensemble, th. Paris 1911, p. 117 et 118 ; D. GRILLET-PONTON, th. préc., n° 267, p. 308.

[46] V. sur la réfection : Ahmed ELOURFELLI
أحمد الورفلي، "تدارك البطلان من خلال أحكام مجلة الالتزامات و العقود"، م.ق.ت. فيفري 1999، ص 112.

[47] G. CORNU (sous la dir.), *Vocabulaire juridique*, préc., V° Réfection, 1° ; G. MARTY, P. RAYNAUD, Droit civil, Les obligations, t.1, Les sources, Sirey, 2e éd., 1988, n° 219.

[48] D. GRILLET-PONTON, th. préc., n° 275, p. 318.

[49] P. LIPINSKI, art. préc., n° 28, p. 234.

[50] A. COURET, art. préc., n° 15, p.228-229 ; N. LAURENT-BONNE, art. préc.. ; V. BREMOND, art. préc., n° 8, p. 925 ; X. PERRIN, th. préc., p. 10 ; A. BOUJEKA, art. préc., n° 19.

[51] P. LIPINSKI, art. préc., n° 2, p.1168.

[52] Le siège de la simulation est l'article 26 du C.O.C. Aux termes de ce texte, « *les contre-lettres ou autres déclarations écrites n'ont d'effet qu'entre les parties contractantes et leurs héritiers. Elles ne peuvent être opposées aux tiers, s'ils n'en ont eu connaissance ; les ayants-*

sous un autre[53]. On peut, en effet, découvrir dans l'un et l'autre deux actes dont l'un est nul et l'autre valable[54]. Il se peut que l'acte apparent, non réellement voulu, soit nul pour un vice quelconque, alors que l'acte réel, occulte, est valable. Il faut cependant se garder de confondre les deux notions. Le critère de distinction est essentiellement d'ordre subjectif. Dans la simulation, les parties n'ont pas voulu l'acte simulé, elles ne l'on fait que pour l'apparence et pour cacher un second acte, voulu réellement et qui vaut, si ses conditions de validité se trouvent réunies[55]. Dans la conversion, au contraire, les parties n'ont voulu qu'un seul acte, celui qu'elles ont passé ouvertement, mais il est nul et il se trouve correspondre aux conditions de validité d'un autre acte et vaut à ce titre sans avoir été réellement voulu par les parties[56]. L'hypothèse de la conversion est donc l'inverse de la simulation[57].

11. La conversion constitue aussi une opération de réduction, et la confusion est alors facile avec nombre d'opérations de réduction concurrentes qui présentent avec elle des analogies plus ou moins profondes, notamment la **nullité partielle**[58]. L'assimilation entre les deux notions a été d'ailleurs tentée notamment par la doctrine hostile à la conversion[59]. Cette idée n'est pas nouvelle. Au XIXe siècle, deux auteurs allemands, Thibaut[60] et de Puchta[61], ont fait de la conversion un cas de nullité partielle ou plutôt de validité partielle. « *Par simple réduction, par élagage des parties inutiles,*

---

cause et successeurs à titre particulier sont considérés comme tiers, aux effets du présent article ».

Sur la simulation v. notamment : M.-K. CHARFEDDINE, Les droits des tiers et les actes translatifs de propriété immobilière, C.E.R.P., Tunis, 1993, n° 385, p. 321 ; DAGOT, La simulation en droit privé, th. L.G.D.J. 1967, n° 191 et s. ; J.ABEILLE, La simulation dans la vie juridique et particulièrement dans le droit des sociétés, th. Marseille, 1938, p. 106 ; J.-D. BREDIN, « *Remarques sur la conception jurisprudentielle de l'acte simulé* », R.T.D. civ. 1956, n°7, p. 265.

[53] La distinction entre conversion et simulation ne se poserait pas dans les hypothèses normales de simulation, où l'on cache la valeur d'un objet, le prix par exemple, car il n'y a qu'un seul acte, valable au moins dans une certaine mesure (X. PERRIN, th. préc., n°13, p. 17).

[54] *Ibid.*

[55] O. CORNAZ, th.préc.., p. 94.

[56] X. PERRIN, th. préc., n° 13, pp. 17 et 18 ; O. CORNAZ, th. préc., p. 94.

[57] X. PERRIN, th. préc., n° 13, p. 18.

[58] La nullité partielle a été consacrée dans l'article 327 du C.O.C. Aux termes de ce texte : « *la nullité d'une partie de l'obligation annule l'obligation pour le tout, à moins que celle-ci puisse continuer à subsister à défaut de la partie atteinte de nullité, auquel cas elle continuera à subsister comme contrat distinct* ».

[59] Cette analyse a été soutenue par deux auteurs allemands au XIXe siècle : Thibaut, *System des Pandekten Rechts*, Iéna, 6e éd., 1828, p. 64 et Puchta, *Pandekten*, Leipzig, 12e éd., 1890, p. 105. Dans la doctrine française, X. Perrin s'est rallié à cette même position. L'auteur observe : « *nous ramenons ainsi l'hypothèse du §140 B.G.B. (conversion) aux termes du § 139 (nullité partielle)* », (th. préc., n° 84, p. 130).

[60] THIBAUT, System des Pandekten, Rechts, Iéna, 6e éd., 1828, p. 64, cité par X. PERRIN, th. préc., n° 22, p. 29.

[61] PUCHTA, Pandekte, Leipzig, 12e éd., 1890, p. 105.

les éléments qui demeurent pourront donc former un autre acte, soit de la même espèce, mais réduit, soit d'une autre espèce différente »[62]. L'assimilation s'explique semble-t-il par le fait que les deux notions utilisent dans leur mise en œuvre la même technique, la réduction[63]. En effet, la nullité partielle, par définition même, opère par la suppression d'une clause ou d'une partie viciée, sans pour autant modifier en quoi que ce soit le reste de l'acte, qui subsiste tel quel[64]. On retrouve aussi un phénomène d'amputation bien présent dans la conversion[65]. Les deux institutions présentent également une similitude de conséquences : on aboutit dans les deux cas à la diminution de l'efficacité de l'acte initial[66]. Les deux procédés convergent aussi en ce qu'ils poursuivent un même objectif, celui de la protection du lien contractuel[67]. Pourtant, bien qu'elles partagent quelques points de convergence, la conversion se différencie de la nullité partielle.

La différence essentielle qui sépare les deux notions réside dans le fait qu'en cas de nullité partielle c'est l'acte voulu, simplement amputé de sa partie nulle, qui survivra alors qu'en cas de conversion l'acte initial voulu par les parties tombe tout entier et un autre acte vient prendre sa place[68]. La conversion pose donc essentiellement un problème de qualification qui est totalement absent en matière de nullité partielle[69]. La nullité partielle provoque dans un acte juridique une perte d'amplitude essentiellement

---

[62] THIBAUT, System des Pandekten, Rechts, Iéna, 6e éd., 1828, p. 64.

[63] D. MAZEAUD, La réduction des obligations contractuelles, *in* Que reste-il de l'intangibilité du contrat ? Actes du colloque organisé à la faculté de droit et d'économie de Chambéry, le 28 nov. 1997, Dr. et patrimoine, 58/1998, p. 58.

[64] V. en ce sens :
محمد الزين، النظرية العامة للالتزام، 1- العقد، المرجع السابق، عدد 306 و ما بعدها، ص 243 و ما بعدها ؛ محمد المالقي، محاضرات في شرح القانون المدني التونسي، ط 2، مركز النشر الجامعي، 2003، ص 277 ؛ محمد بقبق، قانون مدني ، النظرية العامة للالتزام، التصرف القانوني ، مجمع اللأطرش للكتاب المختص ، تونس 2009، عدد 346، ص 256 ؛ هدى الجلولي، البطلان الجزئي للأعمال القانونية، مذكرة لنيل شهادة الدراسات القانونية، كلية الحقوق و العلوم السياسية بتونس، 1995، ص 21-22.

V. en droit comparé : Ph. SIMLER, La nullité partielle des actes juridiques, préf. A. WEIL, L.G.D.J. 1969, note n° 8-1, p. 8.

V. aussi IBRAHIM EDASSOUKI ABOULLIL
إبراهيم الدسوقي أبو الليل، المفهوم القانوني لإنقاص التصرفات القانونية ، مجلة الحقوق الكويتية ، عدد 19 ، 1992، ص 61 و ما بعدها.

[65] A.BOUJEKA, « *La conversion par réduction : contribution à l'étude des nullités des actes juridiques formels* », R.T.D.com. 2002, n° 35, p. 238.

[66] *Ibid.*, n° 37, p. 238.

[67] P. LIPINSKI, art. préc., n° 14, p. 1176.

[68] N. BESROUR, th. préc., n° 311, p. 467. ; V° aussi H. TANDOGAN, La nullité, l'annulation et la résiliation partielle des contrats, th. Genève, 1952, p. 112 et les réf. citées par cet auteur à la note 312- *Adde,* J. PIEDELIEVRE, Des effets produits par les actes nuls, th préc., p. 120 ; X. PERRIN, th.préc., n° 17, p. 22. Ce dernier souligne que lorsque « *l'acte mineur apparaîtra comme ayant une unité nouvelle, il y aura conversion ; au contraire, quand on jugera que le même acte demeure, bien qu'avec des éléments moindres, il y aura simple réduction* ».

V. aussi : IBRAHIM EDASSOUKI ABOULLIL
ابراهيم الدسوقي أبو الليل، المقال السابق، ص 126 – 127.

[69] Ph. SIMLER, La nullité partielle des actes juridiques, *op.cit.*, n° 13, p. 13.

d'ordre quantitatif. En revanche, la conversion par réduction affecte l'acte juridique surtout sur un plan qualitatif[70]. C'est pourquoi on a pu écrire avec M. Philippe Simler que la nullité partielle implique un changement plutôt quantitatif, la conversion un changement qualitatif[71]. Dans le même ordre d'idées, le professeur Alain Couret estime que chacune des deux opérations a une dynamique propre : « *dans le premier cas, avec la nullité partielle, nous sommes en présence d'une opération négative, alors que dans le second cas nous nous trouvons dans une situation bien différente, caractérisée par une volonté positive de reconstituer une situation primitivement viciée* »[72]. Le même auteur ajoute que : « *la nullité partielle tend à retrancher, la conversion tend au contraire à ajouter à la situation primitive au travers d'une volonté de reconstruire* »[73].

12. La conversion, comme technique opérant substitution d'un acte à un autre, se distingue ainsi des autres procédés de sauvetage des actes nuls, dont la plupart tendent à assurer la survie des actes viciés à l'intérieur du cadre choisi par les parties. Il en est ainsi par exemple de la nullité partielle, du procédé du réputé non écrit[74], de la régularisation[75] et de la réfaction du contrat[76]. Il en est de même de la confirmation[77] qui, contrairement à la

---

[70] A. BOUJEKA, art. préc., n° 35, p. 237.

[71] Ph. SIMLER, La nullité partielle des actes juridiques, *op.cit.*, n° 13, p. 13 ; *Adde*, H. TANDOGAN, *op.cit.*, p. 112 ; J. PIEDELIEVRE, th. préc., p. 120 ; J. GHESTIN (sous la dir.), Traité de droit civil, Les obligations, Le contrat : Formation, L.G.D.J., 2 ème éd. 1988, par J. GHESTIN, n° 837 ; A. BOUJEKA, art. préc., n° 35, p. 237 ; A. COURET, art. préc., n° 46, pp. 242 et 243.

[72] A. COURET, art. préc.,n° 46, p. 243 ; V. *Contra infra* n°s 573 et s.

[73] *Ibid.*

[74] Monsieur Gaudemet affirme que : « *déclarer une clause non écrite, c'est la priver de valeur obligatoire sans pour autant procéder à une requalification du contrat qui la contient* » (S. GAUDEMET, La clause réputée non écrite, préf. Y. LEQYETTE, Economica, 2006, n° 94, p. 52).

[75] Ch. DYPEYRON, La régularisation des actes nuls, L.G.D.J., 1973, préf. P. HEBRAUD, n°13 et s.

[76] K. DE LA ASUNCION PLANES, La réfaction du contrat, préf. Y. PICOD, Bibl. dr. pr., tome 476, Paris, L.G.D.J. 2006.
Sur la distinction entre la conversion et la réfaction V. *Infra* n°365.

[77] La confirmation est un acte unilatéral, par lequel une personne fait disparaître le vice qui altérait un contrat en réitérant son consentement et renonce à en demander l'annulation. La confirmation est régie essentiellement par les articles 337, 338 et 329 du C.O.C.
Sur la confirmation, V. notamment :
محمد الزين، النظرية العامة للالتزام، 1- العقد، المرجع السابق، عدد 281 و ما بعدها، ص 225 و ما بعدها ؛ محمد محفوظ ، النظرية العامة للالتزام- 1-العقد ، المرجع السابق، ص 85؛ محمد بقبق، قانون مدني ، النظرية العامة للالتزام، التصرف القانوني ، عدد 333، ص 246؛ محمد المالقي، محاضرات في شرح القانون المدني التونسي، المرجع السابق، ص 282؛ سامي القلال ، إجازة العقد الباطل من خلال م.ا.ع. ، مذكرة لنيل شهادة الدراسات المعمقة ، كلية الحقوق و العلوم السياسية بتونس، 1993، ص 198.
V. aussi, N. BESROUR, th. préc., p. 285 et s. ; G. COUTURIER, La confirmation des actes nuls, L.G.D.J., 1972, préf. J. FLOUR, spéc. la première partie de la thèse, n° 10 à 116 ; G. MARTY, P. RAYNAUD, Droit civil, Les obligations, t.1, Les sources, *op.cit.*, n° 220 ;

conversion, maintient l'acte initial en le rendant inattaquable[78]. Cette constatation est de nature à limiter la portée de ces mécanismes[79]. En effet, les techniques de confirmation et de nullité partielle ne sont pas utilisables lorsque l'élément vicié est une composante essentielle de la qualification considérée, sans laquelle le contrat ne peut subsister en tant que tel[80]. En pareille hypothèse, la survie de l'acte ne peut être assurée que sous un vêtement contractuel distinct. Ce résultat peut être techniquement obtenu par le processus de la conversion par réduction[81].

13. Les applications de la conversion sont relativement nombreuses. L'exemple le plus célèbre en droit tunisien se rencontre dans le domaine des effets de commerce et plus particulièrement en matière de lettre de change[82]. C'est là que la conversion se manifeste nettement[83]. L'article 269 alinéa 2 du Code de commerce dispose, dans une formule révélatrice, que « *le titre, dans lequel une des énonciations indiquées aux alinéas précédents fait défaut, ne vaut pas comme lettre de change...* »[84]. Le texte annonce ainsi une « *récupération possible* »[85] du titre vicié qui pourra s'analyser en un billet à ordre, s'il contient les mentions requises par l'article 339 du Code de commerce, notamment la clause à ordre[86]. Le titre renonce ainsi de se prévaloir d'un niveau supérieur qui n'a pu être atteint en raison de son irrégularité, pour gagner une position moins favorable qui réside dans le régime de l'acte réduit[87].

---

[78] A cela, on rajoute que la confirmation a un aspect subjectif ou volontaire. Or, ce qui caractérise la conversion, c'est son aspect objectif dans la mesure où elle est l'œuvre du juge ou de la loi et opère indépendamment de toute manifestation de volonté (X. PERRIN, th. préc., n° 12, p. 16 ; P. LIPINSKI, art. préc., n° 2, p. 1168).

[79] D. GRILLET-PONTON, th. préc., n° 266, p. 307.

[80] Ph. SIMLER, La nullité partielle des actes juridiques, *op.cit.*, n° 9, p. 9.

[81] D. GRILLET-PONTON, th. préc., n° 267, p. 308.

[82] C'est ainsi que le professeur Mohamed ZINE illustre la notion de conversion par l'hypothèse de conversion des effets de commerce, plus particulièrement par la conversion d'une lettre de change nulle en une reconnaissance de dette

محمد الزين،النظرية العامة للالتزام، 1 العقد، المرجع السابق، عدد 314، ص 248- 249.

V. dans le même sens : N. BESROUR, th.préc., n° 300 et s., p. 456 et s. ; J. GHESTIN, Traité de droit civil, Les obligations, Le contrat : formation, L.G.D.J. 1988, n° 873, p. 1010 ; R. JAPIOT, th. préc., p. 672, note1 ; Ph. SIMLER, La nullité partielle des actes juridiques, *op.cit.*, n°13, p. 12.

[83] J. PIEDELIEVRE, th. préc., p. 122.

[84] V. en ce sens : cass. civ. n°28177 du 27 janvier 1993, B.C.C. 1993, p. 271.

" انه من المسلم به قانونا أن الكمبيالة تشتمل على شروط شكلية فإذا تخلف شرط منها لاتعتبر الوثيقة كمبيالة".

[85] Orléans, 6 mars 1963, J.C.P.1964, II, 13618, note Ch. GAVALDA.

[86] A. BOUJEKA, art. préc., n° 19, pp. 230 et 231 et les arrêts cités par l'auteur : Cass. com. 18 mars 1959, Bull. civ. III, n° 148, p. 70, R.T.D. com. 1959.909, obs. BECQUE et CABRILLAC ; Orléans, 6 mars 1963, préc. ; Ch. GAVALDA et J. STOUFFLET, Instruments de paiement et de crédit : effets de commerce, chèque, carte de paiement, transfert de fonds, 7e éd., Litec, 2009, n° 17 et s. ; R. ROBLOT, Les effets de commerce : lettre de change, billets à ordre et au porteur, warrants, facture protestable, Paris, Sirey. 1975, nos 136 et 137. J. PIEDELIEVRE, th. préc., p. 125.

[87] A. BOUJEKA, art. préc., n° 19, pp. 230 et 231.

Descendons d'un cran supplémentaire dans la requalification pour constater que la lettre de change qui ne contient pas les mentions requises pour sa conversion en un billet à ordre, peut s'analyser en un acte ayant la valeur d'un acte sous seing privé ordinaire, faisant preuve des engagements souscrits par les signataires selon les règles de droit commun. Cette solution figure parmi les applications les plus classiques de la conversion dans la jurisprudence tunisienne. Ainsi, il a été affirmé que le titre dans lequel le nom et la signature du tiré font défaut ne vaut pas lettre de change et dégénère en une promesse de payer[88]. De même, il a été jugé qu'une lettre de change non signée par le tireur, mais acceptée par le tiré accepteur peut se convertir en une reconnaissance de dette au profit du porteur[89].

14. Les exemples peuvent encore être multipliés. Ainsi, un partage amiable, nul en tant que partage définitif, à cause de la présence d'un mineur parmi les copartageants vaudra néanmoins comme partage provisionnel[90]. Le recours à l'innommé permet d'accroître encore le domaine de la conversion par réduction. Ainsi un contrat de cautionnement nul a été converti en un contrat innomé valable portant engagement de garantie[91]. De même, une vente nulle en tant qu'opération translative de propriété immobilière, peut valoir comme contrat générateur d'obligations[92]. Les exemples peuvent être multipliés, tous témoignent de la très grande utilité de faire jouer la conversion. L'essentiel c'est d'activer l'imagination et d'user de cette technique afin d'assurer la stabilité des rapports contractuels[93].

15. Le droit tunisien connaît la technique de conversion. Elle a été consacrée dans l'article 375 de l'avant-projet de Code civil et commercial tunisien[94], repris ensuite par l'article 328 du Code des obligations et des contrats. L'option en faveur de la conversion place notre législation dans une

---

[88] V° dans la jurisprudence tunisienne : Tribunal de première instance de Tunis n° 1331 du 10 octobre 1964, R.J.L. 1964, p. 795.

"في صورة خلو السند القابل للدفع بمجرد الاطلاع من تاريخ إنشائه فان مدة الثلاث سنوات المقررة لسقوط الدعوى بالفصل 335 من المجلة التجارية لا يبتدئ جريانها إلا من يوم العرض، و إذا لم يتضمن السند ذكر اسم الساحب و توقيعه فلا يعد كمبيالة و ينبغي اعتباره باطلا بهذه المثابة (الفصل 269 من نفس المجلة) على أن السندات من هذا النوع و الباطلة شكلا يمكن اعتمادها كمجرد التزامات بالدفع"

V° dans la jurisprudence française : Nancy, 5 avril 1845, D. 1845, 2, 54.

[89] V. jugement du TPI de Sfax, n° 22226 du 19 avril 2001, inédit (Annexe II).

" حيث و لئن عرف الفصل 269 من م ت الكمبيالة من خلال تنصيصاتها الوجوبية فانه من المسلم به فقها و قضاء أن غياب إحدى التنصيصات التي لا يمكن تداركها عن السند لا تنزع عنه كل قيمة قانونية باعتبار أن هذا الأخير يستحيل إلى اعتراف بالمديونية يخول لصاحبه تأسيس دعواه عليه".

V. dans la jurisprudence française : Com. 10 février 1971, Bull. civ. IV, n° 42, p. 41 ; R.T.D.com. 1972.126, obs. CABRILLAC et RIVES-LANGE ; A. BOUJEKA, art. préc., n° 19, p. 231.

[90] X. PERRIN, th. préc. n° 144 et s., p. 223 et s. (V. *infra* n° 118).

[91] Cass. Req., 9 nov. 1875, D. 1876. I. 117.

[92] Bordeaux, 18 déc. 1941, J.C.P. 1942, II, 1857 ; Besançon, 17 mars 1942, J.C.P. 1942, II, 1843.

[93] N. BESROUR, th. préc., n° 307, p. 465.

[94] Cette appellation a été remplacée par celle du Code tunisien des obligations et des contrats en application de l'article 1er du décret du 15 décembre 1906 portant promulgation de ce code.V. J.O.R.T. du 15 déc. 1906, p. 1083.

position différente de celle du droit français et suisse qui ne contiennent pas un texte de portée générale analogue à l'article 328 du Code des obligations et des contrats. Ce texte énonce que : « *l'obligation qui est nulle comme telle, mais qui a les conditions de validité d'une autre obligation légitime, doit être régie par les règles établies pour cette obligation* ». Le terme « *obligation* » [95]doit être entendu ici dans le sens d'acte juridique[96]. En effet, l'emploi de l'expression « *obligation* » accolée à l'adjectif « *nulle* », conduit à l'exclusion des faits juridiques du champ de l'article 328 du C.O.C.[97]. La nullité ne peut, à l'évidence, s'appliquer qu'aux sources volontaires de l'obligation, c'est-à-dire aux actes juridiques[98].

16. Le fait que l'article 328 du COC s'applique aux actes juridiques est de nature à donner à cette institution un domaine vaste[99]. Contrairement au droit tunisien, la majorité des législations arabes[100] et européennes[101] limitent

---

[95] L'obligation peut être définie comme étant : « *un lien de droit en vertu duquel une personne appelée créancier peut exiger d'une autre appelée débiteur, le transfert d'un droit, l'accomplissement d'un fait ou une abstention* ».
V.sur la notion d'obligation, Mohamed ZINE

محمد الزين، النظرية العامة للالتزامات، 1، العقد، تونس 1997، عدد 1، ص 17.

V° en droit français sur la notion d'obligation : J. CHEVALLIER, La volonté source d'obligation dans le projet du code civil révisé, Revue droit et économie, 1942, année n° 12, n° 6 et 7, p. 195.

[96] Les actes juridiques sont « *des manifestations de volonté accomplies en vue de produire des effets de droit* ». (F. TERRÉ, Ph. SIMLER et Y. LEQUETTE, Droit civil, Les obligations, *op.cit.*, n°5, p.6).
Sur la notion d'acte juridique en droit tunisien V. notamment Mohamed ZINE

محمد الزين، النظرية العامة للالتزامات، 1، العقد، المرجع السابق، عدد 30، ص 35.

[97] V. en ce sens AHMED WERFELLI

أحمد الورفلي، تدارك البطلان من خلال أحكام مجلة الالتزامات و العقود، م ق ت 1999، عدد 2، ص 99.

H.L. MAZEAUD, J. MAZEAUD, F. CHABAS, Leçons de droit civil, Les obligations, Théorie générale, 9e éd., t.2, vol. 1, 1998, p. 44.

[98] Sur les sources de l'obligation, V. notamment : A. REBAÏ, « *La classification des sources de l'obligation dans le Code tunisien des obligations et des contrats* », *in* Libre propos sur les sources du droit, Mélanges Ph. JESTAZ, Dalloz, 2006, pp. 481 et s., spéc. n°2 ; G. PLANIOL, « *Classification des sources des obligations* », Rev. Crit. Lég. Jur. 1904, p. 234.
V. aussi Mohamed ZINE

محمد الزين، النظرية العامة للالتزام، 1- العقد، المرجع السابق، عدد 21 و ما بعدها، ص 30 و ما بعدها.

Il n'y a pas de conversion si l'acte nouveau est un fait juridique. L'explication en est la suivante : un fait juridique est un rapport de droit découlant d'un état de fait qui s'impose de lui-même. Par conséquent, il n'y a plus besoin de la conversion pour qu'un fait juridique soit né.

[99] L'acte juridique est « *toute manifestation de volonté destinée à produire des effets juridiques* » (M. CHARFI, Introduction à l'étude du droit, Cérès Editions, 1997, n° 487, p. 226). V. aussi Mohamed ZINE:

محمد الزين، النظرية العامة للالتزام، 1- العقد، المرجع السابق، عدد 30، ص 35.

[100] V° les articles145 du Code civil syrien, l'article 140 du Code civil irakien, l'article 144 du Code civil libyen et l'article 105 du Code civil algérien.
L'article 144 du Code civil égyptien prévoit que : « *si un contrat est nul ou annulable, mais contient toutes les conditions d'un autre contrat, ce dernier doit valoir, s'il ressort que l'intention des contractants aurait été dirigée sur l'acte second* ». (notre traduction). Le même article prévoit dans sa version arabe que :

le domaine de la conversion aux « *contrats* » nuls, à l'exclusion des actes unilatéraux. Il nous semble souhaitable donc de ne pas limiter cette étude aux seuls contrats, mais de l'étendre à l'ensemble des actes juridiques privés, y compris les actes unilatéraux tels que les testaments. Il convient aussi de préciser que dans le cadre de notre étude, par le mot « *acte* » nous entendons à la fois le *negotuim*, l'opération juridique ou l'acte juridique proprement dit, et l'*instrumentum*, l'écrit destiné à servir de preuve[102]. En effet, dans la terminologie juridique, l'acte peut désigner soit l'accord lui-même, l'acte juridique au sens de *negotuim*, soit l'écrit qui le constate et qui est destiné à servir de preuve, l'acte instrumentaire (*instrumentum*)[103]. Il est évident que nous laisserons en dehors du champ de nos investigations les contrats administratifs pour ne prendre en considération que les actes juridiques privés[104]. De même, il n'est pas non plus dans notre intention d'étudier la conversion des actes de procédure[105].

" إذا كان العقد باطلا أو قابلا للإبطال و توافرت فيه أركان عقد آخر، فان العقد يكون صحيحا باعتباره العقد الذي توافرت أركانه، إذا تبين أن نية المتعاقدين كانت تنصرف إلى إبرام هذا العقد".

101 L'article 1424 du Code civil italien (C.C.I.) prévoit que : « *Le contrat nul peut produire les effets d'un contrat différent dont il contient les conditions de fond et de forme, si, eu égard au but poursuivi par les parties, il faut considérer qu'elles l'auraient voulu si elles avaient eu connaissance de la nullité* » (La traduction est donnée par le service de législation étrangère du ministère des affaires étrangères et du commerce extérieur : documentation juridique étrangère, 1956, n° 1, p. 325- *Adde* E. BETTI, Copurs de droit civil comparé, t.2, Etude d'un système juridique, Système du Code civil allemand, Milano, 1965, p. 171 : « *Le contrat nul peut produire des effets d'un contrat différent dont il contient les conditions de fond et de forme, si, eu égard au but poursuivi par les parties, il devrait être censé qu'elles l'auraient voulu si elles avaient eu connaissance de la nullité* ».

102 M. CHARFI, Introduction à l'étude du droit, *op.cit.*, n° 487, p. 226 ; X. PERRIN, th. préc., n° 4, p. 9.

103 Ph. MALINVAUD, Droit des obligations, 10ème éd., Litec 2007, n°196, p. 133.

104 La conversion est applicable en droit public par analogie. La jurisprudence allemande a admis la conversion d'une cession gratuite de terrain destiné à une ligne de tramway, pour laquelle la forme écrite est exigée, en constitution de servitude de droit public, laquelle n'exige aucune forme. Aussi, selon la jurisprudence du RG, la fonction publique ne peut être l'objet d'un contrat de droit privé. Si une personne passe avec l'Etat un contrat de droit privé pour obtenir la qualité de fonctionnaire, ce contrat est nul. Mais on peut le convertir en nomination, même à l'encontre de la volonté de l'autorité supérieure (exemples cités par O. CORNAZ, th. préc., pp. 25 et 26).
V. sur la conversion des actes administratifs :
رأفت أحمد الدسوقي، فكرة التحول في القرارات الإدارية، دار الفكر الجامعي، الإسكندرية 2004 ؛أحمد يسري، تحول القرار الإداري، مجلة مجلس الدولة، السنوات 8-9-10 ،1960، ص 90 و ما بعدها؛ حمدي ياسين عكاشة، القرار الإداري في قضاء مجلس الدولة، منشأة المعارف بالإسكندرية، القاهرة، 1987، ص 313 و ما بعدها؛ عبد الفتاح حسن، القضاء الإداري، الجزء الأول، قضاء الإلغاء، 1979، ص 314 و ما بعدها.

105 V° les nombreux exemples cités par M.A. GUERRIERO, L'acte juridique solennel, Bibl. dr. pr., tome137, Paris, L.G.D.J. 1975, p. 390 (Une assignation nulle faute de constitution d'avoué, par exemple, ou un commandement sans menace d'exécution peuvent valoir mise en demeure, Montpellier 30 mars 1953, Rev. Huiss. 1953, 783) ; *Adde* X. PERRIN, th. préc., n° 106, pp. 164 et 165 : une saisie arrêt ne contenant pas l'énonciation de la somme pour laquelle elle est faite, vaudra opposition de l'article 809 du C.C.F. ; l'assignation envoyée par le cessionnaire d'une créance au cédé vaille signification du transport de créance, comme le

17. La vocation générale de l'article 328 du C.O.C. n'a pas empêché, pour autant, le législateur d'édicter des textes spéciaux consacrant la conversion. C'est ainsi que l'article 1302 du C.O.C. dispose que : « *lorsque le contrat attribue à l'un des associés la totalité des gains, la société est nulle et le contrat constitue une libéralité de la part de celui qui a renoncé aux bénéfices* ». Les cas de conversion légale ne se limitent pas toutefois à l'hypothèse de nullité du *negotuim*, le Code des obligations et des contrats offre aussi un cas de conversion de l'*instrumentum*. L'article 448 du C.O .C. prévoit que : « *L'acte qui ne peut valoir comme authentique par suite de l'incompétence ou l'incapacité de l'officier, ou d'un défaut de forme, vaut comme écriture privée, s'il a été signé des parties dont le consentement est nécessaire pour la validité de l'acte* »[106].

18. Par ailleurs, on peut raisonnablement penser qu'avec la promulgation de la loi n° 48-2016 du 11 juillet 2016 relative aux banques et établissement financiers, la conversion peut connaître un essor considérable dans la pratique[107]. Le législateur a, en effet, reconnu dans cette loi l'essentiel des contrats de financement islamique tels que l'*ijara*, le *bay el salem* et la *moudharaba*[108]. En fait, il est des contrats qui avaient fait l'objet d'une

---

protêt faute d'acceptation, nul comme ne contenant pas copie du titre, vaudrait signification d'une cession de créance et rendrait le porteur créancier de la provision).
V. en droit tunisien
محمد المنصف الزين، بطلان الأعمال الإجرائية، المجلة القانونية التونسية، 1991، ص 69 و ما بعدها.

[106] Sur les applications jurisprudentielles de cet article voir : Cass. civ. (Ch. Réunies), n° 27728, du 13.04.1995, Les arrêts des chambres réunies de la Cour de cassation, CEJJ 1994/1995, p.33.
" و حيث اقتضى الفصل 6 من م م م ت وجوب تضمين محضر العدل منفذ بيانات منها ما جاء بالفقرة السادسة منه و المتعلقة بوجوب إمضاء العدل منفذ على كل من الأصل و النظير وهو إجراء أساسي باعتبار أن العدل منفذ مأمور عمومي و أن محضر الاستدعاء هو حجة رسمية على معنى الفصل 442 من م ا ع و أن عدم إمضائه من ذلك المأمور العمومي يفقده صبغة الحجة الرسمية و لو توفرت البيانات الأخرى.
و حيث أن إمضاء محضر الاستدعاء من طرف المبلغ إليه و ان كان يعد حجة عليه قانونا طبق الفصل 448 من م ا ع الا أنه مع ذلك يبقى التبليغ غير قانوني باعتبار أن المشرع اشترط أن يكون بواسطة عدل منفذ طبق الفصل المشار إليه".

[107] JORT n° 58 du 15 juillet 2016, p. 2516 (en arabe) ; V. aussi sur la question, Loi n°7-2011 du 31 décembre 2011 relative à la loi de finance islamique de 2012 (JORT. n°1 du 3 janvier 2012, pp. 8-9) ; Loi n° 30-2013 du 30 juillet 2013, relative aux *sukuk* islamiques (J.O.R.T. n° 62 du 2 août 2013, pp. 2301-2303).

[108] Sur l'ensemble de la question, V. notamment : N. REKIK, « *Les contrats de financement islamique à l'épreuve du Droit positif* », RJL, octobre2013, p.9 ; S. FRIKHA, « *Les principaux contrats des banques islamiques* », *in* La finance islamique, diversité juridique et enjeux économiques, sous la dir. de S. BOSTANJI et F. HORCHANI, Maison du livre 2015, p. 25 et s., spéc. p. 40 ; Abdessattar KHOUILDI, « *La finance islamique moderne et droit positif* », RJL juin 2011, p. 41 et s. ; M. EL-GAMAL, Finance islamique, aspects légaux, économiques et pratiques, traduction et adaptation Jacqueline Haverals, préf. Marc DESCHAMPS, Bruxelles, De Boeck, 2010 ; M. RUIMY, La finance islamique, Coll. Finance d'aujourd'hui, éd. Arnaud Franel, 2008 ; A. BETTAIB, « *La réglementation de la finance islamique en Tunisie, Regards comparés et pistes de réflexion* », *in* La finance islamique, diversité juridique et enjeux économiques, *op.cit.*, p. 223 et s.
V. aussi en langue arabe :
عبد الستار الخويلدي، "دور الصناعة المالية الإسلامية المعاصرة في إحياء النصوص المهجورة: مجلة الالتزامات و العقود أساس التطبيقات المعاصرة في المعاملات المالية الإسلامية"، م.ق.ت. ماي 2011، ص 41؛عصام اليحياوي، "تقنين

réglementation spéciale dans le Code des obligations et des contrats à l'instar du contrat de *salem*, abrogé par la loi du 28 janvier 1958, et la *moudharaba*[109]. Ces contrats islamiques, réalisant des opérations sans *riba*[110] et sans *gharar*[111], ouvre indéniablement de nouvelles perspectives à la conversion. A cet égard, il n'est pas inutile de rappeler que certains auteurs ont admis la conversion d'un contrat de vente en un contrat de *salem*. Ce dernier constitue en effet une variante du contrat de vente. Il s'en distingue par le fait qu'il prévoit un paiement immédiat d'une marchandise qui sera livrée à terme[112]. Eu égard à cette définition, ce contrat est entaché du vice *gharar* car la contrepartie n'existe pas lors de la formation du contrat[113]. Néanmoins, en dépit de l'absence de l'objet lors de sa conclusion (« *bay al ma'adoum* »), la validité du contrat fut reconnue en raison de son utilité économique[114]. D'autres admettent la conversion d'un contrat de *moudharaba*[115] (contrat de commande) en un contrat de prêt, hypothèse consacrée dans l'article 1219 du COC[116]. Un contrat d'*Ijara Mountahia*

المالية الإسلامية: التجربة التونسية" ، التنوع القانوني و الرهانات الاقتصادية، تحت اشراف سامي البسطانجي و فرحات الحرشاني، دار الكتاب، تونس 2015، ص37 و ما بعدها.

[109] Ce contrat est réglementé dans les articles 1195 et suivants du COC sous le nom « *du contrat de commande* ».

[110] Il est défini comme « *tout avantage ou surplus perçu par l'un des contractants sur aucune contrepartie acceptable et légitime du point de vue du droit musulman* » (M. EL-GAMAL, *op.cit.*, p. 78).

[111] Il y a *gharar* dans une opération quand l'objet du contrat est doté de caractère intrinsèquement risqué et incertain, ou, quand elle s'inscrit dans des situations où l'information est incomplète (N. REKIK, art. préc., n° 2, p. 10).

[112] N. REKIK, art. préc., n° 24, p. 24 ; M. RUIMY, *op.cit.*, p. 116 et s.
V. aussi : Ibrahim BEN ABDERRAHMEN BEN SAAD ESSHILI
إبراهيم بن عبد الرحمان بن سعد السحيلي، تحول العقد المالي وأثره، دراسة مقارنة، جامعة الإمام محمد بن سعود الإسلامية، المعهد الأعلى للقضاء،2003، ص 144.

[113] N. REKIK, art. préc., n° 24, p. 24 ; M. RUIMY, *op.cit.*, p. 116.

[114] Le *salem* existait à la médina avant *el Hejra* du prophète, et, était doté d'une utilité économique considérable. Il permettait aux agriculteurs de financer la compagne avant que les arbres fructifient. En raison de cette utilité, la prophète valide le contrat tout en exigeant une détermination précise et non équivoque de son objet (N. REKIK, art. préc., n° 25, p. 25 note 45).

[115] La *moudharaba* ou la commande est définie par l'article 1195 du C.O.C. comme étant « le contrat par lequel une personne, appelée bailleur de fonds, remet un capital déterminé à une autre personne, dénommée gérant ou agent, lequel se charge d'employer un capital dans le commerce, en son propre nom, mais pour le compte du bailleur de fonds, moyennant une quotité déterminée dans les bénéfices ».

[116] Aux termes ce texte, « *Lorsqu'il est stipulé que tous les bénéfices appartiendront au bailleur de fonds, le contrat est une préposition ; lorsqu'il est stipulé que tous les bénéfices appartiendront à l'agent, le contrat est un prêt et on appliquera la règle de ces contrats* ». V. *infra*, n°s 170 et s.
V. en ce sens : Ibrahim BEN ABDERRAHMEN BEN SAAD ESSHILI
إبراهيم بن عبد الرحمان بن سعد السحيلي، المرجع السابق، ص 147 و ما بعدها.
V. aussi IBN NOUJAÏM
ابن النجيم، الأشباه و النظائر، دار الطباعة العامرة، القاهرة، 1920 هجري،ص 208.

Bittamlik[117] qui équivaut à une vente location ou leasing avec option d'achat, nul[118] au regard de la charia[119], peut, enfin, valoir comme une vente[120]. Tous ces contrats islamiques peuvent jouer le rôle d'une « *qualification de rechange* » pour sauver un acte nul. C'est aussi dans ce nouveau contexte que la jurisprudence peut vivifier aujourd'hui la technique de la conversion par réduction[121].

19. Le législateur tunisien a hérité du droit allemand la technique de conversion. En témoigne la référence faite au bas de l'article 375 de l'avant-projet à l'article 140 du Code civil allemand de 1896 (BGB), qui contient la plus ancienne mention de la conversion[122]. Il ne faut pas cependant en déduire que seul le droit allemand a participé à l'élaboration du texte de l'article 328 du C.O.C. Les renvois faits par Santillana en marge et au bas de l'article 375 de l'avant-projet révèlent que le législateur tunisien s'est inspiré aussi des solutions du droit musulman, du droit romain et des textes du Digeste[123]. En témoignent les exemples concrets donnés par les

---

117 Il s'agit d'un contrat qui permet au preneur soit d'acheter le bien à la fin du contrat en versant une somme d'argent prédéterminée, soit de la rendre au propriétaire. Ce type de contrat constitue une variante de l'*ijara*, défini comme un contrat de location avec un transfert de l'usufruit en contrepartie d'un loyer. Contrairement au bail classique celui qui met le bien en location doit impérativement en être le propriétaire, alors que dans le cadre de l'*ijara*, la banque propriétaire de la chose, accorde un usufruit à son client (N. REKIK, art. préc., n°21 et s., p. 24 et s., spéc. n° 23 ; M. RUIMY, op.cit., p. 104 et s.).

118 La majorité des jurisconsultes considèrent que la nullité a pour cause l'existence de deux stipulations contradictoires dans un même contrat, en se fondant sur un hadith du prophète :
قال صلى الله عليه و سلم : " لايحل سلف و بيع و لاشرطان في بيع و لا ربح ما لا يضمن و لا بيع ما ليس عندك".
V. aussi IBN ABDIN
ابن عابدين، حاشية ابن عابدين، عالم الكتب للنشر و التوزيع، المملكة العربية السعودية، 1423 هجري، ص 282-283.

119 Loi canonique islamique régissant la vie religieuse, politique, sociale et individuelle, appliquée de manière stricte dans certains États musulmans. (Les États où la charia est le plus largement appliquée sont, en Asie, l'Iran, l'Arabie saoudite, le Pakistan, l'Afghanistan, l'Iraq, le Yémen, Oman et les Émirats arabes unis, et, en Afrique, le Soudan et le Nigeria (Le petit Larousse, V° charia).

120 V. en ce sens : Ibrahim BEN ABDERRAHMEN BEN SAAD ESSHILI
إبراهيم بن عبد الرحمان بن سعد السحيلي، المرجع السابق، ص 166 و ما بعدها.

121 Il convient toutefois de relever que certains contrats de financement islamique *(ijara, salem..)* doivent obligatoirement être conclus par une banque, ce qui est de nature à limiter l'extension de la conversion en ce domaine.

122 L'article 140 du B.G.B. dispose que : « *Si un acte juridique nul répond aux conditions d'un autre acte juridique, ce dernier entre en vigueur lorsqu'il y a d'admettre que cette substitution aurait été voulu si la nullité avait été connue* » (C. WITZ, Droit privé allemand, Actes juridiques, Droits subjectifs, t.1, Litec, 1992, n° 409, p. 323.- *Adde* X. PERRIN, th. préc. n° 33, p. 44 et n°37, p. 49.

123 V. annexe I
Sur l'influence du droit musulman et du droit romain sur le droit tunisien V. O. BEN FADHEL, Introduction au droit privé comparé, I.O.R.T., 2001, p. 97 et s. ; D. SANTILLANA, avant-propos de l'avant-projet du code civil et commercial tunisien, pp. I et II.
V. aussi :
حاتم الرواتبي، "مجلة الالتزامات و العقود و الإسلام"، مقال منشور بكتاب مائوية مجلة الالتزامات و العقود 1906-2006، مؤلف جماعي، تحت إشراف الأستاذ محمد كمال شرف الدين، مركز النشر الجامعي، تونس 2006، ص 186 و

jurisconsultes malékites et hanafites[124], cités par Santillana en marge de l'article 375 de l'avant-projet[125]. C'est ainsi que *Zarkani*, l'un des représentants de l'école de l'Imam *Malek*, cité par Santillana, en marge de l'article 375 admet que le bail à complant, nul comme tel, peut valoir comme louage d'ouvrage[126]. Mais il ne faut pas pour autant en déduire que le droit musulman en connaît la théorie de conversion, dans la mesure où il ne s'agit que d'applications éparpillées n'ayant fait l'objet d'aucune systématisation[127]. Il y a lieu de relever aussi que les renvois à des textes du Digeste au bas de l'article 375 font apparaître que l'institution de conversion puise ses racines en droit romain [128]. Cela ne veut pas dire toutefois que le droit romain comporte une théorie de la conversion. Il comprend uniquement des applications particulières sur lesquelles les auteurs allemands se sont basés pour édifier leur théorie[129].

20. Bien que la notion de conversion soit importée ou empruntée au droit allemand, le législateur tunisien ne s'est pas aligné pour autant sur la position du Code civil allemand. La formule de l'article 140 B.G.B. exigeant une volonté virtuelle ou hypothétique a été retenue par la plupart des législations qui ont consacré la théorie de la conversion par une transposition de cet article. Seul le législateur tunisien a refusé d'exiger cette condition subjective. Pareille solution se retrouve aussi dans les législations qui ont puisé leur inspiration dans notre Code des obligations et des contrats. On vise par là les législations marocaine[130] et mauritanienne[131] qui n'ont fait que

---

ما بعدها؛ يوسف الرزقي، "القانون التونسي والتشريع الإسلامي"، مقال منشور بكتاب مسائل في فقه القانون المدني المعاصر، ، مؤلف جماعي، منشورات مجمع الأطرش للكتاب المختص ، تونس، 2014، ص 170 و ما بعدها؛ أحمد ادريوش، أصول قانون الالتزامات و العقود، بحث في الأصول الفقهية و التاريخية، منشورات سلسلة المعرفة القانونية، الرباط ، 1996؛ محمود شمام، "الفقه الإسلامي و تأثيره في التشريع الوضعي"، م.ق.ت. عدد1، سنة 1977، ص 13 و ما بعدها.

124 La présence de l'école Hanéfite peut être déduite des renvois faits à l'un des ses représentants, l'imam *Haskafi*, et à son principal ouvrage « *Eddor-el-Mokhtar* » (V. annexe I).

125 Sur les sources matérielles du COC (M.-K. CHARFEDDINE, « *Esquisse sur la méthode normative retenue dans l'établissement du Code tunisien des obligations et des contrats* », RID comp. 1996, p. 421 ; N. BEN AMMOU, « *L'avant-propos de l'avant-projet de code civil et commercial tunisien* », *in* Livre du centenaire du Code des obligations et des contrats, 1906-2006, sous la dir. de M.-K. CHARFEDDINE, C.P.U., Tunis 2006, *passim* ; E. ARFAOUI, Les règles écrites d'interprétation de la loi, Essai d'une méthode officielle d'interprétation des lois, th., FDSPT, 2000, p. 250 et s.)

126 V. annexe I

127 N. BESROUR, th. préc., n° 283, p. 434.

128 DIGESTE, XLVI, 4,8, 19 pr ; XVIII, 5, 5 ; XXIX, A, 3 ; XIII, 5, 1, §4.

129 O. CORNAZ, th. préc.. p. 17.

130 L'article 309 du Dahir des Obligations marocain qui reproduit littéralement les mêmes termes de l'article 328 du C.O.C., prévoit que :

"إذا بطل الالتزام و كانت به من الشروط ما يصح به التزام آخر جرت عليه القواعد المقررة لهذا الالتزام الآخر".

V. sur l'influence du C.O.C. sur le Code des obligations et des contrats au Maroc (D.O.C.) : M.-K. CHARFEDDINE, « *Le C.O.C. tunisien, le D.O.C. marocain et le C.O.C. libanais : esquisse d'une comparaison* », *in* CEDROMA, 75 ème anniversaire du code des obligations et des contrats libanais, Bruylant, Bruxelles, 2010, p. 197 et s. ; M. HASSEN, « *La circulation du Code des obligations et des contrats au Maroc* », *in* Livre du centenaire du Code des

transposer notre article 328 du C.O.C. Ainsi, pour l'application de la conversion, en droit tunisien, il n'est pas nécessaire de s'interroger sur le point de savoir si les parties auraient voulu l'acte nouveau si elles avaient connu la nullité. On doit se contenter de l'exigence des conditions objectives à savoir la nullité de l'acte initial et la présence dans celui-ci des éléments d'un autre acte valable[132]. Il n'est pas superflu de rappeler que la formule relative à la volonté virtuelle existait dans l'article 375 de l'avant-projet, avant que le législateur décide de s'en débarrasser dans le texte final, c'est-à-dire l'actuel article 328 du C.O.C[133].

21. Le droit tunisien sur le point de la conversion se distingue ainsi des droits étrangers qui n'ont pas un texte de portée générale consacrant la conversion à l'instar du droit français et du droit suisse. Cela n'a pas cependant empêché une partie de la doctrine dans ces pays de prétendre que la conversion devait être admise comme conforme aux principes généraux, sans qu'une disposition ne soit insérée dans le droit positif[134]. L'auteur suisse Olivier Cornaz est de cet avis[135]. Japiot écrivait dans le même sens : « *En droit français, bien qu'on ne trouve dans les textes que la consécration de quelques cas spéciaux et très rares de conversion légale, il semble bien qu'il faille admettre dans son entier cette théorie de la conversion, parce qu'elle résulte de considérations rationnelles supérieures que la loi n'avait pas à*

---

obligations et des contrats, 1906-2006, sous la dir. de M.-K. CHARFEDDINE, C.P.U., Tunis 2006, p. 501.

V. sur cette question dans la doctrine marocaine Ahmed Chokri SBAII

أحمد شكري السباعي، نظرية بطلان العقود في القانون المدني المغربي و الفقه الإسلامي و القانون المقارن، منشورات عكاظ، الدار البيضاء، الطبعة الثانية، 1987،ص 380.

- Ahmed HASSAN BORII

أحمد حسن البرعي، نظرية الالتزام في القانون المغربي،مصادر الالتزام ،1-العقد،دار الثقافة، االدار البيضاء، المغرب، 1981 ص166 و ما بعدها.

- Idriss El ABDELLAOUI

ادريس العبدلاوي، نظرية العقد، محاضرات في مادة القانون المدني، 1976، ص 154 و ما بعدها.

[131] V. aussi l'article 322 du Code des obligations et des contrats mauritanien :
" إذا بطل الالتزام و كانت به من الشروط ما يصح به التزام آخر جرت عليه القواعد المقررة لهذا الالتزام الآخر".

[132] N. BESROUR, th. préc., n° 324, p. 478.

[133] L'article 375 de l'avant-projet du Code civil et commercial tunisien dispose que : « *l'obligation qui est nulle comme telle, mais qui a les conditions de validité d'une obligation légitime, peut valoir sous cette nouvelle forme, lorsqu'il résulte des circonstances que les parties l'auraient ainsi voulue si elles avaient connu la nullité de l'obligation primitive* ».

[134] O. CORNAZ, th. préc., p. 80 et s.; PIEDELIEVRE, th. préc., p. 121- *Contra.* A. BOUJEKA, *art. préc.*, n° 51, p. 244. L'auteur conteste ce point de vue en disant : « *A y regarder de plus près, il nous parait plus difficile de souscrire totalement à cette opinion. Non point parce qu'elle fait fi de la volonté individuelle. Au contraire, Japiot semble lui attacher le respect qui lui est dû. C'est la puissance normative qu'il attribue à la conversion qui nous paraît contestable. De la nullité, l'effet destructeur doit demeurer l'effet principal, la conversion produisant dès lors une exception qu'aucun impératif de « rationalité supérieure » ne saurait ériger de principe général du Droit en dehors d'une prescription légale. Le respect de l'autonomie de la volonté justifie amplement cette efficacité marginale de la conversion* ».

[135] O. CORNAZ, th. préc., p. 80 et s.

consacrer d'une façon expresse dans leur généralité en tant que principe théorique.. »[136].

22. L'absence d'un texte équivalent à l'article 328 du C.O.C., ne paraît pas en constituer aussi un obstacle à l'application des principes de la conversion en droit tunisien. La difficulté peut, en effet, être détournée par les ressources de l'interprétation, et plus spécialement grâce à l'article 518 du C.O.C.[137] et son équivalent l'article 1191 du C.C.F.[138] qui invitent les tribunaux à interpréter le contrat dans le sens qui lui permet d'avoir quelque effet, plutôt que dans le sens avec lequel il n'en pourrait produire aucun[139]. En ce sens, M. Sami Jerbi avait affirmé, dans sa thèse sur « *l'interprétation du contrat* », que la conversion peut trouver appui dans l'article 518 du C.O.C. qui consacre la règle de l'effet utile du contrat[140]. La jurisprudence peut également s'appuyer sur les règles du droit musulman, dites règles principielles, pour appliquer les principes de la conversion[141]. Il en est ainsi par exemple, de la règle qui énonce qu'« *il vaut mieux donner effet à la parole, plutôt que de n'en donner aucun* »[142]. Le juge peut encore asseoir la conversion sur la règle selon laquelle « *ce qui ne peut être obtenu dans son intégralité, ne doit pas être délaissé dans son intégralité* »[143].

---

[136] R. JAPIOT, th. préc., p. 672, note 1.

[137] L'article 518 du C.O.C. dispose que : « *Lorsqu'une expression ou une clause est susceptible de deux sens, on doit plutôt l'entendre dans celui avec lequel elle peut avoir quelque effet, que dans le sens avec lequel elle n'en aurait aucun* ». V. *infra*, n°s 582 et s.

[138] L'article 1191 du C.C.F. tel que modifié par l'ordonnance n° 2016-131 du 10 février 2016 portant réforme du droit des contrats, du régime général et de la preuve des obligations dispose que : « *Lorsqu'une clause est susceptible de deux sens, celui qui lui confère un effet l'emporte sur celui qui ne lui en fait produire aucun* ».

[139] V. en ce sens Sami JERBI :

سامي الجربي، تفسير العقد، تقديم المرحوم محمد العربي هاشم، الطبعة الثالثة، مركز النشر الجامعي، 2014، عدد 377 و ما بعدها، ص 494 و ما بعدها.

V° sur la question en droit français : P. WERY, Droit des obligations, vol.1, Théorie générale du contrat, 2e éd., Larcier 2011, n° 355-3, p. 348.

[140] V. Sami JERBI

سامي الجربي، "تفسير العقد"، المرجع السابق، عدد 381، ص 498-499: " الإرادة المثالية تقتضي أن يقوم الأطراف بالاتفاق على عمل قانوني صحيح، لو كانا يعلمان ببطلان التصرف الأساسي. و بذلك لا ينتفي دور الإرادة بشكل مطلق في التحول، و يكون الفصل 518 م ا ع المرشد لها، نحو طريق النجاة. و نلمس في القانون المقارن، حيث يغيب فصل هام كهذا، أو خاص كالفصل 328 م ا ع ، استلحاق النقاش بالتفسير طبقا للفصل 518 م ا ع أو 1157 م م ف ، أو اعتماد مبدإ إعمال الكلام خير من إهماله. و القضاء التونسي أكد على أن تحول العقد مبني على التأويل. و يتجلى ذلك في سعي القاضي إلى العثور على وصف قانوني سليم، و استبعاد كل وصف لا يستقيم. و هذا لا ينفي استلحاق التحول بالتفسير أولا، قبل الوصف القانوني".

Monsieur N. BESROUR avait noté que l'idée de rattachement de la conversion à l'article 518 du C.O.C. a été déjà faite depuis longtemps par André MOREL, Précis de droit civil musulman. Commentaire du code tunisien des obligations et des contrats, t.1, Tunis, Imp. Rapide, 1911, p. 124, cité par N. BESROUR, th. préc., p. 445, note 1145.

[141] V. *infra* n° 309.

[142] Notre traduction ; cette règle dispose en arabe :

مبدأ" إعمال الكلام خير من إهماله".

Voir en ce sens :

سامي الجربي، "تفسير العقد"، المرجع السابق، عدد 381، ص 498-499.

[143] Notre traduction ; cette règle dispose en arabe :

23. La faveur des rédacteurs du C.O.C. au principe de l'effet utile du contrat ou encore à l'idée du *favor contractus*, se manifeste encore nettement dans le domaine de droit international privé[144]. L'article 68 du C.D.I.P. prévoit, en effet, que : « *Le contrat est valable quant à la forme s'il satisfait aux conditions déterminées par la loi applicable au contrat ou par celle du lieu de sa conclusion. La forme d'un contrat, conclu entre personnes qui se trouvent dans des Etats différents, est valable si elle satisfait aux conditions fixées par le droit de l'un de ces Etats* »[145]. En fait, la convertibilité des contrats internationaux, s'inscrit dans un mouvement international tendant au sauvetage des actes juridiques. La convention de la Haye du 5 octobre 1961 sur les conflits de lois en matière de forme des dispositions testamentaires prévoit en effet dans son article premier la validité en la forme du testament conforme à la loi du lieu de rédaction, à la loi nationale, à la loi du domicile ou encore à celle du lieu de situation de l'immeuble. Ladite Convention manifeste ainsi une grande faveur pour les testaments (*favor testamenti*) en admettant leur validité en la forme du moment qu'elle était admise par un des nombreux rattachements qu'elle prévoyait[146].

24. Malgré sa réglementation par la législation tunisienne depuis 1906, date de promulgation du Code des obligations et des contrats, la conversion n'a pas eu, jusqu'à nos jours, l'égard qu'elle mérite, et on continue encore à la négliger dans la doctrine, et ce malgré sa grande importance théorique et les avantages qu'elle procure sur le plan de la stabilité des rapports contractuels[147]. A notre connaissance, la première fois que l'on a fait allusion à cette théorie, c'était en 1993 par Mohamed Zine, qui lui a consacré un paragraphe dans son ouvrage de droit civil relatif au contrat, dans le chapitre consacré aux effets de l'annulation[148]. Plusieurs autres auteurs y ont par la suite consacré quelques passages dans les ouvrages consacrés à la théorie des nullités en particulier[149]. La conversion reste malgré cela une notion à

قاعدة "ما لا يدرك كله لا يترك كله"

[144] A. MEZGHANI, Commentaire du Code de droit international privé, C.P.U. 1999, p. 133 et s.

[145] La faveur à la validité des actes juridiques en la forme se manifeste spécialement pour les libéralités, le legs et la donation (articles 55 et 56 du C.D.I.P.) ; V. *infra* n° 88 et 89.

[146] Ph. MALAURIE, Droit civil, Les successions, Les libéralités, 35e éd., 2012, DEFRENOIS, n° 486 ; V. *infra* n° 87.

[147] N. BESROUR, th. préc., n° 284, pp. 434 et 435.

[148] Mohamed ZINE

محمد الزين،النظرية العامة للالتزام، 1 العقد، المرجع السابق، عدد 314، ص 248- 249.

[149] V. la bibliographie en langue française sur la conversion : N. BESROUR, th. préc., n° 281 et s. et s., p. 430 et s. ; Y. KNANI, Droit commercial, Les effets de commerce-le chèque-le virement et la carte de paiement, 2ème éd., Coll. M / Sciences juridiques ; C.P.U., 1999, n°50, p. 72 ;A. REBAÏ, « *La période précontractuelle dans le Code des obligations et des contrats* », *in* Livre du centenaire du Code des obligations et des contrats, 1906-2006, sous la dir. de M.-K. CHARFEDDINE, C.P.U., Tunis 2006, nos 30 et 31, pp. 286-287 ; S. ROMDHANA, « *Le formalisme cambiaire* », *in* Regards sur le formalisme en droit privé, actes du colloque organisé par l'association tunisienne de droit privé les 9-10-11décembre avec le soutien de l'institut français de coopération, coll. forum des juristes, n° 12, Faculté de

découvrir du fait qu'elle n'a pas fait, jusqu'à aujourd'hui, en droit tunisien l'objet d'une étude doctrinale détaillée[150].

25. La présente recherche voudrait contribuer à combler cette lacune pour faire de la conversion une notion connue et reconnue. Ce n'est pas chose facile. La bibliographie relative à la conversion est moins abondante en droit tunisien que dans le droit comparé. C'est la raison pour laquelle nous croyons opportun de puiser dans les enseignements du droit étranger, notamment le droit allemand, français et suisse, pour éclairer certaines questions, largement étudiées par les auteurs des pays en question. Il ne saurait être question, cependant, d'en faire ici une étude complète de droit comparé. En effet, même si nous réservions parfois au droit comparé une partie spéciale, c'est essentiellement pour dégager le particularisme de la conversion en droit tunisien.

26. Le désintérêt doctrinal de la conversion se transforme parfois en franche hostilité pour certains auteurs, français notamment. Ces derniers ont toujours considéré la conversion comme une notion « *erronée et inutile* »[151] ou encore une institution qui « *ne marque, lorsqu'en l'examine de plus près*

---

droit et des sciences politiques de Tunis, 2007, p.62. ; S. BOUSSAADA, La conversion en matière de lettre de change, mémoire pour le mastère en droit des affaires, Faculté de Droit et des sciences politiques et économiques de Sousse, 2005.

V. la bibliographie en langue arabe sur la conversion:

سامي الجربي، تفسير العقد، المرجع السابق، عدد 377 و ما بعدها، ص 494 و ما بعدها؛.عبد الوهاب الرباعي، " نظرية البطلان في فقه قضاء محكمة التعقيب"، خمسون عاما من فقه القضاء المدني 1959-2009، تحت إشراف الأستاذ كمال شرف الدين، مركز النشر الجامعي، تونس 2010، عدد 39، ص 651-652؛أحمد بن طالب، التفويت في ملك الغير، تقديم كمال شرف الدين، دار الميزان للنشر، 2009، عدد 230 و ما بعدها، ص 285 و ما بعدها؛ محمد بقبق، قانون مدني ، النظرية العامة للالتزام، التصرف القانوني ، المرجع السابق، عدد 347 ، ص 257؛ حاتم محمدي، التنازل عن الحق العيني، تقديم بشير المنوبي الفرشيشي، طبعة ثانية منقحة، مركز النشر الجامعي، 2014، عدد 212، ص 217؛ بهاء خليل، تحول الالتزام، مذكرة لنيل شهادة الماجستير في القانون، شعبة القانون الخاص، كلية الحقوق و العلوم السياسية بتونس، 2006؛ أحمد الورفلي، المقال سابق الذكر، ص 139 و 140؛ المنجي طرشونة، محاضرات في القانون المدني، النظرية العامة للالتزام، العقد، السنة الثانية من الأستاذية في الحقوق، كلية الحقوق و العلوم الاقتصادية و السياسية بتونس، 1993-1994ص، 152؛ عماد مميش، نجاعة الكفالة، قراءة في تبعية التزام الكفيل، تقديم الأستاذ يوسف الكناني، مركز النشر الجامعي، 2010، ص 137 و ما بعدها؛ ليليا بوستة، الكفالة العينية، مذكرة لنيل شهادة الدراسات المعمقة في العلوم الجنائية ، كلية الحقوق و العلوم السياسية بتونس، 1997، ص 77 و ما بعدها؛ محمد بقبق، قانون مدني ، النظرية العامة للالتزام، التصرف القانوني، المرجع السابق، عدد 347، ص 257.

[150] La situation est toute autre en droit comparé, là où on trouve des thèses et des ouvrages consacrés à l'étude de la conversion que ce soit en langue française ou arabe:

V. par ex. X. PERRIN, La conversion par réduction des actes et des personnes juridiques, Essai d'une théorie en droit français, th. Dijon, 1911 ; O. CORNAZ, La conversion des actes juridiques, th. Lausanne 1937.

V. aussi : Saheb ABID FATLEWI

صاحب عبيد الفتلاوي، تحول العقد، دراسة مقارنة، الطبعة الأولى، مكتبة دار الثقافة للنشر و التوزيع، الأردن، 1998.

Ahmed YOSSRI

أحمد يسري، تحول التصرف القانوني، دراسة مقارنة للمادة (144) مدني مصري على أساس المادة (140) ألماني، مطبعة الرسالة، 1958.

[151] Cette qualification a été retenue par H. MAZEAUD, lorsque la commission de réforme du Code civil a abordé la question de la conversion par réduction (propos rapporté par M. D. TALLON, R.I.D.C., 1990, p. 1044). Il faut noter aussi que la commission qui a récemment modifié le Code civil français par l'ordonnance n° 2016-131 du 10 février 2016, n'était pas favorable à l'introduction de la technique de conversion en droit français.

qu'une originalité très restreinte »[152]. Cette attitude n'est d'ailleurs pas spécifique à la doctrine française. Un auteur suisse, Olivier Cornaz, a remarqué aussi que la conversion « *ne constitue pas une institution originale et ne mérite pas une réglementation légale spéciale. C'est une notion superflue que l'on pourrait aisément supprimer* »[153].

27. Il y a lieu de remarquer aussi que bien que le C.O.C. comporte un texte général relatif à la conversion, celle-ci n'a pas reçu un accueil favorable de la part de la jurisprudence tunisienne. La rareté des applications jurisprudentielles devient paradoxale, puisque la généralité de l'article 328 du C.O.C. devrait amener les juges à appliquer cette théorie aux multiples et diverses hypothèses dont ils sont appelés à traiter. Or c'est tout à fait le contraire qui se constate[154]. Il est encore plus surprenant de constater que la référence explicite au terme de « *conversion* », et encore moins à l'article 328, est rarement faite, même par les décisions qui s'en inspirent. Les juges préfèrent souvent s'appuyer sur la technique d'interprétation et de la nullité partielle. Ce n'est qu'en 2012, a-t-on noté, que la Cour de cassation a abandonné cette attitude initiale et a employé le terme de conversion[155]. Nous souhaitons que cette solution soit confirmée et qu'elle mette définitivement fin à la longue période au cours de laquelle la Cour de cassation ramenait la conversion à un cas d'interprétation des volontés, de nullité partielle ou de requalification[156]. Curieusement, dans cet arrêt, la Cour de cassation s'est appuyée sur une prétendue volonté virtuelle des parties pour convertir un acte en un autre, comme si celle-ci constitue une condition de la conversion en droit tunisien[157]. La position de la Cour de cassation méconnaît l'originalité de la conception objective de l'article 328 du C.O.C. Elle s'explique par l'influence de la théorie de l'autonomie de la volonté. Le poids de l'histoire n'y est sans doute pas étranger. On sait, en effet, que le législateur a emprunté la conversion du droit allemand. Or, la conversion telle qu'elle avait été forgée par la doctrine allemande repose sur la volonté virtuelle des parties.

28. Cette difficile reconnaissance de la conversion par la doctrine et par la jurisprudence semble doublement compréhensible. Elle peut s'expliquer par

---

[152] J. PIEDELIEVRE, th. préc., p. 137

[153] O. CORNAZ, th. préc., p. 119.

[154] N. BESROUR, th. préc., n° 304, p. 461.

[155] V. en ce sens : Cass.civ., n° 62249, du 7 mai 2012, inédit (V. annexe III).

" و حيث لما كان البطلان يستتبع اعتبار العقد معدوما و إرجاع كل شيء إلى أصله و لما كانت إمكانية تحويل التصرف الباطل إلى تصرف آخر صحيح واردة إعمالا لنظرية **تحول** العقد مناط الفصل 328 من مجلة الالتزامات و العقود..."

[156] V. *infra* n°s 591 et s.

[157] V. en ce sens : Cass.civ., n° 62249, du 7 mai 2012, préc.

" و حيث لما كان البطلان يستتبع اعتبار العقد معدوما و إرجاع كل شيء إلى أصله و لما كانت إمكانية تحويل التصرف الباطل إلى تصرف آخر صحيح واردة إعمالا لنظرية تحول العقد مناط الفصل 328 من مجلة الالتزامات و العقود كلما توفرت شروط تحول العقد و التي من ضمنها شرط ثبوت انصراف إرادة المتعاقدين المحتملة إلى هذا التصرف الآخر كشرط يكون متاحا الوقوف على توافره من خلال البحث عن النية المشتركة للمتعاقدين التي يستهدي القاضي للكشف عنها على ضوء مضمون بنود العقد و الطريقة التي ينفذ بها فان مصلحة الطاعنة في القيام بطلب إبطال عقد الإيجار المالي و احتياطيا إعادة تكييفه كعقد قرض تكون قائمة بلا جدال".

l'imprécision, l'**incohérence** et le caractère **lacunaire** de la **notion** même de conversion, d'une part et par l'**archaïsme, l'immobilisme** ou la **stagnation** de son **régime**, d'autre part. L'ensemble de ces défauts paralyse à l'heure actuelle le réel épanouissement de la conversion et en fait une notion désuète, voire obsolète. L'objectif de cette recherche est de proposer une analyse renouvelée de la conversion susceptible de garantir l'essor de cette institution. Mais, il convient auparavant d'analyser les maux de la conversion précédemment soulignés, relativement à la notion et au régime.

29. L'imprécision de la notion est évidemment l'un des obstacles majeurs à l'essor de cette institution. La conversion est devenue une expression sans contenu juridique précis pour évoquer la transformation et donc une qualification erronée. Plusieurs arguments militent en ce sens. Le premier est d'ordre linguistique. La conversion, terme exclusivement juridique, est parfois utilisée dans le langage courant pour signifier la transformation ou l'apparition d'une chose nouvelle. Le législateur participe parfois à ce phénomène. Le terme de conversion a en effet été employé par le législateur dans certaines situations précises, mais dans le sens vulgaire, générique et non juridique, de remplacement d'une chose par une autre et non pour désigner une institution susceptible de faire en soi l'objet d'une théorie générale. Le terme a notamment été employé en matière procédurale pour désigner la conversion de la saisie conservatoire en saisie immobilière (article 449 du C.P.C.C.). La même terminologie a été également utilisée en droit commercial pour décrire la conversion des obligations en actions (article 340 du C.S.C.). Il n'y a ni vice ni irrégularité et pourtant, parce que le terme est évocateur, la loi qualifie à tort l'opération de conversion. De même en droit français, on parlait de la conversion de la séparation de corps en divorce[158] de la conversion de l'usufruit du conjoint survivant en une rente viagère[159] ou de la conversion du règlement amiable en règlement judiciaire[160]. Dans toutes ces hypothèses où précédemment le législateur parlait de « *conversion* », il y avait plutôt « transformation ordinaire » puisque c'est la volonté unilatérale d'une partie, et parfois c'est un accord que l'on rencontre à la base du changement[161].

---

[158] « *Substitution du divorce à la séparation de corps que le juge doit prononcer pour la cause même de la séparation et sans modifier l'attribution des torts, si l'un des époux le demande, après trois années de séparation ou, même avant l'expiration de ce délai, à la demande conjointe des époux* » (art. 306 du C.C.F.). V. G. CORNU, *Vocabulaire juridique, préc*., V° « *conversion* », sens 2.

[159] « *Substitution d'une rente viagère équivalente à l'usufruit légal de l'époux survivant que les héritiers, s'ils sont s'accord, peuvent imposer à ce dernier, moyennant sureté suffisante et garantie du maintien de l'équivalence initiale* » (art. 759 du C.C.F.) G. CORNU, *Vocabulaire juridique, préc*., V° « *conversion* », sens 2.

[160] « *Nom donné à l'ouverture d'un redressement judiciaire corrélatif à la résolution de l'accord de règlement amiable que le tribunal peut décider en cas d'inexécution des engagements financiers pris lors de ce règlement* ». V. G. CORNU, *Vocabulaire juridique, préc*., V. « *conversion* », sens 2-*Adde* A. COURET, art. préc., n° 8, p. 274.

[161] X. PERRIN, th. préc. n° 9, p. 14.

30. Le deuxième argument permettant de penser que la conversion n'est pas utilisée en tant que notion juridique autonome, est d'ordre doctrinal. Les rares auteurs qui ont traité notre sujet y ont fait rentrer parfois des cas particuliers qui n'avaient avec lui que de lointains rapports afin de donner plus d'ampleur à leurs théories. Perrin en particulier ramène la conversion à un cas de nullité partielle de l'acte juridique[162]. Olivier Cornaz écrivait que la conversion ne se distingue pas de l'interprétation de la volonté[163]. Plus récemment encore Madame Pancrazi-Tian ramène la conversion à une simple opération de requalification[164]. Or, il n'est pas inutile de souligner que cette prétendue conversion, ou « *requalification salvatrice* »[165] du contrat, pour emprunter une terminologie du même auteur, constitue purement et simplement un cas de requalification, dans la mesure où le juge ne fait que modifier l'appellation juridique de l'acte sans statuer sur sa validité[166]. Il est enfin notable que la jurisprudence tunisienne se soit à plusieurs reprises servie de la nullité partielle, de la technique d'interprétation ou encore de la requalification pour décrire une conversion que l'on pourrait qualifier de « masquée » ou encore « *voilée* »[167]. Les hypothèses de conversion semblent donc discrètes dans la jurisprudence tunisienne.

31. L'incohérence ou l'hétérogénéité de la notion peut s'expliquer par le fait qu'il n'existe pas une, mais des notions de conversion. Les travaux menés par les auteurs classiques donnent ce sentiment puisqu'ils s'accordent à reconnaître qu'il existe deux sortes de conversion, l'une subjective ou volontaire, opérant en vertu d'une volonté spécialement dirigée vers elle, et l'autre objective ou involontaire, opérant sans même avoir été prévue des parties[168]. De plus, au-delà de cette distinction première s'opère une nouvelle division entre la conversion par réduction, d'une part et la conversion par « *ampliation* » ou par « *augmentation* », d'autre part. La première tend à réduire la portée des effets de l'acte initial, alors que la seconde tend à amplifier les effets de la situation juridique ancienne. Pareille situation donne à la conversion, selon les mêmes auteurs, un caractère protéiforme et hétérogène[169].

32. Le caractère lacunaire de la notion de conversion n'est pas à démontrer. La conversion est traditionnellement définie comme l'opération qui consiste à tirer d'un acte nul un acte nouveau valable[170]. Le champ

---

162 V. *supra* n° 11.
163 O. CORNAZ, th. préc., p. 119.
164 M.-E. PANCRAZI-TIAN, La protection judiciaire du lien contractuel, th. P.U.A.M., 1996, n° 26 et s.
165 *Ibid.*
166 O. GOUT, *op.cit.*, n° 715 et s., p. 486 et s., spéc. note 1739.
167 V. *infra* n°s 591 et s.
168 V. sur l'ensemble de la question X. PERRIN, th. préc., n° 3, pp. 6 et 7.
169 A. COURET, art. préc., n° 11, p. 225 et n° 13, p. 228.
170 V. not. R. JAPIOT, th. préc., p. 672, note1. - *Adde* plus récemment : O. GOUT, *op.cit.*, n° 702.

d'application de cette institution est de ce fait limité au cas d'un acte nul. Valables dans ses grands traits, cette définition n'est pas encore tout à fait conforme à la réalité. Elle présente l'immense inconvénient de faire de la conversion une application ponctuelle : admise dans certains cas, elle est en revanche écartée dans d'autres, sans qu'une raison puisse totalement légitimer cette discrimination. Il en est ainsi notamment lorsque l'acte majeur est frappé de caducité, de résolution ou plus généralement d'une cause d'inefficacité[171]. On ne voit pas dans telles hypothèses ce qui justifierait l'exclusion de la conversion lorsque le même acte ne peut plus déployer d'effets pour une cause postérieure à sa formation, alors que les éléments qui demeurent puissent former une nouvelle forme juridique[172]. Le terme de conversion semble riche de nombreuses potentialités. Il paraît dès lors souhaitable que le domaine classique, voire privilégié de la conversion soit élargi encore pour sauver le maximum d'actes juridiques frappés dans leurs éléments essentiels, soit au moment de leur formation, soit au stade de leur exécution[173].

33. Cette idée n'est pas nouvelle. Il a été démontré depuis longtemps que le §140 du B.G.B. n'était pas, même en droit allemand, la mesure unique de la conversion[174]. Plus récemment encore, M. Psacal Lipinski exprimait son souhait que le domaine de la conversion soit étendu au contentieux de l'inexécution[175]. Aussi, en droit tunisien, on peut observer que le mouvement de l'extension de la conversion a été amorcé par le législateur depuis quelque temps, notamment en matière des sociétés commerciales. L'article 23 du C.S.C. prévoit en effet qu'« en cas de réunion de toutes les parts sociales d'une société de personne entre les mains d'un seul associé, la société se transforme en société unipersonnelle à responsabilité limitée »[176]. Cet « *engouement* » pour l'élargissement du domaine de notre institution est encore perceptible en jurisprudence tunisienne. C'est ainsi que, dans un jugement récent, rendu le 24 mars 2016, le tribunal de première instance de

---

[171] V. *infra* n°s 197 et s. et n°s 275 et s.

[172] P. LIPINSKI, art. préc., n° 15, p. 1176.

[173] *Ibid.*, n°6, p. 1171 et n° 15, p. 1176.

[174] X. PERRIN, th. préc., n° 47, p. 63 ; P. LIPINSKI, art. préc., n° 15, p. 1176.

[175] P. LIPINSKI, art. préc., n° 6, p. 1171.

[176] A. OMRANE, « *Le droit tunisien des sociétés entre l'archaïsme et la modernité* », Etudes juridiques, Revue publiée par la Faculté de Droit de Sfax, 2003, n° 10, p. 117, spéc. p. 128 et s. ; S. MELLOULI et S. FRIKHA, Les sociétés commerciales, *op. cit.*, n° 342, p. 106 ; K. KHARROUBI, Droit des sociétés commerciales, *op. cit.*, n° 635, pp. 403-404 ; Ch. LABASTIE-DAHDOUH et H. DAHDOUH, Droit commercial, vol. 2, Entreprises sociétaires, tome 1, règles communes, *op. cit.*, n°, p. 269 ; H. FRIKHA, Les techniques permettant d'éviter la dissolution des sociétés commerciales, Mémoire pour l'obtention du mastère en droit des affaires, 2005-2006, p.97 et s.
V. aussi
صالح بوراس، شركة الشخص الواحد ذات المسؤولية المحدودة، الملتقى الدولي حول مجلة الشركات التجارية، يومي 5 و 6 أفريل 2001، منشورات مركز الدراسات القانونية و القضائية، تونس 2002، ص 233 ؛ عماد الدرويش، شركة الشخص الواحد ذات المسؤولية المحدودة، م. ق. ت. 2002، عدد 8، ض 35؛ رضا عبد الصادق، شركة الشخص الواحد ذات المسؤولية المحدودة، م. ق. ت. 2001، عدد 10، ص.147.

Sfax a étendu la conversion à l'hypothèse de prescription pour admettre la conversion d'une lettre de change prescrite en une reconnaissance de dette[177].

34. Le **régime** traditionnel de la conversion révèle aussi comment son archaïsme handicapait autrefois l'épanouissement de la notion. Il est traditionnellement enseigné que la conversion opère ipso facto dès que ses conditions se trouvent réunies, aucun jugement ne semble nécessaire ; à supposer qu'il y ait litige et qu'un jugement doive être prononcé, le jugement serait déclaratif, car le juge se bornerait à constater un état de droit préexistant. Le caractère fondamentalement judiciaire de la conversion a été donc négligé par la doctrine classique. L'importance du rôle joué par le juge dans la conversion a également été méconnue. Les tenants de cette analyse estiment qu'il serait exagéré de dire que sous le § 140, l'équivalent de l'article 328 du C.O.C., le juge refait en lieu et place des parties un acte qu'elles avaient mal conçu au point de vue juridique[178]. Son rôle est singulièrement passif[179]. La jurisprudence tunisienne, pour rester fidèle à une conception classique, et donc réductrice du rôle du juge en matière contractuelle, préfère souvent abriter la conversion sous le voile de l'interprétation[180], la nullité partielle[181] ou la requalification[182]. Ce raisonnement est cependant archaïque, et ne tient pas compte de l'évolution du droit et encore plus du caractère purement objectif de l'article 328 du C.O.C. A cette conception avant-gardiste s'oppose donc une réalité hostile à la conversion. Par ailleurs, au regard des principes de droit processuel, la doctrine classique a eu tendance pendant longtemps à admettre que seules les parties pouvaient introduire l'action en conversion. Le juge ne pourrait soulever d'office la conversion sous peine de heurter le principe dispositif qui interdit d'introduire des éléments nouveaux dans le procès.

35. Passé ce premier constat, il semble nécessaire maintenant d'aller plus avant dans les recherches et proposer une analyse renouvelée de la conversion aussi bien dans son acception que dans sa mise en œuvre. S'agissant de la **notion**, au lieu de renouer avec une définition étroite, lacunaire et embryonnaire de la conversion, il convient de sortir celle-ci de la torpeur dans laquelle elle tend à s'enliser. Contrairement à une conception classique et étroite qui envisageait la conversion comme opérant seulement à la suite d'un vice

---

[177] Jugement du T.P.I. de Sfax n° 47664 du 24 mars 2016, inédit (V. annexe IV).
" و حيث و من جهة أخرى و على فرض سقوط الدعوى الصرفية عملا بأحكام الفصل 335 من م. ت. فان ذلك لا يمنع من اعتبار حجة الدين (الكمبيالة) نافذة طبق القانون العام باعتبارها تستحيل إلى كتب اعتراف بدين ممضى من قبل المدين و قد اقتضى الفصل 328 من م ا ع أنه "إذا بطل الالتزام و كانت به من الشروط ما يصح به التزام آخر جرت عليه القواعد المقررة لهذا الالتزام".

[178] X. PERRIN, th. préc., n° 39, p. 52.

[179] *Ibid*., n° 39, pp. 52 et 53 ; A. PIEDEDLIEVRE, Quelques réflexions sur la maxime « *Quod nullim et nullim producit effectum* », *in* Mélanges offerts à Monsieur le professeur P. VOIRIN, L.G.D.J., 1966, p. 638 et s. ; A. COURET, art. préc., n° 38, p. 240 ; A. COURET, art. préc., n° 39, p. 240.

[180] Cass. civ., n° 6557, du 25 mars 1955, R.J.L. 1960,p. 278.

[181] Cass. civ., n° 9842, du 29 janvier 1974, B.C.C. 1974, I, 175.

[182] Cass. civ., n° 62249, du 7 mai 2012 (inédit) V. annexe III.

originaire du premier acte, on tente de démontrer qu'elle peut agir pour cause survenant *a posteriori*, notamment dans l'hypothèse de survenance d'une cause de caducité. L'un des objectifs de cette étude est donc de proposer une nouvelle définition de la conversion susceptible d'embrasser tous les cas de conversion possibles. Mais, il convient, à présent, compte tenu des remarques précédemment relevées, de présenter une définition de la conversion, certes, provisoire, mais indispensable pour la compréhension des développements qui vont suivre. On peut l'exprimer ainsi : la conversion est *la technique qui donne effet, en dehors de l'intervention d'une volonté, à un acte juridique, lorsque les éléments qui demeurent correspondent à la définition d'une figure juridique nouvelle*[183].

36. Là ne s'arrêtent pas, au demeurant les bouleversements. Il convient d'aller jusqu'au bout dans la recherche et proposer une modernisation du **régime** de la conversion. La conversion moderne exige l'intervention active du juge non seulement pour vérifier si les conditions de la conversion sont réunies, mais aussi et surtout pour se prononcer sur son opportunité. L'objectif de cette étude est de démontrer que le juge et le législateur peuvent participer à la réfection d'un acte à la place des parties. La conversion place ces deux acteurs au rang de véritables formateurs ou de « *faiseurs* »[184] du contrat. La doctrine classique avait tort d'analyser la conversion comme reposant sur une interprétation des volontés. Il est illusoire de fonder celle-ci sur la volonté d'un nouvel acte juridique[185]. Si donc la volonté des parties ne peut pas être seule opérante, il faudra attendre l'intervention du juge pour prononcer la conversion. La décision, ici, a un « *effet constitutif et non déclaratif* »[186]. La décision prononçant la conversion est aussi un acte juridictionnel contentieux[187]. Le rôle de juge ne se limite pas à contrôler un accord conclu entre les parties. Il faut donc rompre avec l'analyse classique qui considère que la décision de conversion est un acte judiciaire dépourvu de caractère juridictionnel, pour admettre que celui-ci rend comme même un véritable jugement[188]. Les pouvoirs du juge dans la conversion sont plus éloquents encore, lorsqu'il soulèvera la conversion de sa propre initiative.

37. L'évolution souhaitée inquiète, cependant, non seulement du côté de la **notion** de conversion, mais aussi de son **régime**. Envisagée sous l'angle de la **notion** de conversion, il y a lieu de relever que toute proposition d'extension de son appréhension juridique risque de conduire à une méconnaissance de ce qui fait l'essence et la spécificité de cette notion. L'excès de généralisation risque d'être synonyme de perte de sens dans la mesure où il peut se faire au détriment de la précision de la notion. Plus encore, la généralisation de la mise en œuvre de la conversion peut menacer l'unité et la cohérence de la notion en ce sens

---

[183] Pour une définition définitive de la conversion, V. *Infra* n°510 et 804.
[184] J. MASSIP, « La réforme du divorce », *Rép. Def*, 1976, spéc.n° 197, p.244.
[185] F. TERRE, th. préc., n° 229 à 230 ; D. GRILLET-PONTON, th. préc., n° 274, p. 316.
[186] A. COURET, art. préc., n° 41, p. 241 ; V. *infra* n°s 610 et s.
[187] P. LIPINSKI, art. préc., n° 32, p. 1189 ; V. *infra* n^{os}767 et s.
[188] *Ibid.* ; V. *infra* n° 771.

qu'il peut conduire à son éclatement. A cela, on rajoute que le caractère subjectif de la notion de conversion dans la jurisprudence tunisienne empêche toute entreprise de rationalisation dans son appréciation[189]. La diversité est toujours perçue avec scepticisme. Elle risque aussi de susciter de la méfiance face à une systématisation de la notion, pourtant nécessaire.

38. L'évolution souhaitée inquiète également du côté du **régime** de la conversion. La rénovation du régime dans le sens de l'accroissement du rôle du juge en la matière est source de réels risques d'insécurité juridique et d'arbitraire. La conversion, rappelons-le, met à la disposition du juge un pouvoir de réfection de l'acte juridique. Le problème devient le suivant : comment un acte que l'on n'a point voulu peut s'imposer aux parties et aux tiers ? Cette question met en cause le principe de l'autonomie de la volonté, et laisse entrevoir que le rôle de cette dernière n'est pas, au point de vue juridique, aussi étendu qu'on le pense dans la théorie classique, puisque, sans son intervention, un acte juridique peut se former en lieu et place de celui qu'elle avait visé[190]. L'image du contrat, en tant que fruit de la volonté des parties ne se trouve-t-elle pas contrariée ? Autre chose est de savoir si une telle initiative ne va pas à l'encontre de certains principes classiques régissant le contrat tels que le principe de la force obligatoire du contrat, et qui, de prime abord, paraît même constituer un obstacle à l'intervention du juge ? Répondre à ces questions est une tâche qui n'est pas aisée. Il est hasardeux de critiquer et de chercher à bouleverser les idées et les conceptions jusque-là enseignées et qui, à force d'être répétées, ont fini par être tenues pour vérités absolues.

39. L'essor de la conversion invite ainsi à redéfinir la notion et à rénover son régime. L'évolution préconisée commande aussi de prendre en considération les craintes déjà relevées. Cette étude, si elle veut conserver son intérêt devra démontrer que la conversion est susceptible de concilier et de satisfaire ces deux impératifs.

40. La redéfinition de la **notion** de conversion dans le sens de l'extension de son domaine d'application est évidemment souhaitable, notamment en raison des atouts que présente cette technique. Mais il ne suffit pas de démontrer que la redéfinition de la notion est opportune en droit tunisien. Il est nécessaire de vérifier auparavant si la notion de conversion présente un caractère unitaire, c'est-à-dire si elle est toujours la même d'une hypothèse à l'autre, ou bien si, à l'inverse, elle varie selon les situations. Aussi s'efforcera-t-on, dans le cadre d'une analyse non plus positive, mais prospective, de déterminer dans quelle mesure il est possible de bâtir ou du moins d'ébaucher[191] une théorie de la

---

[189] V. *infra* n°s 591 et s.

[190] Sur la consécration du principe de l'autonomie de la volonté par le C.O.C., V. notamment : M.-K. CHARFEDDINE
محمد كمال شرف الدين، قراءة في المبادئ التأصيلية للقانون المدني، مقال منشور في كتاب مسائل في فقه القانون المدني المعاصر، مؤلف جماعي، منشورات مجمع اللأطرش للكتاب المختص ، تونس، 2014، عدد 19 و ما بعدها، ص 63 و ما بعدها.

[191] Il s'agira d'une ébauche, parce que vouloir épuiser un tel sujet et mettre un terme aux discussions doctrinales constituerait une prétention insensée.

conversion n'hésitant pas à aller quelque peu à contre-courant, on a proposé d'étendre le domaine de la conversion aux actes originairement valables, mais qui ne peuvent déployer d'effets pour une cause postérieure à leur formation. Une telle évolution conduit à se demander s'il convient d'aller plus loin encore en esquissant une théorie de la conversion. En effet, « *Comme l'unité rassure, on a toujours tendance à y revenir, la pluralité étant assimilée au désordre et au chaos* ».connues du droit positif[192]. L'entreprise peut aboutir, mais seulement à deux conditions : que les contours soient bien définis et que le fondement soit unique. L'ambition de cette étude est de montrer que même si certains considèrent que l'étude de la conversion est rebelle à toute synthèse, il semble qu'il est possible de démontrer que derrière les multiples applications de la conversion, le phénomène est unique et cohérent.

41. Sans anticiper sur les développements qui vont suivre, il est tout de même permis de penser qu'il est possible de dégager un ensemble de traits et de caractéristiques autour desquels s'articulent tous les cas de conversion et qui, réunis, singularisent le procédé (de conversion) et lui confèrent son individualité et son autonomie. Aussi convient-il de cerner avec rigueur les contours de la conversion. Tracer les contours de la conversion permettrait aussi de la distinguer d'autres sanctions voisines telles la nullité partielle, la confirmation, la ratification et la requalification. Pointer les différences qu'elle présente par rapport aux sanctions qui s'en rapprochent favoriserait également une application prévisible de cette sanction et donc plus de sécurité juridique. C'est là que peut se mettre un terme aux incertitudes et aux préjugés défavorables déjà relevés à propos de la notion même de conversion.

42. La difficulté majeure à l'ébauche d'une théorie résulte toutefois de la controverse suscitée à propos du fondement de la conversion. Or, cette théorie ne peut être légitimée qu'à la condition de reposer sur un fondement unique et robuste. Cette étude a aussi pour ambition de surmonter l'obstacle lié à la pluralité de fondements pour proposer un fondement unitaire de la conversion susceptible d'embrasser toutes ses applications et satisfaisant à une définition objective de la conversion. A l'occasion de cette analyse, nous serons amenés à remettre en cause l'idée classique selon laquelle la conversion repose sur un fondement subjectif, la volonté réelle ou virtuelle des parties. On montrera, au contraire, qu'elle est en réalité un procédé objectif dans la mesure où elle repose sur un fondement purement objectif, juridique ou même extra-juridique[193]. Un concept d'une telle importance ne peut sans risque comporter une trop forte dose de subjectivité.

---

[192] Une théorie est une « *construction intellectuelle méthodique et organisée, de caractère hypothétique (au moins en certains de ses parties) et synthétique* » (G. CORNU (sous la direction de), *Vocabulaire juridique*, préc., V° « Principe ») ; « *Théoriser une pratique revient à en faire un système, à l'organiser le plus méthodiquement possible, de ses fondations à ses conséquences, afin d'en faire un concept juridique connu et reconnu* » (G. PIETTE, La correction du contrat, *op.cit.*, n° 21, p. 35).

[193] V. *infra* n°s 648 et s.

43. La modernisation du **régime** de la conversion apparaît aussi, non seulement souhaitable, mais encore réalisable. La conversion est certes source de réels risques d'insécurité juridique et d'arbitraire judiciaire. Elle introduit également une perturbation dans l'ordre contractuel qui découle en partie de son caractère autoritaire[194]. Il est toutefois possible de démontrer que ces mêmes risques peuvent être atténués et ne présentent donc pas un caractère insurmontable. Les inquiétudes que peut faire naître l'extension des pouvoirs du juge dans la conversion s'apaisent en mettant en avant des limites à la conversion[195]. Elles doivent encore être tempérées lorsque sont précisés les critères et les outils permettant au juge de faire des choix rationnels que ce soit de la conversion ou de l'acte nouveau[196].

44. En réalité, il faudrait nuancer l'opinion qui considère que la conversion est un procédé « autoritaire »[197] ou « exorbitant »[198]. C'est dire que l'évolution, dont on va tenter de tracer une perspective, s'inscrit dans le cadre de l'évolution du droit. L'évolution préconisée du régime peut se faire selon les principes juridiques de notre droit civil et de droit processuels, grâce à une relecture qui sera proposée de ceux-ci au fur et à mesure du travail. Elle est aussi confortée par la conception purement objective de l'article 328 du C.O.C. Pareille conception, il faut le démontrer, est en pleine harmonie avec les tendances contemporaines d'objectivisation de la notion même d'acte juridique. Il est d'ailleurs permis aujourd'hui de s'interroger avec le professeur Ajmi Bel Haj Hamouda si la volonté constitue encore l'élément moteur du processus contractuel[199]. De même, soutenir aujourd'hui que le rôle du juge est passif, semble relever d'un penchant pour l'archaïsme. Il est au contraire devenu classique de souligner l'interventionnisme grandissant du juge dans le contrat.

45. L'ambition de cette étude, qui est de proposer une analyse renouvelée de la conversion susceptible de garantir l'essor de cette institution, suppose d'abord, la redéfinition de la notion de conversion, avant de s'engager sur la voie de rénovation de son régime. Ces deux axes constitueront l'armature de notre recherche.

***Première partie* : La redéfinition de la notion de conversion**
***Deuxième partie :* La rénovation du régime de la conversion**

---

[194] A. COURET, art. préc., n° 77, p. 256.
[195] V. *infra* n°s 641 et s.
[196] V. *infra* n°s 656 et s.
[197] D.GRILLET-PONTON, th. préc. n° 252, p.291.
[198] *Ibid.*, n° 268, p. 309.
[199] A. BEL HAJ. HAMOUDA, « *La volonté est-elle encore l'élément moteur du processus contractuel ?* », *in* Livre du centenaire du Code des obligations et des contrats, *op.cit.*, p. 607 et s.

PREMIÈRE PARTIE

LA REDÉFINITION DE LA NOTION DE CONVERSION

46. L'objectif étant de redéfinir la notion de conversion, l'entreprise pouvait, du point de vue de la méthode, prendre plusieurs formes. La première, la plus commode, consiste à établir un inventaire, une classification des principales applications de la conversion pour démontrer que l'extension du domaine classique de la conversion correspond à une réalité en droit positif tunisien. A vrai dire, une telle démarche, n'aurait pas présenté de réel intérêt. D'abord, elle n'aurait fait que confirmer ce que la lecture de quelques textes de loi et la connaissance de certaines décisions jurisprudentielles enseignent déjà, à savoir la réalité d'un phénomène, celui de l'extension du domaine de la conversion. Pire encore, en en exposant, les unes après les autres, les hypothèses les plus significatives de la conversion et, donc, en privilégiant une présentation morcelée de la prise en compte de la conversion, n'aurait qu'épaissir encore le voile qui couvre la notion en ne mettant pas en évidence sa spécificité et en ne dégageant pas les critères généraux qui, au-delà de telle ou telle solution particulière, assurent sa qualification.

47. L'autre démarche logique à laquelle on peut penser pour appréhender l'étude de la conversion est de type déductif. Elle consiste, d'abord, à construire une théorie de la conversion par réduction des actes juridiques, puis à analyser un certain nombre d'hypothèses pratiques, où cette théorie est susceptible de s'appliquer. La représentation synthétique du phénomène étudié précède l'analyse de ses applications. Cette manière de faire présentera l'intérêt de vérifier l'exactitude des principes précédemment développés. Il convient cependant de relever que cette méthode, empruntée aux sciences exactes, convient mal à la connaissance des manifestations spontanées du droit, en raison de la forte emprise des données de fait sur ces dernières.

48. Si cette approche méritait donc d'être écartée, il a, en revanche, paru préférable d'adopter une démarche empirique de type inductif. Nous élevant du particulier au général[200], nous proposerons successivement une analyse, puis une synthèse de la notion de conversion. Cette méthode qui nous conduit à examiner le droit positif avant la théorie, si paradoxale qu'elle puisse paraître *a priori*, constituerait le point de départ d'un essai constructif en ce sens qu'elle permettra de découvrir les données de base théoriques nécessaires à l'ébauche d'une théorie de la conversion des actes juridiques susceptible d'être accueillie par la pratique. On est convaincu que l'apport de cette théorie ne se limite pas aux seuls cas d'illustration évoqués dans cette étude. On pense au contraire que la conversion peut être étendue à d'autres situations juridiques.

49. Une fois tranché ce problème de méthode, la première interrogation à laquelle il faut répondre est celle de savoir si la définition classique de la conversion comme technique de sauvetage d'un acte nul peut être étendue au domaine de l'exécution des actes juridiques. L'examen du droit positif révèle, il faut le démontrer, que la conversion peut jouer en cas de disparition de l'acte pour un vice originaire, c'est-à-dire par la nullité, de même que pour une cause postérieure à sa formation. On s'interrogera ensuite sur le point de savoir si la conversion présente malgré l'extension de son domaine un caractère unitaire, c'est-à-dire, si elle est toujours la même d'une hypothèse à l'autre, ou bien si, à l'inverse, elle varie selon les situations. Là encore, le droit positif révèle que les cas de conversion que nous avons cru déceler pouvaient répondre à une définition théorique et correspondre à une notion abstraite et autonome, notion que nous allons tenter de la définir à la fin de cette première partie.

50. L'objectif de cette première partie est donc de démontrer qu'au-delà de cette dualité fonctionnelle de la conversion (**titre I**), on verra qu'il y a bien une unité de cette notion (**titre II**).

---

200 D. GRILLET-PONTON, th. préc., n° 26, p. 29.

TITRE I

LA DUALITÉ FONCTIONNELLE DE LA CONVERSION

51. La conversion est traditionnellement définie comme l'opération qui consiste à tirer d'un acte nul un acte valable[201]. Le domaine d'application de la conversion est de ce fait limité au cas d'un acte nul. Cette définition valable dans ses grands traits ne paraît pas toutefois, à l'examen du droit positif, tout à fait conforme à la réalité. L'analyse des applications de la conversion permettra de démontrer que le domaine de notre institution peut être étendu aux actes originairement valables, mais qui ne peuvent plus déployer d'effets pour une cause postérieure à leur formation[202].

52. L'objectif dans les développements qui vont suivre est donc de démontrer que contrairement aux auteurs allemands[203] qui envisageaient la conversion comme opérant seulement à la suite d'un vice originaire du premier acte, il y a lieu d'admettre aussi qu'elle peut agir en raison d'une cause postérieure à sa formation[204]. Cette opinion sera illustrée par l'analyse des applications légales et jurisprudentielles de la conversion aussi bien dans la phase de formation que dans le domaine d'exécution de l'acte juridique. Une telle étude présentera un intérêt indéniable pour les chercheurs et les praticiens du droit, même si les exemples reproduits ici demeurent purement indicatifs. En effet, pas pour nous d'inventorier tous les cas de conversion. Plus modeste, notre tâche consistera uniquement à analyser les applications de la conversion les plus connues en droit positif tunisien, mais en nous aidant de l'examen des solutions admises dans les législations étrangères : ce qui est vrai au-delà de nos frontières a quelques chances de l'être également en deçà.

53. La conversion survenant pour vice originaire d'une part (***Chapitre I***), la conversion pour causes survenant *a posteriori* d'autre part (***Chapitre II***), constitueront les deux axes de nos recherches.

---

[201] V. *supra* n° 3.
[202] P. LIPINSKI, art. préc., n° 14, p. 1176.
[203] Mühlenbruch, Roemer et Unger, cité par X. PERRIN, th. préc., n° 60, p. 80.
[204] X. PERRIN, th. préc., n° 97, p. 152.

CHAPITRE I

LA CONVERSION SURVENANT POUR VICES ORIGINAIRES

54. Habituellement, la doctrine conçoit la conversion en tant que correctif ou encore de remède à l'annulation d'un acte juridique. L'accent est souvent mis sur la fonction salvatrice de la conversion. Mais, on a ainsi trop négligé le rôle sanctionnateur de cette institution. Pourtant, le jeu de ce mécanisme pour sanctionner les comportements déloyaux des contractants pourrait être très utile dans la pratique. La conversion telle que nous la concevons peut ainsi jouer un double rôle, comme un remède à un acte vicié (***Section I***), mais aussi en tant que sanction d'un comportement (***Section II***).

SECTION I. LA CONVERSION, REMÈDE À L'INVALIDITÉ DE L'ACTE

55. La nullité d'un acte juridique pour inobservation des conditions nécessaires à sa validité, ne signifie pas obligatoirement qu'il ne produira jamais des effets juridiques dans le futur. Il peut en effet répondre à la qualification d'un autre acte et produira effet sous cette nouvelle qualification. Techniquement, ce résultat peut être obtenu grâce à la conversion par réduction. Par le jeu de ce procédé, il est possible de remédier à l'invalidité de l'acte, que cette invalidité résulte d'un vice de forme (***§1***) ou de fond (***§2***).

§ 1. La conversion des actes nuls pour vice de forme

56. En droit tunisien, comme en droit français, le consensualisme est le principe[205]. Le consensualisme signifie qu'un contrat est valable entre les

[205] V. en ce sens : M. MAHFOUDH, « *Formalisme et théorie générale du contrat, in « Regard sur le formalisme en droit privé* », Actes du colloque tenu à Tunis le 9-10 et 11 décembre 2004, Coll. forum des juristes, n° 12, Faculté de Droit et des Sciences Politiques de Tunis, Tunis 2007, pp. 15 et s.; M. BAG BAG, « *Le formalisme, naissance ou réminiscence* »,

parties sans l'accomplissement d'aucune condition de forme[206]. Par exception, la validité de certains actes est subordonnée à la rédaction d'un écrit sous peine de nullité et on parle, en ce cas, d'acte solennel[207]. Il convient cependant de relever que même si le contrat consensuel est valable en dehors de toute forme, les parties doivent rédiger un écrit, qu'il s'agisse d'un acte authentique ou sous seing privé pour faire la preuve de leur convention, du moins si l'objet de l'obligation dépasse mille dinars[208]. La convertibilité de ces actes instrumentaires, destinés à servir de preuve, n'a pas fait l'objet de l'unanimité en doctrine. Certains auteurs rejettent le jeu de la conversion lorsque l'acte est un *instrumentum*[209]. Cette exclusion ne s'impose pas. Dès lors que l'acte, serait-il un *instrumentum*, est anéanti, on ne voit pas ce qui justifierait l'exclusion. Il suffira pour que la conversion puisse jouer que la forme majeure disparaisse sans la volonté des parties et que l'on retrouve dans celle-ci les éléments objectifs de la forme mineure[210]. Contrairement à une opinion très répandue dans la doctrine, on peut estimer que le domaine de la conversion ne se limite pas à l'hypothèse où l'écrit est *exigé ad solemnitatem* (**A**). Le souci de laisser plus de chance à la réalisation de l'efficacité de l'acte milite aussi en faveur de l'élargissement du domaine de la conversion aux actes instrumentaires, c'est-à-dire ceux qui sont requis *ad probationem* (**B**).

---

in L'apport du 20ème siècle au droit privé tunisien, actes du colloque tenu les 23-24-25 avril 1998, Coll. forum des juristes, n°8, Faculté de Droit et des Sciences Politiques de Tunis, Tunis 2000, n°2, p. 139 ; M. GOBERT, « *Rapport introductif* », *in* Regard sur le formalisme en droit privé, *op.cit*., p. 3 et s.

Le principe du consensualisme peut être déduit des termes de l'article 2 du C.O.C. qui ne fait figurer parmi les conditions de validité du contrat aucune condition de forme. V. en ce sens : Mohamed ZINE

محمد الزين، النظرية العامة للالتزام، 1- العقد، المرجع السابق،عدد 38، ص 43.

- Mohamed BAG BAG

محمد بقبق، قانون مدني، النظرية العامة للالتزام، التصرف القانوني، المرجع السابق، عدد 83 و ما بعدها، ص 67 و ما بعدها.

- Sallouha BOUMIYA

صلوحة بومية، تطور الشكلية في القانون المدني، مقال منشور في كتاب "مسائل في فقه القانون المدني المعاصر"، مؤلف جماعي، تحت إشراف الأستاذ محمد كمال شرف الدين، منشورات مجمع الأطرش للكتاب المختص ، تونس، 2014، عدد 31، ص651.

-Mohamed Wahid Eddine SIWAR

محمد وحيد الدين سوار، الشكل في الفقه الإسلامي، دراسة موازنة، طبعة ثانية، عمان، مكتبة دار الثقافة للنشر و التوزيع، 1998، ص 14.

[206] V. en ce sens notamment Mohamed ZINE

محمد الزين، النظرية العامة للالتزام، 1- العقد، المرجع السابق،عدد 38، ص 43.

[207] Ph. MALINVAUD, Droit des obligations, 10ème éd., Litec 2007, n°194, p. 132.
V. aussi : Sallouha BOUMIYA

صلوحة بومية، تطور الشكلية في القانون المدني، المقال السابق، عدد 41، ص689.

[208] Article 473 du C.O.C.

[209] Mühlenbruch, Roemer et Unger, cité par X. PERRIN, th. préc., n° 60, p. 80.

[210] X. PERRIN, th. préc., n° 45 et 46, pp. 59 et 60.

A. La conversion des actes, requis ad probationem

57. En dehors des cas où la loi fait de la forme une condition de validité, il est toujours loisible aux parties de recourir à la forme authentique ou sous seing privé pour préconstituer une preuve des actes qu'elles passent. La loi subordonne la validité de ces actes au respect de certaines formalités. La méconnaissance de ces formalités entraîne en principe la nullité de l'acte. La sanction de nullité porte toutefois uniquement sur l'*instrumentum* et n'exerce, en principe, aucune influence directe sur la validité de l'acte au sens de *negotuim*, car celui-ci est par hypothèse consensuel[211]. Cependant, faute de pouvoir être prouvé, il risque « *d'être dépourvu d'efficacité dans la mesure où son exécution risque de se trouver paralysée* »[212]. La conversion donnera une chance à la convention pour être prouvée, que celle-ci est constatée par un acte authentique (*1*), ou un acte sous seing privé (*2*).

1) La conversion de l'acte authentique

58. L'acte authentique, disait l'article 442 du C.O.C[213], « *est celui qui a été reçu avec les solennités requises par des officiers publics ayant le droit d'instrumenter dans le lieu où l'acte a été rédigé* »[214]. Il ressort de cette définition que pour qu'un écrit mérite la qualification d'acte authentique, il doit remplir une double condition tenant à son rédacteur et sa rédaction[215]. Il

---

[211] J. PIEDELIEVRE, th, préc., p. 69 ; H. JACQUEMIN, Le formalisme contractuel, mécanisme de protection de la partie faible, préf. E. MONTERO, Larcier 2010,n°182, p. 238 ; J. LEFEBVRE, « *Le squelette de la loi. Quelques remarques sur l'instrumentum et le negotuim* », *in* Le titre préliminaire du code civil, sous la dir. de G. FAURE et G. KOUBI, Economica 2003, p. 41 et s.

[212] M.A. GUERRIERO, L'acte juridique solennel, Paris, L.G.D.J. 1975, p. 167.

[213] L'équivalent de l'article 1369 du C.C.F.

[214] Sur l'acte authentique, V. notamment : M. CHARFI, Introduction à l'étude du droit, Cérès Editions, 1997, n° 575 et s., p. 255 et s. ; S. MELLOULI, Droit civil, Introduction à l'étude du droit, Publications de l'I.O.R.T., 2000, n° 815 et s., p. 248 et s. ; S. MELLOULI, « *La preuve des actes juridiques dans le code des obligations et des contrats* », *in* Livre du centenaire du Code des obligations et des contrats, 1906-2006, sous la dir. de M.-K. CHARFEDDINE, C.P.U., Tunis 2006, n° 21, p.242 ; O. AUDIAC, Les fonctions du document en droit privé, th. Paris 1, Panthéon-Sorbonne, 2002, n° 192, p.152.
V. aussi Mohamed CHARFI
محمد الشرفي، مدخل لدراسة القانون، دار سراس للنشر، 1991، عدد 583 و ما بعدها، ص 320 و ما بعدها.
- Ridha MEZGHANI
رضا المزغني، أحكام الإثبات، معهد الإدارة العامة، المملكة العربية السعودية، 1985،ص 184 و ما بعدها.
- M.-K. CHARFEDDINE
محمد كمال شرف الدين، قانون مدني، النظرية العامة، الأشخاص، إثبات الحقوق، سلسة معرفة القانون، الطبعة الأولى، المطبعة الرسمية للجمهورية التونسية، 2002، عدد273، ص280 و ما بعدها.
-Mohamed CHARFI et Ali MEZGHANI
محمد الشرفي و علي المزغني، أحكام الحقوق، دار الجنوب للنشر،1995 تونس، عدد 415 و ما بعدها، ص 307 و ما بعدها.

[215] M. CHARFI, Introduction à l'étude du droit, *op.cit.*, n° 575 et s., p. 255 et s. ; S. MELLOULI, Droit civil, Introduction à l'étude du droit, *op.cit.*, n° 817 et s., p. 248 et s. ; D. MOUGENOT, Droit des obligations, La preuve, 3e éd., Larcier 2002, n° 87 et s., p. 151 et s.
V. aussi Mohamed CHARFI et Ridha MEZGHANI

faut d'abord, que l'acte ait été reçu par une personne qui a la qualité d'officier public, qu'il ait instrumenté dans les limites de ses attributions et dans l'étendue de son ressort et qu'il ne se trouve pas dans un cas d'incapacité[216]. Il faut ensuite que l'officier public qui procède à la réception de l'acte respecte ce que l'article 442 appelle « *les solennités requises* ». L'acte authentique a nécessairement un caractère solennel dans la mesure où il exige pour sa validité le respect de certaines formalités substantielles qui varient selon la catégorie d'actes[217]. Lorsqu'il est question d'acte authentique, on songe essentiellement aux actes notariés[218]. Ceux-ci sont incontestablement les plus fréquents et les plus importants au point de vue de la preuve. L'acte notarié est pour les particuliers la forme habituelle de l'authenticité, si bien que, dans la pratique, acte authentique et acte notarié sont souvent pris pour synonymes[219].

محمد الشرفي، مدخل لدراسة القانون، دار سراس للنشر، 1991، عدد 583 و ما بعدها، ص 320 و ما بعدها؛ رضا المزغني، أحكام الإثبات، معهد الإدارة العامة، المملكة العربية السعودية، 1985،ص 173 و ما بعدها.
V. aussi : Sallouha BOUMIYA
صلوحة بومية، تطور الشكلية في القانون المدني، المقال السابق، عدد 11 و ما بعدها، ص 661 و ما بعدها.

[216] M. CHARFI, Introduction à l'étude du droit, *op.cit.*, n° 579, p. 256 ; S. MELLOULI, Droit civil, Introduction à l'étude du droit, *op.cit.*, n° 817 et s., p. 248 et s. ; Y. BUFFELAN-LANORE, V. LARRIBAU-TERNEYRE, Droit civil, Première année, Introduction, Biens, Personnes, Famille, 15e éd., Sirey 2007, n°193 et s., p.93 ; G. GOUBEAUX et Ph. BIHR, Encyclopédie Dalloz, 1979, V°« preuve », n° 501, p. 51 ; J. B. JOURDAA, Traité de l'acte authentique et de l'acte sous seing privé et considérations pratiques, Paris, L. SIMONET, Librairie- EDITEUR, 1880, p. 1 et s. ; D. FROGER, « *Contribution notariale à la définition de la notion d'authenticité* », Rép. Def. 2004, art. 37873, p. 173 et s.

[217] S. MELLOULI, Droit civil, Introduction à l'étude du droit, *op.cit*, n° 823 et s., p. 250 et s. ; R. CABRILLAC et O. BEN FADHEL, Introduction au droit des affaires, Abrégé de droit tunisien des obligations contractuelles, C.P.U. 2006, n° 163, p. 138 ; J. GHESTIN, G. GOUBEAUX et M. FABRE-MAGNAN, Traité de droit civil, Introduction générale, *op.cit.*, n° 681 et 682, pp. 660 et 661 ; P. E. NORMAND, « *La loi, le contrat et l'acte authentique* », J.C.P. éd. N, 1990, doctrine, n° 41 et s., p. 363 et s ; I. PETEL-TEYSSIE, *Contrats et obligations, preuve littérale, acte authentique*, J.-Cl. Civ. 1996, Art. 1317 à 1320, Fasc. 135 à 137, n° 48 et S., p. 8 et s.
V. aussi : M.-K. CHARFEDDINE
محمد كمال شرف الدين، قانون مدني، النظرية العامة، الأشخاص، إثبات الحقوق، الطبعة الأولى، المطبعة الرسمية للجمهورية التونسية، 2002،عدد275، ص 284و ما بعدها

[218] Mais beaucoup d'autres actes bénéficient de l'authenticité. Tel est le cas des décision judiciaires et des procès-verbaux dressés par le juge dans l'exercice de sa fonction (art. 443 du C.O.C.), des rapports d'expertise dans la limite de la mission judiciairement assignée à l'expert, des actes des huissiers notaires (exemples : assignations devant les tribunaux, significations de jugements)des actes établis par les maires en tant qu'officiers d'état civil et des procès-verbaux dressés par les officiers de police judiciaire.
V. sur les différents types d'actes authentiques: M.-K. CHARFEDDINE
محمد كمال شرف الدين، قانون مدني، النظرية العامة، الأشخاص، إثبات الحقوق، الطبعة الأولى، المطبعة الرسمية للجمهورية التونسية، 2002، عدد273، ص 282و ما بعدها.
R. CABRILLAC et O. BEN FADHEL, Introduction au droit des affaires, Abrégé de droit tunisien des obligations contractuelles, *op.cit.*, n° 165, p. 139 ; J. GHESTIN, G. GOUBEAUX et M. FABRE-MAGNAN, Traité de droit civil, Introduction générale, *op.cit.*, n° 680, pp. 659-660 ; D. MOUGENOT, Droit des obligations, La preuve, 3e éd., Larcier 2002, n° 86, p. 149).

[219] Ch. JOUHET, L'acte authentique en droit privé français, th. BORDEAUX, 1930, p. 53 ; A. LAPEYRE, « *L'authenticité* », J.C.P. éd. G, 1970, I, 2365.

59. Les actes notariés présentent les caractéristiques de l'acte authentique par excellence. Ils sont l'œuvre des notaires qui ont reçu de la loi n° 94-60 du 23 mai 1994 portant organisation de la profession des notaires la qualité pour conférer l'authenticité aux actes qu'ils élaborent[220]. Ladite loi prévoit aussi plusieurs formalités entourant la rédaction d'un acte notarié[221]. La méconnaissance de certaines d'entre elles entraîne en principe la nullité totale de l'acte. La sanction de nullité porte uniquement sur l'*instrumentum* et n'exerce, en principe, aucune influence directe sur la validité de l'acte au sens de *negotuim*[222]. Les auteurs disent que l'acte instrumentaire supporte, en principe, seul les conséquences de l'irrégularité[223]. L'acte juridique auquel il sert de support reste parfaitement valable[224]. Cependant faute de pouvoir être prouvé, il risque « *d'être dépourvu d'efficacité dans la mesure où son exécution risque de se trouver paralysée* »[225]. L'absence de l'écrit rend la preuve des actes juridiques difficile, voire impossible[226].

60. Il convient cependant de signaler que la nullité de l'acte instrumentaire ne retire pas nécessairement toute valeur à l'acte sur le plan

---

V. sur les actes notariés dans la jurisprudence tunisienne : Cass. civ. n°9038, du 30 avril 1974, B.C.C. 12974.I.31 ; Cass. civ. n° 11870, du 29 juin 1976, B.C.C 1976. I. 154 ; Cass. civ. n° 975, du 9 nov. 1978, B.C.C. II. 142 ; R.J.L. mai 1979, p. 71.

[220] Aux termes de l'article premier de ladite loi, « *Le notaire a qualité d'officier public...* ». Ladite loi ajoute dans son article 12 que « Le notaire est chargé de rédiger les conventions et déclarations auxquelles les autorités et les parties veulent prouver par un acte officiel » J.O.R.T., n° 42 du 31 mai 1994, p. 975.

[221] Parmi les formalités importantes en vue de dresser valablement un acte authentique, il faut signaler l'exigence posée par l'article 20 alinéa1 selon lequel « Le notaire est tenu d'énoncer pour chaque acte établi, son nom personnel, lieu de résidence, le lieu de la convention et son temps, année, jour, mois et heure d'après les calendriers hégirien et grégorien. Il est indiqué de rédiger lisiblement chaque acte, en un seul registre, sans abréviation ni blanc, ni intervalle, ni surcharge. Il doit indiquer les nom, prénoms, professions, domiciles, nationalités, lieux et date de naissance des parties et inscrire en toutes lettres les sommes d'argent et les dates ». Les actes notariés doivent être signés par les parties, les témoins le cas échéant, et le notaire. Le défaut de signature de l'acte sur le registre brouillard ou sur le registre minute entraîne sa nullité (article 19 et s. de la loi du 23 mai 1994).

[222] Par exception, toutefois, la nullité de l'*instrumentum* se répercutera sur le *negotuim* dans l'hypothèse où l'écrit est requis *ad solemnitatem*. V. par ex. sur le contrat de mariage : M. CHARFI, Les conditions de forme du mariage en droit tunisien, R.T.D. 191969-70, p. 1. ; V. en dr. comp. Les articles 934, 1394 et 2127 du C.C.F., subordonnant donation, contrat de mariage et constitution d'hypothèque à un acte notarié (I. PETEL-TEYSSIE, « *Contrats et obligations, preuve littérale, acte authentique* », J.-Cl. Civ. 1996, Art. 1317 à 1320, Fasc. 135 à 137, n° 60 et s., p. 10 ; J. PIEDELIEVRE, th, préc., p. 69 ; H. JACQUEMIN, *op. cit.*, n° 182, p. 238).

[223] M.A. GUERRIERO, L'acte juridique solennel, Paris, L.G.D.J. 1975, p.167 ; N. BESROUR, th. préc., n° 116 et s., p. 136 et s.

[224] *Ibid.*

[225] M.A. GUERRIERO, *op.cit.*, p. 167.

[226] O. AUDIAC, Les fonctions du document en droit privé, th. Paris 1, Panthéon-Sorbonne, 2002, n° 184, p.146.

probatoire[227]. L'écrit irrégulier en tant qu'acte authentique peut encore valoir comme acte sous seing privé[228]. La conversion d'un acte notarié irrégulier en acte sous seing privé n'est toutefois admise que s'il a été « *signé des parties dont le consentement est nécessaire pour la validité de l'acte* »[229]. On entend par « *parties* » celles qui s'obligent à l'acte, même en donnant une simple procuration[230]. Ainsi, dans un contrat synallagmatique, les deux parties doivent signer ; dans un contrat unilatéral, la partie qui s'oblige seulement : ce sont les mêmes règles que lorsque les parties ont fait directement un acte sous seing privé[231]. Encore faut-il que les parties signent réellement, et ne suffit-il pas que le notaire ait mentionné qu'elles ne pouvaient ou ne savaient signer. Il faut aussi que les signatures de toutes les parties y figurent. Si les signatures, ou quelques-unes d'entre elles, font défaut, l'acte vaudra commencement de preuve par écrit[232]. Cette condition de signature est parfaitement logique, car la signature de la partie qui s'engage constitue la condition essentielle des actes sous seing privé[233].

61. Le Code des obligations et des contrats a consacré cette solution dans son article 448. Aux termes de ce texte « *L'acte qui ne peut valoir comme authentique par suite de l'incompétence ou l'incapacité de l'officier, ou d'un défaut de forme, vaut comme écriture privée, s'il a été signé des parties dont le consentement est nécessaire pour la validité de l'acte* »[234]. L'article 448 du C.O.C. est, en effet, « *une solution qu'on peut qualifier de rattrapage d'un acte authentique nul pour certaines causes spécifiques de l'authenticité. Lorsque la perfection que représente en ce domaine l'authenticité n'a pas été atteinte, alors on pourra se contenter de la solution*

---

[227] S. MELLOULI, Droit civil, Introduction à l'étude du droit, *op.cit.*, 200, n° 835, p. 253. ; J. GHESTIN, G. GOUBEAUX et M. FABRE-MAGNAN, Traité de droit civil, Introduction générale, *op.cit.*, n° 685, p. 664 ;

[228] V. en ce sens : Naoufal BEN AHMED

نوفل بن أحمد،" نسخة الكتب"، منشور في "مسائل في فقه القانون المدني المعاصر"، مؤلف جماعي، تحت إشراف الأستاذ كمال شرف الدين، منشورات مجمع الأطرش للكتاب المختص ، تونس، 2014، عدد 31، ص 638.

J. GHESTIN, G. GOUBEAUX et M. FABRE-MAGNAN, Traité de droit civil, Introduction générale, *op.cit.*, 1996, n° 685, p. 665 ; O. AUDIAC, th. préc., n° 195, p. 154 ; J.-L. AUBERT, « *Le formalisme* » (rapport de synthèse), Rép. Defrénois 2000, art. 37213, p. 237. V. Cass. civ., 1re, 11 juillet 1955, Bull. civ., I, n° 294.

[229] S. MELLOULI, Droit civil, Introduction à l'étude du droit, *op.cit.*, n° 835, p. 253 ; J. PIEDELIEVRE, th, préc., p. 73.

[230] Ch. JOUHET, L'acte authentique en droit privé français, th. préc., 1930, p. 71.

[231] J. PIEDELIEVRE, th, préc., pp. 71-72.

[232] O. CORNAZ, th.préc., p. 59.

[233] H. JACQUEMIN, *op.cit.*, n° 179, p. 232 ; V. *infra* n°68.

[234] V. dans la doctrine sur cette conversion légale : S. MELLOULI, Droit civil, Introduction à l'étude du droit, *op.cit*, n° 835 et s., p. 253.

- M.-K. CHARFEDDINE

محمد كمال شرف الدين، قانون مدني، النظرية العامة، الأشخاص، إثبات الحقوق، الطبعة الأولى، المطبعة الرسمية للجمهورية التونسية، 2002، عدد273، ص282.

-Ridha MEZGHANI

رضا المزغني، أحكام الإثبات، المرجع السابق، ص 186.

de degré inférieur, l'acte sous seing privé »[235]. Cette solution n'est qu'une transposition de l'article 1318 du Code civil français, qui a changé de numérotation après la réforme de 10 février 2016 pour devenir l'article 1370[236]. Le motif de cette disposition est facile à apercevoir : les contractants ont évidemment voulu, en utilisant la forme authentique, se constituer la preuve littérale la plus énergique qui fût, et n'ont pas entendu, dans le cas où une irrégularité vicierait l'acte authentique, renoncer à la force probante qui peut en subsister. Il est donc plus équitable de leur réserver, autant que possible, une preuve de leur convention, cette preuve fût-elle moins énergique que celle à laquelle ils avaient primitivement pensé[237].

62. Le caractère exceptionnel de l'article 448 du C.O.C. conduit à limiter le jeu de cette disposition aux trois séries d'irrégularités qu'elle vise. Cet article s'applique, tout d'abord, à l'hypothèse d'incompétence de l'officier public. A rappeler que le notaire ne peut instrumenter en dehors de son ressort ou sa compétence territoriale sans que les actes ainsi reçus soient frappés de nullité[238]. Mais, si l'incompétence territoriale est certainement visée, plus délicate est l'hypothèse de l'incompétence matérielle ou d'attribution. Faut-il dans cette situation appliquer les dispositions de l'article 448 du C.O.C. lorsqu'il est interdit radicalement à l'officier public de dresser un acte authentique dans le domaine considéré ? Tel sera le cas lorsqu'un huissier ou un officier d'état civil reçoit un contrat de vente[239].

63. Certains auteurs repoussent la conversion dans l'hypothèse d'incompétence matérielle[240]. L'acte doit avoir été reçu par un officier public dans l'exercice de ses fonctions, ce qui empêche l'article 1370 du C.C.F. de

---

[235] M. DAGOT, note sous C. A. de Paris, 1re Ch, 28 avril 1989, J.C.P. 1990, éd. G., I, 21569.

[236] L'article 1318 du C.C.F. disposait que « *L'acte qui n'est point authentique par l'incompétence ou l'incapacité de l'officier, ou par un défaut de forme vaut comme écriture privée, s'il été signé des parties* ». Le nouvel article 1370 du C.C.F., reprend presque les mêmes termes de l'ancien article 1318. Il prévoit, en effet, que « L'acte qui n'est pas authentique du fait de l'incompétence ou de l'incapacité de l'officier, ou par un défaut de forme, vaut comme écrit sous signature privée, s'il a été signé des parties ». (Ordonnance n° 2016-131 du 10 février 2016 portant réforme du droit des contrats, du régime général et de la preuve des obligations). V. aussi l'article 1316 du C.C.I., qui n'est qu'une transposition de l'article 1318 du C.C.F. : « *L'attoche per incompetenza od incapacità dell'uffiziale o per diffeto di forma non ha forza di atto pubblico, vale come scrittura privata, quando sia stato sottoscritto dalle parti* ».

[237] J. PIEDELIEVRE, th, préc., p. 69.

V. dans la jurisprudence française : Cass. civ. 5 avril 1967, Bull. I, p. 77, n° 106 « L'acte qui n'est pas authentique pour défaut de forme peut néanmoins valoir comme acte sous seing privé établissant les conventions intervenues, sans avoir pour autant à satisfaire à toutes les règles de forme des actes sous signature privée ».

[238] Ch. JOUHET, th. préc., pp. 58 ; J. PIEDELIEVRE, th, préc., pp. 58 et 73 ; S. MELLOULI, Droit civil, Introduction à l'étude du droit, *op.cit.*, n° 817 et s., p. 248 et s.

[239] J. GHESTIN, G. GOUBEAUX et M. FABRE-MAGNAN, Traité de droit civil, Introduction générale, *op.cit.*, p. 665, note n° 305 ; I. PETEL-TEYSSIE, Contrats et obligations, preuve littérale, acte authentique, J.-Cl. Civ. 1996, Art. 1317 à 1320, Fasc. 135 à 137, n° 91, p. 13.

[240] I. PETEL-TEYSSIE, J.-Cl. Civ., préc., n° 10, p. 3.

jouer lorsque l'irrégularité tient à l'absence de qualité[241] ou à l'incompétence matérielle de cet officier[242]. En pareil cas, disait J. Pièdelièvre, « *l'officier public n'est plus un officier public ; il agit en tant que particulier, et l'on ne peut plus dire que l'acte est nul comme acte authentique : nous sommes donc plus dans l'hypothèse prévue par le texte* »[243]. Les juges de la Cour d'appel de Paris, ont jugé opportun de rappeler que « *l'article 1318 du Code civil ne concerne que l'incompétence territoriale et par conséquent inapplicable à une promesse unilatérale de vente dressée par un huissier* »[244].

64. L'opinion contraire, représentée notamment par X. PERRIN, tire argument de ce que l'article 1370 du C.C.F. ne distingue pas[245]. Il semble que l'on puisse soutenir aussi cette opinion en droit tunisien, en se fondant sur ce que l'article 448 du C.O.C., conçu dans les termes les plus larges, doit s'appliquer chaque fois qu'il y aura eu incompétence de l'officier public. On pourrait par suite conclure que tout acte dressé par un officier, territorialement ou matériellement incompétent, pourrait valoir comme acte sous seing privé[246].

65. L'article 448 peut jouer, ensuite, dans l'hypothèse d'incapacité de l'officier public. Il en est ainsi lorsque l'acte est reçu à un moment où cet officier était suspendu, destitué ou remplacé[247]. La majorité des auteurs exigent, toutefois, que les parties aient été de bonne foi, c'est-à-dire qu'elles ignoraient l'incapacité de l'officier[248]. Cette solution, peu conforme à la rigueur des principes, se justifie par l'intérêt des contractants qui, la plupart du temps, se seront adressés au notaire le croyant en exercice[249]. Il en est de même si l'incapacité de l'officier résulte du degré de parenté ou d'alliance entre le notaire et une partie.

66. La dernière hypothèse visée par l'article 448 du C.O.C., est relative à la nullité de l'acte authentique pour défaut de forme. C'est le cas d'application le plus usuel de l'article 448 du C.O.C.[250]. Les vices de forme sont ceux qui résultent d'une contravention aux articles 12, 19, 20, 22, 23 et 25 de la loi n° 94-60 du 23 mai 1994 portant organisation de la profession des notaires. L'article 19 de ladite loi énonce que l'acte doit être en tout premier lieu, écrit en un seul texte, lisiblement, sans abréviations, ni blanc ni

---

[241] La qualité d'officier public appartient seulement à ceux qui exercent une fonction d'autorité. En conséquence, ne sont pas officiers publics ceux qui se bornent à défendre les intérêts de leurs clients à l'instar des avocats (I. PETEL-TEYSSIE, J.-Cl. Civ., préc., n° 10, p. 3).

[242] *Ibid.*, n° 89, p. 12.

[243] J. PIEDELIEVRE, th, préc., pp. 72-73.

[244] C. A. de Paris, 28 avril 1989, J.C.P. 1990, éd. G., I, 21569, note DAGOT.

[245] X. PERRIN, th. préc., n° 108 et s., p. 167 et s.

[246] *Ibid.*

[247] Ch. JOUHET, th. préc., p. 73 ; J. PIEDELIEVRE, th, préc., p. 73.

[248] Ch. JOUHET, th. préc., p. 73 ; I. PETEL-TEYSSIE, J.-Cl. Civ., préc., n° 95, p. 13.

[249] Ch. JOUHET, th. préc., pp. 73- 74.

[250] Ch. JOUHET, th ; préc., p. 74 ; J. PIEDELIEVRE, th, préc., p. 75 et s. ; I. PETEL-TEYSSIE, J.-Cl. Civ. préc., n° 93 et s., p. 13.

lacunes ni intervalles. Il doit en second lieu, indiquer le nom, prénom, profession domicile, nationalité, lieu et date de naissance des parties. L'acte doit en dernier lieu, être signé par les notaires et les parties. Le défaut de signature sur le registre brouillard ou sur le registre minute entraîne la nullité de l'acte instrumentaire. La conversion permettra de le sauver en jetant sur lui le « *manteau* »[251] de l'acte sous seing privé.

2) La conversion de l'acte sous seing privé

67. L'acte sous seing privé est un écrit établi par de simples particuliers, les parties elles-mêmes ou un tiers, sans intervention d'un officier public agissant en cette qualité, et signé par les parties[252]. La caractéristique dominante des actes sous seing privé est l'absence de formalisme[253]. Les particuliers jouissent de la plus grande liberté quant à la rédaction de l'acte[254]. Toutes les techniques d'écriture peuvent être employées[255]. L'acte peut être manuscrit, dactylographié, imprimé ou photocopié[256]. Aussi, et sauf exception légales, aucune mention n'est imposée, pas même celle de la date ni celle du lieu de rédaction[257]. Une seule condition de forme est cependant exigée pour la validité de l'acte sous seing privé, la signature de la partie qui

---

251 P. VOIRIN, obs. sous Lyon, 11 mai 1942, J.C.P. 1942, II, 2007.

252 Sur l'acte sous seing privé, V. notamment : M. CHARFI, Introduction à l'étude du droit, *op.cit.*, n° 581 et s., p. 257 et s. ;S. MELLOULI, Droit civil, Introduction à l'étude du droit, *op.cit.*, n° 836 et s., p. 253 et s. ; S. MELLOULI, « *La preuve des actes juridiques dans le code des obligations et des contrats* », art. préc., n° 21, p.242.
V. aussi Mohamed CHARFI
محمد الشرفي، مدخل لدراسة القانون، المرجع السابق، عدد 589 و ما بعدها، ص 324 و ما بعدها.
-Ridha MEZGHANI
رضا المزغني، أحكام الإثبات، المرجع السابق ،ص 194 و ما بعدها.
- M.-K. CHARFEDDINE
محمد كمال شرف الدين، قانون مدني، النظرية العامة، الأشخاص، إثبات الحقوق، المرجع السابق،عدد 276 و ما بعدها ، ص285 و ما بعدها.
-Mohamed CHARFI et Ali MEZGHANI
محمد الشرفي و علي المزغني، أحكام الحقوق، المرجع السابق، عدد 421 و ما بعدها، ص 312 و ما بعدها.
V. en dr.comp. Y. BUFFELAN-LANORE,V. LARRIBAU-TERNEYRE, Droit civil, Première année, Introduction, Biens, Personnes, Famille, *op.cit.*, n° 200 et s., p. 95 et s. ; J. GHESTIN, G. GOUBEAUX et M. FABRE-MAGNAN, Traité de droit civil, Introduction générale, *op.cit.*, n° 686, p. 665 ; O. AUDIAC, th. préc., n° 186, p.148 ; G. GOUBEAUX et Ph. BIHR, Encyclopédie Dalloz, 1979, V°« *preuve* », n° 638, p. 59 ; J. B. JOURDAA, Traité de l'acte authentique et de l'acte sous seing privé et considérations pratiques, *op.cit.*, p. 13 et s.

253 J. GHESTIN, G. GOUBEAUX et M. FABRE-MAGNAN, Traité de droit civil, Introduction générale, *op.cit.*, n° 689, p. 667 ; D. MOUGENOT, Droit des obligations, La preuve, 3e éd., Larcier 2002, n° 99, p. 158 ; O. AUDIAC, th. préc., n° 187, p.149.

254 O. AUDIAC, th. préc., n° 187, p.149.

255 *Ibid.*

256 D. MOUGENOT, Droit des obligations, La preuve, *op.cit.*, n° 100, p. 158.

257 Ce principe connaît de nombreuses exceptions : lettre de change (article 269 du C. Com.), testament olographe (article 176 du C.S.P.). Dans ces différents actes la date est exigée à titre de validité de l'*instrumentum*.

s'oblige, celle du débiteur dans un acte unilatéral, celles des deux contractants pour un engagement synallagmatique[258].

68. A cet égard, l'article 452 du C.O.C. dispose que : « *L'acte sous seing privé peut être d'une autre main que celle de la partie, pourvu qu'il soit signé par elle* »[259]. L'article 453-2 du C.O.C. ajoute que la signature consiste « *à apposer de la propre main du contractant un nom ou un signe spécial intégré à l'écrit auquel il se rapporte. Lorsque la signature est électronique, elle consiste en l'utilisation d'un procédé d'identification fiable garantissant le lien entre ladite signature et le document électronique auquel elle se rattache* »[260]. Le même article ajoute que la signature doit être manuscrite, c'est-à-dire « *apposée de la propre main de la partie au bas de l'acte ; un timbre ou cachet ne peuvent y suppléer et sont considérés comme non apposés* »[261]. La Cour de cassation rappelle cette règle en considérant que « *ce qui compte pour la validité des actes sous seing privé, c'est la signature du contractant qui incarne la preuve matérielle de son contractant ; le caché apposé sur l'acte ne peut y suppléer* »[262]. Il y a lieu de signaler aussi qu'une croix, des empreintes digitales, voire une signature d'illettré, ne constituent pas des signatures[263]. Telle est la règle en matière civile. Mais la signature

---

[258] R. CABRILLAC et O. BEN FADHEL, Introduction au droit des affaires, Abrégé de droit tunisien des obligations contractuelles, C.P.U. 2006, n° 165, p. 139 ; S. MELLOULI, Droit civil, Introduction à l'étude du droit, *op. cit.*, n° 836, p. 254 ; J. B. JOURDAA, *op.cit.*, p. 13 et s. ; J. VIATTE, « *La preuve des actes juridiques, commentaire de la loi n° 80-525 du 12 juillet 1980* », G.P. 1980, II, doct., p. 581 ; O. AUDIAC, th. préc., n° 187, p.149.

[259] V. les articles 1372 et s. du C.C.F.

[260] La doctrine aussi bien tunisienne que française a également présenté d'autres définitions de la signature qui se rapprochent beaucoup de celle proposée par le législateur tunisien. V. sur l'ensemble de ces définitions : N. BEN AHMED, La signature en droit privé, éd. Latrach 2013, n° 6 et s., p. 7 et s. - *Adde* D. LAMETHE, La signature dans les actes sous seing privé, th. 1975, Paris 11, p. 8 et s.; D. LAMETHE, « *Réflexion sur la signature* », G.P. 1976, I, doct, p. 74. L'auteur définit la signature comme « *un signe spécifique et identifiable, contemporain de la présence du signataire, et apposé par un moyen quelconque sur un acte pour l'approuver* »

[261] Article 453-1 du C.O.C. ; V. comme application de ce texte : Cass. civ. n° 10412, 27 nov. 1975, Bull. civ. 1976, I, p. 123.

V. dans la doctrine: N. BEN AHMED, *op.cit.*, n° 139 et s., p. 85 et s.

[262] Cass. civ. n° 4710 du 11 oct. 2000, B.C.C. 2000, I, p. 131

" ان المعتبر في صحة الكتائب الخطية هو إمضاء المتعاقد و الذي يمثل الدليل المادي على رضائه بالعقد و بما تضمنه و لا يقوم الطابع المضمن بالعقد مقام الإمضاء".

V. dans le même sens : Cass. civ. n° 23721 du 14 juin 2008, B.C.C. 2008, II, p. 237 ; Cass.civ. n° 4710 du 11 nov. 2000, Bull. civ., I, p. 131 ; Cass. civ. n° 5270 du 1 mars 1983, B.C.C. 1983, I, p. 284.

[263] N. BEN AHMED, *op.cit.* n°13 et s., p. 14 et s. ; R. CABRILLAC et O. BEN FADHEL, Introduction au droit des affaires, *op.cit.*, n° 166, p. 139.

S'agissant des illettrés, l'article 454 du C.O.C. dispose que « Les écritures portant l'obligation de personnes illettrées ne vaudront que si elles ont été reçues par notaires ou par officiers publics à ce autorisés ». Les agents municipaux sont autorisés à recueillir la signature des illettrés à condition qu'ils procèdent à la lecture de l'acte avant sa signature par l'illettré et que mention en soit faite sur cet acte. V. sur les applications jurisprudentielles de ce texte : Cass. civ. n° 8809 du 20 juin 2006, B.C.C. 2006, p. 21.

par griffe est admise en matière commerciale, où joue le principe de la liberté des preuves[264]. La signature doit également être apposée « *au bas de l'acte* »[265]. La signature permettra non seulement d'identifier la personne de son auteur, mais aussi de caractériser son adhésion au contenu de l'acte[266].

69. En droit français, cependant, la signature ne constitue pas la seule formalité exigée par la loi. D'autres formalités sont parfois exigées. En effet, les actes sous seing privé qui contiennent des conventions synallagmatiques, ne sont valables qu'autant qu'ils été faits en autant d'originaux qu'il y a de parties ayant un intérêt distinct[267]. Cette règle est traditionnellement désignée sous le nom de formalité « *du double* » ou « *du double écrit* » parce que, généralement, dans les conventions synallagmatiques il y a deux groupes d'intérêts distincts, ce qui conduit à la rédaction de l'acte en double original[268]. A côté de la formalité dite du double imposée par l'article 1375 du C.C.F. pour les actes relatant des conventions synallagmatiques[269], l'article1376 du même code exige, en cas de promesse unilatérale, la mention manuscrite de la somme ou de la quantité en lettres et en chiffres[270].

70. Faute de satisfaire à ces exigences, qu'il s'agisse de la signature, de la pluralité d'originaux ou de la mention manuscrite de la somme ou de la quantité en lettres et en chiffres, l'écrit est dépourvu de valeur en tant qu'acte sous seing privé[271]. Cela ne signifie pas toutefois qu'il soit radicalement impossible de prouver la convention. En effet, la nullité n'affecte que

---

" لا يكون التصريح بالرضا معتبرا إذا نص القانون على صورة مخصوصة له و تم بخلافها و قد اقتضى الفصل 454 من م.ا.ع. في هذا الإطار أن التزام الأمي لا يمضي حتى يتلقاه عدول أو غيرهم من المأمورين العموميين المأذونين لهم في ذلك بما يعني أن التزام الأمي و تعبيره عن رضاه لا يكون معتبرا على معنى الفصل 2 من م. ا. ع. إلا إذا تم بالصيغة المحددة بالفصل 454 من م. ا. ع. فان لم يكن كان العقد فاقدا لأحد أركانه و كان جزاؤه البطلان وفقا لأحكام الفصل 325 من م. ا. ع. ".

[264] G. GOUBEAUX et Ph. BIHR, Encyclopédie Dalloz, 1979, V°« *preuve* », n° 662, p. 61.

[265] Article 453-1 du C.O.C ; S. MELLOULI, Droit civil, Introduction à l'étude du droit, *op.cit.*, n° 837, p. 254

[266] N. BEN AHMED, *op. cit.*, n° 39 et s., p. 29 et s. ; D. MOUGENOT, Droit des obligations, La preuve, *op. cit.*, n° 109, p. 161.

[267] O. AUDIAC, th. préc., n° 191 et s., p.151 et s..

[268] G. GOUBEAUX et Ph. BIHR, Encyclopédie Dalloz, 1979, V. « *preuve* », n° 677 et s., p. 62 et s.

[269] Cet article prévoit que : « *L'acte sous signature privée qui constate un contrat synallagmatique ne fait preuve que s'il a été fait en autant d'originaux qu'il y a de parties ayant un intérêt distinct, à moins que les parties ne soient convenues de remettre à un tiers l'unique exemplaire dressé…* ».

[270] Cet article prévoit que : « *L'acte sous signature privée par lequel une seule partie s'engage envers une autre à lui payer une somme d'argent ou à lui livrer un bien fongible ne fait preuve que s'il comporte la signature de celui qui souscrit cet engagement ainsi que la mention, écrite par lui-même, de la somme ou de la quantité en toutes lettres et en* chiffres. En cas de différence, l'acte sous signature privée vaut preuve pour la somme écrite en toutes lettres ».

[271] H. JACQUEMIN, Le formalisme contractuel, mécanisme de protection de la partie faible, *op.cit.*, n° 21, p. 113.

l'*instrumentum* et ne touche pas la convention elle-même[272]. En cas d'irrégularité de l'acte sous seing privé, la validité de l'acte juridique lui-même n'est donc pas atteinte[273]. Les parties pourront toutefois avoir de grandes difficultés pour en faire la preuve[274]. C'est la raison pour laquelle, la doctrine et la jurisprudence admettent que l'écrit irrégulier en tant qu'acte sous seing privé, peut tout de même valoir comme commencement de preuve[275]. Mais, encore faut-il que l'écrit litigieux présente les caractéristiques d'un commencement de preuve par écrit[276]. On appelle ainsi, dit l'article 477 du C.O.C., « *tout écrit qui rends vraisemblable le fait allégué, et qui est émané de celui auquel on l'oppose, de son auteur, ou de celui qui le représente...* »[277]. Il appartient aux juges du fond d'apprécier si ces conditions sont remplies. La règle de la preuve littérale, résultant de l'article 473 du C.O.C.[278], reçoit dans cette hypothèse une exception dans la

---

[272] Jurisprudence constante : Civ 15 nov. 1949, Bull. civ., I, n° 318 ; 12 avril 1956, Bull.civ.,I, n° 151 ; 9 janvier 1961, ibid, I, n° 21 ; 14 décembre 1964, ibid, I, n° 564, D. 1965, Somm. 58 ; 22 janvier 1968, G.P. 1968, I, 258 ; 26 juin 1973, Bull. civ. III, n° 444.
BIHR, Encyclopédie Dalloz, « *preuve* », n° 730, p. 65.

[273] O. AUDIAC, th. préc., n° 192, p.152.

[274] *Ibid.*

[275] S. MELLOULI, La preuve des actes juridiques dans le Code des obligations et des contrats, art. préc., n° 39, p.250 ; BIHR, Encyclopédie Dalloz, « *preuve* », n° 738, p. 65 ; D. MOUGENOT, Droit des obligations, La preuve, 3e éd., Larcier 2002, n° 140, p. 213 ; O. AUDIAC, th. préc., n° 192, p.152 ; P. ANCEL, note sous Cass. civ. 1re, 23 février 1999, D. 1999, p. 411.
V. dans la jurisprudence tunisienne: Cass. civ. n° 9743, du 6 juin 1974, B.C.C, I, 154.
V. dans la jurisprudence française : Cass. civ. 13 nov. 1996, Bull. civ. I, n° 393, p. 274 ; R.T.D. civ. 1998, p. 110, obs. J. MESTRE. A propos d'un acte sous seing privé mentionnant le montant de l'engagement souscrit par l'obligé uniquement en lettres et donc pas en chiffres. La Cour de cassation considère qu'un tel acte est irrégulier et ne peut constituer qu'un commencement de preuve par écrit ; *Adde* Cass. civ. 12 avril 1956, Bull. civ. I, n° 151 ; Colmar, 26 janvier 1996, Juris-Data n° 043647. Celui qui est en possession de l'unique exemplaire d'un contrat synallagmatique revêtu de la signature de son partenaire et éventuellement de la sienne, pourra s'en prévaloir contre son cocontractant, mais ce document ne constituera qu'un commencement de preuve devant être complété par d'autres moyens ;

[276] BIHR, Encyclopédie Dalloz, « preuve », n° 739, p. 65 ; D. MOUGENOT, Droit des obligations, La preuve, *op.cit.*, pp. 213-214.

[277] L'article 477 du C.O.C. reproduit presque les mêmes termes de l'article 1362 du Code civil français qui définit le commencement de preuve par écrit comme : « tout écrit qui, émanant de celui qui conteste un acte ou de celui qu'il représente, rend vraisemblable ce qui est allégué ».

[278] L'article 473 du C.O.C dispose que : « *Les conventions ou autres faits juridiques, ayant pour but de créer, de transférer, de modifier ou d'éteindre des obligations ou des droits, et excédant la somme ou la valeur de mille dinars, ne peuvent être prouvés par témoins, il doit en être passé un acte authentique ou sous seing privé* ». Cette disposition est l'équivalent de l'article 1359 du C.C.F. aux termes duquel : « *L'acte juridique portant sur une somme ou une valeur excédant un montant fixé par décret doit être prouvé par écrit sous signature privée ou authentique* ».

mesure où on pourrait prouver par témoins ou par présomptions un acte juridique dont l'existence est rendue vraisemblable[279].

71. La conversion d'un acte sous seing privé en un commencement de preuve par écrit n'est pas sans rappeler l'hypothèse de l'article 209 *in fine* du Code de commerce maritime qui prévoit que : « *tout exemplaire du connaissement, qui ne contient pas les cinq premières mentions ci-dessus indiquées, ne constitue qu'un commencement de preuve par écrit* ». Le connaissement est un document écrit qui est rédigé pour faire preuve de la conclusion du contrat de transport et en même temps de la réception de la marchandise[280]. Il est aussi un document formel par excellence[281]. L'article 209 du Code de commerce maritime exige du connaissement qu'il contienne huit mentions spéciales pour faire preuve complète, au premier rang figure la signature des parties[282]. Il est en effet, relève le professeur Slaheddine Mellouli, « *une variété d'actes sous seing privé* »[283]. L'article 209 précise que si le connaissement ne remplit pas toutes les mentions légales exigées, il « *ne constitue qu'un commencement de preuve par écrit* »[284]. C'est là un cas de conversion légale de l'*instrumentum*.

Observons que les cas de conversion pour méconnaissance de la forme probatoire sont très rares en comparaison de ceux retenus en cas de violation de la forme, requise *ad solemnitatem*.

---

[279] M. CHARFI, Introduction à l'étude du droit, *op.cit.*, n° 561 et s., p. 250 ; S. MELLOULI, Droit civil, Introduction à l'étude du droit, *op.cit.*, n° 771 et s., p. 235 et s.
V. aussi : Paris 15 décembre 1930, D.H. 1931, Somm. 43 ; Une reconnaissance de dette dont la signature par le débiteur a été biffé par le créancier (Cass. fr., 16 juin 1993, Bull. civ. 1993, I, n° 219, p. 152 ; J.C.P. (éd. Not.), 1993, jur., p. 392 ; Rép. Defrénois, 1994, p. 339, note J.L. ALBERT, Ph. DELEBECQUE et D. MAZEAUD ; J. MESTRE, R.T.D.civ. 1994, p. 361).

[280] S. MELLOULI, « *Le contrat de transporteur maritime des marchandises à l'épreuve du formalisme* », R.T.D. 2004, n° 15, p.557. L'auteur relève que : « *Le connaissement n'est pas une cinquième condition de validité qui s'ajoute aux quatre conditions de fond classiques prévues par l'article 2 du C.O.C. Le contrat de transport maritime de marchandises n'est pas un contrat solennel* » (art. préc., n°13, p. 556) ; V. article 207 du C.C.M.

[281] Il s'agit des mentions suivantes : « 1) le nom et le domicile du transporteur ; 2) le nom et le domicile de l'expéditeur ; 3) le lieu et la date du chargement ; 4° le lieu de destination et la désignation du destinataire ; 5) les marchandises remises au transporteur ; 6° le nom du navire ; 7) les stipulations relatives au fret ; 8) la référence à la charte-partie s'il en existe ».

[282] S. MELLOULI, « *Le contrat de transporteur maritime des marchandises à l'épreuve du formalisme* », art.préc. n°18, p. 558.

[283] *Ibid.*

[284] S. MELLOULI, « *Le contrat de transporteur maritime des marchandises à l'épreuve du formalisme* », art. préc., n°s 9 et s., pp. 554 et s. ; S. MELLOULI, La responsabilité du transporteur maritime des marchandises, C.E.R.P., Tunis, 1993, p. 128 ; S. MELLOULI, « *La preuve des actes juridiques dans le Code des obligations et des contrats* », art. préc., n° 39, p.250.

B. La conversion des actes, requis *ad solemnitatem*

72. Le contrat solennel est un contrat qui n'est valablement formé que si le consentement des parties a été constaté par un écrit[285]. L'inobservation de la solennité prescrite par la loi entraîne la nullité de l'acte. La conversion interviendra pour le sauver, que l'écrit exigé soit authentique (*1*) ou sous seing privé (*2*).

1) La conversion des actes authentiques solennels

73. La conversion des actes authentiques solennels se rencontre plus fréquemment en matière des libéralités, spécialement la donation et le testament. Le Code du Statut Personnel subordonne la validité de ces actes juridiques à l'observation de certaines règles de forme. La méconnaissance du formalisme entraîne en principe la nullité de l'acte[286]. Il ne faut pas cependant en déduire que l'acte juridique vicié en la forme ne produira aucun effet. Ce dernier peut renaître sous une nouvelle qualification juridique par le jeu de la conversion.

74. Commençons d'abord par la donation, elle est définie par l'article 200 Code du Statut Personnel comme étant : « *un contrat par lequel une personne transfère à une autre personne et à titre gratuit la propriété d'un bien* ». L'article 204 du même Code ajoute que : « *Pour être valable, toute donation doit être passée par un acte authentique* »[287]. La forme vise essentiellement la protection de la volonté du donateur des pressions dont il pourrait faire l'objet[288]. L'inobservation de la forme authentique entraîne la nullité du contrat de donation immobilière[289]. La question qui se pose dès lors est de savoir s'il y a lieu d'appliquer les principes de la conversion pour sauver le contrat de donation nul[290]. La réponse affirmative semble *a priori* difficile à admettre. La donation nulle doit normalement être refaite en la

---

[285] M.A. GUERRIERO, L'acte juridique solennel, Paris L.G.D.J. 1975, p. 371 et s., spéc. p. 386 ; X. LAGARDE, « *Observations critiques sur la renaissance du formalisme* », J.C.P., éd. G. 1999, I, 170, n°10, p. 1771 ; P. MOENECLAEY, De la renaissance du formalisme dans les contrats en droit civil et commercial français, th. Lille, 1914, p. 19 et s. ; H, L., J. MAZEAUD et F. CHABAS, Leçons de droit civil, Obligations : théorie générale, t. II, Vol. 1, 9e édition par F. CHABAS, Montchrestien, 1998, n° 67, p.60.

[286] M.A. GUERRIERO, *op.cit.*, p. 371 et s., spéc. p. 386.

[287] Toutefois, « *…si la donation porte sur des meubles corporels, la simple tradition suffit…* » (art. 204 alinéa 2 du C.S.P.).

[288] V. en ce sens : Khlifa KHARROUBI
خليفة الخروبي، قانون مدني، العقود المسماة، الوكالة- البيع و المعاوضة-الكراء-الهبة، طبعة ثانية مزيدة و منقحة، منشورات مجمع اللأطرش للكتاب المختص ، تونس، 2013، عدد 589، ص341؛ هدى العياري، عقد الهبة، مذكرة للإحراز على شهادة الدراسات المعمقة في القانون الخاص،كلية الحقوق و العلوم السياسية بتونس، 1998، ص 80 و ما بعدها.

[289] V. en ce sens: Khlifa KHARROUBI
خليفة الخروبي، قانون مدني، العقود المسماة، المرجع السابق، عدد 585، ص 339؛ هدى العياري، المذكرة سابقة الذكر، ص 87 و ما بعدها.

[290] X. PERRIN, th. préc., n° 134, p. 207 et s.

forme légale. La réfection de la donation est en principe le seul moyen de validation possible[291].

75. La conversion peut toutefois trouver lieu à s'appliquer lorsqu'un contrat de donation nul en la forme porte sur des choses mobilières, remises au donataire. La donation nulle peut se convertir dans ce cas en un don manuel. Une partie de la doctrine française avait déjà admis qu'on peut valider le contrat de donation vicié en la forme, en y voyant un don manuel[292]. Cette solution semble être transposable en droit tunisien. L'article 204 du Code du Statut Personnel prévoit, en effet, dans son alinéa deuxième que « *...si la donation porte sur des meubles corporels, la simple tradition suffit...* »[293]. L'ancien acte dressé *ad solemnitatem* dégénère ainsi en un simple instrument de preuve du don manuel[294]. La conversion peut également trouver lieu à s'appliquer si l'on admet l'idée que le contrat de donation qui ne respecte pas la forme légale laisse subsister à la charge de son auteur une obligation naturelle pouvant servir de cause à un engagement civil valable[295]. Cette analyse peut trouver appui dans les termes de l'article 78 du Code des obligations et des contrats qui prévoit qu'« *Il n'y a pas lieu de répétition lorsqu'on a acquitté, volontairement et en connaissance de cause, ce qu'on savait ne pas être tenu de payer* ». Le paiement volontaire de ce qu'on savait ne pas devoir est normalement une donation et que même si elle est nulle pour vice de forme, elle peut être analysée en tant qu'obligation naturelle pouvant être exécutée valablement par le donateur[296].

---

[291] Sur la distinction entre la conversion et la réfection, V. *supra* n°9.

[292] V. CUNHA, Le formalisme en droit des contrats, th. Nice 2002, n° 549, p. 254 ; Contra. Cour de Paris, 26 mai 1948, J.C.P. 1949, II, 4558, note P. RAYNAUD ; Lyon 2 mars 1876, D. 78, II, 142 ; S. 76, II, 301 ; Pau, 5 février 1866, S. 66, II, 194 ; Dijon 26 avril 1932, D.H.1933.339 : L'affirmation contraire à la conversion s'appuie sur un raisonnement subtilement logique. Une donation nulle en la forme ne peut pas être valablement exécutée car elle ne constitue pas une donation autonome.
V. aussi Houda AYARI
هدى العياري، عقد الهبة، المذكرة سابقة الذكر ، ص 90 و ما بعدها.

[293] V. sur la donation mobilière Khlifa KHARROUBI
خليفة الخروبي، قانون مدني، العقود المسماة، المرجع السابق، عدد 591، ص 341.

[294] X. PERRIN, th. préc., n° 134, p. 208.

[295] M.A. GUERRIERO, *op.cit.*, p. 392 et s. L'auteur relève que sur ce point la doctrine est partagée. Certains auteurs considèrent que l'auteur d'un acte juridique solennel nul en la forme est tenu d'une obligation naturelle d'exécuter l'acte. D'autres auteurs, refusent d'admettre que l'auteur d'un acte juridique solennel vicié en la forme soit tenu d'une obligation naturelle, parce que celui-ci est inexistant. Cet argument ne paraît pas, aux yeux de cet auteur, convaincant, car rien ne s'oppose à la survie d'un devoir moral même si l'acte juridique est inexistant ou du moins nul.
V. aussi l'article 489 du Code civil égyptien qui permet la confirmation de la donation nulle par le donateur et encore sa ratification ou son exécution volontaire par les héritiers de celui-ci :
" إذا قام الواهب أو ورثته مختارين بتنفيذ هبة باطلة لعيب في الشكل فلا يجوز لهم أن يستردوا ما سلموه".

[296] V. en ce sens : M. CHARFI, Introduction à l'étude du droit, *op.cit.*, n° 526, p. 239.
V. aussi Mohamed CHARFI et Ali MEZGHANI

76. En dehors de ces deux hypothèses, la conversion d'une donation immobilière nulle en la forme est sujette à discussion. La discussion trouve des aliments substantiels dans les termes des articles 1339 et 1340 du Code civil français, comprenant des solutions diamétralement opposées. Le premier article prévoit que « *le donateur ne peut réparer par aucun acte confirmatif les vices d'une donation entre vifs, nulle en la forme ; il faut qu'elle soit refaite en la forme légale* ». Cependant, l'article 1340 du même Code dispose que « *la confirmation ou ratification ou exécution volontaire d'une donation par les héritiers ou ayants cause du donateur, après son décès, emporte leur renonciation à opposer soit les vices de forme, soit toute autre exception* ». Il ressort de la lecture de ces deux articles que la confirmation d'une donation nulle est inconcevable du vivant du donateur, alors qu'elle est possible pour les héritiers. La solution s'explique selon certains auteurs par le fait que les héritiers ont une obligation naturelle de respecter la parole du défunt[297]. Une lecture combinée de ces deux articles permet également d'observer comment un acte nul, et donc n'ayant aucune existence juridique, se transforme par le simple effet du décès du donateur en un acte simplement annulable et donc susceptible de confirmation[298]. L'hypothèse de l'article 1340 du Code civil français peut être rattachée à l'idée de conversion par réduction. La conversion ne réalise pas toutefois ici transformation d'un acte nul en un acte valable, mais celle d'un acte nul en un acte annulable[299]. La situation juridique créée est certes irrégulière, mais elle est susceptible de « *convalescence* », pour emprunter une terminologie d'Olivier Cornaz[300]. On sait tous que l'acte annulable est susceptible d'être validé au travers la confirmation[301]. Contrairement au Code civil français, notre Code des obligations et des contrats ne contient pas une disposition similaire. Cependant, on peut estimer qu'à défaut de règles spéciales cette solution devrait être admise afin de laisser une chance à l'exécution volontaire du contrat.

77. Ceci dit, la question se pose aussi de savoir si le droit reconnu à une personne de confirmer un acte annulable, n'est-il pas le droit de convertir une situation d'annulabilité en une situation de validité ? Le problème se pose notamment pour les actes conclus par des personnes illettrées en

---

محمد الشرفي و علي المزغني، أحكام الحقوق، المرجع السابق، عدد 108 ،ص 95.

[297] M.A. GUERRIERO, *op.cit.*, p. 396.

[298] G. COUTURIER, La confirmation des actes nuls, *op.cit.* n° 266, p. 231 ; X. PERRIN, th. préc., n° 136, p. 212.

[299] La confirmation n'est admise que si l'acte est annulable. « *La confirmation ou ratification d'une obligation nulle de plein droit n'a aucun effet* » (art. 329 du C.O.C.) ; V. sur l'application de ce texte dans la jurisprudence : Cass.civ. n°23712, du 4 juin 2003, B.C.C. 2003.II.37 ; V. sur l'ensemble de la question : A. REBAÏ
عبد الوهاب الرباعي، "نظرية البطلان في فقه قضاء محكمة التعقيب"، المقال السابق، عدد33، ص647.

[300] O. CORNAZ, th. préc., p. 39.

[301] Article 329 du C.O.C.

violation des exigences de forme prescrites par l'article 454 du C.O.C.[302]. L'article 454 du C.O.C. dispose, en effet, que : « *Les écritures portant l'obligation de personnes illettrées ne vaudront que si elles ont été reçues par notaires ou par officiers publics à ce autorisé* ». Il ressort de la lecture de ce texte que le législateur, dans le but de protéger le consentement de la personne qui ne peut ni lire ni écrire exige que son engagement prend la forme d'un acte authentique[303]. La doctrine et la jurisprudence y voient dans cette exigence une condition de validité de l'acte[304]. La controverse naît toutefois des termes de la loi qui n'était pas explicite sur la sanction applicable en cas d'inobservation de la forme solennelle. La Cour de cassation a opté dans certains arrêts pour la sanction de nullité absolue[305] voire d'inexistence[306]. Aujourd'hui, la jurisprudence est généralement constante sur le fait qu'il s'agit d'une nullité relative, une nullité de protection instituée en faveur de l'illettrée et que seul ce dernier peut demander l'annulation ou la confirmation de l'acte[307].

---

302 Sur le sens d'une personne illettrée v. notamment : Cass. civ. n° 38866 du 21 juin 1994, B.C.C. 1994, p. 377.

" عرف فقه القضاء التونسي الأمي أنه هو الذي لا يمضي على الكتائب التي يعقدها، إما بوضع علامة إبهامه أو بوضع قاطع و مقطوع أو علامة صليب أو غيرها من العلامات التي لا تبت إلى الواقع بشيء".

V. généralement sur la question K. DEBBECH

كمال دبش، التزام الأمي، مذكرة لنيل شهادة الدراسات المعمقة في القانون الخاص، كلية الحقوق و العلوم السياسية بتونس، 1991-1992.

303 V. notamment : M. CHARFI, Introduction à l'étude du droit, *op.cit.*, n° 582, p. 257 et s.; S. MELLOULI, Droit civil, Introduction à l'étude du droit, *op.cit.*, n° 815 et s., p. 248 et s. ; O. AUDIAC, Les fonctions du document en droit privé, th. Paris 1, Panthéon-Sorbonne, 2002, n° 192, p.152.

-Mohamed CHARFI et Ali MEZGHANI

محمد الشرفي و علي المزغني، أحكام الحقوق، المرجع السابق، عدد 422، ص 313 و ما بعدها.

- M.-K. CHARFEDDINE

محمد كمال شرف الدين، قانون مدني، النظرية العامة، الأشخاص، إثبات الحقوق، المرجع السابق ،عدد276، ص285.

V. aussi Mohamed CHARFI

محمد الشرفي، مدخل لدراسة القانون، المرجع السابق، عدد 590، ص 324.

304 V. dans la doctrine : M. CHARFI, Introduction à l'étude du droit, *op.cit.*, n° 582, p. 257 et s.; S. MELLOULI, Droit civil, Introduction à l'étude du droit, *op.cit.*, n° 839 et s. et s., p. 254 et s. ; N. BESROUR, th. préc., n° 175, p. 247.

V. dans la jurisprudence : Cass.civ. n° 8809 du 20 juin 2006, B.C.C. 2006, p. 21 ; *Contra* Cass. civ. n° 7834 du 28 juin 1955, R.J.L. 1960, p. 37. Dans cet arrêt la Cour de cassation a décidé que la forme authentique est une condition de preuve.

305 Cass.civ. n° 8809 du 20 juin 2006, B.C.C. 2006, p. 21.

" لا يكون التصريح بالرضا معتبرا إذا نص القانون على صورة مخصوصة له و تم بخلافها، و قد اقتضى الفصل 454 من م.ا.ع. في هذا الإطار أن التزام الأمي لا يمضي حتى يتلقاه عدول أو غيرهم من المأمورين العموميين المأذونين لهم في ذلك بما يعني أن التزام الأمي وتعبيره عن رضاه لا يكون معتبرا على معنى الفصل 2 من م.ا.ع. إلا إذا تم بالصيغة المحددة بالفصل 454 من م.ا.ع. فان لم يكن كان العقد فاقدا لأحد أركانه و كان جزاؤه البطلان وفقا لأحكام الفصل325 من م.ا.ع. ".

306 Cass.civ. n° 287/ 42 du 22 sept. 1960, B.C.C. 1960, p. 45.

307 Cass.civ. (Les chambres réunies), n° 45614, du 28 mai 1998, Les arrêts des chambres réunies de la Cour de cassation, C.E.J.J., 1997-1998, p. 7.

" إن ما اقتضاه الفصل454 من م.ا.ع يهدف إلى حماية الأمي مما قد يشوب إرادته من عيب وأن الإرادة المشوبة بعيب من العيوب ليست مبطلة للعقد بطلانا مطلقا لأن العقد لو كان كذلك لجاز لكل ذي مصلحة أن يتمسك بالبطلان و للمحكمة أن تقضي به من تلقاء نفسها و لا يزول البطلان بالإجازة".

78. Le droit de couvrir le vice de forme au travers la confirmation constitue selon certains auteurs un cas de conversion[308]. Monsieur Alain Couret, qui est l'un des partisans de cette opinion, estime que le droit reconnu à une personne de demander la nullité relative n'est que le droit de convertir une situation purement annulable en une situation de nullité[309]. Et, de la même manière, dit-il, « *on peut considérer qu'au travers la confirmation, le bénéficiaire du droit de confirmer convertit une situation d'annulabilité en une situation désormais inattaquable* »[310]. Par là, l'auteur abandonne la conception selon laquelle la confirmation est un acte négatif, abdicatif, une renonciation au droit d'invoquer la nullité, pour soutenir une conception contraire envisageant la confirmation comme un acte purement positif, aboutissant à la création d'une nouvelle situation juridique[311]. Le même auteur ajoute que la confirmation n'est pas une simple consolidation d'une situation antérieure ; elle est comme la conversion créatrice d'un état de droit nouveau[312]. L'assimilation de la confirmation à une opération de conversion ne peut cependant emporter notre conviction pour une raison très simple que la confirmation requiert de la part du bénéficiaire du droit de confirmer un renouvellement de son consentement, alors que la conversion est un procédé objectif de sauvetage en ce sens qu'il opère en dehors de toute volonté exprimée par les parties ou l'une d'elles[313].

V. aussi jugement du juge cantonal de Tunis n° 9132 du 27 mars 1990, Actualités Juridiques Tunisiennes, n°3, 1990, p. 97, note M.K. CHARFEDDINE (en arabe).

" وحيث أن هذا البطلان نسبي ذلك أنه جاء يحمي مصلحة أحد الخصوم بدليل إمكانية تصديقه من طرف الأمي الذي لا يتوفر بالنسبة للبطلان المطلق عملا بأحكام الفصل 329 من م.ا.ع.".

V. aussi Cour d'appel de Tunis, n° 7695, du 18 oct. 1993, R.T.D. 1995, p. 203, note S. MELLOULI (en arabe).

[308] Sur la confirmation V. notamment

محمد الزين، النظرية العامة للالتزام، 1- العقد، المرجع السابق،عدد 121 و154، ص 109و 130؛ محمد محفوظ ، النظرية العامة للالتزام- 1-العقد ، المرجع السابق، ص 85 ؛ محمد بقبق، قانون مدني ، النظرية العامة للالتزام، التصرف القانوني ، المرجع السابق، عدد 333 ، ص 246 ؛ محمد المالقي، محاضرات في شرح القانون المدني التونسي، المرجع السابق، ص 282.

V. aussi N.BESROUR, th. préc., p. 285 et s.

V. dans la jurisprudence : Cass.civ. n° 21468 du 16 déc. 2008, B.C.C. 2008, II, 135.

V. en dr. comp. G. COUTURIER, La confirmation des actes nuls, *op.cit.*

Aux termes de l'article 1182 du C.C.F. « *La confirmation est l'acte par lequel celui qui pourrait se prévaloir de la nullité y renonce. Cet acte mentionne l'objet de l'obligation et le vice affectant le contrat* ».

[309] A. COURET, art. préc., n° 6, p. 223.

[310] *Ibid.*, n° 6, p. 223 note 12.

[311] *Ibid.* ; P. RAYNAUD, « *La renonciation à un droit, sa nature et son domaine en doit civil* », R.T.D.civ. 1936, p. 763 et s.

[312] A. COURET, art. préc., p.223, note 12.

[313] V. *infra* n°s 462 et s.; *Contra*, Sami JERBI, l'auteur considère que la confirmation peut constituer une espèce de conversion.

" و الإجازة كتنازل عن حق الطعن ميزة و ضعتها المدرسة الكلاسيكية لتكون تصرفا سلبيا اسقاطيا، أما إذا تم تحليلها كتصرف ايجابي، فان المصادقة تشكل ضربا من ضروب تحول العقد، بما في هذا التحليل من مناقب، و منها أن تصبح بطبيعتها منشئة للحق، بعد أن كانت إحجاما عن استعماله و تنازلا عنه. و تشكل هكذا تطبيقا لتحول العقد" (سامي الجربي، تفسير العقد، المرجع السابق، عدد 378، ص496).

79. Comme la donation, le testament nul pour inobservation des règles de forme peut donner lieu aussi à l'application de la conversion. Le testament, dit l'article 171 du Code du Statut Personnel, est « *l'acte par lequel une personne transfère à titre gratuit, pour le temps où elle n'existera plus, tout ou partie de ses biens, en pleine propriété ou en usufruit* »[314]. En droit tunisien, comme dans la plupart des législations civiles de l'Europe, la volonté du testateur doit s'enfermer dans l'un des moules offerts par la loi. Dans ce cadre, l'article 176 du Code du Statut Personnel dispose que « *pour être valable, le testament doit être fait par acte authentique ou par un acte écrit daté et signé du testateur* »[315]. Il ressort de la lecture de ce texte que le disposant doit couler obligatoirement sa volonté dans la forme authentique ou olographe.

80. Les deux formes testamentaires offertes par la loi sont en quelque sorte hiérarchisées[316]. Le testament authentique est indéniablement la forme testamentaire la plus complexe dans la mesure où il doit respecter un lourd formalisme[317]. Il suppose la présence de deux notaires. Le disposant dicte, le notaire rédige, puis donne lecture. Le testament devra enfin être signé par le testateur et le notaire. Le testament olographe, au contraire, est un acte solennel dont les formes sont beaucoup plus simples que celles du testament authentique. L'article 176 du Code du Statut Personnel et son équivalent l'article 970 du Code civil français, se contentent d'énoncer que le testament olographe doit être écrit en entier, daté et signé de la main du testateur ; aucune autre formalité n'est exigée[318]. Observons donc que chacune de ces espèces juridiques obéit à des règles de forme qui lui sont propres[319]. L'inobservation des formes particulières à chaque catégorie de testament entraîne en principe une sanction identique, la nullité de la disposition

---

314 Sur le testament V. notamment : I HANNECHI
عماد الحناشي، المواريث و الوصية في القانون التونسي، منشورات مجمع الأطرش للكتاب المختص، تونس 2014، ص 22 و ما بعدها.

V. aussi
محمود شمام، الوصية في الفقه و القانون، دار النجاح للطباعة و النشر و التوزيع، تونس، ص 92 و ما يليها (غير مؤرخ)؛ يوسف بن الحاج فرج بن يوسف، المواريث الشرعية و الوصية و مجلة الأحوال الشخصية، دار الميزان للنشر، سوسة، ص 367 (غير مؤرخ)؛ محمد أبو زهرة، شرح قانون الوصية، مكتبة الأنجلو المصرية، القاهرة، الطبعة الثانية، 1950، ص 9.

V. en dr. comp. notamment : H. L.et J. MAZEAUD, F. CHABAS, Leçons de droit civil, t. IV, vol. 2, Successions- Libéralités, 5e éd. par L. LEVENEUR et S. MAZEAUD-LEVENEUR, Paris, Montchrestien, 1999, n° 957, p. 282.

V. aussi Badran Abou El Aïnin BADRAN
بدران أبو العنين بدران، المواريث و الوصية و الهبة في الشريعة الإسلامية، الإسكندرية، مؤسسة شباب الجامعة، 1985.

315 L'article 969 du C.C.F. prévoit aussi qu' : « *un testament pourra être olographe, ou fait par acte public ou dans la forme mystique* ».

316 X. PERRIN, th. préc., n° 99, p. 155.

317 V. *supra* n° 66.

318 H. et L. MAZEAUD ; J. MAZEAUD, F. CHABAS, Leçons de droit civil, t. IV, vol. 2, Successions- Libéralités, *op.cit.*, n° 972, p. 297 ; J.-P. GRIDEL, L'article 970 du code civil : instantané de jurisprudence, *in* « *Regards sur le formalisme en droit privé* », *op.cit.*, p. 121.

319 X. PERRIN, th. préc., n° 99, p. 155.

testamentaire. La question qui se pose dès lors est de savoir si le testament authentique nul pour inobservation des solennités requises par la loi peut valoir comme testament d'une autre espèce, c'est-à-dire, en fait, comme testament olographe ?

81. Le Code du Statut Personnel ne contient aucune disposition qui consacre d'une manière formelle la conversion d'un testament authentique en un testament olographe. La conversion devrait toutefois être admise en dépit de l'absence d'un texte spécial. En effet, comme l'a déjà relevé, à juste titre, M. Besrour, la loi du 23 mai 1994 portant organisation de la profession de notaire n'exige pas que l'acte authentique soit écrit nécessairement par la main du notaire[320]. Dès lors, théoriquement rien n'empêche que l'acte soit écrit par la main d'une personne autre que le notaire. Cependant, dans la pratique, l'acte authentique est toujours écrit par le notaire[321], et ce n'est normalement pas le testateur qui le rédige[322]. Il paraît dès lors difficile, voire impossible qu'un testament authentique comporte tous les éléments nécessaires à la validité d'un testament olographe. Mais il convient de relever aussi que l'obstacle tenant à la rédaction du testament par le notaire n'est pas insurmontable, notamment après l'assouplissement jurisprudentiel du formalisme du testament olographe. La Cour de cassation avait, en effet, admis dans un arrêt rendu le 24 février 1998, que la rédaction du testament par le testateur même n'est pas exigée. Il suffit qu'il en soit l'auteur intellectuel[323]. Dans cette optique, la conversion d'un testament authentique nul en un testament olographe semble trouver plus de chance à s'appliquer. Le testament nul pour vice de forme peut, du reste, être exécuté valablement par les autres héritiers en tant qu'obligation naturelle[324].

82. Ceci dit, certains auteurs s'appuient sur les termes de l'article 176 du C.S.P., dans sa rédaction officielle, pour affirmer que les formes exigées par ce texte sont requises *ad probationem* et non *ad solemnitatem*[325]. Dans cette optique, on peut admettre qu'un acte authentique nul pour vice de forme puisse être converti en un acte sous seing privé au sens de l'article 448 du C.O.C[326]. Il convient cependant de relever que cette hypothèse ne présente

---

[320] *Ibid.*, n° 299, pp. 454-455.

[321] *Ibid.*

[322] *Ibid.*, n° 299, pp. 454-455, note n° 1161 ; O. CORNAZ, th. préc.,p. 60.

[323] Cass. civ. n° 50749, B.C.C. 1998, II, 516.

[324] M. CHARFI, Introduction à l'étude du droit, *op.cit.*, n° 525, p. 238.
V. aussi Mohamed CHARFI et Ali MEZGHANI
محمد الشرفي و علي المزغني، أحكام الحقوق، المرجع السابق، عدد111،ص 97.
V. aussi Mohamed MAHFOUDH
محمد محفوظ ، النظرية العامة للالتزام- 1-العقد ، المرجع السابق، ص 5.

[325] L'article 176 du C.S.P. dispose dans sa version officielle que:
" لا تثبت الوصية إلا بالحجة الرسمية أو بكتب محرر و مؤرخ و ممضى من الموصي".

[326] Aux termes de ce texte « *L'acte qui ne peut valoir comme authentique par suite de l'incompétence ou l'incapacité de l'officier, ou d'un défaut de forme, vaut comme écriture privée, s'il a été signé des parties dont le consentement est nécessaire pour la validité de l'acte* ». V. *supra* n° 60.

aucun intérêt pratique dans la mesure où l'acte sous seing privé ne peut en aucune manière servir de preuve au testament[327].

83. Contrairement au droit tunisien, la conversion des formes testamentaires semble beaucoup plus facile à admettre en droit français. L'explication en est la suivante : le législateur français n'a pas voulu enfermer la volonté du testateur dans le moule du testament authentique ou olographe uniquement. Le disposant peut également choisir de tester sous la forme d'un testament mystique qualifié aussi de secret, ou encore depuis 1994, sous la forme d'un testament international prévu par la Convention de Washington[328]. Cette pluralité des formes testamentaires favorise la conversion. Elle laisse entrevoir la validité d'un testament nul au regard de la forme choisie par le testateur si l'une au moins des autres formes offertes par la loi le déclare valable. Cette solution a connu des applications nombreuses en droit français aussi bien légales que jurisprudentielles.

84. Le Code civil français consacre dans son article 979, alinéa deuxième, la conversion du testament mystique en un testament olographe. La conversion trouve sa justification dans l'existence d'un rapport hiérarchique entre ces deux formes testamentaires. Le testament mystique est en effet une forme plus complexe que le testament olographe ce qui rend par conséquent la conversion envisageable[329]. L'article 979 du Code civil français reconnaît

---

[327] Si on considère que l'article 176 du CSP exige la forme authentique ou olographe *ad probationem*, le testament qui n'a pas été fait dans l'une de ces formes est considéré comme valable. Plus particulièrement, le testament verbal est valable. Dans cette hypothèse, si les héritiers ont exécuté volontairement un tel testament verbal, on considère qu'ils ont exécuté un acte valable et ils ne pourront pas donc demander par la suite la répétition de l'indû (N. BESROUR, th. préc., n° 299, p. 455, note1163).

[328] Cette nouvelle forme de testament a été introduite dans l'ordre interne français depuis le décret du 8 novembre 1994 publiant la Convention de Washington du 23 octobre 1973 portant loi uniforme sur la forme du testament international. En dépit de sa dénomination, ce testament peut être utilisé dans une situation ne comportant aucun aspect international. Mais, il peut évidemment l'être aussi en présence d'éléments d'extranéité, particulièrement dans l'hypothèse d'un testateur résident en France mais possédant des biens à l'étranger, ou à l'inverse, étranger résidant et possédant des biens en France (H., L. et J. MAZEAUD, F. CHABAS, Leçons de droit civil, t. IV, vol. 2, Successions- Libéralités, *op.cit.* n° 994, p. 309).

[329] Pour s'en convaincre, il suffit de citer les deux étapes nécessaires à la confection du testament mystique[329]. La première concerne le testament même qui doit être écrit par le testateur ou par un tiers, à la main ou mécaniquement, et signé du testateur[329]. La seconde étape tient à la nécessité de présenter ce testament clos et scellé au notaire qui doit rédiger un acte de suscription portant la mention de sa date, du lieu où il a été passé, la description du pli, du sceau qui le clôt ; il est signé du testateur, du notaire et des deux témoins[329]. Le testament mystique résulte ainsi de l'accolement de deux actes distincts, le testament et l'acte de suscription, procès-verbal rédigé par le notaire. Le testament est un acte sous seing privé, alors que l'acte de souscription est authentique. On s'aperçoit ainsi que le testament mystique est soumis à un formalisme rigoureux par rapport au testament olographe, forme moins compliquée (H., J. et L. MAZEAUD, F. CHABAS, Leçons de droit civil, tome IV, vol. 2, Successions- Libéralités, *op.cit.*, n° 991 et s., pp. 308-309 ; CUNHA, Le formalisme en droit des contrats, th. Nice 2002, n° 532 et s., p. 245 et s. ; E. BEKELYNCK, Etude critique du formalisme testamentaire, th. Paris, 1967, t.1, p. 400 et s. ; X. PERRIN, th. préc., n° 120, p. 183 ; P. LIPINSKI, art. préc., n° 11, p. 1173).

d'ailleurs que : « ...*le testament mystique dans lequel n'auront point été observées les formalités légales, et qui sera nul comme tel, vaudra cependant comme testament olographe, si toutes les conditions requises pour sa validité comme testament olographe sont remplies, même s'il a été qualifié de testament mystique* ». La même solution a été également reprise par le Code civil italien dans son article 804. Ce dernier prévoit que : « *Si toutefois un testament secret reçu par un notaire ou par un officier public autorisé à le recevoir ne pouvait valoir comme tel, il vaudra comme testament olographe, lorsqu'il en réunit les conditions* ». Ce choix législatif est conforme à la réalité de tous les jours, tester en la forme mystique ou olographe est illusoire chez la plupart des testateurs[330]. Ce qui compte pour l'auteur du testament, c'est le contenu de l'acte et la volonté plus que la forme à laquelle il recourt. Donc, si possible de donner effet à cette volonté, il faut le faire.

85. La conversion révèle ainsi que la nullité de l'une des formes testamentaires ne s'étendait pas nécessairement à l'autre forme qui pourrait se trouver emboîtée l'une dans l'autre[331]. Les vices qui peuvent entacher le testament mystique de nullité sans pour autant détruire le testament olographe qui s'y trouve inclus sont nombreux. On peut citer à titre d'exemple, le cas de défaut de signature du notaire, des témoins ou du testateur sur l'acte de suscription, l'absence de cachet ou encore l'absence des témoins ou du moins l'insuffisance de leur nombre[332]. Encore faut-il ajouter que la conversion ne peut jouer dans telles hypothèses que si les conditions de forme d'un testament olographe se trouvent incluses dans un testament mystique. Tel est le cas lorsque l'acte sera rédigé et signé de la main du testateur et à la condition que la date figure dans le document[333]. Cependant lorsque l'acte est écrit par une autre personne que le testateur, la conversion ne pourra jouer même s'il est signé par ce dernier[334]. La conversion permet ainsi de faire prévaloir la volonté des effets économiques sur la volonté d'un état de droit.

86. Sensible à cette idée, la première chambre civile de la Cour de cassation française avait décidé, le 12 juin 2014, que « *l'annulation d'un testament authentique pour non-respect des dispositions des articles 971 à 975 du Code civil français ne fait pas obstacle à la validité de l'acte en tant que testament international dès lors que les formalités prescrites par la Convention de Washington ont été accomplies* »[335]. Le testament international est une forme qui peut paraître moins complexe que le testament authentique et mystique, mais plus complexe que le testament

---

[330] N. LAURENT-BONNE, « *La conversion par réduction du testament authentique défectueux* », D. 2014, n° 11, p. 1750.
[331] X. PERRIN, n° 120, p. 184.
[332] Il en faut six en droit français et quatre en droit italien (O. CORNAZ, th. préc., p. 60).
[333] *Ibid.*
[334] *Ibid.*
[335] N. LAURENT-BONNE, art. préc., p. 1747 et s.

olographe[336]. Il doit, en effet, être écrit par le testateur ou un tiers et dans la langue choisie par le disposant[337], qui déclare en présence de deux témoins et du notaire que le document est son testament et qu'il en connaît le contenu[338] ; le testateur, le notaire et les témoins signent enfin le testament[339]. Le testament international paraît ainsi jouer un nouveau rôle de « *substitut* », selon l'expression du professeur Nicolas Laurent-Bonne, permettant le sauvetage de l'acte public défectueux[340]. Il en va notamment, ainsi comme en l'espèce lorsque le disposant ne respecte pas la formalité de dictée lors de l'élaboration d'un testament authentique[341]. Il en est de même si le testament a été dressé avec le concours de témoins de nationalité étrangère[342].

87. L'arrêt du 12 juin 2014, annonçant la convertibilité d'un testament authentique nul pour inobservation des formalités prescrites par la loi en un testament international, s'inscrit dans un mouvement international tendant au sauvetage des dispositions de dernière volonté. La loi uniforme sur la forme du testament international annexée au décret n° 94-990 du 8 novembre 1994, portant publication de la Convention de Washington du 26 octobre 1973[343], énonce elle-même dans son article 1.2 que « *La nullité du testament en tant que testament international n'affecte pas sa validité éventuelle quant à la forme en tant que testament d'une autre espèce, c'est-à-dire, en fait, comme testament olographe* »[344].

88. La faveur du droit tunisien au sauvetage des dispositions testamentaires se manifeste encore même si le testament présente un aspect international. L'hypothèse se présente notamment lorsque le testament a été rédigé par un Tunisien à l'étranger. Si un tel testament est nul pour vice de forme, il se peut qu'il soit déclaré valable par application des règles du droit international privé. A cet égard, l'article 55 alinéa deuxième du Code de droit international privé prévoit que le testament est soumis quant à la forme

---

[336] V. M. REVILLARD, « *Une nouvelle forme de testament : le testament international* », Rép. Défrénois 1995, art. 36021 ; C. BYK, « *La forme internationale du testament* », J.C.P. éd. N. 1994, I, 331-335 ; N. LAURENT-BONNE, art. préc., n° 1, p. 1749.

[337] Article 3- 1, 3-2 et 3-3 de la loi uniforme sur la forme du testament international.

[338] Article 4-1 de la loi uniforme sur la forme du testament international.

[339] Article 5-1 à 5-3 de la loi uniforme sur la forme du testament international.

[340] *Ibid*, n° 11, p. 1750.

[341] Le non-respect de la formalité de dictée résulte dans cet arrêt de la présentation par le notaire d'un projet d'acte au testateur pour le signer.

[342] Dans un arrêt du 16 juin 2011, la Cour de Bordeaux a validé comme testament international un testament authentique nul pour avoir été dressé avec le concours de témoins de nationalité étrangère (l'article 980 du code civil imposait des témoins de nationalité française : exigence supprimée par la loi n° 2006-728 du 23 juin 2006 (J.C.P. éd. N. 2011, n° 1234, note J.-F. HEBERT).

[343] J.C.P. éd. G. 1994, III, 67121.

[344] V. M. GRIMALDI, Droit civil, Libéralités, Partage d'ascendants, Litec, 2000, n° 1390 ; M. GRIMALDI, note sous Cass. civ., 10 octobre 2012, R.T.D. civ. 2012, pp. 761-762 ; P. LIPINSKI, art. préc., n° 11, p. 1173, note 52.

« *à la loi nationale du testateur ou à celle du lieu où il est établi* »[345]. Les parties disposent ainsi d'une option entre deux rattachements : la loi nationale du testateur ou la loi du lieu où le testateur a disposé, suivant la règle *locus régit actum*. La validité formelle du testament est admise du moment que celui-ci respecte l'une des lois précitées. Il se peut que le testament soit nul au regard de la loi du lieu de rédaction de l'acte, alors qu'il est valable au regard de la loi nationale. La réalisation de la justice matérielle devrait conduire à préférer la loi nationale qui validerait en la forme le testament en application du principe de l'effet utile[346]. L'objectif est de favoriser la validité formelle des testaments.

89. Pour illustrer cette idée, on peut prendre l'exemple d'un testament rédigé par un Tunisien résident en Allemagne selon la forme exigée par la loi de rédaction de l'acte, c'est-à-dire la loi allemande. Or, sur ce point le droit allemand se distingue du droit tunisien. En effet, le § 2231-2° du B.G.B[347] exige dans la date du testament olographe la mention du lieu que l'article 176 de notre Code du statut personnel ne la considère pas comme nécessaire. La différence séparant ces deux législations favorise certainement la conversion d'un testament nul au regard du droit allemand, pour mention erronée du lieu, par exemple, en un testament valable par application de l'article 55 du Code de droit international privé tunisien. Aussi, expression de la « *favor testamenti* »[348], le juge doit-il préférer la loi nationale du testateur qui validerait le testament rédigé à l'étranger[349]. Le contact des peuples favorise ainsi l'efficacité des actes juridiques dans les rapports internationaux de droit privé[350].

90. Hors du domaine des libéralités, la conversion peut trouver lieu à s'appliquer en matière des sûretés réelles immobilières. La troisième chambre de la Cour de cassation française, dans un arrêt du 7 janvier 1987, avait admis qu'un acte authentique d'hypothèque annulé pour vice de forme, en l'occurrence l'absence de signature du notaire, vaut promesse d'hypothèque[351]. L'acte constitutif d'hypothèque irrégulier pour

---

[345] Aux termes de cet article : « *Le legs est soumis à la loi nationale du testateur au moment de son décès. La forme du testament est soumise à la loi nationale du testateur ou à celle du lieu où il est établi* ».

[346] A. MEZGHANI, Commentaire du Code de droit international privé, C.P.U. 1999, p. 133 et s.

[347] Cet article prévoit qu' « *un testament peut être établi en forme ordinaire... 2) par déclaration délivrée par le de cujus conformément aux dispositions du § 2247* ». Ce dernier dispose que « *Le de cujus peut établir un testament par une déclaration écrite de sa propre main et signée. Le de cujus doit dans la déclaration indiquer à quel moment (jour, mois et année) et en quel* ***lieu*** *il a fait la rédaction* ».

[348] Y. LOUSSOUARN, P. BOUREL, Droit international privé, 7e éd., Paris, Dalloz, 2001, n° 368, p. 450.

[349] A. MEZGHANI, Commentaire du Code de droit international privé, *op.cit.*, p. 133 et s.

[350] Y. LOUSSOUARN, P. BOUREL, Droit international privé, *op.cit.*, n° 365, p. 446.

[351] Cass. 3e civ., 7 janvier 1987 : Bull. civ. III, n°4 ; Rép. Defrénois 1987, art. 34120, n° 112, p. 1490, note L. AYNES ; Gaz. Pal. 1987, I, p. 169, obs. A. PIEDELIEVRE ; V. BREMOND, art. préc., n° 1369, p. 923 et s.

inobservation de la forme requise *ad solemnitatem* dégénère de la sorte en une simple promesse d'hypothèque sous seing privé[352]. La jurisprudence française contemporaine admet, en effet, d'une manière de plus en plus large qu'une promesse d'hypothèque puisse se faire par acte sous seing privé dans la mesure où il fait naître uniquement une simple obligation de faire et non pas la concession d'un droit réel d'hypothèque[353].

91. Cette solution peut être transposable en droit tunisien. Le contrat d'hypothèque nul pour inobservation de la forme écrite, exigée *ad validatem* par l'article 275 du Code des droits réels, peut valoir comme promesse d'hypothèque[354]. Cette solution doit d'autant plus être admise que le droit tunisien ne subordonne pas la validité de la promesse d'hypothèque à aucune condition de forme. La promesse d'hypothèque ne pouvant faire l'objet d'une exécution forcée[355]. Le tribunal ne peut aussi prendre un jugement valant acte de constitution d'hypothèque[356]. La promesse ne procure au créancier qu'une action pour obliger le débiteur à passer à l'acte notarié. Si le débiteur ne respecte pas cette obligation de faire, l'article 275 du Code des obligations et des contrats jouera pleinement[357]. L'obligation de faire se résoudre en dommages-intérêts[358]. Le mécanisme de conversion permet ainsi

---

[352] BREMOND, art. préc., p. 924, note n° 1.

[353] V. J. GHESTIN (sous la dir.), Traité de droit civil, Droit spécial des sûretés réelles, vol. 1, par E. PUTMAN et M. BILLIAU, L.G.D.J. 1996, n° 1257 et s., p. 624 ; BREMOND, art.préc., n° 1369, p. 323 et s ; J. H. et L. MAZEAUD, F. CHABAS, Leçons de droit civil, tome III, vol. 1, Sûreté, Publicité foncière, 7e éd. par Y. PICOD, Montchrestien, 1999, n° 254, p. 305 ;

[354] Aux termes de cet article « *L'hypothèque ne peut être valablement consentie que par écrit. L'immeuble sur lequel l'hypothèque est consentie ainsi que le montant de la créance doivent être déterminés dans l'acte* ».

V. sur les conditions de forme de l'hypothèque : F. BELKNANI, « *Le rôle du formalisme dans l'hypothèque* », *in* Droit et culture, Mélanges en l'honneur du Doyen Yadh BEN ACHOUR, C.P.U. 2008, p. 553 (en arabe).

V. aussi :

عبد الوهاب الجويني، "*الشكلية في تكوين الرهون العقارية*"، دراسات في قانون التأمينات، مقال ضمن عمل جماعي لهيئة تدريس قانون التأمينات بكلية الحقوق و العلوم السياسية بتونس تحت إشراف الأستاذ بشير المنوبي الفرشيشي، طبعة ثانية، تونس 2003، ص 443 ؛ حاتم بن عبد الحميد الرواتبي،" *إشهار الرهن العقاري*"، دراسات في قانون التأمينات، مقال ضمن عمل جماعي لهيئة تدريس قانون التأمينات بكلية الحقوق و العلوم السياسية بتونس ، 1997،ص245؛عبد المنعم عبود،" *الشروط الشكلية لصحة الرهن العقاري*"، م. ق. ت. مارس 1998، ص 125 ؛ عادل البراهمي، "*الرهن العقاري الاتفاقي*"، م. ق. ت. ، عدد 7، 1989، ص 7؛ كمال العياري،" *الشكلية في تكوين الرهون العقارية*"، م. ق. ت. نوفمبر 2005، ص 49 و ما بعدها؛ رمزي ساسي، إشهار الحق العيني، تقديم محمد كمال شرف الدين، منشورات مجمع الأطرش للكتاب المختص ، تونس 2015، عدد 68 و ما بعدها، ص 72 و ما بعدها.

[355] BREMOND, art. préc., p. 925, note 8.

[356] *Ibid*, p. 924, note n° 1.

[356] V. J. GHESTIN (*sous la dir.*), Traité de droit civil, Droit spécial des sûretés réelles, *op.cit.*, n° 1260, p. 625 ; L'impuissance du jugement à valoir constitution d'hypothèque est unanimement admise en jurisprudence : Cass. civ. 3e, 7 avril 1993, Bull. civ., III, n°55, p. 35 ; Rép.. Defrénois, 1993, 1063, obs. L. AYNES.

[357] Ce texte est l'équivalent de l'article 1142 du C.C.F.

[358] V. J. GHESTIN (sous la dir.), Traité de droit civil, Droit spécial des sûretés réelles, *op.cit.*, n° 1260, p. 625 ; H. et L. MAZEAUD ; J. MAZEAUD, F. CHABAS, Leçons de droit civil, Sureté, Publicité foncière, *op.cit.*, n° 254, p. 305.

de reconnaître une certaine portée juridique à la constitution « *manquée* » d'hypothèque, malgré le doute relevé par certains auteurs sur la réunion des conditions strictes nécessaires à l'admission de ce mécanisme dans le cas de figure de l'acte d'hypothèque[359].

92. La conversion aura lieu de s'appliquer aussi en matière de cautionnement hypothécaire. Le cautionnement est dit hypothécaire lorsque la caution affecte un bien immobilier dont il est le propriétaire afin de garantir la dette d'une autre personne[360].Le législateur tunisien ne s'est pas soucié du régime du cautionnement réel[361]. La nature réelle de cette forme de garantie conduit toutefois à appliquer au cautionnement réel les règles relatives à l'hypothèque. Le cautionnement hypothécaire doit par voie de conséquence respecter les formalités exigées par l'article 275 du C.D.R. pour la constitution de l'hypothèque, notamment celle relative à la nécessité de rédiger un écrit authentique ou sous seing privé. L'inobservation de la forme écrite entraîne la nullité du cautionnement hypothécaire. Pour le sauver, la Cour d'appel de Paris avait admis que le contrat de cautionnement réel, nul, peut valoir comme cautionnement personnel[362]. L'obligation de garantie de la caution est toutefois limitée à la valeur du bien affecté à la garantie[363]. La conversion peut trouver une explication dans l'idée selon laquelle le cautionnement réel a une nature hybride : il participe à la fois de l'hypothèque et du cautionnement personnel.

Le domaine de la conversion n'est pas réservé aux actes authentiques solennels. Il s'étend aussi aux actes sous seing privé solennels.

2) La conversion des actes sous-seing privé solennels

93. Jacques Flour disait que : « *Formalisme ne signifie pas forme compliquée, mais forme impérative, c'est-à-dire imposée, sans équivalent,*

---

359 Cette application du mécanisme de la conversion a pu être contestée par certains auteurs. La raison avancée tient à ce que « *la volonté de promettre une hypothèque est différente de celle d'affecter un immeuble, qui n'a pu, sans forme, produire aucun effet* » BREMOND, art. préc., p. 925, n° 7.

360 V. en ce sens

خليفة الخروبي، التأمينات العينية و الشخصية، منشورات مجمع الأطرش للكتاب المختص ، تونس 2014، عدد 126، ص 113-114.

V. aussi : Ph. SIMLER, Cautionnement et garanties autonomes, 3 ème éd., Litec, 2000, n° 18 et n° 469.

361 Le législateur prévoit, toutefois, que lorsque la sureté fournie par la caution est un bien meuble, « *Le tiers bailleur du gage peut opposer, au créancier, toutes les exceptions qui appartiennent au débiteur, encore que le débiteur s'y oppose oui renonce à s'en prévaloir, et sauf celles qui sont exclusivement personnelles à ce dernier* ».

362 Cour d'appel de Paris, 15ème ch. 29 octobre 1979 Juris Data n° 0639.

363 *Ibid.*

V. en ce sens Lilia BOUSETTA

ليليا بوستة، الكفالة العينية، ، مذكرة لنيل شهادة الدراسات المعمقة في العلوم الجنائية ، كلية الحقوق و العلوم السياسية بتونس، 1997، ص 78 و ما بعدها.

possible, pour donner valeur juridique à la manifestation de volonté »[364]. Cette formule de Jacques Flour laisse entendre que la solennité n'est pas synonyme de complexité[365]. Elle ne doit pas être confondue avec l'authenticité qui nécessite la rédaction de l'acte par un officier public. La solennité est parfois très simple. Elle est réduite à l'exigence d'un simple écrit sous seing privé[366]. Un écrit rédigé par les parties elles -mêmes peut, en effet, avoir les caractères d'un acte solennel, si bien évidemment la loi subordonne sa validité à l'observation des prescriptions qu'elle édicte quant à sa rédaction[367]. Les effets de commerce offre une illustration saillante des actes sous seing privé solennels[368]. La solennité réside tant dans la nécessité de rédiger un écrit que dans l'obligation d'y insérer un certain nombre de mentions obligatoires[369].

---

[364] J. FLOUR, « *Quelques remarques sur l'évolution du formalisme* », *in* Mélanges Ripert, t.1, L.G.D.J., 1950, n°5, p.97.

[365] P. CATALA, « *Le formalisme et les nouvelles technologies* », art. 37210, Rép. Defrénois 2000, n°13, p. 904.

[366] J. GHESTIN (sous la dir.), Traité de droit civil, La formation du contrat, *op.cit.*, n° 439, p. 401 ; F. TERRÉ, Ph. SIMLER et Y. LEQUETTE, Droit civil, Les obligations, *op.cit.*, n° 137 ; B. STARCK, H. ROLAND et L. BOYER, Droit civil, Les obligations, t. 2 : Contrat, 6ème éd., Litec 1998, n°226 et s., p.80 et s. ; Ph. MALAURIE et L. AYNÈS, Cours de droit civil, t.VI, Les obligations, 11ème éd., par L. AYNÈS, Editions Cujas 2001, n° 443 ; Ph. MALAURIE, L. AYNÈS, Ph. STOFFEL- MUNCK, Droit civil, Les obligations, Paris, L.G.D.J., 2013, n°539 ; Ch. LARROUMET, Droit civil, Les obligations, Le contrat, t.3, 1ére partie: conditions de formation, 6ème éd., ECONOMICA, 2007, n°515, p.519 ; Ph. MALINVAUD, Droit des obligations, 10ème éd., Litec 2007, n°194 ; J. FLOUR, J.- L. AUBERT et É. SAVAUX Les obligations, t.1: L'acte juridique, 16ème éd. Par J.- L. AUBERT et É. SAVAUX, Dalloz, 2014, n° 309 ; Ch. SOUCHON, Rapport français, *in* Forme et preuve du contrat, sous la dir. de R. RODIERE, éd. A. PEDONE, 1979, p. 29 et s. ; Ph. MARRO, Le formalisme des actes juridiques, th., Aix-En- Provence 2001-2002, n° 3, p. 5 ; P. CATALA, « *Le formalisme et les nouvelles technologies* », art. préc., n°12 et s., p.904 et s. ; B. NUYTTEN et L. LESAGE, « *Formation des contrats: regard sur les notions de consensualisme et de formalisme* », Rép. Defrénois 1998, art. 36784, n° 13, p. 501.

[367] J. CARBONNIER, Droit civil, Les obligations, *op.cit.*, n° 90.

[368] KNANI, Droit commercial, Les effets de commerce-le chèque-le virement et la carte e paiement, 2ème éd., Coll. M / Sciences juridiques ; C.P.U., 1999, n° 27, pp. 43-44 ; P. LIPINSKI, La conversion des actes juridiques, R.R.J. 2002-3, n° 11, p. 1173.
V. plus récemment Sadok ABED
صادق العابد، الأوراق التجارية من الإنشاء إلى الإيفاء، منشورات مجمع الأطرش للكتاب المختص، 2016.

[369] Sur le formalisme de l'acte et de la mention V. notamment : X. LAGARDE, « *Observations critiques sur la renaissance du formalisme* », J.C.P., éd. G. 1999, I, 170, n°17 et 18, p. 1774 ; *Adde* Y. KNANI, Droit commercial, Les effets de commerce, *op.cit.*,n° 27, p. 44 ; Ch. GAVALDA et J. STOUFFLET, Instrument de paiement et de crédit, effets de commerce, chèque, carte de paiement, transfert de fonds, 7ème éd., Paris, Litec 2009, n° 14 et s.
Sur les différentes mentions obligatoires devant figurer sur une lettre de change V. art. 269 du C.Com.

94. La sanction naturelle de l'inobservation des exigences de forme requises *ad solemnitatem* consiste dans la nullité de l'acte[370]. La nuance sur la sanction applicable est cependant de mise en matière cambiaire. Le doute naît des termes mêmes de la loi qui n'utilise pas l'expression « *nullité* », mais une périphrase inhabituelle : le titre « *ne vaut pas comme…* » lettre de change (article 269 du C.Com.), billet à ordre (340 du C.Com.) ou encore chèque (347 du C.Com.). Cette formule légale ne paraît pas très explicite et laisse place à l'interprétation pour déterminer la sanction applicable au titre formellement irrégulier[371]. S'agit-il d'une véritable nullité ou tout simplement d'une dévaluation du titre ? Deux opinions sont en présence[372].

95. Certains auteurs français considèrent que la loi se contente de poser en la matière une sanction originale consistant dans la dévaluation du titre[373] ou encore sa disqualification[374]. La formule légale « *ne vaut pas...* » n'implique pas donc la nullité complète du titre[375]. Le titre renonce à se prévaloir d'un niveau supérieur qui n'a pu être atteint en raison de son irrégularité, pour gagner une position moins favorable qui réside dans le régime juridique de l'acte réduit[376]. Pour récuser la nullité comme sanction des irrégularités formelles d'une lettre de change, le professeur Ghestin relève que « *les mentions légales ne constituent pas cependant des formes solennelles. Leur absence, en effet, n'entraîne pas la nullité du titre (...). En revanche, le titre produit certains effets* »[377]. Le professeur Putman abonde dans le même sens pour noter que « *l'article L. 511-1-II du Code de commerce français ne dit pas que la lettre de change incomplète est nulle, mais qu'elle ne vaut pas comme lettre de change* »[378]. Ce qui revient à dire que celui-ci n'en conserve pas moins une valeur juridique certaine sous une autre qualification. De ces opinions, peut être rapproché le point de vue du

---

[370] Y. KNANI, Droit commercial, Les effets de commerce, *op.cit.*, n° 50, p. 71 ; X. LAGARDE, « *Observations critiques sur la renaissance du formalisme* », J.C.P., éd. G. 1999, I, 170, n°17 et 16, p. 1773.

[371] Sur la controverse doctrinale et jurisprudentielle quant à la sanction applicable : V. A. BOUJEKA, La conversion par réduction : contribution à l'étude des nullités des actes juridiques formels, art. préc., n° 13 et s., p. 228 et s.

[372] V. sur l'ensemble de la question, S. ROMDHANA, « *Le formalisme cambiaire* », art. préc., p.62.

[373] V. sur l'ensemble de la question, A. BOUJEKA, « *La conversion par réduction : contribution à l'étude des nullités des actes juridiques formels* », art. préc., n° 10 et 19, p. 227 et 230.

[374] M. CRIONNET, « *De l'omission des mentions obligatoires de la lettre de change* », D. 1989, Chron., n° 9 p.131.

[375] Ch. GAVALDA et J. STOUFFLET, Instrument de paiement et de crédit, effets de commerce, *op.cit.*, n°152.

[376] A. BOUJEKA, art. préc., n° 19, pp. 230-231.

[377] J. GHESTIN, Traité de droit civil, Les obligations, Le contrat : formation, *op.cit.*, n° 873.

[378] E. PUTMAN, Droit des affaires, moyens de paiement et de crédit, P.U.F., Coll. Thémis, droit privé, 1re éd., 1995, n° 32.

L'article L. 511-1-II du Code de commerce prévoit que : « *Le titre dans lequel une des énonciations indiquées au I fait défaut ne vaut pas comme lettre de change, sauf dans les cas déterminés aux III à V du présent article* ».

professeur Lagarde qui reconnaît la sanction de nullité au « *formalisme de l'acte* »[379], tout en mettant en doute l'application d'une pareille sanction au « *formalisme de la mention* »[380]. Observons que tout en contestant le qualificatif « *nul* » accolé au titre formellement irrégulier, ces auteurs estiment que la formule « *ne vaut pas comme* » fonde une conversion par réduction faisant de ce titre un mutant doté d'une efficacité juridique propre[381].

96. Certaines opinions dans la doctrine tunisienne sont précisément en ce sens. C'est ainsi que le professeur Farouk Mechri s'appuie sur les textes régissant le formalisme des instruments de crédit et de paiement pour affirmer que « *le législateur n'a pas prévu comme sanction la nullité, mais la disqualification de l'effet...* »[382]. Les jurisprudences tunisienne et française préfèrent souvent s'en tenir à la formule légale «... *ne vaut pas comme...* », comme preuve à l'éviction du mot nullité[383]. Toutefois, la grande majorité des auteurs[384]retiennent la solution de nullité pour sanctionner les irrégularités formelles des titres de crédit et de paiement[385]. La forme prescrite par la loi en matière d'effets de commerce a un caractère solennel, son absence entraîne la nullité. Le professeur Youssef Knani s'appuie sur les termes de l'article 325 du C.O.C. pour dire qu'il s'agit d'une nullité absolue dans la mesure où il manque à l'acte une condition essentielle à sa formation[386]. La Cour de cassation confirme cette interprétation tout en

---

379 X. LAGARDE, art. préc., n°17, p. 1774.

380 *Ibid* n°18, p.1774.

381 A. BOUJEKA, art. préc., n° 14, p. 229.

382 F. MECHRI, « *Voyage dans l'espace du temps juridique* », *in* philosophie du droit et droit économique, Mélanges FARJAT, éd. Frison Roche, Paris 1999, p.439. La même position a aussi été retenue par S. ROMDHANA, art. préc., p.62

383 V. dans la jurisprudence tunisienne : Cass. civ. n° 26943 du 14 janvier 1992, R .J.L. 1992, n° 10, p. 79.
ولئن اقتضى الفصل 269 من المجلة التجارية أنه إذا خلا السند من بيان التاريخ الذي أنشئ فيه لا **يعتبر** كمبيالة إلا أنه يعتبر سند للوفاء و لا يعتبر باطلا".

Tribunal de première instance de Tunis, n° 6443 du 8 mai 1972, R.J.L. 1974, p. 13 :
" إذا خلت الكمبيالة من أحد الأركان الجوهرية لإنشائها كإمضاء الساحب مثلا فإنها لا **تعتبر** كمبيالة تنطبق عليها أحكام الفصل 269 و ما بعده من المجلة التجارية، و ينبغي النظر إليها كسند دين عادي خاضع للقواعد العامة، و على هذا الأساس فلا مجال لتطبيق الفصول المذكورة و من بينها الفصل 335 المتعلق بالتقادم في مادة الكمبيالة".

V. dans la jurisprudence française : Nancy, 5 avril 1845, D. 1945, II, 54 ; S. 45, II, 658 : « *Attendu que, pour qu'une lettre de change soit* ***réputée*** *effet de commerce et entraîne juridiction commerciale et contrainte contre un non-commerçant, il faut qu'elle soit revêtue de toutes les formalités exigées par l'article 110 du C.Com. ; attendu que toutes ces conditions prescrites à peine de nullité, car elles sont de l'essence même du contrat...* »

V° plus récemment : Cass. com., 29 mars 1994, Bull. civ., IV, n°127, p.98 ; Cass. com. 13 mars 1985, D. 1985, IR, 418, obs. M. CABRILLAC ; Cass. com.9 avril 1991, Bull. civ., IV, p. 87 ; Cass. com. 3 avril 1984, Gaz. Pal. 1984, 2, Pan, 227, note J. DUPICHOT.

384 J. PIEDELIEVRE, th. préc., pp. 122-123.

385 V. notamment : Y. KNANI, Droit commercial, Les effets de commerce, *op.cit.*, n°50, p.71.

386 *Ibid.; Adde* M. JEANTIN, P. Le CANNU, Th. GRANIER, Droit commercial, Instruments de paiement et de crédit, Titrisation, 8e éd., Dalloz, 2010, n° 247.
La sanction de nullité a aussi été retenue par M. Taïb ELLOUMI:

soulignant que ladite nullité est d'ordre public[387]. Le formalisme cambiaire étant imposé dans l'intérêt général, dans l'impératif d'assurer la circulation du titre qui, pour se suffire à lui-même, doit comporter un certain nombre de mentions[388]. Il en résulte que le moyen tiré de la nullité pour vice de forme, moyen d'ordre public, peut être soulevé d'office par le juge[389].

97. Malgré l'irrégularité formelle du titre, la sanction de nullité ne sera pas systématiquement prononcée. La loi prévoit quelques hypothèses de suppléances dans le but d'éviter la nullité du titre[390]. La jurisprudence complète ce dispositif légal grâce à des possibilités de régularisation offertes aux parties[391]. Si, toutefois, ce formalisme par « *équivalent* » ou « *à retardement* » et « *de dernière chance* » ne peut jouer, la nullité devient inéluctable[392]. Il ne faut pas cependant en déduire que le titre serait dénué de toute efficacité juridique. Le titre incomplet peut faire l'objet d'une conversion par réduction, ce qui lui permettra de renaître sous une autre qualification juridique[393]. Cette conversion prend une double forme : transformation d'un titre cambiaire en un autre ou, à défaut, en un titre de

---

الطيب اللومي، الوسيط في الأوراق التجارية في التشريع التونسي : الكمبيالة - الشيك – السند للأمر، مركز الدراسات و البحوث و النشر، 1993، عدد 73، ص 85.

[387] Cass. civ. n° 2469 du 27 février 1964, R.J.L., juillet, 1965, p. 454.

V. dans le même sens : Jugement du tribunal de première instance de Tunis (Chambre commerciale), n° 1331, du 20 octobre 1964, R.J.L. 1964, p. 795.

" إذا لم يتضمن السند ذكر اسم الساحب و توقيعه فلا يعد كمبيالة و ينبغي اعتباره باطلا بهذه المثابة (فصل 269 من م.ت.)".

V. dans la jurisprudence française : Cass. com. 16 juillet 1973, Bull. civ. 1973, vol. 4, n° 243.

[388] P. LIPINSKI, art. préc., n° 11, p. 1173.

[389] Cass. Com., 16 juillet 1973, Bull. Civ., IV, n° 243, p.220. Cette solution est approuvée par la doctrine aussi bien tunisienne que française : Y. KNANI, Droit commercial, Les effets de commerce, *op.cit.*, n° 50, p. 71-72 ; M. JEANTIN, Droit commercial, Instrument de paiement et de crédit, Entreprises en difficulté, 4ème éd. Dalloz 1995 ; Ch. GAVALDA et J. STOUFFLET, *op. cit.*, n° 19, p. 35.

Il a été jugé cependant que le moyen tiré de la nullité pour vice de forme ne peut être invoqué pour la première fois devant la Cour de cassation (Cass. com., 25 oct. 1972, Bull. civ.IV, n° 264, p. 249).

[390] Ainsi, pour ne prendre que l'exemple de la lettre de change, l'article 269 du C.Com. prévoit que « *…le titre dans lequel une des énonciations indiquées aux alinéas précédents fait défaut, ne vaut pas comme lettre de change, sauf dans les cas déterminés par les alinéas suivants. La lettre de change, dont l'échéance n'est pas indiquée, est considérée comme payable à vue. A défaut d'indication spéciale, le lieu désigné à côté du nom du tiré est réputé être le lieu du paiement et, en même temps, le lieu du domicile du tiré. La lettre de change n'indiquant pas le lieu de sa création, est considérée comme souscrite dans le lieu désigné à côté du nom du tireur* ».

La technique de suppléance a été également retenue en matière de chèque (article 347 du C.Com.) et du billet à ordre (article 340 du C.Com.).

[391] C. DUPEYRON, La régularisation des actes nuls, Paris L.G.D.J. 1973, n° 131, p. 101 ; Y. KNANI, Droit commercial, Les effets de commerce, *op.cit.*, n°51, p.73 ; H. DALY, M. AYARI, « *La date dans la lettre de change au regard de la théorie de la preuve* », R.T.D. 1998, p. 18 et s. ; A. BOUJEKA, art. préc., n° 17, p. 230.

[392] S. PIEDELIEVRE, Instruments de crédit et de paiement, 9e éd., Dalloz, 2016, n° 69.

[393] Cass. com., 17 octobre 1995, L.P.A. du 7 juin 1996, n° 69, p. 26.

créance ordinaire soumis aux règles de droit commun[394]. Nous nous attarderons successivement sur chacune de ces hypothèses de conversion, en commençant par la conversion d'un titre cambiaire en un autre, pour examiner dans un second temps celle, plus fréquente, d'un titre cambiaire en un titre de créance civil ou ordinaire.

98. La conversion d'un titre cambiaire en un autre titre est une conséquence logique de la classification des titres de crédit et de paiement dans un ordre de complexité décroissante[395]. La lettre de change par exemple, est une forme plus complexe qu'un billet à ordre. Elle exige plus d'éléments qu'un billet à ordre. Elle suppose trois parties, tireur, tiré et preneur, alors que le billet à ordre n'exige que la présence de deux parties[396]. La hiérarchie de ces deux formes rend possible le passage d'une forme majeure à une forme mineure. Pour illustrer nos propos, il suffit de citer quelques exemples relatifs à la lettre de change et au billet à ordre.

99. Commençons par la lettre de change qui doit comporter certaines mentions obligatoires[397]. Si l'une d'elles fait défaut le titre est nul[398]. Le titre qui ne vaut pas comme lettre de change ne retourne pas pour autant au « *néant juridique* »[399]. Il peut dégénérer en un billet à ordre[400]. La conversion ne peut cependant opérer que si les exigences de forme de ce dernier titre, telles qu'énumérées par l'article 339 du Code de commerce, sont satisfaites[401]. Si, au contraire, une mention fait défaut, la clause à ordre par exemple, la conversion est exclue[402]. Dans la pratique, toutefois, la conversion d'une lettre de change en un billet à ordre est admise dans des cas très limités. Il en est ainsi notamment lorsque la mention « *lettre de change* », le nom du bénéficiaire[403], la signature du tireur ou encore l'ordre

---

[394] Sur l'ensemble de cette question, A. BOUJEKA, art. préc., p. 223.
[395] X. PERRIN, th. préc., n° 128, p. 197.
[396] Orléans, 6 mars 1963, J.C.P., éd. G. 1964, II, 13618, note Ch. GAVALDA.
[397] V. art. 269 C.Com.; V. Y. KNANI, Droit commercial, Les effets de commerce, *op.cit.*, n°40 et s., p.62 et s.
[398] Sous réserve, évidemment, de l'application des suppléances légales prévues par l'article 269 du C.Com., auxquelles il faut ajouter les régularisations opérées conformément au formalisme de substitution prôné par la jurisprudence.
[399] J. DEVEZE, Ph. PETEL, Droit commercial, Instruments de paiement et de crédit, Montchrestien, 1992, n° 156, p. 101.
[400] Cass.civ. n° 2469, du 27 fév. 1964, R.J.L. 1965, n°7, p. 180.
" إن حجة الدين التي لا تتضمن إمضاء الساحب لا تعتبر كمبيالة إلا أنه يجوز اعتمادها من قبيل السندات للأمر".
[401] Cass. Civ. 7 février 1934, G.P. 1934, I, 721 ; Cass. Com. 18 mars 1959, Bull. 1959. III.136 ; R.T.D.civ. p. 909, obs. BECQUE et CABRILLAC ; Cass. Civ. 6 juin 1965.II.382.
J. PIEDELIEVRE, th. préc., p. 125.
[402] J. PIEDELIEVRE, th. préc., p. 125.
[403] A. BOUJEKA, art. préc., n° 19, p. 231 et les arrêts cités.
Com. 18 mars 1959, Bull. Civ. III, n° 148, p. 70, R.T.D. com. 1959.909, obs. BECQUE et CABRILLAC ; Orléans, 6 mars 1963, J.C.P., 1964, II, 13618, note Ch. GAVALDA ; Ch. GAVALDA et J. STOUFFLET, *op. cit.*, n° 17 et s., p. 34 et s. ; R. ROBLOT, Les effets de commerce, Sirey 1975, n°s 136 et 137.

de payer font défaut[404]. La nullité n'enlève donc pas toute valeur cambiaire à la traite irrégulière, dès lors qu'elle contient les mentions suffisantes pour en former un autre titre.

100. A l'instar d'une lettre de change, un billet à ordre incomplet peut être converti en un autre titre cambiaire. Ainsi par exemple, le titre ne comportant pas le nom du bénéficiaire peut être qualifié de « *titre à ordre au porteur* » doté de la règle de l'inopposabilité des exceptions[405]. La conversion permet ainsi de récupérer les éléments du titre initial pour en former un autre nouveau. Toutefois, telles applications sont très rares en fait, compte tenu du formalisme du billet à ordre et du billet au porteur eux-mêmes[406]. Le plus souvent, les titres de crédit et de paiement se convertissent en un simple engagement de droit commun, pour reprendre une terminologie imprécise de la jurisprudence[407].

101. La conversion la plus fréquente est celle d'un titre cambiaire en « *un titre civil* »[408] ou encore en un « *titre de créance ordinaire* » [409] soumis aux

---

[404] Orléans, 6 mars 1963, J.C.P., 1964, II, 13618, note Ch. GAVALDA. Dans cet arrêt la Cour avait considéré que les « *effets revêtus d'une signature à la griffe apposée par le tireur ne peuvent valoir comme lettre de change* ». aussi dans un autre considérant la cour considère que *« ces effets, comportant l'indication de l'échéance, le lieu du paiement, le nom du bénéficiaire, l'indication de la date et du lieu de souscription, enfin la clause à ordre et l'acceptation du tiré ; ces effets ont été présentés à l'acceptation par le bénéficiaire..., qu' en acceptant d'en payer le montant à des échéances déterminées à l'ordre d'une personne déterminée le tiré a souscrit à l'égard du bénéficiaire un engagement qui l'oblige dans les mêmes conditions que le souscripteur d'un billet à ordre* ».

[405] Cass. com. 15 janvier 2002, D. 2003. 341, note D.R.MARTIN ; R.T.D.com. 2002.521, obs. M. CABRILLAC.

C. BRODISCOU, « Défense du titre au porteur », J.C.P., 1977, n° 12567, p. 515 ; A. BOUJEKA, art. préc., n° 19, p. 231 ; R. ROBLOT, Les effets de commerce, *op. cit.*, n° 487.

V° dans la jurisprudence française :

Com. 24 novembre 1992, R.T.D.com. 1993.137, obs. CABRILLAC et TEYSSIE ; Com. 17 juillet 1984, R.T.D.civ. 1985.377, obs. J. MESTRE ; D. 1985.IR.29 ; Cass. civ., 31 octobre 1906.D.P. 1908.1.397, S. 1908.1.305, note LYON-CAEN ; Com. 18 mars 1959, Bull. 1959, III, p. 136, n° 148 ; R.T.D.Com. 1959, p. 909, Obs. BECQUE et CABRILLAC.

[406] Y. KNANI, *op.cit.*, p. 72.

[407] La doctrine considère que le titre irrégulier parce qu'il ne renferme pas les mentions exigées pour le billet à ordre, pourra avoir la valeur d'un titre de créance contenant la clause à ordre autre qu'un billet à ordre : c'est ce qui se produira, par exemple, si le titre n'est pas daté, s'il n'indique pas la valeur fournie, si l'échéance n'est pas fixe et certaine, si la créance a pour objet autre chose qu'une somme d'argent (J. PIEDELIEVRE, th. préc., pp. 125- 126).

Com. 23 nov. 1970, D. 1971.J.397.

[408] Cass.civ. (ch. réunies), n° 8818, du 28 fév. 2008, Les arrêts des chambres réunies de la Cour de cassation, 2008-2009, C.E.J.J., p. 99.

"بطلان الكمبيالة كسند دين صرفي لا يفقدها صبغتها المدنية طالما قد تم توقيعها من المسحوب عليه دون المنازعة في امضائه ودون الطعن فيها بالزور...طالما كان السند موضوع الدعوى هو **سند مدني** يتضمن التزام المدين بالوفاء بمبلغ معين في الأجل المحدد فان اتباع اجراءات الأمر بالدفع في شأنه جائز قانونا".

Cass.civ. n° 2803 du 6 déc. 2004, B.C.C. 2004.II.317.

" إن الكمبيالة ورقة تجارية خاضعة لأحكام القانون الصرفي و ضوابطه إلا أنه تظل في الوقت ذاته **سندا مدنيا** تخول اعتماد القانون المدني".

V. aussi : Cass.civ. n° 3530 du 31 déc. 2004, B.C.C. 2004, p. 321.

règles de droit commun pour reprendre une formule employée par la jurisprudence tunisienne[410]. L'ancien titre dressé *ad solemnitatem* se trouve ainsi converti en un simple *instrumentum* susceptible de faire preuve des engagements que ses signataires avaient contractés sur le terrain de droit commun[411]. Il est en effet communément admis qu'en dehors du droit cambiaire, les rapports fondamentaux peuvent resurgir[412]. Cette solution a connu des applications nombreuses dans la jurisprudence aussi bien tunisienne que française. Ainsi, il a été jugé que le titre irrégulier parce qu'il ne renferme pas les mentions exigées pour la lettre de change pourra valoir comme une reconnaissance de dette commerciale, si elle est signée par des commerçants, mais civile si elle est signée par des non-commerçants[413]. Comme une reconnaissance de dette en droit civil, l'effet de commerce est, en effet, un écrit qui constate l'existence d'une créance de somme d'argent[414]. La conversion peut se rencontrer notamment lorsque le lieu de création de la lettre de change n'est pas indiqué sur le titre[415], ou encore si elle n'a pas été signée par le tireur[416]. La Cour de cassation avait aussi admis

---

[409] V. Tribunal de première instance de Tunis, n° 980, du 31 décembre 1963, R.J.L. 1964, p. 778 :

" إذا خلت الكمبيالة من أحد الأركان الجوهرية لإنشائها كإمضاء الساحب مثلا فإنها لا تعتبر كمبيالة وفقا للفصل 269 من المجلة التجارية ، و ينبغي النظر إليها **كسند دين عادي خاضع للقواعد العامة** ، من ذلك أن أجل جريان الفائض يبتدئ احتسابه لا من يوم الحلول، و إنما ابتداء من تاريخ الاستدعاء القائم مقام الإنذار عملا بالفصل 278 من مجلة الالتزامات و العقود".

Tribunal de première instance de Tunis, n° 6443 du 8 mai 1972, R.J.L. 1974, p. 13 :

" إذا خلت الكمبيالة من أحد الأركان الجوهرية لإنشائها كإمضاء الساحب مثلا فإنها لا تعتبر كمبيالة تنطبق عليها أحكام الفصل 269 و ما بعده من المجلة التجارية، و ينبغي النظر إليها **كسند دين عادي خاضع للقواعد العامة**، و على هذا الأساس فلا مجال لتطبيق الفصول المذكورة و من بينها الفصل 335 المتعلق بالتقادم في مادة الكمبيالة".

[410] V. aussi la jurisprudence citée par Mohamed Hédi BEN ABDALLAH

محمد الهادي بن عبدالله، المجلة التجارية، معلق عليها و مثراة بفقه القضاء التونسي و بنصوصها التطبيقية و بالقانون و فقه القضاء المقارن، دار إسهامات في أدبيات المؤسسة، 2015، ص 63 و ما بعدها.

[411] V. sur l'ensemble de cette question, X. PERRIN, th. préc., n° 130 et s., p. 201 et s. ; V. dans la jurisprudence française : Cass. Com., 10 février 1971, préc.

[412] J. DEVEZE, Ph. PETEL, Droit commercial, Instruments de paiement et de crédit, *op.cit.*, n° 156, p. 101.

[413] Nancy, 5 avril 1845, D. 1845, 2, 54 ; S. 45, II, 658 ; T. BEN NASR, Droit bancaire tunisien, Tunis, 2009, n° 480, p. 363 ; N. BESROUR, th. préc., n° 303, p. 459.

[414] F. PEROCHON, R. BONHOMME, Entreprises en difficulté, Instruments de crédit et de paiement, 7e éd., L.G.D.J. 2006, n° 602.

[415] V. Cour d'appel de Tunis, n° 58513, du 6 avril 1999, note Mohamed Hédi LAKHOUA, R.T.D. 1999, p. 287 et s.

" و حيث أوجب الفصل 269 من المجلة التجارية أن تتضمن الكمبيالة جملة من البيانات منها تاريخ الإنشاء و مكانه ثم جاء بعدد من الصور التي تقوم فيها بيانات أخرى مقام البيانات الوجوبية المذكورة منها صورة عدم ذكر مكان الإنشاء كما تمسك بذلك محامي المستأنف ضدها أما تاريخ الإنشاء فلم يضع له المشرع أي نظير أو بديل و من ثمة فعدم ذكره يؤدي إلى بطلان السند ككمبيالة طبقا للفقرة الأخيرة من الفصل 269 تجاري. و حيث أنه ...فان السند الذي يبطل ككمبيالة لا يفقد كل قيمة قانونية بل يحتفظ بوصفه كسند دين طالما انه يحمل توقيع المدين دلالة على اعترافه بالدين إلا أنه يفقد وصفه الأصلي ككمبيالة و يتلبس بصفة أخرى وهي صفة الاعتراف بالدين".

[416] V. jugement du T.P.I. de Sfax, n° 22226, du 19 avril 2001, inédit, précité.

" حيث و لئن عرف الفصل 269 من م. ت. الكمبيالة من خلال تنصيصاتها الوجوبية فانه من المسلم به فقها و قضاء أن غياب إحدى التنصيصات التي لا يمكن تداركها عن السند لا تنزع عنه كل قيمة قانونية باعتبار أن هذا الأخير يستحيل إلى اعتراف بالمديونية يخول لصاحبه تأسيس دعواه عليه".

T.P.I. de Sfax, n° 28197, du 13 nov. 2000, inédit (V. annexe V).

qu'une lettre de change nulle, mais comportant l'acceptation du tiré, peut valoir comme l'engagement de ce dernier de payer les sommes mentionnées sur le titre[417]. Rappelons que la promesse de payer en droit civil est définie comme étant « *un écrit par lequel le signataire reconnaît devoir une certaine somme à un tiers* » [418]. De la même manière, la lettre de change constate au profit du porteur l'engagement de payer une somme d'argent[419]. Cet engagement est matérialisé par une signature[420].

102. Dans le même ordre d'idées, on peut estimer que la lettre de change comportant la signature du tireur ou du tiré a la valeur d'un acte sous seing privé ordinaire. En cas d'absence de signature manuscrite, le titre ne peut servir en toute hypothèse que comme commencement de preuve par écrit, sous réserve que l'*instrumentum* émane de celui à qui le titre est apposé en application des prescriptions de l'article 477 du Code des obligations et des contrats[421]. La Cour d'appel d'Orléans, cependant, semble aller plus loin

---

" و حيث و لئن وجدت اخلالات شكلية بالكمبيالات تحط من قيمتها على صعيد القانون الصرفي فان إقرار المطلوبة بإمضائها تجعل هاته المحكمة تعتمدها مدينا".

Cass. com. 10 fév.1971, Bull. civ. IV, n° 42, p. 41, R.T.D.com. 1972.126, obs. CABRILLAC et RIVES-LANGE ; A. BOUJEKA, art. préc., n° 19, p. 231.

[417] Cass. civ. n° 4350, du 3 mai 1982, B.C.C. 1982, III, 131.

" الكمبيالة وثيقة تجارية مهما كان الأشخاص المتعاملون بها ويكفي فيها حجة الإمضاء على بياض و إقرار المدين لتلك الإمضاء فانه يكون ملزما بأداء ما حوته من دين".

Jugement du TPI de Tunis (Ch. commerciale), n° 1331, du 20 octobre 1964, R.J.L.1964, p. 795.

" و حيث أنه بعد الذي تقرر و إن بطل العمل بالسندات باعتبارها كمبيالات فمن الواضح أن المدعي عليه بتوقيعه عليها بصيغة القبول قد التزم بأداء المبالغ المبينة بها خاصة و لم ينازع في أصل الدين و لا في مقداره مقتصرا على التمسك ببطلانها متناسيا أو متجاهلا أن هذا البطلان لا يفقدها قيمة الالتزام وفقا لأحكام المجلة المدنية".

Jugement du TPI de Tunis (Chambre commerciale), n° 1331, du 20 octobre 1964, préc.

"في صورة خلو السند القابل للدفع بمجرد الاطلاع من تاريخ إنشائه فان مدة الثلاث سنوات المقررة لسقوط الدعوى بالفصل 335 من المجلة التجارية لا يبتدئ جريانها إلا من يوم العرض، و إذا لم يتضمن السند ذكر اسم الساحب و توقيعه فلا يعد كمبيالة و ينبغي اعتباره باطلا بهذه المثابة (الفصل 269 من نفس المجلة) على أن السندات من هذا النوع و الباطلة شكلا يمكن اعتمادها كمجرد التزامات بالدفع".

Jugement du TPI de Tunis n° 1201 du 19 sept. 1961, R.J.L., n°9, 1962, p. 55.

" إذا كان السند خاليا من إمضاء الساحب فلا يمكن اعتباره كمبيالة وفقا للفصل 269 من المجلة التجارية بل مجرد التزام بالأداء".

La Cour de cassation française avait aussi affirmé en ce sens qu'une mention d'acceptation portée sur une lettre de change nulle « *peut être retenue, selon le droit commun, comme preuve écrite de la promesse du signataire de payer le tireur, voire tout tiers ultérieurement indiqué par lui si le titre est établi à son ordre* » (Cass. Com. 24 mars 1998, R.T.D.com. 1998, 647, obs. CABRILLAC ; *Adde* Cass. com. 24 mars 1998, D. 1999, J., p. 174, note P. ROSSI.).

[418] Ph. MALINVAUD, D. FENOUILLET, M. MEKKI, Droit des obligations, 13e éd. Lexis Nexis, 2014, n°326, p. 246.

[419] F. PEROCHON, R. BONHOMME, *op.cit.*n° 603, p. 489.

[420] *Ibid.*

[421] Orléans, 6 mars 1963, *préc.* : dans cet arrêt, la cour considère que la lettre de change nulle pour défaut de signature du tireur, vaut, à l'égard du tiré, comme commencement de preuve par écrit d'une promesse de payer le tiers bénéficiaire.

V. aussi :D. HOUTCIEFF, Droit commercial: actes de commerce, Commerçants, Fonds de commerce, Instruments de paiement et de crédit, 3e éd., Sirey, Dalloz, 2011, n° 1014, 408 et s. ; Y. CHAPUT, Effets de commerce, chèques et instruments de paiement, P.U.F. 1992,

encore en admettant qu'une traite dépourvue de toute trace écrite de la main de son prétendu auteur puisse répondre à la définition du commencement de preuve par écrit de l'article 1362 du Code civil français[422]. Il s'agit en l'espèce d'une traite imprimée, standardisée, complétée à la machine à écrire et signée à la griffe. Pour les juges, il suffit que l'acte soit l'œuvre intellectuelle du défendeur pour qu'il soit retenu comme commencement de preuve par écrit[423]. La faveur pour le « *sauvetage* » du titre va plus loin encore. La Cour d'appel de Tunis avait affirmé que le titre qui ne vaut pas lettre de change pour absence de signature du tireur pourra avoir seulement la valeur d'une présomption simple de créance qui doit être renforcée par d'autres moyens de preuve pour établir l'existence de la créance et justifier la condamnation du tiré au paiement[424].

103. En définitive, la nullité de la lettre de change incomplète ne paralyse que les recours cambiaires ; elle ne permet en général pas aux parties d'échapper aux obligations qu'elles ont souscrites sur le terrain du droit commun des obligations[425]. La Cour d'appel de Tunis avait décidé en ce sens que le porteur d'une lettre de change convertie en une reconnaissance de dette peut obtenir injonction de payer conformément aux articles 59 et suivants du Code de procédure civile et commerciale. Les juges rappellent que la procédure de l'injonction de payer exige seulement que la créance ait une « *nature contractuelle* »[426]. Le porteur pourra aussi réclamer paiement au tiré accepteur sur la base de la délégation imparfaite[427]. Le tireur jouant le

---

n°44, p. 38 ; J. GUYENOT, Cours de droit commercial, préf. J. HEMARD, Librairie du Journal des Notaires et des Avocats, Paris 1977, n° 24, p. 891.

[422] Orléans, 6 mars 1963, *préc.* : Le présent arrêt réaffirme la nécessité, à peine de nullité, d'une signature manuscrite des traites par le tireur. On sait que cette exigence vaut pour les diverses signatures que peut porter une traite : celles du tireur, du tiré accepteur, des endosseurs et des avalistes.

V° aussi dans le même sens : Req. 6 décembre 1933, D.P. 1935, 1, 61, note DESIRY ; Cass. civ. 1ère, 7 juillet 1955, D. 1955, 737, G.P. 1955, 2, 239.

Ch. GAVALDA, « *La signature par griffe* », J.C.P. 1960, I, 1579.

[423] Orléans, 6 mars 1963, préc.

[424] Cour d'appel de Tunis n° 31133, du 2 février 1972, R.J.L. 1972.953.

" خلو الكمبيالة من إمضاء الساحب يفقدها صفة الكمبيالة فتصبح مجرد قرينة تحتاج إلى تعزيزها بوسائل أخرى لإقامة الحجة على ثبوت الدين و تبرير الحكم على المسحوب عليه".

V. aussi sur cette question M.H. LAKHOUA, Cours de droit commercial, Fasc.1, Les effets de commerce, Quatrième année droit, Faculté de Droit et des Sciences Politiques de Tunis, 1989, p. 43 ; T. BEN NASR, Droit bancaire tunisien, Tunis, 2009, n° 480, p. 363.

[425] Cass. com., 24 mars 1998, R.T.D.com. 1998, 647, obs. CABRILLAC.

[426] V. article 59 du C.P.C.C.

V. en ce sens : C.A. de Tunis, n° 58513, du 6 avril 1999, note Mohameh Hédi LAKHOUA, R.T.D. 1999, p. 287 et s.

" ...و أنه لا مانع قانونا من استصدار أمر بالدفع في شأن دين موثق بكتب عادي غير صيرفي إذ أن الفصل 59 من م.م.م.ت. يكتفي بأن يكون الدين تعاقديا و أن يكون ثابتا معين المقدار و جميع هذه الشروط متوفرة في السند الحالي الذي يثبت الدين بشكل قطعي و حاسم و لا موجب لنقض الأمر بالدفع محل الطعن و يتجه لذلك إجراء العمل به".

[427] L'article 229 du C.O.C. définit la délégation comme étant : « *l'acte par lequel un créancier transmet ses droits sur le débiteur à un autre créancier en paiement de ce qu'il doit lui-même à ce dernier ; il y a aussi délégation dans l'acte de celui qui charge un tiers de*

rôle du délégant avait demandé au tiré (délégué) de s'engager envers le bénéficiaire (délégataire)[428]. Le tiré ne peut dans ce cas opposer au délégataire les défauts des rapports fondamentaux[429]. Pour que cette délégation soit admise, il faut que le nom du délégataire bénéficiaire soit désigné lors de l'engagement du tiré[430]. Encore faut-il que la signature de ce dernier soit apposée sur le titre. A défaut de signature, la lettre de change ne réalisera entre le tireur et le tiré qu'un ordre de paiement qui ne lie pas ce dernier, et entre le tireur et le bénéficiaire une cession de créance qui ne sera parfaite que par la signification que réalisera notamment le protêt faute d'acceptation[431]. La qualification de délégation ne bouleverse pas à ce point l'économie des rapports triangulaires que la lettre de change aurait pu consolider. La seule différence est la possibilité pour le débiteur délégué d'opposer « *au nouveau créancier tous les moyens et exceptions qu'il aurait pu opposer au créancier déléguant, même celles qui sont personnelles à ce dernier* [432].»

104. La conversion par réduction appréhende aussi les autres mentions de la lettre de change que sont l'acceptation, l'aval et l'endossement[433]. Il est acquis que leur omission n'affecte en rien la validité du titre[434]. Il ne faut pas toutefois en déduire que leur inexactitude n'ouvre pas la possibilité d'une conversion[435]. Le Code de commerce ne soumet pas l'acceptation à un formalisme rigoureux. Il se borne dans l'article 285 du Code de commerce à déclarer que « *l'acceptation doit être pure et simple ; mais le tiré peut la restreindre à une partie de la somme. Toute autre modification apportée par l'acceptation aux énonciations de la lettre de change équivaut à un refus d'acceptation* »[436]. Cependant, adoptant une démarche pragmatique, le même article ajoute dans son dernier alinéa que « *toutefois, l'accepteur est tenu*

---

payer pour lui, encore que ce tiers ne soit pas débiteur de celui qui lui donne mandat de payer ».

V. sur la question : M. BILLIAU, La délégation de créance, L.G.D.J. 1989, préf. J. GHESTIN, n° 393 ; J. FRANCOIS, Les opérations juridiques triangulaires attributives (stipulation pour autrui et délégation de créance), th. Paris II, 1994 ; F. LOKSAIER, Abrégé du droit des effets de commerce, Les Editions la balance 1997, p. 21 et s.

V. dans la jurisprudence : Cass. com. 24 mars 1998, D. 1999, J, 174, note P. ROSSI.

[428] Pau, 5 fév. 1987, R.T.D.Civ., 1987, p. 579, Obs. J. MESTRE.

[429] F. PEROCHON, R. BONHOMME, *op.cit.*n° 628, p. 511.

[430] Cass. Com. 24 mars 1998, D. 1999, J, 174, note P. ROSSI.
Article 231 du C.O.C.

[431] X. PERRIN, th. préc., n° 131, pp. 202-203.

[432] Article 234 du C.O.C.- Contra, La doctrine et la jurisprudence française ont toutefois opté pour l'inopposabilité des exceptions (P. ROSSI, note sous Cass. Com. 24 mars 1998, D. 1999, J, 174 ; F. PEROCHON, R. BONHOMME, *op.cit.*, n° 628, p. 511 note 20).

[433] A. BOUJEKA, art. préc., n° 22, p. 231 et s.

[434] *Ibid.*, n° 22 et s., p. 232.

[435] *Ibid.*

[436] Le mot « *acceptée* » ou tout autre mot équivalent apposé à proximité du nom du tire peut suffire (article 285 alinéa premier du C. Com.).

dans les termes de son acceptation »[437]. C'est dire que, si l'engagement du tiré est équivoque au regard des formes cambiaires, son auteur peut néanmoins être tenu sur le terrain du droit commun. C'est là une application légale de la théorie de conversion par réduction[438].

105. Cependant, Monsieur A. Boujeka relève que dans la pratique, la dévaluation de ces stipulations résulte moins de la méconnaissance des formes propres à ces engagements que d'une irrégularité frappant l'acte principal qui lui servent de support[439]. La conversion d'un titre à un engagement de droit commun a une répercussion sur les diverses mentions qu'il contient[440]. Ainsi, si l'aval n'est pas régulier et ne répond pas aux conditions prévues par le droit de change, la jurisprudence aussi bien tunisienne que française a tendance à le réduire à un cautionnement de droit commun. Le tribunal de première instance de Tunis avait déjà admis en ce sens que si l'une des mentions de l'article 269 du Code de commerce fait défaut, la signature du tiré par exemple, les dispositions relatives à l'aval et qui sont mentionnées par l'article 289 du Code de commerce ne sont pas applicables. Le tribunal ajoute toutefois que la lettre de change peut valoir dans cette hypothèse comme une obligation ordinaire régie par les règles de droit commun, spécialement celles relatives au cautionnement et qui sont prévues par les articles 1478 et suivants du Code des obligations et des contrats[441]. Il s'ensuit que l'engagement d'aval annulé pourra se transformer en un cautionnement de droit commun de l'obligation cambiaire, elle-même changée en une obligation ordinaire[442]. L'avaliste pourra en cette hypothèse être poursuivi par le porteur du titre nul, mais en vertu d'un cautionnement de droit commun[443]. Le cautionnement cambiaire dégénère donc en cautionnement de droit commun. Il convient cependant de relever que cette dégénérescence ne présente aucun caractère d'automaticité. Un arrêt récent rendu par la Cour de cassation française avait déjà admis qu'une « *…mention d'aval portée sur une lettre de change nulle ne constitue*

---

[437] La même solution a été consacrée par le législateur français dans l'article L. 511-17, al. 4 C.Com.

[438] A. BOUJEKA, art. préc., n° 23, p. 232.

[439] *Ibid.*, n° 25, p. 232.

[440] Notons que la nullité de l'aval est une conséquence de la nullité du titre. Observons aussi que l'irrégularité formelle des mentions d'aval, d'acceptation et d'endossement n'ont aucune incidence sur la validité du titre.

[441] V. Tribunal de première instance de Tunis, n° 1107 du 28 avril 1964, R.J.L. 1964, p. 788 :
" لا يجوز تطبيق قواعد الكفالة المنصوص عليها بالفصل 289 من م ت إذا فقد السند شرطا من الشروط الشكلية الأساسية لتكوينه كإمضاء الساحب مما يوجب اعتباره في هذه الصورة التزاما عاديا تنسحب عليه أحكام المجلة المدنية خاصة في ما يتعلق بالكفالة التي جاء بتنظيمها الفصل 1478 و ما بعده من مجلة الالتزامات و العقود" حكم ابتدائي تجاري عدد 1107 مؤرخ في 28 أفريل 1964، م.ق.ت، 1964 ، ص 788.

[442] Cass. civ. 7 février 1934, G.P. 1934, 1, 721- *Adde* : note ROBLOT, J.C.P. 1956, II, 9166 ; Com. 24 avril 1990, Bull. Civ. IV, n° 119, p. 78 ; Paris 5 juillet 2001, D. 2001.J.2672.
Notons que la nullité de l'aval est une conséquence de la nullité du titre. Observons aussi que l'irrégularité formelle des mentions d'aval, d'acceptation et d'endossement n'ont aucune incidence sur la validité du titre.

[443] Orléans, 6 mars 1963, *préc.*.

pas à elle seule la preuve d'un cautionnement ; elle peut être retenue comme commencement de preuve par écrit d'une telle garantie, sauf à ce qu'il soit corroboré par des éléments extrinsèques…»[444].

106. A l'instar de la traite, l'irrégularité de forme d'un billet à ordre peut donner lieu à l'application de la conversion. Le titre qui ne peut valoir, en effet, comme billet à ordre, pour absence de la dénomination billet à ordre ou la clause à ordre, peut faire la preuve de l'engagement contracté par le souscripteur conformément au droit commun des obligations[445]. Il doit être exécuté comme une promesse de paiement, civile ou commerciale, ou comme commencement de preuve par écrit d'une telle promesse[446]. Au contraire, si le titre irrégulier joint à la constatation d'une promesse de paiement une clause à ordre, il est transmissible par endossement, sans qu'il soit besoin d'accomplir les formalités de l'article 205 du Code des obligations et des contrats[447]. Le chèque entre également dans les schémas de la conversion. Selon les irrégularités qu'il contient, il vaudra comme lettre de change, comme billet à ordre, comme promesse de payer ou comme titre de créance à ordre ou au porteur. Le plus souvent, il vaudra commencement de preuve par écrit[448]. Aussi, il peut malgré ses irrégularités valoir comme « *mandat de payer donné par le tireur au tiré constituant un écrit rendant vraisemblable l'existence de la créance du bénéficiaire à l'encontre du tireur* »[449].

107. A travers cet exposé, nous nous sommes efforcés de démontrer que la conversion peut recevoir application en cas de méconnaissance de la forme écrite, que celle-ci a été employée à titre de preuve ou comme condition de validité de l'acte. Le domaine large de la conversion se confirme davantage à travers l'étude des cas de conversion pour vice de fond.

---

444 Com. 23 juin 1997, Droit des sociétés, 12/1997, p. 7, note Th. BONNEAU ; V° aussi : Com. 17 octobre 1995, L.P.A., 7 juin 1996, n° 69, p. 24, note D. GIBIRILA.

445 G. RIPERT, R. ROBLOT, Traité de droit commercial, t.2, Effets de commerce-Banque-Contrats commerciaux - Procédures collectives, 17e éd., L.G.D.J. 2004, n° 2114, p. 109.

446 *Ibid.*

V. dans la jurisprudence : Paris 30 septembre 1986, D. 1987, somm. 170, obs. M. CABRILLAC.

447 J. PIEDELIEVRE, th. préc., p. 129.

Sur les applications jurisprudentielles, V. Cass., 14 novembre 1871, D. 73, I, 140 ; Cass. civ., 7 mai 1879 ; Rev. crit., 1881, p. 292.

448 Cass. civ.1ère, 26 janv. 1988, Bull. civ., I, n° 23, R.T.D.com. 1988.471, obs. M. CABRILLAC et B. TEYSSIE.

449 Ce texte est l'équivalent de l'article 1324 du C.C.F. Il prévoit que : « *Le cessionnaire n'est saisi à l'égard du débiteur et des tiers que par la signification du transport faite au débiteur, ou par l'acceptation du transport faite par ce dernier dans un acte ayant date certaine…* ».

V. dans la jurisprudence: Cass. com. 5 février 1991, D. 1991, somm. P. 217, obs. CABRILLAC.

§ 2. La conversion des actes nuls pour vice de fond

108. L'idée de limiter autant que possible les effets dommageables de la nullité procède d'un souci d'efficacité et de valorisation de la volonté contractuelle. Guidés par cette préoccupation, les rédacteurs du Code des obligations et des contrats ainsi que la jurisprudence ont multiplié les cas de conversion des actes juridiques entachés de nullité, que cette nullité résulte de l'inobservation des conditions générales (**A**), ou spécifiques (**B**) de validité des actes juridiques.

A. La conversion pour inobservation des conditions générales de validité des actes juridiques

109. Aux termes de l'article 2 du C.O.C., les conditions générales de validité du contrat sont au nombre de quatre : la capacité de s'obliger ; une déclaration valable de volonté portant sur les éléments essentiels de l'obligation ; un objet certain pouvant former un objet d'obligation ; une cause licite de s'obliger. L'inobservation de l'une de ces conditions entraînera la nullité du contrat. La conversion permettra de remédier à l'invalidité de cet acte, que la nullité résulte de l'inobservation des conditions subjectives des actes juridiques (**1**) ou de leurs conditions objectives (**2**).

1) La conversion pour inobservation des conditions subjectives des actes juridiques

110. L'analyse des applications légales et jurisprudentielles de la conversion révèle que cette institution trouve lieu à s'appliquer spécialement en cas de nullité de l'acte majeur pour vices du consentement (**a**), ou pour incapacité de l'un des contractants (**b**).

a. La conversion pour vices du consentement

111. Le consentement constitue aux termes de l'article 2 du C.O.C. l'une des conditions générales de validité de l'acte juridique. Il doit non seulement exister, mais aussi il doit être exempt de vices sous peine de nullité de l'acte[450]. Il ne faut pas cependant en déduire que la conversion est admise dans les deux cas. En effet, lorsque l'acte est nul pour absence totale de volonté, il ne saurait être question de conversion[451]. La raison en est très simple : la conversion se donne pour objectif d'atteindre le but que les

[450] V. en ce sens:
محمد الزين، النظرية العامة للالتزام، 1- العقد، المرجع السابق، عدد 121و154، ص 109 و130؛ محمد محفوظ ، النظرية العامة للالتزام- 1-العقد ، المرجع السابق، ص 48 و ما بعدها ؛ محمد بقبق، قانون مدني ، النظرية العامة للالتزام، التصرف القانوني ، المرجع السابق، عدد 77 ، ص 63 و عدد 125 ، ص 95؛ ؛ محمد المالقي، محاضرات في شرح القانون المدني التونسي، المرجع السابق، ص 38 و 49 و ما بعدها.

[451] J. PIEDELIEVRE, th. préc., p. 117.

parties avaient en vue, ce qui suppose évidemment qu'il y ait au moins une volonté exprimée dans le sens de ce but. La conversion doit par voie de conséquence être exclue dans le cas extrême ou cette volonté initiale ferait totalement défaut. Tel est le cas lorsque l'acte a été passé par une personne en complet état de démence[452].

112. Toutefois, la conversion des actes annulables pour vices de consentement peut être admise[453]. Perrin affirme en ce sens que ces vices tout en détruisant l'acte majeur peuvent laisser subsister un acte mineur[454]. Pour étayer ses dires, l'auteur présente l'exemple d'un contrat de mandat conclu par un mandant incapable, sans que le mandataire ne s'aperçoive de cette incapacité[455]. L'auteur ajoute que le mandataire victime d'une erreur sur la qualité du mandant peut néanmoins demander la conversion du contrat de mandat nul en une gestion d'affaires[456]. L'article 1179 du C.O.C. prévoit en ce sens que : « *lorsque, sans y être autorisé par le maître ou par le juge, on gère volontairement ou par nécessité les affaires d'autrui, en son absence ou à son insu, il se constitue un rapport de droit analogue au mandat…* »[457].

113. Plus récemment, encore Pascal Lipinski avait écrit qu'« *on ne voit pas ce qui justifierait l'exclusion de la conversion lorsque l'acte majeur est nul pour vice du consentement* »[458]. Le même auteur remarque aussi que l'expansion constante du « *formalisme informatif* »[459] ou « *d'information* »[460]

---

452 *Ibid.*

453 Certains auteurs repoussent toutefois l'idée de conversion des actes nuls pour vice du consentement (V. *infra* n° 263).

454 X. PERRIN, th. préc., n° 139, p. 218.

455 Cette situation pourra se rencontrer lorsqu'un mineur aura donné, de lui-même, procuration de vendre, ou d'engager des dépenses pour construire un immeuble, sans obtenir les autorisations nécessaires à l'acte dont il s'agit (X. PERRIN, th. préc., n° 140, p. 219).

456 V. en ce sens : Saheb ABID FATLEWI

صاحب عبيد الفتلاوي، تحول العقد، دراسة مقارنة، الطبعة الأولى، مكتبة دار الثقافة للنشر و التوزيع، الأردن، 1998، ص 136 و ما بعدها.

Ahmed YOSSRI

أحمد يسري، تحول التصرف القانوني، دراسة مقارنة للمادة (144) مدني مصري على أساس المادة (140) ألماني، مطبعة الرسالة، 1958، عدد 65 و ما بعدها، ص 425 و ما بعدها.

Sur la gestion d'affaires, V. notamment Mohamed MELKHI

محمد المالقي، محاضرات في شرح القانون المدني التونسي، المرجع السابق، ص 91 و ما بعدها.

V. en dr. comp. notamment : F. TERRE, Ph. SIMLER, Y. LEQUETTE, Les obligations, *op.cit.*, n°1031 et s., p. 1089 et s. ; F. GORE, Le fondement de la gestion d'affaires, source autonome et générale d'obligations, D. 1953, Chron.39.

457 Cette hypothèse de conversion est un peu particulière dans la mesure où il y a passage d'un contrat en un quasi-contrat. Il ne faut pas cependant repousser la conversion. Le législateur tunisien assimile la gestion d'affaires au mandat. Le Chapitre IV du C.O.C., intitulé « *des quasi-contrats analogues aux mandats* », confirme cette idée.

458 « *La conversion des actes juridiques* », *art. préc.*, n° 12, p. 1174.

459 G. COUTURIER, « *Les finalités et les sanctions du formalisme* », *art. préc.*, n°2, p. 1767.

460 J.-L. AUBERT, « *Le formalisme* » (Rapport de synthèse), *art. préc.*, p. 935 ; L. ATTUEL-MENDES, Consentement et actes juridiques, préf. E. LOQUIN, Litec 2008, n° 508 et s., p. 319 et s.

V. aussi NEILA BEN MESSAOUD

dans le droit contemporain conduirait à un élargissement des vices de consentement traditionnels et ouvre par la suite de nouvelles perspectives à la conversion[461]. Rappelons que l'intervention accrue du législateur pour prescrire la rédaction d'un acte notarié ou encore l'obligation de faire figurer dans un contrat certaines mentions obligatoires s'explique par la volonté de rendre le consentement du contractant placé en situation d'infériorité (consommateur, emprunteur, salarié), plus éclairé et réfléchi[462].

114. Il convient aussi de préciser que ces dispositions, même si elles sont d'ordre public sont posées dans le seul intérêt de la partie faible et doivent par voie de conséquence être sanctionnées par une nullité relative que seule la partie protégée peut invoquer[463]. Les effets de la nullité ne sont pas forcément à l'avantage de cette partie faible et il est souvent préférable de maintenir le lien contractuel, quitte par la substitution d'un contrat à un autre[464]. En application de cette idée, il a été admis qu'un contrat d'hypothèque nul pour vice de forme, peut valoir comme promesse d'hypothèque[465]. La conversion permettra ainsi de transformer un état d'annulabilité en un état de validité. C'est ce qui se produira aussi lorsque l'annulation a été prononcée pour incapacité de l'un des contractants.

b. La conversion pour incapacité du contractant

115. La capacité est l'aptitude d'une personne à être sujet de droits ou d'obligations et à exercer ou exécuter par soi-même ces droits ou obligations[466]. En droit tunisien, la capacité est la règle, l'incapacité est

---

نائلة بن مسعود، الإعلام في العقود، أطروحة دكتوراه في القانون الخاص، كلية الحقوق و العلوم السياسية بتونس، 2007-2008، عدد167 و ما بعدها ،ص 106 و ما بعدها؛ نائلة بن مسعود، "*تطور واجب الإعلام في العقود*" مقال منشور بكتاب مسائل في فقه القانون المدني المعاصر، ، مؤلف جماعي، منشورات مجمع الأطرش للكتاب المختص ، تونس، 2014، ص 309.

[461] P. LIPINSKI, art. préc., n° 12, p. 1174.- *Adde,* J. GHESTIN (sous la dir.), Traité de droit civil, Les obligations, La formation du contrat, *op.cit.*, n° 601, p. 585.

[462] G. COUTURIER, « *Les finalités et les sanctions du formalisme*, art.préc., p.885.

[463] *Ibid.*, p. 894 ; Cass. civ. 1ère, 3 mars 1993, J.C.P., éd. G. 1993,I,3684, n° 6, obs. G.VIRASSAMY.

[464] G. COUTURIER, « *Les finalités et les sanctions du formalisme* », art. préc., p.891 ; V. *infra* nos 485 et s. et 664 et s.

[465] V. *supra* n° 90.

[466] Sur la capacité de contracter V. notamment
محمد الزين، النظرية العامة للالتزام، 1- العقد، المرجع السابق، عدد 84 و ما بعده، ص 87 و ما بعده؛ محمد كمال شرف الدين، قانون مدني، النظرية العامة، الأشخاص، إثبات الحقوق، المرجع السابق، عدد207 و ما بعدها، ص210 و ما بعدها ؛ محمد الشرفي و علي المزغني، أحكام الحقوق، المرجع السابق، عدد 204 و ما بعدها، ص 164 و ما بعدها؛ محمد محفوظ ، النظرية العامة للالتزام- 1-العقد ، المرجع السابق، ص 44 و ما بعدها ؛ محمد بقبق، قانون مدني ، النظرية العامة للالتزام، التصرف القانوني ، المرجع السابق، عدد 32 ، ص 34 و ما بعدها؛ محمد المالقي، محاضرات في شرح القانون المدني التونسي، المرجع السابق، ص 64 و ما بعدها.

V. aussi : A. BEL-HADJ HAMOUDA, « *Le C.O.C. et les conditions de validité du contrat : étude rétrospective* », R.T.D. 1997, p.16 ; F. TERRE, Ph. SIMLER, Y. LEQUETTE, Droit civil, Les obligations, *op.cit.*, n° 94 et s., p. 122 et s. ; Y. BUFFELAN-LANORE, V. LARRIBAU-TERNEYRE, Droit civil, Première année, Introduction, Biens, Personnes, Famille, 19e éd., Sirey 2015, n°1040.

l'exception[467]. Poser que la personne est en principe capable, c'est postuler à la fois sa capacité de jouissance, c'est-à-dire son aptitude à être titulaire de droits et sa capacité d'exercice, c'est-à-dire son aptitude à exercer elle-même les droits dont elle est titulaire[468]. L'incapacité d'une personne peut être atteinte dans l'une ou l'autre de ses deux composantes[469]. Il y a incapacité de jouissance lorsqu'un individu est radicalement privé d'un droit, spécialement du droit de contracter[470]. Il y a incapacité d'exercice lorsque ce même individu, titulaire des mêmes droits que tout autre individu, ne peut pas exercer ceux-ci sans l'intervention d'une autre personne pour le représenter ou l'assister[471]. Les actes passés par un incapable peuvent être remis en cause par l'annulation. Admettre largement cette sanction est susceptible de mettre en péril la stabilité des rapports contractuels. C'est la raison pour laquelle la jurisprudence cherche à prononcer des sanctions alternatives à la nullité comme la conversion.

116. La conversion ne peut à l'évidence jouer dans l'hypothèse d'incapacité de jouissance. Cependant lorsque la personne est frappée d'une incapacité d'exercice, l'admissibilité de la conversion suppose de tenir compte du degré d'incapacité. Lorsque l'incapacité est absolue[472], il ne saurait être question de conversion. Il serait évidemment absurde d'admettre la conversion d'un acte juridique accompli par un fou ou encore un mineur

---

[467] Aux termes de l'article 3 du C.O.C. « *toute personne est capable d'obliger et de s'obliger si elle n'est pas déclarée incapable par la loi* ».

[468] V. en ce sens :

محمد الزين، النظرية العامة للالتزام، 1- العقد، المرجع السابق، عدد 83 و ما بعده، ص 87 و ما بعده؛ محمد كمال شرف الدين، قانون مدني، النظرية العامة، الأشخاص، إثبات الحقوق، المرجع السابق، عدد207 و ما بعدها، ص210 و ما بعدها ؛ محمد الشرفي و علي المزغني، أحكام الحقوق، المرجع السابق، عدد 203 و ما بعدها، ص 164 و ما بعدها؛ محمد محفوظ ، النظرية العامة للالتزام- 1-العقد ، المرجع السابق، ص 44 و ما بعدها ؛ محمد بقبق، قانون مدني ، النظرية العامة للالتزام، التصرف القانوني ، المرجع السابق، عدد 31 ، ص 33؛ محمد المالقي، محاضرات في شرح القانون المدني التونسي، المرجع السابق، ص 63 و ما بعدها؛ مبروك بن موسى، دراسات في مختلف فروع القانون الخاص، طبعة أولى، 2008، ص 15 و ما بعدها.

A. BEL-HADJ HAMOUDA, « *Le C.O.C. et les conditions de validité du contrat* », art.préc., p.17 ; F. TERRE, Ph. SIMLER, Y. LEQUETTE, Droit civil, Les obligations, *op.cit.*, n° 96, p.122 ; J. FLOUR, J.-L. AUBERT, E. SAVAUX, Droit civil, Les obligations, 1- L'acte juridique, *op.cit.*, n° 225.

[469] A. BEL-HADJ HAMOUDA, « *Le C.O.C. et les conditions de validité du contrat* », art.préc., p.17 ; F. TERRE, Ph. SIMLER, Y. LEQUETTE, Droit civil, Les obligations, *op.cit.*, n° 96

[470] A. BEL-HADJ HAMOUDA, « *Le C.O.C. et les conditions de validité du contrat* », art.préc.., p.17 ; F. TERRE, Ph. SIMLER, Y. LEQUETTE, Droit civil, Les obligations, *op.cit.*, n° 96, p.122 ; J. FLOUR, J.-L. AUBERT, E. SAVAUX, Les obligations, 1- L'acte juridique, *op.cit.*, n° 226.

[471] A. BEL-HADJ HAMOUDA, « *Le C.O.C. et les conditions de validité du contrat* », art.préc., p.17 ; F. TERRE, Ph. SIMLER, Y. LEQUETTE, Les obligations, *op.cit.*, n° 96, p.108 ; J. FLOUR, J.-L. AUBERT, E. SAVAUX, Les obligations, 1- L'acte juridique, *op.cit.*, n° 228.

[472] L'article 5 du C.O.C. dispose que « *sont absolument incapables de contracter, si ce n'est par les personnes qui les représentent : 1) les mineurs jusqu'à l'âge de treize ans révolus ; 2) les majeurs atteints d'aliénation mentale qui les prive complètement de leurs facultés ; 3) les personnes morales que la loi assimile aux mineurs* ».

de moins de treize ans. A l'inverse, lorsque la capacité de la personne est seulement limitée dans un but personnel ou d'intérêt général, la conversion peut opérer[473]. La découverte des cas de conversion en matière d'incapacité relative ne pose pas de difficulté.

117. L'exemple qui tend à devenir classique est celui de la conversion d'un pacte successoral nul pour incapacité du contractant en un testament[474]. En effet, l'article 178 du C.S.P. admet la validité du « *testament fait par un prodigue, un faible d'esprit ou un mineur de seize ans..., à la condition d'être homologué par le juge* »[475]. Il en résulte que l'interdit a la capacité pour tester, mais non celle de conclure un pacte successoral. Pour des motifs de capacité, un pacte successoral nul peut valoir comme testament. En ce sens, Saleilles disait que « *lorsque quelqu'un, en effet, consent à instituer un héritier par un acte irrévocable, un contrat, à plus forte raison doit-il être censé avoir voulu l'instituer par un acte révocable, un testament : l'un contient l'autre* »[476].

118. La conversion peut s'appliquer aussi en matière de partage amiable lorsque l'un des copartageants est un incapable. La conversion est possible dans cette hypothèse, car le droit tunisien, à l'image du droit français, connaît deux sortes de partage amiable : le partage définitif et le partage provisionnel ou provisoire[477]. Le premier fait cesser l'indivision dans la mesure où il transforme une propriété indivise en une propriété privative[478]. Le second a simplement pour objet de répartir la jouissance des biens[479]. Il se

---

[473] L'article 6 du C.O.C. prévoit que : « *Ont une capacité limitée : 1) les mineurs au-dessus de treize ans et jusqu'à vingt ans révolus, non assisté par leur père ou tuteur ; 2) les interdits pour faiblesse d'esprit ou prodigalité, non assisté par leur conseil judiciaire, dans les cas où la loi requiert cette assistance ; 3) les interdits pour insolvabilité déclarée. Et généralement tous ceux auxquels la loi défend certains contrats* ».

[474] X. PERRIN, th.préc., n° 50, p. 65 et s. ; O. CORNAZ, *th. préc.*, p. 107 et s.
V. aussi :Ahmed YOSSRI
أحمد يسري، "*تحول التصرف القانوني*"، المقال السابق، عدد 65 و ما بعدها، ص 425 و ما بعدها.

[475] V. sur la capacité du testateur IMED HANNECHI
عماد الحناشي، المواريث و الوصية في القانون التونسي، منشورات مجمع الأطرش للكتاب المختص، تونس 2014، ص 22-23.

[476] SALEILLES, De la déclaration de volonté, Contribution à l'étude de l'acte juridique dans le Code civil allemand (art. 116 à 144), Paris, F. Pichon, 1901, p. 316.

[477] Le siège du partage définitif est l'article 116 du C.D.R. Aux termes de ce texte : « *Les coindivisaires, maîtres de leurs droits, peuvent procéder au partage de la chose comme ils l'entendent. Le partage conventionnel ne peut être prouvé que par écrit* ».
Le partage provisionnel est consacré par l'article 67 du C.D.R. Aux termes de ce texte, « *Les coindivisaires peuvent convenir qu'ils jouiront privativement à tour de rôle de la chose commune. Dans ce cas, chacun d'eux peut disposer, à titre gratuit ou onéreux, du droit privatif dont il jouit, pour le temps de sa jouissance, et ne doit aucun compte à ses coindivisaires de ce qu'il a perçu. Toutefois, il ne peut rien faire qui empêche ou diminue le droit des autres coindivisaires, lorsque leur tour de jouissance sera venu* ».

[478] Ph. MALAURIE, Les successions, Les libéralités, 5ème éd., Defrénois, 2012, n° 948.

[479] V. dans ce sens MOHAMED SAÏD:
محمد سعيد، القسمة العقارية، أطروحة دكتوراه دولة في القانون الخاص، كلية الحقوق و العلوم السياسية بتونس، 2002، ص 95 و ما بعدها.

V. aussi IMED HANNECHI

fait à titre provisoire en attendant le jugement définitif. Les deux sortes de partages obéissent en ce qui concerne la capacité des partageants à des règles différentes. Les majeurs peuvent faire amiablement un partage définitif. L'incapable, cependant, peut en principe consentir au partage provisionnel, mais après avoir obtenu l'autorisation de son tuteur[480]. Le partage provisionnel constitue ainsi une forme mineure par rapport au partage définitif amiable. On peut par voie de conséquence concevoir la conversion d'un partage définitif nul, pour incapacité de l'une des copartageants, en un partage provisionnel valable, si le mineur obtenait postérieurement l'autorisation de son tuteur[481]. Le partage provisionnel est, en effet, un acte d'administration. Par conséquent, le mineur doit obtenir l'autorisation de la personne qui lui assiste afin d'administrer ses biens.

119. En droit des sûretés, autre exemple, la conversion peut trouver lieu à s'appliquer lorsqu'un incapable constitue un gage pour garantir ses dettes[482]. Celui-ci est en principe annulable. Cependant cet incapable a pu s'enrichir au détriment du créancier gagiste. La question se pose dès lors de savoir si ce dernier peut retenir le bien donné en gage, jusqu'au paiement intégral de sa dette par le débiteur ? Autrement dit, peut-on admettre la conversion d'un gage en un droit de rétention[483] ? La jurisprudence tunisienne n'a pas eu l'occasion de se prononcer sur la question. La Cour de cassation française avait toutefois admis une telle solution[484]. Cette position pourra se comprendre, elle trouve un appui dans l'idée d'équité. Il est en effet équitable de laisser au créancier le droit de retenir un objet dont la tradition

---

عماد الحناشي، المواريث و الوصية في القانون التونسي، المرجع السابق، ص 35.

V. dans la jurisprudence tunisienne sur le partage provisionnel : Cass. civ. n° 4787 du 27 janvier 1982, B.C.C. 1982, I, 226.

" العقار المشترك الذي يتصرف فيه الشركاء بالمهايأة (الفصل 67 عيني) أي أن كل واحد منهم يتصرف في جزء معين مثل الغرفة لا يجوز لباقي الشركاء مشاغبته في غرفته بمنعه من تسويغها للغير و الانتفاع بكرائها و بذلك فان الحكم بكف شغب أولئك الشركاء له في غرفته يكون في طريقه و لا وجه لنقضه".

[480] Le partage provisionnel est un acte d'administration. Par conséquent, le mineur doit obtenir l'autorisation de la personne qui lui assiste afin d'administrer ses biens.

[481] X. PERRIN, th.préc., n° 144, p. 223.

V. aussi : Saheb ABID FATLEWI

صاحب عبيد الفتلاوي، تحول العقد، دراسة مقارنة الطبعة الأولى، مكتبة دار الثقافة للنشر و التوزيع، الأردن، 1998، ص 136 و ما بعدها.

Ahmed YOSSRI

أحمد يسري، تحول التصرف القانوني، دراسة مقارنة للمادة (144) مدني مصري على أساس المادة (140) ألماني، مطبعة الرسالة، 1958، عدد 65 و ما بعدها، ص 425 و ما بعدها.

[482] Le gage est régi par les articles 210 et suivants du C.D.R. Il peut être défini comme étant un contrat par lequel un débiteur remet une chose à son créancier pour sûreté de la dette.

[483] Aux termes de l'article 309 du C.O.C. « *Le droit de rétention est celui de posséder la chose appartenant au débiteur, et de n'en dessaisir qu'après paiement de ce qui est dû au créancier. Il ne peut être exercé que dans les cas spécialement établis par la loi* ».

V. aussi ESSAHBI TRIGUI

الصحبي الطريقي، حق الحبس، م.ق.ت.،عدد1، 1996، ص29.

V. sur le droit de rétention : A. BEL-HADJ HAMOUDA, « *Le droit de rétention dans le Code des obligations et des contrats* », R.T.D. 1976-2, p. 45.

[484] Req. 26 avril 1900, S. 1901, I, 193.

l'a décidé de traiter[485]. De ce fait, il semble opportun de transposer cette solution au droit tunisien. Ce cas de conversion diffère toutefois des autres dans la mesure où le droit de rétention trouve sa source, non pas dans la convention, mais dans la loi. Aussi, la conversion n'est admise que dans les cas où la loi reconnaît au possesseur un droit de rétention sur la chose appartenant au débiteur conformément à l'article 310 du Code des obligations et des contrats[486].

120. Par ailleurs, en matière des sociétés commerciales, dernier exemple, on peut déceler d'autres applications de la conversion pour cause d'incapacité. On sait tous que la société est un contrat. Elle suppose donc pour sa validité la capacité des associés contractants[487]. L'article 11 du C.S.C. dispose clairement que : « *nul ne peut être associé dans une société en nom collectif ou commandité dans une société en commandite simple ou par actions s'il n'a pas la capacité requise pour la profession commerciale* »[488]. Ces types de sociétés sont donc interdits aux incapables. Il convient toutefois de relever que la personne qui n'a pas la capacité requise pour l'exercice du commerce pourra être associé commanditaire dans une société en commandite simple, ou associé dans une société à responsabilité limitée ou actionnaire dans une société anonyme ou en commandite par actions[489]. Ceci dit, une société en nom collectif, dans laquelle serait engagée une personne n'ayant pas la capacité d'être commerçante (mineur), pourrait valoir comme société en commandite simple. L'incapable perdrait la qualité d'associé en nom, tenu indéfiniment et solidairement, pour devenir un commanditaire tenu seulement jusqu'à concurrence de son apport[490].

---

[485] X. PERRIN, th.préc., n° 149, pp. 227-228.

[486] Aux termes de ce texte : « *Le droit de rétention est reconnu en faveur du possesseur de bonne foi :1) pour les dépenses nécessaires à la chose, jusqu'à concurrence de ces dépenses ;2) pour les dépenses qui ont amélioré la chose, pourvu qu'elles soient antérieures à la demande en revendication, jusqu'à concurrence de la plus-value acquise par le fonds ou par la chose ; après la demande en revendication, il ne sera tenu compte que des dépenses strictement nécessaires. Ce droit ne peut être exercé pour les dépenses simplement voluptuaires ;3) dans tous les autres cas exprimés par la loi* ».

[487] H. DAHDOUH, et Ch. LABASTIE-DAHDOUH, Droit commercial, Entreprises sociétaires et groupements privés, t.2, vol. 2, règles particulières, 1e éd., IHE Editions, 2007, n° 172, p. ; S. MELLOULI et s. FRIKHA, Les sociétés commerciales, La maison du livre, Tunis 2013, n° 172, p. 57.

[488] Le mineur est parfois autorisé à exercer une profession commerciale. Cela suppose cependant qu'il ait obtenu du juge l'émancipation dans les conditions de droit commun. En ce sens les articles 158 et 159 du C.S.P. prévoient que le mineur ne pourra être émancipé avant l'âge de quinze ans. Le mineur doit en outre avoir l'autorisation d'exercer le commerce, accordée de manière expresse par le tuteur (art. 11 et 12 du C.O.C.)

[489] V. en ce sens art. 11alinéa 2 du C.S.C. ; Cass.civ. n° 16805 du 12 avril 1989, B.C.C. 1989, I, p. 168.

V. sur la question : H. DAHDOUH, et Ch. LABASTIE-DAHDOUH, Droit commercial, Entreprises sociétaires et groupements privés, *op. cit.*, 2007, n° 176 ; S. MELLOULI et S. FRIKHA, Les sociétés commerciales, *op.cit.*, n° 176, p. 57-58.

[490] X. PERRIN, th. préc., n° 197, p. 289.

Il est apparu à l'issue de nos précédents développements que la conversion constitue un remède à l'annulation d'un acte juridique pour inobservation des conditions subjectives nécessaires à sa validité. Il convient à présent de démontrer que la conversion peut encore jouer dans l'hypothèse où l'annulation est prononcée pour violation des conditions objectives de validité des actes juridiques.

2) La conversion pour inobservation des conditions objectives de l'acte juridique

121. La conversion est animée par le souci de donner effet aux actes juridiques nuls même si l'élément vicié est une composante essentielle de la qualification considérée, à l'image de l'objet (**a**) ou de la cause (**b**).

a. La conversion pour violation des conditions relatives à l'objet

122. L'article 2 du C.O.C. subordonne la validité de l'acte juridique à l'existence d'un « *objet certain pouvant former un objet d'obligation* ». La section III du titre II du Code des obligations et des contrats traite dans les articles 62 à 66 les caractères que doit présenter l'objet, compris comme ce à quoi s'oblige le débiteur ou encore la prestation promise[491]. Il faut que l'objet soit licite, déterminé et possible[492]. L'inobservation de l'une de ces conditions devrait conduire à la nullité de l'acte. La survie de celui-ci peut être assurée sous un « *vêtement contractuel distinct* »[493]. Ce résultat peut être obtenu par le processus de la conversion par réduction. Les applications de la conversion pour inobservation des conditions relatives à l'objet ne manquent pas.

123. La Cour de cassation tunisienne avait admis dans un arrêt rendu le 25 mars 1955[494] la conversion d'une société à champart (mouçakâte)[495] nul,

---

[491] V. en ce sens:
محمد الزين، النظرية العامة للالتزام، 1- العقد، المرجع السابق، عدد 194وما بعدها، ص 164و ما بعدها؛ محمد محفوظ ، النظرية العامة للالتزام- 1-العقد ، المرجع السابق، ص 65 و ما بعدها ؛ محمد بقبق، قانون مدني ، النظرية العامة للالتزام، التصرف القانوني ، المرجع السابق، عدد 220 ، ص 158؛ محمد المالقي، محاضرات في شرح القانون المدني التونسي، المرجع السابق، ص 43.
V. en droit français: J. GHESTIN (sous la dir.), Traité de droit civil, Les obligations, Le contrat : Formation, *op.cit.*, n° 510, p. 567 ; F. TERRE, Ph. SIMLER, Y. LEQUETTE, Les obligations, *op.cit.*, n° 265 et s., p. 300 et s.

[492] V. en ce sens:
محمد الزين، النظرية العامة للالتزام، 1- العقد، المرجع السابق، عدد 197 و ما بعدها، ص 165و ما بعدها؛ محمد محفوظ ، النظرية العامة للالتزام- 1-العقد ، المرجع السابق، ص 66 و ما بعدها ؛ محمد بقبق، قانون مدني ، النظرية العامة للالتزام، التصرف القانوني ، المرجع السابق، عدد 237 و ما بعدها ، ص 170 و ما بعدها؛ محمد المالقي، محاضرات في شرح القانون المدني التونسي، المرجع السابق، ص 43 و ما بعدها.
V. en droit français: J. GHESTIN (sous la dir.), Traité de droit civil, Les obligations, Le contrat: Formation, *op.cit.*, n° 510, p. 567 ; F. TERRE, Ph. SIMLER, Y. LEQUETTE, Les obligations, *op.cit.*, n°297 et s., p. 332 et s.

[493] D. GRILLET-PONTON, th. préc., n° 267, p. 308.

[494] Cass.civ. n° 6557, R.J.L. 1960, p. 278.

faute de plantation en rapport ou d'une récolte qui a déjà levé, en une société agricole[496]. La nullité trouve sa cause dans le défaut d'objet. Le contrat de mouçakate a, en effet, pour objet « *une plantation en rapport ou d'une récolte qui a déjà levé* »[497]. Cette condition constitue à la fois une composante de qualification et de validité du contrat de mouçakate. La méconnaissance de cette condition entraîne la nullité de ce contrat. Pour remédier à cette nullité, la Cour de cassation avait admis la substitution du contrat de société agricole, qualification de droit commun, à celle du contrat de mouçakate, qualification spécifique. Le contrat de mouçakate constitue, en effet, une espèce particulière de sociétés agricoles ; si l'une de ses conditions fait défaut, on retombe alors sous la qualification de droit commun. La conversion provoquera de la sorte le changement du régime juridique, spécifique à la société de mouçakate, par le régime de droit commun applicable à toutes les sociétés agricoles[498].

124. La Cour de cassation française avait aussi eu l'occasion pour appliquer les principes de la conversion dans l'hypothèse de la vente de la chose d'autrui, nulle d'après l'article 1599 du Code civil français[499]. La nullité trouve sa cause dans l'appartenance de la chose à une autre personne que le vendeur, rendant impossible l'exécution de l'obligation de transférer la propriété à l'acheteur[500]. La conversion permettra de remédier à cette nullité. En application de ce mécanisme, il y aurait lieu d'admettre que la vente nulle vaut au moins comme un contrat innommé générateur d'une obligation de faire, l'engagement du « *vendeur* » d'acquérir la propriété en vue de la retransmettre[501]. Cet engagement aurait souvent en pratique les mêmes effets économiques que la vente elle-même[502]. Le vendeur qui n'a

---

495 L'article 1395 du C.O.C. dispose que « *La société à champart (mouçakâte) est un contrat par lequel le maître d'une plantation en rapport ou d'une récolte qui a déjà levé charge une autre personne, dénommée colon, de faire les travaux nécessaires jusqu'à la cueillette des fruits, ou l'enlèvement de la récolte, moyennant une part déterminée des produits* ».

496 La Cour affirme en ce sens que :
" إن عقد المساقاة يشترط فيه أن يكون الشجر قد بلغ حد الإطعام و أن يكون الزرع قد ظهر إلى وقت اقتطاف الغلة أو جمع الصابة و ذلك مفقود في قضية الحال".

497 Article 1395 du C.O.C.

498 La société agricole, forme de droit commun, est régie par les articles 1365 à 1368 du C.O.C. Ces textes constituent le cadre général pour des espèces particulières de sociétés agricoles, telles que le colonat paritaire (société de Khammas), le mouçakâte et le moughâraça.

499 L'article 1599 du C.C.F. dispose que : « *la vente de la chose d'autrui est nulle : elle peut donner lieu à des dommages-intérêts lorsque l'acheteur a ignoré que la chose fût à autrui* ». Cet article édicte une nullité relative en faveur de l'acheteur, qui a seul qualité pour l'invoquer (Cass.civ. 8 déc. 1999, D. 2001. 269, note ALBIGES).

500 X. PERRIN, th. préc., n° 150, p. 229 ; D. GRILLET-PONTON, th. préc., n° 268, p. 310, note 2 ; J. GHESTIN (sous la dir.), Traité de droit civil, Les obligations, Le contrat : Formation, *op.cit.*, n° 538, p. 620 ; J. FLOUR, J.-L. AUBERT, E. SAVAUX, Les obligations, 1- L'acte juridique, *op.cit.*, n°238, p. 173.

501 X. PERRIN, th. préc., n° 150, p. 229 ; D. GRILLET-PONTON, th. préc., n° 268, p. 310, note 2.

502 X. PERRIN, th. préc., n°153, p. 231.

pas la propriété de la chose, peut l'acquérir plus tard pour la faire livrer à l'acheteur[503].

125. La conversion repose dans cette hypothèse sur des considérations rationnelles. La solution rationnelle pose que lorsque la vente ne peut produire son effet translatif parce qu'elle porte sur la chose d'autrui, on doit néanmoins faire valoir l'obligation de faire contenue dans la vente[504]. La solution contraire serait déraisonnable. Il serait même ridicule d'admettre que le vendeur n'a pas voulu au moins contracter une obligation de faire[505]. La majorité des jurisconsultes égyptiens reconnaissant aussi que la vente de la chose d'autrui, nulle en vertu des articles 466 et suivants du Code civil français, peut se convertir en un « *contrat générateur d'obligations* »[506]. Ceci dit, il convient encore de relever « *que pour qu'il y ait conversion, il faudrait que soit avéré le choix manifesté par les contractants pour le cadre de la vente, malgré la cause de nullité qui l'entache* »[507]. Cette condition devrait conduire normalement à exclure l'idée de conversion dans trois situations au moins.

126. La première tient à l'hypothèse dans laquelle il ressort des termes du contrat qu'une personne transmet en connaissance de cause la chose d'autrui à un acquéreur lui-même éclairé de la situation. Le juge doit ici analyser différemment l'opération, conformément à la volonté des parties. Il pourra alors reconnaître que les parties se sont engagées dans les liens d'un avant-contrat innommé, non translatif de propriété, portant obligation de faire, et qui ne doit pas son existence au mécanisme de conversion, mais au processus de requalification[508]. Confronté à l'analyse de la situation, l'interprète doit prendre le soin d'analyser le contrat litigieux en fonction de la volonté des parties pour déterminer s'il s'agit en pareille occurrence d'un contrat innommé conclu *ab initio* par les parties dans les termes d'un engagement de faire ou bien d'un cadre innommé résiduel, provenant de la conversion d'un contrat de vente nul[509].

127. La deuxième hypothèse, concerne la vente dont le transfert de propriété n'a pas été envisagé par les parties à titre immédiat. En effet si le

[503] P. GUIHO, « *Les actes de disposition sur la chose d'autrui* », art. préc., n° 14, pp. 10-11.
[504] *Ibid.*; X. PERRIN, th. préc., n° 151 et s., p. 230.
[505] X. PERRIN, th. préc., n° 152 et 153, p. 230 et 231.
[506] V. en ce sens : Abderrazek ESSANHOURI
عبد الرزاق السنهوري، نظرية العقد، الجزء الثاني، الطبعة الثانية، منشورات الحلبي الحقوقية، بيروت، لبنان، 1998،عدد 599، ص 639.
SOULAÏMEN MARKHAS
سليمان مرقس، الوافي في شرح القانون المدني في الالتزامات، المجلد الأول، نظرية العقد و الإرادة المنفردة، الطبعة الرابعة، 1987، عدد 245 و ما بعدها، ص 461.
Helmi BAHJAT BADAOUI
حلمي بهجت بدوي، "*أثار التصرفات الباطلة*"، مجلة القانون و الاقتصاد، السنة الثالثة، العدد الأول، 1933، عدد 69، ص 429.
[507] D. GRILLET-PONTON, th. préc., n° 268, p. 310, note 2.
[508] *Ibid.*
[509] *Ibid.*

transfert de propriété est différé, ou s'il s'agit de chose de genre, le vendeur peut en acquérir la propriété afin d'exécuter son obligation de livrer, sans que l'on puisse parler d'inefficacité de l'acte initial et par voie de conséquence d'une éventuelle conversion[510]. La troisième situation, enfin, tient à l'hypothèse dans laquelle, le juge discerne chez l'auteur de l'acte qui dispose de la chose d'autrui un engagement à obtenir la ratification du propriétaire. En pareille occurrence, on ne peut pas conclure à l'existence d'une vente nulle comme portant sur la chose d'autrui. En effet, cette qualification suppose nécessairement que ce dernier ait agi non pas pour son propre compte, mais pour le compte du propriétaire.

128. Ceci dit, la question qui se pose dès lors est de savoir si cette solution peut être transposable en droit tunisien. Cette question est d'autant plus délicate que le droit tunisien contrairement au droit français n'a pas expressément frappé de nullité la vente de la chose d'autrui. Le législateur affirme au début de l'article 576 du Code des obligations et des contrats la validité de la vente de la chose d'autrui tout en évoquant à la fin de ce texte la sanction de nullité[511]. En raison de la rédaction défectueuse de cet article et l'ambiguïté qui entoure la détermination de la sanction de la vente de la chose d'autrui, la doctrine est divisée et la jurisprudence tunisienne est peu constante sur la question[512]. Une grande partie de la doctrine appuyée par la jurisprudence estime que la vente de la chose d'autrui est susceptible de nullité, qualifiée tantôt d'absolue[513] tantôt de relative[514]. Dans cette optique, la mise en œuvre de la conversion pour sauver la vente nulle est concevable.

---

510 J. GHESTIN, Traité de droit civil, La formation du contrat, *op.cit.*, n° 687, p. 663 ; F. TERRE, Ph. SIMLER, Y. LEQUETTE, Les obligations, *op.cit.*, n° 273, p. 277 ; D. GRILLET-PONTON, th. préc., n° 236, p. 268.

511 Aux termes de ce texte : « la vente de la chose d'autrui est valable 1) si le maître la ratifie ; 2) si le vendeur acquiert ensuite la propriété de la chose. Dans le cas où le maître refuse de ratifier, l'acquéreur peut demander la résolution de la vente ; le vendeur est tenu, en outre, des dommages-intérêts, lorsque l'acquéreur ignorait, au moment de la vente, que la chose était à autrui ».

512 Sur l'ensemble de la question, V. notamment : N. GHAZOUANI, « *Réflexions sur la sanction de la vente de la chose d'autrui* », R.T.D. 1987, p. 123.

513 Les auteurs favorables à cette thèse soutiennent que la nullité absolue s'explique par l'impossibilité juridique de l'objet ; en ce sens que le vendeur n'ayant pas la qualité de propriétaire serait incapable de transmettre la propriété de la chose vendue. Le transfert de propriété constitue, aux yeux de ces mêmes auteurs, une condition de validité et non une suite du contrat. V. sur l'exposé de cette thèse et de la position de la jurisprudence : Ahmed BEN TALEB
أحمد بن طالب، التفويت في ملك الغير، تقديم محمد كمال شرف الدين، دار الميزان للنشر، 2009، عدد 95 و ما بعدها ، ص 154 و ما بعدها.

V. aussi : N. GHAZOUANI, « *Réflexions sur la sanction de la vente de la chose d'autrui* », art. préc., p. 126 et s. ; N. BESROUR, th. préc., n° 76 et s., p. 90 et s.
V. Cass. civ. n° 3675, du 2 fév. 1982, B.C.C. 1983, I, p. 265.
" مدعي شراء ملك الغير بكتب خطي باطل من أصله و بيع الفضولي لملك الغير بدون مصادقة منه على ذلك يكون معهما الكتبان باطلين و لا يعارض بهما مالك الأرض في استحقاقه لها و بذلك فان الحكم له باستحقاق أرضه يكون في طريقه و لا مطعن فيه",

129. Il convient toutefois de relever que la justification de la sanction de la vente de la chose d'autrui par la nullité, absolue ou relative, ne résiste pas à la critique. On peut même soutenir que la sanction de nullité semble incompatible avec les dispositions de l'article 576 du Code des obligations et des contrats. En effet, contrairement à l'article 1599 du Code civil français, l'article 576 du Code des obligations et des contrats prévoient clairement que « la vente de la chose d'autrui est valable »[515]. Aussi une autre tendance, ralliant moins de soutien, estime qu'une telle vente n'est pas forcément nulle, mais encourt simplement la résolution au cas où le propriétaire refuserait de la ratifier[516]. Faut-il en déduire dès lors que la conversion serait dans cette hypothèse exclue. Le professeur Ahmed Ben Taleb est de cet avis[517]. L'auteur estime que la conversion présuppose la nullité du contrat initial, alors que l'article 576 du C.O.C. considère que la vente de la chose d'autrui est valable. Le même auteur ajoute que l'acte portant sur la chose d'autrui, valable, peut faire naître des obligations personnelles sans qu'il y ait nécessaire de mobiliser la théorie de la conversion[518].

130. Une autre partie de la doctrine estime que le contrat portant sur la chose d'autrui est un contrat inefficace ou « *maoukouf* » ou « *gheir Nafedh* » pour emprunter une terminologie du droit musulman[519]. Le contrat « *maoukouf* » est un contrat valable, mais inefficace et inopérant dans la mesure où il ne produira aucun effet ni entre ses parties ni à l'égard des tiers[520]. L'inefficacité de ce contrat découle du fait que la production de ses

---

[514] Les auteurs favorables à cette thèse estiment essentiellement que la nullité relative sanctionne en réalité un vice de consentement, l'erreur commise par l'acheteur à la fois sur la substance et sur la personne (les articles 45 et 46 du C.O.C.). L'acheteur s'est trompé sur une qualité essentielle de la chose vendue, son appartenance au vendeur et sur une qualité déterminante de la personne du cédant, celle d'être propriétaire. V. en ce sens : N. GHAZOUANI, art. préc., p. 133 et s. ; N. BESROUR, th. préc., n° 81 et s., p. 95 et s. ; V. aussi Ahmed BEN TALEB

أحمد بن طالب، التفويت في ملك الغير، المرجع السابق، عدد 135و ما بعده، ص 199 و ما بعده.

V. Cass. civ. n° 41956, du 17 janv. 1995, B.C.C. 1995, p. 456.

" اقتضت أحكام الفصل 576 من م.ا.ع. إمكانية بيع ملك الغير إذا أجازه ربه أو صار المبيع ملكا للبائع بعد و أنه في صورة عدم إجازة المالك يحق للمشتري فسخ العقد و معنى ذلك أنه عقد فاسد لكن لا يوجب البطلان بحكم القانون إذ القضاء به يتوقف على الطلب فهو بطلان نسبي".

[515] Sur les critiques adressées à la thèse de nullité relative, V. notamment A. BEN TALEB :
أحمد بن طالب، التفويت في ملك الغير، المرجع السابق، عدد 32و ما بعدها، ص 88 و ما بعدها و عدد135 و ما بعدها، ص 199 و ما بعدها.

[516] N. GHAZOUANI, « *Réflexions sur la sanction de la vente de la chose d'autrui* », art. préc., p. 124.

[517] V. Ahmed BEN TALEB
أحمد بن طالب، التفويت في ملك الغير، المرجع السابق، 2009، عدد 230 و ما بعدها ، ص 285 و ما بعدها.

[518] Ahmed BEN TALEB
أحمد بن طالب، التفويت في ملك الغير، المرجع السابق ،عدد 316 ، ص 369، هامش عدد 1121.

[519] V. *infra* n° 269 ; N. GHAZOUANI, art. préc., p. 146, 148 et 154 ; N. BESROUR, th. préc., n° 25 et 87, p. 23 et 100.

[520] V. notamment : M.-K. CHARFEDDINE, Les droits des tiers et les actes translatifs de propriété immobilières, préf. M.L. HACHEM, Centre d'Etudes, de Recherches et de Publications, n° 316, p. 267 ; N. BESROUR, th. préc., n° 88, p. 101. Ce dernier estime que

effets et suspendue jusqu'à la ratification du propriétaire[521]. Le professeur Mohamed-Kamel Charfeddine relève que techniquement, la théorie du contrat « *maoukouf* » « *semble dissocier les conditions de validité de l'acte de ses conditions d'efficacité* »[522]. Le contrat « *maoukouf* » est *a priori* valable, mais qui ne peut être exécuté avant la ratification du tiers intéressé[523]. Le contrat portant sur la chose d'autrui, tout en étant valable, ne peut produire immédiatement ses effets[524]. Le professeur Besrour relève toutefois que « *ce contrat peut aussi être analysé comme un contrat spécial permit par l'autonomie de la volonté et la liberté contractuelle, par lequel le vendeur promet l'obtention de ladite ratification ou l'acquisition ultérieure de la propriété* »[525]. La théorie du contrat « *maoukouf* » peut donc être analysée comme une espèce de conversion par réduction. Un contrat inefficace, privé de son effet réel, le transfert de la propriété, peut tout de même produire certains effets personnels.

131. La vente de la chose d'autrui peut donc survivre comme un « *contrat distinct* »[526] ou comme un contrat innomé générateur d'obligations personnelles[527]. Le vendeur est tenu de mettre l'acquéreur en mesure de

---

l'objet existe, ainsi que la cause. Le transfert de propriété n'est pas une obligation à la charge du vendeur, mais plutôt un effet automatique du contrat de vente. Le transfert est en principe immédiat mais ce principe n'est pas intangible.
Sur le contrat « maoukouf, V. notamment:
- Fethi ELWERTATENI
فتحي الورتتاني، العقد الموقوف في القانون المدني، مذكرة لنيل شهادة الدراسات المعمقة في القانون الخاص العام، كلية الحقوق و العلوم السياسية بتونس، 1990-1991.
- Abou El Walid BEN ROUCHD:
أبو الوليد محمد بن رشد القرطبي، بداية المجتهد و نهاية المقتصد، الجزء الثاني، الطبعة التاسعة، دار المعرفة، بيروت 1988.
- Abou El Hassen Ali TASSOULI
أبو الحسن علي بن عبد السلام التسولي، البهجة في شرح التحفة، الجزء الثاني، الطبعة الثانية، دار الفكر القاهرة، 1951، ص 70 و ما بعدها.
- Mustapha EZZARKA
مصطفى الزرقاء، المدخل الفقهي العام، الجزء الأول، الطبعة العاشرة، دار الفكر، دمشق، 1964، ص 418 و ما بعدها.
- Abderrazek Hassen FRDJ
عبد الرزاق حسن فرج، نظرية العقد الموقوف في الفقه الإسلامي، دراسة مقارنة بالقانون المدني، دار النهضة العربية، القاهرة 1969.

521 N. BESROUR, th. préc., n° 85, p. 98.

522 M.-K. CHARFEDDINE, *op.cit.*, n° 315, p. 267.

523 *Ibid.*, n° 315, p. 266.

524 L'article 576 du C.O.C. peut donc constituer une exception légale au principe du transfert immédiat de la propriété énoncé par l'article 583 du même Code (N. BESROUR, th. préc., n° 88, p. 101).

525 *Ibid.*, n° 88, p. 101.

526 L'expression a été employée par M. Ahmed Ben Taleb. Le même auteur reconnait que cette expression est empruntée de l'article 327 du C.O.C. relatif à la nullité partielle. V. Ahmed BEN TALEB
أحمد بن طالب، التفويت في ملك الغير، المرجع السابق، عدد 233، ص287 و عدد 316، ص 369.

527 V. Ahmed BEN TALEB
أحمد بن طالب، التفويت في ملك الغير، المرجع السابق، عدد 316، عدد 369.

prendre possession de la chose vendue[528]. Il est également tenu à garantir l'acquéreur de l'éviction qu'il souffre[529]. Lorsqu'il s'avère impossible au vendeur d'honorer ses obligations, l'acquéreur serait en droit de demander la résolution du contrat[530]. A l'appui de cette action, il peut invoquer l'article 275 du Code des obligations et des contrats qui permet d'obtenir la résolution par voie judiciaire au cas où il serait impossible de contraindre la partie défaillante à l'exécution de son obligation[531].

132. Cette solution n'est pas sans rappeler celle de l'article 373 du Code des droits réels qui après avoir énuméré les actes soumis à la formalité d'inscription sur le titre foncier ajoute dans son alinéa deuxième que « *les actes, conventions et jugements non inscrits n'ont pour effet que des obligations personnelles* »[532]. Les auteurs qui ont analysé cet article relèvent que l'acte portant sur un immeuble immatriculé et qui n'est pas inscrit sur le registre foncier n'est pas translatif de propriété. L'inscription est, en effet, une condition du transfert de la propriété à l'égard de tous[533]. L'acte non inscrit a été qualifié par certains auteurs comme étant un « *contrat incomplet* » [534] ou encore un « *contrat imparfait* »[535] en ce sens qu'il ne peut

---

[528] Article 592 du C.O.C.

[529] Article 632 du C.O.C.
V. Ahmed BEN TALEB :
أحمد بن طالب، التفويت في ملك الغير، المرجع السابق، عدد 317 و ما بعدها، عدد 370 و ما بعدها.

[530] V. Ahmed BEN TALEB
أحمد بن طالب، التفويت في ملك الغير، المرجع السابق، عدد 586 و ما بعدها، ص 598 ما بعدها.

[531] L'article 273 du C.O.C. dispose que : « *Lorsque le débiteur est en demeure, le créancier a le droit de contraindre le débiteur à accomplir l'obligation si l'exécution est possible, à défaut, il pourra demander la résolution du contrat ainsi que les dommages-intérêts dans les deux cas* ».
Sur la résolution pour inexécution, V. notamment : M. M. CHAFFAI, La demeure du débiteur dans l'exécution du contrat en droit civil, th. de doctorat, Faculté de droit et des sciences politiques et économiques de Tunis, 1984, *passim* ; I. ARIBI, « *L'article 273 du Code des obligations et des contrats et l'option entre l'action en exécution et l'action en résolution* », A.J.T. n°12, 1998, p. 137 et s. ; N. GHAZOUANI, « *Réflexions sur la sanction de la vente de la chose d'autrui* », *art. préc.*, p. 124.

[532] La même solution a été consacrée dans l'article 342 de la Loi Foncière du premier juillet 1885 (J.O.R.T. 12 juillet 1885, p. 611 et s.) : « *Tout droit réel relatif à un immeuble déjà immatriculé n'existera que par le fait et du jour de son inscription à la conservation de la propriété foncière, sans préjudice des droits et actions réciproques des parties pour l'inexécution de leurs conventions* ».

[533] L'article 305 du C.D.R. prévoit que : « *Tout droit réel ne se constitue que par le fait et du jour de son inscription sur le Livre Foncier* ».
V. sur le principe de l'effet constitutif de l'inscription : M.-K. CHARFEDDINE, *op.cit.*, n° 234 et s., p. 188 et s.
V. aussi M.-K. CHARFEDDINE
محمد كمال شرف الدين،" مبدا المفعول المنشئ للترسيم في قوانين 4 ماي 1992"، م.ق.ت. 1993، ص 99 وما بعدها.
-S. BABAY-YOUSSEF
سعاد باباي يوسف، "مبدا المفعول المنشئ للترسيم من خلال قوانين سنتي 2000 و 2001"، م.ت.ق. 2002، ص 81.

[534] Abdallah AHMADI
عبد الله الأحمدي، قانون مدني، العقود الخاصة، 1- البيع، مطبعة الوفاء، تونس 1997، عدد 295، ص 253-254.
V. aussi Ramzi SASSI

entraîner le transfert de la propriété. On peut aussi le qualifier comme un contrat « *inefficace* »[536] dans la mesure où il lui manque une condition d'efficacité, l'inscription sur le titre foncier. Le contrat est pour le moment inefficace, mais demeure valable et capable de produire des effets ultérieurement dès que la formalité d'inscription serait accomplie.

133. L'article 373 du Code des droits réels prévoit toutefois que : « *les actes, conventions et jugements non inscrits n'ont pour effet que des obligations personnelles* ». Cet article semble donc admettre l'idée selon laquelle le contrat imparfait ou inefficace peut être analysé comme un contrat innommé générateur d'obligations personnelles[537]. Parmi les obligations qui pèsent sur le vendeur figure au premier rang celle de fournir à l'acheteur les documents nécessaires pour parachever la formalité d'inscription[538]. C'est une des conséquences qui découlent du devoir de collaboration et de coopération en matière contractuelle[539]. Le passage d'un contrat imparfait en un contrat innomé générateur d'obligations personnelles constitue un vrai cas de conversion légale.

134. L'hypothèse de l'article 273 du C.D.R. peut également être rapprochée de celle de l'article 24 du Code des obligations et des contrats. Ce dernier prévoit que : « *Le contrat n'est point parfait lorsque les parties ont expressément réservé certaines clauses comme devant former objet d'un accord ultérieur ; l'accord intervenu, dans ces conditions, sur une ou plusieurs clauses, ne constitue pas engagement, alors même que les préliminaires de la convention auraient été rédigés par écrit* ». Un commentateur de cet article, le professeur Abdelwaheb Rebaï, voit dans celui-ci un cas de conversion légale[540]. Le législateur, dit-il, veut qu'en l'absence d'engagement définitif, l'accord ne porte que sur un projet de

---

رمزي ساسي، إشهار الحق العيني، تقديم محمد كمال شرف الدين، منشورات مجمع الأطرش للكتاب المختص ، تونس 2015، عدد 68 و ما بعدها، ص 72 و ما بعدها.

[535] M.-K. CHARFEDDINE

محمد كمال شرف الدين، "مبدا المفعول المنشئ للترسيم في قوانين 4 ماي 1992"، المقال السابق، ص 99 وما بعدها.

[536] Ce qualificatif a été retenu par Guiho pour les contrats portant sur la chose d'autrui (P. GUIHO, « *Les actes de disposition sur la chose d'autrui* », R.T.D.civ. 1954, p. 1.

[537] V. en ce sens : N. BEN AMMOU

نذير بن عمو، البيع و المعاوضة، مركز النشر الجامعي،تونس 2007، عدد 179 و ما بعدها، ص 205 و ما بعدها.

-Kh. KHARROUBI

خليفة الخروبي، قانون مدني، العقود المسماة، الوكالة، البيع و المعاوضة، الكراء، الهبة، طبعة ثانية، منشورات مجمع الأطرش للكتاب المختص، تونس 2013،عدد 150 و ما بعدها، ص 101 و ما بعدها.

- ALI KAHLOUN

علي كحلون، القانون العقاري الخاص، طبعة ثانية، النظرية العامة للأموال، نظام العقارات غير المسجلة، نظام العقارات المسجلة، منشورات مجمع الأطرش للكتاب المختص ، تونس 2010، 420 و ما بعدها.

[538] V. en ce sens : N. BEN AMMOU

نذير بن عمو، البيع و المعاوضة، المرجع السابق، عدد 180، ص 206.

[539] *Ibid.*

[540] A. REBAÏ, « *La période précontractuelle dans le Code des obligations et des contrats* », *in* Livre du centenaire du Code des obligations et des contrats, *op.cit.*, n° 30, p. 286.

contrat[541]. La « *dégénérescence du contrat* »[542] repose sur une présomption légale selon laquelle le report de certains points à un accord futur fait ôter l'engagement initial de sa valeur juridique parce qu'il n'est pas définitif et place les partenaires dans la situation de ceux qui continuent à négocier[543]. Le contrat initial sera donc « déclassé » pour vêtir la forme d'un projet de contrat[544].

135. Le professeur Abdelwaheb Rebaï ajoute que cette nouvelle qualification doit être retenue même si elle n'est pas citée expressément par l'article 24 du Code des obligations et des contrats. L'explication avancée en est la suivante : l'écrit passé par les parties comporte nécessairement un double accord, le premier, définitif, porte sur certains éléments du contrat, le deuxième, provisoire, vise d'autres éléments à débattre ultérieurement. L'écrit structuré de la sorte contient forcément l'engagement des parties de continuer ou de reprendre la négociation[545]. Les traits caractéristiques du projet de contrat consistent, en effet, dans l'absence d'engagement définitif et la naissance d'obligation de négociation[546]. Le projet de contrat qui n'a pas pu se former en raison de l'absence d'accord sur ces points secondaires [547].

136. Le même auteur ajoute que la formulation de l'article 24 laisse présager que le projet de contrat, qui va pouvoir renaître des « *cendres* »[548] d'un précédent contrat est un accord de négociation à plusieurs facettes, il s'accommode de tout genre de contrat préparatoire tendant à organiser la négociation des termes d'un contrat futur tels que le contrat-cadre[549], le contrat partiel[550] et l'accord de principe[551]. La source germanique de

---

[541] A. REBAÏ, art. préc., n° 26, p. 284 et n° 29, p. 286 ; L. ROZES, « *Le projet de contrat* », *in* Mélanges L. BOYER, Université des sciences sociales de Toulouse, 1996, n° 9, p. 639.
[542] A. REBAÏ, art. préc., n° 27, p. 285.
[543] *Ibid.*, n° 28, p. 285.
[544] *Ibid.*
[545] *Ibid.*, n° 36, p. 291.
[546] *Ibid.*, n° 37, p. 291.
[547] *Ibid.*
[548] *Ibid.*, n° 30, p. 286.
[549] Le contrat-cadre est défini comme étant le « *contrat visant à définir les principales règles auxquelles seront soumis les accords à traiter rapidement dans le futur, « contrat d'application » ou « d'exécution » auxquels de simples bons de commande ou ordre de service fourniront leur support* ». V. A. REBAÏ, art. préc., n° 38, p. 292.
[550] L'accord partiel est défini comme étant « *un contrat qui permet aux parties se trouvant encore dans la phase des pourparlers, de fixer les points de la négociation sur lesquels elles sont, dès à présent, d'accord » (A. RIEG, « La punctation, Contribution à l'étude de la formation successive du contrat* », *in* Mélanges A. JAUFFRET, L.G.D.J. 1976, p. 593 et s. ; A. REBAÏ, art. préc., n° 39, p. 292).
[551] Ce dernier est défini « *comme l'engagement contractuel de faire une offre ou de poursuivre une négociation en cours afin d'aboutir à la conclusion d'un contrat, dont l'objet n'est encore déterminé que de façon partielle et en tout cas insuffisante pour que le contrat soit formé* » V. I. NAJJAR, « *L'accord de principe* », D. 1991, Chron., p. 57 et s. ; O. GADHOUM, « *L'accord de principe* », Etudes juridiques, Revue publiée par la Faculté de Droit de Sfax, n° 15, 2008, p. 171.

l'article 24 du C.O.C. impose aussi, selon le même auteur, de rapprocher le projet de contrat de la notion de *punctation*[552]. L'auteur conclut enfin qu'on peut voir dans l'article 24 du C.O.C. le texte qui contient en germe les traits caractéristiques d'un nouvel accord baptisé « *contrat de négociation* », foncièrement distinct des avant-contrats qui ont pour finalité non la négociation, mais la conclusion du contrat définitif[553].

137. Les cas de conversion pour méconnaissance des conditions relatives à l'objet peuvent encore être multipliés. Ainsi, on peut admettre que l'acte de constitution de *habous*, nul pour illicéité de l'objet, peut valoir comme testament. Institution de droit musulman, le *habous* peut être défini comme un acte juridique par lequel une personne, en vue d'être agréable à Dieu, se dépouille d'un ou plusieurs de ses biens, généralement immeubles, et les met hors du commerce en les affectant à perpétuité à une œuvre, à un but pieux, charitable ou social (*habous* public), soit en réservant la jouissance de ces biens à une ou plusieurs personnes déterminées, en général les descendants (*habous* privé ou de famille)[554]. Les inconvénients de cette institution sur le plan économique et social, ont poussé les autorités tunisiennes à supprimer les *habous* publics et privés[555]. Les terres sont redevenues Melk, donc remises dans le commerce. Elles ont été aussi partagées entre les descendants dévolutaires et ceux qui avaient été exclus par l'acte de constitution de *habous*[556]. L'acte de constitution de *habous* est donc aujourd'hui nul pour illicéité de l'objet comme portant sur des choses hors du commerce[557]. Il peut toutefois valoir, par le jeu de la conversion, comme un testament. La Cour suprême du Royaume du Maroc avait affirmé en ce sens que l'acte par lequel une personne constitue un bien *habous* au profit d'une autre, tout en déclarant que celui-ci s'exécute à son décès, peut valoir comme testament jusqu'à concurrence du tiers de son patrimoine[558].

---

[552] La pratique de *punctation* consiste à fixer par écrit, en cours de négociation, les points sur lesquels l'accord est acquis. V. A. RIEG, La *punctation*, art. préc., p. 593 et s. ; A. REBAÏ, art. préc., n° 37, p. 291 ; O. GADHOUM, art. Préc., n° 9, p. 175.

[553] A. REBAÏ, art. préc., n° 35, p. 294.

[554] M. CHARFI, Introduction à l'étude du droit, *op.cit.*, n° 318, p. 162.

[555] Le décret du 31 mai 1956 a supprimé les *habous* publics et celui du 18 juillet 1957 les *habous* privés (M. CHARFI, Introduction à l'étude du droit, *op.cit.*, n° 320, p. 163).

[556] *Ibid.*, n° 320, p. 163.

[557] V. notamment sur la licéité de l'objet Mohamed ZINE
محمد الزين، النظرية العامة للالتزام، 1- العقد، المرجع السابق، عدد 197 وما بعدها، ص 165و ما بعدها.
V. en dr. comp. Ph. MALINVAUD, D. FENOUILLET, M. MEKKI, Droit des obligations, *op.cit.*, n°264, p. 204 ; F. TERRE, Ph. SIMLER et Y. LEQUETTE, Droit civil, Les obligations, *op.cit*, n° 300, pp. 333-334 ; G. LOISEAU, « *Typologie des choses hors du commerce* », R.T.D.civ. 2000.47.

[558] Arrêt n° 2794, du premier mars 2008, Bull. des arrêts de la Cour suprême 2008, p. 14. (V. annexe VI).
" المقرر فقها أن من حبس في صحته وقال ينفذ بعد الموت، فان ذلك يكون في الثلث إذا كان المحبس عليه غير وارث، و المحكمة مصدرة القرار المطعون فيه تكون صادفت الصواب عندما حولت الالتزام من حبس إلى وصية و ذلك بترتيبها خروج الحبس المعقود من لدن المحبس الذي وقف نفاذه إلى ما بعد مماته مخرج الوصية، و بحصره في حدود الثلث".

A l'issue des ces développements, il est permis de constater que la nullité du contrat pour absence, impossibilité ou illicéité de l'objet ne constitue pas un obstacle à la conversion. Cette constatation nous incite à faire la lumière sur la convertibilité des actes nuls pour absence ou illicéité de la cause.

b. La conversion pour violation des conditions relatives à la cause

138. La nécessité d'une « *cause licite de s'obliger* » est énoncée par l'article 2 du C.O.C., comme dernière condition de validité de l'acte juridique. La section qui est ensuite consacrée à cette matière comprend quatre articles, dont le premier, l'article 67 du C.O.C., le législateur tunisien semble adopter une conception dualiste de la cause. La cause doit d'abord exister, elle doit en second lieu être licite. Le même article soumet cependant explicitement au même traitement l'absence et l'illicéité de la cause. Il dispose, en effet, que « *L'obligation sans cause, ou fondée sur une cause illicite, est non avenue* ». Le contrat est alors frappé de nullité absolue. La conversion permettra toutefois de sauver le contrat nul, que la nullité résulte de l'absence de cause (α) ou de son illicéité (β).

α. L'absence de cause

139. L'article 67 du C.O.C. prévoit la nullité du contrat en cas d'absence de cause. La cause est entendue ici dans un sens objectif et abstrait[559]. Elle est toujours la même pour un même type d'acte juridique. Ainsi, pour ne prendre que l'exemple des contrats synallagmatiques à titre onéreux, la cause correspond toujours à la contrepartie[560]. Le contrat synallagmatique se définit par la réciprocité des obligations qui se servent mutuellement de

---

[559] V. sur cette conception objective de la cause :
محمد الزين، النظرية العامة للالتزام،1- العقد، المرجع السابق، عدد 228، ص186؛ محمد محفوظ ، النظرية العامة للالتزام-1-العقد ، المرجع السابق، ص 73 ؛ محمد بقبق، قانون مدني ، النظرية العامة للالتزام، التصرف القانوني ، المرجع السابق، عدد 270 و ما بعدها، ص 193 و ما بعدها؛ محمد المالقي، محاضرات في شرح القانون المدني التونسي، المرجع السابق، ص 47-48.

V. en droit français: J. MAURY, Essai sur le rôle de la notion d'équivalence en droit civil français, th., Toulouse, 1920 ; J. MAURY, « *Le concept et le rôle de la cause des obligations dans la jurisprudence* », R.I.D.C. 1951, pp. 485 et s. ; J. GHESTIN, Cause de l'engagement et validité du contrat, Paris, L.G.D.J. 2006, n° 7, p. 6 ; Ph. SIMLER, « *La sanction de l'absence de cause* », *in* Mélanges en l'honneur d'Yves SERRA, Dalloz 2006, p. 412.

[560] V. dans la jurisprudence tunisienne sur cette conception objective de la cause : Cass.civ. n° 9153, du 8 nov.1955, R.J.L. 1960, p. 154.
" إن السبب في العقود التبادلية هو و فاء أحد الطرفين بالتزامه نحو الآخر...".

V. aussi dans le même sens : Cass.civ., n° 7576, du 8 juillet 1982, B.C.C. 1982, IV, p.183.
" إن من موجبات الحكم بالأمر بالدفع في الديون انبناء الدين على سبب تعاقدي بين الطرفين (الفصل 59 م.م.م.ت.). فانتداب الخبير في قضية جارية للاختبار مقابل أجر من أحد الطرفين بعد تعيينه و تقديره من طرف الحاكم الذي انتدبه، فان السبب التعاقدي في مثل هذه الصورة لا وجود له، فاعتماد وجوده بالقرار و الحكم به فيه تحريف للواقع و خرق القانون مما يوجب نقضه"

V. plus récemment : Cass.civ. n° 60195, du 27 juin 2011 (inédit), cité par M. SAKHRI, Le C.O.C. annoté, Imprimerie la Maghrébine pour l'impression et la publication du livre, Tunis 2014, p. 40.

contre-partie[561]. Les obligations de chacune des parties ont dans ces contrats pour contrepartie convenue, c'est-à-dire pour cause celles de l'autre[562]. Ainsi, par exemple, l'acheteur dans un contrat de vente s'oblige à payer le prix parce qu'il attend de l'autre une contre-prestation précise et, autant que possible, équivalente : le transfert de propriété de la chose achetée[563].

140. Dans cette acception, l'hypothèse de l'absence de cause se ramène dans les contrats à titre onéreux à l'absence de contrepartie. Raisonnons sur la vente, la contrepartie convenue fait défaut lorsque l'objet de l'obligation de l'une des parties, le prix par exemple, fait défaut privant de cause, par voie de conséquence, l'obligation de l'autre[564]. La Cour de cassation rappelle toujours cette règle tout en soulignant que le prix constitue un élément essentiel à la validité du contrat de vente et que son absence entraîne la nullité du contrat de vente[565]. Les obligations sont également dépourvues de cause lorsque, sans faire ostensiblement défaut, la contrepartie convenue est en fait si dérisoire ou tellement minime qu'elle équivaut à une absence de contrepartie[566]. En application de cette idée, la doctrine décide qu'il ne peut y avoir vente si le prix convenu, quoique réellement versé, il est

---

[561] V. en ce sens A. SERIAUX, « *La notion de contrat synallagmatique* », *in* Le contrat au début du XXIe siècle, Etudes offertes à J. GHESTIN, Paris, L.G.D.J., 2015, n° 2, p. 780.

[562] J. GHESTIN, Cause de l'engagement et validité du contrat, *op.cit.*, n° 236, p. 161.

[563] Ph. SIMLER, « *La sanction de l'absence de cause* », art. préc., p. 412.

[564] V. en ce sens : ABDALLAH AHMADI

عبد الله الأحمدي، قانون مدني، العقود الخاصة، 1- البيع، مطبعة الوفاء، تونس 1997، عدد192 و 219، ص 157 و 182.

- Ahmed BEN TALEB

أحمد بن طالب، *"الثمن في عقد البيع"*، م. ق. ت. 1998/12، ص 5.

V. en droit français :J. GHESTIN, « *L'absence de cause de l'engagement : absence de la contrepartie convenue* », J.C.P. éd. G. 2006, I, 177, n°9, p. 1884 ; Ph. SIMLER, « *La sanction de l'absence de cause* », *art.préc.*, p. 412 ; Ph. SIMLER, *Contrats et obligations, La cause, Notion : unité ou dualité*, J.-Cl. Civil 2010, art. 1131 à 1133 fasc. 20, n° 15, p.7

[565] V. en ce sens : Cass. civ., n° 45922, du 3 juillet 1995, B.C.C. 1995, p. 503.

" الثمن هو أحد محلي العقد و يجب أن يكون معينا أو قابلا للتعيين و عدم تقدير الثمن يجعل البيع باطلا".

V. aussi : Cass. civ., n°25203 du 26 décembre 1989, B.C.C. 1989, p. 491.

" إن الثمن ركن من أركان البيع الأساسية و تخلفه في العقد موجب لبطلان البيع".

La jurisprudence française sanctionne parfois la vileté du prix par une nullité absolue (Cass.com. 23 oct. 2007, D. 2008.954, note CHANTEPIE), voire par l'inexistence (Cass. civ. 1re, 20 oct. 1981, Bull.civ. I, n° 301, p. 253, D. 1983.73, note C. LARROUMET). Certaines décisions récentes sanctionnent la vileté du prix par la nullité relative (Cass.civ. 3e, 21 sept. 2011, D. 2011, 2711, note D. MAZEAUD).

[566] V. en ce sens : F. TERRE, Ph. SIMLER et Y. LEQUETTE, Droit civil, Les obligations, *op.cit*, n° 295 ; Ph. MALINVAUD, D. FENOUILLET, M. MEKKI, Droit des obligations, *op.cit.*, n°323, p. 242.

Plus récemment la jurisprudence française s'est servie de la cause pour assurer un rééquilibrage des contrats dans lesquels l'une des parties avait inséré des clauses lui conférant un avantage excessif sans contrepartie réelle. Ainsi, a été condamnée dans le fameux arrêt Chronopost, la clause de non-responsabilité en cas de retard dans la délivrance du pli (Cass.com., 22 oct. 1996, D. 1997, 121, note A. SERIAUX).

« *extrêmement faible* »[567], « *ridiculement bas* »[568], c'est-à-dire « *tellement inférieur à la valeur réelle, que le vendeur subirait une perte disproportionnée avec les risques ordinaires des affaires* »[569].

141. L'exemple cité par le professeur Nadhir Ben Ammou pour illustrer le prix dérisoire est celui de la vente d'un kilogramme d'or à un dinar[570]. La doctrine tunisienne dans sa grande majorité considère que la vente moyennant un prix dérisoire est nulle pour absence de cause[571]. Le professeur Ahmed Ben Taleb s'oppose toutefois à cette idée[572]. L'auteur relève qu'il est difficile d'admettre l'annulation d'un contrat pour absence de cause même si le prix est dérisoire[573]. Une telle solution porte, aux yeux de cet auteur, atteinte à la stabilité contractuelle ; elle conduit aussi à la violation de l'article 60 du Code des obligations et des contrats qui interdit l'annulation des contrats pour lésion[574]. Le professeur Nadhir Ben Ammou ajoute que la stipulation d'un prix dérisoire ne donne pas lieu à l'annulation du contrat s'il a été voulu par les parties en tant que tel, comme c'est le cas dans la vente à prix symbolique[575].

---

567 B. GROSS, Ph. BIHR, Contrats, t.1, ventes civiles et commerciales, baux d'habitation, baux commerciaux, P.U.F., 2 e éd., Coll. Thémis, 2002, p. 129.

568 F. TERRE, Ph. SIMLER et Y. LEQUETTE, Droit civil, Les obligations, *op.cit*, n° 295.

569 H., L. et J. MAZEAUD, Leçons de droit civil, t.3, vol. 2, Principaux contrats, 1re partie, vente et échange, Montchrestien, 7e éd., 1987, par M. De JUGLART, n° 874.

V. sur la notion du prix dérisoire en droit tunisien

عبد الله الأحمدي، قانون مدني، العقود الخاصة، 1- البيع، المرجع السابق، عدد 219، ص 182 ؛ نذير بن عمو، البيع و المعاوضة، المرجع السابق، عدد 154، ص 185؛ خليفة الخروبي، قانون مدني، العقود المسماة، الوكالة، البيع و المعاوضة، الكراء، الهبة، المرجع السابق،عدد 297، ص 186-187؛ أحمد بن طالب، *"الثمن في عقد البيع"*، المقال السابق، ص 21-22.

570 V. N. BEN AMMOU

نذير بن عمو، البيع و المعاوضة، المرجع السابق، عدد 154، ص 186.

V. en dr. comp. D'autres exemples de prix dérisoire, Par exemple 5000 F pour des droits immobiliers dépendant d'une succession : civ. 1ère, 20 oct. 1981, Bull., I, n° 301. En particulier, la jurisprudence française admet que le prix est dérisoire chaque fois qu'il est inférieur à la valeur de la chose : par exemple des parts sociales cédées pour une somme inférieure aux dividendes de l'année (Cass. com., 25 avril 1967, Bull., III, n° 168 ; Cass. civ., 1re 24 oct. 1978, Bull., I, n° 319). Un arrêt de la chambre des requêtes a admis aussi l'annulation de la vente d'un fonds de commerce, dont le prix était égal au dixième des revenus à payer pendant dix ans (req. 3 mai 1922, S. 1922, I, 310). De façon plus nette encore, la chambre commerciale française a admis que le prix de la cession de parts d'un associé commanditaire doit être considéré non seulement comme vil, mais inexistant, lorsqu'il ne représente même pas le revenu net des parts cédées pour l'exercice en cours lors de la cession (Cass. com., 25 avril 1967, Bull. civ., n° 168, p. 164).

571 V. en ce sens :

عبد الله الأحمدي، قانون مدني، العقود الخاصة، 1- البيع، المرجع السابق، عدد 219، ص 182 و ما بعدها؛ خليفة الخروبي، قانون مدني، العقود المسماة، الوكالة، البيع و المعاوضة، الكراء، الهبة، المرجع السابق،عدد 297، ص 186؛ أحمد بن طالب، الثمن في عقد البيع، المقال السابق، ص 21.

572 V. en ce sens Ahmed BEN TALEB

أحمد بن طالب،" الثمن في عقد البيع"، المقال السابق، ص 22.

573 *Ibid.*

574 *Ibid.*

575 V. N. BEN AMMOU

نذير بن عمو، البيع و المعاوضة، المرجع السابق، عدد 154، ص 187.

142. Ceci dit, la majorité des auteurs considèrent que la vente contenant stipulation d'un prix dérisoire, nulle en tant que telle, peut valoir comme donation[576]. Il convient cependant de noter que pour qu'il y ait conversion, il faudrait que les parties aient entendu adopter un contrat de vente, mais dans des conditions qui le rendent défectueux. Lorsqu'il est établi que le vendeur a été animé par une intention libérale, la vente peut valoir, selon le cas comme donation déguisée ou indirecte[577]. L'existence d'une intention libérale exclut la nullité pour absence de cause. La nature juridique de l'accord de volonté ne saurait être révélée par la seule qualification que lui attribuent les contractants. Il faut privilégier la recherche de l'intention véritable des parties. C'est seulement si celles-ci ont voulu conclure une vente que la nullité pour prix dérisoire pourra jouer : l'obligation du vendeur sera alors sans cause. Mais s'il est établi que le prétendu vendeur s'est contenté d'un prix dérisoire dans l'intention de gratifier le prétendu acquéreur, le juge doit analyser différemment l'opération. Il pourra alors reconnaître dans l'opération une donation déguisée ou indirecte, dont la validité est indiscutée. La délimitation de ces deux voies, conversion et requalification des contrats improprement désignées par les parties, procède essentiellement d'une recherche d'intention[578].

ß. L'illicéité de la cause

143. L'article 67 alinéa 2 du C.O.C. dispose que « *la cause est illicite quand elle est contraire aux bonnes mœurs, à l'ordre public ou à la loi* »[579].

V. en dr.comp. B. GARRIGUES, « *La contre-prestation du franc symbolique* », R.T.D.civ. 1991, p. 459 ; Ch. FREYRIA, « *Le prix de vente symbolique* », D. 1997, Chron. p. 51.

[576] V. en ce sens : Abderrazak ESSANHOURI
عبد الرزاق السنهوري، مصادر الحق في الفقه الإسلامي، دراسة مقارنة بالفقه الغربي، المجلد عدد 4، الطبعة الثانية، منشورات الحلبي الحقوقية، بيروت، لبنان، 1998، ص 101.

[577] La donation déguisée implique une simulation, par exemple un prix fictif. La fictivité du prix manifeste l'intention libérale du vendeur. Si au contraire le prix stipulé est trop faible mais effectivement versé, la donation est qualifiée par la jurisprudence d'indirecte et non plus de déguisée par ce qu'il n'y a aucune simulation. L'intention libérale ne résulterait pas dans l'hypothèse d'une donation indirecte de la fictivité du prix mais de sa modicité ou sa faiblesse. La différence résiderait dans le mensonge caractéristique du déguisement et absent dans l'acte indirect (J.-F. MONTREDON, La désolennisation des libéralités, préf. B. TEYSSIE, L.G.D.J. 1989, note n° 215, p p.126-127 ; J. DEPREZ, « *La lésion dans les contrats aléatoire* », R.T.D.civ. 1955, n° 26, p. 29 et n° 128, p. 33 ; H. MEAU-LAUTOUR, La donation déguisée en droit civil français, préf. P. RAYNAUD, L.G.D.J. 1985, n° 146, p. 110).
V. sur la distinction entre la donation déguisée et la donation indirecte en droit tunisien :
عبد الله الأحمدي، قانون مدني، العقود الخاصة، 1- البيع، المرجع السابق، عدد 219، ص 182 و ما بعدها؛ خليفة الخروبي، قانون مدني، العقود المسماة، المرجع السابق،عدد 297، ص 186-187؛ أحمد بن طالب، "الثمن في عقد البيع"، المقال السابق، ص 21-22.

[578] Sur cette distinction v. *infra* n° 154 ; *supra* n° 8.

[579] La cause est entendue ici dans un sens subjectif. Sur cette conception de la cause, v. notamment :

La nullité du contrat pour illicéité de la cause ne constitue pas en principe un obstacle à l'application de la conversion[580]. Pour illustrer nos propos, il suffit de prendre l'exemple qui tend à devenir classique, celui de la conversion d'un pacte successoral nul en un testament[581]. On sait tous que notre droit prohibe tout pacte portant sur une succession non encore ouverte, c'est-à-dire sur la succession d'une personne vivante[582]. Le principe de la prohibition est très fermement énoncé à l'article 66 alinéa 2 du C.O.C. Ce texte prévoit qu'on « *...ne peut, sous peine de nullité absolue, renoncer à une succession non encore ouverte, ni faire aucune stipulation sur une pareille succession, ou sur l'un des objets qui y sont compris, même avec le consentement de celui de la succession duquel il s'agit* ».

144. La prohibition légale est conçue en termes très généraux. Elle frappe aussi bien les actes par lesquels le futur *de cujus* dispose de sa succession future, que les actes par lesquels l'héritier éventuel aliène ou renonce à ses droits dans la succession du *de cujus*. La nature unilatérale ou conventionnelle de l'acte est indifférente[583]. Le caractère gratuit ou onéreux de l'acte n'emporte pas davantage[584]. Cependant, le fondement de la prohibition des pactes sur sa propre succession n'est pas le même que celui des pactes sur la succession d'autrui. Lorsque le futur *de cujus* lui-même

---

محمد الزين، النظرية العامة للالتزام، 1- العقد، المرجع السابق، عدد 233، ص191؛ محمد محفوظ ، النظرية العامة للالتزام- 1-العقد ، المرجع السابق، ص 47 ؛ محمد بقبق، قانون مدني ، النظرية العامة للالتزام، التصرف القانوني، المرجع السابق، عدد 272 و ما بعدها ، ص 195 و ما بعدها؛ محمد المالقي، محاضرات في شرح القانون المدني التونسي، المرجع السابق، ص 47-48.

V. aussi en droit français : J. GHESTIN, Traité de droit civil, La formation du contrat, *op.cit.*, n°879, p. 891 ; J. FLOUR, J.-L. AUBERT et E. SAVAUX, Les obligations, 1- L'acte juridique, *op.cit.*, n° 273, p. 197.

V. dans la jurisprudence tunisienne sur cette conception subjective de la cause : Cass.civ. n° 6776, du 14 mars 2005, B.C.C. 2005, II, 161.

" إن التفويت المقصود منه التفصي من آثار الشفعة هو تفويت مبني على سبب مخالف للقانون جزاؤه البطلان".

V. dans le même sens : Cass.civ., n° 13936, du 19 juin 1986, B.C.C. 1986, II, 267 ; R.J.L. 1988, n°7, p. 75.

" كل التزام لا بد أن يكون له سبب شرعي وإلا اعتبر في حكم المعدوم".

[580] *Contra,* V. *infra*, n° 260.

[581] X. PERRIN, th.préc., n° 50, p. 65.

[582] V. en ce sens Abderrazek SAIIDI:

عبد الرزاق السعيدي، "*منع التعاقد على التركة المستقبلية*"، م.ق.ت. 7/1970، ص 21.

La prohibition des pactes sur succession future se retrouve dans toutes les législations qui se sont inspirées du Code civil français : aux Pays-Bas (art. 1370, al. 2), en Espagne (art. 1271, 831 et 1331), dans les pays d'Amérique latine, dans la province de Québec (art. 1061), Le Code civil italien rappelle le principe (art. 458). Le droit soviétique ne reconnaissait pas non plus le pacte successoral, qui n'a d'ailleurs jamais était valable en droit russe. Au contraire, les droits allemand, autrichien, suisse et scandinave admettent les pactes successoraux (H. et L. MAZEAUD, J. MAZEAUD, F. CHABAS, Leçons de droit civil, tome IV/2e vol., Successions-libéralités, *op.cit.*, n° 692 ; M. GRIMALDI, Droit civil, Successions, 6e éd., Litec, 2001, n°339, p.337.

[583] Le texte vise aussi bien les actes juridiques bilatéraux, comme la vente, que des actes juridiques unilatéraux, comme les renonciations.

[584] L'article 66-2 du C.O.C. applique la prohibition à des stipulations essentiellement onéreuses comme la vente, qu'à des stipulations gratuites comme les renonciations.

attribue par contrat un droit sur sa propre succession, la prohibition se justifie essentiellement par l'atteinte portée à la liberté de tester. Or c'est là une liberté fondamentale de l'individu, une faculté d'ordre public et par là même inaliénable[585]. En engageant sa propre succession par voie contractuelle le *de cujus,* encore vivant par hypothèse, se dépouille de la possibilité de revenir sur sa décision, l'irrévocabilité du contrat le lui interdit[586]. Or, le Code du Statut Personnel a voulu que les dispositions à cause de mort soient révocables pour que chacun puisse, jusqu'à son dernier soupir, modifier ses prévisions relatives à la dévolution et au règlement de sa succession[587]. D'où la règle que ces prévisions peuvent seulement prendre la forme d'un testament, acte juridique unilatéral et révocable, et non la forme d'une convention que le *de cujus* présomptif serait impuissant de modifier unilatéralement en raison de l'effet obligatoire du contrat[588].

145. Capitant écrivait à ce sujet que : « *la sagesse veut que l'homme ne dispose pas durant sa vie par un contrat, c'est-à-dire d'une façon irrévocable, de sa succession, mais garde entière jusqu'au jour de sa mort sa liberté de disposer* »[589] et il ajoutait : « *se lier d'une façon définitive en instituant un héritier par contrat est une grande imprudence, car personne ne peut prévoir ce que réserve l'avenir* ». Là, est la raison profonde, car puisque l'homme ne peut connaître l'avenir le législateur veut que jusqu'à son dernier soupir, il puisse choisir celui qui sera le plus digne de lui succéder[590].

146. Cependant, lorsque c'est l'héritier présomptif qui entend céder ou renonce à un droit dans une succession d'une tierce personne encore vivante l'accent est plutôt mis sur le danger que présente pareille opération, comme portant sur la mort d'une personne et impliquant un *votummortis*. Investir une personne d'un droit dans une succession future, c'est l'inciter à souhaiter la mort du *de cujus*, sinon à la provoquer[591]. La prohibition des pactes sur succession future repose ainsi sur des motifs d'ordre public : respect de la liberté de tester, qui serait compromise par un pacte sur sa propre succession ; crainte du *votummortis*, lorsque le pacte porte sur la succession

---

[585] A. LUCAS, « *Le recul de la prohibition des pactes sur succession future en droit positif* », R.T.D.civ. 1976, n° 5, p. 458 ; H. et L. MAZEAUD, J. MAZEAUD, F. CHABAS, Successions-libéralités, *op.cit.*, n° 687, p. 29 ; M. DONNIER, « *Remarques sur la conception jurisprudentielle de la prohibition des pactes successoraux* », R.T.D.civ. 1956, p. 633.

[586] M. GRIMALDI, Successions, *op.cit.*, n°341, p. 339 ; M. DONNIER, art.préc., p. 630.

[587] L'article 177 du C.S.P. prévoit que : « *Le testament peut être révoqué par le testateur, mais la révocation n'est valable qu'autant qu'elle a été faite dans les formes prévues à l'article 176* ».

[588] A. LUCAS, art.préc., n° 7, p. 459 ; H. et L. MAZEAUD, J. MAZEAUD, F. CHABAS, Successions-libéralités, *op.cit.*, n° 685, p. 28.

[589] CAPITANT, « *La prohibition des pactes sur succession future* », R.C.L.J., 1933, p. 86.

[590]M. DONNIER, art. préc., p. 636.

[591] A. LUCAS, art. préc., n° 5, p. 458 ; H. et L. MAZEAUD, J. MAZEAUD, F. CHABAS, Successions-libéralités, *op.cit.*, n° 685, p. 28 ; M. GRIMALDI, Successions, *op.cit.*, n° 341, p. 338.

d'autrui. La sanction normale de la violation de la prohibition serait dès lors la nullité absolue[592]. La question se pose de savoir si un pacte successoral nul peut être analysé comme un testament ?

147. Dans un arrêt du 29 janvier 1974[593], la Cour de cassation avait eu l'occasion de se prononcer sur la question en admettant la conversion d'un acte par lequel une personne a institué des étrangers à la succession comme héritiers en un testament valable[594]. L'institution d'héritier est en effet interdite en droit tunisien[595]. L'interdiction résulte des termes des articles 89, 90 et 180 du C.S.P. La sanction de la méconnaissance de cette interdiction consiste normalement dans la nullité absolue de l'acte pour illicéité de la cause. Pour le sauver, la Cour de cassation avait proposé la qualification de testament comme étant une solution « *de rechange* »[596].

148. Les auteurs ne s'entendent pas sur la conversion d'un pacte successoral en un testament. Marc Peter rejette cette conversion parce que les deux actes en question sont trop différents dans leur nature et leurs effets[597]. Le pacte a un caractère contractuel et donc irrévocable, tandis que le testament a un caractère unilatéral et donc révocable[598]. Certains auteurs allemands et suisses considèrent, toutefois, que le fait que les deux actes diffèrent dans leur nature et dans leurs effets ne constitue pas un obstacle à la conversion. Pour ces auteurs, au lieu d'examiner quelle est la différence entre les deux actes, il faut se demander s'ils aboutissent pratiquement au même but économique. Or, le pacte successoral produit des résultats analogues à ceux du testament. Les deux actes constituent deux modes de transmission de la succession pour le temps qui suivra la mort de la personne[599]. Saleilles disait en ce sens que : « *Lorsque quelqu'un, en effet, consent à instituer un héritier par un acte irrévocable, un contrat, à plus forte raison doit-il être censé avoir voulu l'instituer par un acte révocable, un testament : l'un contient l'autre* »[600].

149. La jurisprudence ainsi que la pratique notariale ont aussi utilisé d'autres ressources de la technique juridique pour échapper à la qualification

---

[592] H. et L. MAZEAUD, J. MAZEAUD, F. CHABAS, Successions-libéralités, *op.cit.*, n° 691, p. 33.

[593] Cass.civ. n° 9842, du 29/1/1974, B.C.C. 1974,I, p.175.

[594] V. sur l'institution d'héritier en droit tunisien :

محمد القروي، *"أحكام الوصية و التنزيل في الشرع الإسلامي"*، م.ق.ت. 1959،ص7.

[595] L'interdiction semble résulter des termes des articles 89, 90 et 180 du C.S.P.

[596] La même solution a été également retenue par certains auteurs égyptiens. V. notamment : Aberrazek ESSANHOURI.

عبد الرزاق السنهوري، مصادر الحق في الفقه الإسلامي، المرجع السابق، ص101 .

[597] Etude sur le pacte successoral, th., Genève 1897, p. 135.

[598] O. CORNAZ, th.préc., pp. 108-109.

[599] H. et L. MAZEAUD, J. MAZEAUD, F. CHABAS, Successions-libéralités, *op.cit.*, n° 682, p. 25.

[600] De la déclaration de la volonté, th.préc., p. 316 ; *Adde*, O. CORNAZ, *th.préc.*, pp. 108-109 - V. dans la jurisprudence suisse : Arrêt *Hager* contre *Fuhrer* rendu par le tribunal fédéral suisse : R.O. 46 II 11 ; JT 1920, p. 271, cité par O. CORNAZ, th. préc., pp. 75-76.

de pactes successoraux[601]. La première de ces techniques consiste à envisager le décès du *de cujus* présomptif comme un terme suspensif, le droit du bénéficiaire existant immédiatement[602]. Le *de cujus* présomptif qui désire attribuer un droit sans se dépouiller de son vivant peut échapper à la prohibition en faisant naître le droit dès la convention et en repoussant son exigibilité au décès : c'est l'exigibilité du droit, non sa naissance, qui est subordonnée à l'ouverture de la succession. De la sorte, l'élément éventuel fait défaut, ce qui exclut la qualification de pacte successoral[603]. Ainsi par exemple, ne constitue pas un pacte prohibé l'engagement pris par un héritier présomptif de payer au décès de son père l'un de ses propres créanciers : ici le droit existe bien avant le décès et la survenance de celui-ci ne fera qu'en provoquer l'exigibilité[604].

150. Ces stipulations appelées « *post mortem* » sont valables parce que le promettant s'oblige lui-même en même temps qu'il oblige ses héritiers : il est déjà de son vivant personnellement débiteur et ses héritiers, continuateurs de sa personne, vont tout naturellement payer la dette de leur auteur dont ils ont accepté la succession[605]. Il est clair que de telles stipulations remettraient en cause le fondement même de la prohibition des pactes attributifs de droits successoraux. En effet, l'opinion générale est que ces pactes sont interdits parce qu'ils portent sur l'attribution ou la renonciation à un droit éventuel[606]. Renoncer à une succession non encore ouverte est toujours une renonciation à une éventualité, tant que le décès de la personne à la succession de laquelle on renonce n'est pas survenu. Une succession non encore ouverte n'est qu'une expectative[607]. Lorsque la convention litigieuse porte sur un droit qui naît au moment même de la rencontre des volontés, l'idée même de pacte successoral doit être écartée. Peu importe que l'exigibilité soit retardée jusqu'au moment du décès[608].

151. On peut également utiliser pour essayer d'échapper à la prohibition des pactes successoraux la technique de la condition suspensive ; le *de cujus* confère un droit à son cocontractant sous la condition suspensive de son prédécès[609]. Jusqu'au jour du décès, le cocontractant n'a encore aucun droit,

---

[601] A. LUCAS, art.préc., n° 3, p. 457.

[602] M. DONNIER, art. préc., p. 642 ; A. LUCAS, art.préc., n° 51, p. 484.

[603] A. LUCAS, art. préc., n° 52, p. 484.

[604] M. DONNIER, art. préc., p. 642.

[605] *Ibid*., p. 643.

[606] A. LUCAS, art. préc., n° 47, p. 479.

[607] I. NAJJAR, « *L'éventuel* », D. 2012, p. 760.

[608] M. DONNIER, art. préc., p. 642.

[609] L'article 116 du COC définit la condition comme « *une déclaration de volonté, qui, fait dépendre d'un évènement futur et incertain, soit l'existence de l'obligation, soit son extinction* ».

La doctrine définit la condition comme étant « un évènement futur (comme le terme), mais incertain (à la différence du terme), auquel est subordonnée la formation ou la disparition d'une obligation. La condition est suspensive lorsque la formation de l'obligation est suspendue jusqu'à sa réalisation (F. TERRE, Ph. SIMLER et Y. LEQUETTE, Droit civil, Les obligations, *op. cit*, n° 1218, p. 1261 ; J.-J. TAISNE, La notion de condition dans les actes

mais lorsque celui-ci surviendra, l'effet rétroactif de la condition produira ses effets et tout se passera comme si le droit avait pris naissance dès le jour de la convention. Ainsi, puisqu'il s'agit d'un contrat conclu entre deux personnes vivantes, disparaissent toutes traces de pacte sur succession future. Le Code du Statut personnel semble admettre la validité des pactes successoraux assortis d'un terme ou d'une condition suspensive. L'article 180 prévoit en effet que « *le fait par une personne d'attribuer de son vivant, à tous ses héritiers, à l'un ou plusieurs d'entre eux, des biens déterminés de son patrimoine n'excédant pas leurs parts successorales, est valable et s'exécute à son décès* ». La conversion d'un pacte successoral nul en une convention entre héritiers présomptifs au sens de l'article 180 du Code du statut personnel serait dès lors possible.

L'exposé préalable a permis de démontrer que la conversion trouve lieu à s'appliquer en cas de méconnaissance des conditions générales de validité des actes juridiques. Elle peut encore jouer en cas d'inobservation des conditions spécifiques de l'acte juridique.

B. La conversion pour inobservation des conditions spécifiques de l'acte juridique

152. L'atteinte portée par les contractants aux éléments catégoriques d'un type nommé, soit qu'elle engendre simplement un processus de requalification (*1*), soit qu'elle constitue une source de nullité et prépare la voie à la mise en œuvre du processus de conversion par réduction (*2*).

1) L'atteinte aux éléments spécifiques de l'acte juridique, source de requalification

153. Les auteurs relèvent que chaque contrat exige, outre les éléments généraux nécessaires à sa validité, des éléments spécifiques qui lui donnent une physionomie propre parmi les contrats en général, et qui lui valent tel nom déterminé. La définition de la vente par exemple, s'articule depuis le droit romain autour de trois idées une *res*, un *pretium* et un *consensus,* c'est-à-dire une chose, un prix en argent et le consentement des parties sur cette chose et sur ce prix[610]. La défaillance de l'un de ces éléments peut entraîner, en même temps que la disparition de la figure juridique initiale, l'apparition d'une autre figure juridique. Mais à ce stade, apparaissent certaines difficultés d'appréciation pour le juge. Il peut en effet hésiter sur le point de savoir si l'atteinte portée par les contractants aux éléments essentiels

---

juridiques. Contribution à l'étude de l'obligation conditionnelle, th. dacty., Lille 1977, 2vol. ; Ph. DEROUIN, « *Pour une analyse fonctionnelle de la condition* », R.T.D.civ. 1978.1).
V. en ce sens : M. DONNIER, art. préc., p. 644.

[610] Cette définition correspond à celle de l'article 564 du C.O.C. Aux termes de ce texte : « *La vente est un contrat par lequel l'une des parties transmet la propriété d'une chose ou d'un droit à l'autre contractant, contre un prix que ce dernier s'oblige à lui payer* ».

provoque la nullité du contrat ou constitue seulement l'occasion de la mise en œuvre du processus de requalification[611], désignant cette démarche intellectuelle par laquelle le juge situe le contrat analysé dans le cadre adéquat correspondant à la réalité des engagements des parties[612]. Une illustration topique d'une telle incertitude est fournie en doctrine et en jurisprudence par le cas d'un contrat de vente moyennant un prix dérisoire.

154. Confronté à l'analyse de l'opération, l'interprète peut être amené à croire que les parties ayant réellement voulu conclure un contrat de vente, mais c'est un contrat qui est nul pour défaut de cause. La nullité pourrait toutefois être écartée par le moyen d'une conversion de la vente en un contrat de donation. Cette opinion procède d'une confusion entre la conversion par réduction et le processus de requalification[613]. « *Pour qu'il y ait conversion, il faudrait que soit avéré le choix manifesté par les contractants pour le cadre de la vente, malgré la cause de nullité qui l'entache* »[614]. Or, dans certains cas, comme l'a déjà relevé Mme Dominique Grillet-Ponton, « *l'atteinte constatée révèle en réalité la désaffection manifestée par les contractants à l'égard de cette qualification, ce qui a pour effet d'orienter l'analyse vers une catégorie distincte nommée ou innommée* »[615]. La délimitation de ces deux voies, conversion et requalification des contrats improprement désignés par les parties, procède essentiellement d'une recherche d'intention. Telle est l'idée qui semble devoir être développée et expliquée davantage. L'explication passe par une alternative.

155. Le contractant dont l'obligation est sans cause peut, c'est une première hypothèse, avoir connu l'absence de contrepartie et s'être obligé néanmoins. S'il a agi librement, il n'a pu le faire que par intention libérale. Le contrat alors, ne manque pas réellement de cause : celle-ci ne consiste plus dans la contre-prestation comme ce devrait être le cas dans un contrat synallagmatique à titre onéreux[616]. Elle consiste dans l'intention libérale puisque celle-ci se définit, dans les contrats à titre gratuit, comme la conscience et la volonté de ne pas recevoir de contrepartie[617]. On est en présence d'une donation qui sera qualifiée selon le cas de déguisée ou d'indirecte. L'atteinte apparemment portée aux éléments catégoriques d'un acte juridique est en fait inexistante si le juge prend soin d'analyser le contrat

---

611 Mme D. GRILLET-PONTON a déjà donné, dans sa thèse des illustrations consistant à requalifier un contrat nommé en un autre type de contrat nommé ou même en un contrat innomé (D. GRILLET-PONTON, *th. préc.*, n° 261, p. 303).

612 *Ibid.*

613 *Ibid.*, n° 268, p. 310, note 2.

614 *Ibid.*

615 *Ibid.*, n° 256, p. 296.

616 Ph. SIMLER, « *La sanction de l'absence de cause* », *art. préc.*, p. 412 ; G. COUTURIER, La confirmation des actes nuls, *op.cit.*, n° 244, p. 206.

617 Ph. SIMLER, « *La sanction de l'absence de cause* », art. préc., p. 412 ; G. COUTURIER, *op.cit.*, n° 244, p. 206.

litigieux en fonction de la volonté des parties, conformément aux règles ordinaires qui président à l'opération de qualification.

156. La partie dont l'obligation est sans cause peut aussi, c'est la seconde hypothèse, n'avoir pas eu la conscience qu'elle s'obligeait sans contrepartie ni la volonté de le faire[618]. Le cas se présentera si l'acquéreur profite de l'inexpérience du vendeur pour faire accepter à ce dernier, en guise de prix, une rente viagère égale ou inférieure aux revenus nets de la chose vendue. En pareil cas, il y a absence de contrepartie d'abord, mais aussi absence de cause[619]. Si donc la preuve est rapportée que le défaut d'équivalence entre les prestations soit dû à la seule habileté de l'acheteur en dehors de toute intention libérale de la part du vendeur, il y a lieu de penser que les parties se sont bien engagées dans les liens d'un contrat de vente nul.

157. Il résulte de ce que nous venons de dire que la question de la qualification d'un acte précède celle de sa validité, et donc de la mise en œuvre éventuelle du procédé de la conversion par réduction, car l'atteinte portée à une composante de qualification n'est pas nécessairement une cause de nullité[620]. Aussi, lorsque l'on demande au juge de prononcer la nullité d'un acte, il doit avant de statuer sur sa régularité analyser la qualification retenue, afin de la rectifier si besoin est pour ensuite apprécier le respect des conditions de validité de l'acte juridique[621]. Les deux étapes du raisonnement du juge sont les suivantes : il doit, dans un premier temps, déterminer la nature exacte de l'acte conformément aux aspirations des parties, et c'est une fois cette tâche réalisée qu'il pourra, dans un second temps apprécier s'il remplit les conditions de validité qui s'attachent à tel type d'acte[622]. Le contentieux de la requalification est donc une phase préalable au contentieux de la nullité[623]. Ce qui revient à dire que la conversion se distingue de la requalification par le fait qu'elle constitue un correctif ou une sanction à l'inobservation des conditions de validité de l'acte, et vient de la sorte, introduire une alternative à l'anéantissement pur et simple d'un acte vicié[624].

158. Pourtant cette position trouve un appui dans les analyses de quelques auteurs. Il est significatif de souligner à ce propos l'analyse faite par M. Larroumet. L'auteur explique que le contrat qualifié par les parties de société alors qu'il lui manque un élément, l'*affectio societatis*, pourra être sauvé par le recours à une autre qualification conforme à la volonté des parties qui peut s'agir, selon les cas, d'un contrat de travail ou d'un contrat de prêt[625]. Dans cette hypothèse, estime l'auteur, il y a nullité totale d'un contrat dans une

---

[618] G. COUTURIER, *op.cit.*, n° 245, p. 208.
[619] *Ibid.*
[620] O. GOUT, *op.cit.*, n° 708, p. 482.
[621] *Ibid.*, n° 711, p. 484.
[622] *Ibid.*, n° 708 et s., p. 482 et s.
[623] *Ibid.*, n° 708, p. 482.
[623] *Ibid.*, n° 711, p. 484.
[624] *Ibid.*, n° 705 et s., p. 480 et s.
[625] Ch. LARROUMET, Droit civil, Les obligations, Le contrat, *op.cit.*, n° 575.

qualification déterminée, alors qu'il est valable s'il est disqualifié[626]. Il est toutefois permis de penser que l'exemple cité par le professeur Larroumet pour étayer ses dires paraît constituer purement et simplement un cas de requalification.

159. Un autre auteur, Mme PANCRAZI-TIAN, semble aller plus loin encore en attribuant à la requalification une fonction « *salvatrice* »[627]. Le même auteur ajoute que les hypothèses dans lesquelles les juges peuvent être appelés à faire usage de leur pouvoir de requalification à des fins salvatrices sont extrêmement variées. A titre d'illustration, l'auteur souligne que l'absence d'un lien de subordination dans un prétendu contrat de travail ne saurait justifier l'invalidation du lien contractuel, mais impose seulement que soit restituée au contrat son exacte qualification[628]. Le même auteur ajoute que l'analyse de la convention des parties pourra alors révéler, suivant les cas, l'existence d'un contrat d'entreprise, celle d'un mandat, ou même celle d'une convention d'un genre innommé[629]. Aussi « *s'il est établi que, dans un prétendu contrat de vente, le défaut de prix procède de l'animus donandi du vendeur, la qualification même de vente semble devoir être écartée au profit de celle de donation* »[630]. Or, il n'est pas sans intérêt de relever encore une fois, que cette opinion procède d'une confusion entre la conversion par réduction et le processus de requalification. L'atteinte apparemment portée aux éléments catégoriques d'une catégorie nommée est en fait inexistante si le juge prend soin d'analyser le contrat litigieux en fonction de la volonté des parties, conformément aux règles ordinaires qui président à l'opération de qualification[631]. Il y a cependant des cas où l'atteinte aux éléments spécifiques de l'acte juridique est génératrice de nullité.

2) L'atteinte aux éléments spécifiques de l'acte juridique, source de nullité

160. L'atteinte portée par les contractants aux éléments catégoriques d'un type de contrat, ne constitue pas dans tous les cas l'indice d'un choix exprimé par les parties pour une autre qualification. Il est des hypothèses où la volonté de celles-ci est orientée de manière univoque et consciente vers une catégorie nommée ou innommée[632]. L'atteinte apportée par les contractants à ces éléments catégoriques constitue directement (**a**) ou indirectement (**b**) une source de nullité et prépare ainsi le terrain à l'application de la conversion[633].

---

[626] *Ibid.*
[627] M.-E. PANCRAZI-TIAN, *op. cit.*, n° 26 et s.
[628] Cass. civ. 28 février 1985, Bull. V, n° 138 ; M.-E. PANCRAZI-TIAN, *op.cit.*, n° 28.
[629] M.-E. PANCRAZI-TIAN, *op.cit.*, n° 28,
[630] *Ibid.*, n° 31.
[631] D. GRILLET-PONTON, *op.cit.*, n° 253, p. 294.
[632] *Ibid.*
[633] *Ibid.*, n° 271, p. 314.

a. L'atteinte à un élément spécifique de l'acte juridique, source directe de nullité

161. Technique de substitution, la conversion n'a de raison d'être que lorsque « *le caractère incomplet de l'acte lui fait perdre jusqu'à son nom* »[634]. Il en est ainsi notamment lorsqu'il y a atteinte à un élément essentiel de l'acte juridique. La nullité ne peut cependant être prononcée que si le même élément est requis à la fois au plan de la qualification et de la validité. Il en est ainsi lorsque le législateur prescrit à peine de nullité le respect d'un élément qu'implique déjà la définition d'un contrat déterminé[635]. C'est uniquement dans telle hypothèse qu'on peut dire que l'atteinte portée à un élément de qualification porte **en soi** la nullité de l'acte.

162. Ainsi, pour ne prendre qu'un seul exemple, la participation de tous les associés aux résultats bénéficiaires de l'exploitation sociale constitue une pièce essentielle à la qualification et à la validité du contrat de société[636]. La même composante est à la fois un élément de qualification autant qu'une condition de validité[637]. Non seulement, elle est inscrite dans la définition qu'en donne le Code à l'article 1249 du C.O.C., mais son caractère essentiel est encore souligné par le législateur qui prohibe à l'article 1302 du C.O.C. la clause qui attribue la totalité des gains à un associé, dénommée de clause léonine[638]. Le même article ajoute dans son alinéa 2 que la présence d'une clause léonine dans le contrat de société entraîne non seulement la nullité de ladite clause, mais aussi la nullité du contrat de société, qui sera qualifié de libéralité[639].

---

634 H. TANDOGAN, La nullité, l'annulation et la résiliation partielle des contrats : contribution à l'étude de l'inefficacité partielle des actes juridiques, Genève, éd. A. KUNDIG, 1952, p. 22.

635 D. GRILLET-PONTON, th. préc., n° 255, p. 295 et n° 272, p. 314.

636 S. MELLOULI, S. FRIKHA, Les sociétés commerciales, *op.cit.*, n° 128 et s., p. 47 et s. ; S. FRIKHA, « *La distribution des bénéfices sociaux, quoi de neuf dans la loi n° 2005-65 du 27 juillet 2005 modifiant et complétant le code des sociétés commerciales » ?* Actes du colloque : Le code des sociétés commerciales après la modification 2005, organisé par le Centre d'études juridiques et judiciaires les 3 et 4 février 2006, Publication du Centre d'études juridiques et judiciaires, Tunis, 2006, p. 77 (partie en langue française) ; Kh. KHARROUBI, Droit des sociétés commerciales, t.1, éd. Latrach 2016, n° 125 et s., p. 109 et s. ; D. COCHET, Le droit au bénéfice des associés, th. Paris 2002.

637 D. GRILLET-PONTON, th. préc., n° 255, p. 295.

638 Ch. LABASTIE-DAHDOUH et H. DAHDOUH, Droit commercial, Entreprises sociétaires, vol. 2, t.1, *op.cit.*, p. 154 et s.. ; MELLOULI, S. FRIKHA, Les sociétés commerciales, *op.cit.*, n° 145 et s., p. 51 et s.; Kh. KHARROUBI, Droit des sociétés commerciales, *op.cit.*, n° 42, p. 45 ; M. BARBIER, « *Les clauses léonines* », art. préc., n° 29, 1996.

639 Ch. LABASTIE-DAHDOUH et H. DAHDOUH, Droit commercial, Entreprises sociétaires, Vol. 2, t.1, *op.cit.*p. 154 et s.. ; MELLOULI, S. FRIKHA, Les sociétés commerciales, *op.cit.*, n° 145 et s., p. 51 et s.; Kh. KHARROUBI, Droit des sociétés commerciales, *op.cit.*,n° 42, p. 45 ; M. BARBIER, « Les clauses léonines », Dr. Soc., n° 29, 1996.

b. L'atteinte à un élément spécifique de l'acte juridique, source indirecte de nullité

163. Dans certains cas, l'atteinte portée aux éléments catégoriques propres à un type nommé n'est pas intrinsèquement (en soi) une cause de nullité, mais peut entraîner **indirectement** une atteinte consécutive à un élément de validité lui correspondant ou sous-jacent[640]. Il y a en effet des cas où à un élément essentiel de qualification correspond une condition de validité sous-jacente, qui consiste le plus souvent dans la cause de l'acte juridique. La modification conventionnelle de cet élément de qualification risque d'entacher le contrat de nullité au travers de la violation consécutive des conditions de validité qui renforcent et sous-tendent ces éléments[641].

164. Une illustration déjà ancienne de ce raisonnement est fournie par les arrêts qui ont annulé la vente consentie à un prix dérisoire pour absence de cause. Le rattachement de la sanction de nullité à l'absence d'une condition de fond et plus précisément à l'absence de cause-contrepartie est logique. Le prix est, en effet, un élément essentiel à la qualification du contrat de vente, que sans prix il n'y a pas de vente. Le prix est qui est une forme particulière de contrepartie convenue[642], doit être réel est sérieux. La vente à prix dérisoire est assimilable à une vente sans prix[643]. L'atteinte portée à cet élément de qualification par la stipulation d'un prix dérisoire n'est pas en soi une cause de nullité[644]. Elle entraîne seulement une atteinte consécutive et médiate à une condition de validité lui correspondant, en l'occurrence la cause-contrepartie[645]. L'infirmité du contrat de vente peut être réparée par le moyen de sa conversion en un contrat de donation. Cette solution permet en même temps de sanctionner le contractant à l'origine du vice.

SECTION II. LA CONVERSION, SANCTION D'UN COMPORTEMENT

165. Monsieur B. Fages définit le comportement du contractant « *comme la manifestation, par celui-ci, d'un ou plusieurs faits susceptibles de caractériser une manière d'être ou d'agir particulière de sa part, et distincts des actes purement juridiques ou matériels se rapportant au contrat* »[646]. Le comportement du contractant est soumis à plusieurs exigences élémentaires aussi bien dans la rédaction que dans l'exécution du contrat. La violation de

---

[640] D. GRILLET-PONTON, th. préc., n° 255 et s., pp. 295 et s. et n° 271 et s., p. 314 et s.

[641] *Ibid.*, n° 253, p. 293 et n° 256, p. 296.

[642] J. GHESTIN, « *L'absence de cause de l'engagement : absence de la contrepartie convenue* », art. préc., n° 12, p. 1885.

[643] J.-F. MONTREDON, La désolennisation des libéralités, *op.cit.*, n° 215, p.126.

[644] A moins que la même composante soit à la fois élément de qualification et condition de validité.

[645] D. GRILLET-PONTON, th.préc., n° 255, p. 295 et n° 262, p. 304.

[646] B. FAGES, Le comportement du contractant, préf. J. MESTRE, P.U.A.M.1997, n° 9, p. 20.

ces exigences donne lieu à l'application d'une sanction qui consiste dans certains cas dans la conversion. L'objectif d'une telle mesure est de sanctionner certains contractants malhonnêtes qui usent de pratiques déloyales (**§2**), ainsi que ceux qui ont adopté de mauvaises attitudes dans la rédaction de l'acte (**§1**).

§ 1. La conversion, sanction du comportement rédactionnel

166. La conversion constitue parfois une sanction adéquate à l'encontre du contractant qui est à l'origine de stipulations contractuelles qui ruinent la cohérence interne du contrat (**A**), ou qui sont excessives (**B**).

A. La conversion, sanction de l'inobservation de la cohérence interne du contrat

167. La cohérence contractuelle désigne l'absence de contradiction et de disparité entre les différentes clauses du contrat[647]. Le contrat, écrit M. GHESTIN, est « *une structure globale, un ensemble cohérent, organisé et ordonné, considéré comme un tout, en ce qu'il regroupe un ensemble de normes ou règles articulées entre elles, dont la finalité est l'opération juridique poursuivie par les parties* »[648]. La convention en tant qu'elle constitue un ensemble structuré et cohérent, fait de la matière contractuelle un terrain de prédilection à l'application du principe de cohérence. La mise en œuvre du principe de cohérence permettra au juge d'éradiquer les contradictions éventuelles du contrat[649]. La jurisprudence ne manque pas de ressources nécessaires pour restituer au contrat sa cohérence. Le juge peut notamment faire appel à la notion de cause, mais également aux notions d'obligation essentielle et d'économie du contrat pour supprimer la stipulation tenant fondamentalement en échec la cohérence interne du contrat[650]. La stipulation qui est considérée comme incompatible avec l'essence est écartée ou « *rayée* » [651]. Le contrat reste valable pour le surplus.

[647] A.-S. COURDIER-CUISINIER, Le solidarisme contractuel, préf. E. LOQUIN, Litec 2006, n° 344, p. 219.

[648] J. GHESTIN, Cause de l'engagement et validité du contrat, *op.cit.*, n° 1233, p. 797.

[649] J. GHESTIN, Cause de l'engagement et validité du contrat, *op.cit.* n° 1229, p. 796 ; D. HOUTCIEFF, Le principe de cohérence en matière contractuelle, préf. H. MUIR WATT., t.1, p. 69.

[650] La notion d'économie du contrat a été définie par Monsieur PIMONT comme « l'ensemble des éléments matériels nécessaires à la réalisation de l'opération économique voulue par les parties » (S. PIMONT, L'économie du contrat, préf. J. BEAUCHARD, P.U.A.M. 2004, n° 88, p. 71 ; *Adde*, A. ZELCEVIC-DUHAMEL, « *La notion d'économie du contrat en droit privé* », J.C.P. éd. G. 2000, I, 300 ; J. MOURY, « *Une embarrassante notion : l'économie du contrat* », D. 2000, Chron., p. 382 ; H. RAMPARANY-RAVOLOLOMIARANA, Le raisonnable en droit des contrats, L.G.D.J. 2009, n° 89, p. 112).

[651] D. HOUTCIEFF, Le principe de cohérence en matière contractuelle, *op.cit.*, t.1, n° 407, p. 346.

La solution a été consacrée par la jurisprudence notamment concernant les clauses limitatives ou exonératoires de responsabilité[652].

168. La nullité partielle du contrat ne peut cependant jouer dans tous les cas. Il arrive que la contradiction soit plus flagrante. Il en est ainsi lorsqu'une clause vient contredire un élément essentiel du contrat[653]. La nullité du contrat tout entier est en principe la sanction qui s'impose en ce cas[654]. La conversion paraît-il une nouvelle fois nécessaire pour dépouiller le contrat de ses contradictions, mais aussi pour en assurer la survie. La convention comportant une telle clause pourra survivre avec une autre qualification. Pour illustrer nos propos, on reprend l'article 1302 du C.O.C., texte interdisant la présence d'une clause léonine dans le contrat de société. Celui-ci dispose que : « *lorsque le contrat attribue à l'un des associés la totalité des gains, la société est nulle et le contrat constitue une libéralité de la part de celui qui a renoncé aux bénéfices. La clause qui affranchirait l'un des associés de toute contribution aux pertes est nulle, mais n'annule pas le contrat* ». La prohibition des clauses léonines peut être rattachée à l'idée qu'elles sont absolument contraires à la notion même de société. L'article 1249 du Code des obligations et des contrats édicte à cet égard que « *la société est un contrat par lequel deux ou plusieurs personnes mettent en commun leurs biens ou leur travail ou tous les deux à la fois en vue de partager le bénéfice qui pourra en résulter* ». L'article 2 du Code des sociétés commerciales reprend la même définition tout en la complétant. Il prévoit que « *la société est un contrat par lequel deux ou plusieurs personnes conviennent d'affecter en commun leurs apports, en vue de partager le bénéfice ou de profiter de l'économie qui pourraient résulter de l'activité de la société* ».

169. Il ressort très clairement de ces deux définitions que le législateur assigne à la société un double but : le partage de bénéfice, but traditionnel de la société, auquel s'ajoute la vocation des associés à profiter de l'économie[655]. La vocation de partager les bénéfices participe à l'essence même du contrat de société dans la mesure où elle concourt à la réalisation

---

[652] Cass.civ., n° 31607, du 20 juin 1994, B.C.C. 1994, p. 456.
V. généralement sur la question : Habib BELHADJ
الحبيب بالحاج، " حماية الطرف الضعيف و بنود الإعفاء من المسؤولية"، مجلة بحوث و دراسات قانونية، العدد 11 لسنة 2015، منشورات مجمع الأطرش للكتاب المختص، 2015، ص 32.

[653] R. SEFTON-GREEN, La notion d'obligation fondamentale: comparaison franco-anglaise, th., Paris 1, 1997, n° 534, p. 330.

[654] Mais cette sanction ne couvre pas toutes les hypothèses d'atteintes aux obligations essentielles issues de la volonté créatrice des parties. Dans certaines situations, c'est une disqualification ou requalification qui s'imposera non seulement aux parties mais également au juge, et plus précisément pour le cas où la volonté créatrice contredit la nature du contrat choisi de telle sorte que ce n'est pas ce contrat mais un autre qui subsiste (N. CARDOSO-ROULOT, Les obligations essentielles en droit privé des contrats, préf. E. LOQUIN, L'Harmattan, 2008, n° 559, p. 414).

[655] D. GIBIRILA, « *Société, Constitution de la société : contrat de société* », Juris-classeur, Art. 1832 à 1844-17 : fasc. 10, n° 112, p. 32.

de la finalité de ce contrat. La clause qui attribut la totalité des gains à un associé est par conséquent contraire à la finalité du contrat de société. Elle vient indéniablement contredire un élément fondamental et caractéristique de ce contrat, à savoir la participation aux résultats de l'exploitation. Pour cette raison, l'attribution de la part du lion ne touche pas seulement à une éthique ou à une morale, mais plus concrètement à la cohérence interne du contrat. Si une personne entend imposer à son co-contractant une relation économique manifestement déséquilibrée, c'est l'essence même de la convention, son utilité, qui se trouvera bouleversée par cette attitude anti-contractuelle[656]. On vient donc de constater comment une clause qui contredit un élément fondamental est susceptible de détruire et ruiner la cohérence interne du contrat. Mais, on peut remarquer aussi que la convention comportant une clause pareille pourra survivre avec une autre qualification.

170. L'article 1219 du Code des obligations et des contrats qui prévoit la conversion du contrat de commande, selon le cas, en un contrat de travail ou en un contrat de prêt, peut également être rattaché à cette idée. Aux termes ce texte, « *Lorsqu'il est stipulé que tous les bénéfices appartiendront au bailleur de fonds, le contrat est une préposition ; lorsqu'il est stipulé que tous les bénéfices appartiendront à l'agent, le contrat est un prêt et on appliquera la règle de ces contrats* ». La commande, appelée aussi la *moudharaba*, est définie par l'article 1195 du C.O.C. comme étant « *le contrat par lequel une personne, appelée bailleur de fonds, remet un capital déterminé à une autre personne, dénommée gérant ou agent, lequel se charge d'employer un capital dans le commerce, en son propre nom, mais pour le compte du bailleur de fonds, moyennant une quotité déterminée dans les bénéfices* ». Le Code des obligations et des contrats détermine les conditions de formation du contrat. Celui-ci requiert notamment pour sa validité que la part de bénéfice du gérant soit déterminée[657] ; elle ne peut consister en une somme fixée d'avance même si elle est prélevée sur les bénéfices[658]. La stipulation que les bénéfices appartiendront en totalité au bailleur de fonds ou au gérant annule le contrat de commande, qui sera qualifié, selon le cas, en un contrat de travail, ou un contrat de prêt[659].

171. Il ressort de la lecture de ces dispositions que la stipulation qui accorde au bailleur de fonds ou au gérant la totalité des gains est considérée comme incompatible avec l'essence même du contrat de commande. Il semble aussi que la nullité du contrat de commande ne sanctionne pas suffisamment le contractant à l'origine de l'incohérence. Elle peut, au

---

[656] D. ARROUAS, Les clauses léonines en droit privé, Mémoire de D.E.A., Université de droit, d'économie et des sciences politiques d'Aix-Marseille, 2002-2003, n° 15, p.12

[657] Article 1218-1 du C.O.C.

[658] Article 1218-2 du C.O.C.

[659] V. sur la question, S. FRIKHA, « *Les principaux contrats des banques islamiques* », *in* La finance islamique, diversité juridique et enjeux économiques, sous la dir. De S. BOSTANJI et F. HORCHANI, Maison du livre 2015, p. 25 et s., spéc. p. 41-42.

contraire, être prise par la partie qui a créé une contradiction à l'intérieur du contrat comme prétexte pour échapper à l'exécution de ses engagements si tel était son intérêt. De sorte, le maintien du lien contractuel en jetant sur lui le manteau du contrat de travail ou du contrat de prêt semble préférable à son annulation. Le changement de la qualification du contrat par le jeu de la conversion assure à la fois un objectif de répression et de prévention. Cette technique permet ainsi de sanctionner de manière adéquate celui qui n'a pas respecté l'économie du contrat en insérant une clause contraire à son essence même, mais aussi et surtout à éviter qu'une attitude contraire à l'économie du contrat ne se renouvelle. La crainte de cette sanction doit par conséquent inviter les contractants à rédiger les contrats conformément au principe de cohérence.

172. En conclusion, il convient de signaler que le législateur veut dire que le comportement rédactionnel des parties ne peut pas venir heurter la substance même du contrat[660]. Les contractants ne peuvent confectionner de contrat contradictoire en son essence[661]. Ils ne peuvent vouloir une chose et son contraire, c'est-à-dire en l'espèce se lier sur la base d'un contrat de société ou de commande[662] et en même temps se réserver par le biais d'une clause contractuelle la totalité des gains. Ce n'est ni une attitude cohérente avec la volonté contractuelle, ni une attitude cohérente avec la cause du contrat d'y insérer de stipulations excessives[663].

B. La conversion, sanction de l'excès

173. L'excès peut être défini comme une démesure manifeste et objective entre les données, objet d'une comparaison[664]. C'est une démesure manifeste, d'abord, dans la mesure où il suppose non pas un simple déséquilibre ou une simple disproportion, mais plus radicalement une démesure extrême, flagrante et, partant, inacceptable ou intolérable[665]. L'excès ne se confond pas avec les notions voisines de défaut d'équivalence ou de disproportion en ce qu'il suppose non pas une simple inégalité ou un simple déséquilibre entre les données à comparer, mais une disproportion choquante, importante, évidente même, donc l'excès[666]. Si, l'excès, du moins commutatif, implique bien toujours un défaut d'équivalence ou une disproportion, l'inverse n'est pas vrai, le seul défaut d'équivalence ou la

---

660 B. FAGES, Le comportement du contractant, *op.cit.*, n° 623, p. 337.

661 D. HOUTCIEFF, Le principe de cohérence en matière contractuelle, *op.cit.*, t1, n° 405, p. 345.

662 La commande est une espèce de société.

663 B. FAGES, Le comportement du contractant, *op. cit.*, n° 614, pp. 331-332 ; D. HOUTCIEFF, Le principe de cohérence en matière contractuelle, n° 451, p. 381.

664 D. BAKOUCHE, L'excès en droit civil, préf. M. GOBERT, Bibl. dr. pr., tome 432, L.G.D.J. 2005, n°448, p.401.

665 *Ibid*, n°450, p.451 ; V. sur le déséquilibre contractuel, S. FRIKHA AJMI, Le déséquilibre du contrat, thèse pour le doctorat en droit, Faculté de droit de Sfax, 2012, 2013.

666 D. BAKOUCHE, n°107, p.109 et n° 284, p. 264.

seule disproportion ne suffisant pas à établir l'excès[667]. En réalité, toutes les fois que l'on parle de « *disproportion manifeste* » ou « *manifestement excessive* », c'est à l'excès que l'on se réfère et non plus à la disproportion. C'est ce seuil de gravité du déséquilibre ou de l'importance de la démesure qui marque le passage du défaut d'équivalence ou de la disproportion à l'excès[668].

174. L'excès est ensuite une démesure objective dans la mesure où l'appréciation du caractère excessif des obligations de l'une des parties par rapport à celles de son partenaire ne repose plus sur des considérations subjectives et personnelles tenant au comportement de l'un des contractants, mais sur la seule constatation objective du déséquilibre généré par la clause[669]. Il est en effet des cas dans lesquels l'existence d'une démesure est établie sans qu'il soit possible intellectuellement à tout coup de considérer qu'elle est la conséquence d'un comportement répréhensible ou blâmable d'un individu. Il en va notamment ainsi toutes les fois que l'excès ne trouve sa source que dans la tentation irrésistible et naturelle de l'homme de profiter au mieux de la situation dans laquelle il se trouve, de mettre en œuvre au mieux de ses intérêts la prérogative ou le pouvoir qu'il lui a été reconnu, sans pour autant que l'on puisse dire qu'il ait cherché à nuire à autrui ou qu'il ait de mauvaise foi[670]. Le détachement de l'appréciation de l'excès des données subjectives qui peuvent en être à l'origine, permet de conférer à la notion toute son autonomie par rapport à des notions éminemment subjectives[671] et à forte connotation morale qui supposent, pour les caractériser, une véritable investigation psychologique, telles que la faute, la bonne et la mauvaise foi et, plus largement, l'abus[672].

175. Schématiquement, il est possible de distinguer deux séries d'hypothèses dans lesquelles les stipulations contractuelles sont excessives. La première est relative à l'hypothèse où le contrat est déséquilibré parce que la contre-prestation de l'une des parties est dérisoire. Le cas pratique le plus fréquent est celui de la vente consentie à un prix dérisoire[673]. Le contrat souffre dans ce cas d'un déséquilibre démesuré et excessif au point d'ôter toute viabilité au contrat et doit donc être anéanti[674]. Il convient de relever

[667] *Ibid*, n° 108, pp.106-107.
[668] *Ibid*, p.106, note 152.
[669] *Ibid*, n° 48, p.49.
[670] *Ibid.*
[671] D. MAZEAUD, « *Le juge et le contrat, Variations optimistes sur un couple « illégitimes* » *in* Propos sur les obligations et quelques autres thèmes fondamentaux du droit, Mélanges offerts à J.-L. AUBERT, Dalloz, 2005, n° 10, p. 241.
[672] D. BAKOUCHE, L'excès en droit civil, *op. cit.*, n° 18 et s., pp 19 et s..
[673] V. *supra* n° 140 et s.
[674] G. PIETTE, La correction du contrat, préf. M. MENJUCQ, t.2, P.U.A.M. 2004, n° 934, p. 498.

que le déséquilibre, en tant que « *défaut contractuel* »[675], peut être réparé par le moyen de la conversion de la vente nulle en une donation[676].

176. La seconde hypothèse est relative aux clauses excessives. Par de telles clauses, l'un des contractants s'octroie un avantage excessif[677]. Excessif par le fait qu'il n'y aurait normalement pas eu droit, ou excessif en raison de son ampleur[678]. La clause prévoyant la perpétuité illustre parfaitement cette hypothèse[679]. Il en est ainsi par exemple de la clause par laquelle un salarié engage ses services durant sa vie. L'insertion d'une clause pareille dans un contrat de travail entraîne inéluctablement la nullité du contrat de travail en son entier. Les engagements perpétuels sont prohibés. L'article 833 du Code des obligations et des contrats prévoit clairement la nullité de « *toute convention qui engagerait les services d'une personne sa vie durant ou pour un temps tellement étendu qu'elle lierait l'obligé jusqu'à sa mort* ». Il a été relevé cependant qu'admettre la nullité absolue « *parvient à la solution absurde de permettre à la partie qui a imposé à l'autre la prétendue perpétuité du contrat, d'en demander l'annulation si tel était son intérêt* »[680]. C'est l'une des raisons invoquées par la doctrine pour soutenir que la sanction la plus adéquate réside dans la réduction de la durée de l'engagement au *quantum* légal[681]. La réduction de la durée de l'obligation provoquera la création d'une nouvelle situation juridique. De perpétuel, le contrat devient à durée indéterminée avec la possibilité pour l'une ou l'autre des parties de résilier l'engagement qu'elle ne souhaite plus.

177. On peut encore penser à l'hypothèse d'un contrat de prêt stipulant des intérêts ou autres avantages qui excèdent notablement le taux normal de l'intérêt. Lorsque les intérêts stipulés dépassent le taux légal, le débiteur aura toujours la réduction du taux stipulé conformément à l'article 1103 du Code des obligations et des contrats. La diminution du taux d'intérêt entraîne la conversion du prêt usuraire en un prêt simple[682]. La conversion permet ainsi de remédier aux conventions déséquilibrées. La protection du lien contractuel susceptible de se briser apparaît de meilleure politique juridique que son anéantissement[683]. Il y a lieu de penser aussi que la conversion est une solution qui est de nature à dissuader les rédacteurs de prévoir une durée supérieure au maximum légal. Cette fonction préventive de la conversion est

---

675 *Ibid.*, n° 917, p. 490.
676 V. *supra* n° 142.
677 Sur la notion d'excès V. notamment D. BAKOUCHE, *L'excès en droit civil*, *op.cit.* ; F. PETIT, « *Observations sur la notion d'excès en droit privé* », R.R.J. 2001-1, p. 255 ; G. PIETTE, *op.cit.*, n° 64, p. 60.
678 G. PIETTE, *op.cit.*, n° 64, p. 60.
679 F. RIZZO, « *Regards sur la prohibition des engagements perpétuels* », Dr. et patrimoine, janvier 2000, p. 60.
680 K. DE LA ASUNCION PLANES, La réfaction du contrat, *op.cit.*, n° 153, p. 115.
681 *Ibid.*
682 V. *infra* n°s 380 et 579.
683 O. GOUT, *op. cit.*, n° 19, p. 32.

encore plus nette lorsqu'elle intervient pour empêcher que les comportements déloyaux que l'on voulait éviter ne se renouvellent.

§ 2. La conversion, sanction des comportements déloyaux

178. La conversion constitue une sanction, c'est-à-dire, « toute mesure-même réparatrice- justifiée par la violation d'une obligation. Plus généralement encore, tout moyen destiné à assurer le respect et l'exécution effective d'une obligation[684]. En prononçant la conversion, le juge met en œuvre son pouvoir disciplinaire de manière plus efficace contre le contractant qui a adopté un comportement fautif (**A**), abusif (**B**), contradictoire (**C**) ou frauduleux (**D**), en l'obligeant à persister dans le lien contractuel.

A. La conversion, sanction d'un comportement fautif

179. Lorsque deux parties passent un contrat présentant toutes les conditions requises pour sa validité, chacune d'elle doit exécuter l'obligation à laquelle s'est engagée sous peine d'engager sa responsabilité contractuelle. Mais si l'acte ne satisfait pas aux prescriptions légales à cause d'un comportement fautif de l'une des parties, la victime peut solliciter, outre l'annulation de l'acte, la réparation du préjudice qui en résulte[685]. Les principes généraux du droit obligent, en effet, le contractant à l'origine de la malformation de l'acte et par la faute duquel s'est produite la nullité, à indemniser l'autre partie du dommage que cette nullité lui a causé[686]. Le fondement de la responsabilité consiste ainsi dans une faute commise lors de la conclusion, qui peut être volontaire ou résultant simplement de la négligence et de l'imprudence[687].

180. La responsabilité encourue du fait de l'existence d'une cause d'annulation de l'acte est de nature délictuelle[688]. La raison qui commande de retenir cette solution est fort simple. La responsabilité contractuelle suppose l'inexécution d'une obligation prévue par un contrat valable. Or, dans l'hypothèse qui nous intéresse, la faute a été commise antérieurement à la formation même de l'acte, à un moment où celui-ci n'avait donc pas encore d'existence[689]. Cette faute précontractuelle ne peut dès lors être sanctionnée que par référence aux principes de responsabilité délictuelle. Cette forme de réparation, déjà aperçue par la majorité comme la seule

---

684 G. CORNU, (sous la dir.), *Vocabulaire juridique*, *op.cit.*, V° Sanction.

685 C. GUELFUCCI-THIBIERGE, Nullité, restitutions et responsabilité, préf. J. GHESTIN, Bibl. de droit privé, tome 218, L.G.D.J., 1992, n° 44, p. 36.

686 J. PIEDELIEVRE, th. préc., p. 150.

687 C. GUELFUCCI-THIBIERGE, *op. cit.*, n° 36, p. 32 et n° 42, p. 33.

688 L. LETURMY, « *La responsabilité délictuelle du contractant* », R.T.D. civ. 1998, p. 844.

689 *Ibid.*

qualification possible[690] n'a pas attiré l'attention de certains auteurs favorables à une réparation en nature obtenue par le maintien de l'acte malgré la violation de l'une de ses conditions de validité[691]. Il est permis compte tenu de l'intérêt pratique du maintien du contrat, de s'interroger sur la possibilité d'appliquer la conversion comme une sorte de sanction en nature.

181. La conversion peut dans cette optique s'analyser comme une sorte de réparation en nature du préjudice causé à la partie qui en est victime dans la mesure où elle aboutit au maintien de la relation contractuelle même sous une autre qualification juridique. Le choix de la conversion marque deux progrès par rapport à une indemnisation pécuniaire : le maintien de l'acte présente d'abord l'avantage de simplicité. En effet, si l'acte est annulé le juge serait tenu d'ordonner les restitutions consécutives puis condamner à des dommages-intérêts[692]. Le maintien de l'acte peut en outre s'avérer, dans certains cas, comme la sanction la plus adéquate et la plus proportionnée à un comportement fautif du débiteur. Le dommage s'analyse en la perte d'une chance de conclusion d'un contrat similaire valable[693]. Il semble que la meilleure compensation du préjudice subi consiste à octroyer à la victime un autre acte qui remplace l'acte manqué.

182. Les hypothèses dans lesquelles les juges peuvent faire recours à la conversion pour sanctionner un comportement fautif de l'un des contractants sont extrêmement nombreuses et variées. A titre d'illustration, on peut évoquer l'hypothèse d'un souscripteur qui de mauvaise foi a laissé une lettre de change irrégulière sortir de ses mains et l'a mis dans la circulation a commis un acte coupable[694]. Le porteur de bonne foi victime de ce comportement fautif du souscripteur pourra, certes demander l'annulation du titre et l'octroi des dommages-intérêts. La sanction d'annulation entraîne toutefois des conséquences multiples à l'égard du porteur de bonne foi, parmi lesquelles on peut citer l'impossibilité de prouver sa créance. La meilleure réparation consiste précisément dans la conversion de la traite nulle en un billet à ordre ou un titre de droit commun[695].

183. Dans le même ordre d'idées, on peut encore évoquer l'hypothèse de la vente de la chose d'autrui. La conversion de cette vente en un contrat innomé fournira sans doute le moyen de sanctionner le comportement fautif de l'auteur de l'acte en mettant à sa charge une obligation de faire, l'engagement d'acquérir la chose d'autrui pour pouvoir ensuite exécuter son obligation de livrer. Le maintien de la relation contractuelle pénalise le contractant fautif. Il importe peu que l'auteur de l'acte ait connu ou ignoré déjà que la chose appartenait à autrui. Cette solution présente aussi

---

[690] Ph. MALAURIE et L. AYNES, Droit civil, les obligations, *op.cit.*, n° 363.
[691] C. GUELFUCCI-THIBIERGE, *op.cit.*, n° 205 et s., p. 132 et s.
[692] *Ibid*, n° 208, p. 133.
[693] *Ibid.*, n° 172., p. 116.
[694] J. PIEDELIEVRE, th. préc., p. 252.
[695] *Ibid.*, p. 253 ; V. *supra* n° 97 et s.

l'avantage de faire produire effet au contrat entaché d'une cause de nullité et de paralyser les restitutions consécutives à l'annulation. Cette sanction qui aurait souvent en pratique les mêmes effets économiques que la vente elle-même, est aussi beaucoup plus favorable à la partie lésée que si la réparation prenait la forme de dommages-intérêts[696].

B. La conversion, sanction d'un comportement abusif

184. Philippe STOFFEL-MUNCK distingue dans sa thèse sur « *l'abus dans le contrat* » deux types d'abus. Le premier désigne une faute de comportement reprochable au titulaire d'un droit[697]. Il s'agit donc d'une faute dans l'exercice des droits[698]. La seconde forme peut être utilisée comme une limite à la validité ou à l'efficacité d'un droit. Les deux types d'abus ne saisissent pas donc la relation contractuelle sur le même plan, le premier s'intéresse au comportement du contractant, le second, vise à préciser le contenu obligatoire du contrat. Par ailleurs, l'abus en matière contractuelle peut se manifester dans toutes les étapes du processus contractuel. La formation du contrat[699], son exécution[700] ainsi que sa rupture peuvent, en effet, faire l'objet d'un contrôle de l'abus[701].

---

[696] Il convient de relever que, d'après l'article 576 du C.O.C., le vendeur est encore tenu de verser des dommages et intérêts, lorsque l'acquéreur ignorait, au moment de la vente, que la chose était à autrui.

[697] Ph. STOFFEL-MUNCK, L'abus dans le contrat, essai d'une théorie, préface de R. BOUT, bibliothèque de droit privé, tome 337, L.G.D.J., 2000, n°10, p.17.

[698] *ibid*, n°11 et s., p.21 et s.

[699] Au stade de la formation, la notion a été utilisée soit pour fonder la responsabilité liée à la rupture des pourparlers, soit pour sanctionner le comportement de celui qui, en abusant de sa situation de force, a contraint l'autre à passer un contrat globalement déséquilibré ou du moins à accepter telle ou telle clause « abusive » » (P. ANCEL, « *Critères et sanctions de l'abus de droit en matière contractuelle* », cah. dr. entr, n° 6, 1998, p. 30).

[700] Au stade de l'exécution, l'idée d'abus de droit peut justifier certaines limitations à la force obligatoire du contrat : il en va ainsi lorsqu'un contractant se voit sanctionner pour avoir mis en œuvre de manière abusive certaines clauses contractuelles pourtant posées au départ comme parfaitement licites. la dernière application en date étant la possibilité ouverte par la cour de cassation de sanctionner l'abus dans la fixation unilatérale du prix dans les contrats de distribution, au moment même où la licéité d'un tel mécanisme de fixation unilatérale était par principe reconnue (Cass. Ass. Plén. 1er décembre 1995 : D. 1996, j., 13, conc. JEOL, note AYNES ; J.C.P. 1996, II, 22565, note GHESTIN ; J.C.P., éd. E., II, 776, note LEVENEUR et I 523, n°7, note MOUSSERON ; G.P. 9 décembre 1995, note P. DE FONTBRESSIN ; J.C.P. 1996, éd. N. obs. D. BOULANGER, R.T.D.civ. 1996, 153, obs. J. MESTRE ; P. ANCEL, « *Critères et sanctions de l'abus de droit en matière contractuelle* », art. préc., pp. 30-31).

[701] Au stade de la rupture du contrat enfin, et surtout, la théorie de l'abus de droit est utilisée pour limiter le droit de résiliation unilatérale de certains contrats à exécution successive et à durée indéterminée (P. ANCEL, « *Critères et sanctions de l'abus de droit en matière contractuelle* », art. préc., p.31).

185. La sanction classique de l'abus consiste dans la responsabilité civile de son auteur[702]. La Cour de cassation à mainte fois rappelle cette règle, notamment dans l'exercice du droit d'agir en justice[703]. L'abus était donc envisagé comme une variété particulière de faute obligeant celui qu'il a commise à réparer le préjudice causé par l'octroi des dommages-intérêts à la victime de l'abus[704]. La seule sanction envisageable était donc la réparation pécuniaire ou en nature[705]. Mais, si cette sanction semble à la limite justifiée lorsque l'abus trouve sa source dans un fait juridique, elle ne semble pas au contraire rendre compte de la spécificité de notre matière. En effet lorsque l'abus s'insère dans un processus contractuel, il s'applique très souvent à un acte juridique, à un comportement visant à produire certains effets de droit[706]. La sanction la plus adaptée, la plus efficace, serait dans telle hypothèse d'empêcher la production de ces effets, sans qu'il soit nécessaire de passer par le détour de la réparation[707]. Plus particulièrement, le maintien forcé d'un acte menacé d'anéantissement par le comportement de l'une des parties semble être préféré à la réparation du préjudice sous forme de dommages-intérêts.

186. Madame Pancrazi-Tian, dans sa thèse sur la protection judiciaire du lien contractuel, a recensé, d'ailleurs, toute une série de cas où les juges préfèrent opter pour la continuation du lien contractuel plutôt que pour l'indemnisation pécuniaire de la victime[708]. C'est ainsi par exemple que dans un arrêt du 11 mai 1976, la troisième chambre civile de la Cour de cassation française a sanctionné l'usage abusif d'une faculté de dédit par le maintien forcé du lien contractuel[709]. De même dans un arrêt du 3 décembre 1991, la chambre commerciale de la haute juridiction a ordonné au banquier qui avait révoqué de manière abusive une ouverture du crédit, d'honorer un effet de

---

[702] P. ANCEL, « *Critères et sanctions de l'abus de droit en matière contractuelle* », art. préc., p.36 ; M.-E. PANCRAZI-TIAN, La protection judiciaire du lien contractuel, *op.cit.*, n° 263, p. 224.

[703] V. notamment : cass.civ. n° 541 du 11 juin 1976, R.J.L. 1977, n°4, p. 42.

" استعمال حق التقاضي مشروع لكل شخص لتحقيق مصلحة واضحة ترمي إلى حماية حق لا النكاية و الرغبة في المشاكسة المتولدة عن نزعة شريرة و ابتغاء المضرة و تفريعا على هذا يكون قد بني على أساس قانوني الحكم الذي قضى بتغريم من قام على غيره بقضية واستعمل طريقة إجرائية ملتوية تمكن معها من التحصيل على حكم لفائدته و حالت دون تمكين الخصم من الدفاع عن حقوقه و عرضت بها للتلف أو كادت".

V. aussi dans la jurisprudence française : Cass. ass. plén. 1er décembre 1995, D. 1996, j, 13, Conc. JEOL, note AYNES ; J.C.P. 1996, II, 22565, note GHESTIN ; J.C.P., éd. E., II, 776, note LEVENEUR et I 523, n°7, note MOUSSERON ; G.P. 9 décembre 1995, note P. DE FONTBRESSIN ; J.C.P. 1996, éd. N. obs. D. BOULANGER ; R.T.D.civ. 1996, 153, obs. J. MESTRE.

[704] P. ANCEL, « *Critères et sanctions de l'abus de droit en matière contractuelle* », art. préc., p.36.

[705] *Ibid.*, p.38.

[706] *Ibid.*

[707] *Ibid.*

[708] *Ibid.*

[709] Cass. civ. 3e, 11 mai 1976, D. 1978, p. 269, note J.-J. TAISNE.

commerce émis postérieurement à cette révocation[710]. Ces arrêts font apparaître une certaine tendance jurisprudentielle à tenter de maintenir le lien contractuel menacé d'anéantissement par le comportement de l'une des parties[711]. L'évolution de la jurisprudence n'est probablement pas encore achevée et il est permis d'espérer de continuer dans cette voie par un recours éventuel à la technique de conversion. Il paraît dès lors souhaitable de diversifier les sanctions de l'abus afin de répondre au mieux aux innombrables cas d'abus que le juge peut appréhender.

187. En fait, on estime que le juge peut faire une large application de la conversion notamment pour sanctionner un comportement abusif lors de la formation du contrat. Il peut s'inspirer notamment des cas de conversion légale qui traduisent la volonté de sanctionner un abus contractuel. L'illustre l'article 1371 du C.O.C., qui prévoit la conversion d'un contrat paritaire nul en un contrat de louage d'ouvrage. Le colonat paritaire est défini par l'article 1369 du C.O.C. comme étant « *...une société dans laquelle l'un des associés met un fond de terre, la semence, les animaux de labour et de lait, l'autre son travail, à condition que les produits du fond seront partagés entre les parties dans certaines proportions établies par le contrat* ». L'inobservation de ces règles donne lieu à l'annulation du contrat. L'article 1371 du C.O.C. dispose, en effet, que « *le colonat paritaire est nul comme tel : a) lorsque la part du colon est établie d'avance en une quantité déterminée de produits, fixée à un certain nombre ou à tant de mesures ; b) lorsque la rétribution du colon ne consiste pas en une part des produits ou de a récolte* ». La nullité trouve sa cause dans l'existence d'un abus de la part de l'un des contractant qui a cherché à imposer à l'encontre de son partenaire de stipulations excessives et donc désavantageuses. Afin de neutraliser ce comportement abusif, l'article 1371 du C.O.C. prévoit dans son alinéa deuxième que « *dans ces deux cas, on appliquera les règles du louage d'ouvrage* »[712].

188. Le juge peut encore faire application de la conversion pour sanctionner les abus dans l'exercice de l'action en annulation. Le droit de demander l'annulation du contrat, comme tout droit d'agir en justice, est susceptible d'abus. Le caractère abusif de l'usage de cette voie de droit doit être retenu chaque fois que le plaideur agit dans l'intention de nuire au défendeur[713]. L'hypothèse peut se rencontrer lorsque l'une des parties, pour se soustraire à ses obligations, invoque la nullité d'un acte qui a pour objet la

---

[710] Cass. com. 3 décembre 1991, R.J.D.A. 1992, 1, n° 63 ; Banque 1992, p. 734.

[711] P. ANCEL, « *Critères et sanctions de l'abus de droit en matière contractuelle* », art. préc., p.38.

[712] A rappeler que selon les termes de l'article 835 du C.O.C. relatif au contrat de louage d'ouvrage on « *peut promettre comme prix de louage une part déterminée dans les gains ou des produits, ou bien une remise proportionnelle sur les opérations faites par le commettant d'ouvrage* ».

[713] M.-E. PANCRAZI-TIAN, La protection judiciaire du lien contractuel, *op.cit.*, n° 320, p. 265.

protection de l'autre partie[714]. Plus particulièrement, l'abus peut trouver une application chaque fois la partie forte abuse de sa position de rédacteur de l'acte et évoque les vices de forme pour se libérer d'un engagement qu'elle regrette d'avoir pris et de passer ainsi outre le respect de ses obligations.

189. La conversion permet ainsi de purger le contrat des abus qu'il contient. En sanctionnant souplement l'abus, par sa suppression, mais avec le maintien du lien contractuel, la conversion se révèle un moyen de prévention, une arme de dissuasion. Le contractant qui serait tenté d'imposer un quelconque abus à son partenaire risquerait, par le jeu de la conversion, de demeurer lié par un contrat qui ne présente plus pour lui les mêmes avantages. La conversion semble fournir outre un instrument de police des mauvais comportements, un instrument d'incitation aux comportements vertueux des parties. Le créancier doit faire preuve de bonne foi lorsqu'il agit en annulation[715]. Cette obligation doit normalement amener le juge à scruter les motivations réelles, c'est-à-dire psychologiques du demandeur. L'action en nullité ne doit pas « *servir de prétexte* »[716] à un créancier pour sortir d'un contrat qu'il regrette la conclusion. On peut y voir dans ce cas un comportement incohérent de la part du contractant.

C. La conversion, sanction d'un comportement contradictoire

190. Le devoir de cohérence se distingue du principe de cohérence contractuelle. Alors que ce dernier assure la cohérence du contenu du contrat, le premier impose la cohérence des comportements contractuels. Le devoir de cohérence impose une constance de comportements, une continuité des attitudes[717]. Il exige aussi des comportements non contradictoires[718]. Le Code des obligations est des contrats, contrairement au Code civil français, consacre expressément l'exigence de cohérence des comportements des contractants dans son article 547. Aux termes de ce texte « *Nul ne peut venir contre son fait si la loi ne le permet expressément* ». La règle énoncée par cet article est la traduction de l'adage romaine « *non concedit venire contra factum proprium* », reconnue comme un principe général dans les droits allemand et suisse[719] ainsi que dans le droit du commerce international[720].

---

[714] La même solution doit être admise lorsqu'il s'agit de résolution (V. *infra* n° 289).

[715] C. RIGALLE-DUMETZ, La résolution partielle du contrat, préf. Ch. JAMIN, Paris, Dalloz, 2003, n° 107, p. 63.

[716] Y. PICOD, Le devoir de loyauté dans l'exécution du contrat, préf. G. COUTURIER, L.G.D.J., 1989, Bibl. dr. pr., tome 208, n° 160, p. 63.

[717] A.-S. COURDIER-CUISINIER, Le solidarisme contractuel, *op.cit.*, n° 630, p. 413 ; B. CELICE, Les réserves et le non-vouloir dans les actes juridiques, préf J. CARBONNIER, Bibl. dr. pr., t. 84, Paris, L.G.D.J., 1968, n° 173, p. 101.

[718] A.-S. COURDIER-CUISINIER, *op.cit.*, n° 630, p. 413.

[719] *Ibid.*, n° 628, p. 412.

[720] L'article 1.8 des Principes Unidroit dans leur version en date de 2004, dispose que : « *Une partie ne peut agir en contradiction avec une attente qu'elle a suscité chez l'autre partie*

L'interdiction de se contredire au détriment d'autrui constitue une application du mécanisme général et ancien du droit musulman, le « *tanakod* »[721]. L'exigence de cohérence du contractant avec lui-même ou l'interdiction de se contredire au détriment d'autrui se rapproche aussi de la technique de « l'*estoppel by représentation* (du *Common Law*) en droit anglais[722].

191. Le devoir de cohérence contractuelle connaît de multiples applications en droit positif tunisien. On pourrait sans doute évoquer les solutions classiques concernant le maintien de l'offre[723], le caractère définitif de l'acceptation ou l'autorité de la chose jugée, car elles concourent à la constance des comportements. On pourrait aussi citer, plus récemment, les cas de responsabilité civile pour rupture abusive des pourparlers[724] voire des contrats à exécution successive ou leur non-renouvellement[725]. La jurisprudence de la Cour de cassation révèle enfin que l'énoncé de l'article 547 a été utilisé dans de nombreuses d'espèces, toutes différentes, pour

---

lorsque cette dernière a cru raisonnablement à cette attente et a agi en conséquence à son désavantage ».

[721] A l'occasion d'une étude sur la notion d'irrecevabilité, M. Omar a mis en avant un moyen de défense propre au droit musulman, le « *tanakod* ». Selon cet auteur, une condition de la validité de l'action est l'absence de contradiction dans le comportement du demandeur (A.-M. OMAR, La notion d'irrecevabilité en droit judiciaire privé, préf. R. PERROT, L.G.D.J. 1967, n° 30, p. 13 et s.). La règle de « *tanakod* » ne paraît pas très étudiée par la doctrine francophone (D. HOUTCIEFF, Le principe de cohérence en matière contractuelle, *op. cit.*, n° 951,p. 726)

[722] L'*estoppel* se présente comme une règle qui interdit aux sujets de droit de bénéficier de leurs propres contradictions. Elle s'analyse en une sorte de fin de non-recevoir. Comme l'exigence de cohérence en général, elle ne peut être sanctionnée que lorsqu'elle porte préjudice à autrui.

[723] La contradiction est particulièrement évidente lorsque le pollicitant rétracte son offre avant l'expiration du délai stipulé.

[724] A ce titre Monsieur D. MAZEAUD considère qu'« *au stade de la négociation du contrat l'exigence de cohérence permet de canaliser la liberté précontractuelle. Ainsi, si, en raison de la durée de la négociation et des coûts qu'elle a engendré, les pourparlers ont, en raison de leur intensité, crée dans l'esprit d'un négociateur une croyance légitime dans la conclusion du contrat négocié, leur rupture brutale et imprévisible, parce qu'elle trahit l'incohérence du négociateur versatile, emporte sa responsabilité délictuelle* » (D. MAZEAUD, « *Regards positifs et prospectifs sur « le nouveau monde contractuel* », L.P.A., du 7 mai 2004, n°92, p. 53, n° 19 ; V° aussi, Cass. Com., 26 novembre 2003, R.D.C. 2004, p. 257, obs. D. MAZEAUD).

[725] La résiliation unilatérale ou le non-renouvellement des contrats à exécution successive engagent, dans certaines circonstances, la responsabilité, pour rupture abusive, en raison de l'incohérence qui peut alors être reproché au contractant fautif. C'est, en particulier le cas lorsque le comportement du contractant a créé dans l'esprit de son partenaire une croyance légitime dans le maintien du lien contractuel, autrement dit une apparence de stabilité contractuelle. Il en est de même lorsqu'un créancier invoque une clause résolutoire de mauvaise foi (F. TERRE, Ph. SIMLER et Y. LEQUETTE, Les obligations, *op.cit.*, n° 639, p. 691 ; HOUTCIEFF, Le principe de cohérence en matière contractuelle, *op.cit.*, n° 874 et s., p. 682 et s. ; D. MAZEAUD, « *Regards positifs et prospectifs sur « le nouveau monde contractuel* », art. préc., p. 54, n° 20

asseoir le principe de la force obligatoire des contrats appliqué aux promesses de vente[726] et à la transaction[727].

192. Le devoir de cohérence n'est pas justifié comme dans le principe de cohérence par référence à la cohérence interne du contenu contractuel, mais par la volonté de protéger la confiance légitime du débiteur dans le maintien du contrat et ou encore de la stabilité contractuelle[728]. L'exigence de cohérence a aussi été analysée par la doctrine comme une facette du devoir de bonne foi[729]. Le professeur Mohamed Hammouda affirme en ce sens que le devoir de cohérence dans le comportement peut trouver un appui dans l'article 243 du C.O.C qui prévoit que : « *tout engagement doit être exécuté de bonne foi...* »[730]. Le devoir de cohérence a aussi été rattaché par la doctrine au devoir de loyauté[731]. Le rattachement de l'exigence de cohérence à une exigence morale conduit donc à voir la contradiction au niveau du comportement du contractant comme une faute morale[732]. Le comportement incohérent d'un contractant considéré comme une faute morale sera répréhensible dans la mesure où ses conséquences dommageables à l'égard du contractant sont avérées. La jurisprudence sanctionne généralement la contradiction sur le terrain de la responsabilité civile. Mais, au lieu d'évaluer plus au moins arbitrairement le préjudice résultant d'un comportement contradictoire, le juge ne serait pas parfois mieux inspiré d'ordonner une sorte de « *sanction en nature* » de la contradiction ? La sanction en nature de

---

[726] En application de l'article 547 du C.O.C., la Cour de cassation a refusé de donner gain de cause à celui qui ayant promis de vendre son immeuble, a renoncé en aliénant l'immeuble à un autre (Cass. civ. n°3306 du 11 déc.1981, Bull. 1982, p. 218).

[727] Cass. civ. n° 5939 du 10/11/1953, R.J.L. n° 9-11, 1961, p. 74

[728] A.-S. COURDIER-CUISINIER, *op.cit.*, n° 631, p. 413-414 ; D. MAZEAUD, « *Regards positifs et prospectifs sur « le nouveau monde contractuel* », art. préc., n°92, p. 54.

[729] M. BEHAR-TOUCHAIS, « *Les autres moyens d'appréhender les contradictions illégitimes en droit des contrats* », *in* : L'interdiction de se contredire au détriment d'autrui, Actes du colloque organisé par le Centre de Droit des affaires et de gestion (CEDAG) de l'Université de Paris V le 13 janvier 2000, sous la direction de M. BEHAR-TOUCHAIS, Economica 2001, p. 95 ; M. STOFFEL-MUNCK, L'abus dans le contrat, Essai d'une théorie, *op.cit.*, n° 219 : sans que celui-ci distingue bonne foi et cohérence, il affirme qu'elle doit être appréciée objectivement, indépendamment de la psychologie de son auteur : « *l'exigence de cohérence, facette du devoir de bonne foi, n'a pas à être saisie dans le for interne de l'agent. Par définition, elle s'apprécie de l'extérieur, par comparaison avec ce qu'un homme rationnel et loyal aurait fait* ».

[730] M. HAMMOUDA, « *De l'exécution de l'obligation de bonne foi* » (en arabe), *in* Mouvements du droit contemporain, Mélanges offerts au professeur Sassi BEN HALIMA, C.P.U. 2005, p. 1081.

[731] On peut citer dans ce sens, M. Mazeaud pour qui : « *au non de cet altruisme contractuel, fruit de l'épanouissement de la notion de bonne foi dans le droit contemporain des contrats, les contractants sont ainsi soumis à un certain civisme qui* se traduit par quelques devoirs au rang desquels on doit notamment mentionner l'exigence de cohérence » (D. MAZEAUD, Obs. sous Cass. com. 20 janvier 1998, D. 1999, somm. p. 114 ; D. MAZEAUD, Obs. sous Cass. 8 mars 2005, R.D.C. 2005, p. 1015).

[732] H. RAMPARANY-RAVOLOLOMIARANA, Le raisonnable en droit des contrats, L.G.D.J. 2009, n° 232, p. 320.

l'obligation de ne pas tromper la confiance légitime consisterait alors à prolonger le lien contractuel[733].

193. La jurisprudence tunisienne n'a pas eu l'occasion de se prononcer sur la question. Il convient cependant de relever que rien ne s'oppose aujourd'hui à une sanction en nature de la contradiction[734]. L'hostilité des juges à l'égard d'une prolongation du lien contractuel ne semble pas de mise à l'heure actuelle[735]. Dans cette optique, la conversion serait une sanction parfaitement envisageable. Mieux encore, elle est parfois « *la meilleure sanction* »[736] *ou « la sanction la plus adéquate* »[737] à une situation donnée. La mise en œuvre de la conversion est particulièrement opportune lorsque le contractant invoque la nullité pour se délier d'un contrat devenu gênant pour lui. La conversion permet de faire échec à un tel dessein et d'obliger le contractant d'honorer ses engagements. Il s'agit en effet, une fois encore, d'empêcher l'auteur d'un comportement contradictoire de se prévaloir de son retournement pour en retirer un bénéfice au détriment de son co-contractant[738].

En application de cette idée, le tribunal de première instance de Gafsa avait admis la conversion d'un contrat de vente à réméré en un contrat d'antichrèse[739]. On rappellera que la vente à réméré est un contrat par lequel le vendeur se réserve le droit de reprendre la chose vendue, dans un certain délai, en contrepartie de la restitution du prix payé et des frais. L'antichrèse a été définie par l'article 1613 du C.O.C. comme étant : « *le droit conféré au créancier de percevoir les fruits du gage mobilier ou immobilier dont il est nanti en sûreté de sa créance* ». L'antichrèse est donc un type particulier de sûreté réelle par lequel le débiteur cède à un créancier la jouissance d'une chose mobilière ou immobilière pour lui permettre de recevoir les revenus jusqu'à ce que leur valeur accumulée paiera la dette. La conversion vient ainsi renforcer l'arsenal des sanctions classiques des comportements déloyaux, contradictoires, voire frauduleux.

---

[733] A.-S. COURDIER-CUISINIER, *op. cit.*, n° 711, p. 478 ; M.-E. PANCRAZI-TIAN, La protection judiciaire du lien contractuel, *op.cit.*, n° 267, p. 227.

[734] D. HOUTCIEFF, Le principe de cohérence en matière contractuelle, t.2, *op.cit.*, n° 1081,p. 814.

[735] M.- E. PANCRAZI-TIAN, *op. cit*, n° 272.

[736] G. MARTY, P RAYNAUD et Ph. JESTAZ, Les obligations, le régime, *op. cit.*, n° 81.

[737] D. HOUTCIEFF, Le principe de cohérence en matière contractuelle, *op. cit.*, n° 1077, p. 812.

[738] *Ibid.*, n° 1091, p. 819.

[739] TPI de Gafsa, n° 509, du 10 avril 1961, R.J.L. 1962, p. 847.

" إذا كان مسمى العقد بيع ثنيا وهو في الحقيقة رهن انتفاع جرى العقد على حكم الأصول المختصة برهن الانتفاع (فصل 699 من م.ا.ع.) ".

Soulignons que ce cas de conversion ne présente pas aujourd'hui une utilité pratique, étant donné que les dispositions relatives à la vente à réméré et l'antichrèse ont été abrogées par la loi n° 58-1 du 28 janvier 1958.

D. La conversion, sanction d'un comportement frauduleux

194. La fraude a été définie par José Vidal comme un acte de mauvaise foi, de tromperie[740]. Il y a fraude « *chaque fois que le sujet de droit parvient à se soustraire à l'exécution d'une règle obligatoire par l'emploi à dessein d'un moyen efficace, qui rend ce résultat inattaquable sur le terrain du droit positif* »[741]. Les fraudes pouvaient se décomposer tantôt en fraude à la loi[742], tantôt en fraude aux droits des tiers[743]. La fraude dont il sera ici question est la fraude aux droits des tiers entendue comme celle qui tend à frustrer autrui de droits que l'un des contractant avait l'obligation de respecter soit en vertu de la loi, soit en vertu d'un précédent contrat[744].

195. L'hypothèse qui marque le caractère direct de l'atteinte portée par la fraude aux droits des tiers en droit tunisien est indéniablement celle des actes conclus pendant la dernière maladie[745]. On appelle dernière maladie « *celle où le malade se trouve en danger de mort et hors d'état de vaquer à ses affaires en dehors de la maison s'il s'agit d'un homme, au de se livrer aux occupations du ménage s'il s'agit d'une femme, pourvu cependant que la mort survienne avant qu'il se soit écoulé un an* »[746]. La dernière maladie est de nature à susciter chez certaines personnes une volonté de favoriser certains successibles ou de les priver de tout de leurs droits successoraux[747]. Pour parer à la fraude successorale, le Code du Statut Personnel déclare dans son article 206 que : « *La donation faite par un malade pendant sa dernière maladie est réputée legs* ».

---

[740] J. VIDAL, Essai d'une théorie générale de la fraude en droit français, Le principe « *fraus omnia corrumpit* », préf. Gabriel MARTY, Dalloz 1957, p. 123.

[741] J. VIDAL, *op.cit.*, p. 208.

[742] La fraude à la loi est dirigée contre une règle obligatoire à laquelle le sujet passif désire se soustraire (J. VIDAL, *op.cit.*, pp. 65- 66).

[743] Certains auteurs relèvent cependant qu'il y a lieu d'écarter cette distinction. Pour eux, la fraude aux droits des tiers est dirigée comme la fraude à la loi contre une règle obligatoire à laquelle le sujet passif désire se soustraire. Ainsi par exemple, dans la fraude paulienne, il est facile de montrer que le débiteur obéré se rend insolvable en vue d'éluder l'exécution d'une règle obligatoire : la convention (J. VIDAL, *op.cit.*, pp. 65 et s.).

[744] DESBOIS, La notion de fraude à la loi et la jurisprudence française, th. Paris 1927, p. 45 et s. ; DESBOIS, note D.P., 1929,2, 86.

[745] M.-K. CHARFEDDINE, Les droits des tiers et les actes translatifs de propriété immobilière, *op.cit.*, n° 266, p. 224.

[746] Article 1595 de la « Medjellah ». Cette définition est parfois retenue dans sa globalité par la Cour de cassation tunisienne : V. par ex. Cass. civ. n°269 du 27 juin 2005, B.C.C. 2005.II.149.
" إن مرض الموت هو المرض الذي يغلب فيه خوف الموت و يقعد المصاب عن القيام بشؤونه العادية و يتصل بالموت و الذي لا تطول
مدته فيموت المريض على ذاك الحال قبل مرور سنة ".
V. aussi sur les conditions de la dernière maladie : M.-K. CHARFEDDINE, Les droits des tiers et les actes translatifs de propriété immobilière, *op.cit.*, n° 276 et s., p. 230 et s.

[747] M.-K. CHARFEDDINE, Les droits des tiers et les actes translatifs de propriété immobilière, *op.cit.*, n° 268, p. 225.

196. L'hypothèse de l'article 206 du Code du Statut Personnel constitue bel et bien un cas de conversion légale[748]. Le contrat de donation, qualifié tantôt nul[749], tantôt inefficace[750] est converti en un testament. La conversion en cette hypothèse peut trouver une explication dans la volonté de sanctionner la personne qui tend à détourner les règles contraignantes qui régissent les successions et les testaments[751]. En effet, le malade de l'article 206 du Code du Statut Personnel n'est pas seulement lucide, mais il emploie en plus la ruse pour éluder les dispositions légales sur le testament[752]. Il consent à cet effet une donation. Le législateur, conscient de ces manœuvres, applique au contrat de donation conclu par le malade le régime juridique du testament qui a été délibérément écarté par l'auteur de la fraude[753]. C'est dire que le législateur vise clairement les dispositions de l'article 179 du Code du Statut Personnel. Ce texte énonce qu' « *on ne peut disposer par testament en faveur d'un héritier* ». Le même article ajoute dans son alinéa deuxième qu' : « *on ne peut non plus disposer de plus du tiers de son patrimoine. Le legs fait au profit d'un héritier, ou ce qui excède le tiers du patrimoine du disposant, ne s'exécute que si les héritiers y consentent après le décès du testateur* ».

Au terme de ces développements, il apparaît que la mise en œuvre de la conversion pour sauver les actes entachés d'un vice de formation est très utile en cette période. Cette utilité justifie l'extension de la conversion aux actes originairement valables, mais qui ne peuvent déployer d'effets pour une cause postérieure à leur formation.

---

[748] V. en ce sens : Abderrazak ESSANHOURI
عبد الرزاق السنهوري، مصادر الحق في الفقه الإسلامي، دراسة مقارنة بالفقه الغربي، المجلد عدد 4، الطبعة الثانية، منشورات الحلبي الحقوقية، بيروت، لبنان، 1998، ص101 .
Cf. Certains auteurs ne voient pas ici un cas de conversion parce qu'il n'y a pas substitution d'un acte à un autre, mais seulement soumission d'un acte aux prescriptions d'un autre. (O. CORNAZ, th. préc., p. 85 et s.).

[749] La jurisprudence tunisienne sanctionne très souvent les actes conclus pendant la dernière maladie par la nullité, en considérant celle-ci comme un cas de vice de consentement (Cass.civ. n° 5050 du 8 fév. 2005, B.C.C. 2005, II, p. 129), ou d'incapacité spéciale (Cass.civ. n° 1955 du 29 janvier 2001, R.J.L. 2002, n°9, p. 97).

[750] Certains auteurs, appuyée par la jurisprudence tunisienne estime que la donation n'est pas nulle mais inefficace ou inopposable aux héritiers (Y. KNANI, th. préc., p. 74 et s. ; M.-K. CHARFEDDINE, *op.cit.*, n° 284 et s., p. 239 et s. ; M. ZINE, note sous cass.civ. n° 11502 du 10-6-1975, R.T.D. 1979.I. p.107 et s. ; N. BESROUR, th. préc., n°S 67 et s., p. 77 et s. ; Cass.civ. n° 54771 du 25 juin 1998, B.C.C., II, p. 149).

[751] N. BESROUR, th. préc., n°60, p. 68.

[752] *Ibid.*

[753] *Ibid.*

CHAPITRE II

LA CONVERSION POUR UNE CAUSE SURVENANT *A POSTERIORI*

197. Habituellement, la doctrine estime que la disparition d'un élément essentiel survenant au stade de l'exécution de l'acte juridique n'est pas une cause de conversion[754]. Cette analyse se fonde sur une exégèse de l'article 328 du C.O.C. puisque ce texte exige un acte nul. Cette interprétation paraît toutefois peu convaincante. Le but de cet article est, en effet, de donner autant que possible effet à la volonté des parties et une sécurité dans les transactions. Il n'y a par voie de conséquence aucune raison pour repousser la conversion lorsque le même acte ne peut déployer d'effets pour une cause postérieure à sa formation, alors que les éléments qui demeurent pourront former une nouvelle figure juridique. L'idée de sauvetage justifierait, il faut le démontrer, l'application de la conversion que l'acte majeur disparaisse pour une cause extérieure (***Section I***) ou inhérente aux parties (***Section II***).

SECTION I. LA CONVERSION POUR CAUSES EXTÉRIEURES AUX PARTIES

198. Lorsqu'un acte juridique est formé, il se peut qu'un évènement indépendant à la volonté des parties vienne lui enlever toute vie. La conversion permettra toutefois de faire valoir les éléments qui subsistent sous une nouvelle forme juridique. L'hypothèse se rencontre particulièrement lorsque l'anéantissement de l'acte majeur résulte du prononcé de la caducité (***§1***) ou de la dissolution (***§2***).

---

[754] La doctrine aussi bien tunisienne que française conçoit l'application de la conversion uniquement dans le cas où l'acte majeur est nul. V. en ce sens M.ZINE

محمد الزين،النظرية العامة للالتزام، 1، العقد، المرجع السابق، عدد 314، ص 248- 249.

V. aussi : N. BESROUR, th. préc., n° 281 et s., pp. 430 et s.

V. sur la question dans la doctrine française : X . PERRIN, th. préc., n° 47, p.62.

§ 1. La conversion des actes entachés de caducité

199. Traditionnellement la caducité se définit comme étant la sanction de la perte d'un élément essentiel à l'acte juridique par la survenance d'un évènement postérieur à sa formation et indépendant de la volonté des parties[755]. Cette définition ne semble pas partagée par Mme Rana Chaaban, qui dans une thèse récente sur la caducité des actes juridiques, annonce une nouvelle distinction entre deux variantes de caducité[756]. La première, connue déjà par la doctrine classique, correspond à la disparition d'un élément nécessaire à la formation et à l'exécution de l'acte juridique. La seconde espèce de caducité résulte, non de la disparition, mais de la défaillance ou du non survenance d'un élément nécessaire non à la formation de l'acte juridique déjà existant, mais à la seule formation de l'acte dans le futur[757]. Cette variante de caducité résulte donc, non d'une impossibilité d'exécution, mais d'une impossibilité de former le contrat projeté découlant le plus souvent du non survenance du consentement[758]. L'idée de sauvetage conduit de faire jouer la conversion dans les deux hypothèses, que la caducité résulte de la disparition (**A**) ou de la défaillance d'un élément essentiel à la survie de l'acte juridique (**B**).

A. La conversion pour disparition d'un élément nécessaire à la survie de l'acte

200. La caducité est la sanction de la disparition d'un élément essentiel d'un acte juridique, à l'origine valablement formé. Cet élément qui disparaît peut être le consentement, l'objet ou la cause. Les auteurs étudient la conversion principalement à l'occasion de la disparition de l'*intuitus personae*. L'*intuitus personae* est une notion « *insaisissable* »[759], « *à géométrie variable* »[760]. Cette expression latine signifie que le contrat est conclu en considération de la personne du contractant[761]. Elle est employée pour caractériser « *les opérations dans lesquelles la personnalité de l'une*

---

[755] GHESTIN, Le contrat : formation, *op.cit.*, n° 725, p. 862 ; Y. BUFFELAN-LANORE, Essai sur la notion de caducité des actes juridiques en droit civil, préf. P. HEBRAUD, Bibl. dr. pr. tome 43, L.G.D.J. 1963, p. 161 ; R. CHAABAN, La caducité des actes juridiques, Etude de droit civil, préf. Y. LEQUETTE, L.G.D.J., 2006, n° 31 et s., p. 23 et s.
Aux termes de l'article 1186 du C.C.F. (nouveau), « *Un contrat valablement formé devient caduc si l'un de ses éléments essentiels disparaît* ».

[756] R. CHAABAN, *op.cit.*, n° 32, p. 24.

[757] *Ibid.*, n° 31 et s.,p. 23 et s. et n° 216 et s., p. 197 et s.

[758] *Ibid.*, n° 285, p. 256.

[759] L. AYNES, La cession de contrat, préf. Ph. Malaurie, Paris, Economica, 1984, n° 331.

[760] Ph. Le TOURNEAU, « *Contrat intuitus personae* », J-C1. Contrats- distribution, 1998, fasc. 420, n° 34.

[761] D. KRAJESKI, « *L'intuitus personae* », (sous la dir. de Ph. Le TOURNEAU), coll. Doctorat et notariat, éd. La Baule : le Mouette, 2001 ; M. CONTAMINE-RAYNAUD, L'*intuitus personae* dans les contrats, th., Paris II 1974, n° 28, p.33.

des parties est tenue pour essentielle en raison de ses aptitudes particulières, de la nature du service attendu d'elle »[762].

201. La mise en œuvre d'un contrat conclu en considération d'une personne implique donc nécessairement une certaine participation personnelle de celle-ci dans l'exécution de ses engagements individuels[763]. Il en résulte que la survenance d'un évènement qui rend impossible cette participation engendre nécessairement la caducité du contrat consécutive à la disparition de l'*intuitus personae* [764]. La disparition de cet élément peut résulter d'une grande diversité de circonstances. Il en est ainsi lorsque le contractant devient juridiquement ou physiquement incapable[765]. Il en est de même lorsque la partie concernée décède après la formation d'un acte[766].

202. La caducité de l'acte consécutive à la disparition de l'*intuitus personae* ne doit pas surprendre. Le contrat conclu en considération de la personne impose en effet l'exécution personnelle des obligations contractuelles et fait par conséquent obstacle à la transmissibilité de ces obligations aux héritiers. La survenance du décès paraît dès lors de nature à justifier l'extinction de l'acte, étant donné que la disparition de la personne rend impossible l'exécution des obligations de celle-ci. Il convient cependant de préciser que l'anéantissement de l'acte consécutif au prononcé de la caducité entraîne des effets pervers pour les parties ainsi que pour les tiers. La conversion permettra cependant d'atténuer les effets qui peuvent découler de la caducité de l'acte.

203. Ceci dit, les hypothèses de conversion des actes caducs pour disparition d'un élément essentiel de l'acte juridiques ne sont pas nombreuses. Elles concernent principalement le contrat de cautionnement, en particulier le cautionnement successif[767]. Le décès de la caution opère bien en la matière conversion par réduction du cautionnement successif, qui devient cautionnement de dette déterminée[768]. La Cour de cassation française avait déjà admis à la suite d'un revirement de jurisprudence cette solution dans un arrêt rendu le 29 juin 1982[769] dans lequel elle a décidé que l'obligation de couvrir les dettes à naître n'était pas transmise aux héritiers

---

[762] G. CORNU, *Vocabulaire juridique*, préc., V° « *Intuitus personae* ».

[763] F. GARRON, La caducité du contrat : étude de droit privé, préf. J. MESTRE, P.U.A.M. 2000, n° 124, p. 153.

[764] *Ibid.*

[765] *Ibid.*

[766] *Ibid.*

[767] G. BRIERE DE L'ISLE, « *La notion de contrat successif* », D. 1957, Chron., p. 153 : L'auteur considère que seul le contrat à exécution successive à durée indéterminée mérite l'appellation de contrat successif ; *Adde*, M. BEHAR-TOUCHAIS, Le décès du contractant, préf. G. CHAMPENOIS, Economica, 1988, n° 122, p. 118.

[768] M. BEHAR-TOUCHAIS, *op.cit.*, n° 318, p. 254.

[769] Cass. com. 29 juin 1982, Bull. Civ. IV, n° 258, p. 224 ; J.C.P. 1984, II, 20148, note P. BOUTEILLER, D. 1983, I.R., 189, obs. VASSEUR ; D. 1983, J., 360, note C. MOULY ; R.T.D. civ. 1983, p. 354, obs. REMY ; R.T.D. com. 1983, p. 97, obs. CABRILLAC et TEYSSIE ; *Rep. Def.* 1983, p. 393, obs. J.-L. AUBERT ; Civ. 1er, 3, 6, 1986, Bull. civ. I, n° 147, p. 148 ; D. 1987, I.R., 296, obs. VASSEUR.

de la caution, alors que l'obligation de régler les dettes déjà nées pesait sur ces derniers[770]. La mort entraîne donc la « *continuation par l'héritier d'une convention tronquée* »[771] et en quelque sorte conversion par réduction de l'acte juridique[772]. La Cour de cassation française dans cet arrêt vient ainsi limiter le domaine de la règle de l'article 2017 du Code civil français prévoyant que les engagements des cautions passent à leurs héritiers, à l'obligation de règlement de la caution (obligation de régler les dettes déjà nées) et non à l'obligation de couverture (obligation de couvrir les dettes à naître)[773].

204. Reste que, la qualification juridique de caducité de l'extinction du contrat de cautionnement en cas de disparition de l'une des parties n'a pas été retenue par la majorité de la doctrine. C'est ainsi que Mme Behar-Touchais considère que la mort du contractant, parce qu'il rend impossible l'exécution des obligations ou des droits attachés à la personne du défunt, a parfois un effet résolutoire[774]. L'auteur précise qu'« *il s'agira d'un effet résolutoire de l'acte juridique lui-même, si le contrat est à exécution instantanée .En revanche, si le contrat est à exécution successive, l'effet résolutoire concerne la ou les seules obligations non encore exécutées au moment du décès* »[775]. Elles ne seront pas transmises aux héritiers du défunt, car elles disparaîtront rétroactivement du patrimoine de ce dernier du fait de son décès[776]. La mort du contractant concernera donc la période de l'après décès du contractant, c'est-à-dire les effets futurs de la situation contractuelle[777]. Cette analyse n'est pas toutefois à l'abri des critiques. L'extinction d'un contrat en cas de décès doit être qualifiée de caducité. Cette dernière qualification paraît plus adéquate. En effet, la résiliation est un mécanisme qui trouve sa mise en œuvre en cas d'impossibilité d'exécution imputable à l'une des parties. Or, cela n'est pas le cas en cas de décès de l'une d'elles. Celui-ci n'a pas pour origine une faute. Il constate simplement un fait juridique qui s'impose aux parties. Dès lors, le mécanisme de la résiliation devrait être écarté au profit de celui de la caducité.

205. La conversion laisse conclure que malgré la caducité de l'acte, la continuité de la relation juridique par les héritiers est possible. Il convient toutefois de relever que le principe de continuation de la personne du défunt

---

770 M. BEHAR-TOUCHAIS, *op. cit.*, n° 318, p. 254.

771 *Ibid.*, n° 317, p. 253.

772 *Ibid.*,n° 316, p. 253.

773 *Ibid.*, n° 155, pp. 142-143 ; Ph. SIMLER, Cautionnement et garanties autonomes, *op.cit.*, n° 770 et s.

774 M. BEHAR-TOUCHAIS, *op.cit.*, n° 120, p. 116 et n° 121, p. 117.

775 *Ibid.*, n° 122, p.117 ; du même auteur, Extinction du contrat, J -Cl. Contrats et distribution, 1998, fasc. 175, n° 89 ; V. aussi : H, L., J. MAZEAUD et F. CHABAS, Leçons de droit civil, Obligations : théorie générale, t. II, *op.cit.*, n° 739, p. 863.

776 *Ibid.*, n° 121 et s., p. 117 et s.

777 *Ibid.*

par son héritier, consacré par le droit tunisien[778], ne signifie pas toujours que l'héritier se substitue au défunt dans tous les rapports juridiques dont celui-ci faisait partie. Le décès n'entraîne pas toujours une véritable survie de la personnalité juridique, mais continuation d'une personne juridique extrêmement diminuée. Mme Behar-Touchais disait en ce sens que « *la mort opère conversion par réduction de la personnalité juridique et que même si cette la réduction est très substantielle, c'est tout de même un reliquat de personnalité juridique qui est transmis à l'héritier* »[779].

B. La conversion pour défaillance d'un élément nécessaire à la formation de l'acte

206. La caducité peut résulter de la défaillance d'un élément nécessaire à la formation de l'acte dans le futur. L'élément défaillant correspond le plus souvent au consentement du bénéficiaire à l'acte projeté ou futur qui ne peut, par conséquent, être valablement conclu[780]. La caducité résulte donc de l'impossibilité de conclure l'acte projeté[781]. La défaillance du consentement résulte le plus souvent d'une cause de caducité de l'offre. Les causes de caducité de l'offre résultent plus fréquemment de l'acceptation[782]. Plus particulièrement, l'offre devient caduque lorsque l'acceptation du destinataire est conditionnelle ou même tardive[783]. Nous m'attarderons sur chacune de ces deux causes pour démontrer que la caducité de l'acte projeté, consécutive à la défaillance du consentement, ne constitue pas un obstacle à la mise en œuvre de la conversion.

207. Il convient *a priori* de souligner que le processus contractuel se décompose en deux manifestations de volonté dont le concours donne naissance à un contrat : l'offre qui est la proposition ferme adressée par une personne à une autre d'entrer dans les liens d'un contrat déterminé et l'acceptation qui est la réponse positive donnée par le destinataire de cette proposition[784]. L'acceptation se traduira souvent par une approbation pure et

---

[778] L'article 241 du C.O.C. prévoit que « *Les obligations ont effet, non seulement entre les parties elles-mêmes, mais aussi entre les héritiers ou ayants-causes, à moins que le contraire ne soit exprimé ou ne résulte de la nature de l'obligation, ou de la loi* ».
V. sur ce principe en droit tunisien :
محمد الزين، النظرية العامة للالتزام، 1- العقد، المرجع السابق،عدد 408 و ما بعدها، ص 332 و ما بعدها؛ محمد محفوظ ، النظرية
العامة للالتزام- 1-العقد ، المرجع السابق، ص 100 و ما بعدها ؛ محمد الشرفي و علي المزغني، أحكام الحقوق، دار الجنوب للنشر،
تونس، 1995،عدد 186 و ما بعدها، ص 153 و ما بعدها.

[779] M. BEHAR-TOUCHAIS, *op.cit.*, n° 241, p. 205.

[780] *Ibid.*, n° 219 et s., p. 203 et s.

[781] *Ibid.*, n° 221, p. 204.

[782] *Iibid.*, n° 236, p. 215.

[783] *Iibid.*

[784] V. sur l'offre et l'acceptation:
محمد الزين، النظرية العامة للالتزام، 1- العقد، المرجع السابق،عدد 123 و ما بعدها، ص 110 وما بعدها؛ محمد محفوظ ، النظرية العامة للالتزام- 1-العقد ، المرجع السابق، ص 30 و ما بعده 282.

simple de la proposition définitive de contracter[785]. Il y a cependant des cas où la réponse à l'offre, sans pour autant prendre la forme d'un refus catégorique, ne peut être considérée comme un accord pur et simple[786]. Cette hypothèse se rencontre lorsque le destinataire d'une offre adopte une issue flexible lui permettant d'agréer celle-ci en y introduisant néanmoins quelques modifications[787]. Ce qui est certainement le cas lorsque le destinataire de celle-ci prétend en faire modifier un élément essentiel, comme le prix ou la quantité des objets mis en vente[788]. Cette réponse qui ne saurait être qualifiée d'acceptation faute de conformité à la proposition initiale de contracter, est communément appelée « *contreproposition* »[789]. La contreproposition est donc une réponse à la pollicitation ou à l'offre de contracter, mais qui en diffère au niveau du contenu de façon plus au moins importante[790] .

208. La contreproposition cache un refus de nature à emporter la caducité automatique de l'offre initiale. M. J-L. AUBERT écrit à cet égard, que la contreproposition, en tant que refus entraînera automatiquement la caducité de l'offre[791]. La solution est consacrée par l'article 31 du C.O.C. qui prévoit nettement qu'« *une réponse conditionnelle ou restrictive équivaut au refus*

V. en dr. comp. notamment, J.-L. AUBERT, Notions et rôles de l'offre et de l'acceptation dans la formation du contrat, préf. J. FLUOR, Paris, L.G.D.J., 1970, n° 1, p. 1 ; F. TERRE, Ph. SIMLER et Y. LEQUETTE, Droit civil, Les obligations, *op. cit*, n° 106 et s., p. 130 et s. ; Ph. MALINVAUD, D. FENOUILLET, M. MEKKI, Droit des obligations, 13e éd. Lexis Nexis, 2014, n° 119 et s., p. 91 et s.

[785] V. en ce sens:

محمد الزين، النظرية العامة للالتزام، 1- العقد، المرجع السابق،عدد 134 و ما بعدها، ص 1180 وما بعدها؛ محمد محفوظ ، النظرية
العامة للالتزام- 1-العقد ، المرجع السابق، ص 35 ؛ محمد بقبق، قانون مدني ، النظرية العامة للالتزام، التصرف القانوني ، المرجع
السابق، عدد 402 و ما بعدها، ص 298 و ما بعدها.

V. en dr. comp. notamment, J.-L. AUBERT, Notions et rôles de l'offre et de l'acceptation dans la formation du contrat, n° 285, p. 260 ; F. TERRE, Ph. SIMLER et Y. LEQUETTE, Droit civil, Les obligations, *op.cit*, n° 121 et s., p. 144 et s. ; Ph. MALINVAUD, D. FENOUILLET, M. MEKKI, Droit des obligations, *op.cit.*, n° 129 et s., p. 101et s.

[786] F. TERRE, Ph. SIMLER et Y. LEQUETTE, Droit civil, Les obligations, *op.cit*, n° 121, p. 144 ; Ph. MALINVAUD, D. FENOUILLET, M. MEKKI, Droit des obligations, *op.cit.*, n° 130 p. 102.

[787] R. CHAABAN, *op.cit.*, n° 238, p. 216.

[788] J. FLOUR, J.-L. AUBERT et E. SAVAUX, Droit civil, Les obligations, 1- L'acte juridique, *op.cit.*, n° 147, p.100.

Il en est ainsi lorsque le proposant désire vendre pour un prix de 3.600.000, et le destinataire acheter pour 3.300.000

[789] F. TERRE, Ph. SIMLER et Y. LEQUETTE, Droit civil, Les obligations, *op.cit*, n° 121, p. 144 ; Ph. MALINVAUD, D. FENOUILLET, M. MEKKI, Droit des obligations, *op.cit.*, n° 130 p. 102 ; J.-L. AUBERT, Notions et rôles de l'offre et de l'acceptation dans la formation du contrat, *op.cit.*, n° 285, p. 260.

[790] J.-L. AUBERT, Notions et rôles de l'offre et de l'acceptation dans la formation du contrat, *op cit.*, n° 285, p. 260.

[790] *Ibid.*

[791] Ibid.

de la proposition… ». La même solution a été aussi consacrée par le droit anglais, la *counter-offer* détruit l'offre initiale[792]. Aussi l'article 1392 du Code civil Québécois dispose que l'offre est « *caduque à l'égard du destinataire qui l'a refusée* ».

209. Les auteurs relèvent cependant que la contreproposition qui entraîne la chute de l'offre originelle et la caducité de l'ensemble de l'opération projetée peut valoir du même coup comme une offre nouvelle[793]. Le refus de l'offre originelle vaut du même coup une offre nouvelle[794]. Ces principes se trouvent inscrits dans l'article 31 du C.O.C. selon lequel « *une réponse conventionnelle ou restrictive équivaut au refus de la proposition, accompagnée d'une proposition nouvelle* ». La position ainsi posée est conforme à celle retenue par l'article 19.1 de la Convention sur la vente internationale de marchandises du 11 avril 1980. Aux termes de ce texte : « *Une réponse qui tend à l'acceptation d'une offre, mais qui contient des additions, des limitations ou autres modifications, est un rejet de l'offre et constitue une contre-offre* ».

210. L'acceptation conditionnelle ou modalisée, dépourvue de tout effet formateur, n'est pas pour autant dénuée de toute valeur juridique dans la mesure où elle peut valoir comme une offre nouvelle. La transformation de la contreproposition en une offre nouvelle doit être qualifiée de conversion. On retrouve d'ailleurs, dans la contreproposition l'ensemble des caractères qui constituent l'offre : elle est une manifestation unilatérale de volonté, initiale en ce qu'elle prend l'initiative de proposer une préfiguration nouvelle de la situation contractuelle à venir, comportant les précisions nécessaires à la formation d'un contrat[795]. Cette nouvelle offre devra être acceptée par l'auteur de l'offre initiale pour que le contrat soit formé[796]. De la sorte, les positions respectives des intéressés se trouvent inversées. Le destinataire initial devient le titulaire d'une nouvelle offre[797]. Plus précisément, l'offrant initial se trouve placé, à son tour, dans la situation d'un acceptant potentiel[798].

211. Fort du raisonnement précédent, le juge peut aussi appliquer le mécanisme de la conversion pour donner effet à l'acceptation tardive du destinataire. Il importe peu que l'acceptation ait été retardée par un fait imputable à l'acceptant ou par des circonstances indépendantes de sa volonté

---

[792] *Ibid.*, n° 297, p. 274.
[793] *Ibid.*, n° 297, p. 275.
[794] V. en ce sens:
محمد الزين، النظرية العامة للالتزام،1- العقد، المرجع السابق،عدد 134 ، ص 118؛ محمد بقبق، قانون مدني ، النظرية العامة
للالتزام، التصرف القانوني ، المرجع السابق، عدد 398 ، ص 296.
[795] J.-L. AUBERT, Notions et rôles de l'offre et de l'acceptation dans la formation du contrat, *op.cit.*, n° 297, p. 275.
[796] J. GHESTIN, Traité de droit civil, La formation du contrat, *op.cit.*, n° 328, p. 291.
[797] J. FLOUR, J.-L. AUBERT et E. SAVAUX, Droit civil, Les obligations, 1- L'acte juridique, *op.cit.*, n° 147.
[798] *Ibid.*, n° 147, p.100.

(catastrophes naturelles)[799]. Une acceptation tardive n'a donc pas pour effet la formation automatique du contrat dans la mesure où l'offre a cessé d'exister ou si on emploie une terminologie juridique elle est devenue caduque[800]. L'acceptation ne peut former le contrat que lorsqu'elle est exprimée à un moment où l'offre est encore valable[801]. Le moment pendant lequel l'acceptation doit parvenir au destinataire de l'offre varie selon que l'offre a été faite avec ou sans stipulation de délai.

212. Lorsque l'offre a été assortie d'un délai, l'acceptation doit intervenir pendant le délai stipulé par le pollicitant[802]. Sa proposition est caduque à l'expiration de ce laps de temps[803]. En conséquence, une acceptation ultérieure demeurera sans effet[804]. Cependant, lorsque l'offre était simple ou sans délai, le moment d'acceptation varie selon que cette offre a été faite à une personne présente ou par correspondance. En effet dans le premier cas, l'offre doit être acceptée immédiatement[805]. L'article 30 du C.O.C dispose, en effet, que « *la proposition est révocable tant que le contrat n'est point parfait par l'acceptation ou le commencement d'exécution entrepris par l'autre partie* »[806]. Dans le second cas, l'acceptation doit avoir lieu pendant un délai suffisant pour qu'une réponse puisse parvenir régulièrement au proposant[807]. On admet qu'*a fortiori* l'expiration du délai stipulé par son

---

[799] M. FONTAINE (sous la dir.), Le processus de formation du contrat, Contributions comparatives et interdisciplinaires à l'harmonisation du droit européen, L.G.D.J., Paris 2002, n° 182 et 183, p. 254.

[800] *Ibid.*, n° 184, p. 255 ; Ph. MALINVAUD, D. FENOUILLET, M. MEKKI, Droit des obligations, *op.cit.*, n° 128 p. 100 ; M. VANWIJCK-ALEXANDRE et P. WERY, (sous la dir.), Le processus de formation du contrat, Larcier, 2004, n° 32, p. 44 ; J. FLOUR, J.-L. AUBERT et E. SAVAUX, Droit civil, Les obligations, 1- L'acte juridique, *op cit.*, n° 154, p. 106.

[801] J. FLOUR, J.-L. AUBERT et E. SAVAUX, Droit civil, Les obligations, 1- L'acte juridique, *op.cit.*, n° 154, p. 106 ; F. TERRE, Ph. SIMLER et Y. LEQUETTE, Droit civil, Les obligations, *op.cit*, n° 116, p. 137.

[802] V. en ce sens :

محمد الزين، النظرية العامة للالتزام، 1- العقد، المرجع السابق،عدد 138 ، ص 117 وما بعدها؛ محمد محفوظ ، النظرية العامة للالتزام- 1-العقد ، المرجع السابق، ص 35.

[803] Bruxelles, 25 février 1867, D. 1867, 2, 193 ; Lyon 27 juin 1867, D. 1867, 2, 193 ; Civ. 1re, 25 février 1962, Bull. civ., I, n° 80 ; 26 mars 1962, Bull. civ., I, n° 179 ; Civ. 3e, 10 mai 1972, Bull. civ., III, n° 297.

[804] J. FLOUR, J.-L. AUBERT et E. SAVAUX, Droit civil, Les obligations, 1- L'acte juridique, *op cit.*, n° 144, p. 98.

[805] Article 27 du C.O.C.

V. sur l'ensemble de cette question :

محمد الزين، النظرية العامة للالتزام، 1- العقد، المرجع السابق،عدد 129 و ما بعدها، ص 112 وما بعدها؛ محمد محفوظ ، النظرية العامة للالتزام- 1-العقد ، المرجع السابق، ص 30.

[806] La doctrine tunisienne tempère de façon sensible la portée de cette solution. Elle admet, en effet, que l'offre peut comporter implicitement un délai raisonnable d'acceptation, souverainement apprécié par les juges du fond, après lequel celle-ci ne peut plus intervenir efficacement. V. en ce sens Mohamed ZINE :

محمد الزين، النظرية العامة للالتزام، 1- العقد، المرجع السابق،عدد 131 ، ص 115.

[807] Article 34 du C.O.C.

V. en ce sens :

auteur ou, en l'absence de précision, du délai raisonnable, rend l'offre caduque[808].

213. L'acceptation exprimée après la caducité de l'offre est dépourvue de tout effet formateur. Elle n'est pas pour autant dénuée de toute valeur juridique. Elle peut constituer une nouvelle offre, génératrice d'un nouveau droit formateur dans le chef de l'offrant originaire qui sera libre d'accepter ou de refuser[809]. Les auteurs admettent cependant que l'acceptation tardive se convertit en une offre nouvelle[810]. La position ainsi posée est conforme à celle dégagée en droit français, belge, suisse, anglais et allemand[811]. Ainsi par exemple, le § 150 du B.G.B. dispose que « *l'acceptation tardive d'une offre est considérée comme une offre nouvelle* ».

§ 2. La conversion des « actes » atteints d'une cause de dissolution

214. La société n'est pas créée pour durer éternellement[812]. A tout moment, elle peut cesser d'exister suite à la survenance de l'une des causes de dissolution prévue par la loi[813]. La dissolution de la société commerciale

---

محمد الزين، النظرية العامة للالتزام، 1- العقد، المرجع السابق،عدد 138 ، ص 121 وما بعدها؛ محمد بقبق، قانون مدني ، النظرية العامة للالتزام، التصرف القانوني ، المرجع السابق، عدد 412 و ما بعدها ، ص 304.

808 Cass.civ. n° 34 du 26 oct. 1976, B.C.C. 1976.III.67. Dans cet arrêt la Haute juridiction affirme que l'acceptation intervenue seize jours après l'expiration du délai fixé par l'offrant est sans effet.

J. GHESTIN, Traité de droit civil, La formation du contrat, *op.cit.*, n° 315, p. 279.

809 M. FONTAINE (sous la dir.), Le processus de formation du contrat, *op.cit.*, n° 182, p. 254 ; M. VANWIJCK-ALEXANDRE et P. WERY, (sous la dir.), Le processus de formation du contrat, *op.cit.*, n° 32, p. 45.

810 O. CORNAZ, th. préc., p. 110 ; A. Von TUHR, *Die Konversion des Rechtsgeschäfts B.G.B. § 140*, th., Rostock, 1905, pp. 163-164, cité par O. CORNAZ, note n° 10,p. 110.

811 M. FONTAINE (sous la dir.), Le processus de formation du contrat, *op.cit.*, n° 182 et 183, p. 254.

812 K. KHARROUBI, Droit des sociétés commerciales, t.1, *op.cit.*, n°419, p. 289.

813 Les causes de dissolution communes à toutes les sociétés sont prévues essentiellement dans les articles 1318 à 1336 du Code des obligations et des contrats et les articles 21 à 27 du Code des sociétés commerciales. Certaines de ces causes sont liées directement à la société, personne morale, d'autres trouvent leur source dans la personne des associés. Mais dans deux cas la dissolution de la société ne résulte pas de la volonté de ces associés, c'est une situation subie, imposée (Pour une étude exhaustive des causes de dissolution des sociétés commerciales en droit tunisien V. Ch. LABASTIE-DAHDOUH et H. DAHDOUH, Droit commercial, vol. 2, Entreprises sociétaires, t.1, règles communes, 1e éd., IHE Editions, 2003, p. 265 et s. ; S. MELLOULI et S. FRIKHA, Les sociétés commerciales, *op.cit.*, n° 257 et s., p. 80 et s. ; K. KHARROUBI, Droit des sociétés commerciales, t.1, *op.cit.*, n°420 et s., p. 289 et s.. ; v. en dr. comp. CHAUVEAU, « *Dissolution et liquidation des sociétés commerciales* », G.P. 1976, I, doct. 1964 ; GUYENOT, « *Les huit causes communes de dissolution des sociétés civiles et commerciales* », G.P. 1980, 2, doct. 357 ; SCHAEFFER, « *Des causes d'ordre public de dissolution des sociétés* », *in* Dix ans de conf. D'agrég., hommage à J. HAMEL 1961, p. 227 et s.)

La Cour de cassation insiste sur le caractère indicatif des causes légales de dissolution (V. en ce sens : cass.civ. n° 4216 du 12 janvier 2001, R.J.L. 2001, n°10, p. 131 ; cass.civ. n°54932, 24 octobre 1996, B.C.C. 1996, II, 48).

« *met fin à son existence en tant que personne morale* »[814]. Les conséquences de la dissolution sont sensiblement identiques à celles de la nullité. La société dissoute est, en effet, liquidée, sauf dans le cas de la fusion ou de la scission. Sensible de la gravité de ces conséquences sur les associés et les tiers, le législateur tunisien a offert plusieurs mécanismes pour pérenniser la société. L'exclusion de l'associé à l'origine e la dissolution constitue l'un de ces mécanismes[815]. La conversion peut également en constituer un autre outil s'ajoutant à l'arsenal des techniques permettant d'éviter la dissolution des sociétés commerciales. Il y a lieu toutefois de relever que dans les cas de conversion légale, le législateur emploie improprement le terme « *transformation* »[816]. En étudiant ces cas, on risque peut-être de sortir du cadre strict de l'étude entreprise. La conversion porte ici non pas sur l'acte, mais sur la personne juridique. Cependant, l'intérêt indéniable que présente une telle étude pour les chercheurs et les praticiens est de nature à réfuter l'objection[817]. L'analyse de ces cas montre que la conversion peut recevoir application, que la cause de dissolution est liée à la personne des associés (**A**), ou à la société (**B**).

A. Les causes de dissolution liées à la personne des associés

215. Les causes de dissolution de la société liée à la personne des associés, pouvant donner lieu à l'application de la conversion, résultent essentiellement de la survenance de l'incapacité (**1**) ou du décès de l'associé (**2**).

1) La conversion pour survenance de l'incapacité de l'associé

216. L'article 2 du Code des obligations et des contrats mentionne la « capacité de contracter » parmi les quatre conditions essentielles à la validité du contrat et de l'acte juridique en général. Cet élément est nécessaire à la formation comme à la survie des contrats conclus en

[814] K. KHARROUBI, Droit des sociétés commerciales, t.1, *op.cit.*, n°419, p. 289 ; V. aussi : Ch. LABASTIE-DAHDOUH et H. DAHDOUH, Droit commercial, vol. 2, Entreprises sociétaires, t.1, règles communes, *op.cit,* p. 264 ; S. MELLOULI et S. FRIKHA, Les sociétés commerciales, *op.cit.*, n° 256, p. 80.

[815] S. KHALED SLAMA, L'exclusion d'un associé dans les sociétés commerciales à la lumière de la modification du code des sociétés commerciales par la loi du 16 mars 2009, La maison du livre 2013 ; STORCK, « *La continuation d'une société par l'élimination d'un associé* », Rev. Soc. 1982, p. 233 ; H. FRIKHA, Les techniques permettant d'éviter la dissolution des sociétés commerciales, Mémoire pour l'obtention du mastère en droit des affaires, Faculté de Droit de Sfax, 2005-2006, p. 48.

[816] L'article 23 du C.S.C. illustre nos propos. Aux termes de ce texte : « *en cas de réunion de toutes les parts sociales d'une société de personne entre les mains d'un seul associé, la société se transforme en société unipersonnelle à responsabilité limitée* ».

[817] Il est à noter aussi que Perrin avait admis l'application de la conversion aux personnes juridiques (X. PERRIN, th. préc., n° 177 et s., p. 257 et s.)

considération de la personne concernée[818]. Il en résulte que la survenance de l'incapacité du contractant devrait constituer un événement de nature à entraîner en principe l'extinction de ces contrats[819]. La caducité est sans nul doute la cause d'extinction ou la qualification la plus adéquate[820]. Elle correspond en effet à l'hypothèse d'un vice survenant postérieurement à la conclusion de l'acte juridique[821].

217. En droit tunisien, « *la société est un contrat par lequel deux ou plusieurs personnes mettent en commun leurs biens ou leur travail ou tous les deux à la fois en vue de partager le bénéfice qui pourra en résulter* ». Etant un contrat, la capacité requise est exigée pour la validité ainsi que pour la survie des sociétés formées en considération de la personne[822]. L'article 11 du Code des sociétés commerciales rappelle cette règle en prévoyant que « *nul ne peut être associé dans une société en nom collectif ou commandité dans une société en commandite simple ou par actions s'il n'a pas la capacité requise pour la profession commerciale* ».

218. La survenance de l'incapacité de l'associé emporte donc en principe la caducité du contrat et par voie de conséquence la dissolution de la société valablement constituée. La sanction de caducité concerne le contrat de société, alors que la dissolution s'applique à la personne morale. Le principe de dissolution se trouve consacré dans l'article 1318 du C.O.C qui prévoit que les sociétés civiles sont dissoutes par l'interdiction pour infirmité d'esprit de l'un de ses associés[823]. Cette règle est reprise dans l'article 65 du C.S.C., l'incapacité lorsqu'elle frappe l'associé est également une cause de dissolution de la société en non collectif. La solution est tellement évidente dans toutes les sociétés dans lesquelles la commercialité des associés est

---

[818] Parmi les contrats conclus *intuitus personae*, on peut citer les contrats de société, de donation, de mandat et de mariage.

[819] F. GARRON, *op. cit.*, n° 120, p. 149 ; R. CHAABAN, *op. cit.*, n° 576, p.479.

[820] R. CHAABAN, *op. cit.*, n° 119 et s., p. 148 et s.

[821] *Ibid.*

[822] La société est sûrement un contrat, mais son caractère contractuel serait insuffisant à rendre compte de sa nature juridique dont les aspects institutionnels s'affirment davantage (sur la nature de la société v. K. KHARROUBI, Droit des sociétés commerciales, t.1, éd. Latrach 2016, n°47 et s., p. 50 et s. ; S. MELLOULI et S. FRIKHA, Les sociétés commerciales, *op.cit.*, n° 71 et s., p. 34 et s. ; J.P. BERTEL, « *Le débat sur la nature de la société* », Etudes SAYAG, Litec, 1988 ; R. LIBCHABER, « *La société contrat spécial* », *in* Mélanges JEANTIN, 1999, p. 281 ; Th. FAVARIO, « *Regards civilistes sur le contrat de société* », Rev. Soc. 2008, p. 53 ; P. DIDIER, « *La théorie contractualiste* », Rev. Soc. 2000, p. 95 ; C. CHAMPAUD, « *Le contrat de société existe-t-il encore* » ?, *in* Le droit contemporain des contrats, Travaux et recherches de la Faculté de Rennes, Economica 1987, p. 125).
V. aussi ABDALLAH SOUFANI
عبد الله خالد السوفاني، الوجود القانوني للشركة التجارية، أطروحة لنيل شهادة الدكتوراه في القانون الخاص، كلية الحقوق و العلوم
السياسية بتونس، 2001، ص 408 و ما بعدها.

[823] Ch. LABASTIE-DAHDOUH et H. DAHDOUH, Droit commercial, vol. 2, Entreprises sociétaires, t, 1, règles communes, *op.cit.*, p. 278.

exigée[824]. En effet, l'incapacité fait perdre dans les sociétés de personnes la qualité d'associé par l'effet de la perte de la qualité de commerçant. La règle posée par l'article 65 du C.S.C., constitue aussi une conséquence de l'*intuitus personae* qui caractérise ce type de société.

219. La dissolution automatique de la société consécutive à la survenance d'un cas d'incapacité à l'un des associés peut avoir des conséquences préjudiciables pour tous ceux qui l'ont constituée, ainsi que pour les tiers. La dissolution de la société n'exclut pas toute possibilité de sauvetage et de continuation de la personne morale quitte sous une nouvelle appellation. La poursuite de la société peut notamment se réaliser par la conversion de la société dans laquelle la commercialité des associés est exigée en une autre société dans laquelle la qualité de commerçant n'est pas requise pour les associés. On sait tous que la personne qui n'a pas la capacité requise pour l'exercice du commerce peut être un associé commanditaire, un associé dans une société à responsabilité limitée ou un actionnaire dans une société anonyme ou en commandite par action[825].

En application de ces principes, on peut concevoir la conversion d'une société en nom collectif, dissoute pour incapacité frappant un associé, en une société en commandite simple. L'incapable perdrait la qualité d'associé en nom, tenu indéfiniment et solidairement, pour devenir un commanditaire tenu seulement jusqu'à concurrence de son apport, par réduction de sa responsabilité[826].

2) La conversion pour décès de l'associé

220. Lorsqu'un contrat a été conclu *intuitu personae*, la disparition de la personne engendre la caducité de celui-ci. C'est une conséquence de la règle de l'intransmissibilité de ces contrats prévue par l'article 241 du C.O.C. En effet, s'il n'y a pas d'*intuitu personae*, la survenance d'un décès est juridiquement sans conséquence sur l'existence d'un contrat qui était valablement formé. Cela résulte de la règle juridique de la continuation de la personne du défunt par les héritiers de celui-ci. La disparition du contractant peut aboutir à la remise en cause de certaines institutions juridiques, au préjudice de ceux qui les ont constitués[827]. Il en est ainsi notamment en domaine des sociétés. Le décès d'un associé entraîne en principe la dissolution de cette société conformément à l'alinéa 4 de l'article 21 du Code des sociétés commerciales[828]. La dissolution consécutive au décès d'un

---

[824] *Ibid.*, n° 124, p. 70.

[825] Article 11 C.S.C.; S. MELLOULI et S. FRIKHA, Les sociétés commerciales, *op.cit.*, n° 176, p. 57.

[826] X. PERRIN, th. préc., n° 197, p. 289.

[827] F. GARRON, *op.cit.*,n° 129, p. 157.

[828] Le décès d'un associé a un impact différencié sur les sociétés. Les sociétés civiles, soumises aux dispositions de l'article 1318 du C.O.C., sont dissoutes par le décès de l'un des associés. Cette règle est reprise dans l'article 21 du C.S.C. Elle est inversée dans l'article 65 du C.S.C. qui prévoit que le décès d'un associé n'est pas une cause automatique de

associé peut avoir des conséquences désastreuses pour les autres associés. La dissolution de la société entraîne immédiatement sa liquidation entre les parties[829].Cette sanction serait particulièrement rigoureuse pour les tiers de bonne foi qui ont contracté avec elle. La dissolution est aussi un échec économique et social puisque la dissolution de la société commerciale entraîne des licenciements massifs des salariés ayant pour effet d'augmenter le chômage dans un secteur d'activité. C'est la raison pour laquelle elle doit être prononcée le plus rarement possible pour préserver le tissu économique.

221. La dissolution représente ainsi un réel danger que le législateur a entendu endiguer par des techniques permettant de favoriser la pérennité de la société. Parmi ces techniques, on peut citer la conversion. En ce sens, l'article 65 du C.S.C. impose que lorsqu'un associé dans une société en nom collectif décède en laissant des héritiers, la société continue avec eux, mais se transforme alors en société en commandite simple. Les associés deviennent des commandités, alors que les héritiers prennent la qualité d'associés commanditaires, tenus des dettes sociales à concurrence seulement du montant de l'apport en société effectué par leurs auteurs[830]. Il convient cependant de noter qu'à compter du décès, la société en nom collectif est une société en commandite simple en situation irrégulière, tant que les formalités de publicité de cette nouvelle forme sociétaire n'ont pas été accomplies[831]. Par ailleurs, en cas de décès d'un associé dans une société en nom collectif et si l'associé survivant devient le seul associé, la société en nom collectif se convertit en une société unipersonnelle à responsabilité limitée[832].

---

dissolution, sauf clause contraire des statuts. Le principe est donc la survie de la société et sa dissolution, l'exception. Puis le principe de la dissolution est totalement contredit dans l'article 141 du C.S.C. qui dispose que la S.A. R.L. ne peut être dissoute par le décès d'un associé et toute clause contraire des statuts et réputée non écrite. Cependant, en droit français, l'article L.21 de la loi de 1966 consacre le principe de la dissolution de la société mais les statuts peuvent prévoir valablement sa continuation. V. sur la question : Ch. LABASTIE-DAHDOUH et H. DAHDOUH, Droit commercial, vol. 2, Entreprises sociétaires, t.1, règles communes, *op.cit.*, p. 278 ; Kh. KHARROUBI, Droit des sociétés commerciales, t.1, *op.cit.*, n° 532, p. 352 ; S. MELLOULI et S. FRIKHA, Les sociétés commerciales, *op.cit.*, n° 341et s., p. 106 et s.
V. aussi ABDALLAH SOUFANI
عبد الله خالد السوفاني، الوجود القانوني للشركة التجارية، الأطروحة سابقة الذكر، 2001، ص 403 و ما بعدها

[829] La liquidation d'une société est l'ensemble des opérations consécutives à sa dissolution, qui ont pour objet de régler le passif, de convertir les éléments d'actif en argent, en vue de procéder au partage entre les associés de l'actif net subsistant. Au cas où il n'y aurait pas d'excédent d'actif, l'opération doit également déterminer la part de chaque associé dans le passif (Ph. MERLE, Droit commercial, Sociétés commerciales, 18e éd., Dalloz, 2015, n° 116).

[830] S. MELLOULI et S. FRIKHA, Les sociétés commerciales, *op. cit.*, n° 343, p. 106 ; M.-H. MONSERIE-BON, « *Transformation des sociétés* », J. Cl. 2011, Fasc. 33-10, n°11, p. 5.
V. aussi ABDALLAH SOUFANI
عبد الله خالد السوفاني، الوجود القانوني للشركة التجارية، الأطروحة سابقة الذكر ، ص 405 و ما بعدها

[831] Ch. LABASTIE-DAHDOUH et H. DAHDOUH, Droit commercial, vol.2, Entreprises sociétaires et groupements privés, t, 2, règles particulières, *op.cit.*, n° 115, p. 66.

[832] S. MELLOULI et S. FRIKHA, Les sociétés commerciales, *op.cit.*, n° 342, p. 106.

222. Dans d'autres cas, le décès de l'associé opère conversion par réduction de la personne morale. L'hypothèse se rencontre notamment lorsque la société dissoute, par la mort d'un associé, par exemple, laisse place à une « *société en liquidation* ». C'est une société qui tout en ayant les responsabilités de l'ancienne jouit d'une capacité moindre, limitée à ce qui est utile à la liquidation[833]. On sait tous que la dissolution de la société a pour effet principal de la mettre en liquidation[834]. Il est aussi superflu de rappeler que la personnalité morale de la société en liquidation ne s'éteint pas par la dissolution[835]. L'article 29 alinéa premier du Code des sociétés commerciales prévoit en ce sens que « *la personnalité morale de la société survit jusqu'à la clôture de la liquidation* ». La société conserve dès lors l'essentiel de ses attributs, c'est-à-dire qu'elle conserve son nom qui doit être suivi de la mention « *en liquidation* »[836], son siège social et son patrimoine social[837]. Mais il convient de préciser que la société ne conserve sa personnalité morale que pour les besoins de la liquidation, elle ne peut plus entreprendre de nouvelles activités puisqu'elle est dissoute[838]. La personnalité morale survit au-delà de la dissolution de la société rien que pour organiser le « *passé* » et le « *passif* »[839].

223. La solution consacrée par l'article 29 et permettant à la société de survivre partiellement et temporairement pour répondre aux exigences des opérations de la liquidation constitue un vrai cas de conversion[840]. On retrouve d'ailleurs les traits distinctifs de notre institution : le passage d'une forme majeure à une forme mineure et l'idée de réduction. La dissolution de

---

833 X. PERRIN, th. préc., n° 195, pp. 287-288.
V. en ce sens ABDALLAH SOUFANI
عبد الله خالد السوفاني، الوجود القانوني للشركة التجارية، الأطروحة سابقة الذكر ، ص 555 و ما بعدها

834 Sur la liquidation des sociétés commerciales, v. les articles 28 et s. du C.S.C.

835 Ch. LABASTIE-DAHDOUH et H. DAHDOUH, Droit commercial, vol. 2, Entreprises sociétaires et groupements privés, t,1, règles communes, *op.cit.*, p. 296 et s. ; K. KHARROUBI, Droit des sociétés commerciales, *op.cit.*, n° 443, p. 302 ; S. MELLOULI et S. FRIKHA, Les sociétés commerciales, *op.cit.*, n° 277, p. 84.
V. en dr.comp. notamment, A. BOUILLOUX, « *La survie de la personnalité morale pour les besoins de la liquidation* », Rev. Soc. 1994, p. 395 ; E. BERNALD LESION, « *La survie de la personnalité morale dissoute* », R.T.D.com. 2003, p. 1.

835 K. KHARROUBI, Droit des sociétés commerciales, *op.cit.*, n° 450, p. 306.

836 V. article 29 alinéa premier du C.S.C.

837 Ch. LABASTIE-DAHDOUH et H. DAHDOUH, Droit commercial, vol. 2, Entreprises sociétaires et groupements privés, t.1, règles communes, *op.cit.*, p. 299 ; K. KHARROUBI, Droit des sociétés commerciales, *op.cit.*, n° 449 et s., p. 305 et s. ; S. MELLOULI et S. FRIKHA, Les sociétés commerciales, *op.cit.*, n° 277, p. 84.

838 Le liquidateur peut notamment durant la période de liquidation recouvrer les créances de la société, achever les contrats conclus, payer les créanciers. S. MELLOULI et S. FRIKHA, Les sociétés commerciales, *op.cit.*, n°277, pp. 84-85 ; Ch. LABASTIE-DAHDOUH et H. DAHDOUH, Droit commercial, vol. 2, Entreprises sociétaires et groupements privés, t.1, règles communes, *op.cit.*, p. 299 ; K. KHARROUBI, Droit des sociétés commerciales, *op.cit.*, n° 450, p. 306.

839 K. KHARROUBI, Droit des sociétés commerciales, *op.cit.*, n° 450, p. 306.

840 *Ibid.*, n° 443, p. 302.

la société consécutive au décès de l'associé n'a pas pour effet d'annihiler totalement la personnalité juridique. Au contraire, il y a continuation d'une personne juridique extrêmement diminuée[841]. La personne juridique qui survit à la dissolution ait à la fois l'aptitude de faire naître des droits et l'aptitude à les exercer. Mais la réduction consiste à ce que ces deux aptitudes n'existent plus qu'aux fins de liquidation[842]. C'est aussi une société diminuée par rapport à la forme majeure, surtout en raison de la précarité de son existence[843]. La dissolution forcée de la société par la mort d'un associé, a donc pour conséquence de convertir la société régulière en une société diminuée (société en liquidation), correspondant au type envisagé, mais ayant une personnalité morale réduite[844].

La conversion de la société apparaît ainsi comme l'ultime moyen de sauver une société que menace la dissolution. L'objectif est d'optimiser la durée de vie de la société[845]. Ce même objectif doit nous inciter à faire la lumière sur la convertibilité d'une société dissoute en raison de la perte de pluralité d'associés.

B. Les causes de dissolution liées à la société : la perte de pluralité d'associés

224. La pluralité d'associés représente un élément structurel et essentiel à la validité comme à la survie des sociétés commerciales, à l'exception de la société unipersonnelle à responsabilité limitée qui déroge au caractère pluripersonnel de la constitution et du fonctionnement de la société[846]. Cet élément procède de la nature du contrat de société. Il s'agit en quelque sorte d'un critère distinctif qui participe à la définition même de cette institution juridique[847]. L'article 1249 du Code des obligations et des contrats ne permet aucun doute à ce sujet : « *la société est un contrat par lequel deux ou plusieurs personnes mettent en commun leurs biens ou leur travail ou tous les deux à la fois en vue de partager le bénéfice qui pourra en résulter* ». L'article 2 du Code des sociétés commerciales reprend la même définition tout en la complétant. Il prévoit que « *la société est un contrat par lequel deux ou plusieurs personnes conviennent d'affecter en commun leurs apports, en vue de partager le bénéfice ou de profiter de l'économie qui pourraient résulter de l'activité de la société* ».

---

841 M. BEHAR-TOUCHAIS, Le décès du contractant, *op.cit.*, p. 204

842 *Ibid.*, n° 242, p. 205 note n° 4.

843 X. PERRIN, th. préc., n° 195, pp. 287-288.

844 *Ibid.*, p. 299.

845 G. RIPERT, Aspects juridiques du capitalisme moderne, Paris, L.G.D.J., 1946, 2e éd., p. 76.

846 K. KHARROUBI, Droit des sociétés commerciales, *op.cit.*, n° 635, p. 403 ; F. GARRON, *op.cit.*, n° 144, p. 172 ; STORCK, « *La continuation d'une société par l'élimination d'un associé* », Rev. Soc. 1982, p. 233.

847 F. GARRON, *op.cit.*, n° 144, p. 172.

225. Dès lors, il paraît évident que lorsque le nombre des associés est inférieur à deux, la société doit en principe être dissoute. L'article 23 du Code des sociétés commerciales relatif à la société à responsabilité limitée représente une consécration légale de cette nécessité. Il prévoit, en effet, la dissolution de la société dans l'hypothèse de réunion de toutes les parts sociales entre les mains d'une seule personne[848]. Cette cause peut se produire de diverses manières : soit par le décès d'un associé, soit par l'acquisition par un associé de toutes les parts sociales de son ou de ses coassociés, soit par l'acquisition par un tiers de toutes les parts sociales dont il devient l'unique propriétaire[849]. Le même article ajoute qu'« *en cas de réunion de toutes les parts sociales d'une société de personne entre les mains d'un seul associé, la société se transforme en société unipersonnelle à responsabilité limitée* »[850]. Cette même solution a été reprise par le législateur dans l'article 93 du Code des sociétés commerciales[851]. Les deux articles annoncent ainsi

---

[848] La dissolution n'est toutefois décidée que de manière accessoire. La réunion de toutes les parts entre les mains d'une seule personne n'entraîne pas, en effet, de plein droit, la dissolution de la société. En effet, la S.A.R.L. peut régulariser sa situation dans le délai d'un an à compter de la date de réunion de toutes les parts sociales pour devenir une société unipersonnelle à responsabilité limitée avec obligation de procéder à toutes les formalités requises en matière de modification statutaire. A défaut de régularisation pendant ce délai, tout intéressé peut demander en justice la dissolution de la société. Le tribunal peut alors accorder un délai supplémentaire de six mois ou plus pour permettre à la société de se régulariser (K. KHARROUBI, Droit des sociétés commerciales, *op.cit.*, n° 635, pp. 403-404 ; Ch. LABASTIE-DAHDOUH et H. DAHDOUH, Droit commercial, vol. 2, Entreprises sociétaires, t.1, règles communes, *op.cit.*, n°, p. 269).

[849] J. LEBLOND, « *De la réunion de toutes les parts ou actions d'une société entre les mains d'une seule personne, au point de vue juridique et fiscal* », R.T.D. com., 1963, p. 417 ; H. FRIKHA, Les techniques permettant d'éviter la dissolution des sociétés commerciales, mémoire préc., p.100.

[850] A. OMRANE, « *Le droit tunisien des sociétés entre l'archaïsme et la modernité* », Etudes juridiques, Revue publiée par la Faculté de Droit de Sfax, 2003, n° 10, p. 117, spéc. p. 128 et s. ; S. MELLOULI et S. FRIKHA, Les sociétés commerciales, *op.cit.*, n° 342, p. 106 ; K. KHARROUBI, Droit des sociétés commerciales, *op.cit.*, n° 635, pp. 403-404 ; Ch. LABASTIE-DAHDOUH et H. DAHDOUH, Droit commercial, vol. 2, Entreprises sociétaires, t.1, règles communes, *op. cit.*, n°, p. 269.
V. aussi Salah BOURAS
صالح بوراس،" شركة الشخص الواحد ذات المسؤولية المحدودة"، الملتقى الدولي حول مجلة الشركات التجارية، يومي 5 و 6 أفريل 2001، منشورات مركز الدراسات القانونية و القضائية، تونس 2002، ص 233.
- Imed DEROUICH
عماد الدرويش،" شركة الشخص الواحد ذات المسؤولية المحدودة "م. ق. ت. 2002، عدد 8، ص 35؛ رضا عبد الصادق،" شركة الشخص الواحد ذات المسؤولية المحدودة"، م. ق. ت. 2001، عدد 10، ص 147.
- Fethia YOUSSEF ELMOULOUDA AMERI
فتحية يوسف المولودة عماري،" الأمر 96-27، و التصور الجديد لمفهوم عقد الشركة: " الشركة ذات المسؤولية المحدودة ذات الشخص الواحد" في القانون الجزائري، م.ق.ت. 2000، ص 75.

[851] Il prévoit que : « *Si toutes les parts sociales d'une société à responsabilité limitée se trouvent réunies entre les mains d'une seule personne, celle-ci se transforme en une société unipersonnelle à responsabilité limitée* ».

la possibilité de constituer une société unipersonnelle à responsabilité limitée « *par voie de dégénération* »[852].

La solution adoptée manifeste incontestablement la volonté du législateur d'éviter la disparition de la société résultant d'une cause extérieure à la volonté des contractants, et à plus forte raison, lorsque cette disparition est due à une cause inhérente aux parties.

SECTION II. LA CONVERSION POUR CAUSES INHÉRENTES AUX PARTIES

226. La conversion intervient dans certains cas pour sanctionner le contractant qui s'est livré à une attitude répréhensible (**§1**), ou négligente (**§2**).

§ 1. La conversion, sanction d'un comportement répréhensible des parties

227. La conversion permet de manière en quelque sorte négative de sanctionner le comportement fautif de l'auteur d'une inexécution (**A**), ou d'une révocation de l'acte juridique (**B**).

A. La conversion, sanction alternative à la résolution pour inexécution

228. Lorsque dans un contrat synallagmatique, l'une des parties n'exécute pas ses obligations, l'autre peut demander au juge qu'il prononce la résolution du contrat avec dommages et intérêts en raison du préjudice causé par cette inexécution[853]. Les effets de la résolution semblent particulièrement

---

[852] D. BASTIAN, « *La réunion de toutes les actions d'une société entre les mains d'une seule personne* », Journ. Soc. 1993, p. 65 ; H. GARGOURI, La S.U.A.R.L. (entre contrat et patrimoine). Etude de droit tunisien et du droit comparé, mémoire D.E.A. en droit des affaires, Faculté de Droit de Sfax, 2002, p. 120.
V. aussi Habib ELKEMEL ELBANNENI
الحبيب الكامل البناني، " شركة الشخص الواحد ذات المسؤولية المحدودة"، م. ق. ت.، نوفمبر 2001، عدد 9، ص11 و خاصة ص 33.

[853] V° sur la résolution en droit tunisien :
محمد الزين، النظرية العامة للالتزام، 1- العقد،المرجع السابق، عدد 243، ص 200؛ محمد محفوظ ، النظرية العامة للالتزام (1)العقد، المرجع السابق، ص 84 ؛ محمد بقبق، قانون مدني ، النظرية العامة للالتزام، التصرف القانوني، المرجع السابق، عدد 302، ص219.
V° aussi : S. JERBI, « *La résolution du contrat dans la jurisprudence tunisienne : un humne en quatre temps* », *in* Cinquante ans de jurisprudence civile 1959-2009, (sous la dir. de M.-K. CHARFEDDINE), C.P.U. 2010, p. 5 et s. ; I. ARIBI, Notion et rôle de la résiliation en droit privé interne, th. Grenoble 1995 ; M.- M. CHAFFAI, La demeure du débiteur dans l'exécution du contrat, th., F.D.S.P.E.T. 1984, spéc. p. 209 ; I. ARIBI, « *L'article 273 du C.O.C. et l'option entre l'action en exécution et l'action en résolution* », A.J.T. 12/1998, p. 137.

énergiques puisqu'ils provoquent la disparition totale du contrat pour le passé comme pour l'avenir, à l'image d'une nullité dans le temps et dans l'espace d'un contrat pourtant valablement conclu[854]. Il n'y a par voie de conséquence aucune raison pour repousser la conversion lorsque l'anéantissement de l'acte résulte du prononcé de la sanction de résolution[855]. Il convient toutefois de relever que les cas de conversion en ce domaine ne sont pas nombreux. L'exemple le plus connu concerne la résolution partielle qui peut constituer une espèce ou une variété de conversion[856].

229. La résolution partielle est définie comme « *la sanction de l'inexécution partielle, c'est-à-dire l'échéance non respectée, la perte d'une marchandise, la livraison défectueuse…* »[857]. La résolution partielle se présente comme étant une exception au principe de la résolution totale de l'acte[858]. M. Pascal Lipinski, dans un article sur la conversion des actes juridiques, a essayé de démontrer que dans le cas où le juge prononce « *la résolution partielle* » de l'acte, il fait naître en réalité une nouvelle situation juridique[859]. La résolution partielle, dit-il, a l'avantage de substituer un nouveau contrat à l'ancien, mal exécuté. Tous les éléments constitutifs de la conversion, ajoute l'auteur, sont réunis. Il y a bien disparition totale de l'acte majeur consécutivement au prononcé de sa résolution par le juge. Il y a ensuite apparition d'un second, l'acte mineur, qui s'organise à partir des éléments laissés par l'acte anéanti, et qui lui succède[860].

230. Pour illustrer sa thèse, P. Lipinski, prend l'exemple dans lequel le juge prononce la résolution d'un contrat de bail d'un immeuble défectueux

---

V. en dr.comp. notamment : F. TERRE, Ph. SIMLER et Y. LEQUETTE, Droit civil, Les obligations, *op.cit*, n° 642 et s., p. 693 et s. ; Ph. MALINVAUD, D. FENOUILLET, M. MEKKI, Droit des obligations, *op.cit.*, n° 523 et s. p. 400 et s. ; R. CASSIN, « *Réflexions sur la résolution judiciaire pour inexécution* », R.T.D.civ. 1945.159 ; M. E. ANDRE, M.P. DUMONT et Ph. GRIGNON, L'après contrat, éd. Francis Lefebvre 2005, n° 39, pp. 43-44.

[854] V. en ce sens :

محمد الزين، النظرية العامة للالتزام، 1- العقد،المرجع السابق، عدد 393، ص 317؛ محمد بقبق، قانون مدني ، النظرية العامة للالتزام، التصرف القانوني، المرجع السابق، عدد 302، ص219.

V. aussi en dr.comp. F. TERRE, Ph. SIMLER et Y. LEQUETTE, Les obligations, *op.cit.*, n° 642, p. 693 ; B. STARCK, H. ROLAND, et L. BOYER, Droit civil, Les obligations, t.2, Contrat, 6e éd., Litec, 1998, n° 1937, p. 675 ; Ph. MALINVAUD, D. FENOUILLET, M. MEKKI, Droit des obligations, *op.cit.*, n° 524, p. 400.

[855] V. *infra* n° 289.

[856] V. *infra* n° 573.

[857] C. RIGALLE-DUMETZ, La résolution partielle du contrat, *op.cit.*, n° 247, p. 150.

[858] Le droit tunisien semble favorable à cette solution même si l'exécution de l'obligation est partielle. L'article 273 dispose, en effet, dans son alinéa deuxième que : « *Lorsque l'exécution n'est plus possible qu'en partie, le créancier pourra demander, soit l'exécution du contrat pour la partie qui est encore possible, soit la résolution du contrat...* ». A l'inverse, L'article 1223 du Code civil français permet au créancier qui a accepté une exécution imparfaite du contrat de solliciter « *une réduction proportionnelle du prix* ». La réduction du prix équivaut à une résolution du contrat.

[859] P. LIPINSKI, art. préc., n° 35, p. 1191.

[860] *Ibid.*

en l'assortissant d'une réduction du loyer[861]. Dans cet exemple, dit-il, la diminution du loyer, conséquence d'une jouissance diminuée, constitue un autre prix que celui qui était initialement convenu. Ce loyer est l'objet d'une nouvelle obligation qui se fonde sur une nouvelle cause, en l'occurrence une nouvelle contrepartie, la jouissance d'un immeuble défectueux[862]. A la fin de son raisonnement, l'auteur conclut que l'ancien contrat de bail, l'acte majeur, totalement anéanti du fait de l'inexécution de l'obligation du bailleur, a été converti en un nouveau bail (acte mineur)[863]. Cet exemple montre que la « *prétendue* » résolution partielle du contrat constitue en réalité un cas de conversion.

231. Cette position peut trouver un appui dans l'analyse faite par Mme Corinne Rigalle-Dumetz, dans sa thèse sur « *la résolution partielle du contrat* ». L'auteur, tout en reconnaissant que la résolution partielle est une « *notion fausse* », ajoute que cette technique conduit en fait à un découpage du contrat simple en deux contrats [864]. Pour étayer ses dires, elle prend l'exemple d'un contrat de vente portant sur 150 000 pièces de tissu. Le vendeur n'en livre que les 2/3. L'acheteur peut décider d'une réduction du prix égale à la valeur des pièces manquantes, c'est-à-dire 1/3 du prix convenu. Il peut également découper son contrat simple en deux contrats : un totalement exécuté portant sur les 2/3 des biens et un totalement inexécuté concernant les biens non livrés. La résolution, dit-elle, ne concernera que ce dernier contrat et lui permettra d'obtenir la restitution du prix déjà payé ou l'extinction du prix à hauteur des marchandises non livrés[865].

Il est donc facile de ce rendre compte que la réduction est très substantielle ici ce qui nous permettra de retenir la qualification de conversion. Mais finalement, la solution dépend aussi de la position prise envers l'acte mineur. Si on considère que ce dernier a une individualité différente de l'acte initial, il y a conversion ; dans le cas contraire, il y a simple réduction[866].

B. La conversion, sanction de la révocation de l'acte

232. La révocation ou « *le retrait d'un acte juridique* »[867] est une cause légale d'extinction du contrat consacrée par l'article 339 du Code des obligations et des contrats. La révocation peut aussi être classifiée au rang des causes volontaires d'extinction des contrats[868]. La révocation peut

---

[861] *Ibid.*
[862] *Ibid.*
[863] *Ibid.*
[864] C. RIGALLE-DUMETZ, La résolution partielle du contrat, *op.cit.*, n° 287, p. 171.
[865] *Ibid.*, n° 272, p. 162.
[866] V. *infra* n° 422.
[867] M. BEHAR-TOUCHAIS, « *Extinction du contrat, Les causes* », J -CI. Contrats et distribution, 1988, fasc. 175, n° 3, p. 5.
[868] Ph. SIMLER, « Contrats et obligations, Causes d'extinction des obligations », J -CI. Civil 2009: fasc. 62, art. 1234, n° 18 et s, p. 5

résulter d'abord du consentement mutuel des parties de défaire ce qui a été convenu : au *mutuus consensus* répond ainsi un *mutuus dissensus*[869]. Le *mutuus dissensus* est une nouvelle convention ayant pour objet de révoquer le contrat initial[870]. Cette cause de disparition est expressément envisagée dans l'article 242 du Code des obligations et des contrats qui, après avoir affirmé que « *les obligations contractuelles valablement formées tiennent lieu de loi à ceux qui les ont faites* », ajoute qu'« *elles ne peuvent être révoquées que de leur consentement mutuel ou dans les cas prévus par la loi* ».

233. Il s'ensuit que la révocation unilatérale du contrat a en principe un caractère fautif. On sait tous que le contrat naît de la rencontre de l'offre et de l'acceptation[871]. Le pollicitant perd à cet instant, toute possibilité de rétracter son offre. L'acceptant ne pourrait aussi revenir sur sa décision et, après réflexion, décider de rejeter l'offre. Les parties après l'acceptation sont définitivement liées. La révocation de l'offre ou de l'acceptation intervenant par la suite est évidemment inefficace[872]. Il est aussi inutile de rappeler qu'une fois formé, le lien contractuel est doté d'une force contraignante à laquelle les parties ne sauraient en principe se soustraire unilatéralement. L'article 242 du Code des obligations et des contrats affirme en ce sens que « *les obligations contractuelles valablement formées tiennent lieu de loi à ceux qui les ont faites* ». Il ne faut pas cependant en déduire qu'on ne peut pas, dans certains cas, donner un effet utile à la volonté d'une partie de ne pas être liée par le contrat. Selon les circonstances, le destinataire du retrait peut, en effet, avoir intérêt à convertir le retrait inefficace en une résiliation unilatérale de la part de son partenaire. Cette solution est particulièrement envisageable dans les conventions qui se prêtent à ce mode de dissolution, la résiliation unilatérale[873]. Tel est notamment le cas du mandat, du dépôt et du contrat de travail à durée indéterminée. En effet, dans tous ces cas la loi reconnaît aux parties la faculté de mettre fin unilatéralement au contrat[874].

Le précédent exposé a permis de constater que la conversion sanctionne le comportement fautif du contractant en cours d'exécution de l'acte juridique. Il convient à présent de vérifier si la conversion peut encore jouer un rôle sanctionnateur lorsque la faute n'est pas intentionnelle, mais résulte de la simple négligence du contractant.

---

[869] *Ibid.*, n° 19, p. 5.

[870] *Ibid.*, n° 18 et 19, p. 5 et s

[871] F. TERRE, Ph. SIMLER et Y. LEQUETTE, Droit civil, Les obligations, *op.cit.*, n° 104, p. 129 ; Ph. MALINVAUD, D. FENOUILLET, M. MEKKI, Droit des obligations, *op.cit.*, n°113, p. 87.

[872] M. VANWIJCK-ALEXANDRE et P. WERY (sous la coordination de), Le processus de formation du contrat, *op.cit.*, n° 21, p. 32.

[873] *Ibid.*, n° 22, p. 32.

[874] V. par ex. l'article 1157 du C.O.C. qui prévoit que : « *le mandat finit : 2) par la révocation du mandataire ; 3) par la renonciation de celui-ci au mandat* ».

V. aussi : Ph. SIMLER, « *Contrats et obligations, Causes d'extinction des obligations* », préc., n° 22, p. 6 ; M.-E. PANCRAZI-TIAN, *op.cit.*, n° 222, p. 197.

§ 2. La conversion, sanction d'un comportement négligent des parties

234. La conversion sanctionne non seulement la mauvaise foi du contractant, mais aussi celui qui, par sa propre négligence n'a pas observé les délais de prescription (**A**) ou de forclusion (**B**).

A. La conversion, sanction de l'inobservation des délais de prescription

235. La prescription extinctive ou libératoire est un mode d'extinction des obligations résultant du défaut d'exercice des droits pendant un certains laps de temps[875]. La prescription est citée et traitée par le Code des obligations et des contrats comme un mode d'extinction des obligations. Ainsi, celui qui est resté quinze ans sans payer sa dette n'est plus débiteur[876]. Il est libéré de cette obligation[877]. La dette disparaît ainsi par un fait, l'écoulement du temps[878]. La prescription extinctive ne doit pas être confondue avec la prescription acquisitive qui permet à celui qui a exercé sur un immeuble ou un droit réel immobilier une possession de devenir propriétaire titulaire de certains droits par une possession d'une certaine durée. La prescription tend à consolider des situations de fait ayant duré un certain temps[879]. Cette transformation des situations de fait en situation de droit est conforme au bon ordre social, dont l'une de ces exigences est la sécurité[880].

236. La doctrine moderne convient cependant que la prescription n'a pas toujours pour effet d'éteindre totalement et définitivement l'obligation du débiteur dans la mesure où elle participe dans certaines hypothèses à la création d'une situation juridique nouvelle[881]. La prescription paraît donc devoir être analysée d'une façon bien différente. Elle n'a pas seulement pour finalité la consolidation d'une situation qui a duré dans le temps, mais aussi de faire naître un état de droit nouveau. On n'en citera ici qu'un exemple fameux : celui de la dégénérescence de certaines obligations civiles en

---

[875] F. TERRE, Ph. SIMLER et Y. LEQUETTE, Droit civil, Les obligations, *op. cit*, n° 1472, p. 1508 ; J. FLOUR et J.-L. AUBERT, Les obligations, t.3, Le rapport d'obligation, *op.cit.*, n° 478 ; M. BRUSCHI, La prescription en droit de la responsabilité civile, préf. A. SERIAUX, coll. Droit civil, Série Etudes et recherches, Paris, Economica 1997 ; CARBONNIER, « *Notes sur la prescription extinctive* », R.T.D. civ. 1952, p. 171 ; F. ZENATI et S. FOURNIER, « *Essai d'une théorie unitaire de la prescription* », R.T.D. civ. 1996, p. 339

[876] Article 402 du C.O.C.

[877] J. FLOUR et J.-L. AUBERT, Les obligations, t.3, Le rapport d'obligation, *op.cit.*, n° 480.

[878] Contrairement à la prescription extinctive, l'extinction en cas de remise de dette découle d'un acte du créancier qui accepte de libérer le débiteur (J. FLOUR et J.-L ; AUBERT, Les obligations, t. 3, Le rapport d'obligation, *op.cit.*, n° 471).

[879] F. TERRE, Ph. SIMLER et Y. LEQUETTE, Droit civil, Les obligations, *op.cit*, n° 1472, p. 1508.

[880] J. FLOUR et J.-L ; Aubert, Les obligations, t.3, Le rapport d'obligation, *op.cit.*, n° 480.

[881] V. notamment : A. COURET, art. préc., n° 5 et 6, p. 222 et 223.

obligations naturelles[882]. Cette hypothèse, bénéficiant déjà d'une qualification juridique autonome, en l'occurrence la presçription, peut aussi être expliquée par son rattachement à la catégorie de la conversion[883]. Cette solution présente une utilité particulière dans la mesure où l'acquittement par le débiteur de sa dette transforme l'obligation naturelle qui pèse sur lui en une obligation civile[884]. Cette analyse peut trouver un appui dans l'article 78 du Code des obligations et des contrats, siège de l'obligation naturelle en droit tunisien, qui prévoit que : « *Si le paiement a été fait en exécution d'une dette prescrite ou d'une obligation morale, il n'y a pas lieu à répétition, lorsque celui qui a payé avait la capacité d'aliéner à titre gratuit, encore qu'il eût cru par erreur qu'il était tenu de payer ou qu'il ignorât le fait de la prescription* ».

237. L'idée que l'obligation éteinte par l'effet de la prescription extinctive laisse survivre une obligation naturelle est très largement partagée[885]. Il convient cependant de relever que l'accord qui règne en doctrine sur l'admissibilité de la conversion de l'obligation prescrite, ne doit pas occulter la différence des justifications avancées de cette solution[886]. Certains auteurs soutiennent que la conversion ou la survie de l'obligation naturelle repose sur l'idée que l'obligation est constituée par la réunion de deux rapports indépendants et distincts, le rapport de dette (*Schuld*) et le rapport de contrainte ou encore de responsabilité (*Haftung*)[887]. Les partisans d'une telle analyse disent que la prescription n'atteint que le rapport de responsabilité et laisse survivre le rapport de dette[888]. Certains auteurs contemporains soutiennent, au contraire, l'idée que la prescription extinctive affecte non seulement l'action, mais également le droit substantiel[889]. Les

---

[882] V. en ce sens : Mohamed CHARFI et Ali MEZGHANI

محمد الشرفي و علي المزغني، أحكام الحقوق، دار الجنوب للنشر،1995 تونس، عدد 106 و ما بعدها، ص 92 و ما بعدها.

V. aussi Mohamed MAHFAOUDH

محمد محفوظ ، النظرية العامة للالتزام- 1-العقد ، المرجع السابق، ص 5 و 6.

V. en dr. comp. notamment : M. GOBERT, Essai sur le rôle de l'obligation naturelle, préf. J. FLOUR, Sirey 1957, p. 15 Chap.1 « *La prescription* » ; A. COURET, art. préc., n° 5, p. 222.

[883] A. COURET, art. préc., n° 5 et 6, p. 222 et 223.

[884] *Ibid*., p. 17.

[885] V. en ce sens : Mohamed ZINE

محمد الزين، النظرية العامة للالتزام، 1- العقد،المرجع السابق، عدد 10، ص 24.

V. aussi Mohamed BAG BAG

محمد بقبق، قانون مدني ، النظرية العامة للالتزام، التصرف القانوني، المرجع السابق، عدد 3، ص8 و9.

V. en dr. comp. notamment : M. BANDRAC, La nature juridique de la prescription extinctive en matière civile, préf. P. Raynaud, Economica, 1986, n° 21, p. 36

[886] V. sur l'ensemble de cette question : G. FOREST, Essai sur la notion d'obligation en droit privé, préf. F. LEDUC, Dalloz, 2012, n° 434 et s., p. 311 et s.

[887] V. en ce sens : Mohamed ZINE

محمد الزين، النظرية العامة للالتزام، 1- العقد،المرجع السابق، عدد 9، ص 23.

V. aussi : M. GOBERT, *op. cit*., p. 21 et s. Chap. 1 « *La prescription* »

[888] M. BANDRAC, *op.cit*., n° 19, p. 33 ; M. GOBERT, *op.cit*., p. 21 et s. Chap. 1 « *La prescription* ».

[889] V. notamment : M. BANDRAC, *op.cit*., n° 22, p. 38.

mêmes auteurs ajoutent que la prescription n'est qu'une cause d'extinction imparfaite dans la mesure où elle n'atteint le droit qu'en partie et n'a donc qu'une portée limitée [890].

238. En réalité, ces deux opinions correspondent à deux conceptions différentes des effets de la prescription. La première s'accorde avec la conception processualiste qui distingue le droit et l'action[891]. Les auteurs qui adhérent à une telle conception considèrent que la prescription éteint l'action en justice sans pour autant remettre en cause le droit substantiel[892]. L'obligation naturelle est en conséquence une obligation « *imparfaite* »[893] ou pour emprunter une expression de Monsieur F. Luxembourg « *sans droit d'action* »[894]. Le créancier a certes le droit de réclamer la prestation du débiteur, mais si celui-ci refuse de s'exécuter, il ne peut l'y contraindre par les moyens légaux existants[895]. L'obligation naturelle est une obligation « *démuni d'action sans doute, mais parfait dans son contenu substantiel* »[896]. C'est ce qui explique que, une fois la prescription échue, le paiement de la dette reste toujours valable, car réalisé en exécution d'une obligation valable[897].

239. La seconde correspond à une conception subtantialiste modérée[898]. Les auteurs qui adoptent une telle conception considèrent que la prescription affecte non seulement l'action, mais également le droit substantiel lui-même [899]. Les mêmes auteurs ajoutent cependant que l'effet de la prescription est d'éteindre le droit qu'en partie sans pour autant le détruire complètement[900]. La prescription telle que comprend ces auteurs se présente ainsi comme une cause d'extinction partielle du droit, laissant survivre une obligation naturelle[901]. Les partisans de cette théorie traduisent par une expression convaincante la substitution qui s'opère ainsi en disant que l'obligation civile a dégénéré en obligation naturelle[902]. L'obligation civile dégénérée, contrairement à l'obligation civile avortée[903], est constituée dès l'origine à

---

[890] *Ibid.*

[891] A. COLLIN, « *Pour une conception renouvelée de la prescription* », Rép. Déf., 2010, n° 587, p. 465.

[892] *Ibid.*; M. MIGNOT, « *Prescription extinctive, Dispositions générales* », J.-Cl. civil, 2009, Art. 2219 à 2223, n° 19 et s., p. 6 ; Req. 17 janvier 1938, D.P. 1940, I, 57, note J. CHEVALLIER ; M. BANDRAC, *op.cit.*, n° 22, p. 37.

[893] G. FOREST, *op.cit.*, n° 437, p. 313.

[894] F. LUXEMBOURG, La déchéance des droits, Contribution à l'étude des sanctions civiles, préf. A. GHOZI, éd. Panthéon-Assas, 2007, n° 250, p. 118.

[895] *Ibid.*, n° 250, p. 118.

[896] M. BANDRAC, *op.cit.*, n° 22, p. 37.

[897] A. COLLIN, art. préc., n° 587, p. 465.

[898] M. BANDRAC, *op.cit.*, n° 22, p. 37 ; Req. 17 janvier 1938, préc.

[899] M. BANDRAC, *op.cit.*, n° 166, p. 169.

[900] *Ibid.*,n° 19, p. 34 et n° 22, p. 37

[901] *Ibid,* n° 22, p. 37

[902] M. GOBERT, *op.cit.*, p. 16.

[903] L'obligation civile avortée est celle qui, dès l'origine, n'a connu que l'état d'obligation naturelle. Les exemples sont nombreux. Il suffira de rappeler les plus connus. Ce sont les

l'état civil, mais à cause de la prescription le lien juridique perd le pouvoir de contrainte dont il était auparavant assorti[904]. Elle a été aussi qualifiée par ces auteurs de « *diminutif* », de « *reliquat* » ou encore de « *résidu* » de l'obligation civile imparfaitement éteinte[905].

240. Par ailleurs, le droit des effets de commerce offre aussi d'autres exemples de conversion pour écoulement du temps. Ainsi, en matière de lettre de change, l'article 335 du Code de commerce édicte une prescription courte, dont le délai varie suivant la qualité des parties[906]. Cette prescription éteint l'action cambiaire uniquement, mais elle laisse intact l'action extra cambiaire[907]. La Cour de cassation avait déjà affirmé en ce sens qu'en cas d'écoulement du délai de prescription cambiaire le titre pourra être analysé comme un titre de créance civil[908] ou encore comme une reconnaissance de dette[909]. Le porteur agissant sur la base du rapport fondamental peut, en conséquence, intenter contre les signataires du titre une action civile en paiement selon les règles du droit commun[910]. Cette action présente un avantage appréciable dans la mesure où elle ne se prescrit en principe que par un délai de quinze ans[911]. La doctrine explique davantage cette idée en relevant que le porteur dispose d'une double action : l'action cambiaire contre l'accepteur et les garants et l'action de provision contre le tiré. Il fera valoir cette dernière à défaut d'acceptation et chaque fois que l'action

---

engagements contractés librement mais entachés dans leur perfection par un vice de forme ou une incapacité susceptible d'entraîner une nullité rétroactive (M. GOBERT, *op.cit.*, p. 3)

904 M. GOBERT, *op.cit.*, pp. 3 et 4.

905 *Ibid.*, p. 22.

906 L'article 335 du C. Com. prévoit trois délais de prescription : un délai de trois ans, applicable à l'action contre l'accepteur ; un délai d'un an applicable à l'action du porteur contre les endosseurs et contre le tireur ; et un délai de six mois, relatif aux actions des endosseurs les uns contre les autres et contre le tireur.

907 Y. KNANI, Droit commercial, Les effets du commerce, Le chèque, le virement et la carte de paiement, *op. cit.*, n° 195, p. 211, n° 203, p. 218.

908 Cass. civ., n° 60078, du 15 mai 2012, R.J.L. déc. 2013, p. 163.

" إن الصبغة التجارية تبقى ملاصقة للكمبيالة إذا تمت المطالبة بقيمتها قبل انقضاء ثلاثة أعوام و تكون فيها الكمبيالة كافية لإثبات الدين و لاستصدار أي أمر بالدفع بطريقة ولائية و ينفذ بصفة معجلة بقطع النظر عن الاستئناف أما إذا فاتت تلك الآجال فان الكمبيالة تضحى سند دين مدني و تعاقدي...".

V. aussi : Cass.civ. n° 3530, du 31 déc. 2004, B.C.C. 2004, p. 321.

" إن الكمبيالة و لئن تفقد قيمتها الصرفية كورقة تجارية لانقضاء الآجال المبينة بالفصل 335 من المجلة التجارية إلا أنها تبقى قائمة كحجة خاضعة للقانون المدني طالما أنه تضمنت التزاما بأداء مبالغ مالية في آجال معينة".

909 Cass. civ., n° 26309, du 28 nov. 2003, B.C.C. 2003, II, 298.

" إن سقوط الدعوى الصرفية لا يمنع من اعتبار حجة الدين نافذة طبق القانون العام باعتبارها تمثل كتب اعتراف بدين ممضاة من قبل المدين طالما لم يمض أجل السقوط الطويل المدني".

910 V. en ce sens : jugement du TPI de Sfax, n° 55232, du 23 mars 2015, inédit (V. annexe VII).

"حيث و لئن استوفت الكمبيالة جميع التنصيصات الوجوبية...الا أنها تقادمت بمرور الزمن المنصوص عليه بالفصل 411 من المجلة التجارية بمرور أكثر من خمس سنوات من تاريخ حلولها. و حيث خول المشرع للمستفيد المطالبة باستخلاص الدين المضمن بها في اطار دعوى مدنية على أساس القانون العام في حال سقوطها صرفيا كما هو الشأن في قضية الحال".

911 Cass.civ. n° 2340, du 5/5/64 B.C.C. 1964.21 ; Cass.civ. n°16562 du 11.5.89, B.C.C. 1989.197 ; Cass.civ., n° 1174, du 14 oct. 2005, B.C.C. 2005, p. 225. V. plus récemment : Jugement du T.P.I. de Sfax n° 47664 du 24 mars 2016, préc. (V. annexe IV).

cambiaire est éteinte par prescription. La provision échappe à la prescription cambiaire[912].

241. Le même raisonnement peut aussi être appliqué en matière de chèque. La prescription est réglementée dans les articles 398 et 399 du Code de commerce qui reprennent dans une large mesure les dispositions de l'article 335 du même Code relatif à la lettre de change. La prescription de l'article 398 a pour effet d'éteindre l'action fondée sur le titre[913]. Le porteur dont l'action se trouve prescrite peut en se plaçant sur le terrain du rapport fondamental agir contre son débiteur en utilisant le chèque comme promesse de payer ou comme commencement de preuve par écrit, dans les conditions du droit commun[914]. Cette solution a été consacrée par le législateur dans l'article 398 *in fine* du Code de commerce qui dispose qu'en cas de déchéance ou de prescription, il subsiste une action contre le tireur qui n'a pas fait provision ou les autres obligés qui se seraient enrichis injustement. La règle ainsi posée est la conséquence du principe énoncé dans l'article 407 du Code de commerce suivant lequel « *la remise d'un chèque en paiement...n'emporte pas novation* ». La créance antérieure n'est donc pas éteinte par cette remise, auquel cas on peut admettre la survie d'une action extra-cambiaire[915]

B. La conversion, sanction de l'inobservation des délais de forclusion

242. La forclusion est définie comme la « *sanction qui frappe le titulaire d'un droit ou d'une action, pour défaut d'accomplissement dans le délai légal, conventionnel ou judiciaire, d'une formalité lui incombant...*»[916]. La forclusion sanctionne l'intéressé forclos par l'irrecevabilité de sa demande en justice[917]. De nombreux textes juridiques enferment la possibilité d'agir dans un délai spécifique. En droit des effets de commerce par exemple, le Code de commerce encadre l'exercice de l'action du porteur dans des délais très brefs, prescrits, à peine de forclusion, qualifiée improprement de déchéance[918]. L'article 315 du Code de commerce par exemple, prévoit que le porteur d'une lettre de change est déchu de ses droits après l'expiration

[912] Ch. GAVALDA et J. STOUFFLET, Instruments de paiement et de crédit, *op.cit.*, n° 99, p. 126.

[913] Y. KNANI, *op. cit.*, n° 320, p. 342.

[914] *Ibid.*, n° 321, p. 343.

[915] *Ibid.*, n° 203, p. 220 et n° 321, p. 343.

[916] G. CORNU, *Vocabulaire juridique*, préc., V. « Forclusion ».

[917] V. F. LUXEMBOURG, La déchéance des droits, Contribution à l'étude des sanctions civiles, *op.cit.*, n° 576, p. 231.

[918] Remarquons que la doctrine tunisienne retient parfois la qualification de déchéance, au lieu de forclusion, pour sanctionner l'inexécution des obligations mises à la charge du porteur négligent. (Y. KNANI, Droit commercial, Les effets de commerce, *op.cit.*, n° 195, p. 211 ;Cf. F. LUXEMBOURG, *op.cit.*, n° 567 et s., p. 226 et s). La même qualification a été également retenue par le législateur (V. par ex. les articles 315 et 398 du C.Com.).
Sur la distinction de la forclusion et de la déchéance, v. notamment : F. LUXEMBOURG, *op.cit.*, n° 567 et s., p. 226 et s.

des délais fixés par l'article 307 du C.Com. pour la présentation du titre ou encore pour la confection du protêt faute d'acceptation ou faute de paiement[919]. L'article 387 du même Code prévoit aussi que le recours faute de paiement du porteur d'un chèque est subordonné à l'observation du délai de présentation, prévu à l'article 372 du C.Com., d'une part, et à l'établissement d'un protêt, d'autre part[920].

243. La déchéance du porteur, conséquence de l'expiration des délais, entraîne de nombreuses conséquences juridiques consistant dans la disparition des effets propres du change[921]. Plus exactement, la déchéance emporte la privation du porteur négligent de ses recours cambiaires contre les garants du paiement[922]. En effet la condition préalable à l'exercice des recours cambiaires est que le porteur ne soit pas considéré comme négligent[923]. Il est cependant à noter que les sanctions de la négligence du porteur sont en réalité plus nuancées dans la mesure où le droit tunisien admet que la négligence du porteur ne l'empêche pas d'exercer les recours de droit commun fondés sur le rapport fondamental. Seuls les recours cambiaires sont anéantis par la négligence du porteur[924].

244. La Cour de cassation avait affirmé dans un arrêt inédit rendu le 12 mars 2013 que le défaut de confection d'un protêt faute de paiement dans le délai légal fixé par l'article 307 du C.Com., fait ôter la lettre de change de sa valeur cambiaire et de sa forme commerciale, sans pour autant la priver de sa nature contractuelle[925]. Le porteur pourrait dès lors se prévaloir de la procédure d'injonction de payer conformément à l'article 59 du C.P.C.C.[926]. Par ailleurs, en matière de chèque, le porteur doit le présenter au paiement dans le délai fixé à l'article 372 du C.Com.[927]. Celui qui a présenté le chèque

---

[919] Y. KNANI, Droit commercial, Les effets de commerce, *op.cit.*, n° 194 et s., p. 211 et s.

[920] *Ibid.*, n° 311 et s., p. 336 et s.

[921] X. PERRIN, th. préc., n° 164, p. 242 ; Y. KNANI, Droit commercial, Les effets de commerce, *op.cit.*, n° 194 et s., p. 211 et s. ; F. LUXEMBOURG, *op.cit.*, n° 147 et 148, p. 73 et 74.

[922] Le porteur est déchu de ses droits contre les endosseurs, contre le tireur et contre les autres obligés.

Toutefois, la déchéance n'a pas lieu à l'égard du tiré accepteur et le tireur qui a fourni la provision (article 315 du C.Com.).

[923] M. JEANTIN, Droit commercial, Instruments de paiement et de crédit, Entreprises en difficulté, 6e éd., Dalloz, 2003, n° 377.

[924] *Ibid.*, n° 378, p. 228-229.

[925] Arrêt n° 6874, inédit (V. annexe VIII).

" و حيث خلافا لما دفعت به الطاعنة فان عدم تحرير احتجاج في الأجل القانوني المضروب بالفصل 307 من المجلة التجارية لا يترتب عنه سقوط حقوق الحامل إلا تجاه المظهرين و الساحب وليس تجاه المسحوب عليه الذي قبل الكمبيالة تطبيقا للفصل 315 من المجلة التجارية زيادة على أن الكمبيالة وان فقدت حجيتها الصرفية وعدم صلاحيتها لأن تكون سندا تجاريا فان ذلك لا ينفي عنها صبغتها التعاقدية وفق الفصل 59 من م.م.م.ت. سيما و أن الاحتجاج هو لغاية ضمان التنفيذ المعجل وفق الفصل 317 من المجلة التجارية".

[926] F. MECHRI, « *La procédure d'injonction de payer en Tunisie* », R.T.D. 1974, p. 20.

[927] Cet article prévoit que : « *le chèque émis et payable en Tunisie doit être présenté au paiement dans le délai de huit jours. Ce délai est porté à soixante jours si le chèque est émis hors du territoire tunisien. Le point de départ des délais sus-indiqués est le jour porté sur le chèque comme date d'émission* ».

tardivement au paiement est frappé de « *déchéance* »[928]. Il perd ses recours cambiaires contre les garants au paiement[929]. L'article 398 *in fine* prévoit toutefois qu'en cas de déchéance, « *il subsiste une action contre le tireur qui n'a pas fait provision ou les autres obligés qui se seraient enrichis injustement* ». Il s'ensuit que le porteur déchu, peut en se plaçant sur le terrain du rapport fondamental, agir contre son débiteur, en utilisant le chèque comme promesse de payer ou comme commencement de preuve par écrit, dans les conditions du droit commun[930].

245. La conversion fait donc apparaître que la déchéance subie par le porteur négligent d'un effet de commerce ne lui interdit absolument pas de recourir contre le débiteur en fondant son action sur l'obligation de droit commun[931]. Cette dernière n'est donc pas éteinte ; elle est simplement occultée par le rapport cambiaire et pourra survivre et réapparaître si le rapport cambiaire abstrait est anéanti[932]. Cette solution peut être rapprochée de celle de l'article 282 du Code de commerce qui, pour inciter l'endosseur à respecter les délais impartis, assimile l'endossement tardif à une cession ordinaire de créance[933]. Il prévoit, en effet, que : « *L'endossement postérieur à l'échéance produit les mêmes effets qu'un endossement antérieur. Toutefois, l'endossement, postérieur au protêt faute de payement, ou fait après l'expiration du délai fixé pour dresser le protêt, ne produit que les effets d'une cession ordinaire* »[934].

A l'issue de ces développements, il semble que le domaine de la conversion doit être redéfini. Les applications précédemment étudiées nous ont permis de démontrer que le domaine classique de la conversion, habituellement réservé aux actes nuls, peut être étendu aux actes initialement valables, mais qui ne peuvent déployer des effets juridiques pour une cause postérieure à leur formation. Une telle constatation nous emmène à se poser la question de savoir si cette dualité fonctionnelle de la conversion menace son unité conceptuelle.

---

[928] V. article 386 du C.Com.

[929] La déchéance est toutefois exclue dans les rapports porteur-tiré. L'établissement bancaire tiré reste en effet tenu sur le plan cambiaire envers le porteur. L'article 374 du C.Com. prévoit en ce sens que : « *l'établissement bancaire tiré doit payer, même après l'expiration du délai de présentation…* ».

[930] V. en ce sens Y. KNANI, Droit commercial, Les effets de commerce, *op.cit.*, n°300, p. 325.

[931] *Ibid.*, n° 242, p. 144.

[932] *Ibid.*, n° 242, pp. 144-145.

[933] S. BOUSSAADA, La conversion en matière de lettre de change, mémoire de mastère en droit des affaires, Faculté de Droit et des Sciences Politiques et Economiques de Sousse, 2005, p. 53 et s.

[934] Le même article *in fine* prévoit que : « *Sauf preuve contraire, l'endossement sans date est censé avoir été fait avant l'expiration du délai fixé pour dresser le protêt* ».

TITRE II

L'UNITÉ CONCEPTUELLE DE LA CONVERSION

246. La généralisation de la mise en œuvre de la conversion amène à se poser la question de savoir si l'extension de son domaine d'application ne menace pas l'unité et la cohérence de la notion. L'examen des solutions issues du droit positif peut laisser, à première vue, une impression d'éparpillement ou d'éclatement de la notion de conversion, rendant celle-ci irréductible à toute systématisation. Les travaux menés par les auteurs classiques donnent également ce sentiment puisqu'ils s'accordent à reconnaître qu'il existe deux sortes de conversion, l'une volontaire, opérant en vertu d'une volonté spécialement dirigée vers elle, et l'autre involontaire, opérant sans même avoir été prévue par les parties. De plus, au-delà de cette distinction première s'opère une nouvelle division entre la conversion par réduction, d'une part, et la conversion par ampliation ou par augmentation, d'autre part. La première tend à réduire la portée des effets de l'acte initial, alors que la seconde tend à amplifier les effets de la situation juridique ancienne. Pareille situation donne à la conversion, selon les mêmes auteurs, un caractère protéiforme dans la mesure où il n'existe pas une, mais des notions de conversion. En témoigne le nombre de définitions qui sont données sur la conversion et qui ne sont pas homogènes.

247. Passé ce premier constat, il semble maintenant nécessaire d'aller plus avant dans les recherches pour essayer de démontrer que malgré la diversification de son domaine d'application, la notion de conversion n'est pas éclatée. Derrière les multiples applications de la conversion, on verra qu'il y a bien une unité et une cohérence de la notion. Notre ambition est de dégager des diverses applications que l'on vient d'évoquer une théorie générale de la conversion. Il est même légitime de penser que l'esquisse d'une théorie de la conversion devrait voir le jour. « *Comme l'unité rassure, on a toujours tendance à y revenir, la pluralité étant assimilée au désordre et au chaos* »[935]. La diversité évoque toujours le scepticisme des juristes. Elle risque aussi de susciter la méfiance des intelligences accoutumées aux

---

[935] M. DELMAS-MARTY, Vers un droit commun de l'humanité, Textuel, 1996, p. 53, cité par H. RAMPARANY-RAVOLOLOMIARANA, *op.cit.*, p. 218, note 929.

analyses simples. Les deux éléments qui nous servirons de point d'appui dans l'esquisse d'une théorie générale sont l'unité de l'opération de conversion, d'une part et de son fondement, d'autre part.

248. L'unité de la notion paraît pouvoir être déduite, d'abord, de l'existence d'un ensemble de traits et de caractéristiques qui, réunies, singularisent le procédé de conversion et lui confèrent son individualité. Aussi convient-il de cerner avec rigueur les contours de la conversion. Tracer les contours de la conversion permettrait aussi de la distinguer d'autres sanctions voisines telles la nullité partielle, la confirmation et la requalification. Pointer les différences qu'elle présente par rapport aux sanctions qui s'en rapprochent favoriserait également une application prévisible de cette sanction. En ce sens, le professeur Jean-Louis Bergel observe qu'afin d'assurer la sécurité juridique, « *il faut que tout concept juridique soit susceptible d'une définition fondée sur les attributs qu'il comporte et les relations spécifiques entre ses divers éléments* »[936].

249. Le but de cette étude est de démontrer que les caractéristiques majeurs de la conversion tiennent essentiellement à ce que dans toute opération de conversion, on constate que la situation juridique ancienne survit, mais transformée. C'est une conséquence du fait que la conversion est une opération de transformation, mais aussi de réduction. On rencontrera toujours, par-delà des applications nombreuses de la conversion, les deux traits distinctifs de notre institution : la transformation et la réduction. Ce qui revient à dire que même si certains considèrent que l'étude de la conversion est impropre à toute systématisation, il nous semble qu'il est possible de dégager un double caractère autour de laquelle s'articulent tous les cas de conversion : la transformation, d'une part et la réduction de la situation juridique ancienne, d'autre part. L'extension de la conversion n'est pas donc faite au détriment de la précision de la notion. Ces deux traits, transformation et réduction, permettent de restaurer l'unité de l'opération de conversion, évitant son éclatement en deux variantes au moins.

250. Pour affirmer l'existence d'une théorie de la conversion, il est aussi indispensable que les cas censés l'illustrer aient un fondement juridique commun. Cette exigence est d'autant plus difficile que la question du fondement de la conversion divise la doctrine. Cette pluralité des fondements a injecté dans la notion de conversion une dose d'hétérogénéité entraînant la circulation dans la littérature juridique deux définitions de la notion, l'une subjective, l'autre objective. Pour surmonter ce délicat problème, il convient de proposer un fondement unitaire de la conversion susceptible d'embrasser toutes ses applications et satisfaisant à la définition que nous nous proposerons à la fin de cette première partie. A l'occasion de cette analyse, nous serons amenés à remettre en cause l'idée classique selon laquelle la conversion repose sur un fondement subjectif, la volonté réelle voire

---

[936] J.-L. BERGEL, Théorie générale du droit, Paris, Dalloz, coll. « Méthodes du droit », 5e éd., 2012, n° 183.

virtuelle des parties. On montrera, au contraire, qu'elle est en réalité un procédé objectif dans la mesure où elle repose sur un fondement purement objectif, tiré de la morale et des considérations socio-économique.

251. Nous envisagerons donc successivement les deux éléments de la théorie générale de conversion qu'on va essayer de bâtir, l'unité de l'opération de conversion (**Chapitre I**) puis l'unité de son fondement (**Chapitre II**).

CHAPITRE I

L'UNITÉ DE L'OPERATION DE CONVERSION

252. La conversion, par définition même, est le passage d'une forme majeure à une forme mineure. Cependant, en dépit de sa transformation, et c'est sans doute l'aspect le plus original de l'opération de conversion, la situation juridique ancienne survit dans la nouvelle, tout au moins à travers un certain nombre de ses éléments. C'est une conséquence que la conversion procède de l'idée de réduction. On retrouvera donc dans toute opération de conversion les deux caractères distinctifs de notre institution : la transformation de la situation juridique ancienne, d'une part (***Section I***) et sa réduction, d'autre part (***Section II***).

SECTION I. LA CONVERSION, UNE OPÉRATION DE TRANSFORMATION

253. Pour bien montrer l'originalité de la conversion des actes juridiques, et afin d'en préciser la portée, nous nous placerons aux deux étapes de l'opération. Nous envisagerons en conséquence la disparition de l'acte majeur (*§ 1*) avant d'examiner l'apparition de l'acte mineur (*§ 2*).

§ 1. La disparition de l'acte majeur

254. Le rapprochement des différentes hypothèses de conversion permettra de constater que chaque fois la conversion est encourue pour des causes similaires. Ces divers faits générateurs de la conversion peuvent être ramenés à deux types de causes, mais conduisant les deux à la disparition de l'acte initial. L'observation révèle aussi qu'il ne sera pas nécessaire que l'acte principalement voulu disparaisse seulement en raison d'une cause originaire ou contemporaine à sa formation (**A**). Une cause survenue postérieurement à sa création peut donner lieu également à l'application de la conversion (**B**).

A. La conversion pour une cause concomitante à la formation de l'acte

255. Le texte de l'article 328 du C .O.C. exige pour sa mise en œuvre l'existence « *une obligation qui est nulle* ». L'interprétation restrictive devrait conduire à repousser l'application de cet article partout où il n'y a pas une cause d'invalidité de l'acte. Cette solution, quoique fondée textuellement, ne peut pas être admise. On pense qu'il est plus conforme à une saine interprétation de juger du contenu d'un texte d'après la plus haute utilité qu'il puisse avoir. Or, si le but de l'article 328 est de donner autant que possible effet à la volonté des parties et une sécurité complète aux transactions, il importe de mettre en œuvre la conversion lorsque l'anéantissement de l'acte résulte d'une cause d'invalidité (**1**), voire d'une cause d'inefficacité (**2**).

1) La conversion des actes entachés d'une cause d'invalidité

256. L'invalidité ou la nullité peut être définie comme étant la sanction d'une irrégularité commise au moment de la formation de l'acte en anéantissant celui-ci de façon rétroactive[937]. Le législateur tunisien a consacré dans le Code des obligations et des contrats la théorie classique de la nullité qui repose sur la distinction nullité absolue- nullité relative[938]. Cette consécration découle des dispositions du titre VI du livre premier intitulé « *de la nullité et de la rescision des obligations* ». Ce titre comporte deux chapitres. Le premier s'intitule « *de la nullité des obligations* », alors que le second porte le titre « *de la rescision des obligations* ». Le terme « *nullité* » désigne la nullité absolue, alors que le terme « *rescision* » signifie la nullité relative[939]. Cette distinction trouve son origine en droit européen[940] ; elle démontre aussi que le législateur tunisien n'a pas généralement opté pour le régime des nullités du droit musulman malgré la précision et la clarté qui le

---

[937] V° en droit tunisien:
محمد الزين، النظرية العامة للالتزام، 1- العقد، المرجع السابق، عدد 253، ص 207؛ محمد محفوظ ، النظرية العامة للالتزام (1)العقد ، المرجع السابق، ص 78 و ما يليها ؛ محمد بقبق، قانون مدني ، النظرية العامة للالتزام، التصرف القانوني ، المرجع السابق ، عدد 305 ، ص 222؛ محمد المالقي، محاضرات في شرح القانون المدني التونسي،المرجع السابق، ص 277؛ عبد الوهاب الرباعي، "*النظرية البطلان في فقه قضاء محكمة التعقيب*"، المقال السابق، عدد2، ص 625.

V° en droit égyptien : Jamil CHAKAOUI
جميل الشرقاوي، نظرية البطلان في القانون المدني المصري، مطبعة جامعة القاهرة ،1956 ، عدد 118، ص332.
V. en droit français notamment : F. TERRÉ, Ph. SIMLER et Y. LEQUETTE, Droit civil, Les obligations, *op.cit.*, n° 82, pp. 109-110 et n° 389 et s., p. 437 et s. ; Ph. MALINVAUD, D. FENOUILLET, M. MEKKI, Droit des obligations, 13e éd. Lexis Nexis, 2014, n°387, p. 292.

[938] V. notamment Mohamed ZINE
محمد الزين، النظرية العامة للالتزام، 1- العقد، المرجع السابق، عدد250 ، ص 204.
V. aussi Abdelwaheb REBAÏ
عبد الوهاب الرباعي،" نظرية البطلان في فقه قضاء محكمة التعقيب"، المقال السابق، عدد4، ص 626.

[939] V. Mohamed ZINE
محمد الزين، النظرية العامة للالتزام، 1- العقد، المرجع السابق، عدد250 ، ص204.

[940] Le droit français, le droit allemand et le droit suisse.

caractérise[941]. Ceci-dit, l'article 328 figure dans le chapitre relatif à la nullité absolue. Il s'applique donc avant tout aux actes « *nuls* », c'est-à-dire à ceux qui n'ont jamais eu et qui n'auront jamais d'effets juridiques (**a**). Mais rien n'empêche aussi d'étendre le champ d'application de cet article, par analogie, aux actes annulables qui ayant d'abord été parfaitement valable, perdent leurs effets par suite de l'annulation (**b**).

a. La conversion des actes nuls

257. L'article 325 du C.O.C. prévoit que l'obligation est nulle de plein droit, lorsqu'elle manque d'une des conditions substantielles de sa formation, d'une part et lorsque la loi en édicte la nullité dans un cas déterminé, d'autre part. Aussi, l'article 1179 nouveau du C.C.F. prévoit que « *La nullité est absolue lorsque la règle violée a pour objet la sauvegarde de l'intérêt général* ». La nullité absolue de l'acte ne constitue pas un obstacle à la mise en œuvre de la conversion. L'article 328 du C.O.C. ne précise pas la cause de nullité, de sorte qu'il puisse valoir en principe dans toutes les hypothèses. Il importe peu que la nullité soit prononcée pour manque de l'une des conditions générales nécessaires à la formation de l'acte juridique, ou qu'elle soit édictée par un texte spécial.

258. L'article 325-1 du C.O.C. prévoit que la nullité absolue est prononcée lorsque l'une des conditions générales nécessaires à la validité de l'acte juridique fait défaut. On vise par là les conditions prévues par l'article 2 du C.O.C. qui sont la déclaration de volonté, la capacité, l'objet et la cause. La nullité de l'acte pour absence de l'une de ces conditions donne lieu en principe à la mise en œuvre de la conversion. Il faut néanmoins excepter les cas où l'acte est nul pour absence totale de volonté ou encore pour incapacité absolue de l'une des parties[942].

259. Hormis ces deux hypothèses, le jeu conversion de la conversion est normalement possible. Il en est ainsi lorsque l'objet ne remplit pas les conditions exigées par la loi[943] comme dans l'hypothèse de la vente de la chose d'autrui, qui peut être convertie en un contrat innommé générateur d'obligations personnelles[944]. Il en est de même si l'acte est nul pour absence de cause. Les illustrations n'en manquent pas. On n'en citera ici qu'un exemple fameux : celui de la conversion d'une vente moyennant un prix dérisoire en une donation[945].

---

[941] V. *infra*, n°269 ; *Adde*, Abdelwaheb REBAÏ
عبد الوهاب الرباعي، "*النظرية البطلان في فقه قضاء محكمة التعقيب*"، المقال السابق، عدد4، ص 626.
Il convient de préciser aussi que certaines dispositions en droit tunisien trouvent leur origine dans le droit musulman (V. par ex. les articles 576 et 565 du C.O.C.).

[942] J. PIEDELIEVRE, th. préc., p. 117.

[943] V. sur la question, *supra* n°s 192 et s.

[944] X. PERRIN, th. préc., n° 139, p. 218.

[945] V. *supra* n° 142.

260. On discute cependant beaucoup en doctrine le point de savoir si le juge peut mettre en œuvre le procédé de conversion lorsque l'acte initial est nul pour illicéité[946] ou immoralité[947] de la cause ou de l'objet. Pour certains auteurs, la conversion est inadmissible, dans son principe, lorsqu'il y a nullité pour illicéité ou immoralité des conditions objectives de l'acte juridique. La doctrine allemande, représentée par M. WITZ, considère que la finalité des actes contraires aux bonnes mœurs, tels que les actes usuraires, empêche leur sauvetage par voie de conversion[948]. D'autres auteurs, cependant, affirment que la conversion doit être admise même si l'acte voulu par les parties est nul pour illicéité ou immoralité de l'objet ou de la cause. L'auteur italien SATTA est l'un des partisans de cette opinion. Il estime qu'un acte illicite peut laisser les éléments d'un acte nouveau licite. L'illicéité du premier acte ne se communique pas au second[949]. La même position a été également partagée par Pierre RAYNAUD. L'auteur relève « *qu'on ne comprendrait pas qu'il puisse être interdit de consolider un contrat contraire à l'ordre public en effaçant, en corrigeant le vice dont il est infecté, dès l'instant que cette réparation est possible* »[950]. La Cour de cassation semble aussi s'orienter vers cette solution dans l'arrêt rendu le 29 janvier 1974[951], en admettant la conversion d'un contrat par lequel le *de cujus* a institué des personnes étrangères à la succession comme héritières, nul pour illicéité de la cause, en un testament[952].

261. La conversion peut également recevoir application même si la nullité est édictée par un texte spécial conformément à l'article 325-2 du C.O.C.[953]. Les différents exemples que nous avons eu l'occasion de mentionner témoignent de cette assertion[954]. Cela est exact lorsque le vice empêchant

---

[946] L'objet et la cause sont illicites lorsqu'ils violent à des règles d'ordre public c'est-à- dire à des règes impératives qui intéressent principalement la société (P. KAYSER, "*Les nullités d'ordre public*", R.T.D. civ. 1933, p. 1115).

[947] L'objet et la cause sont immoraux lorsqu'ils violent à des règles morales jugées particulièrement importantes pour l'ordre social et que le juge déterminent en s'inspirant des conditions de vie des sujets de droit et tenant compte de leur développement et leur degré de civilisation. R. DORAT DES MANTS, La cause immorale, th. Paris, 1956, p. 12.

[948] C. WITZ, Droit privé allemand, Actes juridiques, Droits subjectifs, t.1, Litec 1992, p. 325.

[949] SATTA, *La conversione du negoci guiridici*, Rome, Naples, Milan 1903, n° 39, cité par X. PERRIN, th.préc.,n° 63, p. 84.

[950] P. RAYNAUD, L'ordre public économique, Cours de doctorat, Paris II, 1965-1966, p. 339.

[951] Cass. civ. n° 9842, du 29 janvier 1974, B.C.C. 1974, p. 175 ; V. *infra* n° 594.

[952] V° sur l'institution d'héritier en droit tunisien Mohamed KHAROUI :

محمد القروي، " أحكام الوصية و التنزيل في التشريع الإسلامي"، م ق ت 1959، ص 7.

V. aussi Bahaa Eddine BACCARI

بهاء الدين البكاري، " الوصية الواجبة"، م. ق. ت. 1990، ص 16.

[953] Aux termes de cet article : « "L'obligation est nulle de plein droit lorsque la loi en a édicté la nullité dans un cas déterminé ».

[954] L'article 1416 du C.O.C. prévoit que « Lorsque la société a pour objet des arbres à fruits ou autres plantes de rapport qu'une des parties, dite colon, se charge de planter et de soigner dans le terrain fourni par le maître, moyennant une part indivise du sol et des arbres lorsqu'ils

l'acte majeur de valoir sera un vice de fond, le sera particulièrement encore lorsque ce vice sera seulement d'ordre de forme. La découverte des cas de conversion d'acte nul pour vice de fond ne présente aucune difficulté. Pour illustrer nos propos, il suffit de prendre l'exemple d'un contrat de société à complant (*moughâraça*). Celui-ci est nul lorsqu'il a pour objet des arbres, dont les fruits sont déjà mûrs ou des récoltes prêtes à être moissonnées[955]. Cela est tellement évident, le contrat de *mougharâça* doit avoir pour objet une terre en friche, et l'œuvre du colon consiste à la vivifier, la planter, soigner les arbres, etc.[956]. En dépit de cette nullité, le contrat de *moughâraça* peut être converti en un contrat de *mouçakâte*[957]. Celui-ci a pour objet une plantation en rapport ou une récolte qui a déjà levé[958].

262. La nullité du contrat pour absence d'une condition de forme, est également génératrice de cas éventuels de conversion. Le Code des obligations et des contrats lui-même en offre un exemple dans son article 448 : « *l'acte qui ne peut valoir comme authentique par suite de l'incompétence ou l'incapacité de l'officier, ou d'un défaut de forme, vaut comme écriture privée, s'il a été signé des parties dont le consentement est nécessaire pour la validité de l'acte* »[959]. Le déclassement de l'acte est décidé ici comme sanction de la méconnaissance de la forme exigée *ad probationem*. Il convient cependant de relever que les cas de conversion dans cette hypothèse sont relativement rares. Le cas qui se présentera le plus fréquemment concernera la nullité pour méconnaissance de la forme exigée *ad solemnitatem*. Il en est ainsi d'une lettre de change dont l'une des mentions obligatoires fait défaut[960]. Cette nullité n'empêche pas le titre de valoir comme billet à ordre[961] ou, à défaut, comme reconnaissance de dette, voire comme commencement de preuve par écrit[962]. Cet exemple revêt une importance particulière dans la mesure où il montre que la conversion peut jouer même si la règle violée touche l'intérêt général. On sait tous que le formalisme cambiaire est imposé dans l'intérêt général, dans l'impératif d'assurer la circulation du titre qui, pour se suffire à lui-même, doit comporter un certain nombre de mentions[963]. La nullité pour méconnaissance

---

auront un âge déterminé ou lorsqu'ils seront en rapport, le contrat s'appelle moughâraça (*complant*) ».

955 Article 1425-5 du C.O.C.

956 Article 1416 du C.O.C.

957 L'article 1395 du C.O.C. dispose que « La société à champart (mouçakâte) est un contrat par lequel le maître d'une plantation en rapport ou d'une récolte qui a déjà levé charge une autre personne, dénommée *colon*, de faire les travaux nécessaires jusqu'à la cueillette des fruits, ou l'enlèvement de la récolte, moyennant une part déterminée des produits ».

V. en ce sens : F. EL MOULDI, Le contrat de *moughâraça*, mémoire de D.E.A., F.D.S.P.T, 1984 - 1985, pp. 45 et 46.

958 Article 1395 du C.O.C.

959 V° *supra* n° 61.

960 Article 269 du Code de commerce.

961 Cass. com.,18 mars 1959, R.T.D. com. 1959, p. 999, obs. CABRILLAC.

962 V. *supra* n° 102.

963 P. LIPINSKI, art. préc., n° 11, p. 1173.

du formalisme, pourtant d'ordre public, ne constitue pas donc un obstacle à la mise en œuvre de la conversion[964].

Ces exemples démontrent que la conversion est applicable en cas de nullité absolue, à forte raison le peut lorsque l'acte est simplement entaché de nullité relative.

b. L'extension de la conversion aux actes annulables

263. L'annulabilité ou la nullité relative sanctionne la transgression d'une règle protectrice des intérêts privés[965]. Tel est le cas pour la violation des règles relatives aux vices du consentement, à la lésion ou à l'incapacité[966]. La conversion des actes entachés de nullité relative est l'une des questions les plus controversées en doctrine. Certains auteurs, favorables à l'extension du domaine de notre institution, considèrent que la possibilité de la conversion ne dépend pas du caractère absolu ou relatif de la nullité admettant de la sorte la conversion des actes entachés de nullité relative[967]. D'autres auteurs, cependant, s'opposent à l'application de la conversion aux actes annulables. La conversion, disent-ils, s'applique avant tout aux actes nuls, c'est-à-dire à ceux qui n'ont jamais eu et qui n'auront jamais d'effets juridiques, mais non à ceux qui commencent par sortir leurs effets et ne les perdent que par suite de l'annulation[968]. Le qualificatif annulable démontre aussi que ces actes doivent être tenus pour valables tant qu'ils n'ont pas été annulés[969]. Il y en a d'autres enfin qui adoptent une position nuancée. L'auteur allemand Finger est de cet avis. Sa position repose sur la distinction entre les actes annulés pour dol ou violence morale et les actes annulés pour erreur. La conversion, dit-il, n'est admise que dans ce dernier cas. Le même auteur ajoute que l'application de conversion semble tout à fait inappropriée dans les premiers. Qui voudrait, dit-il, conclure avec quelqu'un qui vous a

---

[964] V. *supra* n° 96.

[965] V° en ce sens en droit tunisien:
محمد الزين، النظرية العامة للالتزام، 1- العقد، المرجع السابق، عدد 253، ص 207؛ محمد محفوظ ، النظرية العامة للالتزام (1)العقد ، المرجع السابق، ص 78 و ما يليها ؛ محمد بقبق، قانون مدني ، النظرية العامة للالتزام، التصرف القانوني ، المرجع السابق، عدد 305 ، ص 222؛ ؛ محمد المالقي، محاضرات في شرح القانون المدني التونسي، المرجع السابق، ص 281.
V° en droit égyptien Jamil CHARKHAOUI :
- جميل الشرقاوي، نظرية البطلان في القانون المدني المصري، المرجع السابق ، فقرة 118، ص 332.
L'article 1179 nouveau du C.C.F. prévoit dans son alinéa deuxième que la nullité est « *relative lorsque la règle violée a pour seul objet la sauvegarde d'un intérêt privé* ».

[966] Sur les cas généraux de nullité relative, V. l'article 330 du C.O.C.

[967] J. PIEDELIEVRE, th. préc., p. 122.

[968] O. CORNAZ, th. préc., p. 29 et s.; RUTENBECK, *Der gegensatz der sogenannten konversion zur Bestätigung nicht gültiger Rechtsgeschäfte. Erlangen*, 1907, p. 62, cité par O. CORNAZ, th. préc., p. 33.

[969] O. CORNAZ, th. préc., p. 29 et s.

induit en erreur ou vous arraché votre consentement par des menaces[970]. Qu'en est-il de la position du droit tunisien sur la question ?

264. On pourrait, de prime abord, douter de l'application de la conversion à un acte entaché de nullité relative pour deux raisons au moins. La première tient à l'emplacement même de l'article 328 dans le C.O.C. Celui-ci figure dans le chapitre premier qui porte le nom de « *la nullité des obligations* » du titre IV intitulé « *de la nullité et de la rescision des obligations* ». La doctrine reconnaît à l'unanimité que ce premier chapitre régit les nullités dites absolues, alors que le chapitre second, intitulé « *de la rescision des obligations* » régit les nullités dites relatives[971]. La seconde raison est d'ordre textuel : en faisant dans le texte de l'article 328 uniquement référence à « *l'obligation qui est nulle* », le législateur semble repousser, à première vue, l'application de la conversion si l'obligation est simplement « *rescindable* », c'est-à-dire entachée de nullité relative. On sait tous que dans la terminologie de C.O.C., le terme « *nul* » renvoie à la nullité absolue, alors que pour la nullité relative le législateur emploie le terme « *rescision* »[972].

265. Mais, en dépit de ces deux obstacles juridiques, on pense que la conversion des actes annulables doit être admise en droit tunisien. L'emploi de l'expression « *nulle* » dans le texte de l'article 328 du C.O .C. ne doit pas constituer un obstacle à l'extension de son domaine aux actes annulables. On ne doit pas s'en tenir à une interprétation littérale ou stricte de cet article. Bien au contraire, on doit procéder à une interprétation téléologique de ce texte. Or, le but de l'article 328 du C.O.C. est de remédier à l'inefficacité des actes juridiques, et partant toutes les occasions doivent être saisies pour atteindre cet objectif. La condition selon laquelle l'acte initial doit être « *nul* » ne devrait pas être appliquée de manière rigoureuse dans le but de sauver au maximum les actes de l'inefficacité[973]. L'interprétation large ou encore téléologique de l'article 328 du C.O.C. devrait donc conduire à appliquer les principes de la conversion aussi bien aux actes nuls qu'aux actes annulables.

266. Cette solution doit être admise en toute logique d'autant plus que l'article 336 du C.O.C. vient assimiler l'acte annulé à l'acte nul quant aux effets. Il prévoit, en effet, que : « *la rescision de l'obligation a pour effet de remettre les parties au même et semblable état où elles étaient au moment où l'obligation a été constituée et de les obliger à se restituer réciproquement tout ce qu'elles ont reçu l'une de l'autre en vertu ou en conséquence de l'acte annulé* ». Ce texte constitue une reproduction avec des termes

---

970 H.G. FINGER, *Die Umgsetaltung nichtiger Rechtgesccchäfe*, Berlin, 1932, p. 63, cité par O. CORNAZ, th. préc., p. 34.

971 V° Mohamed ZINE

محمد الزين، النظرية العامة للالتزام، 1- العقد، المرجع السابق، عدد 258، ص 210.

972 Le Code des obligations et des contrats emploie le terme "*rescision*" pour désigner la nullité relative (V° Mohamed ZINE :

- محمد الزين، النظرية العامة للالتزام، 1- العقد، المرجع السابق، عدد 243، ص 200 و 201.

973 N. BESROUR, th. préc., n° 314, p. 470.

différents de la solution de l'article 325 du C.O.C., selon laquelle un acte entaché de nullité absolue ne peut produire aucun effet[974]. Donc si, la loi veut assimiler l'acte rescindable à l'acte nul quant aux effets et si la conversion se donne comme objectif le sauvetage des actes juridiques de l'inefficacité, l'article 328 du C.O.C. serait applicable à l'un comme à l'autre.

267. Il ressort de ces observations que la solution de l'article 328 du C.O.C., initialement réservé au cas d'un acte entaché d'une nullité absolue peut être étendue, par analogie, aux actes entachés de nullité relative. Mais, si le législateur n'a pas consacré un texte équivalent à l'article 328 du C.O.C. dans le chapitre relatif à la rescision des obligations, cela s'explique-semble-t-il- par le souci d'éviter la répétition. Le recours au droit comparé conforte cette analyse. Les législations des pays arabes prévoient, en effet, expressément la conversion des actes annulables. Tel est le cas de l'article 144 du Code civil égyptien. Du reste, la doctrine dans sa grande majorité admet que la conversion des actes entachés de nullité relative. Pièdelièvre, avait déjà affirmé depuis 1911 que la possibilité de la conversion ne dépend pas du caractère absolu ou relatif de la nullité[975]. De sa part, X. Perrin avait déjà relevé que les vices du consentement détruisant l'acte majeur, peuvent, selon les hypothèses et les circonstances de fait, laisser subsister un acte mineur[976]. L'exemple souvent cité est celui de la conversion du partage définitif, nul pour incapacité limitée de l'une des parties, en un partage provisionnel (provisoire)[977].

268. Cette solution peut aussi être fondée sur la morale. En effet, lorsque l'une des parties a induit son contractant en erreur ou a eu recours à des manœuvres dolosives pour provoquer la conclusion d'un contrat à des conditions avantageuses, pourquoi n'admettrait-on pas, s'il était annulable, sa conversion en un acte valable, surtout lorsque la victime se déclare prête à l'exécuter ? A admettre l'annulation dans telle situation, ce serait autoriser le contractant avantagé à renier l'exigence de bonne foi et à se prévaloir de sa propre turpitude[978]. L'admission généralisée de la conversion permettrait

---

[974] V. sur la similitude des effets de la nullité absolue et de la nullité relative dans la doctrine tunisienne :
محمد الزين، النظرية العامة للالتزام، 1- العقد، المرجع السابق، عدد 295، ص 236 ؛ محمد بقبق، قانون مدني، النظرية العامة للالتزام، التصرف القانوني، المرجع السابق، عدد 341، ص 253 ؛ محمد المالقي، محاضرات في شرح القانون المدني التونسي، المرجع السابق، ص 286.
V. dans la jurisprudence tunisienne : Cass. civ. n° 1597, du 20.11.1979, B.C.C. 1979, II, p.101
" خلو الالتزام من المحل الذي هو ركن من أركانه يجعله باطلا من أصله و لا يترتب عليه شيء(الفصل 325-2 م.ا.ع)".
Cass. civ. n° 829, du 24.04.1928, R.J.L.1960, n° 9 et 10, p. 151.
" إن الفصل 336 من م.ا.ع. نص على أن الالتزام إذا وقع فسخه عاد الطرفان إلى ما كان عليه عند التعاقد و يجب حينئذ على كل منهما أن يرد لصاحبه ما قبضه منه بموجب العقد المذكور أو من جرائه...".

[975] *Ibid.*, p. 122.

[976] X. PERRIN, th. préc., n° 139, p. 218.

[977] Le partage provisionnel est un acte d'administration. Par conséquent, le mineur doit obtenir l'autorisation de la personne qui lui assiste afin d'administrer ses biens.

[978] C'est aussi l'une des raisons invoquée par la doctrine et la jurisprudence française pour appliquer la nullité partielle aux actes annulables pour vices du consentement (V° sur la

dans certaines situations de sanctionner le contractant qui était à l'origine de ces vices mieux que la nullité. La conversion des actes entachés de nullité relative étant admise en doctrine et en jurisprudence, il y a lieu d'examiner maintenant si l'article 328 du C.O.C. peut être étendu aux autres sortes d'inefficacité des actes juridiques.

2) La conversion des actes entachés d'autres causes d'inefficacité

269. A première vue, la sanction d'inefficacité peut englober la nullité dans la mesure où un acte nul est un acte inefficace, comme ne pouvant pas produire des effets juridiques[979]. Cependant, l'inefficacité que nous envisageons ici s'oppose à la nullité en ce qu'elle suppose la validité du contrat[980]. En fait, la sanction d'inefficacité découle de la dissociation entre les conditions de validité de l'acte et ses conditions d'efficacité[981]. Cette distinction n'est pas nouvelle. Le droit musulman avait déjà opposé, dans le cadre de la classification des contrats, le contrat valable (*sahih* صحيح) au contrat non valable (*gheïr sahih*غير صحيح). Au sein des contrats valables, les auteurs musulmans distinguent entre le contrat efficace (*nafedh* نافذ) et le contrat inefficace (*gheïr nafedh* غير نافذ). Le contrat efficace peut être défini comme celui « *auquel n'est point attaché le droit d'un tiers* », alors que le contrat inefficace ou « *maoukouf* » s'entend comme étant « *le contrat auquel est attaché le droit d'un tiers* »[982].

270. Ceci-dit, les cas de conversion précédemment étudiés révèlent que cette technique peut recevoir application même dans l'hypothèse où l'acte initial n'est pas nul, mais seulement inefficace que ce soit entre les parties ou à l'égard des tiers. Commençons d'abord par les actes inefficaces *inter partes*, l'étude précédemment entreprise a permis de démontrer que la conversion peut trouver lieu à s'appliquer lorsque l'acte initial est incomplet ou imparfait. L'hypothèse se rencontre notamment lorsque les contractants méconnaissent les formes complémentaires, qui sans être nécessaires à la validité d'un contrat, déterminent la qualification et le régime particulier du contrat[983]. Il en est ainsi, en matière de transport, des formes qui doivent revêtir le connaissement[984]. Le titre qui ne remplit pas toutes les mentions

---

question : Ph. SIMLER, La nullité partielle des actes juridiques, *op.cit.*, n° 238 et s., p. 286 et s.).

[979] N. BESROUR, th. préc., n° 33, p. 36.

[980] N. BESROUR, th. préc., n° 37, p. 38.

[981] N. GHAZOUANI, Réflexions sur la sanction de la vente de la chose d'autrui, art. préc., p. 119 et s. ; P. GUIHO, Les actes de disposition sur la chose d'autrui, art. préc., p.1 et s. ; M.-K. CHARFEDDINE, *op.cit.*, n° 314 et s., p. 265 et s.

[982] Y. LINANT DE BELLE FONDS, Traité de droit musulman comparé, t.1, théorie de l'acte juridique, MOUTON et CO. Paris La Haye 1965 ; N. BESROUR, th. préc., n° 34, p. 36 ; M.-K. CHARFEDDINE, *op.cit.*, n° 314 et s., p. 265 et s.

[983] J. GHESTIN (sous la dir.), Traité de droit civil, La formation du contrat, 3ème éd., L.G.D.J. 1993, n° 460, p. 427.

[984] *Ibid.*

exigées par l'article 209 du Code de commerce maritime n'est pas nul ; il est tout simplement incomplet[985]. L'article 209 du Code de commerce maritime reconnaît toutefois une certaine valeur juridique au connaissement incomplet en considérant qu'il « *ne constitue qu'un commencement de preuve par écrit* »[986].

271. L'analyse de certains cas de conversion a permis aussi de constater que la conversion peut recevoir également application en cas d'inobservation des formes exigées par loi pour la constitution du droit, voire de la personnalité morale. Il en est ainsi lorsque l'acte portant sur un immeuble immatriculé n'a pas été inscrit sur le Livre Foncier. La doctrine considère que c'est un acte « *incomplet* » [987] ou encore « *imparfait* »[988] dans la mesure où il ne peut pas produire pas son effet réel, le transfert de la propriété. L'étude précédemment menée sur la question a permis toutefois de constater que tel contrat peut être analysé comme un contrat innommé générateur d'obligations personnelles conformément à l'article 373 du Code des droits réels[989]. De même, la société qui a été constituée sans pour autant accomplir la formalité d'immatriculation au registre de commerce, exigée par l'article 4 du C.S.C. pour l'acquisition de la personnalité morale[990], elle serait dégénérée en une société « *en cours de constitution* » et elle reste soumise au régime de la société en nom collectif de fait[991]. Par ailleurs, en application de l'article 24 du Code des obligations et des contrats, « *le contrat n'est point*

---

[985] V. *supra* n° 71.

[986] V. *supra* n° 71.

[987] Abdallah AHMADI
عبد الله الأحمدي، قانون مدني، العقود الخاصة، 1- البيع، مطبعة الوفاء، تونس 1997، عدد 295، ص 253-254.
V. aussi Ramzi SASSI
رمزي ساسي، إشهار الحق العيني، تقديم محمد كمال شرف الدين، منشورات مجمع الأطرش للكتاب المختص ، تونس 2015، عدد
68 و ما بعدها، ص 72 و ما بعدها.

[988] M.-K. CHARFEDDINE
محمد كمال شرف الدين، "مبدا المفعول المنشئ للترسيم في قوانين 4 ماي 1992"، المقال السابق، ص 99 وما بعدها.

[989] V. *supra* n°s 132 et 133.

[990] L'article 4 prévoit que « *toute société commerciale donne naissance à une personne morale indépendante de la personne de chacun des associés à partir de la date de son immatriculation au registre de commerce, à l'exception de la société de personne* ».
V. en ce sens : M. KOSSENTINI, « *Le formalisme à travers les règles communes de constitution des sociétés commerciales : quelles fonctions* », Etudes juridiques, Revue publiée par la Faculté de Droit de Sfax, N°15, 2008, p. 166.
V. aussi : ABDALLAH ESSOUFANI
عبد الله خالد السوفاني، الوجود القانوني للشركة التجارية، الأطروحة سابقة الذكر،ص 243 و ما بعدها.

[991] A. OMRANE, « *Le droit tunisien des sociétés entre l'archaïsme et la modernité* », Etudes juridiques, Revue publiée par la Faculté de Droit de Sfax, 2003, n° 10, p. 117, spéc. p. 128 et s. ; D. BASTIAN, "*La situation des sociétés commerciales avant leur immatriculation au registre de commerce* », Etudes de droit commercial à la mémoire de H. CABRILLAC, 1968, p. 25 ; N. BOUCHAA, La sanction du défaut d'immatriculation au registre de commerce, mémoire pour l'obtention du mastère en droit privé, Faculté de Droit de Sfax, 2006, n° 340 et s. p. 171 et s. ; *Contra*, Kh. KHARROUBI, Droit des sociétés commerciales, *op.cit.*, n°199, p. 148. L'auteur considère que l'immatriculation est une formalité exigée *ad validatem*, en s'appuyant sur les termes de l'article 103 du C.S.C.

parfait lorsque les parties ont expressément réservé certaines clauses comme devant former objet d'un accord ultérieur ». Il peut toutefois être analysé comme un simple projet de contrat[992]. Dans tous ces cas, l'acte initial, pourtant inefficace entre les parties, est susceptible de produire des effets juridiques sous une nouvelle qualification juridique.

272. La conversion devrait aussi être admise, on l'a déjà relevé, si l'acte est inefficace à l'égard de certaines personnes[993]. L'inefficacité du contrat à l'égard des tiers, se traduit en droit contemporain par la notion d'inopposabilité[994]. L'inopposabilité comme la nullité constitue une irrégularité contemporaine de la conclusion du contrat[995]. La différence est dans les effets, qui sont relatifs dans le cas d'inopposabilité[996]. L'acte inopposable, tout en étant valable et efficace entre les parties, ne peut produire effet à l'égard des tiers protégés[997]. Le cas type d'inopposabilité est la défense d'aliéner[998]. L'acte accompli en violation d'une défense d'aliéner, lorsque celle-ci n'est destinée qu'à protéger les intérêts de quelques personnes, n'est pas entièrement nul, mais seulement inefficace vis-à-vis de ces personnes[999]. La conversion est en principe applicable à ces actes[1000]. En effet, comme l'acte peut être inefficace vis-à-vis d'une personne et valable pour d'autres, il peut très bien aussi produire un certain effet vis-à-vis de telle personne, et un autre effet vis-à-vis de telle autre.

273. Ainsi par exemple, en matière des sociétés commerciales, il a été admis qu'un associé dans une société en non collectif ne peut céder sa part

---

992 V. *supra* n° 134.
993 O. FISCHER, *op.cit.*, p. p. 20 et 21, cité par O. CORNAZ, th. préc., p. 32, note 35 ; H.G. FINGER, *op. cit.*,p. 58, cité par O. CORNAZ, th. préc., p. 32, note 35.
994 N. BESROUR, th. préc., n° 38, p. 40.
995 J. FLOUR, J.-L. AUBERT, E. SAVAUX, Droit civil, Les obligations, 1- L'acte juridique, *op.cit.*, n° 322 ; J. GHESTIN, Traité de droit civil, Les obligations, Le contrat ; Formation, *op.cit.*, n° 727, p. 864.
996 J. FLOUR, J.-L. AUBERT, E. SAVAUX, Droit civil, Les obligations, 1- L'acte juridique, *op.cit.*, n° 322.
997 V° en droit tunisien sur l'inopposabilité :
محمد الزين، النظرية العامة للالتزام، 1- العقد، المرجع السابق، عدد244، ص 201؛ محمد محفوظ ، النظرية العامة للالتزام (1)العقد،المرجع السابق، ص 83.

- V° sur l'inopposabilité en droit français:
J. FLOUR, J.-L. AUBERT, E. SAVAUX, Droit civil, Les obligations, 1- L'acte juridique, *op.cit.*, n° 322, p. 237 ; J. GHESTIN, Traité de droit civil, Les obligations, Le contrat, Formation, *op.cit.*, n° 727, p. 864.
V° dans ce sens : §135 et 136 BGB.
998 Cette règle a été consacrée pour les sociétés en nom collectif dans l'article 56 du C.S.C. Il dispose dans son alinéa premier qu' *« à l'exception des cas expressément prévus dans l'acte constitutif de la société, l'associé ne peut céder sa part d'intérêt à un tiers sauf consentement unanime des autres associés et à condition de se conformer aux obligations de publicité ».* Pour ce qui est des sociétés en commandite simple, l'art.75 du C.S.C. dispose que *« les parts sociales ne peuvent être cédées qu'avec le consentement de tous les associés.... ».*
999 O. CORNAZ, th. préc., p. 32.
1000 FISCHER, p. 20 et 21 ; FINGER, p. 58, cité par O. CORNAZ, th. préc., p. 30

d'intérêt à un tiers qu'avec le consentement unanime des autres associés[1001]. Cette règle rigoureuse se justifie par la volonté d'empêcher l'entrée d'un tiers indésirable dans la société, risquant d'aller à l'encontre de l'*intuitu personae* qui prédomine dans les sociétés en nom collectif[1002]. Un associé d'une société en nom collectif peut, cependant, « *transférer à un tiers les droits et les avantages attachés à sa part d'intérêt* »[1003]. Il s'agit là de ce que la doctrine appelle « *convention de croupier* », consacrée pour la première fois dans l'article 1277 du C.O.C.[1004]. La convention de croupier est celle par laquelle un associé convient avec un tiers (le croupier), et sans le consentement de ses coassociés, de partager les bénéfices et les pertes résultant de sa qualité d'associé[1005]. Il y a lieu par voie de conséquence d'envisager que l'acte par lequel un associé cède sa part d'associé, acte valable en soi, mais inefficace pour les autres associés[1006], peut être converti en cession des droits et avantages dont un associé peut valablement disposer[1007], c'est-à-dire les parts au bénéfice et les droits dans la liquidation[1008].

274. Par ailleurs, en matière des libéralités, on a déjà relevé que la donation faite par un malade pendant sa dernière maladie en fraude aux droits des tiers héritiers, est généralement sanctionnée par l'inefficacité ou l'inopposabilité du contrat à l'égard des tiers protégés, les successibles. L'article 206 Code du Statut Personnel prévoit toutefois que le contrat de donation peut malgré son inefficacité produire les effets d'un testament. Le contrat portant sur la chose d'autrui, enfin, est un contrat inefficace ou

---

1001 Article 56, al. 2 du C.S.C.

1002 Y. GUYON, Droit des affaires, t.1, Droit commercial général et sociétés, 12e éd. Economica 2003, n° 257.

1003 Article 56 al. 2 du C.S.C.

1004 Aux termes de cet article : « *Un associé même administrateur ne peut, sans le consentement de tous les autres, associer une tierce personne à la société, à moins que l'acte de société lui confère cette faculté. Il peut seulement intéresser une tierce personne dans la part qu'il a dans la société, ou lui céder cette part ; il peut aussi céder la part de capital qui pourra lui être attribuée lors du partage, le tout sauf convention contraire. Dans ce cas, il ne se crée aucun lien de droit entre la société et le tiers intéressé, ou le cessionnaire de l'associé ; ceux-ci n'ont droit qu'aux bénéfices et aux pertes attribuées à l'associé d'après le bilan, et ne peuvent exercer aucune action contre la société, même par subrogation aux droits de leur auteur* ».

1005 Sur la convention de croupier, V° Ch. LABASTIE-DAHDOUH et H. DAHDOUH, Droit commercial, vol. 2, Entreprises sociétaires, t.1, règles communes, *op.cit.*, p. 87 ; J.MESTRE, D. VELARDOCCHIO, Le Lamy sociétés commerciales, Paris, Lamy, 2016, n° 217, p. 94 ; D. LEGEAIS, Droit commercial et des affaires, Coll. université, Droit privé, 23e éd., Paris, Sirey 2016, n° 349 ; G. RIPERT et R. ROBLOT, Traité de droit commercial, t.2, Les sociétés commerciales, 21e éd. par M. GERMAIN, 2014, L.G.D.J.-Lextenso, n° 742 ;J. RICHARD, « *La convention de croupier* », J.C.P., éd. N, 1987, I, 245 ; I. URBAIN-PARLEANI, « *Convention de croupier et société en participation* », Rev. Soc. 1999, p. 753.

1006 § 719 B.G.B.

1007 §717 B.G.B.

1008 RG II, 1 er avril 1913, « *Recht* » 1913, n° 1424, cité par O. CORNAZ, th. préc., p. 32.

« *maoukouf* », pour reprendre une terminologie du droit musulman[1009]. L'inefficacité de ce contrat découle du fait que la production de ses effets et suspendue jusqu'à la ratification du propriétaire[1010]. On a pu toutefois constater tel contrat peut être analysé comme un « *contrat spécial* », par lequel le vendeur promet l'obtention de ladite ratification ou l'acquisition ultérieure de la propriété[1011]. Un contrat inefficace, privé de son effet réel, le transfert de la propriété, peut tout de même produire certains effets personnels.

En somme, il y a lieu de relever que les dispositions de l'article 328 du Code des obligations et des contrats, qui visent expressément la nullité de l'acte permettent de raisonner par analogie en vue de mettre en œuvre ce texte dans des circonstances similaires. La force d'expansion de la conversion ne semble pas s'arrêter là, car on peut aussi admettre le jeu de cette institution même dans le cas où l'acte initial disparaît pour une cause postérieure à sa formation, alors que les éléments qui demeurent suffisent à former une nouvelle figure juridique.

B. L'extension de la conversion pour une cause survenant postérieurement à la formation de l'acte

275. L'extension du domaine de la conversion est évidemment souhaitable, notamment en raison des atouts que présente cette technique. Les signes autorisent à penser qu'une telle extension est concevable. L'extension sera réalisée par la jurisprudence par l'élargissement du champ d'application de l'article 328, sans pour autant créer une règle nouvelle. Le raisonnement par analogie est l'une des techniques qui peut être utilisée par le juge pour étendre le champ d'application de l'article 328 du C.O.C. (**1**). Cette extension peut également être réalisée par voie d'induction (**2**) ou encore de déduction (**3**).

1) L'extension par analogie

276. Le raisonnement par analogie, souvent assimilé à la méthode du droit musulman, le Kyas[1012], est un procédé classique d'interprétation rationnelle relevant de la méthode exégétique qui consiste à étendre la solution édictée par un texte pour un cas prévu à un cas semblable non prévu par le texte, toutes les fois que la situation qui constituera la source

---

[1009] N. GHAZOUANI, art. préc., p. 146, 148 et 154 ; N. BESROUR, th. préc., n° 25 et 87, p. 23 et 100.

[1010] N. BESROUR, th. préc., n° 85, p. 98.

[1011] V. *supra* n° 124.

[1012] En fait, le Kyas est beaucoup plus large puisqu'il comprend aussi le raisonnement *a contrario* et *a fortiori* (M. CHARFI, Introduction à l'étude du droit, *op.cit.*, n° 427, p. 200 ; S. MELLOULI, Droit civil, Introduction à l'étude du droit, *op.cit.*, n° 492, p. 150, E. ARFAOUI, Les règles écrites d'interprétation de la loi, Essai d'une méthode officielle d'interprétation des lois, thèse de doctorat, F.D.S.P.E.T., 2000, p. 354 et s.).

d'inspiration et la situation nouvelle présentent des similitudes[1013]. Le professeur Ezzeddine ARFAOUI affirme dans le même sens qu' « *en raisonnant par analogie, le juge considère que le législateur, ayant réglé expressément une hypothèse, il y a lieu de réserver le même traitement à une hypothèse non réglementée, mais essentiellement semblable* »[1014]. Donc les cas semblables doivent recevoir des solutions semblables. L'article 535 du C.O.C. propose au juge en cas de lacune de la loi, d'adopter le raisonnement par analogie[1015]. Le raisonnement analogique est l'une des techniques qui peut être utilisée par le juge pour l'extension du champ d'application de la conversion. Cela revient à considérer que l'une des conditions d'application de l'article 328 du C.O.C., particulièrement celle relative à la nullité de l'acte initial, est susceptible d'être assouplie pour être adaptée, par analogie, à une situation qui, à l'origine lui était étrangère. On vise notamment la situation résultant de la caducité de l'acte majeur (**a**) ou encore de sa résolution (**b**).

a. L'extension de la conversion aux actes frappés de caducité

277. La conversion est traditionnellement définie comme l'opération qui consiste à tirer d'un acte nul un acte nouveau valable[1016]. Le champ d'application de la conversion est de ce fait limité au cas d'un acte nul. La différence entre la nullité et la caducité constitue selon les défenseurs de cette conception réductrice de la conversion, un obstacle à la mise en œuvre de ce procédé en cas de caducité de l'acte juridique. Cette analyse ne paraît pas convaincante. Certes les deux techniques ont des points de divergences, mais elles présentent aussi quelques facteurs de rapprochement. L'assimilation entre la nullité et la caducité est possible, justifiant l'application de la conversion aux actes caducs. Plusieurs arguments confortent cette opinion : l'identité du fondement de la nullité et de la caducité d'une part (**α**), et la similitude de leurs effets d'autre part (**β**).

α. L'identité du fondement de la nullité et de la caducité

278. La caducité est une sanction qui frappe un acte juridique, à l'origine valablement formé, mais qui cesse d'exister à la suite de la disparition ou de la défaillance d'un élément essentiel à sa survie en raison de la survenance

---

1013 *Vocabulaire juridique* H. Capitant, sous la direction de M. CORNU, *op.cit.*, V° « Analogie ».
V. aussi sur le raisonnement par analogie notamment: E. ARFAOUI, Les règles écrites d'interprétation de la loi, th. préc., F.D.S.P.T., 2000, p. 300 et s.
1014 Ibid., p. 304.
1015 L'article 535 du C.O.C. prévoit que : « *lorsqu'un cas ne peut être décidé par une disposition précise de la loi, on aura égard aux dispositions qui régissent les cas semblables ou des matières analogues…* ».
1016 R. JAPIOT, Des nullités en matière d'actes juridiques. Essai d'une théorie nouvelle, th. préc., p. 672, note 1 ; *Adde*, plus récemment : O. GOUT, Le juge et l'annulation du contrat, *op.cit.*, n° 702 et s.

d'un événement postérieur à sa formation et indépendant de la volonté des parties[1017]. Ainsi comprise, la caducité se distingue de la nullité. Le critère de distinction est essentiellement d'ordre chronologique. La nullité sanctionne un vice originel, une irrégularité commise au moment de la formation de l'acte juridique[1018]. La caducité, au contraire, frappe un acte à l'origine valable, mais qui devient inefficace, en cours d'exécution, pour une cause postérieure à sa formation[1019]. La caducité se caractérise donc par la place chronologique du fait générateur, qui apparaît non au moment de la formation de l'acte, mais en cours de son exécution[1020].

279. Cette distinction doit cependant être ramenée à une taille plus modeste. Elle intéresse seulement le moment d'apparition du vice[1021]. La donnée chronologique n'est pas toutefois si importante. Que la nullité intervienne au moment de la formation et la caducité au stade de l'exécution est secondaire. C'est plutôt la nature de l'élément affecté par l'irrégularité qui est déterminante. Or, sur ce point, la caducité ne se distingue pas de la nullité. Que l'acte soit nul ou qu'il soit caduc, l'élément affecté est toujours un élément essentiel, un élément sans lequel l'acte ne saurait être considéré comme valablement formé ou survivre[1022]. Le défaut d'un élément essentiel conduit, dans les deux cas à l'anéantissement de l'acte juridique[1023].

280. A cet égard, il est intéressant de constater que la caducité, comme la nullité, doit être classée dans la catégorie des causes structurelles d'anéantissement des actes juridiques[1024]. Ce sont des causes qui sanctionnent les atteintes aux éléments fondamentaux de l'acte qui

---

1017 Cette définition est une synthèse fait entre plusieurs définitions (V. F. GARRON, La caducité du contrat, Etude de droit privé, P.U.A.M., 2000, préf. J. MESTRE, n° 249 p.309 ; F. TERRE, Ph. SIMLER et Y. LEQUETTE, *op.cit*, n° 82 ; C. PELLETIER, La caducité des actes juridiques en droit privé français, préf. JESTAZ, L'Harmattan, 2004, n° 14, p. 30 ; Y. BUFFELAN-LANORE, Essai sur la caducité des actes juridiques en droit civil, L.G.D.J., 1963, note n° 3, p. 161 ; WESTER-OUISSE, « *La caducité en matière contractuelle : une notion à réinventer* », J.C.P. G.,I, 290, n° 10, p. 184).
V° en droit égyptien :
محمد محمود المصري ، محمد أحمد العابدين، الفسخ و الانفساخ و التفاسخ في ضوء القضاء و الفقه، دار المطبوعات الجامعية، ص 89 و ما بعدها (غير مؤرخ).

1018 V° en ce sens :
محمد الزين، النظرية العامة للالتزام، 1- العقد، المرجع السابق، عدد 243، ص 201؛ محمد محفوظ ، النظرية العامة للالتزام (1)العقد، المرجع السابق، ص 81 ؛ محمد بقبق، قانون مدني ، النظرية العامة للالتزام، التصرف القانوني ، المرجع السابق ، عدد 300 و ما بعدها ، ص 218 و ما بعدها؛ محمد المالقي، محاضرات في شرح القانون المدني التونسي، المرجع السابق ، ص 277.

1019 F. GARRON, *op. cit.*, n° 30 et s. ; V. WESTER-OUISSE, art. préc., n° 10, p. 184 ; P. LIPINSKI, art. préc., n° 17, p. 1177.

1020 R. CHAABAN, La caducité des actes juridiques, Etude de droit civil, *op.cit.*, n° 576, p.479.

1021 V. WESTER-OUISSE, art. préc., n° 10, p. 184.

1022 M.-E PANCRAZI-TIAN, *op cit*, n° 48 et 52, pp. 54 et 57 ; F. GARRON, *op.cit.*,n° 107, p. 132.

1023 P. LIPINSKI, art. préc., n° 17, p. 1177.

1024 F. GARRON, *op.cit.*n° 255, p. 315

participent à la constitution comme à la préservation de ses structures[1025]. Comme la nullité, la caducité sanctionne généralement la violation des règles relatives au consentement, la capacité, l'objet et la cause[1026]. Ainsi par exemple, la survenance de l'incapacité d'une partie devrait constituer un évènement de nature à entraîner la caducité du contrat. La disparition de l'objet devrait aussi conduire à la même solution dans la mesure où il représente l'un des éléments fondamentaux de l'acte juridique[1027]. Le contrat qui ne saurait se former sans objet, ne saurait survivre sans objet[1028]. De même, la cause qui est une condition de formation de l'acte juridique, représente aussi une condition pour sa survie[1029]. On s'aperçoit donc que la caducité correspond uniquement à un déplacement de la place chronologique d'un vice qui au moment de la formation aurait provoqué la nullité du contrat[1030]. L'identité des effets de la nullité et de la caducité constitue encore un autre facteur de rapprochement des deux sanctions.

β. L'identité des effets de la nullité et de la caducité

281. La disparition d'un élément essentiel a pour conséquence principale d'éteindre l'acte qui est devenu caduc[1031]. Sur ce point, la caducité ne se distingue pas des autres causes d'anéantissement des actes juridiques, notamment la nullité, dont les effets sont évidemment les mêmes. Tel n'était pas cependant la position de certains auteurs contraires à la généralisation de la conversion aux actes caducs. Les arguments invoqués par ces auteurs pour étayer leurs dires, même s'ils sont nombreux et concordants, n'emportent pas toujours la conviction. Aussi convient-il de commencer par présenter les vicissitudes des arguments défavorables à la conversion des actes caducs, avant de démontrer la possibilité d'étendre à la caducité le domaine de la conversion, jusqu'à maintenant limité à la nullité[1032].

[1025] *Ibid.*

[1026] Mais ce n'est pas toujours le cas : ainsi par exemple, le contrat de cautionnement, qui est accessoire au contrat principal, devient caduc si le contrat principal tombe, sans qu'il soit atteint par un vice.

[1027] Article 2 du C.O.C.

[1028] La disparition de l'objet entraîne toujours la disparition du contrat, quelle que soit la conception retenue. Si on envisage l'objet comme étant l'objet de l'obligation d'une partie, son absence, dans le contrat synallagmatique, ayant pour effet d'anéantir cette obligation, engendre nécessairement l'anéantissement corrélatif de l'obligation de l'autre, puisque celle-ci devient alors sans cause. De la même manière, si on envisage l'objet comme étant l'objet du contrat, c'est-à-dire de l'opération juridique réalisée par les parties, son absence rendant bien évidemment cette opération sans objet, ne peut que conduire à l'extinction de ce contrat (F. GARRON, *op.cit.*, n° 82, p. 105 ; J. GHESTIN, Traité de droit civil, La formation du contrat, *op.cit.*, n° 675 et s., p. 654 et s. ; F. TERRE, Ph. SIMLER et Y. LEQUETTE, *op.cit.*, n° 265 ; J. FLOUR, J.-L. AUBERT et E. SAVAUX, Droit civil, Les obligations, 1- L'acte juridique, *op.cit.*, n° 234, p. 169).

[1029] F. GARRON, *op.cit.*,n° 255, p. 315 ; R. CHAABAN, *op.cit.*n° 114, p. 121.

[1030] R. CHAABAN, *op cit.*, n° 39, p. 36.

[1031] F. GARRON, *op.cit.*, n° 220, p. 267.

[1032] P. LIPINSKI, art. préc., n° 17, p. 1177.

282. Les auteurs qui s'opposent à la généralisation de la conversion aux actes caducs relèvent d'abord que la caducité, à la différence de la nullité, est classiquement perçue comme une inefficacité dépourvue d'effet rétroactif éteignant pour l'avenir uniquement l'acte juridique qu'elle affecte[1033]. L'effet non rétroactif de la caducité a traditionnellement été perçu comme un principe immuable[1034]. Cette analyse ne semble pas partagée par la doctrine moderne. Les auteurs contemporains considèrent, en effet, que le prétendu principe de la non-rétroactivité des actes juridiques sujets à caducité semble être trompeur[1035]. La caducité constitue dans certains cas une inefficacité rétroactive[1036]. Mais, si la rétroactivité est parfois mise en échec, c'est essentiellement en raison de la nature successive[1037] ou échelonnée[1038] de l'acte anéanti[1039].

283. Du reste, la rétroactivité de la nullité, posée comme principe, n'est pas sans tempéraments[1040]. La mise en œuvre de la rétroactivité se heurte souvent à une impossibilité matérielle de restituer les prestations passées. Il en est ainsi lorsqu'un contrat à exécution successive a été annulé[1041]. Les prestations déjà fournies ne peuvent pas être restituées en nature[1042]. Tel est

---

1033 R. CHAABAN, *op.cit.*, n° 371, p. 333 ; F. TERRE, Ph. SIMLER et Y. LEQUETTE, Droit civil, Les obligations, *op.cit.*, n° 82 ; Y. BUFFELAN-LANORE, Essai sur la caducité des actes juridiques en droit civil, *op.cit.*, note n° 3, p. 161 ; V. WESTER-OUISSE, art. préc., n° 2, p. 182 ; P. LIPINSKI, art. préc., n° 17 et 18, pp. 1177 et 1178 ; F. GARRON, *op.cit.*, n° 221, p. 267.

1034 R. CHAABAN, *op cit.*, n° 428, p. 375.

1035 J. GHESTIN, « *L'effet rétroactif de la résolution des contrats à exécution successive* », *in* Mélanges P. RAYNAUD, Dalloz-Sirey, 1985, n° 27, p. 218 ; C. GUELFUCCI-THBIERGE, Nullité, restitutions et responsabilité, L.G. D. J. 1992, préf. J. GHESTIN, n° 733, p. 423 ; R. CHAABAN, *op.cit.*, n° 491, p. 416.

1036 La jurisprudence relative à la disparition de la cause est symptomatique des nombreuses entorses qui sont portées au prétendu principe de non-rétroactivité de la caducité. À ce titre la donation est rétroactivement caduque lorsque disparaît son motif déterminant.

1037 J. GHESTIN, « *L'effet rétroactif de la résolution des contrats à exécution successive* », art. préc., n° 27, p. 218 ; C. GUELFUCCI-THBIERGE, Nullité, restitutions et responsabilité, *op.cit.*, n° 733, p. 423 ; R. CHAABAN, *op.cit.*, n° 491, p. 416.

1038 M.-L. CROS, « *Les contrats à exécution échelonnée* », D. 1989, Chron., p. 47.

1039 R. CHAABAN, *op.cit.*, n° 428 et 477, pp. 376 et 408.

1040 V. en ce sens :
محمد الزين، النظرية العامة للالتزام، 1- العقد، المرجع السابق، عدد 298 و ما بعدها، ص 237 و ما بعدها؛ محمد بقبق، قانون مدني ، النظرية العامة للالتزام، التصرف القانوني ، المرجع السابق، عدد 341 وما بعدها ، ص 253 و ما بعدها.

1041 L'impossibilité de remise en l'état caractérise particulièrement les contrats successifs, c'est-à-dire ceux qui comportent des prestations périodiques ou continues, notamment le contrat de travail, de bail ou de société
- Voir en ce sens :
محمد الزين، النظرية العامة للالتزام، 1- العقد، المرجع السابق،، فقرة 304 ، ص 242 ؛ محمد بقبق، قانون مدني ، النظرية العامة للالتزام، التصرف القانوني ، مجمع اللأطرش للكتاب المختص ،المرجع السابق، عدد 349 ، ص 259.
V. en dr. comp. F. TERRE, Ph. SIMLER et Y. LEQUETTE, Droit civil, Les obligations, *op.cit.*, n° 425 ; J. FLOUR, J.-L. AUBERT et E. SAVAUX, Les obligations,1- L'acte juridique, *op.cit.*, n° 577 bis, pp. 594-595.

1041 P. LIPINSKI, art. préc., n° 15, p. 1176.

1042 J. SCHMIDT-SZALEWSKI, « *Les conséquences de l'annulation d'un contrat* », J.C.P. éd. G. 1989, I, 3397, n° 24.

le cas par exemple du travail fourni par un salarié. Il en est de même de la jouissance d'un local par un locataire[1043]. A l'égard des tiers aussi, il est parfois impossible d'effacer le passé. C'est ainsi que la loi valide les actes accomplis par un acquéreur de bonne foi, alors même que le titre de son auteur a été annulé[1044].

284. Par ailleurs, les auteurs qui veulent réserver le domaine de la conversion aux actes nuls, justifient leur position par le fait que l'intervention du juge est nécessaire pour prononcer la nullité d'un acte juridique, alors que la caducité opère de plein droit ou de manière automatique[1045]. Cette analyse encore une fois, n'exprime pas l'opinion de l'ensemble de la doctrine et doit être repensée. Il convient en effet de noter que les cas où la caducité opère de plein droit sont très rares[1046]. En fait, la plupart des hypothèses de caducité nécessitent l'intervention du juge[1047]. Il n'est pas inutile de rappeler ici que certains auteurs avaient contesté le jeu automatique des clauses de caducité en cas de non-avènement d'une condition comme constituant un prétexte pour rompre le contrat alors que le motif réel est peut être tout autre[1048]. L'action en caducité existe et doit exister. L'interrogation essentielle du juge saisi d'une action en caducité doit porter sur la viabilité, le sauvetage du contrat[1049]. A cet égard, il convient de signaler que plusieurs techniques pourraient être envisagées afin d'expliquer qu'un contrat normalement caduc puisse éviter une telle issue. La poursuite d'une relation contractuelle malgré une cause de caducité pourrait être envisagée grâce à la confirmation, la novation, voire la conversion. Le juge devra statuer dans cette dernière hypothèse, sur l'utilité du solde contractuel.

285. On s'aperçoit donc, à l'issue de nos précédents développements, que la caducité produit des effets assimilables à ceux de l'annulation. Elle emporte parfois anéantissement rétroactif de l'acte par voie judiciaire. La

---

1043 V° en ce sens :
محمد الزين، النظرية العامة للالتزام، 1- العقد، المرجع السابق، فقرة 298 ، ص 237 ؛ محمد بقبق، قانون مدني، النظرية العامة للالتزام، التصرف القانوني،المرجع السابق، عدد 349 ، ص 259.

1044 Aux termes de l'article 305-2 du C.D.R. : « *L'annulation d'une inscription ne peut être opposable aux tiers acquéreurs de droits sur l'immeuble de bonne foi et en vertu des inscriptions portées sur le livre* ».

1045 F. TERRE, Ph. SIMLER et Y. LEQUETTE, Droit civil, Les obligations, *op.cit.*, n° 82 ; Y. BUFFELAN-LANORE, *op.cit.*, p. 161, note 3 ; V. WESTER-OUISSE, art. préc., n° 2, p. 182 ; P. LIPINSKI, art. préc., n° 17 et 18, pp. 1177 et 1178.

1046 C'est le cas notamment lorsque les signataires d'un contrat ont expressément stipulé qu'il deviendrait caduc ou serait éteint après l'écoulement d'un délai d'option prévu dans une promesse unilatérale ou après la défaillance d'une condition suspensive (V. F. GARRON, *op.cit.*, n° 153, p. 187 ; WESTER-OUISSE, art. préc., n° 13, p. 185).

1047 Le contrôle juridictionnelle de la caducité permet, selon les cas, de limiter les caducités excessives ou, au contraire, imposer la caducité (V. WESTER-OUISSE, art. préc., n° 11 et s., pp. 185 et s).

1048 *ibid.*, n° 16, p. 186.

1049 *ibid.*, n° 14, p. 185.

règle de justice exige le traitement égal des cas semblables[1050]. Il semble qu'il soit permis, partant des dispositions déjà existantes, d'étendre par analogie l'application de la conversion à des cas nouveaux toutes les fois que la situation qui constituera la source d'inspiration et la situation nouvelle présentent des similitudes tenant aux effets. En effet, comme l'a déjà relevé M. D. Bakouche, l'extension analogique n'est-elle concevable qu'à la condition qu'il existe des similitudes entre le cas déjà réglé par le droit et celui qui ne l'est pas[1051].

286. Au demeurant, exclure la conversion au cas de caducité de l'acte méconnaîtrait la finalité salvatrice de cette institution[1052]. Cette finalité devrait conduire à traiter pareillement un acte frappé de nullité ou de caducité. On ne voit pas ce qui justifierait l'application de la conversion lorsque l'acte serait privé d'effets pour une cause originaire, et son exclusion lorsque le même acte ne peut plus déployer d'effets pour une cause postérieure à sa formation[1053]. Il est communément admis que : « *L'extension analogique de la règle de droit doit être conforme à la raison d'être même de cette règle, à défaut de quoi le raisonnement risquerait d'étendre abusivement le domaine des règles de droit à des situations qu'elles ne peuvent régir* »[1054]. Il y a identité de raison, dit M. Ezzeddine Arfaoui, « *lorsque le juge se basant sur motif législatif (ratio legis) tiré de la justice ou de l'utilité sociale induit une solution pour un état de fait fondamentalement similaire* »[1055].

287. Or, il est évident que la raison juridique qui justifie la conversion dans l'hypothèse de nullité de l'acte en application de l'article 328 du C.O.C., consiste dans le désir de donner autant que possible effet à la volonté des parties et une sécurité complète des transactions. Cette même raison se retrouve aussi dans le cas de conversion d'un acte devenu caduc lorsque les éléments qui demeurent suffisent à former une nouvelle figure juridique satisfaisant le but poursuivi par les parties. Un exemple concret nous aidera à saisir cette idée. La conversion d'une société en non collectif, nulle pour incapacité d'un associé, en une société en commandite simple s'explique par la volonté de pérenniser la société et que cette même raison se retrouve lorsqu'une société en nom collectif, dissoute par le décès de l'associé, sera convertie en une société en commandite simple.

288. Plus encore, il est légitime de penser que si la conversion est admise en matière de nullité où elle connaît l'essentiel de ses applications[1056], elle

---

[1050] Voir Ch. PERELMAN, Logique juridique, Nouvelle rhétorique, 2e éd., Coll. bibliothèque Dalloz, Paris, Dalloz, 1999, § 33.
[1051] D. BAKOUCHE, L'excès en droit civil, *op.cit.,* n° 294, p. 272.
[1052] P. LIPINSKI, art. préc., n°18, p. 1178.
[1053] *Ibid.* n° 15, p. 1176.
[1054] D. BAKOUCHE, L'excès en droit civil, *op. cit.*, n° 329, p. 297.
[1055] E. ARFAOUI, th. péc., p. 332.
[1056] La conversion est traditionnellement définie comme une technique consistant à valider un acte initialement nul (V. Introduction).

doit l'être à plus forte raison en cas de caducité. Il ne s'agit plus en effet d'une validation d'un acte vicié dès l'origine, mais uniquement de la correction d'un acte valablement formé, qui a par conséquent juridiquement existé, dont seule l'exécution est bloquée[1057]. La conversion d'un acte nul étant admise dans un objectif de stabilité et de sécurité juridique, celle d'un contrat caduc doit l'être *a fortiori*. La règle de l'article 550 du C.O.C. prévoyant que « *ce qui peut le plus peut le moins* », rend beaucoup mieux de cette analyse. Cette solution est d'autant plus admissible que la caducité correspond classiquement à un vice postérieur à la formation et indépendant de la volonté. Les parties désarmées face à un contrat sujet à caducité méritent cette faveur ; elles n'ont nullement participé à la sanction encourue[1058].

On conviendra en dernière analyse que la conversion d'un acte sujet à caducité doit être reconnue. Les obstacles à sa légitimation semblent à l'issue de ces développements, définitivement levés. Les arguments dressés à son encontre ont tour à tour succombé. Le même raisonnement devrait aussi conduire à l'extension de la conversion aux actes affectés par la résolution.

b. L'extension de la conversion aux actes affectés par la résolution

289. La résolution sanctionne un contrat valablement formé, en raison de la survenance postérieurement à sa formation de certains faits, telle que l'inexécution par l'une des parties de ses obligations[1059]. La résolution se distingue ainsi de la nullité qui sanctionne une irrégularité commise au

---

1057 F. GARRON, *op.cit.*, n° 227, p. 275.

1058 R. CHAABAN, *op.cit.*, n° 567, p.475.

1059 V° en droit tunisien :
محمد الزين، النظرية العامة للالتزام، 1- العقد،المرجع السابق، عدد 243، ص 200؛ محمد محفوظ ، النظرية العامة للالتزام (1)العقد، المرجع السابق، ص 84 ؛ محمد بقبق، قانون مدني ، النظرية العامة للالتزام، التصرف القانوني، المرجع السابق، عدد 302، ص219.
V° aussi : S. JERBI, « *La résolution du contrat dans la jurisprudence tunisienne : un humne en quatre temps* », *in* Cinquante ans de jurisprudence civile 1959-2009, (sous la dir. De M.-K. CHARFEDDINE), C.P.U. 2010, p. 5 et s. ; I. ARIBI, Notion et rôle de la résiliation en droit privé interne, th. Grenoble 1995 ; M.- M. CHAFFAI, La demeure du débiteur dans l'exécution du contrat, th., F.D.S.P.E.T. 1984, spéc. p. 209 ; I. ARIBI, « *L'article 273 du C.O.C. et l'option entre l'action en exécution et l'action en résolution* », A.J.T. 12/1998, p. 137.
V° en droit égyptien: Mohamed Mahmoud ELMASSRI :
محمد محمود المصري ، محمد أحمد العابدين، الفسخ و الانفساخ و التفاسخ في ضوء القضاء و الفقه، دار المطبوعات الجامعية، ص 5 و ما بعدها (غير مؤرخ).
V° en droit français :
J. GHESTIN (sous la dir.), Traité de droit civil, Les obligations, Le contrat : formation, *op.cit.*, n° 726., p. 863 ;.J. CARBONNIER, Droit civil, Les obligations, *op.cit.*, n° 185 ; F. TERRE, Ph. SIMLER et Y. LEQUETTE, Droit civil, Les obligations, *op.cit.*, n° 82, p. 109 ;J. FLOUR, J.-L. AUBERT et E. SAVAUX, Droit civil, Les obligations, 1- L'acte juridique, *op.cit.*, n° 322 ; C. RIGALLE-DUMETZ, La résolution partielle du contrat, Dalloz, 2003, n° 324, p. 197.

moment de la formation du contrat[1060]. Cette différence avec la nullité conduit-elle à paralyser le jeu de la conversion en cas de résolution ?

290. Habituellement, la doctrine estime que la disparition d'un élément essentiel contemporain de l'exécution n'est pas une cause de conversion de l'acte majeur[1061]. Cette analyse repose sur une interprétation exégétique de l'article 328 du C.O.C. Une telle interprétation conduit à repousser l'application de ce texte partout où il n'y a pas nullité de l'acte principal[1062]. Nous ne souscrivons pas cependant à une telle analyse. La conversion a pour finalité la limitation le plus possible des effets dommageables résultant de l'anéantissement des actes juridiques. On ne voit pas ce qui justifierait son exclusion lorsque le même acte ne peut plus déployer d'effets pour une cause postérieure à sa formation, en particulier dans l'hypothèse de l'inexécution par l'une des parties de ses obligations[1063]. Plusieurs arguments militent en faveur de l'extension du domaine de la conversion aux actes résolus.

291. Le premier argument tient à ce que les effets de la résolution sont identiques à ceux de la nullité. Cette idée a été affirmée avec force par un grand nombre d'auteurs à la fois tunisiens que français. Ainsi, Mohamed ZINE relève que la résolution, comme la nullité, entraîne la disparition rétroactive de l'acte dès la date de sa conclusion[1064]. Aussi Messieurs Malaurie et Aynès estiment que « *la résolution produit le même effet rétroactif que la nullité : faire comme si le contrat n'avait pas existé* »[1065]. La même analyse a été faite par M. Larroumet, qui considère que « *la résolution opère comme la nullité, en ce qu'elle fait disparaître le contrat dont on doit considérer qu'il n'a jamais existé* »[1066]. Voirin est tout aussi catégorique : « *la résolution anéantit le contrat même dans le passé, exactement comme le ferait une annulation* »[1067]. D'autres auteurs semble aller plus loin encore : ils se réfèrent à la nullité pour expliquer les effets de la résolution. C'est ainsi que M. Dagorne-Labbé n'hésite pas à parler d'annulation du contrat en présence d'une résolution[1068]. La référence à la

---

[1060] J. GHESTIN (sous la dir.), Traité de droit civil, Les obligations, Le contrat : formation, *op. cit.*, n° 726., p. 863 ;.J. CARBONNIER, Droit civil, Les obligations, *op.cit.*, p. 339 ; F. TERRE, Ph. SIMLER et Y. LEQUETTE, Droit civil, Les obligations, *op.cit.*, n° 82, p. 109 ;J. FLOUR, J.-L. AUBERT et E. SAVAUX, Droit civil, Les obligations, 1- L'acte juridique, *op.cit.*, n° 322 ; C. RIGALLE-DUMETZ, La résolution partielle du contrat, *op.cit.*, n° 324, p. 197.

[1061] X. PERRIN, th. préc., n° 45, pp. 59-60.

[1062] *Ibid.*

[1063] P. LIPINSKI, art. préc., n° 15, p. 1176.

[1064] V° en ce sens Mohamed ZINE :
محمد الزين، النظرية العامة للالتزام، 1- العقد،المرجع السابق، عدد،243، ص 200.

[1065] Ph. MALAURIE et L. AYNES, Cours de droit civil, t. VI, Les obligations, vol. II, Contrats, quasi-contrats, 11e éd. Cujas, 2001/2002, n° 483, p. 286.

[1066] Ch. LARROUMET, Droit civil, t.III, Les obligations, Le contrat, *op.cit.*, n° 701.

[1067] P. VOIRIN, Manuel de droit civil, conforme au nouveau programme des facultés de droit, 1ère année Licence, L.G.D.J.,1957, n° 662, p. 285.

[1068] Y. DAGORNE-LABBE, note sous cass. civ. 3e, 7 Juin 1989, J.C.P. éd. G. 1990, 21456.

nullité dans les analyses consacrées à la résolution ainsi que dans la jurisprudence peut s'expliquer par l'attraction très forte exercée par la nullité ainsi que par l'importance accordée à la formation du contrat[1069]. Il s'ensuit que les actions en nullité et en résolution produiraient le même résultat, à savoir l'anéantissement du contrat, non seulement pour l'avenir, mais aussi pour le passé[1070].

292. Un second argument serait d'invoquer l'identité de la finalité de la nullité et la résolution[1071]. Les deux sanctions sont, en effet, animés par le désir de ne pas maintenir dans l'ordonnancement juridique une situation pathologique[1072]. La conversion qui a traditionnellement pour finalité de limiter le plus possible les effets dommageables de l'acte entaché d'un vice originaire, doit, en toute logique, être appliquée, lorsque le même acte ne peut plus déployer d'effets suite au prononcé de sa résolution[1073]. Exclure la conversion au cas de résolution de l'acte majeur méconnaîtrait ainsi la finalité de la conversion qui procède d'un souci d'efficacité et de sauvetage d'une opération juridique. Cette finalité devrait conduire à traiter pareillement un acte frappé de nullité ou de résolution[1074]. Cette solution permettra, du reste, d'éviter les conséquences destructrices de la nullité et de la résolution. La résolution est parfois une solution trop brutale au regard de ses conséquences sur la stabilité des relations contractuelles[1075]. Par ailleurs, le choix de la conversion est parfaitement conforme à la volonté des parties. La raison en est que « *le maintien de la convention respecte mieux les intentions des parties que sa résolution* »[1076].

293. La conversion d'un acte résolu constitue aussi, dans certaines situations, une sanction économiquement préférable à la résolution. En effet, la volonté des contractants est toujours dominée par le désir d'arriver à un but économique[1077]. Le juge qui estime que le contrat doit être maintenu, quoique mal exécuté, recherche l'utilité économique que présente encore le contrat pour le contractant et la société. Limiter l'effet résolutoire permettrait aussi d'éviter les effets néfastes en assurant l'exécution du contrat encore

---

[1069] Cass. com., 30 novembre 1999, Bonald c/Caliez, R.J.D.A. 4/00, n° 377, p. 308 et n° 496, p. 389 ; Cass. req., 27 février 1894, D.P. 1894, I, p. 216.

[1070] B. STARCK, H. ROLAND et L. BOYER, Droit civil, Les obligations, t. II, Contrat, 6 e éd., Litec, 1998, n° 1937, p. 675.

[1071] C. RIGALLE-DUMETZ, *op.cit.*, n° 323, p. 196 ; P. LIPINSKI, art.préc., n° 19, p. 1178.

[1072] P. LIPINSKI, art.préc., n° 19, p. 1178.

[1073] *ibid.*, n° 15, p. 1176.

[1073] *ibid.*, n° 14, p. 1176.

[1074] *ibid.*

[1075] M. AZOULAI, J.-M. BISCHOFF, G. BRIERE de L'ISLE, C. CHOUKROUN, J.-P. DELMAS SAINT-HILAIRE, R. CASSIN, J. GUYENOT, A. ROBERT, La tendance à la stabilité du rapport contractuel, Etudes de droit privé sous la direction et avec une préface de P. DURAND, L.G.D.J., 1960.

[1076] Y. GUYON, note sous cass. civ. 1re, 1er avril 1924, Compagnie d'exploitation forestière c/ Charbonneau et Sarda, *in* Les grands arrêts de la jurisprudence commerciale, Bibliothèque de droit commercial, t. 2, Sirey, 1962, arrêt n° 119, V° Vente-Réfaction, p. 415.

[1077] C. RIGALLE-DUMETZ, *op.cit.*, n° 156, p. 90.

utile[1078]. Cette solution est encore parfaitement conforme à l'équité et à la bonne foi. Un souci d'équité commande en effet parfois d'écarter la résolution. L'équité qui ultérieurement, justifiait la résolution[1079], légitime aujourd'hui son rejet dans certaines circonstances[1080]. Aussi, la conversion, en obligeant un créancier de rester le partenaire d'un débiteur défaillant, l'invite à faire preuve de de loyauté contractuelle, voire de solidarité, en restant lié à son cocontractant[1081].

294. Des considérations économiques et morales peuvent donc être mises en avant par le juge pour justifier le choix de la conversion à la place de la résolution. Le caractère judiciaire de la nullité et de la résolution constitue aussi un facteur de rapprochement entre les deux techniques[1082]. Le contrat ne devient en principe nul ou résolu que par le prononcé de la décision par le tribunal[1083]. L'article 273 du C.O.C. dispose, en effet, que : « *la résolution du contrat n'a pas lieu de plein droit, mais doit être prononcée par le juge* »[1084]. La maîtrise par celui-ci du prononcé de la sanction lui confère toute latitude pour choisir la conversion comme une alternative à la résolution. Le juge saisi d'une demande en résolution disposerait de la la sorte de quatre solutions : refuser la résolution, accorder un délai[1085],

1078 *Ibid.*, n° 157, p. 91..

1079 A. GALLET, Etude de la fiction de rétroactivité dans le droit français, th. Poitiers, 1903, p. 99.

1080 C. RIGALLE-DUMETZ, *op.cit.*, n° 168, p. 99.

1081 *ibid.*, n° 171, p. 101 ; Y. LEQUETTE, « *Bilan des solidarismes contractuels* », *in* Mélanges offerts à P. DIDIER, Economica 2008, p. 247 et s.

1082 Sur le caractère judiciaire de la résolution, V. notamment Mohamed ZINE
محمد الزين، النظرية العامة للالتزام، 1- العقد،المرجع السابق، عدد،400، ص 324.
V. aussi : M.-M. CHAFFAI, th., préc., p. 209.

1083 Le recours au juge pour prononcer la nullité, qu'elle soit relative ou absolue, s'impose. Sa mission consiste à vérifier que les conditions de la nullité sont réunies (F. TERRE, Ph. SIMLER et Y. LEQUETTE, Droit civil, Les obligations, *op.cit.*, n° 389 et s., pp. 437-438 ; J. FLOUR, J.-L. AUBERT et E. SAVAUX, Droit civil, Les obligations, 1- L'acte juridique, *op.cit.*, n° 329). De même, la résolution, n'échappe jamais à l'emprise du juge. Il s'agit toujours d'éviter que l'une des parties n'abuse du droit d'obtenir la résolution du contrat (J. GHESTIN (sous la dir. de), Traité de droit civil, Les effets du contrat, L.G.D.J., 3e éd. 2001, par J. GHESTIN, Ch. JAMIN, M. BILIAU, n° 429).

1084 Par exception, l'article 274 du C.O.C prévoit que : « *Si les parties sont convenues que le contrat sera résolu dans les cas ou l'une d'elles n'accomplirait pas ses engagements, la résolution du contrat s'opère de plein droit par le seul fait de l'inexécution* ». V. sur l'application de ce texte : Cass.civ. n° 9763 du 8 oct. 1984, B.C.C.II.345.
" عدم الوفاء بما التزم به بموجب الشرط الفسخي و ذلك بإحالة المكرى للغير و تغيير النشاط التجاري المتفق على تعاطيه بالمحل يترتب عنه انفساخ عقد التسويغ وفقا للفصل 12 منه و الفصل 274 مدني".
Soulignons enfin que la résolution peut être unilatérale (V. notamment les articles 1157 du C.O.C. que « *le mandat finit : 3) par la révocation du mandataire ; 4) par la renonciation de celui-ci au mandat* » ; *Adde* l'article 1226 nouveau du C.C.F. que : « *Le créancier peut, à ses risques et périls, résoudre le contrat par voie de notification…* ».

1085 Article 137 du C.O.C.

prononcer la résolution avec des dommages-intérêts[1086], lesquelles on peut leur ajouter le prononcé de la conversion du contrat[1087].

295. Les manifestations positives de l'extension analogique de la conversion qui ont pu être exposées précédemment révèlent ainsi que le raisonnement par analogie est non seulement souhaitable, mais aussi et surtout indispensable au droit qui doit pouvoir absorber l'infinie variété et le renouveau permanent des situations humaines et sociales[1088]. Lorsqu'en effet les raisons qui justifient une règle se retrouvent dans une situation voisine, il est cohérent que cette règle lui soit étendue[1089]. La logique veut que « *De même une différence de nature entraîne une différence de régime*[1090]*, une identité de nature implique une identité de régime* »[1091]. L'extension réalisée, « *à l'intérieur* »[1092] d'une règle déjà existante, sans création d'une règle nouvelle, contribue, en quelque sorte en « *douceur* », pour emprunter une jolie expression de M. D. Bakouche, à dynamiser l'appréhension juridique de la conversion[1093].

Il convient cependant de noter que le raisonnement analogique ne suffit certainement pas à assurer l'émergence d'un principe général qui sous-tend ou qui inspire l'ensemble des dispositions particulières sur la conversion. Il constitue néanmoins la première étape, indispensable à la généralisation de la conversion par l'adoption d'un raisonnement, chronologiquement second, de type inductif.

2) L'extension par induction

296. La méthode de l'induction a été définie par Aristote comme le raisonnement qui va du particulier au général, d'un ou plusieurs faits à la loi[1094]. Le terme induction a été aussi défini comme « *le raisonnement par lequel à partir d'une ou de plusieurs propositions singulières on établit une proposition universelle* »[1095]. Il ressort de ces deux définitions que « *l'induction s'oppose au syllogisme* », en ce qu'elle est un syllogisme renversé, une préparation au vrai syllogisme. Elle ne suit pas l'ordre naturel, elle remonte de ce qui est premier pour nous, pour notre connaissance, à ce qui est premier en soi, c'est-à-dire au principe explicatif. La démarche

---

1086 C. RIGALLE-DUMETZ, La résolution partielle du contrat, *op.cit.*, n° 149, p.8 4.
1087 V. sur ces alternatives, l'article 273 du C.O.C.
1088 D. BAKOUCHE, *op. cit.*, n° 328, p. 296.
1089 *ibid.*, n° 295, p. 273.
1090 J.-L. BERGEL, « *Différence de nature égale différence de régime* », R.T .D. civ. 1984, p. 255 et s.
1091 D. BAKOUCHE, *op. cit.*, n° 295, p. 273.
1092 *Ibid.*, n° 298, p. 274.
1093 *Ibid.*
1094 C'est du moins ainsi qu'on a le plus souvent rendu la formule d'Aristote, dont la traduction littérale serait : « *des chacuns aux universels* ».
1095 F. GREGORIE, « *L'induction* », Revue philosophique de Louvain, 1964, vol. 62, n° 73, p. 108.

inductive a été utilisée essentiellement dans les sciences expérimentales comme la biologie[1096] : « *le raisonnement inductif part des phénomènes observés pour en induire, par des hypothèses provisoires, des principes dont on vérifiera ensuite l'exactitude en en déduisant les diverses conséquences* »[1097].

297. Cette méthode peut encore jouer un rôle en droit comme instrument d'invention et d'émergence des principes[1098]. Patrick Morvan définit le principe comme étant : « *une norme résultant d'une opération d'induction, d'abstraction logique et de généralisation, poussée plus loin que celle de la règle de droit*[1099]. Le même auteur ajoute que : « *le principe est une proposition induite, abstraite, générale, source de nouvelles déductions et distincte, par son degré de généralité, des règles de droit dont il s'induit* »[1100]. La méthode à employer pour rechercher et découvrir les principes généraux du droit, consisterait à partir des dispositions particulières de la loi et à s'élever par voie d'abstraction à des notions plus compréhensives[1101]. Cette idée n'est pas nouvelle. François Gény représente l'un des premiers auteurs à indiquer que la méthode inductive peut être utilisée par l'interprète pour découvrir des principes juridiques[1102]. Cette idée s'explique par le fait que le « *législateur ne se soucie guère de formuler des principes. Préoccupé de faire œuvre concrète, il édicte des règles juridiques qui ont directement prise sur le réel. (...). C'est le plus souvent à l'interprète que revient le soin de dégager les principes d'où précédent les règles juridiques* »[1103].

298. La question qui se pose dès lors est de savoir comment on peut faire émerger un principe par induction. Georges Ripert répond à cette question en affirmant qu'il ne s'agit pas de créer arbitrairement un principe, mais de le découvrir et de le faire émerger des règles légales qui l'appliquent en les dépouillant des particularités[1104]. Or, l'induction, particulièrement

---

[1096] L. FIN-LANGER, L'équilibre contractuel, *op. cit.*, n° 615, p. 434.

[1097] J.-L. BERGEL, Théorie générale du droit, *op.cit.*, n° 248, p. 269.

[1098] L. FIN-LANGER, *op. cit.*, n° 612 et s., p. 434 et s. ; D. BAKOUCHE, *op. cit.*, n° 414 et s., p. 373 et s.

[1099] P. MORVAN, *op.cit.*, n° 19, p. 26.

[1100] Ibid.

[1101] G. DEL VECCHIO, Essai sur les principes généraux du droit, Rev. Crit. Lég. Jur. 1925, pp. 153 et 231, spéc. pp. 159, 166-167.

[1102] F. GENY, Méthodes d'interprétation et sources en droit privé positif, t.1, L.G.D.J., 1954, n° 22, p. 45.

[1103] J. BOULANGER, « *Principes généraux du droit et droit positif* », *in* Le droit privé français au milieu du XXème siècle, Etudes offertes à G. Ripert, 1950, tome I, n°7, p. 57 ; F. GENY, Méthodes d'interprétation et sources en droit privé positif, *op.cit.*, n° 22, p. 45 : « *or c'est rarement, que nos lois françaises expriment de véritables principes. Généralement, elles ne contiennent elles-mêmes que des conséquences, engendrées par des principes, placés en dehors et au dessus d'elles* ».

[1104] G. RIPERT, Les forces créatrices du droit, L.G.D.J., 1955, n° 134, p. 331 ; A.A. SANHOURY, « *Le standard juridique* », *in* Recueil d'études sur les sources du droit en l'honneur de F. Gény, T. II, Les sources générales des systèmes juridiques actuels, 1934, p.

l'induction dite « *amplifiante* »[1105], peut constituer l'instrument logique, puisque « *c'est l'opération intellectuelle qui de textes épars infère l'existence d'un principe général* »[1106]. La démarche inductive se décompose ainsi en deux étapes : « *après avoir, dans un premier temps, identifié une suite de solutions disparates qui, mises en série, paraissent obéir à une inspiration commune, les auteurs remontent, dans une seconde phase d'analyse, au principe commun qui les gouvernent toutes* »[1107]. Un tel mode de raisonnement permet de retrouver l'idée directrice qui sous-tend ou sous-jacente des différentes règles appliquant le principe[1108]. Le principe ainsi dégagé permet de redonner la cohérence à ces différentes règles[1109].

299. Il convient donc maintenant d'appliquer cette méthode pour dégager le principe de conversion. Rappelons que dans le droit tunisien existe un ensemble de règles spécifiques à la conversion, lesquelles il semble possible d'appliquer la démarche inductive[1110]. Cette méthode suppose, on l'a déjà relevé, de rechercher une série de solutions apparemment disparates, qui apparaissent obéir à une inspiration commune, pour ensuite remonter au principe qui les gouvernent tous[1111]. Les cas de conversion légale analysés dans le titre premier de la thèse peuvent être rangés en trois séries de règles au moins. La première comprend les applications les plus classiques de notre institution, c'est-à-dire les cas de conversion survenant pour vices originaires à l'acte juridique au sens de *negotuim*. La conversion trouve lieu à s'appliquer fréquemment lorsque l'acte est entaché pour vice de forme. Mais rien n'empêche aussi la conversion d'opérer lorsque l'acte majeur ne peut valoir pour un vice de fond. C'est ainsi que l'article 1302 du C.O.C. prévoit que « *lorsque le contrat attribue à l'un des associés la totalité des gains, la société est nulle et le contrat constitue une libéralité de la part de celui qui a renoncé aux bénéfices* ».

300. La deuxième série de règles correspond aux hypothèses de conversion, non des actes juridiques proprement dits, mais des actes

---

146 : « *On arrive à dégager de l'ensemble des règles un principe par un travail de pure induction logique, en éliminant les particularités de chaque règle, pour ne retenir qu'une conception idéale et purement subjective et en faire une réalité permanente et objective* ».

[1105] Le raisonnement inductif peut prendre deux formes. Dans la première, l'induction dite « *complète* », qui part *de plusieurs faits singuliers qui a donné lieu à une des prémisses. Dans la seconde, l'induction dite « amplifiante* » qui part soit de plusieurs faits singuliers, soit parfois d'un seul, la proposition universelle constituant la conclusion dépasse en extension et de façon illimitée, indéfiniment susceptible d'accroissement » (F. GREGORIE, « *L'induction* », art. préc., n° 73, p. 108).

[1106] L. SILANCE, « *Un moyen de combler les lacunes en droit : l'induction amplifiante* », *in* Le problème des lacunes en droit, Publié par Ch. Perelman, éd. Bruylant, 1968, p. 511. ; E. ARFOUI, th. préc., p. 366 et s.

[1107] E. SAVAUX, La théorie générale du contrat, mythe ou réalité ?, th. Paris, 1993, n° 182.

[1108] L. FIN-LANGER, *op. cit.*, n° 617, p. 436.

[1109] *Ibid.*

[1110] L'article 328, même, disposition générale, peut constituer une application spéciale de la conversion

[1111] E. SAVAUX, La théorie générale du contrat, mythe ou réalité ?, th. préc., n° 182.

instrumentaires destinés à faire preuve. La conversion peut opérer ici pour transformer l'acte authentique, requis *ad probationem,* en un acte sous seing privé, hypothèse de l'article 448 du C.O.C. Les mêmes principes se trouvent aussi inscrit dans l'article 209 du C.C.M., selon lequel le connaissement incomplet comme ne comportant pas les mentions requises par la loi ne constitue qu'un commencement de preuve par écrit[1112]. Dans toutes ces hypothèses, le législateur ne fait qu'appliquer d'une façon spéciale les principes de la conversion par la mise en valeur des éléments objectifs qui subsistent[1113].

301. La troisième série de règles, enfin, comprend les hypothèses de conversion pour une cause postérieure à la formation de l'acte juridique. La caducité constitue indéniablement l'une des causes principales de la conversion. C'est ainsi que l'article 65 C.S.C. prévoit que lorsqu'un associé d'une société en nom collectif décède en laissant des héritiers. La société continue avec eux, mais se transforme alors en société en commandite simple. De même, l'article 23 du C.S.C. dispose qu'« *en cas de réunion de toutes les parts sociales d'une société de personne entre les mains d'un seul associé, la société se transforme en société unipersonnelle à responsabilité limitée* ». La prescription ainsi que la forclusion du porteur négligent entraîneront aussi disparition des effets propres du change : il ne demeurera plus qu'un titre de créance ordinaire régi par les règles de doit commun[1114].

302. De cet ensemble de dispositions particulières, il est aisé de remarquer que c'est toujours la même idée générale qui se dégage : le sauvetage de l'acte menacé d'invalidation ou d'extinction. Cette idée concerne à la fois la formation que l'exécution du contrat. On s'aperçoit également que ce sont toujours les mêmes caractères distinctifs de notre institution qui se rencontrent par-delà des applications apparemment disparates. On retrouvera toujours un passage d'une forme majeure à une forme mineure, en dehors de la volonté expresse des parties[1115]. La loi ne fait dans les hypothèses, dites légales, qu'appliquer d'une façon spéciale les principes qu'on a déjà développés. Pour le raisonnement, l'intérêt de ces hypothèses est de constituer des fondations, une sorte de base, à partir de laquelle une construction est concevable. Le fait que le droit tunisien connaisse la conversion, même de manière restrictive, est un atout, car cela permet d'envisager une extension.

303. Après avoir relevé l'existence de cas spéciaux de conversion en droit tunisien, nous avons cru déceler que ces cas pouvaient répondre à une définition théorique et correspondre à une notion abstraite et autonome. A la lumière de ces observations, il est plausible de définir la conversion comme

---

1112 S. MELLOULI, « *La preuve des actes juridiques dans le Code des obligations et des contrats* », art. préc., n° 39, p.250 ; S. MELLOULI, La responsabilité du transporteur maritime des marchandises, C.E.R.P., Tunis, 1993, p. 128.

1113 X. PERRIN, th. préc., n° 105, p. 163.

1114 *Ibid.*, n° 166, p. 244.

1115 *Ibid.*, n° 164, p. 243 et n° 177, p. 257 et n° 188, p. 278.

la technique qui donne effet, en dehors de l'intervention d'une volonté, à un acte juridique, qui n'a pu se former, à cause d'un vice originaire, ou qui n'a pu survivre, en raison d'une cause survenant a posteriori, lorsque les éléments qui demeurent correspondent à la définition d'une figure juridique nouvelle[1116]. Cette définition large permet d'embrasser une grande série d'hypothèses. Elle peut aussi participer à l'ébauche d'un principe ou d'une théorie de la conversion des actes juridiques susceptible d'être accueillie par la pratique. Il est même permis de penser que ce principe doit être consacré formellement par le législateur et ce par la détermination de ces conditions de sa mise en œuvre et ses effets. Le but réside dans l'impératif de sécurité juridique et la volonté de ne pas transformer ce principe « *en machine à hacher le droit* »[1117].

En somme, le principe est le fruit de l'**induction** de règles particulières, mais il est aussi la source de la **déduction** de nouvelles règles particulières[1118].

3) L'extension par déduction

304. La déduction est un mode de raisonnement presque inverse au raisonnement inductif dans la mesure où il permet de partir d'une idée générale, d'un principe ou d'une loi pour en tirer une conséquence particulière. Appliqué à la conversion, le principe de conversion peut se déduire de deux fondements supérieurs. Le premier fondement est d'ordre moral, faisant ainsi gagner le principe de conversion une légitimité théorique lui permettant de rendre âme aux différentes dispositions techniques qui le concrétisent. Les auteurs qui ont défendu cette idée partent en réalité de l'observation qu'un bon nombre de cas de conversion des actes nuls peuvent être rattachés à des valeurs morales, plus particulièrement à la bonne foi et à l'équité[1119]. Les mêmes auteurs ajoutent que si la bonne foi interdit à un contractant de se servir de la nullité pour se soustraire à ses obligations, il n'y a aucune raison pour en exclure l'application lorsque le même contractant invoque une cause survenant lors de l'exécution du contrat, la résolution par exemple, pour se délier d'un contrat devenant gênant pour lui[1120].

305. De même, si l'on s'accorde à penser que ce sont des considérations d'équité qui semble fonder quelques hypothèses de conversion des actes

---

[1116] Pour une définition définitive de la conversion, V. *infra* n°s 510 et 804.

[1117] M. BEHAR-TOUCHAIS, « *Rapport introductif* », *in* Colloque intitulé Existe-t-il un principe de proportionnalité en droit privé ? 20 mars 1998, L.P.A., 30 septembre, n° 26, p. 11.

[1118] P. MORVAN, Le principe en droit privé, préf. J-L. SOURIOUX, Ed. Panthéon-Assas, Paris, L.G.D.J. 1999, n°18, p. 25.

Les principes peuvent être rapprochés de « *Usûl al fiqh* » du droit musulman. Les « *Usûl* »(du singulier « asl », la racine, le tronc) sont les bases, les assises, et le « *al fiqh* » est la science du droit islamique (P. MORVAN, *op.cit.*, n° 32, p. 35).

[1119] X. PERRIN, th. préc., n° 85, p. 131 ; J. PIEDELIEVRE, th. préc., p.69.

[1120] V° *infra* n° 289.

nuls[1121], il devient difficile d'en exclure l'application lorsque l'anéantissement de l'acte pour une cause postérieure à sa formation conduit à des conséquences inéquitables. L'équité naturelle interdit sans doute de cantonner le domaine de la conversion aux seuls actes entachés d'un vice de formation. Les potentialités de l'équité ainsi que son aptitude à tempérer la rigueur du droit légiféré, voire d'une disposition contractuelle, invitent normalement à considérer les hypothèses de conversion comme des applications particulières d'un principe général. Il n'est donc pas exclu que de nouvelles voies s'ouvrent à l'équité, ce qui permettrait d'étendre le domaine de la conversion. Cette extension paraît conforme à la logique parce qu'il est cohérent, d'un point de vue méthodologique, que la solution prévue pour une hypothèse donnée soit étendue ou transposée à une autre hypothèse comparable[1122].

306. Le second fondement théorique du principe de la conversion est d'ordre rationnel. Les auteurs qui partagent cette opinion disent que la conversion s'impose en raison. M. Japiot est de cet avis. En droit français, dit-il, « *bien qu'on ne trouve dans les textes que la consécration de quelques cas spéciaux et très rares de conversion légale, il semble bien qu'il faille admettre dans son entier cette théorie de conversion, parce qu'elle résulte de considérations rationnelles supérieures que la loi n'avait pas à consacrer d'une façon expresse et qu'il faille admettre, en dehors de ces textes, la conversion judiciaire* »[1123]. Dans le même sens, un autre auteur, J. Pièdelièvre, considère que la conversion « *résulte de considérations rationnelles qui semblent s'imposer, et qui, en tout cas, ne sont pas l'apanage exclusif du droit allemand* »[1124]. Le même auteur en conclut que « *bien qu'en droit français, on ne trouve aucun texte correspondant à cette disposition, il faut très certainement y admettre la théorie dans son entier, théorie que notre loi pratique et concrète n'a pas songer à consacrer dans la généralité et sous la forme dogmatique qu'elle a chez nos voisins, mais dont elle n'a pas manqué de faire l'application dans quelques hypothèses particulières* »[1125]. Pièdelièvre ajoute enfin que « *la nullité n'empêche pas un acte d'avoir existé comme fait matériel, pas plus qu'elle ne peut supprimer la volonté des parties. Il serait par conséquent illogique de ne pas lui*

[1121] V° *supra* n° 119 et *infra* n° 475.

[1122] D. BAKOUCHE, *op.cit.*, n° 357, p. 319.

[1123] R. JAPIOT, th. préc., p. 672, note1 ; *Cf.* A. BOUJEKA, « art. préc., n° 51, p. 244: L'auteur conteste cet point de vue en disant que : « *A y regarder de plus près, il nous paraît plus difficile de souscrire totalement à cette opinion. Non point parce qu'elle fait fi de la volonté individuelle. Au contraire, Japiot semble lui attacher le respect qui lui est dû. C'est la puissance normative qu'il attribue à la conversion qui nous paraît contestable. De la nullité, l'effet destructeur doit demeurer l'effet principal, la conversion produisant dès lors une exception qu'aucun impératif de « rationalité supérieure » ne saurait ériger de principe général du Droit en dehors d'une prescription légale. Le respect de l'autonomie de la volonté justifie amplement cette efficacité marginale de la conversion* ».

[1124] PIEDELIEVRE, th. préc., p. 121.

[1125] *Ibid.*

rattacher certains résultats juridiques, du moment que ces résultats peuvent concorder avec la volonté des parties »[1126]. La même opinion a été partagée par d'autres auteurs qui considèrent que les cas de conversion déjà analysés ont été admis par le droit positif comme conforme au bon sens et à la logique. C'est l'opinion que formule indirectement M. Virgile Rossel en disant qu'« *il va de soi au surplus qu'un contrat pour lequel la loi prescrit une certaine forme peut être, le cas échéant, valable à un autre titre, même en l'absence de cette forme : ainsi un billet de change irrégulier peut valoir comme reconnaissance de dette* » [1127].

307. De l'analyse des différentes applications de la conversion ressortira d'ailleurs l'idée générale selon laquelle cette notion poursuit ce qui est rationnel et raisonnable[1128]. Ainsi par exemple, dans le cas de la vente de la chose d'autrui, la solution rationnelle pose que lorsque la vente ne peut produire son effet translatif, on doit néanmoins faire valoir l'obligation de faire contenue dans la vente[1129]. La solution contraire serait déraisonnable dans la mesure où l'exécution de cette obligation de faire aurait souvent en pratique les mêmes effets économiques que la vente elle-même[1130]. Le vendeur qui n'a pas la propriété de la chose, peut l'acquérir plus tard pour la faire livrer à l'acheteur[1131]. Il serait dès lors ridicule d'admettre que le vendeur n'a pas voulu au moins contracter une obligation de faire[1132]. Il est déraisonnable d'admettre « *que les parties eussent préféré que leur accord n'ait aucun effet plutôt qu'un effet moindre* »[1133].

308. De même, en droit des sociétés commerciales, lorsqu'une société est annulée, la logique juridique voudrait que l'annulation soit rétroactive et qu'il ne subsiste rien de cette société censée n'avoir jamais existé[1134]. Or, la rétroactivité est possible et sans inconvénient quand la société n'a pas encore commencé ses opérations. Mais lorsqu' elle a fonctionné, la rétroactivité a des résultats graves sur les droits des associés[1135] ainsi que les tiers de bonne foi[1136]. Remarquons aussi que dans la plupart du temps, il serait impossible

---

[1126] *Ibid.*, p. 119.

[1127] Manuel du droit fédéral des obligations, 1905, n° 32, p. 53, cité par X. PERRIN, th. préc., p. 65 note n° 1.

[1128] V. *supra* n° 124 ; V. *infra* n° 699 et s.

[1129] P. GUIHO, « *Les actes de disposition sur la chose d'autrui* », art. préc., n° 14, pp. 10-11. ; X. PERRIN, th. préc., n° 151 et s., p. 230.

[1130] X. PERRIN, th. préc., n°153, p. 231.

[1131] *Ibid.*, n° 152., p. 231 ; P. GUIHO, art. préc., n° 14, pp. 10-11.

[1132] X. PERRIN, th. préc., n° 152 et 153, p. 230 et 231.

[1133] O. CORNAZ, th. préc.., p. 106.

[1134] L. LEVENEUR, Situations de fait et droit privé, préf. M. GOBERT, Paris, L.G.D.J. 1990, n° 220, p. 259.

[1135] Dans les relations entre associés, la rétroactivité supprimerait toute vocation au partage des résultats. Chacun conserverait donc isolément les profits ou les pertes résultant des actes qu'il avait lui-même accomplis en vue de la réalisation de l'objet social, sans qu'aucun règlement de comptes ne soit possible (L. LEVENEUR, *op.cit.*, n° 222, p. 260).

[1136] La révélation de la société aux tiers a pour conséquence que chacun des associés est tenu à leur égard des obligations nées des actes accomplis en cette qualité par l'un des autres, et

de remettre les choses dans le *statu quo ante*[1137]. On ne peut en effet détruire les usines, retirer de la circulation les produits fabriqués ; on ne peut faire que des gains n'aient pas été réalisés[1138]. La société a existé en fait ; on ne peut l'ignorer[1139]. L'anéantissement de la situation de fait qui est résulté de l'acte nul paraît donc une chose absurde, car on ne peut pas faire que ce qui a été ne le soit pas[1140]. Comme l'a déjà relevé Joseph Hémard « *les résultats logiques de la nullités et de la rétroactivité auraient abouti à un véritable état d'anarchie* »[1141]. Il est donc plus logique que cette existence de fait soit reconnue à titre de société de fait[1142]. Ainsi, il est clair qu'avec la théorie des sociétés de fait « *le droit strict, basé sur le pur raisonnement, issu de fictions, fléchit devant les faits* »[1143].

309. En somme, il convient de signaler que l'article 328 ne peut constituer la mesure unique de la conversion en droit tunisien. Cette disposition devrait être étendue en dehors des termes du C.O.C. L'inconvénient des codifications -signalé par Savigny- qui est d'arrêter l'évolution du droit aller apparaître[1144]. Il faut admettre que la loi, nécessairement imparfaite, laisse bien des conflits sans solution, et attribuent au juge le pouvoir de se prononcer en dehors de la loi[1145]. Lorsqu'aucune solution ne peut être tirée, soit de la lettre, soit de l'esprit de la loi, le juge devient, en quelque sorte, le législateur secondaire de la matière[1146]. Il ne

---

même avec solidarité si la société est commerciale. La rétroactivité de la nullité aurait pour résultat de supprimer cet avantage (L. LEVENEUR, *op. cit.*, n° 220, p. 259 et n° 222, p. 260 ; Ph. MERLE et A. FAUCHON, Droit commercial, Sociétés commerciales, 20e éd., Paris, Dalloz 2016, n° 72 ; *Adde*, J. HEMARD, Théorie et pratique des nullités des sociétés et des sociétés de fait, 2ème éd., Sirey, 1926, n° 3, p. 5.).

[1137] L. LEVENEUR, *op. cit.*, n° 224, pp. 262-263.

[1138] J. HEMARD, Théorie et pratique des nullités des sociétés et des sociétés de fait, Etude de jurisprudence et de droit comparé, *op.cit.*, n° 4, p. 7.

[1139] Sur la société de fait V. notamment : H. TEMPLE, Les sociétés de fait, préf. J. CALAY-AULOY, Coll. Bibliothèque de droit privé, t. 141, Paris, L.G.D.J. 1975 ; L. LEVENEUR, *op. cit.*, n° 224, p. 263.

[1140] J. PIEDELIEVRE, th. préc., p. 227.

[1141] Théorie et pratique des nullités de sociétés et des sociétés de fait, *op. cit.*, n° 3, p. 5 et 6.
V. aussi sur la société de fait
عبد الله خالد السوفاني، الوجود القانوني للشركة التجارية، أطروحة لنيل شهادة الدكتوراه في القانون الخاص، كلية الحقوق و العلوم السياسية بتونس، 2001، ص 550 و ما بعدها.
V. sur la société de fait dans la jurisprudence tunisienne : Jugement du TPI de Tunis, du 30 juillet 1963, R.J.L. 1965, p. 102.

[1142] J.HEMARD, *op.cit.*, n° 7, p. 12.
Sur la société de fait, V. aussi en droit tunisien Ahmed ELOURFELLI
أحمد الورفلي، الوسيط في قانون الشركات التجارية، منشورات مجمع الأطرش للكتاب المختص، 2015، ص77.

[1143] J. HEMARD, *op.cit.*, n°4.

[1144] X. PERRIN, th. préc., n° 38, p. 51.

[1145] S. BELAID, Essai sur le pouvoir créateur et normatif du juge, Publications de l'Université de Tunis, 1973, p. 282 ; O. CORNAZ, th. préc., p. 98.

[1146] G. ROYER, L'efficience en droit pénal économique, Avant propos de G. Canivet, préf. F. STASIAK, L.G.D.J., 2009, n° 97, p. 113.

peut pas se soustraire de son office, sous peine de déni de justice[1147], mais il doit, prescrit l'article 535, recourir à l'argument par analogie, et lorsque la solution est encore douteuse, il faut décider d'après les règles générales de droit[1148]. Les auteurs qui ont commenté cet article soulignent que le législateur vise principalement par la formule « *règles générales de droit* », les règles de droit musulman, dites aussi « *règles principielles* » ou « *elquawaïd el Koulliah* »[1149]. Or, parmi ces règles on retrouve celle qui énonce qu'il vaut mieux donner effet à la parole, plutôt que de n'en donner aucun[1150]. Cette règle peut servira, semble-t-il, comme fondement à la conversion pour faire produire des effets juridiques aux actes anéantis.

310. On s'aperçoit donc que face à la lacune de la loi, l'interprète ne doit pas se tenir pour désarmé : son rôle créateur commence, et il doit s'efforcer de le mettre au service de l'équité et de l'utilité sociale. Le juge ne doit pas être, comme l'a déjà relevé Montesquieu, « *que la bouche qui prononce les paroles de la loi* »[1151]. Il doit au contraire rechercher les solutions les plus souhaitables, comme le dit F. Gény, « *par les Codes, mais au-delà des Codes* »[1152]. Mais, indépendamment de cette remarque, il convient enfin de souligner que la conversion obéirait à un mouvement en deux temps, nettement séparés, la disparition d'un acte puis son remplacement par un autre.

[1147] L'article 108 du Code pénal prévoit que : « Est puni de deux cent quarante dinars d'amende, tout juge qui, sous quelque prétexte que ce soit, même du silence ou de l'obscurité de la loi, refuse de rendre justice aux parties, après en avoir été requis, et qui persévère dans son refus, après avertissement ou injonction de ses supérieurs ».
Sur le déni de justice, V ; notamment : E. ARFAOUI, th. préc., p. 70 et s. et p. 161.

[1148] L'article 535 du C.O.C. prévoit que : « *Lorsqu'un cas ne peut être décidé par une disposition précise de la loi, on aura égard aux dispositions qui régissent les cas semblables ou des matières analogues ; si la solution est encore douteuse, on décidera d'après les règles générales de droit* ». Ce texte reproduit presque les mêmes termes des articles 3 du C.C.I. et 4 du CC.F.

[1149] V° en ce sens : E. ARFAOUI, th. préc., p. 355 et s. L'auteur relève que « *les règles principielles* » *ou* « *elquawaïd el Koulliah* » *sont les règles générales établies et consolidées par des générations de jurisconsultes. A l'origine, elles servaient à expliquer, justifier et retenir les règles particulières* » ; *Adde* S. MELLOULI, Droit civil, Introduction à l'étude du droit, Publications de l'I.O.R.T., 2000, n° 497, p. 151.
V. aussi : Mohamed El Arbi HACHEM
محمد العربي هاشم، القانون المدني، الجزء الأول، محاضرات مرقونة لطلبة السنة الأولى حقوق، كلية الحقوق و العلوم السياسية بتونس، 1987-1988، ص 96.
V. aussi sur la question Hatem ABDELHAMID ERWETBI
حاتم عبد الحميد الرواتبي، "مجلة الالتزامات و العقود و الاسلام"، مقال منشور ضمن مؤلف جماعي، كتاب مائوية مجلة الالتزامات و العقود 1906- 2006، تحت إشراف الأستاذ محمد كمال شرف الدين، مركز النشر الجامعي، تونس 2006، ص 188.

[1150] Notre traduction.
"مبدأ إعمال الكلام خير من إهماله".

[1151] MONTESQUIEU, De l'esprit des lois, 1777, éd. GARNIER., Livre XI, chap. IV., p. 327.

[1152] J. PIEDELIEVRE, th. préc., p. 503

§ 2. L'apparition d'un acte mineur

311. La conversion des actes juridiques est une opération originale de substitution d'un acte juridique à un autre[1153]. Mais, toute l'originalité de la conversion ne résulte pas de la disparition totale de l'acte majeur, elle provient essentiellement de l'apparition d'un acte mineur. Le principe de l'effet créateur de la conversion (**A**), doit nous amener à mesurer le degré de nouveauté de la situation juridique nouvellement créée, ou encore la portée de cet effet créateur (**B**).

A. Le principe de l'effet créateur de la conversion

312. La conversion provoque un changement issu de la nouvelle qualification juridique (**1**). Mais ce changement se déroule dans la continuité, en assurant le maintien du lien de droit entre les contractants (**2**).

1) Un changement…

313. La conversion ne peut être admise si aucune situation juridique nouvelle, indépendante et autonome de la première, n'est créée[1154]. Perrin rappelle cette règle en disant qu'« *il faut que les éléments du second acte se rencontrent dans le premier et puissent former un acte juridique indépendant de lui* » [1155]. La conversion suppose ainsi que l'acte initial disparaît, et un autre acte vient prendre sa place, « *naissant des débris* »[1156] du premier. On peut donc conclure que les deux actes sont entièrement indépendants, l'un de l'autre, même si les matériaux de l'acte second se trouvent contenus dans l'acte initial. « *Il y a incommunicabilité absolue entre ces deux actes, et tout vice existant dans le premier, a disparu dans le second* »[1157].

314. Cette condition permet en fait de distinguer la conversion avec certaines notions voisines, telles que la requalification et la nullité partielle. A cet égard, Japiot estime que : « *pour qu'il s'agisse de conversion, l'acte juridique nouveau doit différer par sa nature de l'acte passé en fait, ce qui exclut par exemple le cas où les parties se sont simplement trompées sur la qualification à donner à l'acte, et le cas où, l'acte étant divisible, on le maintient en en retranchant certains éléments sans en modifier la nature…* »[1158]. Cette exigence permet également de distinguer la conversion des autres mécanismes de consolidation des actes viciés sans pour autant conduire à leur validation. C'est le cas de la prescription de l'action en

---

[1153] P. LIPINSKI, art. préc., n° 5, p. 1171.
[1154] X. PERRIN, th. préc. n° 63, p. 84 ; A. COURET, art. préc., n° 12, p. 226 et la bibliographie citée à la note 21.
[1155] X. PERRIN, th. préc, n° 63, p. 84.
[1156] O. CORNAZ, th. préc.. p. 93.
[1157] X. PERRIN, th. préc. n° 63, p. 84.
[1158] R. JAPIOT, th. préc., p. 672, note n° 1.

nullité, rendant l'acte inattaquable. Le temps apparaît ici comme un facteur de stabilisation, mais ne participe pas à la création d'un acte nouveau. La même observation pourrait également être faite à propos de l'apparence, source de consolidation des actes viciés[1159]. Il en est ainsi lorsque la jurisprudence reconnaît la validité des actes passés par le propriétaire apparent ou l'héritier apparent avec les tiers de bonne foi sur le fondement de la théorie de l'apparence[1160].

315. On arrive ainsi à la conclusion qu'il ne peut y avoir conversion sans création d'une situation juridique nouvelle. L'évidence de l'énoncé n'empêche pas que sa mise en œuvre puisse, dans certaines circonstances, susciter l'hésitation. On peut, d'abord, douter de l'emploi du terme conversion dans l'hypothèse d'un acte nul produisant des effets juridiques accessoires non prévus par les parties, sans qu'il y ait naissance d'un acte nouveau[1161]. On sait tous que la nullité n'empêche pas l'acte d'avoir existé comme fait matériel et il est admis que ce fait peut avoir encore des effets juridiques accessoires non prévus par les parties[1162]. Comme exemple d'effets juridiques attachés à un acte nul, on peut citer le cas où un louage nul laisse demeurer une créance du propriétaire du local contre le locataire. C'est aussi le cas lorsqu'un contrat nul donne lieu, malgré son invalidité à une action en dommages-intérêts fondée sur un délit ou un quasi-délit contre la partie qui a commis une faute dans la conclusion du contrat[1163].

316. Observons ici, que les rares auteurs qui ont traité notre sujet y ont fait rentrer certains de ces cas particuliers qui n'avaient avec la conversion que de lointains rapports afin de donner plus d'ampleur à cette théorie. Perrin en particulier admet que la conversion s'applique même dans le cas où les éléments qui demeurent forment un délit ou un quasi-délit. L'exemple cité par l'auteur est celui de la conversion d'un contrat de mandat nul en un quasi-délit[1164]. L'hypothèse se rencontre notamment lorsque le mandataire n'apporte pas à la gestion dont il est chargé la diligence d'un homme attentif et scrupuleux. Il doit dans ce cas répondre du dommage causé au mandant par le défaut de cette diligence conformément à l'article 83 du Code des obligations et des contrats et son équivalent l'article 1383 du Code civil français[1165]. Contrairement à l'opinion de Perrin, il nous semble que l'emploi

---

[1159] Ch. DUPEYRON, *op.cit.*, n° 36, p. 22.
[1160] J. PIEDELIEVRE, th. préc., p. 253 et s.
[1161] PERRIN, th. préc., n° 63, p. 84 ; J. PIEDELIEVRE, th. préc., *passim*.
[1162] O. CORNAZ, th. préc., p. 92.
[1163] J. PIEDELIEVRE, th. préc.,p 138 et s. *Contra*. IHERING qui a essayé de démontrer que, malgré la nullité du contrat, la partie qui souffre de l'annulation peut former contre l'autre une demande en dommages-intérêts fondée sur le contrat lui-même (*De la culpa in contrahendo)*, ou des dommages-intérêts dans les conventions nulles ou restées imparfaites, 1860, traduct. Meulenaere, Paris, 1893, t. II, p. 1 à 100 ; V° aussi l'exposée de la théorie de Ihering dans l'ouvrage de SALEILLES, Etude sur la théorie générale de l'obligation, 2e éd. 1901, n° 154, p. 166 ; J. PIEDELIEVRE, th. préc., p. 140).
[1164] X. PERRIN, th.préc., n° 141, p. 219.
[1165] *Ibid.*, n° 142, p. 220.

du terme de conversion dans cette hypothèse est inapproprié. Il nous semble également qu'admettre ce point de vue, conduirait à appeler conversion toute situation produisant simplement des effets juridiques, sans pour autant faire naître un nouvel acte juridique, indépendant du premier.

317. L'hésitation est encore permise lorsqu'un contrat nul laisse subsister une situation de fait. Laurent Leveneur définit les situations de fait par un double critère : ce sont des situations irrégulières auxquelles sont attachés certains des effets des situations de droit correspondantes[1166]. Les effets juridiques que le législateur ou le juge leur font produire ne leur sont pas propres : ce sont des effets des situations régulières dont elles sont la copie non conforme[1167]. Par exemple, la société de fait sera liquidée comme une société valable[1168]. Les situations de fait se trouvent ainsi, comme l'a déjà relevé Madame Leveneur, dans une zone intermédiaire entre le droit et le non-droit[1169]. Elles ne sont pas des situations de droit, parce qu'elles ne respectent pas certaines conditions légales[1170]. Elles ne sont pas non plus des situations de pur fait ou de « *non-droit* », pour emprunter une terminologie de Carbonnier, auxquelles ni la loi ni la jurisprudence n'aurait attaché le moindre effet[1171].

318. La situation de fait apparaît ainsi comme une situation juridique irrégulière, dégradée, dégénérée, un doublet, une copie maladroite, déformée, aux contours imprécis, de la situation de droit qui repose sur les mêmes structures matérielles d'elles[1172]. La question qui se pose dès lors est de savoir si la transformation d'une situation de droit irrégulière en une situation de fait peut être analysée comme une conversion. Plus particulièrement peut-on parler de la conversion d'une société nulle en une société de fait[1173] ou encore d'un mariage nul en mariage de fait ? La réponse

---

[1166] L'irrégularité tient le plus souvent à une condition de forme. Par exemple, la nullité du contrat de société, pour vice de forme, peut laisser une société de fait. Mais il arrive que ce soit une condition de fond qui manque. C'est ainsi que l'annulation d'un mariage pour vice du consentement peut, le cas échéant, ne pas avoir d'effet rétroactif, ce qui laisse subsister pour le passé une situation de fait (L. LEVENEUR, *op.cit.*, n° 3 et s., p. 3 et s.).

[1167] L. LEVENEUR, *op.cit.*, n° 3, p. 4. ; Dans le même sens M. Roger HOUIN considérait que la situation de fait est « *une sorte de doublet d'une situation juridique bien connue et bien réglementée par la loi. A cette situation de fait il manque l'une des conditions légales pour accéder en principe, à la vie du droit (R. HOUIN, « Les situations de fait et le droit* », R.I.D.comp 1958, p. 84).

[1168] L. LEVENEUR, *op.cit.*, n° 3, p. 4.

[1169] *Ibid.*, n° 3, p. 4.

[1170] *Ibid.*

[1171] Flexible droit, Pour une sociologie du droit sans rigueur, 10e éd., Paris, L.G.D.J. 2014, p. 24 et s., spéc. p. 33.

[1172] R. HOUIN, « *Les situations de fait et le droit* », art. préc., p. 83 ; J. NOIREL, « *Le droit civil contemporain et les situations de fait* », R.T.D. civ. 1959, p. 456.

[1173] Il est essentiel de distinguer la « *société de fait* » au sens strict, de la « *société créée de fait* ». La première est une société conclue d'un commun accord des parties, mais à laquelle manque une condition de validité. La seconde désigne la situation dans laquelle des personnes n'ont pas conclu de société mais se sont comportés en fait comme des associés (MELLOULI, S. FRIKHA, Les sociétés commerciales, *op.cit.*, n° 210 et s. et s., pp. 67-68 et s.; Kh.

à cette question dépend de la position prise envers ces situations de fait. Si on considère que la société de fait ou le mariage de fait comme ayant une individualité différente de celle de la forme initiale, il y a conversion ; dans le cas contraire, il y a simples effets produits par l'acte qui est nul.

319. Sur ce point, la doctrine est divisée. Certains auteurs ne voient ici qu'une question simplement relative aux effets résultant de la nullité du contrat de société ou du contrat de mariage[1174]. D'autres, cependant, considèrent que ces deux hypothèses constituent de vrai cas conversion[1175]. Les principes de la conversion se rencontrent ici : Il y a passage d'un acte majeur nul parce qu'il n'a pas été dans les formes légales en un acte diminué, à durée précaire, et cette seule précarité le distinguera de la forme normale[1176]. Joseph Hémard est de cet avis. Les sociétés de fait, dit-il, constituent de véritables sociétés, entièrement valables dans le passé, mais qui ne peuvent plus, après la déclaration de la nullité poursuivre l'exploitation de leur objet[1177]. Le même auteur ajoute que la société de fait est une société diminuée, surtout en raison de la précarité de son existence[1178]. La prise en compte de la situation de fait révèle ainsi que la nullité opère ici sans rétroactivité et ne s'accompagne pas d'un retour au « *statu quo ante* ». Pour expliquer le phénomène, Madame Leveneur, disait que « *Lorsque la nullité est prononcée, elle produit les effets d'une dissolution* »[1179].

320. Un autre auteur, Perrin, cite également dans le cadre de sa thèse sur la conversion des actes juridiques des exemples de conversion d'un contrat de mariage ou de société[1180]. L'auteur considère que le mariage putatif apparaît comme une institution *sui generis* susceptible de valoir par elle-même[1181]. La transformation d'une société non régulièrement constituée en société de fait constitue, selon le même auteur, une application de la théorie

---

KHARROUBI, Droit des sociétés commerciales, *op.cit.*,n° 185, p. 141 ; S. EL BEHI, Les sociétés de fait, mémoire de D.E.A., F.D.S.P.T., 1989-1990 ; H. TEMPLE, Les sociétés de fait, *op.cit.* ; L. LEVENEUR, *op. cit.*, n° 194, p. 230 ; R. AGNES, Théorie générale de l'apparence en droit privé, th., Paris II, 2001, n° 1772, p. 960) ; La société de fait, disait J. Pièdelièvre, est une société atteinte d'un vice ou d'une irrégularité quelconque, en tant qu'elle fonctionne ou a fonctionné malgré cette irrégularité » (J. PEDELIEVRE, th. préc., p. 219.)
V. dans la jurisprudence tunisienne sur les sociétés de fait : C.A. Tunis, n° 2727, 10 déc. 1970, R.J.L., 1971, p. 287 ; T.P.I. de Tunis, n° 301, 30 juillet 1963, R.J.L., 1965, p. 102.

[1174] SATTA, *La conversione dei negozi giuridici,* Milan, 1903, N° 10, cité par X. PERRIN, th. préc., n° 137, p. 215.

[1175] X. PERRIN, th.préc., n° 137, p. 215 et n° 177, p. 257.

[1176] *Ibid.*, n° 137, pp. 216 et 217.

[1177] Le régime des sociétés de fait ou sociétés irrégulières en droit italien, Annales de droit commercial, 1909, p. 81 et s.

[1178] *Ibid.*

[1179] L. LEVENEUR, *op.cit.*, n° 203, p. 239.

[1180] X. PERRIN, th.préc., n° 137, pp. 216 et 217.

[1181] *Ibid.*, n° 137, p. 215.

de conversion[1182]. En matière de société, estime l'auteur, l'évolution remarquable de la jurisprudence et de la doctrine a abouti à la reconnaissance comme formes en soi des sociétés irrégulières[1183]. L'explication avancée par Perrin pour justifier l'intégration de ces cas dans le cadre de l'étude de la conversion est la suivante : les figures juridiques « *naissent sous la poussée des nécessités économiques et sociales, et aussi avec l'aide de la doctrine et de la jurisprudence* »[1184]. L'auteur remarque, d'ailleurs, l'existence d'une tendance générale dans la pratique jurisprudentielle à créer des formes nouvelles ou à achever leur évolution[1185]. L'accélération du mouvement amorcé, relève t-il, a fini par élever au rang de figures juridiques *sui generis* des actes qui n'avaient au début qu'une valeur purement pratique[1186].

2)… Dans la continuité

321. Malgré la disparition d'un acte et son remplacement par un autre, la relation entre les mêmes parties continue. La conversion se déroule dans la continuité, en assurant le maintien du lien contractuel avec les mêmes parties qui ont conclu le contrat initial[1187]. La conversion n'entraîne pas donc la rupture de la relation entre parties. Le maintien du lien de droit se manifeste toujours à travers la nouvelle figure juridique, mais il est plus au moins apparent. La continuité est particulièrement forte lorsque la conversion n'entraîne pas le changement de la catégorie juridique. Il en est ainsi par exemple dans le cas où un bail authentique à défaut d'être solennel est converti en bail sous seing privé. Le lien de droit qui résulte du bail n'apparaît pas rompu. Mais il en va de même lorsque la conversion provoque un changement de catégorie juridique. Par exemple en cas de conversion d'un contrat de vente en une donation, la relation contractuelle n'est pas aussi rompue.

322. La conversion exprime ainsi, à l'instar de la novation, l'idée de changement dans la continuité[1188]. Cette idée permet de distinguer la

---

[1182] J.HEMARD, Théorie et pratique des nullités des sociétés et des sociétés de fait, *op.cit.*, n° 14, p. 24 ; *Contra.* Satta, il n'y a pas de conversion dans cette hypothèse (G. SATTA, *La conversione dei negozi giuridici,* Milan, 1903, p. 117).

[1183] X. PERRIN, th. préc., n° 18, p. 23 et n° 97, p. 155.

[1184] *Ibid.*, n° 99, p. 153.

[1185] *Ibid.*, n° 97, p. 155.

[1186] *Ibid.*, n° 99, p. 153 et s.

[1187] Il convient de noter ici que la conversion est exclue s'il y a intrusion d'une personne nouvelle. Ainsi, un contrat passé par un mandataire au nom et pour le compte d'autrui, ne peut être converti en un acte valable, dans lequel le mandataire prend la qualité d'une personne agissant pour son propre compte. Voir dans la jurisprudence égyptienne : Cass. civ. 26.11.1970, cité par Anoir TOLBA :
أنور طلبة، مجموعة المبادئ القانونية التي قررتها محكمة النقض في خمسين عاما: 1931 حتى 31 ديسمبر 1981، ج 5، ص 56.

[1188] A noter aussi que la novation comme la conversion exprime l'idée de changement dans la continuité. La conversion se distingue cependant de la novation, mécanisme reposant sur la volonté commune des parties.

conversion de certaines notions voisines, en particulier de la révocation amiable ou du *mutuus dissensus*. Le critère de différenciation tient essentiellement aux effets de chaque technique. La conversion a un effet créateur dans la mesure où elle fait naître une situation juridique nouvelle. La révocation, au contraire a, en principe[1189], un effet exclusivement extinctif, elle est avant tout une faculté offerte aux parties de se dégager d'un acte qui ne correspond plus aux attentes de celles-ci[1190]. La *mutuus dissensus* suppose ainsi la rupture du rapport primitif et non sa sauvegarde.

323. La conversion est donc une technique préférable puisqu'elle perpétue le lien contractuel. C'est une conséquence du fait que la conversion constitue une technique de sauvetage des actes juridiques. Elle intervient toujours pour remédier à une situation pathologique, une situation découlant de l'existence d'une cause de nullité, de caducité ou encore de résolution[1191]. La révocation, à la différence de la conversion, n'est pas une technique de sauvetage. C'est pourquoi elle s'applique à des actes sains[1192]. Il est en effet fort probable que les parties s'entendent pour conclure un nouveau contrat après l'échec de l'ancien, en particulier en raison d'une inexécution. Dans cette hypothèse, les parties ne parviendront que très difficilement à un accord. Le plus souvent elles auront plutôt recours à la résolution qu'au *mutuus dissensus*[1193].

324. La conversion fait ainsi apparaître que la relation peut subsister malgré le changement de qualification du contrat. Le lien de droit créé par le contrat initial ne doit pas être oublié[1194]. Il justifie la continuité d'une relation qui se manifeste entre les parties au-delà du contrat lui-même[1195]. La relation contractuelle possède en effet une autonomie de plus en plus affirmée à l'égard du contrat dont les effets s'inscrivent aujourd'hui, plus qu'hier, dans le temps[1196]. La doctrine, notamment française, commence d'ailleurs aujourd'hui à consacrer la distinction entre le contrat et la relation, préparant

---

[1189] Le *mutuus dissensus* est *a priori* un mécanisme purement extinctif, mais qui peut cependant être suivi de la conclusion d'un nouveau contrat. L'hypothèse est celle de l'article 414 du C.O.C qui prévoit que la modification par l'acte révocatoire de l'un quelconque des éléments du « *contrat primitif vice la résiliation et la transforme en un nouveau contrat* » (R. VATINET, « Le *mutuus dissensus* », R.T.D. civ., n° 12 et s., p. 261 et s.).

[1190] R. VATINET, art ; préc., n° 24, p. 270 et s. et n° 29, p. 274. ; E. PUTMAN, « *La révocation amiable* », *in* La cessation des relations contractuelles d'affaires, Aix-en-Provence, 30 et 31 mai 1996, P.U.A.M., 1997, n° 31, p. 136.

[1191] P. LIPINSKI, art. préc., n° 28, p. 1185.

[1192] *Ibid.*

[1193] *Ibid.*

[1194] *E. JEULAND, « L'énigme* du lien de droit », R.T.D.civ. 2003, p. 455

[1195] D. CHOLET, « *La novation du contrat* », R.T.D.civ. 2006, n° 18, p. 477.

[1196] Sur ce constat d'inscription des effets du contrat moderne dans la durée par opposition au contrat du Code civil qui devait épuiser ses effets dans l'instant : R. LIBCHABER, « *Réflexions sur les effets du contrat, propos sur les obligations et quelques autres thèmes fondamentaux du droit* », *in* Mélanges offerts à J.-L. AUBERT, Dalloz, 2005, p. 211.

ainsi le terrain à la réception de la notion de contrat relationnel, née aux Etats-Unis, en droit français[1197].

B. L'étendue de l'effet créateur de la conversion

325. La conversion propose le passage d'une catégorie juridique à une autre (**1**), voire parfois le passage à une forme réduite de la même catégorie (**2**).

1) La conversion par changement de catégorie

326. La conversion suppose en principe que l'acte second soit différent de l'acte initial dont il a tiré ses éléments. La doctrine dominante rappelle cette règle avec netteté tout en considérant qu'en l'absence de différences entre les deux actes, on ne peut parler de conversion[1198]. L'article 328 du C.O.C. fait allusion à cette exigence, en prévoyant que l'acte initial doit contenir les conditions de validité d'un « *autre* » acte différent de l'acte initial. Le terme « *autre* » signifie normalement que l'acte second doit appartenir à une nouvelle catégorie juridique différente de celle à laquelle peut être rattaché l'acte initial.

327. La conversion d'un acte à un autre, appartenant à une catégorie juridique différente révèle certainement l'importance de la transformation réalisée[1199]. En témoigne la conversion d'un acte bilatéral en un acte unilatéral comme lorsqu'un pacte successoral nul se convertit en un testament[1200]. C'est aussi le cas lorsqu'un acte à cause de mort se convertit en acte entre vifs. Tel est le cas lorsqu'un pacte successoral se convertit en une convention entre héritiers présomptifs au sens de l'article 180 du Code du statut personnel[1201]. Inversement, un acte entre vifs peut se convertir en un acte à cause de mort. Tel est la lorsqu'une donation se convertit en un testament[1202]. Il se peut aussi qu'un acte onéreux soit converti en un acte à titre gratuit. L'hypothèse est celle d'un contrat de vente moyennant un prix dérisoire converti en une donation.

328. La conversion peut aussi conduire à la dégénérescence d'un droit réel en un droit personnel. Il en est ainsi lorsqu'un contrat d'hypothèque a

---

1197 H. MUIR-WATT, Du contrat relationnel, Travaux de l'association Henri Capitant, Journées nationales, L.G.D.J., 2000, p. 69 ; C. BOISMAIN, Les contrats relationnels, P.U.A.M., 2005 ; Y.-M. LAITHIER, « *A propos de la réception du contrat relationnel en droit français* », D. 2006, Chron. 1003 ; E. JEULAND, « *L'énigme du lien de droit* », art. préc., p. 455 ; J. ROCHFELD, « *Les modes temporels d'exécution du contrat* », R.D.C. 2004, p. 47 ; P. DURAND, « *Aux frontières du contrat et de l'institution : la relation du travail* », J.C.P. éd. G.,1944, I, 387.

1198 R. JAPIOT, th. préc., p. 672, note n° 1.

1199 O. CORNAZ, th. préc., p. 37.

1200 *Ibid.*, p. 37.

1201 V. *supra* n° 151.

1202 V. *supra* n° 196.

été annulé pour vice de forme, laissant place à une promesse d'hypothèque liant la caution réelle au créancier[1203]. Le créancier qui entendait se faire concéder un droit réel accessoire voit, en définitive, son droit dégénérer en un droit personnel trouvant sa source dans une promesse d'hypothèque[1204]. Il en est de même dans l'hypothèse où le contrat de vente porte sur la chose d'autrui, se convertit en un contrat innommé générateur d'une obligation de faire, l'engagement du « vendeur » d'acquérir la propriété en vue de la retransmettre[1205]. Le dernier exemple, enfin, tient à l'hypothèse d'un contrat de vente portant sur un immeuble immatriculé, mais qu'il lui manque une condition à sa perfection, l'inscription au registre foncier. Le contrat de vente imparfait, dit l'article 373 du C.D.R., produit néanmoins des effets personnels[1206].

329. La conversion devrait aussi être admise même si l'acte second qui succède à l'acte initial est un acte annulable, mais aussi guérissable. L'hypothèse se rencontre lorsqu'un contrat de partage définitif nul, comme conclu par un mineur, laisse un contrat de partage provisionnel. L'acte second peut être attaqué parce que sa validité dépend de l'approbation du représentant légal du mineur. De même, le congé donné par un mineur[1207], « inefficace » selon le §111 du B.G.B., peut être converti en offre de mettre fin contractuellement au contrat de bail. Si le contractant l'accepte, l'accord ainsi formé est en suspens, puisque sa validité dépend de l'approbation du représentant légal du mineur[1208].

330. La conversion peut enfin conduire à la dégénérescence d'une situation régulière en une situation irrégulière, mais susceptible de régularisation. Deux exemples illustrent cette idée. Le premier tient à l'hypothèse d'une société dissoute par l'expiration de sa durée ou par la fin de son activité sociale. Si les associés maintiennent son activité, la société continuera donc à titre de société de fait jusqu'à l'observation des formalités légales nécessaires à la validité de la société[1209]. Il y a donc conversion d'une situation régulière en une situation irrégulière, mais susceptible, pour emprunter une belle expression d'Olivier Cornaz, de « convalescence »[1210]

[1203] V. *supra* n° 90.

[1204] V. BREMOND, « *Hypothèque et promesse d'hypothèque : les liaisons dangereuses* », art. préc., p. 924, n° 3

[1205] X. PERRIN, th. préc., n° 150, p. 229 ; D. GRILLET-PONTON, Essai sur le contrat innomé, th.préc., p. 310, note 2.

[1206] V. *supra* n°132.

[1207] Le congé est une manifestation de volonté par laquelle l'un des cocontractants déclare à l'autre, sans ambiguïté ni condition, qu'il veut mettre fin unilatéralement au contrat à une date déterminée ou immédiatement déterminable. Le congé émanant d'une personne incapable de discernement est nul. L'acte de congé peut cependant être donné, au nom de l'incapable de discernement, par son représentant légal.

[1208] Cet exemple a été fourni par M. O. CORNAZ, th. préc., p. 39. Le partage provisionnel est un acte d'administration. Par conséquent, le mineur doit obtenir l'autorisation de la personne qui lui assiste afin d'administrer ses biens (*Adde* X. PERRIN, th. préc., n° 144, p. 223 et s.)

[1209] Article 22 du C.S.C.

[1210] X. PERRIN, th. préc., p 39.

par voie de régularisation. Le deuxième exemple concerne le cas d'une société en nom collectif dans laquelle décède un associé tout en laissant des héritiers. La société continue avec eux, mais se transforme alors en société en commandite simple[1211]. Il convient simplement de relever, qu'à compter du décès, la société en nom collectif est une société en commandite simple en situation irrégulière, tant que les formalités de publicité de la transformation non pas été accomplies[1212].

2) La conversion sans changement de catégorie

331. Contrairement à ce qui est très souvent soutenu, la conversion n'implique pas que l'acte nouveau soit nécessairement d'un autre type que l'acte initial[1213]. Il suffit qu'il n'y ait aucun lien entre eux, et l'acte nouveau peut absorber tous les éléments de l'acte ancien[1214]. Cette position souple peut être défendue en droit tunisien en s'appuyant sur une interprétation téléologique de l'article 328 du C.O.C. Le but de cet article est, en effet, de sauver les actes juridiques, et partant toutes les occasions doivent être saisies pour atteindre cet objectif. Dans le même ordre d'idées, Monsieur Noureddine Besrour souligne que la condition selon laquelle l'acte second doit être un « *autre* » acte différent de l'acte initial ne devrait pas être appliquée de manière rigoureuse dans le but de sauver au maximum les actes nuls[1215]. Le même auteur ajoute que : « *Si très souvent les deux actes appartiennent à des catégories différentes, cela ne devrait pas être érigé en règle. La conversion devrait s'appliquer même pour deux actes qui constituent deux variantes d'un même type d'acte* »[1216]. L'exemple donné par cet auteur pour illustrer son point de vue concerne la conversion d'un contrat de société, commerciale par la forme, en contrat de société civile[1217]. Pour donner la force à cette interprétation, l'auteur remonte aux travaux préparatoires de l'article 328 du C.O.C. pour constater que le mot « *autre* » n'existait pas dans l'article 375 de l'avant-projet du Code civil et commercial tunisien relatif à la conversion. C'est uniquement dans le texte final c'est-à-dire l'actuel article 328 du C.O.C., le législateur a pris le soin d'ajouter le mot « *autre* »[1218].

332. Cette interprétation large de l'article 328 du C.O.C., exigeant uniquement un minimum de différence entre les deux actes, devrait être

---

1211 V. *supra* n° 219.

1212 Ch. LABASTIE-DAHDOUH et H. DAHDOUH, Droit commercial, vol. 2, Entreprises sociétaires et groupements privés, *op.cit.*, n° 115, p. 66.

1213 V° not. En ce sens, O. GOUT, Le juge et l'annulation du contrat, *op.cit.*, n° 719, p. 489- Sur la notion du contrat-type, V. J. ROCHFELD, Cause et type de contrat, préf. J. GHESTIN, Coll. Bibl. dr. pr., tome 311, L.G.D.J., 1999, spéc., n° 41 et s., p. 40 et s.

1214 X. PERRIN, th. préc., n° 63, p. 84

1215 N. BESROUR, th. préc., n° 314, p. 470.

1216 *Ibid.*

1217 *Ibid.*, p. 470, note 1200.

1218 *Ibid.* p. 470, note 1199.

retenue dans le but d'éviter au maximum l'anéantissement des actes juridiques. Cette position trouve un appui dans l'interprétation donnée par les auteurs allemands au § 140. C'est ainsi que Fisher considère qu'il n'y a pas besoin que l'acte second soit d'une autre espèce, pourvu qu'il soit différent[1219]. Finger considère aussi que même un simple changement de contenu peut justifier la conversion[1220]. Cette analyse devrait, semble-t-il, amener à redéfinir les contours de notre institution. La conversion propose le passage d'une figure juridique à une autre, sans pour autant provoquer nécessairement le changement de la qualification choisie initialement par les parties. Les exemples qui illustrent cette idée ne manquent pas.

333. De l'analyse des applications nombreuses de la conversion, ressort l'idée selon laquelle les principes de cette institution se rencontrent lorsqu'il y a simplement changement de la forme de l'acte sans pour autant altérer sa qualification initiale. La conversion devrait également s'appliquer même pour deux actes qui constituent deux variantes d'un même type d'acte. Analysons davantage ces deux hypothèses.

334. La première hypothèse concerne la conversion dite formelle. La conversion est qualifiée de formelle lorsqu'il y a simplement changement de la forme de l'acte sans pour autant altérer sa qualification juridique[1221]. Pareille conversion suppose d'abord que la forme soit exigée *ad probationem*, c'est-à-dire pour faire la preuve d'un acte par hypothèse consensuel. Elle suppose également que cet acte juridique puisse être passé en deux formes et que l'une d'elles soit viciée, il y a lieu alors de faire valoir la seconde qui s'y trouve incluse[1222]. L'exemple qui tend à devenir classique est celui de la conversion d'un acte authentique en un acte sous seing privé. La conversion portera ici uniquement sur l'*instrumentum*, la qualification juridique de l'acte reste inchangée.

335. La conversion dite formelle n'a pas emporté l'unanimité de la doctrine. Japiot avait déjà admis depuis 1909, dans sa thèse sur les nullités en matière d'actes juridiques, que « *pour qu'il s'agisse de conversion, l'acte juridique nouveau doit différer par sa nature de l'acte passé en fait…* »[1223]. La même solution a été reprise par le *Reichsgericht* (Cour suprême allemande), dans un arrêt qui date de 1922, dans lequel elle a refusé de convertir une procuration irrévocable, nulle pour vice de forme, en procuration révocable[1224]. La conversion, selon la Cour suprême, ne peut être

---

1219 O. FISCHER, *Konversion unwirksamer Rechtgeschäfte (Aus er Festschrift für Adolph Wach, Leipsig*, 1913, p. 17, cité par O. CORNAZ, th. préc., p. 38, note n° 22.

1220 H.G.FINGER, *Die Umgsetaltung nichtiger Rechtgescchäfe*, Berlin, 1932, pp.103 et 104, cité par O. CORNAZ, th. préc., p. 38, note n° 23.

1221 G. SATTA, *La conversione dei negoci guiridici, op.cit.*, p. 10, cité par O. CORNAZ, th. préc., p. 50 ; O. CORNAZ, th. préc., p. 117 ; P. LIPINSKI, art. prc., n° 8, pp. 1171 et 1172.

1222 O. CORNAZ, th. préc., p. 117

1223 R. JAPIOT, th. préc., p. 672, note 1.

1224 RG Warn., 1922, n° 66, cité par O. CORNAZ, th. préc., p. 38.

appliquée que si la nature de l'acte second soit différente de celle de l'acte nul[1225].

336. D'autres auteurs cependant, étaient favorables à l'extension du domaine de notre institution à la conversion dite formelle. L'auteur italien Satta est l'un des premiers défenseurs de cette idée[1226]. L'auteur subdivise la conversion, quant aux effets, en conversion substantielle et en conversion formelle. La première suppose l'existence d'une différence de fond et d'effet entre les deux actes, alors que la seconde entraîne uniquement un changement de forme[1227]. La théorie préposée par Satta étend, à juste titre, le domaine de la conversion aux actes juridiques au sens d'*instrumentum*, ce que ne font pas les auteurs allemands, et ce que critiquent certains auteurs italiens[1228] et français[1229]. L'auteur regarde cette hypothèse comme un cas d'application de la conversion, la façon dont elle opère est toujours la même. Qu'il s'agisse de *negotuim* ou d'*instrumentum*, ce sont toujours les mêmes principes qui s'appliquent : ce sont les éléments qui demeurent qui produisent tous les effets juridiques dont ils sont capables.

337. Dans le même ordre d'idées, l'auteur suisse Olivier Cornaz affirme que : « *nous admettons cette conversion sans aucune difficulté puisqu'il s'agit en réalité d'un seul et même acte, dont les conditions de forme se trouvent objectivement réunies* »[1230]. Pour appuyer ses dires, l'auteur présente deux exemples. Le premier concerne la conversion d'un acte authentique nul en un acte sous seing privé[1231]. Cette conversion dit-il, paraît devoir être admise en droit suisse, comme en droit français et italien[1232]. L'explication qu'en donne l'auteur est la suivante : les deux parties ont passé un acte authentique vicié en la forme, mais renfermant tous les éléments d'un acte sous seing privé valable, il n'ya aucune raison de repousser cette conversion[1233]. Le second exemple est relatif à la conversion d'un testament public en testament olographe[1234]. Cette conversion se justifie, aux yeux du même auteur, par le fait que le contenu de la volonté est le même dans les deux actes[1235]. Les mêmes exemples ont été aussi reproduits par Perrin dans sa thèse traitant la conversion des actes juridiques en droit français, ce qui

---

1225 O. CORNAZ, La th. préc., p. 38.

1226 G. SATTA, *La conversione dei negoci guiridici, op. cit.*, n°5, cité par X. PERRIN, th. préc., n° 66, p. 87, note 3.

1227 *Ibid.*

1228 CHIRONI et ABELLO, Droit civil italien, I, *loc. cit.*, cité par X. PERRIN, th. préc., p. 98, note 1.

1229 R. JAPIOT, th. préc.., p. 672, n°1.

1230 O. CORNAZ, th. préc., p. 117.

1231 Cette conversion n'est admise, à rappeler, que si la forme est exigée *ad probationem* et non *ad validatem* (O. CORNAZ, th. préc., p. 117).

1232 *Ibid.*

1233 *Ibid.*, pp. 117-118.

1234 *Ibid.*, p. 118.

1235 *Ibid.*

révèle encore une fois une admission généralisée de la conversion dite formelle[1236].

338. Le Code des obligations et des contrats fournit l'exemple le plus fréquent peut être de la conversion formelle dans son article 448 ainsi rédigé : « *L'acte qui ne peut valoir comme authentique par suite de l'incompétence ou l'incapacité de l'officier, ou d'un défaut de forme, vaut comme écriture privée, s'il a été signé des parties dont le consentement est nécessaire pour la validité de l'acte* ». Cette solution, consacrée, nous l'avons vu, dans la plupart des législations européennes[1237], a également été reprise par l'article 423 du Dahir des obligations marocain[1238].

339. La Cour de cassation tunisienne avait déjà eu l'occasion pour appliquer les principes de l'article 448 du CO.C. dans son arrêt du 13 avril 1995. Il s'agit en l'espèce d'un procès-verbal de convocation à l'audience, nul, comme non signé par l'huissier notaire conformément à l'article 6 du C.P.C.C. La Cour avait toutefois admis que, bien que nul, le procès verbal peut valoir comme preuve contre l'intéressé tant qu'il a été signé par lui[1239]. La jurisprudence française, sous l'appel des auteurs, a également consacré quelques cas de conversion formelle en matière des dispositions testamentaires en particulier. C'est ainsi qu'il a été jugé qu'un testament mystique nul peut valoir comme testament olographe[1240].

340. La conversion peut également s'appliquer, seconde hypothèse, même pour deux actes qui constituent deux variantes d'un même type d'acte[1241]. L'hypothèse peut se rencontrer notamment en matière de dispositions testamentaires. Le testament est, en effet, un genre qui embrasse plusieurs espèces : le testament authentique, testament olographe, testament mystique et le testament international. Le testament nul au regard de la forme choisie par le testateur peut valoir comme testament d'une autre espèce. La première chambre civile de la Cour de cassation française a récemment consacré cette solution dans un arrêt rendu le 12 juin 2014 en décidant que « *l'annulation d'un testament authentique pour non-respect des dispositions des articles 971à 975 du Code civil ne fait pas obstacle à la*

[1236] X. PERRIN, th. préc., n° 105 et s., p. 163 et S.

[1237] Cette conversion a aussi été admise en droit français, comme en droit italien et en droit suisse.

[1238] Cette solution se justifie par le fait que le Code des obligations et des contrats tunisien constitue une source d'inspiration pour le législateur marocain.

[1239] Cass. civ. (Ch. Réunies), n° 27728, du 13.04.1995, Les arrêts des chambres réunies de la Cour de cassation 1994/1995, p.33.
" و حيث اقتضى الفصل 6 من م م م ت وجوب تضمين محضر العدل منفذ بيانات منها ما جاء بالفقرة السادسة منه و المتعلقة بوجوب إمضاء العدل منفذ على كل من الأصل و النظير وهو إجراء أساسي باعتبار أن العدل منفذ مأمور عمومي و أن محضر الاستدعاء هو حجة رسمية على معنى الفصل 442 من م ا ع و أن عدم إمضائه من ذلك المأمور العمومي يفقده صبغة الحجة الرسمية و لو توفرت البيانات الأخرى.
و حيث أن إمضاء محضر الاستدعاء من طرف المبلغ إليه و أن كان يعد حجة عليه قانونا طبق الفصل 448 من م ا ع الا أنه مع ذلك يبقى التبليغ غير قانوني باعتبار أن المشرع اشترط أن يكون بواسطة عدل منفذ طبق الفصل المشار إليه".

[1240] O. CORNAZ,. préc., p. 118.

[1241] N. BESROUR, th. préc., n° 314, p. 470.

validité de l'acte en tant que testament international ». Eu égard aux règles de forme qui le gouvernent, le testament international constitue une espèce de testament authentique simplifié[1242]. Par ailleurs, en droit social, la conversion d'un contrat de travail perpétuel en contrat à durée indéterminée fournit une autre illustration de ce phénomène.

341. De même, en droit des sociétés commerciales, la conversion sans changement du type de sociétés peut se rencontrer dans plusieurs cas. Ainsi, une société commerciale par la forme[1243], une société à responsabilité limitée, par exemple, mais qui est nulle pour défaut d'accomplissement des formalités de publicité[1244] ou violation des règles spécifiques requises par la loi, peut se convertir, si elle a un objet civil, en une société civile[1245]. En effet, le contrat de société civile et le contrat de société commerciale comportent des éléments identiques et obéissent à des conditions communes prévues dans le C.O.C.[1246]. De même, une société à responsabilité limitée peut survivre en tant qu'une société unipersonnelle à responsabilité limitée en cas de réunion des parts sociales entre les mains d'un seul associé. On peut raisonnablement admettre que la conversion n'altère pas dans cette hypothèse le genre du contrat, mais seulement l'espèce soumis à un régime particulier, suivant une expression empruntée à la biologie[1247]. La conversion d'une société nulle en une société de fait peut, enfin, être rangée dans la liste des exemples de conversion sans changement de catégorie. La théorie des sociétés de fait implique, en effet, le passage d'une personne d'un type défini en une société diminuée, correspondant au précédent[1248]. Ainsi, par exemple, à côté de la société en commandite régulière, existera une société en commandite irrégulière. La conversion en une société de fait ne provoque pas ainsi un changement de la forme de la société. La vie passée de la société

[1242] P. MALAURIE, Les successions, Les libéralités, *op.cit.*, p. 263.

[1243] L'article 7 du Code des sociétés commerciales dispose que : « *La société est commerciale soit par la forme, soit par son objet. Sont commerciales par la forme et quel que soit l'objet de leur activité, les sociétés en commandite par actions, les sociétés à responsabilité limitée et les sociétés anonymes…* »

[1244] Articles 17 et s. du C.S.C.

[1245] L'exemple est fourni par M. BESROUR, th. préc., p. 470 note 1200.

[1246] V° Les articles 1249 à 1330 du C.O.C.

[1247] M. BONNET, empruntant au vocabulaire de la bilogie, distingue « *les natures gratuite et onéreuse de l'acte, englobant -bien que parfois de manière artificielle-les genres commutatif et aléatoire* », en ajoutant qu'au « *sein de chacun de ces genres pullulent des espèces (vente, louage, donation, legs..), lesquelles se déclinent en variétés qui n'ont de borné que l'imagination fertiles des sujets de droit (vente à réméré, vente à l'agréage...)* ». (D. BONNET, Cause et condition dans les actes juridiques, th. L.G.D.J., préf. P. de Vareilles-Sommières, 2005, n° 351, p. 209).

[1248] J. HEMARD, Les sociétés de fait en droit français, Association H. Capitant 1957, p. 142 et s. ; X. PERRIN, th. préc., n° 188, p. 281.

de fait reste, d'ailleurs, gouvernée par les règles de la situation de droit correspondante, c'est-à-dire de la société valable[1249].

342. Le recours à l'innommé permet également d'accroître le domaine d'application de la conversion sans changement de catégorie[1250]. Rappelons que le contrat innommé constitue comme, l'a déjà relevé Mme D. Grillet-Ponton, un contrat étranger aux catégories nommées[1251]. Il prend le plus souvent la forme d'un contrat « non-typique », apparaissant au voisinage des catégories « typique » que sont les contrats nommées mères dont elles sont issues[1252]. L'absence de typicité suffit à placer la qualification innommée « *atypique* » au rang d'une « *forme mineure* », par rapport à la catégorie « typique » tutélaire que sont les contrats nommés. Elle peut encore être analysée, pour emprunter une expression jolie de Planiol, comme une espèce dont le genre est déjà connu[1253]. Cette faible autonomie catégorique de ces contrats, confère à la qualification innommée une évidente utilité comme « *structure de rechange* » [1254], dans le cadre de l'opération de qualification.

343. Un rapide panorama parmi les applications analytiques recensées précédemment suffit à illustrer cette observation. Un contrat de cautionnement, nul en l'absence de désignation du créancier garanti, vaut comme promesse de garantie[1255]. Un contrat d'assurance nul pour illicéité de la cause, a été converti en un contrat commutatif valable par lequel une personne verse une somme d'argent en vue de se prémunir contre un évènement aléatoire[1256]. Un contrat de cautionnement nul a été converti en un contrat portant engagement de garantie[1257]. Aussi, un contrat de vente, nulle, comme portant sur la chose d'autrui peut laisser un contrat innommé générateur d'une obligation de faire, l'engagement du « vendeur » d'acquérir la propriété en vue de la retransmettre[1258]. On s'aperçoit donc que la qualification innommée, « *structure floue* »[1259], « *éminemment malléable par son contenu* »[1260], offre un « *moule* » adéquat aux éléments sains que laisse

---

[1249] L. LEVENEUR, *op.cit.*, n° 208 et 209, p. 248 et 249.

[1250] D. GRILLET-PONTON, Essai sur le contrat innomé, th. dact., Lyon III, 1982, n° 274, p.316.

[1251] La reconnaissance d'un contrat innommé atypique quand une opération nouvelle déroge aux spécifications requises pour la définition d'un contrat nommé.

[1252] D. GRILLET-PONTON, th. préc., note n° 163, p. 186.

[1253] M. PLANIOL, « *Classification synthétique des contrats* », Rev. Crit. Jur. Lég. 1904, p. 470, spéc. p. 484 ; D. GRILLET-PONTON, th. préc., note n° 163, p. 188.

[1254] D. GRILLET-PONTON, th. préc., n° 252, p.291 et n° 404, p.469 ; L'auteur considère aussi que le contrat innommé constitue « *une solution de demi mesure, une structure floue* » introduisant dans l'opération de classement l'idée d'appartenance relative aux normes familières.

[1255] Req. 9 novembre 1875, D. 1876, I, 117.

[1256] Paris 13 décembre 1851, D.P. 1854, I, 369.

[1257] Req., 9 novembre 1875, D. 1876, 1, 117.

[1258] D. GRILLET-PONTON, th. préc., p. 310, note 2.

[1259] *Ibid.*, n° 404, p.469.

[1260] *Ibid.*, n° 274, p.317.

subsister la qualification initiale défaillante[1261], ou encore un « *résidu efficace* »[1262] que n'atteint pas la source de nullité affectant l'acte initial. La qualification innommée atypique constitue ainsi, encore une fois, une source de bienfait dans notre droit en ce qu'elle vient secourir, par le jeu de la conversion, une catégorie nommée défaillante[1263].

Il est apparu à l'issue de nos précédents développements que la conversion emporte passage d'une forme majeure à une forme mineure. En dépit de cette mutation, et sans doute l'aspect le plus original de l'opération de conversion, la situation juridique ancienne survit dans la nouvelle, tout au moins en un certain nombre de ses éléments. C'est une conséquence du fait que la conversion constitue aussi une opération de réduction.

SECTION II. LA CONVERSION, UNE OPÉRATION DE RÉDUCTION

344. La conversion par réduction propose le passage d'une figure contractuelle à une autre, voire parfois le passage à une forme réduite de la même figure. C'est dans cette perspective que l'on peut parler de réduction, car on fait sortir l'acte mineur de l'acte initialement conclu et parce que le cadre juridique de sauvegarde développe forcément des effets amoindris par rapport au premier contrat. La conversion provoque ainsi une double réduction : la première est quantitative (**§1**), alors que la seconde est qualitative (**§2**).

§ 1. La réduction quantitative

345. La réduction quantitative permet de distinguer la conversion de certaines techniques voisines (**A**), sans pour autant être un critère exclusif (**B**).

A. La réduction quantitative, un critère distinctif

346. La conversion suppose la réduction des éléments de l'acte majeur (**1**), ce qui permet de la distinguer des techniques qui viennent ajouter à la situation juridique primaire des éléments nouveaux (**2**).

1) La conversion suppose la réduction des éléments de l'acte majeur

347. La conversion constitue, par définition même, une opération de réduction dans la mesure où elle propose le passage d'une forme majeure à

[1261] *Ibid.*
[1262] *Ibid.*
[1263] *Ibid.*, n° 270, p. 313.

une forme mineure avec les éléments qui ont encore une valeur[1264]. Le dictionnaire *Vocabulaire juridique* sous la direction de G. Cornu considère que la conversion est « *le passage d'un acte porteur (nul) au diminutif équivalent valable qu'il recèle* »[1265]. La doctrine française, représentée par Xavier Perrin, avait déjà défini la conversion comme étant : « *l'opération qui donne effet en dehors de l'intervention d'une volonté, aux éléments réduits d'un acte ou d'une personne juridique qui n'a pu se former ou qui a disparu, lorsqu'ils correspondent à la définition d'une figure juridique nouvelle* »[1266]. L'auteur italien Satta définit aussi la conversion comme étant : « *l'opération en vertu de laquelle, en cas de nullité de l'acte juridique principalement voulu, s'offre aux parties le moyen d'en faire valoir un autre qui se présente comme compris dans le premier, et qui trouve, dans ses ruines, les éléments nécessaires à son existence* »[1267].

348. De ces définitions, il ressort que le caractère essentiel de la conversion réside dans la diminution des éléments du premier acte[1268]. La mise en œuvre de la conversion suppose, en effet, la réduction d'un acte « *majeur* », auquel il manque un élément essentiel, en un acte « *mineur* », c'est-à-dire en un type de contrat qui, objectivement, au vu des éléments présents, lui correspond[1269]. La conversion a été d'ailleurs qualifiée par la doctrine de *« conversion par réduction »*[1270]. L'expression a été proposée en considération de l'effet principal de cette technique : la diminution des éléments du premier acte. M. Perrin, qui est l'un des partisans de cette opinion, considère que le terme « *conversion* » a un sens trop large et risque d'être confondu avec la transformation. Il vaut mieux, dit-il, lui adjoindre l'expression de « *réduction* », parce que le seul terme « *conversion* » n'indique pas suffisamment la diminution subie par l'acte juridique[1271].

[1264] X. PERRIN, th. préc. n° 177, p. 257 ; O. GOUT, *op.cit.* n° 718, p. 489.

[1265] G. CORNU, (sous la dir.), *Vocabulaire juridique*, *op.cit.*, V. « *Conversion par réduction d'un acte nul* ».

[1266] X. PERRIN, th. préc., n° 89, p. 143. L'auteur adopte ici une définition large englobant les actes instrumentaires et les personnes ainsi que l'hypothèse de disparition d'éléments après la formation. *Contra.* R. JAPIOT, th. préc., p. 672 note 1 : L'auteur adopte une définition plus étroite de la conversion. Aux yeux de cet auteur, la conversion représente « *l'opération qui consiste, lorsqu'un acte juridique tel qu'il a été passé en fait par les parties est inefficace, mais renferme les éléments nécessaires à la formation d'un acte valable*, à tirer de cet acte nul un acte nouveau qui répond au but économique que les parties avaient en vue ».

[1267] SATTA, *La conversione du negoci guiridicie* (La conversion des actes juridiques), Rome, Naples, Milan 1903, n° 1, cité par X. PERRIN, th.préc.,n° 61, p. 81, note 1.

[1268] X. PERRIN, th. préc., n° 2, p. 5.

[1269] G. MARTY et P. RAYNAUD, Les obligations, *op.cit*, n° 215, p. 220

[1270] J. CARBONNIER, Les obligations, P.U.F., 22e refondue, 2000, n° 109, p. 211 ; J. GHESTIN (sous la dir.),Traité de droit civil, Les effet du contrat, L.G.D.J., 3e éd., 2001, n° 83 ; F.TERRE, Ph. SIMLER, Y. LEQUETTE, Droit civil, Les obligations, *op.cit.*, n° 422, p. 466 ; G. CORNU(sous la dir.), *Vocabulaire juridique*, *op.cit.*, V° Conversion par réduction d'un acte nul ; X . PERRIN, th. préc. *passim*

[1271] X. PERRIN, th. préc., n° 2, p. 5 et n° 15, p. 24 ; J. PIEDELIEVRE, th. préc., p. 115.

349. Pourtant, l'idée de réduction qui s'attache à la conversion a été contestée par certains auteurs, en ce sens qu'elle ne constituerait pas une condition préalable à la mise en œuvre du procédé de conversion[1272]. M. Larroumet observe en ce sens que «*...l'expression (de conversion par réduction) n'est pas heureuse, car il n'y a aucune réduction au sens véritable du terme. Il n'y a que changement de qualification* »[1273]. Le rejet de l'idée de réduction s'explique par le fait que M. Larroumet n'étudie pas le mécanisme de la conversion à proprement parler. L'auteur fait en réalité référence à la seule technique de requalification[1274]. Les exemples cités par l'auteur pour étayer ses dires paraissent, d'ailleurs, constituer purement et simplement des cas de requalification, dans la mesure où le juge ne fait que modifier l'appellation juridique de l'acte[1275].

350. Or, il n'est pas inutile de rappeler, encore une fois, que cette démarche qui consiste à dissocier l'idée de réduction de la conversion risque, comme l'avait déjà relevé M. Olivier Gout, « *d'introduire la confusion et de laisser croire que ce que l'on dénomme conversion par réduction n'est en vérité qu'une simple requalification* »[1276]. Cette idée de réduction constitue aux yeux de cet auteur l'un des éléments permettant de distinguer la conversion du processus de requalification. Pour s'en convaincre, il suffit de comparer les deux techniques[1277].

351. La requalification a quelques ressemblances extérieures avec la conversion. Les deux techniques aboutissent, en effet, au changement de la qualification de l'acte. Mais cette analogie n'est qu'apparente. La requalification suppose que l'on a eu parfaitement conscience de l'espèce de l'acte créé ; on ne s'est pas trompé sur ces éléments. Les parties ont simplement commis l'insignifiante méprise d'appeler d'un nom ce qui aurait dû en recevoir un autre. Cette simple erreur de dénomination pourrait être réparée par le juge en tenant compte des éléments de fait[1278]. Le caractère de réduction manque donc ; ils ont tout effet, et il n'y a envers eux aucune « *manipulation* »[1279] ou « *modification* »[1280] de l'acte considéré. La

[1272] Sur l'ensemble de la question V° O. GOUT, *op.cit.*, n° 715, p. 486.
[1273] Ch. LARROUMET, Les obligations, Le contrat, *op.cit.*, n °575.
[1274] O. GOUT, *op.cit.*, n° 715 et s., p. 486 et s.
[1275] Monsieur Larroumet explique que le contrat qualifié par les parties de société, alors qu'il lui manque un élément, l'*affectio societatis*, pourra être sauvé par le recours à une autre qualification conforme à la volonté des parties qui peut s'agir, selon les cas, d'un contrat de travail ou d'un contrat de prêt. Dans cette hypothèse, estime l'auteur, il y a nullité totale d'un contrat dans une qualification déterminée, alors qu'il est valable s'il est disqualifié. Il est toutefois permis de penser que l'exemple cité par Larroumet pour étayer ses dires paraît constituer purement et simplement un cas de requalification (Ch. LARROUMET, Les obligations, Le contrat, *op.cit.*, n °575 ; O. GOUT, n° 715, p. 486, note1739).
[1276] O. GOUT, *op.cit.*, n° 716, p. 487.
[1277] X. PERRIN, th. préc., n° 8, p. 13.
[1278] *Ibid.*; D. GRILLET-PONTON, th. préc., n° 261, p. 303.
[1279] D. GRILLET-PONTON, th. préc., n° 261, p. 303. L'auteur observe à propos de la requalification que « *Le changement de qualification étudié ici est exempt de toute manipulation relativement au contrat considéré* ».

requalification n'implique donc au fond aucune dégénérescence de l'acte initialement voulu par les parties, ou pour reprendre une formule de Pancrazi-Tian, aucune « *réduction des volontés contractuelles* »[1281].

352. Contrairement à la requalification, la conversion par réduction « *ne se limite pas à modifier l'appellation d'un contrat, à cause de l'existence d'un hiatus entre la mise en œuvre du contrat par les parties et la qualification retenue, mais elle conduit à modifier le contenu même des relations contractuelles, et opère en conséquence une mutation matérielle de la nature de l'opération. Elle fait naître de la sorte une situation juridique nouvelle, et développe ses effets par changement de catégorie* »[1282]. La conversion se rapproche donc beaucoup de la requalification, mais elle s'en diffère aussi par le caractère de réduction. La première implique une dégénérescence ou encore une réduction des volontés contractuelles, contrairement à la seconde[1283].

353. Pour mettre en exergue cette idée de réduction, il est opportun, semble-t-il, de distinguer scrupuleusement les deux étapes successives réalisées par le juge dans le cadre de cette opération. La première étape consiste dans la destruction de l'acte voulu et affecté d'une cause de nullité, de caducité ou de forclusion, etc.[1284]. Cependant, après avoir annulé l'acte majeur, le juge se rend compte que certains éléments de l'acte qui demeurent ont encore une valeur dans le sens où il est concevable de substituer un nouvel état de droit ou de fait à l'état de droit antérieur qui n'avait pas réussi à se réaliser. En effet, « *si l'édifice est détruit, il reste encore des matériaux utilisables* »[1285]. L'action du juge permettra ainsi, dans un second temps, de réunir une partie des éléments du premier acte, pour en former un second, étant entendu que, par hypothèse, tous les éléments de l'acte primitif ne seront pas réutilisables, sinon il n'aurait pas été annulé[1286]. Il manquera toujours au second acte des éléments indispensables au premier, et par suite il y aura toujours une différence de contenu[1287]. On comprend déjà mieux pourquoi la conversion suppose, dans le cadre de notre étude, une réduction préalable, la première forme nécessitant forcément plus d'éléments que la seconde[1288].

[1280] X. PERRIN, th. préc., n° 31, p. 41.

[1281] M.-E. PANCRAZI-TIAN, La protection judiciaire du lien contractuel, *op.cit.*, n° 27, p. 37.

[1282] O. GOUT, *op.cit.*, n° 716, p. 487.

[1283] *Ibid.*, n° 718, p. 488 ; V° aussi dans le même sens : M.-E. PANCRAZI-TIAN, *op.cit.*, n° 27, p. 37 ; X. PERRIN, th. préc., n° 92, p. 145.

[1284] X. PERRIN, th. préc., n° 61, p. 82 ; O. GOUT, *op.cit.*, n° 718, p. 488 ; A. BOUJEKA, art. préc., n° 28, p. 234 et n° 33, p. 237.

[1285] J. PIEDELIEVRE, « *Quelques réflexions sur la maxime quod nullum est nullum producit effectum* », art. préc., spéc. p. 648.

[1286] O. GOUT, *op.cit.*, n° 718, p. 488.

[1287] X. PERRIN, th.préc., n° 28, p. 37.

[1288] O. GOUT, *op.cit.*, n° 718, p. 488.

354. La mise en œuvre de la conversion nécessite ainsi la réunion de deux conditions : la disparition de la forme majeure et l'existence d'une forme en sous-ordre, dont la définition peut d'elle-même venir s'adapter aux éléments qui survivent à la disparition du premier acte[1289]. Les actes juridiques exigent en effet un certain nombre d'éléments, volonté capacité, objet, solennité, mais dans des rapports différents soit en quantité, soit en qualité. On peut donc concevoir qu'une diminution dans le nombre ou la qualité de ceux-ci entraîne -double conséquence- d'une part, la disparition d'un acte qui ne trouve plus ce qui est nécessaire à son existence, et d'autre part, l'apparition d'un autre acte qui trouve au contraire tout ce qui lui est utile. Ainsi par exemple, le testament olographe nécessite moins de solennités que le testament mystique, la nullité de l'acte de suscription fera en même temps disparaître la forme mystique et apparaître la forme olographe. Il y aura donc diminution ou réduction des éléments de l'acte originaire[1290].

355. La doctrine classique, représentée par Perrin, avait déjà admis qu'un « *...acte peut, par son étendue et le nombre de ses formes, renfermer des actes secondaires plus simples et moins puissants. Il cache ceux-ci et les absorbe en quelque sorte tant qu'ils subsistent. Mais si un défaut particulier lui ôte sa qualité première, les autres paraissent et l'empêchent de tomber tout à fait. Du moins un nouvel acte s'élève pour remplier autant qu'il est possible l'opinion des disposants* »[1291]. Plus récemment encore, M. Rochfeld décrit ce phénomène en disant que les différents types de contrats s'emboîtent les uns aux autres par l'adjonction d'éléments, la conversion par réduction, dit-elle, opérant, à l'inverse, par disparition de ces derniers[1292]. L'exemple cité par l'auteur est la vente à vil prix qui pourrait être réduite en donation[1293].

356. La conversion étant le passage d'une forme majeure à une forme mineure, il importe dès le début de classer les deux formes dans un ordre de complexité décroissante. Cette tâche ne doit pas poser de difficultés pour le juge. Les formes hiérarchisées sont en quelque sorte fréquentes dans notre droit. Ainsi par exemple, en matière testamentaire, on retrouve le testament authentique et le testament olographe, et chacune de ces espèces juridiques obéit à des règles de forme qui lui sont propres[1294]. De même, en matière de preuve, on peut facilement observer l'existence d'un rapport de complexité hiérarchique entre l'acte authentique, l'acte sous seing privé, le commencement de preuve par écrit et les présomptions. On peut en conséquence concevoir que tour à tour, par réduction, on puisse passer d'une

---

[1289] X. PERRIN, th.préc., n° 97 et 99, pp. 152 et 153.
[1290] *Ibid*., n° 1, p. 3.
[1291] PERRIN, Traité des nullités, p. 403, 4e question, cité par X. PERRIN, th. préc., n° 86, p. 135, note 4.
[1292] ROCHFELD, Cause et type de contrat, préf. J. GHESTIN, L.G.D.J. 1999, n° 434, p. 389.
[1293] *Ibid.*
[1294] V° art. 176 du C.S.P. Aussi, en droit français, on retrouve les testaments authentique, mystique et olographe V. *supra* n° 80.

forme majeure à une forme mineure. Chacune de ces formes mineures peut en effet trouver dans la forme majeure correspondante tout ce qui était nécessaire à son existence[1295].

357. Par ailleurs, en droit des sociétés commerciales, on peut sans difficulté observer que la société unipersonnelle à responsabilité limitée est une forme sociétaire beaucoup moins complexe que la société à responsabilité limitée en ce qu'elle est constituée par un seul associé. Il y aura aussi un rapport de complexité entre une société en nom collectif et une société en commandite[1296]. La société en nom comprend plus d'éléments que la société en commandite. Il y aura également dans toutes les hypothèses de conversion d'une société nulle ou dissoute en une société de fait, un passage d'une personne d'un type défini en une personne d'un type diminué, correspondant au précédent[1297]. Au lieu d'une société en commandite irrégulière existera une société en commandite régulière, etc., et ces sociétés, relève Perrin, « *apparaissent comme des personnalités diminuées* »[1298]. En droit des effets de commerce, enfin, on peut aisément déterminer un ordre de complexité entre la lettre de change et le billet à ordre. La lettre de change qui est d'ailleurs la forme type des titres de crédit est certainement plus complexe, en raison de la présence de trois parties, tireur, tiré et preneur, alors que le billet à ordre suppose deux personnes seulement[1299].

358. Cependant, il convient de relever que, pour établir ce rapport de complexité, il ne faut pas envisager l'acte majeur-type, c'est-à-dire tel qu'il peut se présenter en remplissant strictement les conditions légales, mais l'acte majeur tel qu'il se présente en fait[1300]. En d'autres termes, ce n'est pas vis-à-vis des éléments strictement nécessaires de par la loi que l'on doit apprécier si un acte en contient un autre, mais d'après les éléments qui ont été créés en fait[1301]. Il suffit, pour qu'il y ait conversion par réduction, dit Perrin, « *que ce soit accidentellement qu'une forme envisagée réponde aux conditions d'une forme moins complexe* »[1302]. Pour étayer ces dires, l'auteur prend l'exemple d'un testament mystique-type- n'exigeant pas, lorsque le testateur l'écrit lui-même, qu'il y ajoute la date- ne saurait se convertir en un testament olographe[1303]. Cependant, en fait, le testateur a pu dater les dispositions du testament mystique écrites et signées par lui ; il pourra dès lors y avoir conversion[1304].

[1295] X. PERRIN, th. préc., n° 6, p. 11.
[1296] *Ibid.*, n° 197, p. 289.
[1297] *Ibid.*, n° 188, p. 281.
[1298] *Ibid.*, n° 188, p. 281.
[1299] *Ibid.*, n° 128, p. 197.
[1300] *Ibid.*, n° 6, p. 10.
[1301] *Ibid.*, n° 6, pp. 10 et 11.
[1302] *Ibid.*, n° 6, p. 10.
[1303] *Ibid.*
[1304] De la même manière, un testament mystique-type- n'exigeant pas, lorsque le testateur l'écrit lui-même, qu'il y ajoute la date-ne saurait se convertir en un testament olographe, en dehors de l'hypothèse de l'article 979 du C.C.F. A l'inverse, la conversion sera admise

359. Quoi qu'il en soit, on retrouve dans ces deux hypothèses une opposition entre deux formes, d'une part celle qui a été envisagée et celle qui a été réalisée en fait, et d'autre part, celle qui a d'abord existé et celle qui lui a succédé. Dans tous les cas, il y a entre elles un rapport de complexité, la première nécessitant plus d'éléments que la seconde et n'ayant pu, pour cette raison, être créée ou subsister, alors que celle-ci trouvait tout ce qui était utile à sa vie. Xavier Perrin indiquera ce rapport de complexité en appelant ces formes : la première, la forme majeure, et la seconde, la forme mineure[1305].

360. On s'aperçoit ainsi que la conversion propose le passage d'une figure contractuelle à une autre, voire parfois le passage à une forme réduite de la même figure, en se fondant sur l'idée très caractéristique de « *formes-types* », et même de « *formes hiérarchisées* ». L'idée de « *réduction* » peut aussi être fondée sur la considération de l'existence d'une chronologie dans la formation de certains actes juridiques.[1306]. On observe en droit français, par exemple, une chronologie dans la formation et la portée de la garantie hypothécaire, allant de la promesse d'hypothèque sous seing privé, se poursuivant par la promesse d'hypothèque authentique, puis par l'hypothèque non publiée, enfin par l'hypothèque publiée[1307]. On se trouve, souligne M. Couret, « *en présence d'une situation juridique qui atteint son ampleur maxima par étapes successives* »[1308]. Il y a en quelque sorte, dit-il, « *construction successive d'un statut juridique, avec la particularité que cette construction, différée par des effets divers, aurait pu être immédiatement réalisée* »[1309]. La conversion permettra ici de revenir sur le choix de l'acte majeur par l'adoption postérieure de l'acte mineur.

361. En application de ce procédé, on peut admettre que l'annulation de l'hypothèque pour vice de forme donne lieu à un acte inférieur, un diminutif de l'hypothèque, la promesse d'hypothèque[1310]. Par ailleurs, en matière des effets de commerce, on peut observer aussi qu'en est en présence de deux rapports juridiques, séparés dans le temps : le rapport fondamental, rapport primitif, et le rapport né du titre ou le rapport cambiaire[1311]. La conversion

---

lorsqu'en fait, le testateur a pu dater les dispositions du testament mystique écrites et signées par lui. De même, le testament authentique type ne requérant pas à peine de nullité la mention de la signature du ou des notaires à la fin de l'acte ne saurait jamais se convertir en un acte notarié révocatoire exigeant cette mention conformément à l'article 14 de la loi du 25 ventôse an XI sur le notariat. La conversion sera en revanche admise si, en fait, le notaire a pu mentionner sa propre signature à la fin de l'acte du testament authentique (X. PERRIN, th. préc., n° 6, p. 10).

[1305] X. PERRIN, th. préc., n° 4, p. 8.

[1306] A. COURET, art. préc., n° 72, p. 253.

[1307] V. BREMOND, « *Hypothèque et promesse d'hypothèque : liaisons dangereuses* », art. préc.,p. 924, note1.

[1308] A. COURET, art. préc., n° 68, p. 251.

[1309] *Ibid.*, n° 68, p. 252.

[1310] V. BREMOND, art. préc., n° 4 et 5, p. 924.

[1311] A. BOUJEKA, art. préc., n° 41, p. 239.

affecte le rapport cambiaire tout en laissant intact le rapport fondamental sous-jacent au titre[1312]. En ce sens Monsieur A. Boujeka disait que : « *Si l'on considère que le rapport fondamental représente l'infrastructure de la volonté des parties et le titre forme la superstructure de cette volonté, la conversion consiste dans une métamorphose qui transforme la superstructure, mais non l'infrastructure* »[1313].

362. Du reste, la distinction moderne qui oppose les contrats « *typiques* » que sont les contrats nommés, aux contrats « *non-typiques* » ou « *atypiques* » que sont les contrats innommés, peut fournir également une autre explication de l'idée de réduction qui caractérise le procédé de conversion[1314]. Mme D. Grillet-Ponton définit le contrat « *atypique* » comme étant « *une structure marginale et souvent précaire, dépourvue de dénomination ou revêtue d'une désignation non significative et qui, en raison de certaines disparités, ne s'inscrit pas dans la définition stricte d'un contrat nommé, mais peut néanmoins être ordonnée autour du concept synthétique qui sous-tend ce dernier* »[1315]. L'auteur reconnaîtra ainsi la qualification innommée « *atypique* » aux contrats auxquels il est vraiment impossible de les faire rentrer dans une catégorie préexistence[1316]. Cette observation suffit aux yeux du même auteur à placer le contrat innommé « *atypique* » dans un niveau inférieur par rapport à la catégorie « *typique* » tutélaire que sont les contrats nommés. La même observation devrait également rendre envisageable le passage d'un contrat nommé typique à une « *forme mineure* », celle d'un contrat innommé atypique[1317].

2) La conversion interdit l'introduction d'éléments étrangers à l'acte majeur

363. La particularité de la notion de conversion réside dans le caractère de réduction. Par là, elle se distingue de toute opération qui vient ajouter à une situation juridique antérieure un élément qui faisait précédemment défaut[1318]. En particulier, la conversion ne doit pas être confondue avec la régularisation du contrat, de sa réfaction, mais aussi et surtout de la

---

[1312] *Ibid.*

[1313] *Ibid.*

[1314] D. GRILLET-PONTON, th. préc., n° 2, p. 5.
La division des contrats nommés et des contrats innommés a été aussi consacrée par certaines législations européennes (V. les articles 1101à 1108 du Code civil français et l'article 1103 du code civil italien).

[1315] D. GRILLET-PONTON, th. préc., n° 208, p. 230.

[1316] *Ibid.*, n° 206, p. 229.

[1317] D. GRILLET-PONTON, souligne d'ailleurs dans sa thèse que le phénomène de l'innommé ne peut être appréhendé, en tant que tel, que sous sa forme mineure, celle d'un contrat « *atypique* » (D. GRILLET-PONTON, th. préc., n° 208, p. 230). Le même auteur reconnaîtra que « *La qualification innommée est banalisée par son assimilation au nommé* » (th. préc.,n° 163, p. 190).

[1318] A. COURET, art. préc., p. 252. note 5

prétendue conversion par « *augmentation* » ou par « *ampliation* ». Analysons chacune de ces techniques pour les distinguer de la conversion par réduction. Disons d'emblée que cette distinction est aisée lorsqu'on introduit un élément nouveau sans pour autant changer la qualification de l'acte comme c'est le cas dans la régularisation ou encore la réfaction de l'acte.

364. La conversion à l'instar de **la régularisation** permet le sauvetage des actes nuls indépendamment de toute manifestation de volonté. Cependant, dans la régularisation l'acte accède à la validité par l'addition de l'élément manquant ou par le remplacement de l'élément vicié par un élément sain[1319]. Ainsi par exemple, la lettre de change nulle parce que l'une des mentions obligatoires fait défaut, peut être régularisée par l'apposition de la mention omise sur le titre postérieurement à son émission[1320]. De même, l'accomplissement *a posteriori* des formalités de publicité requises par la loi à peine de nullité validera la société[1321]. La régularisation valide rétroactivement, et à l'égard de tous un acte initialement nul en lui apportant, postérieurement à sa conclusion, un élément qui lui faisait défaut[1322]. La régularisation réalisera ainsi une consolidation est une perfection tardive de l'acte par l'ajout ou l'adjonction d'un élément nouveau sans pour autant changer sa qualification[1323]. La conversion, au contraire, suppose que l'acte second ne doit trouver ses éléments que dans l'acte initial, et nullement ailleurs[1324]. Ce dernier devrait se suffire à lui-même pour se métamorphoser en un autre acte valable[1325]. Partout où l'on ne retrouve pas d'éléments étrangers à l'acte principal, dans l'acte secondaire, il peut y avoir là un cas de conversion[1326].

365. La conversion présente aussi quelques points de convergence avec la **réfaction**. Les deux techniques tendent en effet vers le même objectif, celui du sauvetage de l'acte nul. Les deux techniques ont également un caractère judiciaire. Il faut cependant garder de confondre les deux procédés. La réfaction est définie comme un procédé qui permet le sauvetage de l'acte par la modification du contenu d'une obligation contractuelle manifestement dérisoire ou excessive voire par la substitution d'une stipulation licite à une

---

[1319] Ch. DYPEYRON, La régularisation des actes nuls, *op.cit.*, n° 11 et s, p. 9 et s.

[1320] Y. KNANI, Droit commercial, les effets de commerce, *op.cit.*, n° 51, p. 73 et s. ; Ch. DYPEYRON, *op.cit.*, n° 127, p. 98.

[1321] V° par exemple les articles 107 et 108 du C.S.C. relatifs à la S.A.R.L.
V° aussi sur la question : Ch. DYPEYRON, *op.cit.* n° 127, p. 98.

[1322] Traité de droit civil sous la direction de J. GHESTIN, Les obligations, Le contrat : formation, *op.cit.*, n° 800 ; G. MARTY, P. RAYNAUD, Droit civil, Les obligations, *op.cit.*, n° 227.

[1323] Ch. DYPEYRON, *op.cit.*, n° 296, p.207.

[1324] N. BESROUR, « *La correction des stipulations contractuelles* », Info Juridiques", art. préc., p. 19.

[1325] *Ibid.*

[1326] X. PERRIN, th.préc., n° 99, pp. 155-156.

autre illicite dans le but de rendre l'acte équilibré ou licite [1327]. Ainsi par exemple, en droit du travail, quand une clause d'un contrat de travail n'est pas conforme aux règles légales ou celles d'une convention collective applicable, celles-ci prennent automatiquement la place de la disposition illicite[1328]. La loi investit parfois le juge de réduire un quantum excessif. La loi autorise aussi les parties à intenter une action en diminution du prix en cas d'inexécution partielle de l'obligation de délivrance[1329]. Mais dans d'autres hypothèses, le juge est amené à majorer un quantum insuffisant. C'est notamment le cas des salaires et dans le domaine des baux commerciaux[1330]. La réfaction, contrairement à la conversion, suppose ainsi que le juge introduise dans l'acte un élément nouveau, qu'il aura lui-même élaboré, afin de remplacer celui qui était inapproprié aux nécessités de la loi[1331].

366. La distinction devient plus ou moins délicate lorsque l'acte initial change de qualification en raison de l'addition d'un élément nouveau comme dans l'hypothèse dite de **conversion par ampliation**. Les auteurs qui ont admis l'idée de conversion par ampliation ne sont pas nombreux. On va essayer de définir la position de deux d'entre eux, M. Couret et M. Marro. L'objectif étant de démontrer que cette prétendue conversion par ampliation constitue au vrai sens du terme un cas de requalification, ou encore de transformation. M. Alain Couret souligne que la conversion n'est pas une simple opération de réduction ; elle peut être aussi un « *mouvement d'amplitude juridique* »[1332]. Dans ce dernier cas, dit-il, « *la situation juridique nouvelle, même si elle s'inscrit dans une catégorie juridique différente de la précédente, apparaît comme un agrandissement de l'ancienne* »[1333]. Le même auteur ajoute que dans le cas de conversion par ampliation « *on se trouve en présence d'une situation juridique qui atteint son ampleur maxima par étapes successives ; il y a en quelque sorte construction successive d'un statut juridique* »[1334].

367. Pour expliquer son point de vue, M. Couret part d'idée que le législateur a prévu un certain nombre de situations juridiques qu'il a volontairement minorées par rapport à des situations juridiques plus amples[1335]. Une option primitive est donc offerte à l'une des parties entre

---

[1327] K. DE LA AUSUNCION PLANES, La réfaction du contrat, *op.cit.*, n° 4 et s., p. 3 et s. et n°710, p. 435 ; O. GOUT, *op.cit.*, n° 616 et s., p. 427 et s.

[1328]Article 31-2 du Code du travail.

Adde : J. GHESTIN, Traité de droit civil, Les obligations, Le contrat : formation, *op.cit.*, n° 905 ; O. GOUT, *op.cit.*, note n° 1512, p. 428 ; M.-S. KHALIL, Le dirigisme économique et les contrats, L.G.D.J. 1967, n° 446, p. 287 et s.

[1329] K. DE LA AUSUNCION PLANES, La réfaction du contrat, *op.cit.*, n° 52 et s., p. 42 et s.

[1330] *Ibid.*,., n° 227 et s., p. 156 et s.

[1331] O. GOUT, *op.cit.*, pp. 438-439 note 638.

[1332] A. COURET, art. préc., n° 15, p. 228, note 30.

[1333] *Ibid.*, n° 68, p. 251.

[1334] *Ibid.*, n° 68, pp. 251-252.

[1335] *Ibid.*, n° 70, p. 252.

deux expressions différentes d'une même volonté, l'une tendue vers une figure juridique d'effet limité ou réduit, l'autre vers une figure juridique d'effet plus vaste[1336]. Voulant se séparer de son conjoint, elle a choisi la séparation de corps plutôt que le divorce. Voulant adopter un enfant, elle avait le choix entre l'adoption plénière et l'adoption simple ; elle a choisi l'adoption simple. Poursuivie par ses créanciers, elle a préféré une vente forcée à une vente volontaire[1337]. La conversion, relève M. Couret, permettra une rétractation en choisissant la deuxième branche de l'option[1338]. Le cas le plus net sera la conversion d'une séparation de corps en divorce[1339].

368. Mais, à l'examen, on se rend cependant assez vite compte que les exemples cités par M. Couret pour étayer ses dires dépassent de loin le domaine assigné à la conversion en ce qu'ils constituent purement est simplement des cas de transformation ordinaire. Cette opinion n'est pas isolée en doctrine. La conversion a pu effectivement être confondue avec la **transformation** proprement dite à tel point que les auteurs emploient indifféremment les mots transformation et conversion[1340]. Il n'est pas toutefois inutile de rappeler aussi que la conversion suppose le passage d'une forme majeure à une forme mineure. Or, dans les hypothèses précédemment citées, on retrouve, certes, l'idée de hiérarchie entre deux situations juridiques, mais c'est une hiérarchie organisée dans un ordre de complexité croissant. La situation juridique nouvelle est plus riche d'effets que la précédente. Ainsi, pour prendre qu'un seul exemple la séparation de corps entraîne seulement un relâchement du lien conjugal, alors que le divorce suppose une rupture de ce même lien[1341]. L'introduction d'éléments nouveaux rendra également la distinction aisée. La conversion par ampliation vient, rappelons-le, ajouter à la situation juridique nouvelle des additions imposées par l'état d'amplitude[1342], la conversion par réduction opère à l'inverse par réduction.

369. Dans le même ordre d'idées, M. Ph. Marro, tout en admettant que la conversion se réalise par réduction, affirme que « *de nos jours apparaissent des conversions par augmentation* »[1343]. Pareille conversion se rencontre, selon cet auteur, en droit social, en particulier. Le premier exemple cité par M. Marro est celui de la conversion d'un contrat de travail à durée déterminée, non conclu par écrit, en contrat de travail à durée

[1336] *Ibid.*, n° 70 et 71, pp. 252- 253.
[1337] Ces exemples sont cités par M. A. COURET, art. préc., n° 71, p. 253.
[1338] *Ibid.*, n° 71, p. 253.
[1339] *Ibid.*, n° 74, p. 254.
[1340] X. PERRIN, th. préc., n° 1, p.1.
[1341] P. VERGEZ, La conversion de la séparation de corps en divorce, th., Paris 1934 ; E. MAZABRAUD, La conversion de la séparation de corps en divorce après la loi du 2 avril 1941, th. Strasbourg, 1943 ; A. BRETON : Encyclopédie Dalloz, « *Séparation de corps* », n° 166 et s. ; X. PERRIN, th. préc., n° 9, p. 14. ; A. COURET, art. préc., p. 222, note 4.
[1342] A. COURET, préc., n° 70, p. 252.
[1343] Ph. MARRO, Le formalisme des actes juridiques, Etude de droit contemporain, th. préc., n° 140, p. 178.

indéterminée[1344]. Le deuxième exemple concerne le contrat de travail à temps partiel qui peut se transformer, en l'absence d'écrit, à un contrat conclu pour temps complet[1345]. La forme, dans ces situations, ouvre droit à un statut particulier, dérogatoire au droit commun[1346]. Le formalisme est utilisé pour justifier le recours de l'employeur à un contrat atypique. Si la forme n'est pas respectée, la relation du travail retombe sous le régime de droit commun notamment en ce qui concerne sa rupture[1347]. Mais c'est un régime plus favorable à l'une des parties que le précédent[1348]. Concernant les sociétés, dit-il, l'écrit est une simple forme de qualification, d'ailleurs la société non immatriculée si elle n'existe pas en tant que telle, peut produire des effets et valoir comme société de fait ou en participation. Il n y a donc pas nullité de l'acte, mais perte d'un régime juridique spécifique, « conversion » de l'acte en un autre régime différent[1349].

370. Il est néanmoins permis de penser que dans les prétendus cas de conversion, M. Marro fait en réalité référence à la seule technique de requalification-sanction. La conversion a quelques points de ressemblance avec la **requalification-sanction**. Les deux techniques provoquent en effet le changement de la qualification par la volonté de la loi ou du juge. L'idée de sanction est également présente dans les deux procédés. Il faut toutefois parer de confondre les deux notions. Le critère de réduction, encore une fois, est de nature à distinguer les deux techniques. La conversion se réalise uniquement par la réduction de la situation juridique ancienne ; la sanction consiste en la perte de certains effets liés à la qualification initiale[1350], alors que la conversion par ampliation, ou plutôt la requalification-sanction, réalisera dans les hypothèses précédemment citées un passage d'une figure juridique d'effet limité à une figure juridique d'effet plus vaste[1351]. Il y a plutôt là des effets dus à des éléments qui sont venus s'adjoindre à l'acte, tel qu'il existait primitivement, ce qui est contraire à la conception allemande de la conversion.

371. On peut encore ajouter que dans les prétendus cas de conversion par ampliation, le changement de la qualification est une sanction de l'inobservation, non pas des conditions de validité de l'acte, mais de ses conditions de qualification, de fond ou de forme. Ainsi, le Code du travail requiert pour la qualification du contrat de travail à durée déterminée le respect de la forme écrite[1352]. La sanction de l'inobservation de cette

---

[1344] *Ibid.*, n° 140, pp. 178-179.
[1345] *Ibid.*
[1346] *Ibid.*,n° 114, p. 142.
[1347] *Ibid.*
[1348] *Ibid.*, n° 139, p. 178.
[1349] *Ibid.*, n° 112, p. 142.
[1350] *Ibid.*, n° 139, p. 178.
[1351] A. COURET, art. préc., note 71, p. 253.
[1352] Article 6-4 §2 du C. trav.

condition de forme ne consiste pas dès lors dans la nullité du contrat, mais sa requalification en un contrat à durée indéterminée[1353].

On conviendra en dernière analyse que Messieurs Couret et Marro viennent déformer une institution juridique dont les contours sont très précisément déterminés, alors même qu'ils pourraient songer à une autre notion plus exactement adaptée au but recherché.

B. La réduction quantitative, un critère non exclusif

372 .La conversion est une opération de réduction, et la confusion est alors facile avec nombre d'opérations de réduction voisines qui présentent avec elle des analogies plus ou moins profondes. On vise plus particulièrement la notion de nullité partielle qui tend également à réaliser une réduction (**1**), ainsi que de la notion de réduction proprement dite (**2**).

1) La conversion et la nullité partielle

373. La conversion est, dès l'origine, une opération de réduction. Or notre droit connaît une technique de réduction concurrente, la nullité partielle, ce qui peut faire naître le risque de confondre les deux notions[1354]. L'assimilation s'explique semble-t-il par le fait que les deux notions utilisent dans leur mise en œuvre la même technique, la réduction. Rappelons, d'abord, que la nullité partielle, est par définition même, opère par la suppression d'une clause ou d'une partie viciée, sans pour autant modifier en quoi que ce soit le reste de l'acte, qui subsiste tel quel[1355]. Le même phénomène d'amputation se rencontre aussi dans la conversion[1356]. Perrin avait déjà souligné que « *par simple réduction, par élagage des parties inutiles, les éléments qui demeurent pourront donc former un autre acte, soit de la même espèce, mais réduit, soit d'une autre espèce différente* »[1357]. Les deux notions poursuivent également le même objectif, le sauvetage des actes de l'inefficacité. Mais là s'arrête l'analogie.

[1353] V. sur la distinction de la conversion et de la requalification-sanction : O. GOUT, *op.cit.*, n° 712 et s., p. 484 et s.

[1354] La nullité partielle a été consacrée dans l'article 327 du C.O.C. Aux termes de ce texte : « *la nullité d'une partie de l'obligation annule l'obligation pour le tout, à moins que celle-ci puisse continuer à subsister à défaut de la partie atteinte de nullité, auquel cas elle continuera à subsister comme contrat distinct* ».

- V° sur la nullité partielle en droit tunisien :

محمد الزين، النظرية العامة للالتزام، 1- العقد، المرجع السابق، عدد 308 و ما بعدها ، ص 244 و ما بعدها ؛ محمد بقبق، قانون مدني ، النظرية العامة للالتزام، التصرف القانوني ، المرجع السابق ، عدد 346 ، ص 256؛ هدى الجلولي، البطلان الجزئي للأعمال القانونية، مذكرة لنيل شهادة الدراسات المعمقة، كلية الحقوق و العلوم السياسية بتونس، 1994-1995.

- V. en droit comparé :

ابراهيم الدسوقي أبو الليل، المفهوم القانوني لإنقاص التصرفات القانونية، المقال السابق، عدد 19، ص 127.

Ph. SIMLER, La nullité partielle des actes juridiques, *op.cit*, *passim*.

[1355] Ph. SIMLER, La nullité partielle des actes juridiques, *op.cit.*, note n° 8-1, p. 8.

[1356] A. COURET, art. préc., n° 45, p. 242 ; A. BOUJEKA, art. préc., n° 35, p. 238.

[1357] X. PERRIN, th. préc., n° 22, p. 29.

374. La différence essentielle qui sépare les deux notions réside dans le fait qu'en cas de nullité partielle, c'est l'acte initial qui subsiste en tant que tel, simplement amputé d'un élément, alors qu'en cas de conversion l'acte initial voulu par les parties tombe tout entier et un autre acte vient prendre sa place[1358]. Un de ces éléments essentiels fait défaut ou est vicié, et c'est un autre acte qui le remplace, édifié, en quelque sorte, avec les débris du premier[1359]. Habituellement, « *la conversion par réduction suppose un acte entièrement nul, duquel on tire un autre acte, tandis que la nullité partielle n'appréhende, comme son nom l'indique, qu'une zone viciée nettement délimitée de l'acte juridique* »[1360].

375. La conversion pose donc essentiellement un problème de qualification, qui est totalement absent en matière de nullité partielle[1361]. La nullité partielle provoque dans un acte juridique une perte d'amplitude essentiellement d'ordre quantitatif, la conversion par réduction affecte l'acte juridique surtout sur un plan qualitatif[1362]. C'est pourquoi on a pu écrire avec Monsieur Philippe Simler que la nullité partielle implique un changement plutôt quantitatif, la conversion un changement qualitatif[1363]. Dans le même ordre d'idées, le professeur Alain Couret estime que chacune des deux opérations a une dynamique propre : « *dans le premier cas, avec la nullité partielle, nous sommes en présence d'une opération négative, alors que dans le second cas nous nous trouvons dans une situation bien différente, caractérisée* par une volonté positive de reconstituer une situation primitivement viciée ». Le même auteur ajoute que : « *la nullité partielle tend à retrancher, la conversion tend au contraire à ajouter à la situation primitive au travers d'une volonté de reconstruire* »[1364].

Ceci dit, l'amputation de l'acte, par la suppression de la clause nulle, ne constitue pas la seule technique de mise en œuvre du concept de nullité partielle. Le procédé de la réduction en est une autre manifestation très fréquente[1365].

[1358] N. BESROUR, « *La correction des stipulations contractuelles* », art. préc., p. 19.
هدى الجلولي، البطلان الجزئي للأعمال القانونية، مذكرة سابقة الذكر، ص 21-22.

[1359] Ph. SIMLER, La nullité partielle des actes juridiques, *op.cit.*, n° 13, p. 13.

[1360] A. BOUJEKA, art. préc., n° 35, p. 238.

[1361] Ph. SIMLER, La nullité partielle des actes juridiques, *op.cit.*, n° 13, p. 13.

[1362] A. BOUJEKA, art. préc., n° 35, p. 237.

[1363] Ph. SIMLER, La nullité partielle des actes juridiques, *op.cit.*, n° 13, p. 13 ; TANDOGAN, La nullité, l'annulation et la résiliation partielle, th. Lausanne, 1952, p. 112 ; J. PIEDELIEVRE, th. préc., p. 120 ; J. GHESTIN, (sous la dir.), Traité de droit civil, Les obligations. Le contrat : Formation, *op.cit.*, n° 837 ; A. BOUJEKA, art. préc., n° 35, p. 237 ; A. COURET, art. préc., n° 46, pp. 242 et 243.

[1364] A. COURET,. préc., n° 46, p. 243.

[1365] *Cf.* J. GHESTIN, (sous la dir.), Traité e droit civil, Les obligations, Le contrat : formation, *op.cit.*, n° 908 et s., p. 1052 et s. ; F. TERRE, Ph. SIMLER, Y. LEQUETTE, Droit civil, Les obligations, *op. cit.*, n° 420, p. 462) ; Ph. SIMLER, La nullité partielle des actes juridiques, *op. cit.*, n° 174 ; D. BAKOUCHE, L'excès en droit civil, *op.cit.*, n° 226 et s., p. 214 et s.

2) La conversion et la notion de réduction

376. La réduction est une notion autonome qui a une place à part entière dans la théorie générale des obligations. Pareille notion ne doit pas être confondue avec la nullité partielle en particulier. La première suppose seulement la suppression d'une fraction excessive d'une stipulation quantitative, une quantité, un chiffre, sans pour autant affecter en rien l'aspect apparent ou extérieur de l'acte[1366]. Inversement, avec la nullité partielle, l'acte est amputé d'une partie plus au moins grande de lui-même : d'une phrase, d'un paragraphe, parfois d'un mot seulement, exceptionnellement de sa plus grande partie[1367]. La nullité partielle se caractérise si l'on peut recourir à une image empruntée à M. Ph. Simler par l'emploi d'une paire de ciseaux[1368]. La réduction constitue au contraire un procédé plus subtil dans la mesure où « *l'acte dans lequel on a opéré la réduction de l'objet, de la durée ou du prix conservant toujours, par hypothèse même, tous les éléments qui lui sont indispensables puisqu'on a seulement réduit l'un de ses éléments sans le faire disparaître* »[1369].

377. Le droit tunisien connaît la notion de réduction. C'est dans l'article 327 du C.O.C. que l'on trouve un texte général relatif à la réductibilité des stipulations contractuelles quantitativement excessives. Le droit positif connaît également un nombre non négligeable d'hypothèses, qu'elle soit légales ou judiciaires, dans lesquelles les obligations excessives, sans être purement et simplement anéanties, sont simplement réduites à une plus juste mesure. La réduction des libéralités qui excèdent le maximum autorisé par la loi en est l'hypothèse la plus classique. Le cas le plus net est celui de l'article 179 du C.S.P. En vertu de ce texte, le testateur ne pourra disposer par testament à un non-héritier que jusqu'à concurrence seulement du tiers de son patrimoine. La règle de l'article 179 du C.S.P. se justifie par la volonté de protéger les héritiers. La sanction de cette incapacité partielle de disposer gratuitement est la réduction à proportion de l'excédent. La réduction d'une stipulation contractuelle excessive peut également porter sur la durée de l'engagement soit sur le montant d'une prestation[1370]. Il est à ce titre d'autant

---

[1366] Ph. SIMLER, La nullité partielle des actes juridiques, *op.cit.*, n° 380, p. 462.
[1367] *Ibid.*, n° 174, p. 210.
[1368] *Ibid.*
[1369] *Ibid.*, n° 323, p. 394.
[1370] L'article 327 dispose que : « *La nullité d'une partie de l'obligation annule l'obligation pour le tout, à moins que celle-ci puisse continuer à subsister à défaut de la partie atteinte de nullité, auquel cas elle continuera à subsister comme contrat distinct* ».
V° En droit comparé: Ph. SIMLER, La nullité partielle des actes juridiques, *op.cit.*, n° 174, pp. 209-210 ; S. SANA-CAHILLÉ DE NÉRÉ, « *Contrats et obligations, Nullité ou rescision des conventions, Effets de la nullité* », J.-Cl. Civ. 2008, art. 1304 à 1314, n° 84, p. 16 ; P. LIPINSKI, art. préc., n° 13, p. 1176 ; D. BAKOUCHE, *op.cit.*, n° 241, p. 224.

plus révélateur de noter que la Cour de cassation a admis la réduction des clauses pénales manifestement excessives[1371].

378. La conversion risque pour une bonne part d'être confondue avec la réduction. La confusion entre les deux notions paraît d'autant plus facile que la conversion utilise la technique de réduction[1372]. Les deux institutions présentent également une similitude de conséquences : on aboutit dans les deux cas à la diminution de l'efficacité de l'acte initial[1373]. Les deux procédés convergent aussi en ce qu'ils tendent à un même objectif, celui de la survie du lien contractuel[1374]. Pourtant, bien qu'elles partagent quelques points de convergence, la conversion se différencie de la réduction des actes juridiques. L'opposition fondamentale consiste à relever que la conversion ne se limite pas uniquement à la réduction, bien au contraire, elle fait naître une situation juridique nouvelle[1375]. A l'inverse, dans les hypothèses de réduction, le juge détruit une fraction de ce que les parties ont voulu, mais l'acte initial subsiste[1376].

380. Il y a cependant des cas où la qualification de réduction ou de conversion prêtera à discussion[1377]. On pense d'abord, à l'hypothèse de transformation d'un contrat de travail perpétuel en contrat de travail à durée indéterminée. C'est aussi le cas lorsqu'on procède à la diminution du taux d'un prêt usuraire, on serait arrivé à un moment donné par le même procédé à former un prêt simple[1378]. La détermination de la qualification appropriée, dit Perrin, dépendra de la position prise envers l'acte mineur[1379]. Si on considère le prêt à intérêt normal comme ayant une individualité différente de celle du prêt usuraire, il y a conversion ; dans le cas contraire, il y a simple réduction[1380]. Il est donc facile de se rendre compte que la distinction entre la conversion et la réduction contient de nombreuses nuances. Il convient cependant de souligner qu'en cas de doute sur la qualification appropriée, on doit adopter la règle posée avec netteté par Perrin. L'auteur observe que lorsque « *l'acte mineur apparaîtra comme ayant une unité nouvelle, il y aura conversion ; au contraire, quand on jugera que le même*

[1371] Cass. civ., n° 42624 du 28 avril 1994, R.T.D.1996, p. 231 et s. (partie arabe), note N. BEN AMMOU ; V° aussi sur la question : F. LOKSAIER, « *La clause pénale en droit tunisien, Etudes juridiques* », n° 7, revue publiée par la Faculté de Droit de Sfax, 2000, p. 85. V. aussi

فرج القصير، أحكام الشرط التغريمي في القانون التونسي، م. ق. ت. مارس 1998،ص 103 و ما بعدها.

[1372] A. COURET, art. préc., n° 45, p. 242.

[1373] A. BOUJEKA, art. préc., n° 37, p. 238.

[1374] P. LIPINSKI, art. préc., n° 14, p. 1176.

[1375] V. *supra* n° 11.

[1376] Ph. SIMLER, La nullité partielle des actes juridiques, *op.cit.*, n° 321, p. 392 ; P. LIPINSKI, art. préc., n° 13, p. 1176.

[1377] Ph. SIMLER, La nullité partielle des actes juridiques, *op.cit.*, n° 13, p. 13.

[1378] X. PERRIN, th. préc., n° 17, p. 21.

[1379] *Ibid.*

[1380] *Ibid.*

acte demeure, bien qu'avec des éléments moindres, il y aura simple réduction »[1381].

381. Distincte de la réduction, la conversion constitue un mécanisme spécifique de droit civil. Certes, les deux techniques ont pour finalité de limiter le plus possible les effets dommageables du défaut affectant l'acte initial. Mais cette identité d'objectif, loin de diminuer l'intérêt de la conversion, lui confère au contraire une réelle utilité. Celle-ci peut, en effet, se substituer avantageusement à la réduction dans les cas où cette dernière ne peut pas jouer[1382].

Notons, enfin, que le principe de causalité contraint à considérer que la réduction des éléments de la situation juridique initiale a pour conséquence une réduction de ses effets[1383].

§ 2. La réduction qualitative

382. La conversion étant le passage d'une forme majeure à une forme mineure, conduit en quelque sorte à une perte d'efficacité, « *d'amplitude* »[1384] ou de valeur juridique attachée à l'acte originel, au sens d'*instrumentum* (**A**) ou de *negotuim* (**B**).

A. La dévaluation de l'*instrumentum*

383. La dévaluation de l'*instrumentum* peut se manifester que celui-ci soit requis *ad probationem* ou *ad solemnitatem*. Pour décrire la dévaluation de l'*instrumentum* requis ad *probationem*, il convient de distinguer deux hypothèses. La première concerne le cas où l'acte authentique - en particulier l'acte notarié - irrégulier est converti ou « déclassé »[1385] en un acte sous seing privé. *A priori*, on peut se demander en quoi consiste la dévaluation dans la mesure où l'acte authentique et l'acte sous seing privé sont recevables dans les mêmes hypothèses. Mais, en comparant la force probante respective de ces actes, on saisit la portée de la dévaluation[1386]. Formellement l'acte notarié est doté d'une force probante supérieure à l'acte sous seing privé à deux niveaux[1387].

[1381] *Ibid.*, n° 17, p. 22.

[1382] P. LIPINSKI, art. préc., n° 14, p. 1176.

[1383] X. PERRIN, th. préc., n° 17, p. 21.

[1384] P. MALAURIE, Les successions, Les libéralités, *Défrénois*, 5è éd., 2012, p. 263.

[1385] J. GHESTIN (sous la dir.),Traité de droit civil, Introduction générale, L.G.D.J., 4è éd. 1994, par J. GHESTIN, G. GOUBEAUX, avec le concours de M. FABRE-MAGNAN, n° 685- *Adde*, J.-L. AUBERT, « *Le formalisme* » (Rapport de synthèse), *art. préc.*, spéc. p. 937 ; P. LIPINSKI,. préc., n° 8, p. 1172.

[1386] La force probante d'un acte est comprise comme « *le degré, l'intensité quant à la preuve que la loi lui reconnaît et qui s'impose au juge : acte faisant preuve jusqu'à inscription de faux, jusqu'à preuve contraire, qu'elle preuve contraire, commencement de preuve…* ».

[1387] H. JACQUEMIN, Le formalisme contractuel, *op.cit.*, n°180, p.234-235 ; D. MOUGENOT, Droit des obligations, La preuve, *op.cit.*, n° 91-1 et s., p. 154 et s.

384. D'un côté, l'acte authentique emporte avec lui immédiatement et sans autre vérification une présomption de vérité à cause de la part prise dans sa rédaction par un officier public[1388]. Le caractère et la situation de ces officiers mettent la sincérité de leurs déclarations à l'abri de tout soupçon. Leurs actes se trouvent de ce fait jouir d'une force probante absolue et considérable, puisque la foi qui s'y attache ne peut être combattue que par une procédure hérissée de difficultés : l'inscription de faux[1389]. Inversement, l'acte sous seing privé ne présente aucun signe d'authenticité[1390]. L'écriture et la signature ne sont entourées d'aucune garantie[1391]. L'acte sous seing privé ne s'impose au juge comme preuve littérale que lorsqu'il aura été reconnu volontairement de la part de celui à qui on l'oppose ou vérifié en justice en cas de dénégation formelle de l'écriture ou la signature[1392]. La procédure en vérification d'écritures consiste à vérifier si l'acte a été réellement écrit et signé par la personne à qui il est attribué[1393].

385. D'un autre côté, les mentions constatées personnellement par l'officier public (présence de parties, des témoins, date et heure de l'écriture de l'acte…) font pleine foi et ne peuvent être contestées qu'au moyen de la procédure d'inscription de faux[1394]. En d'autres termes, pour faire tomber la foi qui s'attache à l'acte authentique, il ne suffit pas de présenter la preuve contraire[1395], mais de suivre la procédure d'inscription de faux. La preuve contraire des mentions couvertes par l'authenticité ne peut être rapportée qu'au moyen de la procédure spéciale d'inscription de faux soit au pénal, soit au civil[1396]. Cette voie est longue, coûteuse, complexe et non dépourvue de dangers pour le demandeur, qui s'il succombe s'expose à des poursuites pénales[1397]. Cela revient à rendre pratiquement inébranlable la foi due à l'acte authentique et à en faire un instrument de preuve d'une force irrésistible[1398]. L'acte sous seing privé, au contraire, fait foi jusqu'à preuve

---

[1388] Ch. JOUHET, L'acte authentique en droit privé français, th. préc., p. 9.
[1389] *Ibid.*, p. 5 ; J. B. JOURDAA, Traité de l'acte authentique et de l'acte sous seing privé et considérations pratiques, *op.cit.*, p. 4 et s.
[1390] D. MOUGENOT, Droit des obligations, La preuve, *op.cit.*, n° 153, p. 222.
[1391] *Ibid.*
[1392] O. AUDIAC, th. préc., n° 193 et s., p.153 et s.
[1393] D. MOUGENOT, Droit des obligations, La preuve, *op.cit.*, n° 158, p. 224.
[1394] H. JACQUEMIN, Le formalisme contractuel, *op.cit.*, n°180, p.235 ; R. CABRILLAC et O. BEN FADHEL, R. CABRILLAC et O. BEN FADHEL, Introduction au droit des affaires, Abrégé de droit tunisien des obligations contractuelles, *op cit.*, n° 164, p. 138.
En revanche, les clauses de l'acte relatives à des faits qu'on n'a pu constater ne font foi que jusqu'à la preuve contraire par écrit (R. CABRILLAC et O. BEN FADHEL, Introduction au droit des affaires, *op. cit.*, n° 164, p. 138).
[1395] Ch. JOUHET, L'acte authentique en droit privé français, th. préc., p. 8.
[1396] D. MOUGENOT, Droit des obligations, La preuve, *op.cit.*,n° 94, p. 155.
[1397] Lorsque la procédure d'inscription de faux se termine par l'échec du demandeur, il encourt automatiquement une amende, indépendamment des dommages-intérêts que peut se faire allouer le défendeur (Ch. JOUHET, L'acte authentique en droit privé français, th. préc., p.45).
[1398] *Ibid.*, p. 8.

contraire et non jusqu'à l'inscription de faux[1399]. En d'autres termes, il suffit, pour faire tomber la foi qui s'attache à lui, de démontrer avec les moyens de preuve du droit commun ou par voie de la procédure spéciale de vérification d'écriture[1400] la fausseté de l'acte sans pour autant suivre la voie de l'inscription de faux[1401].

386. La seconde hypothèse concerne le cas d'un acte authentique ou d'un acte sous seing privé irrégulier converti en un commencement de preuve par écrit ou en une simple présomption. La conversion transformerait ici l'acte nul en un autre acte régulier, mais d'une efficacité juridique spécifique, cependant moindre par rapport à l'efficacité qu'aurait pu produire l'acte initial sans l'irrégularité. Le commencement de preuve par écrit présente, en effet, par rapport à la preuve littérale, une double infériorité. D'une part, et surtout, ce n'est qu'un adminicule qui rend admissible les procédés imparfaits de preuve[1402]. L'écrit irrégulier est un élément de preuve incomplet, qui ne peut faire pleine preuve de l'acte contesté de nature à fonder la conviction du juge. Il ne peut faire que demi- preuve et doit être complété lui-même par des témoignages ou des présomptions, preuves que le débiteur pourra se procurer, lui aussi, pour renverser le fait établi par son adversaire. D'autre part, le juge n'est pas lié par les énonciations d'un document retenu à titre de simple commencement de preuve par écrit. Plus encore, le juge dispose d'un pouvoir libre d'apprécier, après production des témoignages ou présomptions, la force probante des preuves présentées et si un fait est établi ou non[1403].

387. La conversion par réduction produit cet effet remarquable consistant à doter l'acte juridique créé d'un régime juridique amoindri s'affirme à l'évidence comme le caractère essentiel[1404]. Le même effet se produira aussi relativement à l'*instrumentum*, requis *ad solemnitatem*. La conversion d'une lettre de change nulle en une reconnaissance de dette illustre parfaitement notre propos. En effet, l'acte dressé *ad solemnitatem* est « *déclassé* »[1405] en

---

[1399] *Ibid.*

[1400] L'existence de la procédure en vérification d'écritures n'exclut pas une procédure en inscription de faux, laquelle peut en effet viser un acte sous seing privé aussi bien qu'un acte authentique (D. MOUGENOT, Droit des obligations, La preuve, *op.cit.*, n° 153, p. 222).

[1401] La fausseté de l'acte peut être démontrée par titres, c'est-à-dire par d'autres actes dont la sincérité est inattaquable et qui établissent des faits incompatibles avec la vérité des allégations contenues dans l'acte argué de faux. La preuve de la fausseté de l'acte peut être aussi administrée au moyen d'une enquête au cours de laquelle des témoins déclarent avoir assisté à la fabrication ou à l'altération de l'acte, s'il s'agit d'un faux matériel, ou savoir que les faits se sont passés autrement que l'officier ne l'a relaté dans l'acte, s'il s'agit d'un faux intellectuel. Enfin, elle peut être faites par experts, qui sont des techniciens versés dans la connaissance des écritures (Ch. JOUHET, L'acte authentique en droit privé français, th. préc., p.42).

[1402] D. MOUGENOT, Droit des obligations, La preuve, *op.cit.*, p. 66 ; V. *supra* n° 70.

[1403] J. GHESTIN, Traité de droit civil, Introduction générale, avec le concours de G. GOUBEAUX et M. FABRE-MAGNAN, 4e éd., L.G.D.J.1994, 1996, n° 669.

[1404] A. BOUJEKA, préc., n° 43, p. 240.

[1405] T. BEN NASR, Droit bancaire tunsien, Tunis, 2009, n° 480, p. 363.

un acte simplement probatoire des engagements de ses signataires selon les termes du droit commun[1406]. Le changement qualitatif est tellement manifeste dans cette hypothèse. On s'aperçoit, en effet, que le titre concerné descend d'un ou plusieurs degrés dans son efficacité juridique pour réaliser le but économique que les parties lui ont initialement assigné[1407].

B. La dévaluation du *negotuim*

388. L'opération de conversion est une technique destinée à la réalisation d'une équivalence en ce que l'apparition de l'acte mineur permet d'atteindre un résultat économique équivalent à celui de l'acte majeur[1408]. On constate aussi que, poursuivant une fin identique, les effets de l'acte mineur ne pourraient jamais être plus vastes que ceux de l'acte majeur[1409]. La conversion, relève M. Lipinski, « *borne* »[1410] les effets de l'acte mineur : celui-ci ne peut jamais dépasser ceux de l'acte majeur. Par hypothèse, car c'est là une condition du prononcé de la conversion, il manquera toujours à l'acte des éléments indispensables à la formation ou à l'exécution de l'acte majeur[1411]. L'idée de réduction « *qualitative* » qui caractérise la conversion peut être illustrée parfaitement en multipliant les exemples.

389. L'examen des solutions issues du droit positif révèle, d'abord, que la conversion ne doit pas conduire à l'aggravation des prestations de l'une des parties au détriment de l'autre[1412]. Bien au contraire, elle doit conduire à la réduction des obligations qui pèse sur l'une d'elles. Ainsi par exemple, la conversion du contrat de vente moyennant un prix dérisoire en une donation emporte nécessairement réduction des obligations de l'une des parties. La comparaison des obligations du vendeur et du donateur permet de mettre en exergue le caractère de réduction qui caractérise la conversion. On sait tous que le vendeur doit garantir à l'acheteur la jouissance et la possession paisible de la chose vendue (garantie pour cause d'éviction)[1413]. Il doit aussi garantir les défauts ou les vices qui diminuent sensiblement la valeur de la chose, ou la rendent impropre à l'usage auquel est elle, est destinée (garantie des vices cachés)[1414]. A la différence du vendeur, le donateur n'est pas, en

---

[1406] X. PERRIN, th. préc., n°113, p. 176 et n° 130, p. 201.

[1407] A. BOUJEKA, art. préc., p. 222.

[1408] J. PATARIN, Le problème de l'équivalence juridique de résultats, th. Paris, 1952, n° 90, p. 223 ; G. GRILLET-PONTON, th. préc., n° 277, p. 320 ; A. COURET, art. préc., n° 12, p. 226 ; P. LIPINSKI, art. préc., n° 35 et 36, pp. 1190-1191.

[1409] X. PERRIN, th. préc., n° 103, p. 158

[1410] P. LIPINSKI, art. préc., n° 28, p. 1185.

[1411] *Ibid.*, n° 36, p.1192.

[1412] *Ibid.*,n° 36, p. 1191.

[1413] Article 631 et s. du C.O.C.

V° aussi Ph. MALAURIE, L. AYNES, P.-Y. GAUTHIER, Droit civil, Les contrats spéciaux, 6e éd., *Défrénois* 2012, n° 349 et s.. ; M. A. COUDERT, « *La garantie d'éviction dans les ventes commerciales* », D. 1973, Chron. 113.

[1414] Article 647 et s. du C.O.C.

principe, tenu de garantir le donataire ni contre l'éviction[1415], ni contre les vices de la chose donnée[1416].

390. L'idée de réduction qualitative est encore perceptible à travers la perte des avantages et des prérogatives de l'acte originel[1417]. La conversion d'une lettre de change en une reconnaissance de dette, hypothèse de loin la plus fréquente, illustre parfaitement cette assertion. La conversion provoque, en effet, la mise en œuvre d'un nouveau régime juridique dont l'efficacité est moindre par rapport à l'acte irrégulier, eu égard au rapport fondamental qui sous-tend la création du titre[1418]. Le ressort principal de cet effet « *d'atténuation* » ou d'« *amoindrissement* » réside dans l'abandon de la règle d'inopposabilité des exceptions à laquelle vient succéder l'opposabilité de toutes les exceptions[1419]. La conversion peut aussi faire perdre la lettre de change prescrite toute valeur cambiaire avec comme conséquence l'impossibilité pour le porteur de se prévaloir des termes de l'article 317 du Code de commerce, qui accorde au porteur le droit d'« *obtenir contre l'accepteur de la lettre de change une injonction de payer exécutoire vingt-quatre heures après sa notification nonobstant appel* »[1420].

391. La perte d'efficacité résultant de la mise en jeu de la conversion peut aussi être illustrée à travers les cas dans lesquels un acte créateur de droit réel est dégénéré en un acte générateur simplement de droit personnel. Le propos s'éclaire à la lumière d'exemples. Le premier tient à l'hypothèse de la conversion d'un contrat d'hypothèque, annulée pour vice de forme, en une promesse d'hypothèque. La dévaluation de l'acte est particulièrement significative dans cette hypothèse. La puissance de l'acte réduit apparaît toujours moindre par rapport à l'efficacité du titre irrégulier. L'irrégularité formelle de l'hypothèque le prive de sa force créatrice de droit réel. La promesse d'hypothèque n'engendrant qu'une obligation de faire, ne pouvant pas faire l'objet d'une exécution forcée[1421]. L'inexécution de cette obligation se résout uniquement en dommages et intérêts conformément à l'article 275

V° aussi Ph. MALAURIE, L. AYNES, P.-Y. GAUTHIER, Droit civil, Les contrats spéciaux, *op.cit.*, n° 378 et s.

[1415] *Aux termes de l'article 207 du C.S.P.* « Le donateur ne garantit l'éviction que s'il a intentionnellement dissimulé la cause de l'éviction ou si la donation a été faite avec charges… ».

[1416] L'article 208 du C.S.P., après avoir énoncé le principe de non-garantie des vices de la chose donnée, ajoute que « *si le donateur a intentionnellement dissimulé le vice ou s'il en a garanti l'inexistence, il devra au donataire réparation du dommage causé de ce fait. Il sera également tenu des dommages-intérêts si la donation est faite avec charges, à condition que le montant des dommages-intérêts n'excède pas, dans ce cas, la valeur des charges exécutées par le donataire* ».

Adde : Ph. MALAURIE et L. AYNES, Droit civil, Les successions, Les libéralités, 3ème éd., *Defrénois*, 2008, 450, p. 238.

[1417] A. BOUJEKA, art. préc., n° 41, p. 239.

[1418] *Ibid.*

[1419] *Ibid.*., n° 43, p. 240.

[1420] Cass. civ., n° 60078, du 15 mai 2012, R.J.L. déc. 2013, p. 163 ; *Contra* : Cass.civ. n° 31889, du 20 oct. 2016, (inédit), cité par M. KCHAOU, Les effets de commerce, Cours dacty, Institut Supérieur de la Magistrature, Tunis, 2016-2017, p. 24, note 51.

[1421] V. BREMOND, art. préc., n° 8, p. 925.

du C.O.C. Une telle solution ne procure pas au créancier une satisfaction complète dans la mesure où il sera privé des avantages attachés à l'acte irrégulier, particulièrement le droit de préférence et le droit de suite sur un immeuble en garantie de sa créance[1422].

392. La même observation pourrait être faite lorsqu'un contrat de vente portant sur la chose d'autrui se convertit en un contrat innommé générateur d'une obligation de faire, l'engagement du « vendeur » d'acquérir la propriété en vue de la retransmettre. Une telle solution ne confère pas à l'acheteur un droit réel, le transfert de la propriété de la chose. Elle lui donnerait simplement des droits personnels : le droit de résolution pour inexécution, ou celui de demander des dommages-intérêts en vertu de l'article 275 du C.O.C. Par ailleurs, cet exemple montre à l'évidence que dans la vente il y a à la fois un élément réel et des éléments personnels. La conversion avait mis en relief l'élément réel, il y avait écrasement de l'élément personnel par l'élément réel.

393. Il y a lieu de signaler enfin que dans certaines hypothèses la conversion emporte réduction de la responsabilité de l'une des parties. Comme dans l'hypothèse de conversion d'une société en nom collectif, dans laquelle se sont engagées des personnes qui n'ont pas la qualité de commerçant (mineur), en une société en commandite simple. La conversion dans telle hypothèse, provoque la mise en œuvre d'un nouveau régime juridique dans lequel la responsabilité de l'associé est moins lourde que celle résultant de l'acte irrégulier. La caractéristique la plus remarquable de la société en nom collectif résulte de l'article 54 du C.S.C., aux termes duquel les associés ont tous la qualité de commerçant et « *sont responsables personnellement et solidairement du passif social* »[1423]. L'obligation indéfinie et solidaire qui pèse lourdement sur les associés permet aux créanciers de saisir les biens propres des associés[1424]. Cependant, les commanditaires ne répondent des dettes sociales qu'à concurrence du montant de leur apport, par réduction de leur responsabilité[1425].

A l'issue de ces développements, il est apparu que la généralisation de la mise en œuvre de la conversion n'a pas remis en cause l'unité de la notion. En effet, on a pu constater que dans toute opération de conversion, on rencontrera toujours les deux caractéristiques de notre institution : la transformation et la réduction. Une théorie de la conversion est donc envisageable, mais encore faut-il démontrer que les cas censés l'illustrer aient un fondement juridique commun.

[1422] Cass. 3e civ., 7 janvier 1987, *Defrénois* 1987, p. 1490, obs. L. AYNES.
[1422] V. BREMOND, art. préc., n° 8, p. 925.
[1423] Ph. MERLE, Droit commercial, Sociétés commerciales, 18e éd., Dalloz, 2015, n° 149.
[1424] *Ibid.*, n° 150, p. 148.
[1425] X. PERRIN, La th. préc., n° 197, p. 289 ; Ph. MERLE, Droit commercial, Sociétés commerciales, *op.cit.*, n° 162.

CHAPITRE II

L'UNITÉ DU FONDEMENT DE LA CONVERSION

394. La question du fondement de la conversion a fait l'objet d'une vive controverse doctrinale, notamment en droit comparé[1426]. Certains auteurs avaient proposé de rechercher le fondement de la conversion en ayant recours à la volonté réelle des parties[1427]. D'autres, ont essayé de justifier la conversion par un recours artificiel à la volonté virtuelle des parties[1428]. La pluralité des fondements a injecté dans la notion de conversion une dose d'hétérogénéité entraînant la circulation dans la littérature juridique de plusieurs définitions de la notion qui ne sont pas homogènes. Pour surmonter le délicat problème du fondement, il convient semble-t-il proposer un fondement commun à la conversion susceptible d'embrasser toutes ses applications et répondant à une définition unitaire de la notion. Proposer un fondement unitaire est sans doute plus élégant que de l'hypothèse d'un double fondement. On proposera de considérer que le véritable fondement qui satisfait à la définition que nous allons proposer de la conversion doit être purement objectif. La solidité du fondement proposé (***Section II***) sera

[1426] Sur cette controverse doctrinale, v. en droit tunisien, notamment :
سامي الجربي، تفسير العقد، المرجع السابق، عدد 377 و ما بعدها، ص 494 و ما بعدها.
V° aussi : N. BESROUR, th. préc., n° 316 et s., p. 472 et s.
V. en droit français : X. PERRIN, th. préc., n°22 et s., p. 28 et s. ; O. GOUT, *op.cit.*, n° 720 et s., p. 490 et s. ; P. LIPINSKI, n° 29, pp. 1186-1187

[1427] La recherche de la volonté réelle est la recherche de la volonté exprimée des contractants en tenant compte des circonstances de l'espèce. L'article 515 du C.O.C. déclare en ce sens que : « *Lorsqu'il y a lieu à interprétation, on doit rechercher qu'elle a été la volonté des parties, sans s'arrêter au sens littéral des termes, ou à la construction des phrases* ». La recherche de la volonté réelle selon cet article, c'est donc à la fois, condamnation de la méthode subjective, négation de signification aux volontés internes et négation encore d'une interprétation littérale des termes du contrat. V. en ce sens Sami JERBI
سامي الجربي، تفسير العقد، المرجع السابق، عدد 96 و ما بعدها، ص 93 و ما بعدها.
V. aussi : C. WITZ, Droit privé allemand, Actes juridiques, Droits subjectifs, t.1, Litec, 1992, n°103, p. 103 ; Ch. CHEHATA, « *Volonté réelle et volonté virtuelle* », R.I.D.C. 1952, n°2, p. 241.

[1428] La question que le juge doit se poser est de savoir si les parties au*raient voulu l'acte nouveau si elles avaient connu la nullité, et non pas ce qu'elles auraient déclaré V.* infra n°s 426 et s.

renforcée par la condamnation des analyses doctrinales allant dans un sens contraire (***Section I***).

SECTION I. LA RÉFUTATION DES FONDEMENTS SUBJECTIFS DE LA CONVERSION

395. La volonté a été invoquée par plusieurs auteurs pour justifier la conversion. Il n'en demeure pas moins que cette théorie, à l'analyse, se révèle critiquable, que cette volonté soit réelle (*§1*) ou virtuelle (*§2*).

§ 1. La réfutation de la conversion fondée sur la volonté réelle des parties

396. L'acte mineur résultant de la mise en jeu de la conversion s'impose aux parties, bien qu'elles ne l'aient pas voulu dès qu'il trouve les éléments utiles à son existence. Cela revient à dire que si la forme mineure ne s'imposait pas, si elle avait été voulue par les parties, il n'y aura pas de conversion. On peut ainsi considérer que dans les hypothèses où l'on pourra découvrir une volonté initiale tendant à la création subsidiaire de l'acte mineur, comme n'étant pas du domaine de la conversion (**A**). Aussi, et à plus forte raison, une volonté émise par les parties *a posteriori* ne saurait fonder, à elle seule, l'apparition de l'acte mineur (**B**).

A. La conversion fondée sur une volonté exprimée lors de la formation de l'acte

397. Les auteurs qui ont affirmé que le fondement de la conversion réside dans la volonté réelle des parties ne sont pas nombreux[1429]. Exposons les réflexions de deux d'entre eux : G. Satta (**1**) et O. Cornaz (**2**).

1) La conception de G. Satta

398. Il convient d'exposer la conception de Monsieur Satta (**a**), avant d'en proposer quelques critiques (**b**).

a. L'exposé

399. L'auteur italien Satta dans sa thèse traitant uniquement de la conversion des actes juridiques, commence par affirmer que cette institution

[1429] A notre connaissance, la doctrine tunisienne n'a pas invoquée l'idée de conversion fondée sur une prétendue volonté réelle des parties. Le professeur Sami JERBI, toutefois, en invoquant la question de la conversion par la confirmation de l'acte, semble admettre aussi une conception subjective de la conversion (th. préc., n° 378, p. 495, en arabe). Par ailleurs, faute d'analyses poussées sur la question en droit tunsien, il semble opportun de recourir au droit comparé.

doit être admise en droit italien, bien qu'elle ne soit pas consacrée d'une façon formelle dans le Code civil[1430]. L'auteur commence d'abord par définir la notion de conversion comme étant « *l'opération en vertu de laquelle, en cas de nullité de l'acte juridique principalement voulu, s'offre aux parties le moyen d'en faire valoir un autre qui se présente comme compris dans le premier, et qui trouve, dans ses ruines, les éléments nécessaires à son existence* »[1431].

400. L'opération de conversion, aux yeux de cet auteur, est donc double et peut être décomposée en deux phases : une nullité détruit d'abord l'acte principalement voulu, dont les éléments gisent désormais épars, sans lien entre eux, sans force de cohésion. Puis, seconde phase, certains de ses éléments- tous peut être- se réunissent entre eux et forment un nouvel acte complètement différent du précédent[1432]. Le même auteur reconnaîtra toutefois qu'on ne peut pas concevoir que ces éléments se réunissent d'eux-mêmes ; ils n'ont point de force de cohésion : il faudra donc qu'une puissance- étrangère à eux- intervienne pour les réunir, et leur redonner vitalité que la nullité leur avait enlevée. Cette force extérieure, ce sera la loi ou la volonté[1433]. Les principes généraux sur lesquels est bâti le droit italien, affirme-t-il, exigent que tout rapport de droit ne peut avoir sa source que dans une disposition légale ou dans la volonté des sujets de droit. Mais comme la première fait défaut dans la législation italienne, il faudra, dit-il, examiner si les parties ont eu, dès la conclusion de l'acte initial, une volonté subsidiaire dirigée sur l'acte second[1434]. Le juge ne peut substituer un acte juridique à un autre sans le concours de la volonté des parties, ou sans que la loi lui donne expressément ce pouvoir. Il ne peut qu'interpréter ou compléter la volonté des parties, mais non pas en mettre une autre à sa place, même si les effets des deux actes juridiques sont analogues[1435].

401. La conversion ne s'impose jamais d'elle-même, la volonté de convertir en est l'élément essentiel[1436]. L'auteur italien considère que la conversion ne peut se justifier qu'autant qu'il y a volonté double : celle qui disparaît avec l'acte inefficace et celle qui reconstruit en une nouvelle entité juridique les débris du même[1437]. Cette volonté peut être expresse ou tacite,

---

[1430] G. SATTA, *La conversion dei negozi giuridici*, Milan, 1903, cité par X. PERRIN th. préc. n°61, p. 82 et O. CORNAZ, th. préc., p. 47, note 1.
Il est à noter que le Code civil italien consacre aujourd'hui la conversion dans son article 1424.

[1431] G. SATTA, *op.cit.*, n°1, Milan, 1903, cité par X. PERRIN th. préc. n°61, p. 82 et O. CORNAZ, th. préc., p. 47, note 1.

[1432] G. SATTA, *op.cit.*, n°1 et s., cité par X. PERRIN th. préc. n°61, p. 82.

[1433] *Ibid.*

[1434] G. SATTA, *op.cit.*, n°1, cité par O. CORNAZ, th. préc., p. 48.

[1435] O. CORNAZ, th. préc., p.48.

[1436] G. SATTA, *op.cit.*, n°14, cité par X. PERRIN, th. préc. n°65, p. 86.

[1437] G. SATTA, *op.cit.*,n°4, cité par X. PERRIN, th. préc., n° 64, p. 85 note 4 ; Cf. M.M. CHIRONI et ABELLO, qui considèrent que cette volonté est la même qui tend à l'acte principal (Droit civil italien, I, p. 507, cité par X. PERRIN, th. préc., p. 85 note 3).

résulter d'une clause spéciale ou s'induire des termes de l'acte lui-même[1438]. La volonté expresse est concevable dans deux situations. Les parties peuvent penser à insérer une clause prévoyant expressément l'apparition du nouveau contrat. Elles peuvent aussi envisager d'introduire dans l'ancien contrat une condition suspensive consistant en la disparition du contrat initial. Le nouveau contrat n'existerait qu'au jour de la réalisation de la condition, au jour de l'anéantissement du contrat initial. Aussi, comme les manifestations de volontés tacites suffisent à reconnaître l'existence d'un acte juridique, Satta ne voit pas pourquoi ne pas admettre la mise en jeu de la conversion lorsque la volonté dirigée sur l'acte second est seulement implicite[1439]. La conversion de l'aliénation nulle de la chose léguée en une révocation tacite du legs illustre selon le même auteur parfaitement cette idée[1440].

402. On s'aperçoit ainsi que la théorie de Satta se sépare nettement de la conception allemande de la conversion en ce qui concerne la question de volonté[1441]. Pour cet auteur, la conversion ne peut opérer qu'en vertu d'une volonté originaire, expresse ou tacite, réellement existante, et non seulement présumée. Le même auteur ajoute que permettre de rechercher ce que les parties auraient voulu si elles avaient connu la nullité, serait ouvrir la porte à l'arbitraire du juge. Ce dernier doit toujours s'en tenir à ce que les parties ont voulu, et ne pas rechercher ce qu'elles auraient voulu[1442]. L'histoire démontre la vérité de cette proposition que la conversion repose sur une volonté réelle. En droit romain, pour opérer la conversion, on exige toujours la volonté des parties. Pour passer d'une figure juridique à une autre, il faut nécessairement le consentement au moins indirect des contractants[1443]. Cette théorie n'est pas toutefois à l'abri des critiques.

b. Les critiques

403. La critique la plus grave qu'on croit devoir être faite à la théorie de Satta concerne le fondement même que cet auteur a donné à la conversion : la volonté. Exiger une volonté dirigée subsidiairement sur l'acte mineur, c'était pratiquement réduire la conversion à ne pas jouer qu'un rôle insignifiant, puisqu'il est extrêmement rare que les deux parties aient voulu un second acte à valoir en cas de nullité du premier[1444]. Les principes de la

---

[1438] G. SATTA, *op.cit.*, n°4, cité par X. PERRIN, th. préc., p. 85 note 4.

[1439] G. SATTA, *op. cit.*, p.78-79, cité par O. CORNAZ, th. préc., p. 49 ; P. GODE, Volonté et manifestations tacites, P.U.F. 1977, n°14, p. 23 et s.

[1440] G. SATTA, *op.cit.*, p. 142, cité par O. CORNAZ, th. préc., 61, note 30 ; X. PERRIN th. préc. n° 122 et s., p. 185 et s., spéc. p. 189 ; *Contra*. Ph. SIMLER, il ne s'agit pas ici d'un cas de conversion mais d'un effet produit par un acte nul (Ph. SIMLER, La nullité partielle des actes juridiques), op.cit., p.16.

[1441] La doctrine allemande dans sa grande majorité fait reposer la conversion sur la volonté virtuelle des parties. V. *infra* n°s 427 et s. et 524.

[1442] G. SATTA, *op.cit.*, p.77, cité par O. CORNAZ, th. préc., p. 48 note 3.

[1443] *Ibid.*, n°16, cité par X. PERRIN, th. préc., n° 66, pp.87-88.

[1444] *Regelsberger*, Pandekten, I, p. 638, cité par O. CORNAZ, th. préc., p.18, note 11.

conversion ne peuvent par voie de conséquence recevoir application que dans les cas très rares, où il y aura eu une volonté réelle, existant dès l'origine *in subsidium*, expresse ou tacite[1445]. Xavier Perrin semble aller plus loin encore dans la critique en soulignant que « *si l'on exige la preuve que l'on a voulu la conversion, cette dernière n'opérera pas, puisque, par hypothèse, on n'a pas su la nullité de l'acte principalement voulu, sans quoi, on ne l'aurait pas fait, ou du moins on aurait réparé de suite le vice découvert* »[1446]. La théorie de Satta conduit donc en fait, déclare Perrin, « *à exiger la preuve d'une volonté qui n'existe pas, et c'est là son vice irrémédiable* »[1447].

404. Plus encore, le double emploi de la conversion avec le principe du respect de la volonté a pour conséquence directe de rendre inutile l'étude d'une théorie spéciale de la conversion. Il n'y aura qu'une transformation ordinaire et l'on sera en face, ainsi que le remarque justement Pacifici-Mazzoni, non plus « *d'une conversion vraie et propre, mais d'une pure et simple exécution de la volonté déclarée* »[1448]. La volonté substitue une cause nouvelle à l'acte, de telle sorte que la conversion ne représente plus que la simple exécution de cette manifestation d'intention, ce qui fait alors perdre à cette institution une grande partie de son intérêt [1449]. Si la forme mineure ne s'imposait pas, si elle avait été voulue au moins subsidiairement par les parties, il y aurait eu non pas création d'un seul acte, mais création de deux actes, dont l'un eût été affecté d'une condition suspensive consistant dans la nullité ou la disparition de l'autre. En effet, par hypothèse, les parties ont conclu l'acte majeur contenant la condition en même temps que l'acte mineur[1450]. Or, la conversion suppose la création successive de deux actes : d'abord l'acte majeur puis l'acte mineur[1451]. Le résultat le plus direct en sera par suite de rendre vraiment inutile de rechercher dans une institution nouvelle l'explication de ce phénomène, qui n'a en lui rien de particulier[1452]. Les principes de l'article 242 du C.O.C. suffiraient largement à tout expliquer. Sans doute si l'on admettait le postulat de Satta, il faudrait se résoudre à renoncer à former une théorie de la conversion : c'est justement à ce postulat qu'il convient de s'attaquer[1453].

405. Du reste, il est légitime de s'interroger, avec M. Lipinski, si une clause du contrat majeur prévoyant la création d'un contrat mineur peut survivre à la disparition du contrat qui la contient ? On peut en douter, car lorsque le contrat majeur est totalement anéanti, toutes les clauses qui le

[1445] X. PERRIN, th. préc., n° 75, p. 105.
[1446] *Ibid.*, n° 75, p. 103.
[1447] *Ibid.*
[1448] Institution de droit italien, 4è éd., II, *loc. cit.*
[1449] X. PERRIN, th. préc., n° 76, p.107.
[1450] P. LIPINSKI, art. préc., n° 27, p. 1183.
[1451] *Ibid.*
[1452] X. PERRIN, th. préc., n° 75, p. 105.
[1453] *Ibid.*, n° 78, p. 111.

composent devraient elles aussi disparaître parce qu'elles n'ont plus de support contractuel[1454]. Exception est faite, cependant, pour les clauses qui apurent le passé. Il en est ainsi, par exemple, des clauses pénales[1455] ou celles qui prévoient certaines restitutions[1456]. Ces stipulations ne sont pas emportées par l'anéantissement du contrat et doivent recevoir application. Or, comme l'a déjà remarqué, à juste titre, M. Pascal Lipinski, la clause prévoyant la conversion de l'acte majeur en un acte mineur n'apure pas le passé[1457]. Au contraire, elle organise l'avenir[1458]. C'est la raison pour laquelle, il est très difficile d'admettre sa survivance au cas où l'acte majeur cesserait d'exister. Le seul intérêt de ladite clause serait de fournir peut-être un indice au juge saisi d'une demande de conversion[1459].

406. Pour que la conversion ait une véritable autonomie, il faut admettre qu'un acte peut valoir sans qu'il existe de volonté dirigée vers lui-même, en tant qu'acte juridique, pourvu qu'une volonté tende vers le but qu'il permet de réaliser[1460]. Il est donc utile de distinguer la volonté de convertir de la volonté d'atteindre un but, et si l'on voulait que la conversion puisse devenir une institution pratique, il faut bien se résoudre à admettre qu'elle puisse opérer sans cette première volonté[1461]. On ne doit pas se contenter d'affirmer qu'une volonté de convertir est indispensable pour faire valoir l'acte mineur, mais au contraire, renversant le problème, il faut examiner s'il ne saurait valoir sans cette volonté[1462]. La conversion se caractérise, en effet, par le fait qu'un acte juridique, dont les éléments objectifs se trouvent réunis, vaut sans avoir fait l'objet ni des prévisions, ni, par conséquent, de la volonté des parties[1463]. Il est en effet certain que les parties n'ont envisagé qu'un acte juridique, elles n'ont pu vouloir un autre[1464]. Comme le souligne fort justement M. Alain Couret, un accord de volonté ne peut jamais réaliser une conversion, il faudra attendre l'intervention du juge pour voir véritablement naître la conversion[1465]. Cette position n'est pas partagée par certains auteurs suisses.

[1454] P. LIPINSKI, art. préc., n° 27, p. 1183.
[1455] Cass. com., 4 juillet 1972, D. 1972, p. 732, note Ph. MALAURIE ; Cass. com., 30 avril 1974, J.C.P. G. 1976, II, 18282, obs. F. FURKEL ; Cass. com., 10 juillet 1990, Bull. civ. IV, n° 204, p. 141.
[1456] Par de droit privé, *op.cit.*, n° 223-2° ; V° sur la notion de restitution : C. GUELFUCCI-THIBIERGE, Nullité, restitutions et responsabilité, *op.cit.* ; Marie Malaurie, Les restitutions en droit civil, préf. G. CORNU, Cujas, 1991.
[1457] P. LIPINSKI, art. préc., n° 27, p. 1183.
[1458] *Ibid.*
[1459] *Ibid.*
[1460] X. PERRIN, th. préc., n° 29, p.38.
[1461] *Ibid.*
[1462] *Ibid.*, n° 78, p.111.
[1463] O. CORNAZ, th. préc., p. 101.
[1464] X. PERRIN, th. préc., n° 29, p.38.
[1465] *Ibid.*

2) La conception d'Olivier Cornaz

407. Après avoir exposé la conception d'Olivier Cornaz (**a**), on proposera quelques critiques (**b**).

a. L'exposé

408. Le Code fédéral des obligations du 14 juin 1881 n'a pas consacré, d'une façon abstraite et générale la théorie de la conversion. Il contient seulement quelques cas particuliers qui puissent y trouver rarement l'occasion de s'appliquer. Cependant, la doctrine suisse pense à l'unanimité que la conversion doit être admise dans son entier en droit suisse, comme conforme aux principes généraux du droit, malgré l'absence d'un texte spécial semblable au § 140 du BGB. Olivier Cornaz, dans la seule thèse en langue française traitant uniquement de la conversion en droit suisse, partage cette opinion[1466]. Le grand principe de l'autonomie de la volonté sur lequel est bâti le droit suisse constitue aux yeux de cet auteur un fondement sérieux pour accueillir cette théorie par la pratique[1467].

409. Olivier Cornaz arrive à ces conclusions après un long raisonnement. L'auteur commence d'abord par affirmer que la volonté nécessaire à l'acte juridique ne doit pas être une volonté juridique qualifiée, dirigée sur tel moyen juridique, mais seulement une volonté toute générale d'obtenir tel résultat économique[1468]. L'auteur conçoit l'acte juridique comme « *un moyen mis à la disposition de l'individu pour parvenir à ses fins* »[1469]. Le même auteur ajoute que « *la simple expérience de tous les jours nous démontre en effet que la plupart des gens se fond une idée très approximative et le plus souvent fausse des actes juridiques qu'ils passent* »[1470]. Ce qui est vrai pour l'auteur, « *c'est que la volonté des parties n'a pas toujours une grande précision. Souvent elles ne voient pas quel est le moyen juridique le plus approprié au but qu'elles poursuivent ; et souvent aussi, leur volonté s'en tient aux éléments essentiels de l'acte qu'elles passent, négligent complètement les détails* »[1471]. Pour étayer ces dires, l'auteur prend l'exemple de l'achat d'une maison. Les parties ne se rendent pas compte qu'elles passent un contrat de vente[1472]. Elles n'en voient que le côté économique, l'obtention d'une chose contre un prix[1473].

410. L'admissibilité de la conversion, dit-il, dépend du degré de précision de la volonté. La conversion doit être exclue si la volonté des parties est claire et précise. Dans ce cas, précise l'auteur, « *un seul acte convient pour*

[1466] O. CORNAZ, th. préc., p. 80..
[1467] *Ibid.*
[1468] *Ibid.*, p.101 et s.
[1469] *Ibid.*, p.104.
[1470] *Ibid.*, p. 103.
[1471] *Ibid.*, p. 105.
[1472] *Ibid.*, p. 103.
[1473] *Ibid.*

parvenir au résultat qu'elles désirent. S'il est nul, on ne pourra lui substituer un autre acte juridique, car ce serait modifier le contenu de la volonté des parties »[1474]. Si à l'inverse la volonté des parties s'est bornée à viser un but d'ordre général et non un résultat précis, la conversion devrait être admise[1475]. Dans ce cas, le résultat poursuivi peut être atteint, grosso modo et avec des variantes, par deux ou plusieurs actes juridiques[1476]. « *Ce sera au juge à rechercher, dans chaque cas particulier, quel est l'acte juridique qui s'adapte le mieux à la volonté des parties. Si les conditions de validité de l'un des actes juridiques entrant en ligne de compte ne se trouvent pas réunies, il l'écartera en vertu du principe qu'il faut interpréter les conventions dans le sens le plus favorable à leur validité* »[1477].

411. L'auteur arrive au bout de ce long raisonnement à la conclusion que la conversion ne peut s'appliquer en droit suisse que dans les limites de l'interprétation. Les deux notions se confondent[1478]. Le juge devra toujours examiner si la volonté qui est nécessaire à l'acte second se trouve contenue dans la volonté initiale[1479]. La question qui se posera dès lors est celle de savoir quand pourra-t-on dire que la volonté nécessaire à l'acte second se trouve contenue dans la volonté initiale ? L'auteur répond à cette question en disant « *que c'est une question de cas particulier que le juge aura à résoudre espèce par espèce* »[1480].

412. Olivier Cornaz ajoute toutefois que l'on peut distinguer entre deux hypothèses. La première concerne le cas où les effets des deux actes diffèrent entre eux[1481]. La validité de l'acte second ne sera normalement pas admissible[1482]. « *Il est à présumer qu'il ne s'adapte pas au but poursuivi par les parties* »[1483]. L'auteur déclare cependant que l'acte second peut valoir si la volonté des parties s'est bornée à viser un but d'ordre général et non un résultat précis et que si la différence dans les effets ne représente pas pour elles une condition essentielle de leur accord[1484]. La seconde hypothèse est la suivante : Quand les effets de l'acte second sont de moindre portée que ceux de l'acte initial, mais n'en diffèrent pas, la validité de l'acte second sera normalement admissible. On considérera, dit-il, que la volonté requise pour l'acte second se trouve implicitement contenue dans la volonté initiale en

---

[1474] *Ibid.*, p. 105.

[1475] *Ibid.*, p.106.

[1476] *Ibid.*, p.105.

[1477] C'est une application de l'idée de l'interprétation par l'effet utile posée par l'article 518 du COC. Ce dernier prévoit que: « *Lorsqu'une expression ou une clause est susceptible de deux sens, on doit plutôt l'entendre dans celui avec lequel elle peut avoir quelque effet, que dans le sens avec lequel elle n'en aurait aucun* ». (V. *infra* n°s 582 et s.).

[1478] O. CORNAZ, th. préc., p.105.

[1479] *Ibid.*

[1480] *Ibid.*, pp.107-108.

[1481] *Ibid.*, p.106.

[1482] *Ibid.*

[1483] *Ibid.*

[1484] *Ibid.*

vertu de l'adage : « *qui veut le plus, veut le moins* »[1485]. Le maintien de l'acte second ne sera exclu que s'il est prouvé que les parties eussent préféré que leur accord n'ait aucun effet plutôt qu'un effet moindre[1486]. La théorie de Cornaz ne peut cependant emporter notre conviction.

b. Les critiques

413. La conception d'Olivier Cornaz sur la conversion se sépare nettement de la théorie allemande en ce qui concerne la question de volonté[1487]. Alors que les Allemands se contentent d'une volonté purement fictive, Cornaz semble aller plus loin encore en considérant que la conversion ne peut s'appliquer que lorsque la volonté nécessaire à l'acte second se trouve contenue dans la volonté initiale[1488]. Il ramène ainsi la conversion à une question d'interprétation. Le juge devra dans chaque cas particulier examiner si la volonté requise pour l'acte second se trouve implicitement contenue dans la volonté réelle des parties[1489]. Son rôle sera purement interprétatif : Il outrepasserait ses pouvoirs s'il étendait ses recherches à ce que les parties auraient voulu si elles avaient connu la nullité[1490]. Olivier Cornaz ramène ainsi la conversion à une question d'interprétation de la volonté. L'auteur même reconnaît d'ailleurs que les deux institutions se confondent en droit suisse[1491]. L'auteur semble aller plus loin encore dans la critique en admettant que la conversion « *ne constitue pas une institution originale et ne mérite pas une réglementation spéciale. C'est une notion superflue que l'on pourrait aisément supprimer* »[1492].

414. Or, il est inutile de rappeler que la conversion n'a de raison d'être que si elle opère en dehors de la volonté[1493]. La doctrine allemande distingue nettement l'interprétation de la conversion. La majorité des auteurs allemands considèrent que la conversion va plus loin que l'interprétation, en ce qu'elle ne repose pas sur la volonté[1494]. La doctrine allemande conçoit donc la conversion comme une institution particulière, ayant sa fonction

[1485] *Ibid.*
[1486] *Ibid*
[1487] Cf. Von thur qui admet purement et simplement la théorie allemande. Il faut, dit-il, rechercher la volonté hypothétique des parties, c'est-à-dire se demander si elles auraient passé l'acte second si elles avaient connu la nullité de l'acte initial. Il donne un certain nombre d'exemples de conversion parmi lesquels on peut citer celui de la cession nulle pour vice de forme en mandat d'encaisser, de l'acceptation tardive en offre nouvelle et du congé tardif en proposition de révoquer contractuellement le bail. (*Die Bedeutung des willens im Zivilrecht. Dans* Z.S.R.N.F 41, pp. 202-203, cité par O. CORNAZ, th. préc., p.69).
[1488] O. CORNAZ, th. préc., p. 105 et 107.
[1489] *Ibid.*
[1490] *Ibid.*
[1491] *Ibid.*, p. 105.
[1492] *Ibid.*, p. 119.
[1493] X. PERRIN, th. préc., p. 105.
[1494] RUTENBECK, p. 65, cité par O. CORNAZ, th. préc., p. 119, note 40.

propre[1495]. Du reste, la conception de Cornaz peut conduire à une limitation injustifiée du domaine de la conversion. D'ailleurs, l'auteur considère que la conversion d'un pacte successoral nul en un testament ne doit être admise en droit suisse qu'à titre exceptionnel. Les deux actes offrent en effet de notables différences. « *La différence essentielle entre les deux actes réside dans le caractère contractuel, et donc irrévocable du pacte, tandis que le testament est unilatéral et essentiellement révocable* »[1496]. Le même auteur ajoute que pour que l'on puisse admettre que la volonté de tester était implicitement contenue dans les déclarations du disposant, il faut examiner, par interprétation, si le disposant attache ou non une importance essentielle à l'irrévocabilité des dispositions à cause de mort. C'est seulement dans la dernière hypothèse que la conversion serait admise[1497] .

B. La conversion fondée sur une volonté exprimée lors de l'exécution de l'acte

415. Une manifestation de volonté postérieure à la conclusion d'un acte peut déboucher sur la transformation du rapport d'obligation. Aussi est-il opportun de se demander si un tel accord de volonté pourrait fonder l'apparition de l'acte mineur ? La réponse ne peut être que par la négative. La raison paraît évidente : l'accord des volontés ne peut jamais réaliser une conversion. Celle-ci opère par la volonté de la loi ou du juge. Ce qui revient à dire que dès qu'il y a une volonté à la base de l'acte mineur, il n'y a plus conversion. Il y aurait plutôt novation, résiliation volontaire ou *mutuus dissensus*, voire une transformation proprement dite de l'acte, mais jamais une conversion[1498].

416. La **novation** pourrait réaliser, selon l'importance du changement, une situation approchant d'une conversion. La novation est définie comme étant l'extinction d'une obligation par la création d'une obligation nouvelle, qui prend la place de l'obligation ancienne[1499]. Cette novation peut résulter soit du changement de créancier ou du débiteur, soit du changement de l'un des éléments objectifs de l'obligation. Ce peut être l'objet, la cause ou certaines modalités essentielles comme la condition. Il en est ainsi par exemple, lorsque les parties décident de changer le mode de calcul d'une

---

[1495] O. CORNAZ, th. préc., p. 119.

[1496] *Ibid.*, p. 108.

[1497] *Ibid.*, p. 109.

[1498] X. PERRIN, th. préc., n° 7, pp.11 et 12.

[1499] J. CARBONNIER, Droit civil, Les obligations, *op.cit.*, n° 348 ; G. MARTY, P.RAYNAUD, PH. JESTAZ, Droit civil, Les obligations, Le régime, *op.cit.*, n° 409 ; J. FLOUR, J.-L. AUBERT, Y. FLOUR, E. SAVAUX, Les obligations, Le rapport d'obligation, *op.cit.*, n°416 ; A. GHOZI, La modification de l'obligation par la volonté des parties, Etude de droit français, préf. D. TALLON, Paris, L.G.D.J. 1980, n°s 109 et s., pp. 50 et s. ; Ch. PACTET, « *De la réalisation de la novation* », R.T.D.civ. 1975, n°6, p.439 ; A.RIEG, « *Novation* », Rép. Civ. Dalloz, 1973, n°1, p.1

rémunération[1500]. La conversion se distingue nettement de la novation en ce que la nouveauté qui affecte l'obligation n'entraîne pas la disparition totale du contrat initial comme c'est le cas dans la conversion[1501].

417. La distinction entre la conversion et la novation devient encore beaucoup plus délicate lorsqu'un élément de l'obligation disparaît et est remplacé par un autre, il est fréquent que le contrat au sein duquel l'obligation a été insérée change de nature. Tel est le cas lorsque les parties décident qu'un louage subsistera comme prêt à usage[1502]. La novation par changement d'objet pourrait réaliser une situation similaire à la conversion. On rencontrera d'ailleurs ici les deux traits distinctifs de la conversion ; la transformation et la réduction des éléments du louage, car la disparition du prix le transforme nécessairement en un prêt gratuit[1503]. L'opération s'analyse en une substitution[1504] de contrat ou une novation de contrat pour emprunter une terminologie de M. Didier Cholet[1505].

418. La novation de contrat peut alors être définie par analogie avec la novation de l'obligation comme « *l'extinction d'un contrat par la conclusion d'un nouveau qui viendrait en remplacement de l'ancien* »[1506]. Cette définition fait immédiatement apparaître les deux éléments caractéristiques de l'institution : d'une part, il y a création d'un contrat nouveau ; d'autre part, et corrélativement, il y a extinction de l'ancien contrat. De prime abord, cette définition ne semble pas opposer les deux concepts. Comme la novation, la conversion exprime aussi l'idée de changement dans la continuité, de substitution d'un contrat à un autre[1507].

419. Les interférences entre les deux notions ne doivent pas cependant occulter les différences entre elles et qui permettent d'exclure le risque de confusion juridique. D'une part, la doctrine s'accorde à admettre que la validité du premier contrat est une condition indispensable à la novation[1508]. Ce qui revient à dire qu'on ne peut pas nover un acte nul, du moins si la nullité est absolue[1509]. Le critère permettant davantage de distinguer ces deux

[1500] C.A. Paris, 20 octobre 1983, D. 1985, p. 445, note J. KARILO DE VAN.

[1501] J. FLOUR, J.-L. AUBERT, Y. FLOUR, E. SAVAUX, Les obligations, Le rapport d'obligation, *op.cit.*, n°420 ; G. MARTY, P.RAYNAUD PH. JESTAZ, Droit civil, Les obligations, Le régime, *op.cit.*, n° 415 ; P. LIPINSKI, art. préc., n° 28, p. 1184.

[1502] L'exemple a été cité par X. PERRIN, th. préc., n° 10, p.15.

[1503] *Ibid.*

[1504] G. MARTY, P. RAYNAUD PH. JESTAZ, Droit civil, Les obligations, Le régime, *op.cit.*, n° 417.

[1505] D. CHOLET, « *La novation de contrat* », art. préc., p. 467 et s.

[1506] *Ibid.*

[1507] P. LIPINSKI, art. préc., n° 5, p.1171.

[1508] J. CARBONNIER, Droit civil, Les obligations, *op.cit.*, n° 348 ; G. MARTY, P.RAYNAUD, PH. JESTAZ, Droit civil, Les obligations, Le régime, *op.cit.*, n° 411 ; Ch. PACTET, « *De la réalisation de la novation* », art. préc., n°7, p.439 ; A. RIEG, Rép. Civ. Dalloz, 2003, V° « *Novation* », n° 9, p.1.

[1509] Si la nullité est simplement relative, la doctrine admet la novation en considérant que celle-ci implique d'abord une renonciation à la nullité, c'est-à-dire une confirmation du contrat annulable.

institutions est essentiellement d'ordre subjectif. La novation suppose la volonté commune des parties d'éteindre l'obligation ancienne par la création d'une obligation nouvelle. La volonté de nover - ou *animus novandi* - doit être claire et dénuée d'équivoque. L'article 358 du C.O.C. est à cet égard décisif lorsqu'il dispose que « *la novation ne se présume point, il faut que la volonté de l'opérer soit exprimée* ». La formule ne signifie pas que la novation doit être expresse, que l'intention des parties doit s'exprimer en termes formels. Une intention tacite doit être considérée comme suffisante, pourvu qu'elle soit certaine[1510].

420. On s'aperçoit donc, que la novation constitue, par définition, une opération volontaire, une technique purement contractuelle. Aucun élément impératif ne s'y est infiltré. En revanche, rappelons-le, l'accord des volontés ne saurait réaliser une conversion. Le concours de la loi ou du juge s'impose comme une nécessité absolue pour voir véritablement naître la conversion[1511]. Il ne faut pas pour autant exclure radicalement le rôle de la volonté dans la conversion. La volonté va cependant opérer d'une façon différente. Elle peut être prise en considération par le juge qui va procéder à une conversion afin surtout de réaliser, conformément à la volonté des parties, un objectif économique désiré par delà l'échec de l'opération juridique primitive[1512]. Néanmoins, cette volonté n'a jamais qu'une portée très limitée. La volonté n'opère jamais dans une sphère d'autonomie qui la rapproche d'une opération de novation. La conversion se distingue ainsi de la novation, mécanisme reposant sur la volonté commune des parties.

421. Il convient cependant de noter que certains auteurs, parmi eux M. Tanagho, assimilent la conversion et la novation. La technique juridique avancée par cet auteur pour conforter son opinion est la « *novation nécessaire* » nommée quelquefois novation judiciaire, car elle se réalise par la volonté du juge en dehors de la volonté des parties[1513]. La doctrine et la jurisprudence française se sont aussi servies de cette institution pour décrire une conversion d'une obligation naturelle en obligation civile[1514]. Or, prétendre qu'il y a novation alors que c'est « *la volonté du juge a pris la relève ici de la volonté des parties* » est discutable à plus d'un titre[1515]. Sans doute le droit romain, abondamment cité par l'auteur, a-t-il connu l'institution de la novation nécessaire. Mais c'était à l'époque où la novation était, pour l'essentiel, conçue comme un rapport objectif entre l'obligation

---

[1510] Cass. civ. 7 juill. 1925, D.P. 1927, 1, p.22, s. 1925, p.319 ; Cass. soc. 7 déc. 1966, Bull. Civ. IV, n° 926, D. 1967, somm. p.17 ; Cass. com. 14 fév. 1972, Bull. civ. IV, n°55 ; Cass. com. 19 oct. 1993, Bull. civ. IV, n°340

[1511] V. *infra* n° 609 et s.

[1512] V. *infra* n°s 690 et s.

[1513] S. TANAGHO, De l'obligation judiciaire, L.G.D.J. 1965, n° 36, p. 85 ; A. COURET, art.préc., n°19 et s., p.221 et s.

[1514] V° en ce sens, notamment : G. BAUDRY-LACANTINERIE et L. BARDE, Traité théorique et pratique de droit civil, Des obligations, 3e éd. t.3, Sirey, 1908, n° 1694, p. 5 ; Cass. civ. 1^{re,} 18 mai 1960 ; D. 1960.J.681, note G. HOLLEAUX.

[1515] A. COURET, art. préc., n° 22, p. 232.

ancienne et la nouvelle[1516]. L'assimilation de la conversion à une novation conduit ainsi nécessairement à la déformation d'une notion dont les contours sont bien définis.

422. La conversion doit ensuite être distinguée du ***mutuus dissensus*** de l'acte initial suivi de la conclusion d'un nouveau contrat[1517]. Le critère de différenciation est *a priori* facile à reconnaître puisque le *mutuus dissensus* est un mécanisme purement extinctif[1518]. La distinction soulève cependant plus de difficulté notamment dans l'hypothèse de l'article 418 du C.O.C qui prévoit que la modification par l'acte révocatoire de l'un quelconque des éléments du « *contrat primitif vicie la résiliation et la transforme en un nouveau contrat* ». C'est l'hypothèse du *mutuus disensus* de l'acte initial suivi de la conclusion d'un nouveau contrat. L'opération est alors très proche de la conversion. Il y a dans les deux cas, extinction totale d'un contrat suivie de la création d'un nouveau[1519]. Aussi, est-il légitime de se demander si la résiliation volontaire ne constitue pas une hypothèse de conversion? L'idée est séduisante, il faut cependant prendre garde de ne pas confondre la notion de conversion avec celle voisine du *mutuus dissensus* suivi de la conclusion d'un nouveau contrat. Le critère de distinction est essentiellement d'ordre subjectif. Plus exactement, c'est dans la cause de la transformation que réside la différence fondamentale qui oppose ses deux notions. En effet, la résiliation volontaire désigne, par définition même, la technique par laquelle les parties décident d'un commun accord de mettre fin au contrat, alors que la conversion opère sans cette volonté.On peut donc constater que la *mutuus dissensus* se rapproche beaucoup de la conversion, mais on peut observer aussi qu'elle en diffère par le caractère voulu de l'opération réalisée. La *mutuus dissensus* suppose une rupture entre les deux rapports. La conversion est par voie de conséquence une technique préférable puisqu'elle perpétue le lien de droit originaire.

423. La conversion offre, enfin, une analogie plus profonde avec la **transformation ordinaire**. Dans l'un et l'autre cas, on retrouve une succession réelle de deux actes différents. Mais l'analogie s'arrête là. Le critère de différenciation entre les deux notions est essentiellement d'ordre subjectif. La transformation ordinaire révèle l'existence de deux actes successifs reliés entre eux par une volonté dirigée directement vers la

---

[1516] *Ibid*., n° 21, p. 232.

[1517] L'article 414 du C.O.C dispose que : « *Les obligations contractuelles s'éteignent lorsque, aussitôt après leur conclusion, les parties conviennent d'un commun accord de s'en départir, dans les cas où la résolution est permise par la loi* ».

V. sur la question : I. ARIBI, « *Regards sur « Al Iquala* » ou *mutuus dissensus »*, R.T.D. 1999, p. 21 ; A. GHOZI, La modification de l'obligation par la volonté des parties, *op.cit*., n°s 107 et s., pp. 49 et s.

[1518] V. *supra* n° 232.

[1519] R. VATINET, « Le *mutus dissensus »*, R.T.D. civ., n° 24, p. 270 et s. et n° 29, p. 274. ; E. PUTMAN, « *La révocation amiable* », *in* La cessation des relations contractuelles d'affaires, Aix-en-Provence, 30 et 31 mai 1996, P.U. Aix-Marseille, 1997, n° 31, p. 136 ; P. LIPINSKI, art. préc., n° 28, p. 1185.

création du second acte[1520]. Cette volonté est inopérante dans la conversion. Il convient toutefois de signaler que la doctrine et le législateur emploient dans certains cas le terme générique de « *conversion* » alors qu'il s'agit en fait d'un cas de transformation[1521]. Il en est ainsi par exemple de l'hypothèse de conversion de la séparation de corps en divorce ou encore de la saisie immobilière en vente volontaire[1522]. Dans les deux hypothèses, c'est la volonté seule de l'une des parties qui cause le changement. Parfois c'est un accord que l'on rencontre à la base de la modification[1523]. Mais, il est inutile de rappeler que cette position est fort discutable.

424. Il convient cependant de souligner que si la volonté ne peut participer à la création de la conversion, elle peut néanmoins amener à son apparition. La volonté peut avoir une influence quand elle ne tend pas à la création de la forme juridique nouvelle. Plus particulièrement, l'évènement qui entraîne la disparition d'un élément de l'acte formé peut être volontaire. Pourtant on peut parler de conversion. Il y a par contre transformation et non pas conversion, lorsque la volonté devait avoir pour conséquence non la disparition de l'acte primitif, mais d'en créer un nouveau. Ainsi, le commanditaire qui donnerait ou vendrait sa part d'intérêt à un commandité, dans le but convenu de transformer la commandite en société en nom collectif, opérait une véritable transformation. Au contraire, s'il avait agi dans le but de faire une simple libéralité, il y aurait conversion. Il y a lieu, disait Perrin, de déterminer quelle est l'intention de la partie qui provoque la suppression d'un élément de la forme majeure[1524].

En somme, la volonté ne peut constituer un fondement sérieux de la conversion, qu'elle soit réelle ou même virtuelle.

§ 2. La réfutation de la conversion fondée sur la volonté virtuelle des parties

425. La volonté virtuelle des parties qui a été invoquée par plusieurs auteurs pour justifier la conversion se révèle, à l'analyse, critiquable à plusieurs points de vue. Perméable aux critiques (**B**), l'exposé des analyses doctrinales paraît opportun dans un premier temps (**A**).

A. L'exposé de la doctrine de la volonté virtuelle

426. On a dégagé l'idée que la conversion, pour mériter une place particulière parmi nos institutions juridiques, devrait reposer sur un autre

[1520] X. PERRIN, th. préc., n° 9, p. 13.

[1521] F. TERRE, L'influence de la volonté individuelle sur les qualifications, *op.cit*, p. 210, note 46.

[1522] V introduction, n° 29.

[1523] X. PERRIN, th. préc., n° 9, p. 13 et 14.

[1524] *Ibid.*, n° 7, p. 13.

principe que celui de l'exécution d'une volonté dirigée vers elle[1525]. Le problème devient donc le suivant : comment un contrat que l'on a point voulu peut-il s'imposer aux parties et aux tiers, alors que l'accord des volontés est nécessaire à l'existence même de l'acte? La difficulté à le résoudre est grande, parce que les concepts classiques admis dans notre droit envisagent tous la volonté comme le fondement unique du droit, et qu'il importe, pour aboutir, de se débarrasser de cette notion, que l'examen des faits révèle erronée[1526]. Pourtant les analyses classiques sur la matière ne semblent pas aller dans ce sens. Elles s'accordent à reconnaître que la conversion repose sur la volonté virtuelle des parties. Les rares auteurs tunisiens qui ont analysé le fondement de la conversion se contentent toutefois de citer la volonté virtuelle comme une troisième condition à la conversion, sans pour autant faire une étude approfondie sur la question[1527]. C'est la raison pour laquelle, sans prétendre procéder ici à une étude de droit comparé, nous croyons néanmoins opportun de puiser dans les enseignements du droit étranger pour éclairer la notion de volonté virtuelle. L'étude de cette prétendue volonté virtuelle nous emmènera donc au-delà de nos frontières pour découvrir cette notion dans la doctrine allemande (**1**) ainsi que dans la doctrine française (**2**).

1) La doctrine allemande

427. La doctrine allemande part de l'idée que les parties ne supposaient pas normalement la possibilité de la nullité de l'acte originairement voulu, et qu'elles ne pouvaient pas, par conséquent prévoir l'acte second, même subsidiairement[1528]. C'est pourquoi il a été proposé de prendre en compte non pas la volonté réelle des parties, mais leur volonté virtuelle. La question que le juge doit se poser est de savoir si les parties auraient voulu l'acte nouveau si elles avaient connu la nullité, et non pas ce qu'elles auraient déclaré[1529]. La réponse à cette question nous met en présence non pas d'une volonté réelle, car cette prétendue volonté réelle n'a jamais existé, mais plutôt d'une volonté virtuelle ou hypothétique, selon l'expression des auteurs allemands[1530].

428. La doctrine allemande admet donc qu'on peut concevoir une conversion sans être assuré de l'existence d'une volonté tournée

[1525] *Ibid*., n° 76, p.107 et n° 78, p. 111.

[1526] A. BEL HAJ. HAMOUDA, « *La volonté est-elle encore l'élément moteur du processus contractuel ?* », *in* Livre du centenaire du Code des obligations et des contrats, *op.cit*., p. 607 et s.

[1527] V. Mongi TARCHOUNA
المنجي طرشونة، محاضرات في القانون المدني، النظرية العامة للالتزام، العقد، السنة الثانية من الأستاذية في الحقوق، كلية الحقوق و العلوم الاقتصادية و السياسية بسوسة، 1993-1994ص، 152.

[1528] *Ibid*., n° 39, p. 52.

[1529] O. CORNAZ, th. préc., p. 43.

[1530] O. FISCHER, *Konversion unwirksamer Rechtgeschäfte (Aus er Festschrift für Adolph Wach, Leipsig*, 1913, p. 18, cité par O. CORNAZ, th. préc., p. 44 note 21.

subsidiairement et spécialement vers le second acte. On franchit ainsi l'étape qui séparait d'une notion pratique[1531]. Il n'y a pas besoin que l'acte second ait été voulu ni mentionné. On n'exigea plus qu'une probabilité, non une existence réelle, mais une existence virtuelle de la volonté. On tient compte d'une volonté qu'on reconnaît inexistante, mais qu'on reconnaît aussi susceptible d'avoir pu être admise par les parties[1532]. Le *Reichsgericht* s'est exprimé sur ce point à plusieurs reprises[1533].

429. Mais, quand pourra-t-on dire que les parties auraient voulu l'acte second si elles avaient connu la nullité ? Les auteurs qui ont abordé la question ne semblent pas tous avoir la même position. Il suffit, pour s'en rendre compte de rappeler l'opinion de chacun. Finger affirme que, lorsque le résultat économique peut être obtenu en grande partie par l'acte second, on pourra admettre que les parties l'auraient voulu si elles avaient connu la nullité du premier acte. La conversion n'est exclue que lorsque les parties attachaient une importance particulière à la voie juridique choisie par elle[1534]. Fischer[1535] disait aussi qu'il faut se demander pour construire la volonté fictive, quels buts économiques ou « *vitaux* » poursuivaient les parties et examiner si ces buts peuvent être atteints, partiellement ou d'une manière approchante, par un autre acte juridique. C'est l'opinion à laquelle paraît se rallier Küntzel. La volonté fictive, dit-il, doit être admise lorsque les deux actes ont les mêmes résultats économiques, ou des résultats semblables[1536]. Roemer avait fait aussi une concession à cette idée, lorsqu'il a admis que dans les cas où le but serait essentiellement atteint par le second acte, la conversion pourrait opérer.[1537]. Thibaut[1538], Puchta[1539] et Thoel[1540], et tout en s'éloignant un peu de ces précédents, admettent au fond la même conclusion. Ils considèrent que ce qui peut valoir comme ayant été voulu, restreignant ainsi au minimum le rôle de la volonté[1541]. Les mêmes auteurs permettent cependant aux parties de prouver qu'elles ne voulaient pas la conversion[1542].

1531 X. PERRIN, th. préc., n° 37, p. 49.

1532 *Ibid.*, n° 37, p. 50.

1533 RGE 48, 223 ; RG « *Recht* » 14, n° 638 ; RGE 110, 391 ; LG Francfort, 18 décembre 1928, cités par O. CORNAZ, th. préc., p.40, note 3.

1534 H.G. FINGER, *Die Umgsetaltung nichtiger Rechtgescchäfe*, Berlin, 1932, p. 75, cité par O. CORNAZ, th. préc., p. 44, note 17.

1535 O. FISCHER, *Konversion unwirksamer Rechtgeschäfte (Aus er Festschrift für Adolph Wach, Leipsig*, 1913, p. 18, cité par O. CORNAZ, th. préc., p. 44, note 21.

1536 E. KÜNTZEL, *Das Anwendungsgebiet des 140 BGB unter besonderer Berücksichtiggung der Konversion angefochtener Rechtsgechäfte*. Thèse, Goettingue, 1929, pp. 25-26, cité par O. CORNAZ, th. préc., p. 44, note 20.

1537 X. PERRIN, th. préc., n° 29, p. 38.

1538 Thibaut, *System des Pandekten Rechts*, Iéna, 7e éd., 1828, §83 et 135, cité par X. PERRIN, th. préc., p. 30, note 2.

1539 PUCHTA, *Pandekten*, Leipzig, 12e éd., 1890, §67, p. 105, cité par X. PERRIN, th. préc., n° 23, p. 30.

1540 THOEL, *Das Handelsrecht*, II, §152, cité par X. PERRIN, th. préc., n° 23, p. 30.

1541 *Das Handelsrecht*, II, §152, cité par X. PERRIN, th. préc., n° 23, p. 30, note 1.

1542 X. PERRIN, th. préc., n° 32, p. 43.

430. On s'aperçoit ainsi que la conversion par réduction repose aux yeux de la majorité des auteurs allemands sur une présomption de volonté. Le rôle du juge est seulement de découvrir par interprétation si les parties auraient voulu convertir ; ce qui correspond fort bien à la conception que le législateur allemand s'est faite du rôle du juge[1543]. En ce sens, Regelsberger disait que la conversion donnait au juge devant un acte juridique, le même rôle que devant un texte de loi, qui ne viserait point une difficulté à résoudre. Il faut rechercher alors ce que le législateur aurait voulu. De même ici le juge devra rechercher ce que les parties auraient voulu, et l'interprétation fournira non pas l'indice d'une volonté réelle de convertir, mais bien l'indice d'une volonté virtuelle, telle qu'elle était déjà en puissance lors de la conclusion du contrat[1544]. C'est aussi l'opinion à laquelle paraît se rallier une partie de la doctrine française.

2) La doctrine française

431. Les auteurs français qui ont analysé la question de la volonté virtuelle comme un fondement à la conversion ne la présentent pas sous le même jour. Il suffit pour s'en rendre compte de rappeler l'opinion de Perrin (**a**), celle de Pièdelièvre (**b**) et enfin celle de Saleilles (**c**).

a. La conception de Perrin

432. Xavier Perrin, dans la seule thèse traitant uniquement de la conversion en droit français, déclare que l'acte second peut valoir sans qu'il existe une volonté dirigée vers lui-même en tant qu'acte juridique, pourvu qu'il produise des effets économiques identiques ou de moindre portée que ceux de l'acte initial[1545]. L'auteur a voulu démontrer que lorsque le résultat économique peut être obtenu en grande partie par l'acte second, il faudra présumer que les parties l'auraient voulu si elles avaient connu la nullité[1546]. La conversion, dit-il, nous apprend que la volonté nécessaire à l'acte juridique doit être, non pas une volonté juridique dirigée vers tel procédé technique, mais une volonté économique dirigée vers un but économique[1547]. Le même auteur ajoute que s'il y avait volonté dirigée vers cet acte lui-même, il n'y aurait plus conversion par réduction[1548].

433. Perrin parvient à cette conclusion après avoir auparavant critiqué la théorie classique de l'acte juridique qui fait reposer entièrement sur la volonté des parties la formation de tous les éléments nécessaires à l'acte juridique. C'est d'elle que tout provient : La doctrine classique admet que

---

[1543] *Ibid.*, n° 39, pp. 52-53.
[1544] *Regelsberger, Pandekten*, note7, cité par.X. PERRIN, th. préc., n° 29, p. 39.
[1545] X. PERRIN, th. préc., n° 80 et s., p.115 et s.
[1546] *Ibid.*
[1547] *Ibid.* ; *Adde* : O. CORNAZ, th. préc., p. 52 et s. ; SALEILLES, th. préc. p. 316-7.
[1548] X. PERRIN, th. préc., n° 80, p.116.

« *la volonté crée elle-même l'obligation, comme elle crée le contrat qui en est la source* »[1549]. Elle fait sentir son action non seulement sur le but à réaliser, mais encore sur le moyen juridique employé pour l'atteindre. Cette théorie classique dont on trouvera l'exposé dans les écrits de Planiol, définit le contrat comme étant « *l'acte accompli pour réaliser un ou plusieurs effets de droit* »[1550]. Le même auteur pense aussi qu'« *un contrat ne se forme qu'à la condition que les parties en comprennent la nature...* »[1551].

434. Perrin rappelle aussi que dans la théorie classique de l'acte juridique, si les deux parties ne sont pas mises d'accord sur la convention formée, il y aurait erreur sur la nature de la convention qui trouve ses racines dans le droit romain sous le nom d'erreur *in negotio*[1552]. Cette erreur se présente quand l'une des parties a voulu faire un acte, et l'autre un acte différent[1553]. Tel est le cas lorsque l'une des parties propose à l'autre de prendre livraison d'une chose et lui en fait la remise, mais l'une croit qu'il s'agit d'une donation, quand l'autre a l'intention de faire un simple prêt ou dépôt[1554]. Les deux volontés ne se sont pas rencontrées quand l'une a entendu former un contrat différent de celui qu'entendait former l'autre[1555]. Il n'y a pas par conséquent de contrat[1556]. La sanction traditionnellement retenue dans l'hypothèse d'un acte entaché d'erreur *in negotio* ne consiste pas dans la simple annulabilité, mais dans l'inexistence de la convention[1557].

435. Perrin ne manque pas de relever que « *l'objection que l'on peut faire de la conversion se rapproche jusqu'à un certain point de celle que l'on a fait à la validité d'un acte entaché d'erreur in negotio. Les parties ont voulu un acte autre que celui qui est né*»[1558]. La nouvelle figure juridique n'est pas ce que croyaient les parties, elles n'ont donc rien voulu[1559]. L'auteur conçoit donc la conversion comme une sorte d'**erreur**, mais c'est une erreur, dit-il, d'une nature particulière. Certes, elle est plus grave que l'erreur sur le nom de l'acte juridique que la doctrine et la jurisprudence regarde comme insignifiante, mais aussi moins grave que l'erreur sur la nature de la convention. Les parties, en effet, étaient bien d'accord sur le but économique poursuivi, mais elles se sont trompées de moyen juridique. Elles ont, en effet, cru à la formation d'un acte juridique, qui n'a pu se former en raison d'un vice, alors que leur but économique aurait été tout aussi bien atteint par

---

[1549] *Ibid.*
[1550] PLANIOL, Traité élémentaire de droit civil, t.2, 3e éd., Paris, L.G.D.J.,1949, n° 265.
[1551] *Ibid.*, II, p. 320.
[1552] V. sur la question en droit tunisien Mohamed ZINE
محمد الزين، النظرية العامة للالتزام، 1- العقد، المرجع السابق، عدد 161، ص136.
[1553] F. GIRARD, Manuel élémentaire de droit romain, 5e éd., Paris, A. ROUSSEAU, 1911, p. 458.
[1554] PLANIOL, Traité élémentaire de droit civil, t. 2, 3e éd., Paris, L.G.D.J., 1949, n° 1051.
[1555] X. PERRIN, th. préc., n° 79, pp. 112-113.
[1556] *Ibid.*, n° 79, p.113.
[1557] *Ibid.*, n° 79, p.112.
[1558] *Ibid.*, n° 79, p.113.
[1559] *Ibid.*, n° 79, p.113 et n° 90, p. 144.

un autre acte qu'elles pouvaient valablement conclure, puisque tous les éléments objectifs s'en trouvent réunis[1560].

436. Pour étayer ses dires, Perrin relève que dans tout contrat il existe deux plans superposés : le plan économique, dans lequel agissent les parties, et le plan juridique, dont les parties n'ont pas à se préoccuper[1561]. La simple expérience de tous les jours nous démontre, selon le même auteur toujours, que la plupart des gens se font une idée très approximative et le plus souvent fausse des actes juridiques qu'elles passent. Veut-on qu'ils distinguent par exemple entre la stipulation pour autrui et la délégation[1562]. Néanmoins, ils subiront toutes les conséquences de la définition juridique à laquelle correspondent ses éléments[1563]. En réalité, relève Perrin, les parties n'ont à se préoccuper que du but économique à atteindre[1564]. Mais pour réaliser le but, il faut habiller la volonté ou l'accord de volontés qui y tend d'une technique appropriée[1565]. Or, il n'est pas inutile de rappeler que plusieurs procédés techniques différents, tous susceptibles de procurer le résultat économique désiré, s'offrent au choix de l'auteur ou des auteurs du contrat[1566]. Les catégories juridiques ne correspondent pas toujours avec les catégories économiques : la même fonction économique peut s'accomplir à l'aide de contrats différents[1567]. Ainsi, le but économique d'une vente est toujours identique à savoir la cession définitive d'un bien par une personne contre le paiement d'un prix, en vue de subvenir aux besoins de l'existence. Ce but peut être atteint par divers moyens :

- Le transfert immédiat de la chose et du prix, c'est la vente au comptant ;
- Le transfert immédiat de la propriété de la chose contre la promesse de payer le prix (art. 1582 et 1583 du C.C.F.) ;
- Ou, à l'inverse, le paiement immédiat du prix contre la promesse de transférer la propriété de la chose ;
- Enfin, une double promesse réciproque de transférer la propriété de la chose et de payer le prix.

437. On comprend donc pourquoi Perrin considère que l'erreur de la conversion est moins grave que l'erreur sur la nature du contrat. Les consentements, en effet, ont pu se rencontrer parfaitement sur une certaine étendue de l'opération économique : pourquoi dirait-on qu'il y a inexistence ? En fait, il n'y aura qu'une cause d'annulabilité, qui n'aboutira à la disparition de la forme mineure que si l'une des parties prouve qu'elle visait un effet économique essentiellement différent de l'effet produit par cet acte. Il ne lui suffirait pas de prouver qu'elle entendait former un autre

---

[1560] *Ibid.*, n° 79 et s., p.112 et s ; N. BESROUR, th. préc. n° 291, p. 444.

[1561] *Ibid.*

[1562] M. PLANIOL, Traité élémentaire de droit civil, *op.cit.*, n° 561.

[1563] *Ibid.*, n° 82, p.122 ; O. CORNAZ, th. préc., p.103.

[1564] X. PERRIN, th. préc., n° 82, p.124.

[1565] P. VOIRIN, obs. sous Lyon, 11 mai 1942, J.C.P. 1942, II, 2007.

[1566] *Ibid.*

[1567] PLANIOL, Traité élémentaire de droit civil, *op.cit.* n° 1827, p. 509,

contrat[1568]. Elle ne dira pas : « *je croyais un prêt à usage alors que mon adversaire croyait à un dépôt* » ; elle devra préciser autrement et démontrer qu'elle croyait « *pouvoir se servir de la chose* », alors que l'autre partie entendait « *qu'elle ne s'en serve pas* »[1569]. Mais si les deux actes produisent soient les mêmes effets économiques, soit des effets sans différences essentielles entre eux, l'acte formé sans que les parties en aient conscience subsistera et sortira ses effets[1570].

b. La conception de Piedelièvre

438. Piedelièvre, dans sa thèse destinée à l'examen « *des effets produits par les actes nuls* », consacre un chapitre spécial à l'étude de la théorie de la conversion et ses applications en droit français[1571]. Cette étude lui a permis de conclure que « *dans le système allemand, il n'est pas nécessaire que les parties aient prévu cette substitution. Il suffit qu'il y ait quelque probabilité qu'elles l'eussent admise, si elles avaient prévu la nullité* »[1572]. L'auteur reconnaît ainsi que la conversion n'a de raison d'être que si elle opère en dehors de la volonté. L'auteur ne manque pas de relever aussi l'extension extraordinaire donnée aux pouvoirs du juge sous le § 140 BGB. A suivre le raisonnement de l'auteur on peut conclure que jusque-là Piedelièvre semble faire de la conversion une institution particulière.

439. Tel n'était pas cependant la position réelle de Pièdelièvre. La conversion, précise le même auteur, ne présente pas « *un caractère d'originalité bien saillant* »[1573]. Le Code civil allemand, dit-il, ramène toute cette théorie à une interprétation de volonté[1574]. Pour résoudre la question, on n'aura qu'à se demander si les parties avaient voulu ou non la substitution[1575]. Il se basera donc sur une volonté purement hypothétique. Le problème qui se pose devient le suivant sur quel base le juge peut conclure à l'existence de cette volonté. L'auteur répond à cette question en déclarant que cette volonté existe dès lors qu'il s'avère que le procédé technique employé est de nature à remplir le but économique poursuivi par les parties tel qu'il se révèle par l'acte initial qu'elles avaient passé et qu'elles ont manqué[1576].

440. Le motif invoqué par l'auteur pour expliquer sa position est qu'il faut « *s'attacher au but poursuivi, indépendamment du procédé technique employé pour le réaliser. Le procédé technique, dit-il, échappe très souvent à la compétence des intéressés ; si ce procédé est inefficace et aboutit à une*

[1568] *Ibid.*
[1569] *Ibid.*
[1570] X. PERRIN, th. préc., n° 80, p.116 et n° 84, p.129.
[1571] J. PIEDELIEVRE, th. préc., p. 116 et s.
[1572] *Ibid.*, p. 118.
[1573] *Ibid.*
[1574] *Ibid.*, p. 120.
[1575] *Ibid.*
[1576] *Ibid.*, p. 118.

nullité, il ne faut pas que leur volonté se trouve, à raison de ce fait accidentel, dépourvue de tout effet, et l'on doit refaire l'acte, tel que les parties mieux instruites l'auraient fait, tel qu'il aurait dû résulter de leur volonté plus correctement exprimée »[1577]. Piedelièvre insiste bien sur le fait de la subsistance de l'élément volontaire. « *Cette permanence de l'élément psychologique est tout à fait normale, car parmi les rapports qui ont pu exister entre les parties, ce fait volontaire est le plus difficile à effacer, dans la mesure évidemment où il a existé. Cet élément de fait ne peut disparaître* »[1578].

441. La thèse défendue par Piedelièvre converge avec celle de Perrin en ce que les deux auteurs admettent « *qu'il faut s'attacher, en matière d'interprétation des actes privés, moins au but juridique qu'au but économique poursuivi par les parties* »[1579]. Cependant leur justification de la conversion par réduction n'est pas la même. Perrin déclare qu'il faut s'en tenir seulement à la volonté des effets économiques pour justifier la conversion par réduction[1580]. Piedelièvre semble aller plus loin encore[1581]. L'auteur affirme que le juge présume que si les parties avaient été mieux informées, elles auraient choisi l'acte mineur ; la conversion n'est pas possible si une telle présomption ne peut sous-entendre l'acte du juge[1582]. On retombe alors sur le problème de la requalification précédemment évoqué[1583].

442. Il convient cependant de relever que bien que l'approche soit différente, la théorie de Piedelièvre présente une proximité certaine avec celle de Perrin, que dans les deux cas chaque auteur en arrive à des conclusions voisines. Il nous semble que ce qui sépare ces deux auteurs n'est qu'une dispute des mots. « *En réalité, les deux théories évoquées divergent en apparence* »[1584]. La théorie de Perrin insiste davantage sur une discrimination nécessaire entre les différents éléments subjectifs, mettant l'accent sur la volonté économique, plus que sur la volonté juridique. Celle de Piedelièvre se situe davantage sous l'angle de la distinction de la volonté du but et de celle des moyens juridiques en posant que si l'acte nouveau répond au but poursuivi, le juge présume que si les parties avaient été mieux informées, elles auraient donné à leur volonté juridique la forme de ce

---

1577 *Ibid.*, p. 119.

1578 PIEDELIEVRE, Quelques réflexions sur la maxime « *quod nullum et, nullum producit effectum* », *in* Mélanges VOIRIN, 1966, p. 638 et s.

1579 J. PIEDELIEVRE, th. préc., p. 120

1580 F. TERRE, L'influence de la volonté individuelle sur les qualifications, *op. cit.*, n° 227 et s., p. 213 et s ; A. COURET, art. préc., n° 38, p. 240.

1581 F. TERRE, L'influence de la volonté individuelle sur les qualifications, *op.cit.*, n° 227 et s., p. 213 et s ; A. COURET, art. préc., n° 38, p. 240.

1582 PIEDELIEVRE, th. préc., p. 117 et s.

1583 A. COURET, art. préc. n° 39, p.240.

1584 F. TERRE, L'influence de la volonté individuelle sur les qualifications, *op. cit.*, n° 226, p. 213.

second acte[1585]. L'acte qui contient leur déclaration de volonté n'est qu'un instrument de réalisation ; il convient donc de ne pas rester attaché à sa forme extérieure[1586].

c. La conception de Saleilles

443. La thèse de Saleilles apporte par un long raisonnement la démonstration que la conversion ne se distingue pas d'une interprétation de volontés au sens large du terme. L'interprétation, relève-t-il, ne portera pas uniquement sur la volonté réelle des parties, mais aussi sur leurs volontés virtuelles ou hypothétiques. En procédant ainsi, le juge ne dépasse pas ses pouvoirs d'interprétation. L'auteur reconnaît d'ailleurs que : «*...l'acte nouveau n'a pas été l'objet, ni de la volonté, ni même des prévisions, des parties ; et que le juge en le substituant au premier ne peut pas prétendre présumer ce que les parties peuvent avoir voulu, mais ce qu'elles auraient, sans doute, voulu, si elles eussent prévu la nullité* »[1587]. Le juge devient en conséquence « *non seulement l'interprète de leurs volontés, telles qu'elles ont été données, mais telles qu'elles auraient dû l'être* »[1588]. Ce serait là une question de recherche de volonté ou d'interprétation du contenu de la déclaration. Le rôle du juge se limite donc à analyser la volonté des parties pour découvrir si elles auraient voulu convertir ce qui correspond fort bien à la conception que le législateur allemand s'est faite du rôle du juge.

444. Le problème qui se pose dès lors devient le suivant : sur quelle base le juge peut conclure à l'existence de cette prétendue volonté virtuelle? Saleilles répond à cette question en disant que cette volonté existe dès lors qu'il s'avère que le procédé technique employé est de nature à remplir le but économique poursuivi par les parties tel qu'il se révèle par l'acte initial qu'elles avaient passé et qu'elles ont manqué[1589]. Dans le même ordre d'idées, Saleilles disait que : « *...seulement, l'article 140 B.G.B. nous apprend que la volonté à laquelle le juge doit ainsi donner satisfaction, dans la mesure où elle ressort de la déclaration, est, non pas la volonté juridique, dirigée vers tel procédé technique, mais la volonté économique, ou plutôt téléologique des parties, dirigée vers tel but final, pour lequel l'acte contenu dans la déclaration n'était qu'un instrument de réalisation* »[1590].

445. Le motif invoqué par cet auteur pour expliquer sa position est qu'il faut « *s'attacher, avant tout, au but poursuivi, indépendamment du procédé technique employé pour le réaliser* »[1591]. Le procédé technique, dit-il,

---

[1585] J. PIEDELIEVRE, th. préc., p. 118.
[1586] F. TERRE, L'influence de la volonté individuelle sur les qualifications, *op.cit.*, n° 227 et s., p. 213 et s ; J. PIEDELIEVRE, th. préc., p. 119 ; A. COURET, art. préc., n° 38, p. 240
[1587] R. SALEILLE, De la déclaration de volonté, Contribution à l'étude de l'acte juridique dans le Code civil allemand (art. 116 à 144), Paris, F. Pichon, 1901, p. 315.
[1588] *Ibid.*, n° 4, p. 316.
[1589] *Ibid.*
[1590] *Ibid.*
[1591] *Ibid.*

« *échappe très souvent à la compétence des intéressés. Ils en ignorent la portée ou les effets spéciaux... Mais, si le procédé ainsi employé se trouve inefficace et aboutit à une nullité, il ne faut pas que leur volonté téléologique se trouve, à raison de ce fait accidentel, dépourvue d'efficacité. Le juge doit en quelque sorte, refaire l'acte, tel que les parties auraient dû le faire...* »[1592]. La thèse de Saleilles présente une proximité certaine avec celle de Piedelièvre, en soulignant aussi que si l'acte nouveau est de nature à remplir le but économique, tel qu'il se révèle par l'acte initial qu'elles avaient passé et qu'elles ont manqué, il est à présumer que, mieux « *informées* » ou « *instruites* », elles l'auraient fait, tel qu'il aurait dû résulter de leur volonté plus correctement exprimée[1593].

446. Dans sa thèse, Saleilles semble aller plus loin encore dans le raisonnement. L'auteur affirme que le pouvoir du juge dans la conversion correspond parfaitement à la mission de l'interprète qui doit, selon le § 133 du BGB[1594], rechercher la volonté réelle et ne pas s'en tenir au sens littéral. L'auteur affirme cette idée avec netteté : « *il faut, en effet, avoir toujours à l'esprit les règles posées sur l'article 133 du B.G.B., à savoir que le pouvoir d'interprétation du juge ne répond pas à la conception d'une recherche de la volonté vraie ; qu'il a pour but, non pas d'exécuter à la lettre ce qui a été réellement voulu, mais de rechercher les moyens de faire appliquer, la déclaration, de façon à ce qu'elle réponde à son but final et que, d'autre part, elle se concilie avec les usages et la bonne foi* »[1595]. L'auteur déclare d'ailleurs que « *Le § 140 ne se présente pas comme une dérogation aux principes, mais comme une extension exceptionnelle des pouvoirs d'interprétation de l'article 133* »[1596]. Le même auteur ajoute que « *...par là s'affirme la fonction que nous avons reconnue au juge, dans l'article 133, d'être l'auxiliaire des parties, en vue de la réalisation du but final qu'elles poursuivent* »[1597].

B. La critique de la doctrine de la volonté virtuelle

447. La conception qui fait de la volonté virtuelle le fondement de la conversion est sujette à critique, en raison essentiellement de ses caractères artificiel **(1)** et anachronique **(2)**.

1592 *Ibid.*

1593 J. PIEDELIEVRE, th. préc., pp. 118 et 119.

1594 Ce texte reproduit presque textuellement l'article 515 du C.O.C. et l'article 1156 du Code civil français. Le § 133 BGB dispose que « *l'interprète d'une déclaration de volonté doit rechercher la volonté réelle et ne pas s'en tenir au sens littéral* ».

1595 SALEILLES, th. préc., pp. 319-320.

1596 *Ibid.*, p. 315.

1597 *Ibid.*, n° 4p. 316.

1) Le caractère artificiel de la solution fondée sur la volonté virtuelle

448. La solution qui fait reposer la conversion sur une présomption de volonté est critiquable à plusieurs points de vue. La principale critique doctrinale consiste à souligner que pareille solution est artificielle[1598]. Le caractère artificiel de la solution provient du fait que la référence faite par le juge à la volonté virtuelle pour affirmer que les parties auraient voulu l'acte nouveau relève davantage de la fiction que de la réalité. Le Littré précise que le terme fiction évoque le sens de l'artifice, de la création, mais il s'agit d'une création fausse ou imaginaire, illustrant cette définition par l'expression « *monnaie fictive* » appliquée à la monnaie papier[1599]. En droit, la fiction constitue une méthode de raisonnement, un procédé de technique juridique, « *consistant à supposer un fait ou une situation différente de la réalité en vue de produire un effet de droit* »[1600].

449. La jurisprudence fait généralement recours à la fiction lorsque la réalisation d'un résultat utile se heurte à l'existence d'un obstacle juridique[1601]. L'obstacle justifiant le recours à la fiction lors de la mise en œuvre de la conversion consiste dans l'absence d'une volonté dirigée vers l'acte nouveau. La volonté manquante est remplacée par une volonté purement hypothétique, une volonté que les parties auraient du avoir si elles avaient connu la nullité de l'acte initial[1602]. La fiction consiste dès lors à rattacher l'acte nouveau à une volonté qui, par hypothèse, n'a jamais existé. La fiction constitue-t-elle ainsi un « *procédé commode* »[1603]qui « *lorsqu'un élément manque, on se borne, pour tourner la difficulté, à supposer qu'il existe, procédé cher aux mathématiciens qui supposent fréquemment le problème résolu avant de le démontrer* »[1604].

450. C'est cette volonté, présumée avoir existé, qui justifie aux yeux de certains auteurs le recours à l'interprétation pour mettre en œuvre la conversion. Il paraît cependant superflu de rappeler que la référence faite à cette technique repose en grande partie sur l'interprétation d'une volonté des parties plus au moins fictive et imaginaire[1605]. C'est effectivement un leurre

---

[1598] P. LIPINSKI, art. préc., n° 29, p. 1186 ; F. TERRE, L'influence de la volonté individuelle sur les qualifications, *op.cit.*, n° 229 et 230, p. 213 et s. ; D.GRILLET-PONTON, th. préc., n° 275, p. 317 et 318 ; O. GOUT, *op.cit.*, n° 724 ; G. WICKER, Les fictions juridiques, Contribution à l'analyse de l'acte juridique, Bibl. dr. pr., t. 23, L.G.D.J., 1997, spéc., n° 84 et s.

[1599] G. CORNU, (sous la dir.), *Vocabulaire juridique*, Association Henri CAPITANT, préc., V° Fiction sens 1 ; SCHMIDT-SZALEWSKI, Les fictions en droit privé, A.P.D. 1975, tome XX (20), n° 2, p. 274 ; G. WICKER, *op.cit.*, n° 1, p. 9.

[1600] G. CORNU, (sous la dir.), *Vocabulaire juridique*, Association Henri CAPITANT, préc., V° Fiction sens 1.

[1601] SCHMIDT-SZALEWSKI, « Les fictions en droit privé », art. préc., n° 26, p. 288.

[1602] O. CORNAZ, th. préc., p. 40.

[1603] X. PERRIN, th. préc., n° 77, p. 108.

[1604] *Ibid.*, n° n° 75, p. 106 et n°77, p. 108 ; G. CORNU, (sous la dir.), *Vocabulaire juridique*, Association Henri CAPITANT, préc., V° Fiction, 1.

[1605] L. FIN-LANGER, L'équilibre contractuel, *op.cit.*, n° 88, p. 71.

de vouloir rechercher si les parties ont la volonté de convertir. Cette prétendue volonté des parties n'a jamais existé. Faudrait-il aussi se demander avec Voirin, si la référence à volonté présumée ne revient pas à prêter aux parties une prévision qu'elles n'ont jamais fait, ce qui dès lors n'est plus de l'interprétation[1606].

451. Plus encore, la référence faite à l'article 133 du BGB, qui reproduit presque textuellement les articles 1156 du Code civil français, l'équivalent de l'article 515 du C.O.C[1607], pour appuyer la conversion paraît critiquable et fausse. Ces textes obligent l'interprète à s'en tenir à ce que les parties ont voulu et ne pas rechercher ce qu'elles auraient voulu[1608]. Il est, en effet, communément admis que lorsque le juge interprète un contrat, il ne doit prendre en considération que le moment de la conclusion du contrat. On pense toutefois que la référence faite aux textes relatifs à l'interprétation surtout par les auteurs français et suisses s'explique par la volonté d'introduire une telle institution en droit français et suisse, faute d'un texte spécial conférant au juge un pouvoir de substitution d'un acte à un autre.

452. Or, vouloir à tout prix fonder toutes les règles sur la volonté et voir la volonté là où elle n'existe pas conduit parfois à l'absurdité. L'auteur suisse Olivier Cornaz avait déjà remarqué dès le début du 20éme siècle qu'« *il est absurde de rechercher ce que les parties auraient voulu si elles avaient connu la nullité, car on peut presque toujours affirmer sans hésitation que si les parties avaient su que leur acte était nul, elles l'auraient refait selon les exigences légales* ». Le même auteur ne manque pas d'ailleurs de s'étonner du fait qu'aucun auteur allemand ne s'en soit aperçu[1609].

453. Du reste, permettre au juge de rechercher par interprétation ce que les parties auraient fait si elles avaient connu la nullité, serait ouvrir le champ, dit Satta, « *à l'arbitraire et aux idées étroites, et en définitive la pensée du juge serait substituée à la volonté des contractants* »[1610]. On peut penser que la volonté permet d'écarter la conversion, lorsque les contractants ont clairement manifesté un attachement exclusif à la forme majeure lors de l'échange initial des consentements[1611]. Mais, il paraît à l'inverse impossible de présumer que dans tout les autres cas, alors qu'elles n'ont rien spécifié, elles consentent à cette application. Comment le juge pourra-t-il être sûr d'avoir nettement saisi la situation matérielle et morale des contractants ? Il n'y a plus ici d'élément objectif à partir duquel le juge puisse dégager cette

---

1606 VOIRIN, De l'imprévision dans les rapports de droit privé, th. Nancy 1922, pp. 131-132.

1607 L'article 515 du C.O.C. dispose que : « *Lorsqu'il y a lieu à interprétation, on doit rechercher qu'elle a été la volonté des parties, sans s'arrêter au sens littéral des termes, ou à la construction des phrases* ».

1608 O. CORNAZ, th. préc., pp.48-49.

1609 CORNAZ, th. préc., p.119.

1610 G. SATTA, *La conversione du negoci guiridici*, *op.cit.*, n° 46, cité par X. PERRIN, th. préc., n° 40, p. 53 note 2.

1611 P. LIPINSKI, art. préc., n° 26, p. 1182 ; D. GRILLET-PONTON, th. préc., n° 268, p. 309 et n° 275, p. 317.

volonté virtuelle[1612]. « *Le rôle du juge serait celui du psychologue qui, de certaines situations objectives, conclut l'existence de tel ou tel état d'âme, de telle ou telle pensée : le droit ne serait plus une science, mais un art de divination* »[1613].

454. Finalement, on s'aperçoit que les analyses doctrinales qui présentent l'acte nouveau comme reposant sur une présomption de volonté sont artificielles comme reposant sur une fiction[1614]. Mais encore une fois, le recours à l'idée de fiction est inopportun, car masquant le véritable créateur, il n'a d'autre intérêt que de sacrifier au mythe volontariste[1615]. Il faut reconnaître que cet acte, prétendument voulu, n'est pas à base de consentement, mais imposé par le juge sur la base de l'autorité que lui confère l'article 328 du C.O.C. La solution contraire conduit à faire une part beaucoup trop belle au rôle de la volonté, un rôle qui n'est pas véritablement créateur[1616]. La médiocre efficacité du rôle de la volonté peut être assez clairement démontrée à partir de l'exemple caractéristique de la conversion d'une lettre de change nulle en billet à ordre. Face à ce constat, il est difficile de concevoir que les juges puissent asseoir la conversion du contrat sur la volonté des parties. Cette argumentation suffit à démontrer précisément que le recours à la volonté virtuelle ne constitue pas un fondement sérieux, mais un fondement artificiel, voire anachronique.

2) Le caractère anachronique de la solution fondée sur la volonté virtuelle

455. La solution qui fonde la conversion sur la volonté virtuelle des parties est la conséquence directe d'une présentation doctrinale classique, doublement réductrice de la notion d'acte juridique ainsi que du rôle du juge en la matière. Une telle solution est d'abord, la conséquence directe d'une présentation doctrinale classique fortement marquée par une conception subjective à outrance de l'acte juridique. Les partisans de cette doctrine estiment que la volonté constitue un trait distinctif de l'acte juridique[1617], un élément de sa définition[1618]. Hors sa présence, il ne saurait être question que l'acte acquière une quelconque existence juridique. C'est par l'intervention du vouloir individuel que l'acte se forme et prend vie[1619]. « *Dès lors est-ce le réflexe le plus immédiat des juristes, chaque fois que se rencontre un acte*

[1612] X. PERRIN, th. préc., n° 40, p. 53.

[1613] *Ibid.*

[1614] P. LIPINSKI, art. préc., n° 29, p. 1186 ; F. TERRE, L'influence de la volonté individuelle sur les qualification, *op.cit.*, n° 229 et 230, p. 213 et s. ; D.GRILLET-PONTON, th. préc., n° 275, p. 317 et 318 ; O. GOUT, n° 724 ; G. WICKER, *op.cit.*, spéc., n° 84 et s.

[1615] P. DURAND, « *La contrainte légale dans la formation du rapport contractuel* », R.T.D.civ., 1944, p. 73 et s., spéc. n° 24.

[1616] S. TANAGHO, De l'obligation judiciaire, *op.cit.*, n° 74, pp. 155 et 156 ; G. RIPERT, « *Le statut du fermage* », D. 1946, Chron. p.1.

[1617] G. WICKER, *op.cit.*, n°11, p. 23.

[1618] *Ibid.*

[1619] *Ibid.*

juridique privé du support d'une volonté agissante, de recouvrir l'anomalie du masque de la fiction »[1620]. Les partisans de cette doctrine, tant qu'ils ne trouvent pas derrière un acte juridique une volonté, leur esprit reste inquiet, comme si on leur parle d'un fleuve qui n'a pas de source, d'une échelle qui ne repose sur rien[1621].

456. La conception classique du contrat semble donc trop étroite pour justifier la conversion. Les hypothèses de conversion précédemment étudiées montrent que le juge participe à la réfection d'un acte à la place des parties. Observons aussi que les analyses qui reposent sur la fiction d'une volonté virtuelle n'en restent pas moins théoriques et nient la transformation actuelle du droit des contrats. Sans revenir sur les vives critiques qui ont été adressées à la théorie de l'autonomie de la volonté[1622], qualifiée par certains de « *mythe périmé* »[1623], on peut observer donc que le contrat est une notion qui bouge : la conception individualiste et psychologique du contrat recule au profit d'une notion plus objective et dirigiste[1624]. Le bouleversement du paysage contractuel classique, vivant sous le règne de l'autonomie de la volonté, a été perçu relativement tôt par la doctrine civiliste[1625]. Les auteurs parlaient déjà de « *l'éclatement de la notion traditionnelle de contrat* »[1626] ou, carrément, de la « *crise du contrat* »[1627]. Carbonnier avait déjà relevé que la transformation se traduit par un passage du contrat au statut, du droit volontaire au droit imposé, de la liberté contractuelle au dirigisme étatique, des relations conventionnelles aux situations institutionnelles[1628]. Cela fait déjà quelques décennies qu'on a dit des contrats qu'ils devenaient imposés,

[1620] *Ibid.*, n° 8, p. 21 et n° 9, p. 22.

[1621] G. DEREUX, De l'interprétation des actes juridiques privés, th. Paris, éd. Arthur Rousseau, 1905, p. 312.

[1622] E. GOUNOT, Le principe de l'autonomie de la volonté en droit privé : contribution à l'étude critique de l'individualisme, th. Dijon, 1912 ; J. HAUSER, Objectivisme et subjectivisme dans l'acte juridique, L.G.D.J. 1971, préf. P. RAYNAUD, n° 90, p. 140 ; P. HEBRAUD, « *Rôle respectif de la volonté et des éléments objectifs dans les actes juridiques* », *in* Mélanges offerts à M. J. MAURY, t.2, Droit comparé. Théorie générale et droit privé, Dalloz, Sirey, 1960, p. 422 ; H. KELSEN, « *La théorie juridique de la convention* », A.P.D., 1940, p. 33 ; G. ROUHETTE, Contribution à l'étude critique de la notion de contrat, th., Paris, 1965, spéc., n° 169 et s.

[1623] B. STARCK, H. ROLAND et L. BOYER, Droit civil, les obligations, *op.cit.*, n° 23, p. 8.

[1624] D. TALLON et D. HARRIS, Avant-propos, Le contrat aujourd'hui : comparaisons franco-anglaises, Paris, L.G.D.J. 1987 ; L. FIN-LANGER, L'équilibre contractuel, *op.cit.*, n° 21, p. 29.

[1625] E. GOUNOT, Le principe de l'autonomie de la volonté en droit privé, th. préc., p. 470.

[1626] R. SAVATIER, Les métamorphoses économiques et sociales du droit civil d'aujourd'hui, 2ème éd., 1952, p. 314, spéc., pp. 19 à 105 ; J. GHESTIN et G. GOUBEAU, Traité de droit civil, t.1 : Introduction générale, L.G.D.J., 3ème éd., 1990, spéc. n° 137.

[1627] BATIFFOL, « *La crise du contrat et sa portée* », A.P.D., 1968, tome XIII, p.13

[1628] J. CARBONNIER, Flexible droit, *op.cit.*, p. 255.

dirigés, forcés ; on a même parlé de contrat légal[1629]. Il y a peu de temps encore, deux auteurs titraient leur article « *Le contrat déstabilisé* »[1630].

457. Du coup, on est venu à douter que le contrat peut encore se caractériser exclusivement par la rencontre des volontés[1631]. La doctrine moderne propose aujourd'hui une nouvelle approche du contrat fortement influencée ou imprégnée par la valeur économique ou patrimoniale des conventions[1632]. Le contrat traduit, pour une partie importante de la doctrine, une relation économique entre les parties avant d'être un échange de consentement[1633]. Cette vision économique et plus « *réaliste* »[1634] constitue un véritable dépassement de l'analyse juridique du contrat[1635]. La conversion semble redonner vigueur à cette vision renouvelée du contrat conçu comme « *la transposition juridique d'une opération économique (selon laquelle) réglementer un contrat, c'est mettre sous la forme d'une équation juridique un problème économique* »[1636].

458. Par ailleurs, cette conception volontariste de la conversion marque également un attachement à une conception classique du rôle du juge en matière d'acte juridique. Cette conception exclut toute intervention judiciaire en matière d'acte juridique dans la mesure où elle ruine sa force obligatoire et bafoue le principe de la liberté contractuelle. Aussi, toute intervention du juge dans l'acte juridique ne peut être que sous couvert de volonté même présumée. Le recours à la fiction de volonté constitue ainsi « *un artifice grossier destiné à rassurer ceux qui demeurent allergiques à l'idée de la moindre ingérence du juge dans le contrat* »[1637].

459. Il paraît cependant inutile de rappeler que cette critique justifiée par la sacralisation de la volonté a perdu de sa vigueur à l'heure où la doctrine actuelle minimise cette notion. Le professeur Cadiet avait déjà relevé que le juge du contrat n'est plus aujourd'hui le spectateur passif de la querelle contractuelle, prisonnier d'un prétendu principe de l'autonomie de la volonté qui lui impose de respecter les termes de la convention et lui interdire d'intervenir pour assurer la survie du lien contractuel, même par substitution

---

[1629] L. JOSSERAND, « *Les dernières étapes du dirigisme contractuel : le contrat forcé et le contrat légal* », D.H. 1940, Chron., p. 5 et s.

[1630] M. ARMAND-PREVOST et D. RICHARD, « *Le contrat déstabilisé* » (de l'autonomie de la volonté au dirigisme contractuel), J.C.P. éd. G. 1979. I. 2952.

[1631] L. FIN-LANGER, L'équilibre contractuel, *op.cit.*, n° 159 et s., p. 112 ; G. ROUHETTE, Encyclopédia Universalis, V° Contrat, *in fine* ; M. VILLEY, « *Préface historique à l'étude des notions de contrat* », A.P.D., 1968, tome XIII, p. 3 et 4 ;

[1632] J. MESTRE, « *L'évolution du contrat en droit privé français* », *in* L'évolution contemporaine du droit des contrats, P.U.F. 1986, p. 41 et s., spéc. p. 45. ; S. LE GAC-PECH, La proportionnalité en droit privé des contrats, L.G.D.J. 2000, n° 1012 et s., p. 409 et s.

[1633] L. FIN-LANGER, L'équilibre contractuel, *op.cit.*, n° 163, p. 115.

[1634] *Ibid.*, n° 163, p. 116.

[1635] J. PAILLUSSEAU, « *Les contrats d'affaires* », *in* Le droit contemporain des contrats, Bilan et perspectives, 1985, n°7, p. 172.

[1636] J.F. OVERSTAKE, Essai d'une classification des contrats spéciaux, L.G.D.J. 1969, p. 17.

[1637] D. MAZEAUD, note sous Cass. civ. 3ème, 12 janvier 2005, R.D.C., oct. 2005, p. 1020.

d'un acte à un autre[1638]. Le même auteur ajoute que le juge n'est plus l'organe qui tranche, départage des prétentions et décide, il participe à la formation du contrat, comme si, de tiers, le juge devenait partie au contrat[1639]. Cette analyse n'est pas nouvelle. Demogue, avait déjà mis l'accent sur la pratique du juge consistant à « *intervenir pour aider le contrat à se former et à vivre* »[1640]

460. Il est tout de même nécessaire de relever que le contenu du contrat est toujours plus au moins imposé de l'extérieur, par la loi ou par le juge[1641]. Il est inutile de rappeler que le juge depuis quelques années ajoute de façon « *autoritaire* »[1642] des stipulations tacites auxquelles les parties n'avaient pas pensé, à l'instar de l'obligation de sécurité[1643]. Un auteur n'hésite pas à qualifier ce phénomène de « *processualisation du contrat* »[1644]. D'autres se demandent si le juge est encore tenu de respecter la loi des parties[1645]. Les manifestations de cette intervention judiciaire dans le contrat sont impressionnantes[1646]. Parfois, le juge découvre un contrat à l'insu des parties. C'est ainsi que de nombreux arrêts reconnaissent l'existence d'un contrat en

---

[1638] L. CADIET, « *Une justice contractuelle, l'autre* », *in* Mélanges offerts à J. GHESTIN, *op.cit.*, p. 181.

[1639] *Ibid.* ; M. TROPER, « Fonction juridictionnelle ou pouvoir judiciaire ? », Revue Pouvoirs, n° 16, La justice, P.U.F., Paris, 1981, p. 18 ; R. DEMOGUE, Les notions fondamentales du droit privé, Essai critique, Paris, 1911, éd. La Mémoire du droit, 2001, p. 534.

[1640] R. DEMOGUE, Les notions fondamentales du droit privé, Essai critique, Paris, 1911, éd. La Mémoire du droit, 2001, p. 534 ; V° aussi dans le même sens : M. TROPER, art. préc., p. 18.

[1641] J. GHESTIN, « *La notion de contrat* », Droits, tome 12, 1990, p. 7 ; *Adde,* J. GHESTIN, « *La notion de contrat au regard de la diversité de ses éléments variables* », *in* La relativité du contrat, Travaux de l'association H. Capitant, Journées nationales, tome IV, Nantes 1999, L.G.D.J., p. 223 et s. ; R. DEMOGUE, Les notions fondamentales du droit privé, *op.cit.*, p. 534.

[1642] L. JOSSERAND, « *L'essor moderne du concept contractuel* », *in* Recueil d'Etudes en l'honneur de Monsieur F. Gény, t.2, Les sources générales des systèmes juridiques actuels, Sirey, 1935, p. 333, spéc. p. 346.

[1643] Parmi de nombreuses références : J. MESTRE et A. LAUDE, « *L'interprétation « active » du contrat par le juge* », *in* Le juge et l'exécution du contrat, P.U.A.M., 1993, p. 9, spéc. p. 18 et s. et les références citées par ces auteurs ; V° aussi L. JOSSERAND, « *L'essor moderne du concept contractuel* », art. préc., p. 333, spéc. p. 346.

[1644] L. CADIET, « *Les jeux du contrat et du procès* », *in* Philosophie du droit et droit économique, Quel dialogue ? *in* Mélanges en l'honneur de Monsieur G. FARJAT, éd. Frison-Roche, 1999, p. 23 et s., spéc., n° 32 et s., p. 41 et s. ; Cet auteur définit « *la processualisation du contrat comme l'intervention du juge dans la solution d'un litige contractuel* » (n° 32, p. 41) ; du même auteur : « *Une justice contractuelle, l'autre* », art. préc., spéc., n° 2 – Sur les principales manifestations de ce phénomène: J. GHESTIN, (sous la dir.), Traité de droit civil, Les obligations, Le contrat : Formation, L.G.D.J., *op.cit.*, n° 251 et s., p. 225 et s.

[1645] Ch. JAMIN, « *Révision et intangibilité du contrat ou la double philosophie de l'article 1134 du Code civil* », *in* Que reste-il de l'intangibilité du contrat ? Dr et patrimoine, 58/1998, p. 46 et s. ; L. LEVENEUR, « *Le forçage du contrat* », *in* Que reste-il de l'intangibilité du contrat ? Dr et patrimoine, 58/1998, p. 69 et s. ; *Adde*, J.-P. CHAZAL, « *De la signification du mot loi dans l'article 1134 alinéa 1er du Code civil* », R.T.D. civ. 2001, p. 265.

[1646] A. LAUDE, La reconnaissance par le juge de l'existence d'un contrat, P.U.A.M., 1992, préf. J. MESTRE.

matière d'assistance bénévole[1647]. Dans d'autres hypothèses, le juge impose même la formation d'un contrat aux parties. Les cas de conclusion forcé d'un contrat, comme en matière de promesse de contrat sont très significatifs[1648].

461. L'apparition de l'acte mineur est une manifestation de ce pouvoir large[1649]. Le recours à la fiction de volonté n'était en réalité qu'une « *masque* »[1650] ou encore un « *voile trompeur* »[1651] destiné à occulter le fait que c'est en vertu de l'action du juge que la conversion prenne naissance. Dès lors, au lieu de tenter de fonder la conversion sur une volonté inexistante, il convient d'avouer que la seule justification est tirée du désir d'asseoir une solution fondée sur des considérations objectives supérieures à la volonté des parties.

SECTION II. L'AFFIRMATION DES FONDEMENTS OBJECTIFS DE LA CONVERSION

462. L'observation révèle que les applications nombreuses de la conversion peuvent trouver leur justification dans la morale (**§1**) ou dans des considérations socio-économiques (**§2**).

§ 1. Le fondement moral de la conversion

463. L'analyse des solutions issues du droit positif démontre qu'un bon nombre de cas de conversion peuvent être rattachés à des valeurs morales, plus particulièrement à la bonne foi (**A**) et à l'équité (**B**).

A. La bonne foi au soutien de la conversion

464. La bonne foi est une notion universellement connue et admise tant par les droits internes que par le droit du commerce international. Pourtant, nul ne conteste l'idée selon laquelle la bonne foi est d'une appréhension « *malaisée* »[1652], car elle demeure une notion « *floue* »[1653], « *équivoque* »[1654] et « *à contenu variable* »[1655], rendant par voie de conséquence difficile l'adoption d'une définition unitaire et homogène de la bonne foi. La majorité

[1647] Pour l'exposé de cette jurisprudence, v. Ph. Le TOURNEAU et L. CADIET, Droit de la responsabilité et des contrats, Dalloz Action, 2000/2001, n° 1953.

[1648] A. LAUDE, La reconnaissance par le juge de l'existence d'un contrat, *op.cit.*

[1649] P. LIPINSKI, art. préc., n° 29, p. 1187.

[1650] G. WICKER, *op.cit.*, n° 6.1, p. 18.

[1651] *Ibid.*, n° 5, p. 16.

[1652] Y. LOUSSOUARN, « *La bonne foi, Rapport de synthèse* », *in* La bonne foi, Travaux de l'association Henri CAPITANT, p.7, spéc. p.9.

[1653] *Ibid.*

[1654] H. RAMPARANY-RAVOLOLOMIARANA, Le raisonnable en droit des contrats, L.G.D.J. 2009, n° 258, p. 359.

[1655] *Ibid.*

de la doctrine s'accorde, d'ailleurs, pour dire que la notion de bonne foi s'entend de deux acceptions différentes qu'il convient de ne pas confondre[1656].

465. La première acception a un aspect subjectif, la bonne foi est entendue comme un simple « *état psychologique* » : une croyance erronée et excusable, protégée comme telle (c'est la bonne foi) ou, par revers, la connaissance d'un fait (c'est la mauvaise foi)[1657]. La seconde acception, au contraire, a un aspect objectif[1658], la bonne foi traduit une exigence de comportement, une exigence de loyauté dans les actes juridiques qui correspond à la *« Treu und Glauben »* du droit allemand[1659]. Les normes objectives de comportement sont définies par le législateur ou à défaut par le juge, non par rapport à la psychologie d'un contractant, mais par référence aux « *bons et loyaux usages du commerce ou aux bonnes pratiques contractuelles* »[1660]. La bonne foi constitue-t-elle, dans cette acception, un concept ouvert et évolutif dont le contenu ne saurait être déterminé de manière précise par une définition stricte[1661]. Un auteur a, à juste titre, relevé

[1656] P. VAN OMMESLAGHE, « *Rapport général sur la bonne foi dans la formation des contrats* », *in* La bonne foi, Association Henri Capitant, tome XLIII, p.25.
V. aussi M. HAMMOUDA
محمد حمودة، "في الوفاء بالالتزام مع تمام الأمانة"، مقال منشور ضمن مجموعة دراسات مهداة للأستاذ ساسي بن حليمة، مركز النشر الجامعي، تونس
2005، ص 1050 و ما بعدها.

V. aussi M.-K. CHARFEDDINE
محمد كمال شرف الدين،" قراءة في المبادئ التأصيلية للقانون المدني"، مقال منشور ضمن مؤلف جماعي، مسائل في فقه القانون المدني المعاصر، منشورات مجمع الأطرش للكتاب المختص ، تونس، 2014، عدد 23 و ما بعدها، ص66 و ما بعدها.

[1657] V. en ce sens M. HAMMOUDA
محمد حمودة، "في الوفاء بالالتزام مع تمام الأمانة"، المقال السابق، ص 1047 و ما بعدها.
V. aussi en dr. comp. J. GHESTIN, Traité de droit civil, La formation du contrat, *op.cit.*, n° 264, p. 239. ; Y. PICOD, Le devoir de loyauté dans l'exécution du contrat, préf. G. COUTURIER, L.G.D.J., 1989, Bibl. dr. privé, tome 208, n° 6, p. 12 ; G. CORNU, Regards sur le titre III du livre III du Code civil, Cours de D.E.A., droit privé, Paris II, 1976-1977, n° 289, p. 214 ; A. BENABENT, « *Rapport français* », *in* La bonne foi, Association Henri Capitant, 1992, t. XLIII, p.291 ; P. VAN OMMESLAGHE, « *Rapport général sur la bonne foi dans la formation des contrats* », art. préc., p.25.

[1658] Cette acception n'exclut naturellement pas que l'on puisse avoir égard aux intentions de la partie en cause pour porter une appréciation sur son comportement : celui qui agit malicieusement ou dans l'intention de nuire ne peut être considéré comme adoptant un comportement de bonne foi en ce sens. L'article 242 du C.O.C., qui reproduit les termes de l'article 1134 alinéas 3 du Code civil français, utilise l'expression de bonne foi dans cette acception (P. VAN OMMESLAGHE, « *Rapport général sur la bonne foi dans la formation des contrats* », art. préc., p.25) ; *Adde* M. HAMMOUDA
محمد حمودة، "في الوفاء بالالتزام مع تمام الأمانة"، المقال السابق، ص 1047 و ما بعدها.

[1659] H. BEN SLIMA, Contribution à l'étude de l'article 243 du C.O.C., mémoire de D.E.A., F.D.S.P.T., 1986, pp.25-26 ;Y. PICOD, Le devoir de loyauté dans l'exécution du contrat, *op.cit.*, n° 6, p. 12.

[1660] J. GHESTIN, Traité de droit civil, La formation du contrat, *op.cit.*, n° 264, p. 239. ; G. CORNU, Regards sur le titre III du livre III du Code civil, Cours préc., n° 290, p. 214.

[1661] P. VAN OMMESLAGHE, « *Rapport général sur la bonne foi dans la formation des contrats* », art. préc., p.25.

que l'indétermination de la notion de bonne foi peut en faire le fondement général d'un « *devoir d'assistance, de collaboration, de coopération, d'aide mutuelle et, à la limite, d'amitié et de fraternité* »[1662].

466. Cette conception essentiellement morale de la bonne foi remonte à Domat[1663]. L'auteur conçoit la bonne foi comme une règle issue directement du Droit naturel et représentant des valeurs morales supérieure comme la « *fidélité* » et la « *sincérité* »[1664]. Cette conception de la bonne foi a perduré depuis, voire elle s'est accentuée[1665]. La preuve la plus convaincante en est certainement l'ouvrage du Doyen Ripert, « *la règle morale dans les obligations civiles, où il voit dans la bonne foi la pénétration de la morale dans le droit positif* »[1666]. Dans la continuité de cette remarque, les auteurs ont tenté de préciser les valeurs morales auxquelles renvoie la bonne foi, en utilisant parfois des termes non juridiques. Ainsi peut-on lire sous la plume de Volansky que la bonne foi est « *la fidélité aux engagements-et-la sincérité dans les paroles* »[1667]. La bonne foi est aussi fréquemment représentée par les termes « *honnêteté* »[1668] et « *franchise* »[1669].

467. La « *loyauté* » reste cependant le terme le plus couramment utilisé pour préciser plus concrètement le contenu de la notion de bonne foi[1670]. M. Picod propose de parler de « *loyauté* » du contractant lorsqu'il s'agit d'apprécier la conduite de l'une des parties, de rechercher si son comportement effectif a été loyal[1671]. C'est l'occasion pour lui de critiquer

---

[1662] G. CORNU, Regards sur le titre III du livre III du Code civil, Cours préc., p. 209.

[1663] Observons que cette conception morale de la bonne foi n'a pas manqué d'engendrer de la part de certains auteurs des critiques tenant à la confusion qu'elle entraîne entre le Droit et la morale. En ce sens Madame JALUZOT relève que l'attribution d'une connotation morale à la bonne foi « *condamna la portée de la règle pendant de nombreuses années. Le courant doctrinal anti-moraliste était* à son apogée à la fin du XIX e siècle et au début du XX e siècle. Toute morale devait être éliminée du droit » (B. JALUZOT, La bonne foi dans les contrats. Etude comparative des droits français, allemand et japonais, Nouvelle bibliothèque de thèses, Paris, Dalloz, 2001, n° 516, p. 144) ; A.S. COURDIER-CUISINIER, Le solidarisme contractuel, préf. E. LOQUIN, Litec, 2006, n° 473, p. 299).

[1664] Monsieur Domat a écrit que « *dans les engagements volontaires et mutuels, ceux qui traitent ensemble se doivent sincérité, pour se faire entendre réciproquement à quoi ils s'engagent, la fidélité pour l'exécuter (...)* »(Traité des loix, chapitre V, « *De quelques règles générales qui suivent les engagements ... », 5e règle, « sincérité et bonne foi dans les engagements volontaires et mutuels* »).

[1665] A.S. COURDIER-CUISINIER, Le solidarisme contractuel, *op.cit.*, n° 473, p. 299 ; *Adde*, L.GRYNBAUM, M. NICOD, Le solidarisme contractuel, Coll. Etudes juridiques, Economica, 2004.

[1666] 4e éd., Paris, L.G.D.J., 1949, n° 157.

[1667] Essai d'une définition expressive du droit basée sur l'idée de bonne foi, Paris, E. Duchemin, 1929, n° 76, p. 163.

[1668] A. BENABENT, Droit civil, Les obligations, coll. Domat droit privé, 12e éd., Paris, Montchrestien, 2010, n° 285.

[1669] J. GHESTIN, Traité du droit civil, La formation du contrat, *op.cit.*, n° 255, p. 231.

[1670] PICOD, Le devoir de loyauté dans l'exécution du contrat, *op.cit.*, n° 6, p. 13 ; cf. B. JALUZOT, La bonne foi dans les contrats, *op.cit.*, n°388, p.112. L'auteur préfère t-il utiliser les termes de « *loyauté et ses sœurs* » pour préciser le contenu de la bonne foi.

[1671] PICOD, Le devoir de loyauté dans l'exécution du contrat, *op.cit.*, n° 6, p. 13.

une utilisation courante du terme de bonne foi entendu au sens d'absence de mauvaise foi, c'est-à-dire, en définitive, d'absence de dol, de fraude et d'abus de droit[1672]. A cet égard, Mme JALUZOT conclut que la bonne foi est à la fois une norme de jugement en ce que le juge se fonde sur elle pour juger d'un comportement ; elle est aussi une norme de comportement, c'est-à-dire une règle de conduite qui s'impose aux parties[1673]. De sa part, le professeur Patrice Jourdain considère que « *la bonne foi apparaît comme (...) une norme morale de comportement appréciée in abstracto selon les bons usages de la vie en société* »[1674].

468. Le droit tunisien, à l'instar d'autres législations du système romano-germanique, adopte également une double définition de la notion de bonne foi[1675]. La bonne foi-croyance erronée est par exemple celle visée dans les articles 42, 44 et 305-2 du C.D.R[1676]. Quant à la bonne foi-loyauté, elle est inscrite dans l'article 243 du C.O.C., qui prévoit que « *tout engagement doit être exécuté de bonne foi...* »[1677]. La Cour de cassation affirme que la règle de l'article 243 du C.O.C. montre que le législateur consacre le principe de bonne foi aussi bien dans la formation que dans l'exécution des contrats[1678]. Il convient toutefois de relever que seule la bonne foi- loyauté sera l'objet exclusif de nos développements. Cette conception de la bonne foi semble fournir aux juges un fondement sérieux pour justifier de nombreux cas de conversion.

1672 *Ibid.*

1673 B. JALUZOT, La bonne foi dans les contrats. Etude comparative des droits français, allemand et japonais, *op.cit.*, n° 245, p. 68.

1674 P. JOURDAIN, « *Rapport français* », *in* La bonne foi, Trav. Ass. H. Capitant, t. XLIII, 1992, p. 121 ; *Adde* M. HAMMOUDA
محمد حمودة، في الوفاء بالالتزام مع تمام الأمانة، المقال السابق، ص 1051.

1675 H. BEN SLIMA, Contribution à l'étude de l'article 243 du C.O.C., mémoire préc., p. 21 et s. ; V. aussi M. HAMMOUDA
محمد حمودة،" في الوفاء بالالتزام مع تمام الأمانة"، المقال السابق، ص 1050.

1676 L'article 42 du C.D.R. dispose que : « Le possesseur de bonne foi fait les fruits siens, et il n'est tenu de restituer que ceux qui existent encore au moment où il est assigné en restitution de la chose, et ceux qu'il a perçus depuis ce moment… ». L'article 44 dispose que :« Le possesseur de mauvaise foi est tenu de restituer avec la chose, tous les fruits naturels et civils qu'il a perçus ou qu'il aurait pu percevoir, s'il avait administré d'une manière normale depuis le moment où la chose lui est parvenue, il n'a droit qu'au remboursement des dépenses nécessaires à la conservation de la chose et à la perception des fruits. Les frais de restitution de la chose sont à sa charge. ». L'article 305 alinéa 2 prévoit que : « L'annulation d'une inscription ne peut être opposable aux tiers acquéreurs de droits sur l'immeuble de bonne foi et en vertu des inscriptions portées sur le livre ».
V. en ce sens Karim BOULAABI
كريم بولعابي، حسن النية في المادة التعاقدية، منشورات مجمع الأطرش للكتاب المختص، 2015، عدد 279 و ما بعدها، ص 192 و ما بعدها.

1677 V. en ce sens M. HAMMOUDA
محمد حمودة، "في الوفاء بالالتزام مع تمام الأمانة"، المقال السابق، ص 1051.

1678 V. en ce sens: Cass. civ. n° 31607, du 20 juin 1994, B.C.C. 1994, p. 456.
" حيث يؤخذ من الفصل 243 من م.ا.ع. أن المشرع يقر مبدأ حسن النية في إنشاء العقود و تنفيذها...".

469. Il ne faut pas cependant en déduire que la bonne foi-croyance serait complètement écartée comme justification de la conversion. On doit relever seulement qu'une simple croyance dans l'esprit des contractants ne peut justifier, seule, la conversion. On pense que pour être admise, la conversion doit prendre acte d'une base matérielle suffisante, qu'une simple croyance dans l'esprit des intéressés[1679]. Pour illustrer nos propos, on prend l'exemple caractéristique de la conversion d'une société nulle en une société de fait[1680]. On peut observer sans difficulté que cette hypothèse de conversion repose sur deux éléments. Un élément subjectif, d'abord, consistant dans la croyance des tiers à l'existence de la société. Mais ce n'est pas l'élément essentiel. Cette conversion est fondée avant tout sur une base d'ordre objectif, qui est l'existence matérielle de la société, laquelle s'impose à tout le monde à raison de l'apparence de validité qu'elle revêt avant le prononcé de son annulation[1681].

470. Quant à la bonne foi-loyauté, on pense que le juge peut y faire recours pour sanctionner les comportements déloyaux et malhonnêtes pendant la formation ou encore l'exécution du contrat. Il en est ainsi notamment lorsque l'acte majeur est nul pour vice de consentement, par exemple[1682]. La conversion permet de sanctionner mieux que la nullité peut-être, le contractant qui a induit son contractant en erreur ou a eu recours à des manœuvres dolosives pour provoquer la conclusion d'un contrat à des conditions avantageuses. Le juge peut y faire recours également pour sanctionner le contractant qui invoque de mauvaise foi une irrégularité de forme pour se libérer d'un engagement qu'il regrette d'avoir pris. Un tel comportement constitue sans doute le signe de déloyauté. En procédant à la conversion du contrat, le juge sanctionne la mauvaise foi contractuelle d'autant mieux qu'il oblige la partie qui s'est livrée à la rédaction de l'acte, à persister dans le lien contractuel dans des conditions excluant tout profit pour elle.

471. La sanction de la mauvaise foi contractuelle consisterait alors à prolonger le lien contractuel menacé d'anéantissement[1683]. Le respect dû au lien contractuel et les exigences de la bonne foi interdisent à une partie de prendre prétexte du moindre écart de son partenaire pour se dérober à ses propres engagements. Cette sanction doit normalement amener le contractant de faire preuve de bonne foi lorsqu'il agit en annulation[1684]. La conversion semble fournir outre un instrument de police des mouvais comportement, un

---

[1679] J. PIEDELIEVRE, th. préc., p. 229.
[1680] *Ibid.*
[1681] *Ibid.*, p. 229 ; V. sur l'apparence en matière de lettre de change, Kh.KHARROUBI, *« La théorie de l'apparence en matière de lettre de change »*, R.J.L. juin 2000, p. 9.
[1682] P. LIPINSKI, art. préc., n° 12, p. 1174.
[1683] V. en ce sens : M. HAMMOUDA
محمد حمودة، "في الوفاء بالالتزام مع تمام الأمانة"، المقال السابق، ص 1097.
[1684] C. RIGALLE-DUMETZ, La résolution partielle du contrat, *op.cit.*, n° 107, p. 63.

instrument d'incitation aux comportements vertueux des parties[1685]. Par ailleurs, le manque de coopération qui se manifeste par l'invocation de la nullité d'un acte qui a pour objet la protection de l'autre partie sera sanctionné par le recours à l'exigence de bonne foi[1686]. La solution contraire favorise la mauvaise foi de celui qui ne craint pas de profiter d'une irrégularité futile pour manquer à son engagement[1687].

472. Par ailleurs, compte tenu de l'expansion de la notion de bonne foi et de son succès en matière contractuelle, il est plus facile aujourd'hui d'énoncer que la conversion comme sanction d'un comportement incohérent peut être fondée sur la bonne foi-loyauté[1688]. Le rattachement de l'exigence de cohérence à la morale et à la loyauté a été l'œuvre de plusieurs auteurs. On peut citer dans ce sens Mme BEHAR-TOUCHAIS qui voit dans l'exigence de cohérence une facette du devoir de bonne foi[1689]. On peut aussi citer dans le même sens, M. Mazeaud pour qui : « *au non de cet altruisme contractuel, fruit de l'épanouissement de la notion de bonne foi dans le droit contemporain des contrats, les contractants sont ainsi soumis à un certain civisme qui se traduit par quelques devoirs au rang desquels on doit notamment mentionner l'exigence de cohérence* »[1690]. La jurisprudence française s'appuie d'ailleurs sur l'article 1134 al. 3 du Code civil français lorsqu'il s'agit de sanctionner un comportement incohérent[1691].

473. Ceci-dit, cette conception moralisatrice de la bonne foi a été condamnée par certains auteurs voulant attribuer à la notion un sens plutôt économique[1692]. On peut citer dans ce sens M. Picod qui a affirmé avec netteté « *(qu') aujourd'hui plus que jamais, exécuter loyalement, c'est exécuter en recherchant la plus grande efficacité possible pour son contractant, en lui procurant le plus haut degré de satisfaction, au-delà des stipulations contractuelles* »[1693]. On peut penser que la conversion pousse très loin cette exigence de coopération dans la mesure où elle impose à un contractant de respecter une « *figure juridique nouvelle pour répondre aux*

[1685] D. KRAJESKI, « *Les outils jurisprudentiels de la moralisation* », *in* Libre droit, Mélanges en l'honneur de Ph. Le TOURNEAU, Dalloz, 2008, p. 563 et s.

[1686] V. en ce sens : M. HAMMOUDA
محمد حمودة، "في الوفاء بالالتزام مع تمام الأمانة"، المقال السابق، ص 1083.

[1687] J. PIEDELIEVRE, th. préc., p. 79.

[1688] V. *supra* n°s 190 et s.

[1689] M. BEHAR-TOUCHAIS, « *Les autres moyens d'appréhender les contradictions illégitimes en droit des contrats* », *in* L'interdiction de se contredire au détriment d'autrui, Actes du colloque organisé par le Centre de Droit des affaires et de gestion (CEDAG) de l'Université de Paris V, le 13 janvier 2000, sous la direction de M. BEHAR-TOUCHAIS, Economica 2001, p. 95.

[1690] D. MAZEAUD, obs. sous Cass. com. 20 janvier 1998, D. 1999, somm. P. 114 ; D. MAZEAUD, obs. sous Cass. 8 mars 2005, R.D.C. 2005, p. 1015.

[1691] V. par exemple : Cass. com., 7 décembre 1993, R.T.D. civ. 1994, p. 856.

[1692] H. RAMPARANY-RAVOLOLOMIARANA, *op.cit.*, n° 265, p. 371 ; E. MACKAAY, S. ROUSSEAU, Analyse économique du droit, 2e éd., Dalloz 2008, n° 1362, p. 380.

[1693] Y. PICOD, Le devoir de loyauté dans l'exécution du contrat, Bibl. dr. pr., tome 208, Paris, L.G.D.J. 1989, n° 83, p. 97.

attentes légitimes de son partenaire, quand bien même sa volonté ne s'est pas dirigée vers elle. La bonne foi est certainement opposée à ce que le juge permette à une partie d'échapper aux obligations nées indépendamment d'elles, sous le prétexte futile que le moyen juridique n'est pas ce qu'elle croyait »[1694]. Il ne faut pas en effet ignorer que le contrat « *n'a pas pour objet la perfectibilité de l'être humain laquelle relève de la morale* »[1695]. Il est avant tout un instrument d'échange de biens et de service. Il constitue par voie de conséquence le lieu où se rencontre l'espoir et la confiance réciproque entre les parties dans la mesure où chacune espère obtenir de l'autre la satisfaction de ses besoins[1696]

474. La conversion traduit la mutation des postulats sur lesquels repose l'appréhension de la réalité contractuelle en droit positif. Le contrat qui était traditionnellement présenté comme le siège d'une lutte d'intérêts[1697], devient comme l'a déjà souligné à juste titre M. J. Mestre un « *instrument juridique d'une collaboration entre partenaires* »[1698]. Cette nouvelle conception du contrat, avait été développée par Demogue dès le début du XXe siècle. L'auteur écrivait que le contrat serait non le résultat d'une tension entre des intérêts antagonistes, mais « *une sorte de microcosme* »[1699], « *une petite société où chacun doit travailler dans un but commun qui est la somme des buts individuels poursuivis par les contractants, absolument comme dans la société civile et commerciale* »[1700]. Cette conception du contrat s'est développée depuis, voire elle s'est accentuée. Une grande partie de la doctrine contemporaine considère effectivement que le contrat « *devient un haut lieu de sociabilité et d'amitié où chacune des parties tache de rendre toute justice à l'autre* »[1701]. Le contrat est un « *instrument de solidarité où l'échange des services doit l'emporter sur l'opposition des intérêts* »[1702]. « *Loyauté, solidarité, fraternité* », telle serait la « *nouvelle devise contractuelle* »[1703].

[1694] X. PERRIN, th. préc., n° 85, p. 131.

[1695] F. TERRE, Ph. SIMLER, Y. LEQUETTE, Droit civil, Les obligations, *op.cit.*, n° 42, p. 47.

[1696] V. en ce sens : M. HAMMOUDA
محمد حمودة، "في الوفاء بالالتزام مع تمام الأمانة"، المقال السابق، ص 1073.

[1697] J. CARBONNIER, Flexible droit, *op.cit.*, p. 307 et s. ; G. ROUHETTE, Contribution à l'étude critique de la notion de contrat, th. préc., n° 95, p. 356 ; M. CHAGNY, « La confiance dans les relations d'affaires », *in* La confiance en droit privé des contrats, Dalloz 2008, p. 35 et s.

[1698] J. MESTRE, « *D'une exigence de bonne foi à un esprit de collaboration* », R.T.D. civ. 1986, p. 101

[1699] R. DEMOGUE, Traité des obligations en général, t. 6, Paris, 1932, p.9.

[1700] *Ibid.*

[1701] Ph. LE TOURNEAU, Encycl. Dalloz droit civil, V. Bonne foi, p. 603.

[1702] Ch. JAMIN, « *Quelle nouvelle crise du contrat* ? », *in* La nouvelle crise du contrat, 2003, p. 13.

[1703] D. MAZEAUD, « *Loyauté, solidarité, fraternité : la nouvelle devise contractuelle* ? » *in* L'avenir du droit, Mélanges F. TERRE, Dalloz, P.U.F., 1999, p.603 ; « *Solidarisme contractuel et réalisation du contrat* », in Le solidarisme contractuel, 2004, p. 57 ; « Le

La conversion contribue ainsi « *à la moralisation du droit* »[1704]. L'illustre encore les cas de conversion fondés sur l'idée d'équité.

B. L'équité au soutien de la conversion

475. Se persuader que l'équité constitue un fondement de la conversion suppose logiquement de commencer par la définir, ce qui n'est pas sans présenter un certain nombre de difficultés[1705]. L'équité en tant que concept « *flou* »[1706], « *fuyant* »[1707], entouré de « *mystères, d'incertitudes et d'embarras* »[1708], apparaît comme une notion délicate à définir. La preuve la plus convaincante en est le nombre important de définitions que la doctrine a énoncé et énonce toujours concernant la notion de l'équité[1709]. La confusion de divers termes, entre équité, justice et égalité notamment, complexifie toute approche théorique. La doctrine contemporaine, pour appréhender l'équité, a proposé une approche fonctionnelle de la notion. La majorité des auteurs relèvent que deux fonctions de l'équité semblent pouvoir être distinguées. La première fonction, correctrice ou modératrice, permet de tempérer et de corriger la rigueur non seulement du droit légiféré, mais aussi,

---

nouvel ordre contractuel », R.D.C. 2003, p. 295 ; *Adde* Y. LEQUETTE, « *Bilan des solidarismes contractuels* », *in* Mélanges offerts à P. DIDIER, Economica 2008, p. 247 et s. ; Ch. JAMIN, « *Révision et intangibilité du contrat ou la double philosophie de l'article 1134 du Code civil* », Droit et patrimoine, mars 1998, n° 58, p. 46 ; « « *Plaidoyer pour le solidarisme contractuel* », *in* Mélanges J. GHESTIN, 2001, p. 441.

1704 A. COURET, art. préc., n°14, p. 228.

1705 Parmi une littérature abondante sur l'équité, v. not. S. MELLOULI, « *Le juge et l'équité, Réflexions sur le recours à l'équité par le juge en droit privé interne* », R.T.D. 1987, p. 507 ; H. de Page, A propos du gouvernement des juges, l'équité en face du droit, Sirey, 1931 ; A. DESSENS, Essai sur la notion d'équité, th. Toulouse, 1934 ; Ch. ALBIGES, De l'équité en droit privé, préf. R. CABRILLAC, Bibl. dr. pr., tome 329, L.G.D.J., 2000 ; M. MIGNOT, « *De la solidarité en général et du solidarisme contractuel en particulier ou le solidarisme a-t-il un rapport avec la solidarité* ? », R.R.J. 2004, n°4, p. 2153 ; Ph. JESTAZ, « *L'équité* », Rep. Civ. Dalloz ; A. TUNK, *Encyclopedia Universalis*, tome 8, Paris, 1995, v° « *Equité* » ; G. BOYER, « *La notion d'équité et son rôle dans la jurisprudence des parlements* », *in* Mélanges Maury, tome II, p. 257 ; R. DAVID, « *La doctrine, la raison, l'équité* », R.R.J. 1986-1, p. 109 et s. ; P. KAYSER, « *L'équité modératrice et créatrice de règles juridiques en droit français* », R.R.J. 1999-1, p. 13.

1706 Ch. ALBIGES, De l'équité en droit privé, préf. R. CABRILLAC, Bibliothèque de droit privé, Tome 329, L.G.D.J., 2000, n° 60, p.36.

1707 A . TUNK, « *Aux frontières du droit et du non-droit, l'équité* », *in* L'hypothèse du non-droit, XXXe séminaire organisé à liège les 21 et 22 octobre 1977, Liège 1978, p. 282.

1708 M. S. ZAKI, « *Définir l'équité* », A.P.D. 1990, tome 35, n°5, p. 87.

1709 Voir les définitions proposées par le Vocabulaire juridique de l'Association Henri Capitant, publié sous la direction du Doyen Gérard Cornu qui en retient cinq sens différents du mot. Dans un premier sens, l'équité est la justice fondée sur l'égalité, devoir de rendre à chacun le sien. Dans un deuxième sens, l'équité est la justice du cas particulier ; effort pour rétablir l'égalité en traitant inégalement des choses inégales. Dans le troisième sens, l'équité apporte une atténuation, une modification au droit, à la loi, en considération de circonstances particulière. L'équité constitue aussi une manière de résoudre les litiges hors des règles du droit, selon des critères tels que la raison, l'utilité, l'amour de la paix, la morale. Enfin, l'équité est une justice supérieure au droit positif, justice idéale.

à titre exceptionnel, de certains contrats[1710]. La seconde, supplétive ou créatrice, autorise le juge à suppléer l'absence - ou l'imprécision - d'une règle juridique ou d'un contrat pour un cas particulier[1711]. On n'en retiendra ici que l'équité prise dans sa fonction correctrice parce que c'est elle qui intéresse lorsque l'on envisage le problème du fondement de la conversion. Aussi faut-il approfondir l'analyse de cette fonction de l'équité pour mieux mettre en évidence le fondement qu'elle constitue à la conversion.

476. La fonction correctrice de l'équité correspond à l'approche retenue initialement par Aristote. Le philosophe grec relevait en effet que toute référence à l'équité a pour objet « *précisément de redresser la loi où elle se trompe* »[1712]. Cette approche a été développée ultérieurement par les auteurs contemporains. M. Agostini relève que « *l'équité a pour but d'humaniser le juste juridique en complétant ou modérant ce que l'application stricte des règles de droit aurait d'insuffisant ou de trop dur* »[1713]. En humanisant le juste juridique, l'équité correctrice s'efforce pour reprendre une belle formule de M. F. Terré, de « *réduire l'écart pouvant exister entre la justice et le droit* »[1714]. Dans le même ordre d'idées, S. ZAKI ajoute que l'équité corrige les lois comme les lois corrigent les hommes[1715].

477. L'équité correctrice représente un outil mis à la disposition du juge pour mettre en œuvre la conversion. Mais, encore faut-il préciser que le juge ne peut faire recours à l'équité pour justifier sa décision, qu'après avoir constaté d'abord que le raisonnement syllogistique qui repose sur une déduction formelle pure peut le conduire à la prise d'une décision inique, absurde et inadaptée[1716]. La dernière étape consiste dès lors pour le juge à réfléchir sur la sanction la plus opportune à la situation et qui consistera parfois dans la conversion. C'est seulement à ce stade d'individualisation de la sanction qu'il cherche une justification à son intervention dans l'équité. Une analyse des différentes étapes que doit suivre le juge lorsqu'il procède à la conversion, nous permettra de démontrer aisément cette assertion. La démonstration prendra appui sur l'hypothèse dans laquelle le juge écarte la nullité du contrat alors demandée par les justiciables pour appliquer la conversion, jugée plus équitable.

[1710] V. en ce sens : S. MELLOULI, « *Le juge et l'équité, Réflexions sur le recours à l'équité par le juge en droit privé interne* », art. préc., p. 507.

[1711] H. LECUYER, La théorie générale des obligations dans le droit patrimonial de la famille, th. Paris II, 1993, n° 448, p. 599 ; Ph. JESTAZ, « *L'équité* », Rep. Civ. Dalloz, V° « *Equité* » ; L. CADIET, « L'équité dans l'office du juge », *in* Justice et équité, Justices, n° 9, janvier-mars 1998, p. 87 et s. ; D. BAKOUCHE, L'excès en droit civil, *op.cit.*, n°335, pp.300 et 301.

[1712] ARISTOTE, Ethique à Nicomaque, Paris, Librairie générale française, 1992, Livre V, Chap. 10 §6, p. 230-231.

[1713] E. AGOSTINI, « *L'équité* », D. 1978, Chron. n° 1, p. 7.

[1714] F. TERRE, Introduction générale au droit, 10e éd., Dalloz 2015, n° 13.

[1715] M. S. ZAKI, « *Définir l'équité* », A.P.D. 1990, tome 35, n°1, p. 87.

[1716] Ch. PERELMAN, Logique juridique, Nouvelle rhétorique, Paris, Dalloz, coll. Méthodes du droit, 2 e éd., 1979, n° 90, p. 166.

478. Le raisonnement du juge saisi d'une action en nullité peut être décomposé en trois temps. Le juge doit rechercher, dans un premier temps, si l'acte juridique qui lui est soumis contredit les exigences de la loi. S'il en est ainsi, il devra ensuite prononcer la sanction résultant de cette violation[1717]. Lorsque la nullité est prononcée, la stricte logique juridique voudrait que le contrat soit privé de tout effet dans l'avenir suivant l'adage, ce qui est nul ne produit aucun effet : *Quod nullum est nullum producit effectum*[1718]. Mais puisque la cause de nullité existe *ab initio,* il est parfaitement logique aussi que le contrat soit rétroactivement anéanti depuis sa formation[1719]. La rétroactivité de la nullité conduit à placer les parties dans l'état où elles étaient avant la conclusion du contrat. Chacune d'elles doit restituer ce qu'elle a reçu de l'autre. Ainsi, lorsqu'un contrat de vente est frappé de nullité, le vendeur doit reverser le prix perçu et retrouver la chose vendue, dont il n'a jamais être cessé d'être propriétaire.

479. Reste que, l'application de la logique de la nullité dans toute sa rigueur risque de conduire parfois à des solutions injustes, inadéquates et inéquitables, notamment lorsque l'acte initial est nul pour vice de forme. En effet, c'est surtout en matière de vices de forme que la nullité peut froisser le sentiment de l'équité[1720]. La sanction la plus opportune consiste parfois dans la conversion. La conversion d'un acte authentique nul en un acte sous seing privé en est l'illustration la plus saillante. Le motif de cette disposition est facile à apercevoir : On faisant recours à la forme authentique les contractants veulent se constituer la preuve littérale la plus énergique[1721]. Mais, si cet acte authentique est nul des inconvénients nombreux vont découler. La convention ne peut produire ses effets. Elle risque de rester lettre morte. Il est donc équitable et conforme à la volonté des contractants de leur réserver, autant que possible, une preuve de leur convention, cette preuve fut-elle moins énergique que celle à laquelle ils avaient primitivement pensé[1722].

480. Le recours à la conversion laisse plus généralement entrevoir l'idée selon laquelle le juge ne doit pas se contenter d'une simple déduction logique à partir des textes légaux. La généralité de la loi représente, certes, une garantie contre « *la loi du juge* »[1723] imprévisible et source d'arbitraire. Mais parfois l'application de la règle de droit, juste dans la majorité des cas, risque de conduire à des solutions injustes ou inadéquates dans des situations

---

[1717] O. GOUT, *op.cit.*, n° 493, p. 339.

[1718] H. ROLAND et L. BOYER, Adages du droit français, 4e éd., Litec 1999, p. 758.

[1719] R. JAMBU- MERLIN, « *Essai sur la rétroactivité dans les actes juridiques* », R.T.D.civ., 1948, n° 28, p.297 ; G. WICKER, *op.cit.*, n° 297, p. 279 ; Ch. LARROUMET, Les obligations, *op.cit.*, n° 570 ; L. AMIEL-COSME, « *L'efficience des nullités* », Dr. et patrimoine 2000, n° 83, p. 98 et s.

[1720] O. CORNAZ, th. préc., p.120.

[1721] J. PIEDELIEVRE, th. préc., p.69.

[1722] *Ibid.*

[1723] J.-L. BERGEL, « *La loi du juge, Dialogue ou duel* ? », Etudes offertes à P. KAYSER, tome 1, Aix-en-Provence, P.U.A.M., 1979, p.21 et s.

exceptionnelles[1724]. Le juge doit individualiser la sanction en prenant en considération la situation des parties et le contexte dans lequel se développe le contrat afin que la sanction qu'il rend ne soit pas targuée d'injuste, d'inéquitable ou d'inadaptée[1725]. Une application sèche de la loi sans individualisation de la sanction et sans prise en considération de la casuistique risque d'aboutir à une solution trop brutale par rapport aux circonstances présentes et les intérêts qui sont en jeu[1726]. Le droit, en effet, n'est pas uniquement une science, il est également un art, un art de légiférer, un art d'interpréter, mais aussi et surtout un art de juger.

§ 2. Le fondement socio-économique de la conversion

481 Pour surmonter le délicat problème du fondement de la conversion, les auteurs louent le réalisme, l'utilité technique de ce mécanisme. Admettre ce point de vue revient à considérer que la justification de certains cas de conversion réside dans des considérations d'ordre social (**A**), voire économique (**B**).

A. Le fondement social de la conversion

482. La doctrine classique conçoit le contrat comme un monde fermé ne concernant que ses seules parties[1727]. Cette conception individualiste de l'acte juridique était critiquée par les thèses à tendance sociale. Les partisans de ces thèses insistent sur le fait que le contrat n'intéresse pas uniquement ceux qui ont été parties[1728]. Il est aussi utile pour les tiers et la société en général[1729]. Les analyses doctrinales qui envisagent tout la volonté comme le fondement unique du droit reposent, comme on l'a déjà relevé, sur une fiction. La fiction, dit. X. Perrin, consiste à rattacher tout à la volonté des parties sans pour autant prendre en considération ce qui revient à la société dans la formation de l'acte juridique[1730]. Le même auteur ajoute qu' « *il semble, pourtant, que l'on pourrait se passer de ce moyen de raisonnement. En effet, il a le tort de faire du droit un phénomène individuel, alors que par essence c'est un phénomène social ; l'homme n'a de droits que par rapport à la société : s'il était seul, le problème juridique ne se poserait pas. Il est facile de bannir la fiction, en donnant à cet élément société un rôle non plus large, car les baux raisonnements ne changent rien à ce qui est, mais plus conforme à la réalité. Dire que les individus ont prévu les conséquences*

[1724] S. MELLOULI, « *Le juge et l'équité…* », art. préc., pp. 508-509.

[1725] K. DE LA ASUNCION PLANES, La réfaction du contrat, préf. Y. PICOD, Bibliothèque de droit privé, t. 476, Paris, L.G.D.J. 2006, n° 357, p. 223.

[1726] *Ibid.*, n° 362, p. 227.

[1727] C. THIBIERGE-GUELFUCCI, *op.cit..*, p. 369.

[1728] H. BATIFOLL, « *La crise du contrat et sa portée* », A.P.D. 1968, t. 13, p. 19.

[1729] J. GHESTIN, « *L'utile et le juste dans les contrats* », D. 1982, Chron., p. 5.

[1730] X. PERRIN, th. préc., n°77, p.107 et s.

juridiques les plus diverses, et les ont voulues, c'est la fiction ; dire que la société prend texte d'une situation donnée, d'un acte accompli, pour leur imposer ces conséquences, voilà la réalité »[1731].

483. L'idée de prendre en compte l'élément social aussi bien dans la formation que dans l'exécution de l'acte juridique[1732], avait déjà fait son chemin dans l'esprit de certains auteurs allemands du début du XXe siècle[1733]. L'exemple souvent cité par ces auteurs pour illustrer cette idée est celui du jet de la pierre le suivant : « *quand on jette une pierre, en visant un but direct -par exemple frapper un chien- il se produit une série de conséquences d'ordre balistique et physique ; la résistance de l'air, due à l'état de l'atmosphère, la pesanteur, la force de projection, etc., déterminants des effets qui n'ont pas été voulus : le jet de la pierre en a été l'occasion, mais la cause en est plutôt l'ambiance, et il est faux de les imputer à l'auteur du jet. De même dans la société, l'accord formé est l'occasion de nombreux effets dus à l'état social dans lequel cet accord se forme, et il est faux de déclarer que les contractants les ont voulu* »[1734].

484. L'importance de l'élément social peut aujourd'hui expliquer l'intervention de plus en plus croissante du législateur et du juge pour réglementer le contenu du contrat en imposant certaines clauses ou en interdisant d'autres, le plus souvent au non d'une justice sociale. La société, pour vivre, ne peut attendre que les parties aient réglé elles-mêmes les conséquences de leurs actes. C'est ce qui explique d'une part, l'intervention du législateur par des lois d'ordre public pour accorder à une catégorie de personnes en raison de leur situation de faiblesse des mesures protectrices. Le contrat qui contrevient à ces dispositions d'ordre public doit être déclaré nul parce qu'il met en échec les objectifs du législateur. C'est ce qui explique d'autre part l'interventionnisme du juge pour tempérer la rigueur de certaines clauses contractuelles en accordant par exemple au débiteur un terme de grâce. « *La finalité ultime de l'acte de juger consiste à corriger les injustices et à favoriser la paix sociale* »[1735]. L'office des juges s'est transformé suivant les époques. Il consiste aujourd'hui à pacifier les relations contractuelles[1736] perturbées par un événement interne, à réguler le conflit dans le but d'éviter la rupture des relations, situation dont les conséquences pourraient être dramatiques en présence de contrats successifs ou de longue durée.

485. L'utilité sociale de l'acte juridique peut constituer une explication permettant au juge de fonder sa décision dans bon nombre de cas de conversion, sans pour autant s'appuyer sur une interprétation fictive ou

[1731] *Ibid.*, n° 77, p.108.
[1732] *Ibid.*, n° 81, p.116 et s.
[1733] G. DEREUX, th. préc., p. 326 et s.
[1734] X. PERRIN, th. préc., n° 81, p.119.
[1735] N. DION, « *Le juge et le désir du juste* », D. 1999, Chron., p.195.
[1736] J. NORMAND, L'office du juge et la contestation, L.G.D.J., 1965, n° 20 et s., p. 18, cité par K. DE LA ASUNCION PLANES, La réfaction du contrat, *op.cit.*, p. 238, note 1055.

divinatoire de la volonté des parties[1737]. La conversion légale d'un contrat paritaire nul en un contrat de louage d'ouvrage, prévue par l'article 1371 du C.O.C illustre parfaitement nos propos. Ce texte dispose que « *le colonat paritaire est nul comme tel : a) lorsque la part du colon est établie d'avance en une quantité déterminée de produits, fixée à un certain nombre ou à tant de mesures ; b) lorsque la rétribution du colon ne consiste pas en une part des produits ou de la récolte* ».

486. Le même article ajoute toutefois dans son aliéna deuxième que « *dans ces deux cas, on appliquera les règles du louage d'ouvrage* ». A rappeler que selon les termes de l'article 835 du C.O.C. relatif au contrat de louage d'ouvrage on « *peut promettre comme prix de louage une part déterminée dans les gains ou des produits, ou bien une remise proportionnelle sur les opérations faites par le commettant d'ouvrage* ». Le motif de cette disposition est facile à apercevoir. Le législateur a voulu protéger le colon chargé de travailler la terre face au propriétaire. En d'autres termes, il a voulu préserver les intérêts de la partie faible dans le contrat face à une partie économiquement forte.

487. Le même fondement peut aussi inciter le juge à convertir un contrat de travail perpétuel en un contrat à durée indéterminée[1738]. La nullité relative qui est normalement la sanction naturelle de la violation des règles protectrice de la partie faible n'est pas forcément juste en toute espèce. Tout au contraire, dans certains cas particuliers, admettre la nullité parvient à la solution injuste d'anéantir le contrat de travail et de priver par voie de conséquence le salarié de son emploi. Les effets de la nullité ne sont pas donc forcément à l'avantage de la partie faible et il est souvent préférable de maintenir la relation contractuelle[1739].

488. La conversion constitue sans nul doute l'un des outils auquel le juge peut mettre en œuvre là où la nullité de l'acte serait un remède dont la rigueur se retournerait contre la partie protégée[1740]. La conversion participe encore une fois à purger l'acte contraire à l'ordre public des injustices qu'il contient, tout en lui permettant de produire son effet. Conforme au fondement de justice, une telle solution éviterait les inconvénients relevés à l'égard de la destruction de contrats dont dépendent fortement l'une des parties[1741].

[1737] Pour une définition du contrat de colonat paritaire, V. *supra* n° 187.

[1738] V. supra n° 176 ; *Adde* K. DE LA ASUNCION PLANES, La réfaction du contrat, *op.cit.*, n° 551, p. 338.

[1739] V. *infra* n° 667.

[1740] M. FONTAINE, « *La protection de la partie faible dans les rapports contractuels (rapport de synthèse)* », *in* La protection de la partie faible dans les rapports contractuels, Comparaison franco-belge, Ouvrage collectif sous la dir. de J. GHESTIN et M. FONTAINE, Bibl. dr. pr., tome 261, L.G.D.J. 1996, n° 36, p. 640.

[1741] G. CHANTEPIE, La lésion, préf. G. VINEY, Bibliothèque de droit privé, tome 467, L.G.D.J. 2006, n° 578, p. 374.

489. La volonté de protéger les tiers qui ont cru à la validité de l'acte initial peut également fournir un autre fondement à la conversion[1742]. C'est en ce sens que l'on peut considérer que la conversion d'une société nulle en une société de fait s'explique par le désir de protéger les tiers qui se sont fiés à la régularité apparente de la société[1743]. Leur croyance était d'autant plus forte que le législateur avait facilité leur information en imposant la publication des statuts au greffe du tribunal de son siège social[1744]. Cette publicité est source d'apparence et autorisait les tiers à tenir la société pour existante et régulière. Tout l'intérêt de la théorie de la société de fait est de lutter contre les effets pervers de la nullité et de poser en matière de sociétés une règle différente consistant à admettre que la nullité ne met fin à la société que pour l'avenir[1745]. La paralysie de l'effet rétroactif de la nullité permet sans nul doute de protéger les tiers abusés de l'existence apparente de la société.

490. Le même fondement, la protection des tiers de bonne foi, pourrait également expliquer les cas de conversion survenant pour cause de dissolution de la société. La dissolution est en effet une mesure grave qui doit, en conséquence, être prononcée le plus rarement possible pour préserver les intérêts des tiers de bonne foi qui ont contracté avec la société. La dissolution est aussi un échec social puisque la dissolution de la société commerciale entraîne des licenciements massifs des salariés ayant pour effet d'augmenter le chômage dans un secteur d'activité. « *Protéger les intérêts des tiers est d'ailleurs conforme à l'intérêt de la société faute de sécurité suffisante personne ne consentirait de traiter avec elle, l'entreprise ne trouvait ni banquier, ni fournisseur, ni client et ne pourrait par conséquent fonctionner* »[1746].

Souhaitable d'un point de vue social, la conversion est économiquement préférable à l'anéantissement de l'acte, source d'insécurité dans la vie des affaires.

B. Le fondement économique de la conversion

491. La protection du lien contractuel par le jeu de la conversion répond certainement à un besoin d'utilité économique, que celle-ci soit particulière ou micro-économique (**1**), ou encore collective ou macro-économique (**2**).

[1742] Ch. PAGNON, « *L'apparence face à la réalité économique et sociale* », D. 1982, Chron., p. 286.

[1743] S. BAHI, Les société de fait, mémoire pour le diplôme d'études approfondies en droit privé général, Faculté de droit et des sciences politiques de Tunis, 1989-1990, p. 35 et s. ; R. AGNES, Théorie générale de l'apparence en droit privé, th., Paris II, 2001, n° 1770, p. 958.

[1744] Les articles 14 et s. du C.S.C.

[1745] L'article 1844-15 alinéa 1er du C.C.F. consacre formellement cette théorie en prévoyant que : « *Lorsque la nullité de la société est prononcée, elle met fin, sans rétroactivité, à l'exécution du contrat* ».

[1746] J. CALAY-AULOY (sous la dir.), « *La protection des tiers dans le droit des sociétés* », R.T.D.com. 1971, p. 29.

1) La valeur micro-économique de la conversion

492. La conversion présente des avantages indéniables dans la mesure où elle contribue à la maximisation des utilités individuelles, d'une part (**a**) et à la minimisation des coûts des transactions, d'autre part (**b**).

a. La conversion, instrument de maximisation des utilités individuelles

493. La conversion présente sur le plan micro-économique ou individuel une utilité certaine pour les contractants. Cette utilité résulte directement de son effet principal qui est le sauvetage du lien contractuel. La sauvegarde du lien contractuel a une utilité plus grande encore au regard de la valeur micro-économique même du contrat[1747]. Cette valeur peut être rattachée à ses deux fonctions essentielles : la prévision et l'échange[1748]. Il n'est pas inutile de rappeler que le contrat est l'instrument indispensable des prévisions individuelles[1749]. Il est aussi l'instrument privilégié à l'échange des biens et des services[1750]. Historiquement d'ailleurs le contrat est né d'opération d'échange qui se caractérisait, indépendamment du consentement, simple modalité, par le déplacement d'un bien d'un patrimoine dans un autre[1751]. La conversion, dominée par le désir de satisfaire le but économique du contrat devient par voie de conséquence un moyen efficace permettant à chacun d'obtenir la satisfaction de ses besoins.

494. La valeur micro-économique de la conversion est plus flagrante encore pour certains contrats. Il est des conventions qui permettent à l'individu d'assurer des besoins indispensables et vitaux, tel que celui de se loger par exemple par le biais du bail d'habitation. Il y a aussi des conventions qui constituent la ressource principale et même unique de l'individu à l'instar du contrat de travail. Certains contrats, enfin, sont nécessaires à l'exercice d'une profession, soit en étant son support[1752], soit en constituant en eux-mêmes l'activité professionnelle[1753]. Il en découle une valeur micro-économique variable selon les conventions.

495. Il s'ensuit que le contrat est un instrument économique essentiel dont il faut éviter la disparition. Sa destruction est dommageable, de manière évidente aux contractants immédiats, du moins à l'un d'entre eux.

[1747] G. PIETTE, La correction du contrat, *op.cit.*, n° 109 et s., pp. 82 et s.

[1748] L. BOY, « *Les utilités du contrat* », L.P.A., 10 septembre 1997, pp. 3 et s. ; M.-A. FRISON-ROCHE, « *Le contrat et la responsabilité : consentements, pouvoirs et régulation économique* », R.T.D. Civ., 1998, 43 ; B. OPPETIT, « *Droit et économie* », A.P.D., 1992, tome 37, « *droit et économie* », p. 17.

[1749] J. GHESTIN, « *L'utile et le juste dans les contrats* », art. préc., p. 44.

[1750] *Ibid.*, p. 43 ; B. OPPETIT, « *Droit et économie* », art. préc., p. 17.

[1751] J.-M. POUGHON, Histoire doctrinale de l'échange, th. Strasbourg, 1982, L.G.D.J., t.194, 1987, n° 138.

[1752] C'est le cas par exemple du bail commercial, du contrat de travail, des contrats de distribution tels que franchise, concession…

[1753] C'est le cas par exemple des contrats de vente, de mandat d'entreprise, d'assurance…qui peuvent représenter l'exercice lui-même de l'activité professionnelle.

L'anéantissement du lien contractuel, conséquence du prononcé de la sanction de nullité, de caducité ou de résolution, ne serait pas une solution satisfaisante pour le créancier dans la mesure ou elle l'empêche d'obtenir l'avantage escompté. La nullité semble une solution qui cause « *des ravages* »[1754], une solution trop brutale au regard de ses conséquences sur la stabilité des relations contractuelles. La place grandissante qui est accordée à l'heure actuelle à la préservation du lien contractuel atteste la prise en conscience de la valeur intrinsèque du contrat et de ses utilités économiques.

496. La conversion participe inéluctablement à ce mouvement, fut-ce au prix d'un changement de la qualification du contrat. Le maintien de la relation contractuelle, résultant de la mise en œuvre de la conversion, est une solution satisfaisante pour le créancier d'autant plus que cette technique procède de l'idée d'équivalence en ce que la dégénérescence de la figure juridique primitive en une figure juridique nouvelle, tend vers la satisfaction de « *l'objectif économique que les parties se sont assigné* »[1755]. Cette idée se vérifie particulièrement en matière des effets de commerce. Ainsi par exemple, lorsqu'un billet à ordre nul est converti en promesse de paiement du souscripteur transmissible par endossement, l'acte mineur (promesse de paiement) permet d'atteindre un résultat économique semblable à celui de l'acte majeur (le billet à ordre)[1756]. La conversion formelle illustre aussi cette idée. Est-il besoin de préciser qu'un acte sous seing privé permet d'atteindre un résultat économique semblable à celui produit par un acte authentique, mais sans jamais pouvoir entraîner les mêmes effets puisque, par définition, les actes sous seing privé sont dotés d'une moindre force probante que les actes authentiques[1757]

b. La minimisation des coûts des transactions

497. Les coûts de transaction représentent la somme des frais encourus dans le processus d'achat et de vente d'un bien ou d'un service. Ils comprennent notamment les frais d'information, de courtage[1758]. Les coûts de transaction représentent aussi le temps, les efforts, les ennuis, et autres coûts engendrés par les parties par la négociation d'un contrat ou encore le

---

[1754] L. BOY, « *Les utilités du contrat* », art. préc., pp. 3 et s. ; M.-A. FRISON-ROCHE, « *Le contrat et la responsabilité : consentements, pouvoirs et régulation économique* », art. préc., p. 43

[1755] J. PATARIN, Le problème d'équivalence juridique des résultats, th. Paris, 1952, n° 90, p. 223 ; D. GRILLET-PONTON, th.préc., n° 277, p. 320 ; A. COURET, art. préc., n° 12, p. 226 ; P. LIPINSKI, art. préc., n° 35, pp. 1190-1191 et les renvois ; A. COURET, art. préc., n° 12, p. 226.

[1756] Paris 30 septembre 1986, D. 1987, somm., p. 70, obs. M. CABRILLAC ; Cass. com., 17 juillet 1984, D. 1985, inf.rap. p. 29, obs. M. CABRILLAC.

[1757] F. TERRE, introduction générale, Dalloz, 5e éd. 2000, n° 535 et s. ; J. GHESTIN (sous dir.), Traité de droit civil, Introduction générale, *op.cit.*, n° 683 et s.

[1758] A. SILEM, J.-M. ALBERTINI, Lexique d'économie, (sous la dir.), 12e éd., Dalloz, p. 236, V° « Coût de transaction ».

règlement d'un différent entre eux[1759]. Le droit des contrats peut jouer un rôle important dans la minimisation des coûts de transaction. Ainsi par exemple, un contrat ne saurait prévoir expressément et de façon détaillée toutes les éventualités possibles et tous les litiges concevables, car les coûts de transaction d'un tel contrat seraient beaucoup trop élevés. L'un des intérêts des lois supplétives est donc un intérêt économique : elles permettent aux parties de ne pas avoir négocié et inclure dans leur contrat le règlement de tous les différends qui pourraient survenir entre eux. De même, la pratique des contrats types permet de réduire de façon significative les coûts de transaction[1760].

498. Les mêmes préoccupations transparaissent également dans les instruments du commerce international ; ainsi, bien qu'aucune règle incluse dans la Convention de Vienne du 11 avril 1980 sur la vente internationale de marchandises (C.V.I.M.), ne développe spécifiquement cette idée de minimisation des coûts de transaction, il a été constaté par certains auteurs « *qu'une idée fondamentale de la convention est le souci de sauver autant que possible le contrat, qui a souvent demandé des démarches et des négociations coûteuses* »[1761].

499. La conversion peut encore jouer un rôle à cet égard, d'autant plus que cette technique procède de l'idée d'équivalence et d'économie de moyens[1762]. En effet, au lieu d'exiger aux contractants de refaire l'acte ou de recommencer l'opération, il suffirait de le remplacer par un autre satisfaisant l'objectif économique que les parties se sont assigné. De cette manière, la conversion aboutirait à des économies de temps et de coûts dans la mesure où elle va dispenser les parties de la réfection parfois complexe et coûteuse de l'acte. Elle affranchit, par exemple, le vendeur dans une vente immobilière d'un double accomplissement des formalités publicitaires.

500. La conversion se révèle nettement efficace en matière de société où elle permet d'éviter les frais liés au processus de reconstitution de l'être social. Que l'on songe par exemple aux longues et coûteuses formalités de constitution d'une société anonyme. Est-il bon d'annuler l'acte de société et exiger de l'auteur de l'acte irrégulier qu'il le refasse dans son entier alors qu'il suffirait de faire disparaître le vice par un changement de sa qualification. Ne serait-il pas préférable d'admettre la conversion de l'acte de société plutôt que de provoquer la constitution d'une nouvelle société. Le

---

[1759] D. HARRIS et C. G. VELJANOVSKI, *The Use of Economics to Ulicidate Legal Concepts of Economic and Social Theory*, publié sous la direction de T. DAINTITH et G. TEUBNER, *European University Institute*, Editions Walter de Gruyter, 1986, n° 2, p. 111, cité par M. FABRE-MAGNAN, De l'obligation d'information dans les contrats, Essai d'une théorie, préf. J. GHESTIN, L.G.D.J., 1992, p. 62, note 71.

[1760] M. FABRE-MAGNAN, De l'obligation d'information dans les contrats, *op.cit.*, n° 76, p. 63 ; A. T. KRONMAN et R.A. POSNER, *The Economic of contract Law*, Little, Brown and Company, 1979, p. 80.

[1761] B. GELOT, Finalités et méthodes objectives d'interprétation des actes juridiques, aspects théoriques et pratiques, préf. Y. FLOUR, bibl. dr. pr., tome 403, L.G.D.J., 2003, n° 98, p. 62.

[1762] A. COURET, art. préc., n° 15, pp.228-229.

souci de minimiser les coûts doit donc plaider en faveur de la conversion. Ce besoin est manifeste dans la vie des affaires, en particulier, où les contrats ont eux-mêmes un coût, en raison des démarches et du temps nécessaires à leur conclusion. Il a toujours été évident qu'en droit fiscal, les individus choisissaient les règles de droit qui leur permettaient de minimiser leurs impôts, et qu'en droit du travail les employeurs évitaient le dépassement de certains « seuils » déclenchant l'application de certaines règles protectrices des salariés.

2) La valeur macro-économique de la conversion

501. *A priori,* il peut paraître surprenant que la conversion, comme mode de satisfaction des intérêts des parties, puisse posséder une valeur macro-économique, c'est-à-dire une valeur pour la collectivité tout entière[1763]. Mais, c'est oublier que cette institution par sa propension à éviter l'anéantissement de l'acte contribue à la préservation de l'un des principaux piliers des économies de marché, basés essentiellement sur les échanges commerciaux[1764]. Il est communément admis aujourd'hui que l'utilité du contrat dépasse la sphère des contractants dans la mesure où celui-ci permet la création et la circulation des richesses[1765]. Il est l'instrument d'échange de produits et de services et constitue à cet effet un moteur de l'économie et la pierre angulaire de l'investissement. Mme Frison-Roche avait déjà remarqué que la circulation des biens, source de prospérité, s'opère par le contrat[1766].

502. Ajoutons aussi que les deux activités économiques principales, à savoir la production et la consommation, repose sur le mécanisme contractuel[1767]. La production consiste à « *créer des biens et des services à partir de facteurs de productions acquis sur le marché* »[1768], et la consommation représente les « *achats (au sens large) de biens et services par les ménages* »[1769]. Par définition, ces deux activités économiques nécessitent des contrats tels que par exemple ventes, baux commerciaux, contrats d'entreprise, de distribution, d'approvisionnement, de travail, de transport et d'assurance[1770]. Les Contrats sont donc la base même de

---

[1763] *Ibid.*, n° 12, p. 225 et 226.

[1764] L. BOY, « *Les utilités du contrat* », art. préc., p. 4 ; G. CORNU, *Vocabulaire juridique*, préc. V° « *Marché* ».

[1765] J.-L. AUBERT, Le contrat, coll. Connaissance du droit, 2e éd., Dalloz, 2000, p. 20 ; G. PIETTE, La correction du contrat, *op. cit.*, tome 1, n° 115, p. 85.

[1766] M.-A. FRISON-ROCHE, « *Le contrat et la responsabilité : consentements, pouvoirs et régulation économique* », art. préc., 47.

[1767] J. B. SAY, Traité d'Economie politique ou simple exposition de la manière dont se forment, se distribuent et se consomment les richesses, 1803, cité par G. PIETTE, La correction du contrat, *op.cit.*, tome 1, n° 116, p. 86, note n° 225.

[1768] Tableaux de l'Economie française, I.N.S.E.E. 2000-2001, n° 101, cité par G. PIETTE, La correction du contrat, *op. cit.*, tome 1, n° 116, p. 86, note 226.

[1769] N.G. MANQUIW, Principes de l'Economie, Economica, 1998

[1770] G. PIETTE, La correction du contrat, *op.cit.*, tome 1, n° 116, p. 86.

l'économie, puisque la production et la consommation reposent sur eux[1771]. Force est de reconnaître aussi avec Paul DURAND que « *les contrats sont tout autant que les brevets ou les marques un élément de richesse de l'entreprise, une valeur pour l'exploitation* »[1772] et qu'à ce titre ils méritent d'être spécialement protégés par le droit.

503. Du reste, l'existence de l'ordre public économique permet de démontrer aussi que les contrats de droit privé possèdent une valeur macro-économique[1773]. Plus particulièrement, l'ordre public de direction montre à quel point les contrats conclus entre particuliers constituent le moyen pour l'Etat pour diriger l'économie. Force est donc de considérer que le contrat est un instrument économique essentiel et qu'à ce titre il faut en éviter la disparition. L'anéantissement du lien contractuel ne serait pas toujours une solution satisfaisante pour l'ordre économique. Il faudrait dans la mesure du possible maintenir le lien contractuel afin de le faire servir à l'ordre économique. Or, la conversion constitue inéluctablement l'une des techniques qui peut être mise en jeu par le juge pour « *satisfaire les intérêts généraux de la collectivité* »[1774].

504. La conversion apparaît ainsi comme un « *procédé... d'extinction d'un état anti-économique* »[1775]. Le juge, désireux de ne pas favoriser le développement de situations contraires à l'efficacité économique, n'hésite pas parfois à substituer un acte à un autre pour atteindre tel résultat. Les hypothèses de conversion qui attestent de l'exactitude de cette observation sont nombreuses. La conversion de la lettre de change qui est un titre de crédit permettant la mobilisation de crédit à court terme peut être rattachée à cette idée[1776]. La conversion du chèque qui est un titre de paiement destiné à assurer l'exécution d'une obligation de payer une somme d'argent s'inscrit également dans cette même perspective[1777]. La conversion d'une société nulle ou dissoute en une autre forme sociétaire semble plus caractéristique encore du rôle que peut jouer la conversion en matière économique. Il n'est pas superflu de rappeler que la dissolution de la société, conséquence du prononcé de la nullité ou de la caducité est un échec économique puisqu'elle

---

[1771] *Ibid.*, n° 119, p. 87.

[1772] Préface à l'ouvrage collectif la tendance à la stabilité du rapport contractuel, Etudes de droit privé sous la direction de Paul DURAND, L.G.D.J., 1960.

[1773] V. généralement sur l'ordre public : N. REKIK, L'ordre public et le contrat civil, préf. M.K. CHARFEDDINE, éd. LATRACH, Tunis 2015 ; G. FARJAT, L'ordre public économique, préf. B. GOLDMAN, L.G.D.J. 1963, n° 156, p. 118 ; Ph. MALAURIE, Les contrats contraires à l'ordre public, Etude de droit civil comparé : France, Angleterre, U.R.S.S., th. Paris, éd. Matot-Braine, 1953 ; R. SAVATIER, « *L'ordre public économique* », D. 1965, Chron. 37

[1774] A. COURET, art. préc., n° 13, p. 226.

[1775] *Ibid.*

[1776] Y. KNANI, *op.cit.*, n° 13, p. 24 ; M. JEANTIN, *op.cit.*, n°208, p. 121 ; Ch. GAVALDA et J. STOUFFLET, *op.cit.*, n°4, p. 13.

[1777] Y. KNANI, *op.cit.*, n° 9 et s., p. 19 et s. et n° 223, p. 225 ; M. JEANTIN, *op.cit.*, n° 1 et 3, p. 1 et 3 ; Ch. GAVALDA et J. STOUFFLET, *op.cit.*, n° 185, p. 215.

conduit à la disparition de l'être social. La dissolution est en effet une mesure grave qui doit en conséquence être prononcée le plus rarement possible pour préserver le tissu économique. On s'aperçoit donc que loin de satisfaire les intérêts des parties, la conversion procède « *d'une volonté plus vaste de satisfaire les intérêts généraux de la collectivité tout entière* »[1778].

505. Par ailleurs, la conversion est économiquement préférable à l'anéantissement du contrat, source d'insécurité dans la vie des affaires. Il ne faut pas ignorer, en effet, que dans la pratique le contrat n'est souvent qu'un maillon dans une chaîne contractuelle et que de la sorte l'anéantissement d'un acte peut entraîner celui d'un autre[1779]. Prenons l'exemple de la distribution : les fournisseurs alimentent les entreprises de distribution, qui concluent des contrats de vente avec les détaillants, eux même en relation avec les consommateurs. La rupture d'un seul contrat peut avoir des répercussions sur toutes les autres conventions de la chaîne et met en péril les intérêts financiers de nombreux contractants[1780].

506. La même observation pourrait être faite pour la vente qui rarement, en effet, représente une opération isolée. Bien au contraire, elle se tissue dans un ensemble de rapports, dans des groupes de contrat, de sorte que la disparition de l'un peut être fatale pour toute une branche économique. La résolution du contrat suite à l'inexécution par l'une des parties de ses obligations se prolonge au-delà du cercle initial puisque « *le circuit que devait suivre la marchandise est interrompu, l'acheteur ne pouvant livrer à son sous-acquéreur, ni celui-ci à son propre acheteur (...). Il en résultera une cascade de procédure, des frais, des sommes d'argent inemployées, bref une suite de conséquences qui font apparaître la résolution comme un mal pour les relations commerciales* »[1781].

507. La conversion invite ainsi à adopter une nouvelle vision de la relation entre le droit et l'économie. Cette nouvelle vision vient dépasser la conception classique qui prône l'idée de séparation entre le droit et l'économie. Max Weber, qui est l'un des adeptes de cette conception, précise que « *l'ordre juridique idéal de la théorie du droit n'a rien de commun, du moins directement, avec le cosmos de l'activité économique réelle parce qu'ils se trouvent l'un et l'autre sur des plans différents : l'un sur celui de la norme idéalement applicable, l'autre sur celui de l'évènement réel* »[1782]. Les auteurs qui s'opposent à tout dialogue entre le droit et l'économie précisent que la contradiction entre ces deux disciplines est encore plus flagrante en

---

[1778] A. COURET, art. préc., n° 12 et 13, p. 225 et 226.

[1779] M.-P. LAMOUR, Le sauvetage du contrat, th. Grenoble, 2001, n° 31, pp. 26-27 ; P. LIPINSKI, art. préc., n° 37, p. 1192.

[1780] M.-P. LAMOUR, th. préc., n° 31, pp. 26-27.

[1781] J. MARTIN DE LA MOUTTE, « *Les sanctions de l'obligation de délivrance* », *in* La vente commerciale de marchandises, Etudes de droit commercial sous la direction de J. HAMEL, Paris 1951, p. 190.

[1782] M. WEBER, Economie et société, tome 1, traduit de l'allemand par E. de DAMPIERRE, Plon, 1971, p. 321.

matière contractuelle. En effet, tandis que le contrat appelle une certaine stabilité, l'économie se singularise par sa constante mutation[1783]. La contradiction apparaît notamment entre la nature objective de l'économie et l'essence subjective du contrat[1784].

508. La conversion invite semble-t-il à franchir la barrière qui sépare le droit et l'économie. Elle répond de ce fait aux aspirations de plusieurs auteurs modernes qui défendent la nécessité d'une rencontre, d'un dialogue entre le droit et l'économie[1785]. Comme le souligne M. Chaineau, « *le droit n'est ni au-dessus, ni au-dessous de l'Economie. Le droit est dans l'économie comme l'Economie est dans le droit* »[1786]. En somme, la conversion est éprise de la volonté « *de ne pas favoriser le développement des situations contraires à l'efficacité économique* »[1787]. Une justice moderne, souligne Monsieur le premier Président Canivet, « *est une justice qui intègre les conséquences économiques dans la formation de ses décisions* »[1788].

[1783] A.-S. LAVEFVE LABORDERIE, La pérennité contractuelle, *op.cit.*, n° 399, p. 224 ; G. RIPERT, Le

régime démocratique et le droit civil moderne, L.G.D.J. 1936, n° 154, p. 304.

[1784] A.-S. LAVEFVE LABORDERIE, La pérennité contractuelle, *op.cit.*, n° 390, p. 217.

[1785] *Ibid.*, n° 392, p. 218 ; Ch. MOULY, « *L'analyse économique du droit, présentation du colloque* », R.R.J. 1987-2, p. 423 et s. ; R. SAVATIER, « *La nécessité de l'enseignement d'un droit économique* », D. 1961, p. 117 et s. ; B. OPPETIT, « *Droit et économie* », art. préc., p. 26 et s. ; E. BROUSSEAU, « L'économiste, le juriste et le contrat », *in* Le contrat au début du XXIe siècle, Etudes offertes à J. GHESTIN, L.G.D.J. 2001, p. 174.

[1786] A. CHAINEAU, Crise économique, crise juridique, crise de société : 1975-1995, dans le droit de la crise : crise du droit, Les incidences de la crise économique sur l'évolution du système juridique, Cinquième journées René SAVATIER, Poitiers, 5 et 6 octobre 1995, p. 3 et s. spéc. p. 14, cité par K. DE LA ASUNCION PLANES, La réfaction du contrat, *op.cit.*, p. 293, note n° 1263.

[1787] A. COURET, art. préc., n° 13, p. 227.

[1788] G. CANIVET, « *Du principe d'efficience en droit judiciaire privé* », *in* Le juge entre deux millénaires, Mélanges offerts à P. DRAI, Paris, Dalloz, 2000, P. 243, spéc. p. 252.

Conclusion de la première partie

509. Au terme de cette première partie, on peut conclure que la notion de conversion mérite d'être redéfinie. Contrairement à une conception classique et étroite qui envisageait la conversion comme opérant seulement à la suite d'un vice originaire entachant l'acte primitif, on peut admettre qu'elle peut agir en raison d'une cause survenant *a posteriori*. La force d'expansion de cette technique explique donc qu'elle dépasse le cadre des actes juridiques nuls. Des actes juridiques originairement valables peuvent aussi faire l'objet de conversion, notamment dans l'hypothèse de survenance d'une cause de caducité, de forclusion ou de résolution. Il est donc évident que les rédacteurs du C.O.C. ont laissé dans l'ombre tout un côté important de l'étude de la conversion. Or, les besoins de la vie sont si variés et qu'il est impossible au législateur de pourvoir à tout. C'est à l'expérience à combler successivement les vides que nous laissons. « *Les codes des peuples se font avec le temps ; mais à proprement parler, on ne les fait pas* »[1789].

510. L'extension préconisée du domaine de la conversion ne menace pas toutefois l'unité ou la cohérence de la notion comme en témoigne les exemples précédemment étudiés. On retrouve toujours par-delà des applications nombreuses de la conversion les deux traits caractéristiques de notre institution, la transformation et la réduction. On a aussi conclu que la généralisation de la mise en ouvre de la conversion n'a pas remis en cause l'unité de son fondement. La conversion ne repose pas sur la volonté des parties. Elle est imposée de l'extérieur par la loi ou par le juge pour répondre à des considérations objectives, morales sociales, voire économiques. On est alors en mesure, à ce stade de notre étude, de proposer la définition suivante de la conversion. Celle-ci peut être définie comme étant : *la technique qui donne effet, par la volonté de la loi ou du juge, à un acte juridique, qui n'a pu se former, à cause d'un vice originaire, ou qui n'a pu survivre, en raison d'une cause survenant a posteriori, lorsque les éléments qui demeurent correspondent à la définition d'une figure juridique nouvelle, satisfaisant l'objectif économique poursuivi par les parties.*

[1789] V° *Discours préliminaire sur le projet de la commission*, FENET, I, p. 469 et 476, cité par X. PERRIN, th. préc., n° 77, p. 109, note 1.

511. La conversion ainsi définie est vouée à un avenir prospère. Elle bénéficie d'un domaine d'application étendu. Ternie en matière de nullité, elle peut renaître en matière d'exécution de l'acte juridique. Ce second et laborieux enfantement doit certainement être l'œuvre exclusive de la jurisprudence. Par l'initiative de celle-ci, la conversion peut déployer ses effets au-delà de la nullité. Cette définition large de la conversion offre également une palette de fonctions variées. Elle permet bien sûr au juge de sauver les actes de l'anéantissement, mais elle peut aussi et surtout constituer une sanction idoine de certains comportements déloyaux. La conversion peut constituer ainsi un instrument de progrès du droit, une technique de sauvetage se substituant avantageusement à d'autres procédés dans les cas où ces derniers ne peuvent pas jouer, mais aussi un moyen d'élargir l'emprise de l'ordre juridique sur les activités humaines (comportement déloyaux).

512. La conversion constitue, enfin, au regard de cette nouvelle définition et par rapport à son ascendante allemande, une notion élargie et modernisée. Cette constatation sera renforcée après l'étude de régime de la conversion.

DEUXIÈME PARTIE

LA RÉNOVATION DU RÉGIME DE LA CONVERSION

513. La réserve manifeste de la jurisprudence à l'égard de la conversion s'explique en grande partie par l'archaïsme de son régime et qui handicapait autrefois l'épanouissement de cette institution. L'examen de quelques arrêts rendus sur la matière montre que généralement la jurisprudence n'a pas rompu avec une conception volontariste de la conversion, une conception singulièrement réductrice du rôle du juge en la matière[1790]. Cette position qui a du coup rigidifié l'application jurisprudentielle de la conversion est injustifiée, d'autant plus qu'il existe en droit tunisien des textes juridiques autorisant expressément le juge à convertir[1791]. Le caractère apparemment insolite de cette jurisprudence invite à proposer un nouveau régime juridique permettant de rendre la conversion plus effective dans la pratique.

514. Par ailleurs, comme la conversion suppose le recours au juge, il convient de préciser le contexte procédural de son intervention. Sur ce point, une question fondamentale se pose pour savoir si le juge peut soulever d'office la conversion sans pour autant heurter de front les principes fondamentaux du droit processuel. La doctrine classique, fortement influencée par une conception classique du juge, enfermé dans un procès de type accusatoire, strictement lié par les limites tracées par les parties refuse d'accorder au juge un tel pouvoir. On aura pourtant l'occasion de démontrer que le pouvoir de soulever d'office la conversion peut se concilier avec les principes fondamentaux du droit processuel et qui paraient, de prime abord, en constituer un obstacle.

515. Le régime de la conversion doit donc être modernisé tant sur le plan substantiel (**Titre1**), que sur le plan processuel (**Titre 2**).

[1790] V. *infra* n°s 591 et s.
[1791] V. *infra* n°s 568 et s.

TITRE I

LA RÉNOVATION DU RÉGIME SUBSTANTIEL DE LA CONVERSION

516. Le fait que législateur tunisien consacre la technique de conversion dans un texte de portée générale, devrait normalement amener le juge à appliquer cette théorie dans une multitude d'hypothèses. Or, c'est tout à fait le contraire qui se constate. Les applications jurisprudentielles de la conversion sont, en effet, très rares dans la pratique. Plus encore, l'intervention du juge pour mettre en œuvre la conversion, pourtant autorisée par la loi, se fait le plus souvent sous couvert d'interprétation des volontés. Ce raisonnement est cependant archaïque et ne tient pas compte de la conception purement objective de la conversion en droit tunisien, conception qualifiée par certains auteurs « d'avant-gardiste »[1792]. C'est pourquoi, il est souhaitable de réanimer ou de rénover le régime d'intervention du juge dans la conversion dans le sens de l'accroissement de ses pouvoirs (***chapitre II***), afin de rendre compte de la rénovation légale du régime de la conversion (***chapitre I***).

[1792] N. BESROUR, th. préc., n°326, p. 480.

CHAPITRE I

LA RÉNOVATION DU RÉGIME LÉGAL

517. L'article 328 du C.O.C. n'exige que deux conditions pour sa mise en œuvre. Il n'y a pas lieu de rechercher la volonté virtuelle, formule exigée par toutes les législations contenant une disposition sur la conversion[1793]. Les rédacteurs du C.O.C. semble estimer qu'on n'aboutit à une disposition véritablement pratique qu'en renonçant à une telle exigence. Le particularisme de la conversion en droit tunisien, par rapport à ses sources européennes codifiées, en tant qu'il sous-entend une solution particulièrement différente de celles retenues à l'époque (***Section I***), pousse à s'interroger sur les raisons qui légitimaient ou qui président à l'élaboration de ce choix législatif (***Section II***).

SECTION I. LE PARTICULARISME DE LA CONVERSION EN DROIT TUNISIEN

518. Le législateur tunisien se distingue non seulement des droits étrangers qui n'ont pas un texte de loi consacrant la conversion, comme le droit français et le droit suisse, mais aussi du droit allemand et des législations qui ont transposé l'article 140 B.G.B., par le fait qu'il a pu débarrasser la conversion de tout subjectivisme. L'exposé des droits étrangers qui connaissent la notion de conversion paraît donc opportun dans un premier temps. C'est pourquoi nous exposerons ce qui signifie cette notion à l'étranger. On constatera à cette occasion que même si le rôle de la volonté a été réduit, leur conception de la conversion demeure teinté de

---

[1793] A l'exception de la législation marocaine et mauritanienne. V. *supra* n° 20.
Sur la conversion en droit marocain, V. notamment :
أحمد شكري السباعي، نظرية بطلان العقود في القانون المدني المغربي و الفقه الإسلامي و القانون المقارن، منشورات عكاظ، الدار البيضاء، الطبعة الثانية، 1987،ص 380؛ أحمد حسن البرعي، نظرية الالتزام في القانون المغربي،مصادر الالتزام ،1-العقد،دار الثقافة، الدار البيضاء، المغرب، 1981 ص166 و ما بعدها؛ إدريس العبدلاوي، نظرية العقد، محاضرات في مادة القانون المدني، 1976، ص 154 و ما بعدها ؛ عبد الحق صافي، القانون المدني، الجزء الأول: المصدر الإرادي للالتزامات، العقد، الكتاب الأول، تكوين العقد،
مطبعة النجاح الجديدة، 2006، عدد 607 و ما بعدها، ص 539-540.

subjectivisme (*§1*). On aura par la suite l'occasion pour démontrer qu'en adoptant une position purement objective, notre législateur se distingue manifestement des différentes législations et droits étrangers (*§ 2*).

§ 1. La conversion en droit comparé ou la « subjectivisation » de la conversion

519. L'examen des systèmes étrangers semble particulièrement utile en notre matière. En effet, si en Tunisie la volonté virtuelle ne constitue pas une condition de mise en œuvre de la conversion, d'autres législations adoptent une solution nettement différente. Il convient toutefois de préciser qu'il ne s'agit pas dans le cadre des ces développements d'entreprendre une étude approfondie de droit comparé. L'ambition est seulement d'attirer l'attention sur le fait que ces législations qu'elles soient occidentales ou orientales font de la volonté virtuelle une condition essentielle de la conversion. C'est pourquoi, on se limitera à l'examen de deux textes particulièrement typique : le §140 du Code civil allemand (**A**) et l'article144 du Code civil égyptien (**B**).

A. L'exemple du §140 du Code civil allemand

520. La théorie de la conversion a été construite en Allemagne au XIXème siècle, notamment par Mühlenbruch[1794], Puchta[1795] et Thibaut[1796]. C'est aussi dans ce pays qu'est paru le mouvement législatif qui a conduit à l'étude de la conversion comme institution particulière[1797]. Le Code civil allemand de 1896 (BGB) a reçu la technique dans son article 140, qui forme actuellement le point central de la théorie allemande de la conversion. Il y avait là, sans doute, matière à une remarquable évolution législative. Pour mesurer l'importance de cette évolution législative, il semble opportun de présenter d'abord un aperçu des travaux antérieurs au B.G.B., avant d'étudier la disposition particulière qu'il contient sur la conversion.

521. Le texte final du § 140 du Code civil allemand sur la conversion s'appuie essentiellement sur quelques codifications allemandes du XIXème siècle contenant des dispositions sur la conversion[1798]. Le projet du Code des

---

[1794] *Pandectarum doctrina*, 1838, I, § 114, p. 235, cité par X. PERRIN, th. préc., p. 29, note1.

[1795] *Pandectarum*, Leipzig, 12 e éd., 1890, § 67, p. 105, cité par O. CORNAZ, *op.cit.*, p. 17, note 2 et X. PERRIN, th. préc., p. 29, note 2.

[1796] *System des Pandekten Rechts*, Iéna, 6 e, éd., § 80, cité par O. CORNAZ, *op.cit.*, p. 17, note 1 et X. PERRIN, th. préc., p. 28, note2.

[1797] V. sur le mouvement législatif sur la conversion en Allemagne, X. PERRIN, th. préc., n° 33 et s., p. 44 et s. ; *Adde* O. CORNAZ, th. préc., p. 19 et s.

[1798] Le Code Saxon, publié en 1863, entré en vigueur en 1865, contient un article 103 ainsi conçu : *« on considère les actes juridiques nuls dans leurs dispositions principales et accessoires comme s'ils n'avaient pas été formés. Ce qui, du contenu de l'acte juridique nul, peut subsister comme acte juridique spécial, demeure valable ; reste particulièrement valable jusqu'à concurrence de ce qui est licite, l'acte juridique nul en raison de ce qu'il dépasse une*

Obligations de Dresde, publié en 1866 revêt toutefois une importance particulière, voire inattendue du fait que c'est lui qui a servi de base aux deux projets de Code civil allemand (B.G.B.). Le premier projet a été préparé par une première commission de 12 membres, nommée par le *Bundesrath*, le 12 juillet 1974. Cette commission, et pour ne pas retarder les travaux, s'est référé à l'article 141 du projet de Dresde sans toutefois en reprendre les termes. Rappelons que le projet de Code des obligations de Dresde, paru le 13 juin 1866, consacre dans son article 141 le principe de la conversion. Ce texte dispose que « *Si un contrat est nul tel que l'avaient d'abord envisagé les contractants, mais contient toutes les conditions d'un autre contrat, il doit être maintenu en tant qu'il peut subsister comme tel, s'il ressort des circonstances que cela correspond à l'intention des contractants* »[1799]. La formule légale si « *cela correspond à l'intention des contractants* » signifie, selon les Motifs, qu'on exigeait encore une volonté dirigée subsidiairement sur l'acte second[1800].

522. Cet article, qui a changé de numérotation pour devenir le § 111, a subi une modification légère en 1880 introduite par la même commission parlementaire. Le texte remanié disposait que : « *Si l'acte juridique visé, mais nul comme tel, répond à toutes les conditions d'un autre acte juridique, ce dernier doit valoir, si cela est conforme à la volonté ressortant du but de l'acte juridique nul* »[1801]. Selon les motifs de la première commission, la volonté initiale de convertir demeure toujours exigée[1802]. Mais seul l'examen de l'espèce doit révéler si l'acte second est voulu dans ses effets par les parties[1803]. Il s'agit là d'une question de fait qu'il faut trancher dans chaque cas particulier[1804].

523. Le second projet a été préparé par une deuxième commission, nommée par le *Bundesrath* en 1890. Cette nouvelle commission a aussi modifié le § 111, devenu le § 136, de la façon suivante : « *Si un acte juridique nul répond aux conditions d'un autre acte juridique, ce dernier vaut si l'on doit admettre que cela aurait été voulu dans la connaissance de*

---

certaine limite ». Les commentateurs de cet article considèrent que ce dernier confondait la nullité partielle et la conversion. Il ne tranche pas, en outre, la question de la volonté de convertir (O. CORNAZ, th.préc., p. 19).

Le projet de code civil pour le royaume de Bavière, publié en 1861, statuait à son article 82 : « *Si l'acte juridique envisagé primitivement par les parties, mais nul comme tel, contient toutes les conditions d'un autre acte, il doit être maintenu sous la forme de ce dernier, si cela correspond à la volonté des parties ». Les termes ambigus « si cela correspond à la volonté des parties* » signifiait, selon l'explication des motifs de la loi, que l'acte second doit avoir été voulu subsidiairement (O. CORNAZ, th. préc., p. 20).

[1799] Le texte a été traduit de la langue allemande à la langue française par X. PERRIN, th. préc., n° 35, p. 47, note n°1.

[1800] X. PERRIN th. préc. n°36, p. 48 ; O. CORNAZ, *op.cit*., p. 20.

[1801] *Ibid.*

[1802] X. PERRIN th. préc. n°36, p. 49.

[1803] *Ibid.*, n°36, p. 48

[1804] O. CORNAZ, *op.cit*., p. 20 ;

la nullité »[1805]. Le texte proposé par la commission parlementaire du *Bundesrath* devient celui du §140 du B.G.B[1806]. Les commentateurs de cet article relèvent que la rédaction nouvelle diffère réellement de l'ancienne[1807]. Perrin affirme en ce sens qu' « *on se rendit compte que la volonté ne pouvait tendre vers l'acte second, puisque normalement on ne supposait pas la possibilité de la nullité de l'acte originairement voulu. On n'exigea plus qu'une probabilité, non une existence réelle, mais une existence virtuelle de la volonté* »[1808]. Le même auteur ajoute qu' « *on tient compte d'une intention qu'on reconnaît inexistante, mais qu'on reconnaît aussi susceptible d'avoir pu être admise par les parties, si elles avaient pu se douter que la conversion sera nécessaire* »[1809].

524. La volonté qui fait défaut est donc remplacée en droit allemand, où la théorie de la conversion a été forgée, par une volonté hypothétique. Il ne s'agit pas ainsi d'une volonté réelle et déclarée, mais d'une volonté fictive, hypothétique ou virtuelle que les parties auraient dû avoir si elles avaient connu la nullité de l'acte initial. Ce n'est donc pas une interprétation de volonté, puisque cette volonté n'a jamais existé, mais il s'agit plutôt de formuler une hypothèse et de résoudre le problème qu'elle pose. Ainsi, il faut s'interroger si les parties auraient voulu le contrat si elles avaient connu la nullité. Si la réponse est affirmative, la conversion pourra être opérée[1810]. Cette formule législative relative à la volonté virtuelle se rencontre également en droit égyptien.

B. L'exemple de l'article 144 du Code civil égyptien

525. Le droit tunisien se distingue non seulement du droit des pays occidentaux, mais aussi des législations de certains pays arabes qui ont simplement transposé les dispositions de l'article 140 B.G.B. Plus rigoureuse est cependant la solution de l'article 144 du Code civil égyptien. En effet, si l'article 140 du B.G.B. se contente pour sa mise en œuvre d'une « *volonté* » virtuelle des parties dirigée vers l'acte nouveau, l'article 144 du Code civil égyptien semble aller plus loin encore en exigeant la direction de « *l'intention* » des contractants sur l'acte second si la nullité avait été connue. Ce texte énonce, en effet, que « *si un contrat est nul ou annulable, mais contient toutes les conditions d'un autre contrat, ce dernier doit valoir, s'il ressort que l'intention des contractants aurait été dirigée sur l'acte*

1805 Selon la traduction donnée par X. PERRIN th. préc. n°37, p. 49.

1806 La disposition sur la conversion a changé plusieurs fois de numérotation : §141 dans le projet de Dresde ; §111 dans les deux premiers projets du B.G.B. ; §136 dans le projet révisé par la commission parlementaire du *Bundesrath* et § 140 dans le B.G.B (X. PERRIN, th. préc., p. 50, note 2.)

1807 X. PERRIN th. préc. n°37, p. 50.

1808 *Ibid.*, n°37, p. 49.

1809 *Ibid.*, n°37, pp. 49-50.

1810 N. BESROUR, th. préc., n° 317, p. 472.

second »[1811]. La même solution a été reprise également par le législateur syrien, irakien, libyen et algérien[1812].

526. Il ne faut pas cependant en exagérer la portée de la distinction, car on peut presque affirmer que pour construire la volonté ou l'intention virtuelle des parties, les juges se baseront toujours sur des éléments objectifs tels que la déclaration émise pour l'acte initial, le but poursuivi, les transactions préalables entre les parties, leur manière de voir et l'état de fait[1813]. L'éminent jurisconsulte égyptien Abderrazak Essanhouri est de cet avis[1814]. La conversion par réduction repose, aux yeux de cet auteur, non pas sur la base d'une volonté réelle, mais sur la base d'une volonté virtuelle[1815]. Le rôle du juge, dit-il, est seulement de découvrir par interprétation si les parties auraient voulu convertir[1816]. L'auteur reconnaît ainsi que la conversion n'a de raison d'être que si elle opère en dehors de la volonté expresse ou tacite des parties[1817]. Le problème qui se pose devient le suivant : sur quelle base le juge peut conclure à l'existence de cette volonté. L'auteur répond à cette question en déclarant que cette volonté existe dès lors qu'il s'avère que le procédé technique employé est de nature à remplir le but économique poursuivi par les parties tel qu'il se révèle par l'acte initial

---

[1811] Notre traduction.
L'article 144 du Code civil égyptien dispose dans sa version arabe :
تنص المادة 144 من المجلة المدنية المصرية على أنه: " إذا كان العقد باطلا أو قابلا للإبطال و توافرت فيه أركان عقد آخر، فان العقد يكون صحيحا باعتباره العقد الذي توافرت أركانه، إذا تبين أن **نية** المتعاقدين كانت تنصرف إلى إبرام هذا العقد".

[1812] V. les articles145 du Code civil syrien, l'article 140 du Code civil irakien, l'article 144 du Code civil libyen et l'article 105 du Code civil algérien.

[1813] O. CORNAZ, th. préc. p.43.

[1814] Abderrazak ESSANHOURI
عبد الرزاق السنهوري، مصادر الحق في الفقه الإسلامي، دراسة مقارنة بالفقه الغربي، المجلد عدد 4، الطبعة الثانية، منشورات الحلبي
الحقوقية، بيروت، لبنان، 1998، ص 104.

[1815] V. en ce sens:
عبد الرزاق السنهوري، مصادر الحق في الفقه الإسلامي، المرجع السابق، ص 104-105 ؛ عبد الرزاق السنهوري، نظرية العقد، الجزء الثاني، الطبعة الثانية، منشورات الحلبي الحقوقية، بيروت، لبنان، 1998، ص 636؛ عبد الرزاق السنهوري، الوسيط في شرح القانون المدني الجديد، المجلد الأول، مصادر الالتزام، الطبعة الثالثة، ، منشورات الحلبي الحقوقية، ص 551.

V. aussi en droit égyptien
عبد الفتاح عبد الباقي، نظرية العقد و الإرادة المنفردة، دراسة معمقة و مقارنة بالفقه الإسلامي، 1984، ص 502-503؛ حلمي بهجت بدوي، "آثار التصرفات الباطلة"، مجلة القانون و الاقتصاد، السنة الثالثة، العدد الأول، 1933، ص 405 و ما بعدها ؛ جميل الشرقاوي، النظرية العامة للالتزام، الكتاب الأول ، مصادر الالتزام، 1984، دار النهضة العربية، ص 257 و ما بعدها ؛ معوض عبد التواب،مدونة القانون المدني، الجزء الأول، ، منشأة المعارف بالإسكندرية، 1987، ص 224 ؛ سليمان مرقس، الوافي في شرح القانون المدني في الالتزامات، المجلد الأول نظرية العقد و الإرادة المنفردة، الطبعة الرابعة، 1987، عدد 245 و ما بعدها، ص. 460 و ما بعدها.

[1816] V. en ce sens Abderrazak ESSANHOURI
عبد الرزاق السنهوري، مصادر الحق في الفقه الإسلامي، دراسة مقارنة بالفقه الغربي، المرجع السابق، ص 105؛عبد الرزاق السنهوري،
نظرية العقد، المرجع السابق، 1998، ص 636.

V. aussi : X. PERRIN, th. préc., n° 39, pp. 52-53.

[1817] V. en ce sens Abderrazak ESSANHOURI
عبد الرزاق السنهوري، مصادر الحق في الفقه الإسلامي، المرجع السابق، ص 105.

qu'elles avaient passé et qu'elles ont manqué[1818]. Le motif invoqué par cet auteur est qu'il faut s'attacher au but poursuivi indépendamment du procédé technique employé pour le réaliser[1819].

Ce bref exposé du droit allemand et du droit égyptien nous a permis de relever que ces deux législations subordonnent la mise en œuvre de la conversion à la preuve d'une volonté virtuelle des parties. Cette conception teintée de subjectivisme s'oppose à la conception purement objective de la conversion en droit tunisien.

§ 2. La conversion en droit tunisien ou « l'objectivisation » de la conversion

527. Conscient des inconvénients de la conception subjective de la conversion[1820], le législateur tunisien a opté pour une conception purement objective, tant au niveau du texte général, l'article 328 du C.O.C. (**A**), qu'au niveau des textes spéciaux (**B**).

A. L'objectivation du texte général, l'article 328 du C.O.C.

528. L'objectivation de l'article 328 du C.O.C. est déduite des travaux préparatoires de ce texte (**1**), ainsi que de ses sources d'inspiration (**2**).

1) Objectivisation déduite des travaux préparatoires du C.O.C.

529. La formule de l'article 140 B.G.B. exigeant une volonté hypothétique a été retenue par toutes les législations qui ont consacré par un texte général la théorie de la conversion. Seul le législateur tunisien a refusé d'exiger une telle condition[1821]. La version actuelle du C.O.C. a paru rejeter de façon assez nette la condition de volonté virtuelle, mais afin de pouvoir affirmer avec certitude la thèse du rejet, il semble intéressant de faire appel aux circonstances qui ont entouré l'élaboration du Code des obligations et des contrats, lesquelles offrent l'occasion de découvrir de plus près une volonté de rejeter la formule de la volonté virtuelle. En effet, l'article 375 de l'avant-projet du Code civil et commercial tunisien relatif à la conversion a emprunté la formule de l'article 140 B.G.B. exigeant une volonté hypothétique. Il disposait, en effet, que « *l'obligation qui est nulle comme telle, mais qui a les conditions de validité d'une obligation légitime, peut valoir sous cette nouvelle forme, lorsqu'il résulte des circonstances que les parties l'auraient ainsi voulue si elles avaient connu la nullité de*

[1818] J. PIEDELIEVRE, Des effets produits par les actes nuls, th. Paris, p. 118.

[1819] V. en ce sens Abderrazak ESSANHOURI

عبد الرزاق السنهوري، مصادر الحق في الفقه الإسلامي، المرجع السابق، ص 105.

[1820] V. *supra* n°s 395 et s.

[1821] L'article 309 du D.O.C. marocain ne comporte pas cette formule, mais cela est dû au fait que le législateur marocain n'a fait que transposer le texte tunisien.

l'obligation primitive ». Dans le texte final, à savoir l'actuel article 328 du C.O.C., la formule relative à la volonté virtuelle des parties a été supprimée et le texte disposait seulement que « *l'obligation qui est nulle comme telle, mais qui a les conditions de validité d'une autre obligation légitime, doit être régie par les règles établies pour cette obligation* ». Ceci démontre qu'après avoir adopté la solution retenue par l'article 140 B.G.B., le législateur avait décidé de se débarrasser de la formule relative à la volonté virtuelle.

530. L'exclusion délibérée de cette formule se vérifie aussi par le fait qu'en matière de nullité partielle notre législateur a exclu aussi le critère subjectif retenu expressément par l'article 139 B.G.B. et par tous les textes du droit comparé qui l'ont transposé[1822]. La position hostile du C.O.C. à la conception subjective se confirme ainsi, aussi bien en ce qui concerne la conversion qu'en ce qui concerne la nullité partielle. En adoptant une conception purement objective de la conversion, notre législateur se distingue manifestement des différentes législations et droits étrangers. Cette originalité de la disposition du C.O.C. par rapport à ses sources européennes codifiées, en tant qu'elle sous-entend une solution différente de celles retenues à l'époque, laisse conclure que le C.O.C. ne cédait pas au mimétisme et se montrait avant-gardiste à travers ses solutions spécifiques[1823]. Pourtant, cette originalité de l'article 328 par rapport à l'ensemble des droits comparés ne parvient à conforter la thèse du rejet que par une recherche plus poussée de l'intention du législateur dans ses sources d'inspiration.

2) Objectivisation attestée par les sources d'inspiration du C.O.C.

531. M. Arfaoui, dans sa thèse sur les règles écrites d'interprétation de la loi, soutenait que « *le retour à l'histoire, aux sources d'inspiration du législateur, à la tradition, permet à l'interprète de mieux pénétrer une institution en l'appréhendant dans sa signification originelle* »[1824]. L'interprète, dit-il, doit remonter, « *comme un historien, à l'origine de la règle et à l'état du droit sur la question en se plaçant à la date de l'adoption de la règle* »[1825]. De sa part, le professeur Ben Ammou approuve le retour aux sources d'inspiration pour « *réaliser une meilleure intelligence du droit* »[1826]. Ce sera nécessairement par le recours à la bibliographie dressée

[1822] N. BESROUR, th. préc. n° 249 et s. p. 380 et s.

[1823] *Ibid.*, n° 326, p. 480.

[1824] E. ARFAOUI, Les règles écrites d'interprétation de la loi, Essai d'une méthode officielle d'interprétation des lois, thèse en droit privé, Faculté de droit et des sciences politiques de Tunis, Tunis, 2000, p. 260.

[1825] *Ibid.*

[1826] N. BEN AMMOU, « *La doctrine tunisienne de droit privé de l'aube du XX ème à la veille du XXIème siècle* », *in* L'apport du XX ème siècle au droit privé tunisien, Actes du colloque tenu les 23-24 et 25 avril 1998 à la faculté de droit et des sciences politiques de Tunis, Coll. Forum des juristes, n°8, Tunis, 2000, p. 98.

par Santillana en marge de l'article 375 de l'avant-projet. Force est donc de se reporter aux sources d'inspiration du C.O.C. pour se convaincre de la conception objective de la conversion en droit tunisien.

532. Il est traditionnellement reconnu que D. Santillana fut le principal inspirateur, voire le véritable auteur du Code des obligations et des contrats[1827]. En conséquence, nul n'est mieux placé que D. Santillana, en tant que rapporteur de la commission et de la sous-commission de codification du Code civil et commercial tunisien, pour situer les sources d'inspiration du C.O.C. En ce sens, D. Santillana a écrit que : « *la sous-commission a estimé qu'elle ne devait pas se renfermer exclusivement dans le cadre du droit français. Partout où cela a été jugé utile, elle a complété ou modifié le droit français par ce qu'on peut désormais appeler le droit européen* »[1828]. Il vise par là, le Code fédéral des obligations, le Code de commerce italien et le Code civil allemand.

533. Pour des raisons historiques évidentes, les rédacteurs du C.O.C se sont inspirés du droit français dans toutes les branches du droit, à l'exception du droit de la famille, des successions et libéralités[1829]. On peut même arguer que le droit français est la source la plus citée au bas de chaque article de l'avant-projet[1830]. Mais on retrouvera aussi des renvois à d'autres codes européens, comme le Code civil allemand. La notion de conversion est d'origine essentiellement germanique. Le droit tunisien a donc hérité cette technique du droit allemand. Il ne faut pas cependant en déduire que seul le droit allemand a participé à l'élaboration du texte de l'article 328. La bibliographie citée par Santillana, en marge et au bas de l'article 375 de l'avant-projet[1831], fait apparaître que le législateur tunisien s'est inspiré aussi des solutions du droit musulman et du droit romain[1832].

1827 M. D. SANTILLANA, David fils de Moise fils de David israélite né à Tunis en 1855, mort à Rome en 1931. Fait des études à Londres et devint à 18 ans, secrétaire de la commission financière en octobre 1873, second interprète du Bey, en 1875- Hostile à la France, dût démissionner en janvier 1879 à la suite de l'affaire de Sidi Thabet, il poursuivit des études de droit à Rome, devint avocat et se fit naturaliser italien. Il se consacra à des études sur le droit musulman. (V. sur tous ces détails, l'ouvrage de J.GANIAGE, Les origines du Protectorat français en Tunisie (1861-1881) M.T.E. 1968, pp. 426 et s.).

1828 Avant propos de D. SANTILLANA, n° 1 et 2.

1829 E. ARFAOUI, th. préc., p. 250.

1830 *Ibid.*, p. 252.

1831 Sur cette bibliographie, V. annexe I.

1832 Sur l'influence du droit musulman et du droit romain sur le droit tunisien, V. O. BEN FADHEL, Introduction au droit privé comparé, Publications de l'I.O.R.T., 2001, p. 97 et s. V. aussi :

حاتم الرواتبي، "مجلة الالتزامات و العقود و الإسلام"، مقال منشور بكتاب مائوية مجلة الالتزامات و العقود 1906-2006، مؤلف جماعي، تحت إشراف الأستاذ محمد كمال شرف الدين، مركز النشر الجامعي، تونس 2006، ص 186 و ما بعدها؛ يوسف الرزقي، "القانون التونسي و التشريع الإسلامي"، مقال منشور بكتاب مسائل في فقه القانون المدني المعاصر، ، مؤلف جماعي، منشورات مجمع اللأطرش للكتاب المختص ، تونس، 2014، ص 170 و ما بعدها؛ أحمد ادر يوش، أصول قانون الالتزامات و العقود، بحث في الأصول الفقهية و التاريخية، منشورات سلسلة المعرفة القانونية، الرباط ، 1996.

534. L'influence du droit musulman, dont l'objectivisme est évident jusqu'à ses extrêmes limites sur la pensée des rédacteurs du C.O.C. n'est pas à démontrer. Les rites malékites et hanafites admettent, en effet, la conversion abstraction faite de la volonté des parties[1833]. En témoigne les exemples concrets donnés par les jurisconsultes de ces deux écoles et qui ont été cités par Santillana en marge de l'article 375 de l'avant-projet. C'est ainsi que Zarkani, l'un des représentants de l'école de l'Imam Malek, cité par Santillana, en marge de l'article 375 de l'avant-projet, admet que le bail à complant, nul comme tel, peut valoir comme louage d'ouvrage. Cet exemple a été reproduit par le législateur dans l'article 1226 du C.O.C. Ce dernier prévoit qu'en cas de nullité de la société à complant dite aussi de plantation[1834] (moughâraça), le colon aura droit à un salaire qui sera établi sur la base des salaires de même nature. Il n'aura droit à aucun salaire s'il n'a pas travaillé. Le motif de cette disposition est facile à apercevoir. Le législateur a voulu protéger les intérêts de la partie faible, le colon, face au propriétaire de la terre. Prétendre que le motif de la conversion réside dans la volonté des parties est donc un leurre. La volonté de protéger la partie faible peut encore justifier la conversion du marché à forfait, nul, en un contrat de louage d'ouvrage[1835].

535. La conversion repose ainsi sur un fondement purement objectif en droit musulman. Cette solution ne doit pas surprendre, le caractère objectif du droit musulman est un sujet qui fait l'unanimité de la doctrine[1836]. C'est ainsi que M.A. ZARKA considère que l'obligation au regard du droit musulman est un rapport objectif portant sur le patrimoine du débiteur en matière de créance et sur les services de l'employé en matière de contrat de

---

[1833] N. REKIK, L'ordre public et le contrat civil, préface M.K. CHARFEDDINE, éd. LATRACH, Tunis 2015, n° 371, p. 367, note 2.

[1834] L'article 1425 du C.O.C. prévoit que : « *La société à champart est nulle comme telle :*

1) s'il est stipulé que le cultivateur fera une partie des travaux d'exploitation ;

2) lorsqu'il est stipulé que le cultivateur percevra seul les produits d'une partie déterminée du fonds qui fait l'objet de l'exploitation ou prélèvera une certaine quantité de produits avant tout partage ;

3) ou que le cultivateur ou le colon fourniront une certaine somme en valeurs ou en effets mobiliers ;

4) lorsque le terme du contrat est trop court pour que le colon puisse percevoir les fruits de la plantation ou de la récolte qui fait l'objet du contrat ;

5) lorsque le contrat a pour objet des arbres dont les fruits sont déjà mûrs, ou des récoltes prêtes à être moissonnées ;

6) lorsque la part du colon est établie d'avance en une quotité fixe, déterminée par nombre, poids ou mesure ».

[1835] Cet exemple a été proposé aussi par Zarkani et cité par Santillana, en marge de l'article 375 de l'avant-
projet.

[1836] A. REBAÏ, « *La classification des sources de l'obligation dans le Code tunisien des obligations et des contrats* », art. préc., n° 8, p. 485 ; M. BAG BAG, De la déclaration de volonté, source d'obligation dans le Code des obligations et des contrats, Essai d'une théorie générale, th. Faculté de droit et des sciences politique de Tunis, 1993-1994, p. 48 et s.

travail[1837]. Ch. Chehata penche lui aussi pour le caractère objectif de l'obligation en droit musulman[1838]. Le même point de vue a été partagé par Y. Linant de Bellefonds qui considère pour sa part que le droit musulman a « *résolument adopté une notion objective non seulement de l'obligation, mais aussi du droit en général* »[1839]. Le professeur Othman Ben Fadhel, enfin, avait déjà souligné le rôle réduit de la volonté, notamment dans la doctrine malékite, qui admet les nullités partielles[1840].

536. Cette conception objective de la conversion démontre encore que le droit tunisien a subi aussi l'influence du droit romain. Cela ne doit pas surprendre. Les renvois à des textes du Digeste au bas de l'article 375 de l'avant-projet font apparaître que le législateur s'est inspiré pour une grande part des solutions issues du droit romain[1841]. Le recours au droit romain et plus particulièrement au droit romain des obligations est donc non seulement utile, mais tout à fait légitime, lorsqu'il s'agit de préciser l'intention du législateur. A cet égard, il est à noter que les auteurs qui ont analysé l'histoire du droit des obligations relèvent que le droit romain faisait prédominer davantage le contrat envisagé comme un « *échange de prestations* » que comme un échange de consentement[1842].

La conception objective de la conversion en droit tunisien se confirme davantage à travers l'analyse de quelques textes spéciaux consacrant la conversion dans des hypothèses particulières.

B. L'objectivisation des textes spéciaux

537. La consécration de la conversion dans un texte général n'a pas empêché le législateur à édicter quelques cas de conversion légale[1843]. L'étude des applications particulières de la conversion n'est pas dénuée d'intérêt dans la mesure où elle permettra de démontrer encore une fois que l'intervention du législateur s'explique par la volonté de satisfaire des

---

[1837] V. en ce sens :
مصطفى أحمد الزرقاء، المدخل إلى نظرية الالتزام، الفقه الإسلامي في ثوبه الجديد، المدخل إلى نظرية الالتزام العامة في الفقه الإسلامي، الجزء الثالث، الطبعة العاشرة، دار الفكر دمشق، 1964، عدد 28 ص 55 ؛ يراجع أيضا في نفس الاتجاه: وحيد الدين سوار، التعبير عن الإرادة في الفقه الإسلامي، الطبعة الثانية، الشركة الوطنية للنشر و التوزيع، الجزائر 1979، ص 4؛ عبد الرزاق أحمد السنهوري، مصادر الحق في الفقه الإسلامي،المرجع السابق، ص 77.

[1838] C. CHEHATA, Théorie générale de l'obligation en droit musulman hanéfite, Sirey 1969, p. 99 ; V. aussi
pour le même auteur « *Le concept de contrat en droit musulman* », A.P.D. 1968, p. 130.

[1839] Y. LINANT DE BELLE FONDS, Traité de droit musulman comparé, t.1, théorie de l'acte juridique, MOUTON et CO. Paris La Haye 1965, n° 179, p. 157.

[1840] O. BEN FADHEL, Introduction au droit privé comparé, *op.cit.*, p. 137 et s.

[1841] DIGESTE, XLVI, 4,8, 19 pr ; XVIII, 5, 5 ; XXIX, A, 3 ; XIII, 5, 1, §4.

[1842] J.-M. POUGHON, Histoire doctrinale de l'échange, th. Strasbourg, 1982, L.G.D.J., t.194, 1987, n° 138.
M. VILLEY, Seize essais de philosophie du droit, 1969, p. 241 et s. ; C. DESPOTOPOULOS, « *La notion de synallagma chez Aristote* », A.P.D. 1968, p. 115 et S. ; M. VILLEY, « *Préface historique à l'étude des notions de contrat* », *in* A.P.D., 1968, t.13, p. 8.

[1843] Les articles : 1219, 1302, 1371 du C.O.C.

impératifs objectifs supérieurs à la volonté des parties. Le plus souvent l'intervention du législateur est dictée par des considérations morales[1844]. C'est en ce sens qu'on peut comprendre la conversion prévue par l'article 1302 du C.O.C. Ce texte dispose, en effet, que « *lorsque le contrat attribue à l'un des associés la totalité des gains, la société est nulle et le contrat constitue une libéralité de la part de celui qui a renoncé aux bénéfices* ». L'action en nullité sur la base de cet article permet à l'associé de recourir contre la société jusqu'à concurrence de ce qu'il a touché en moins de sa part contributive[1845]. En conséquence, l'associé peut se servir de cette nullité comme prétexte pour se soustraire à des obligations régulières, auxquelles il s'est engagé[1846]. En d'autres termes, la nullité permet à l'associé de restituer les gains qui ont fait l'objet de sa renonciation. La demande en nullité est ainsi inconciliable avec la bonne foi[1847]. La meilleure sanction serait la conversion du contrat de société nul en une libéralité de la part de celui qui a renoncé aux bénéfices. Une solution pareille a l'avantage d'obliger l'associé de mauvaise foi à respecter la parole donnée et à se comporter honnêtement dans les relations contractuelles.

538. La volonté de protéger les intérêts de la partie faible au contrat peut, dans d'autres cas, constituer une explication de la conversion légale. La conversion du contrat de commande en un contrat de travail ou en un contrat de prêt se rattache à cette idée[1848]. La conversion peut également trouver sa justification dans la volonté de protéger les tiers à l'acte. La conversion de la donation conclue pendant la dernière maladie en un testament, consacrée par l'article 206 du C.S.P., illustre parfaitement cette assertion[1849]. Le motif de cette disposition est facile à apercevoir : le législateur veut protéger les successibles contre les actes graves conclus par le malade pendant sa dernière maladie. La conversion légale peut, enfin, procéder d'une volonté plus vaste de satisfaire les intérêts généraux de la collectivité tout entière. La conversion d'une société à responsabilité limitée, lorsque toutes les parts sociales se réunissent entre les mains d'un seul associé, en une société unipersonnelle à responsabilité limitée, en est l'illustration la plus saillante[1850].

Le caractère purement objectif de la conversion en droit tunisien étant établi, il convient à présent de démontrer que ce choix législatif se légitimait par des raisons théoriques et par des considérations d'opportunité.

[1844] V. *supra* n°s 463 et s.

[1845] L'article 1300 du C.O.C. prévoit que « *la part de chaque associé dans les bénéfices et dans les pertes est en proportion de sa mise* ».

[1846] Ph. SIMLER, La nullité partielle des actes juridiques, th. préc., n° 384, p. 467.

[1847] V. *supra* n°s 464 et s.

[1848] V. *supra* n° 170.

[1849] V. *supra* n° 195.

[1850] V. *supra* n° 225.

SECTION II. L'APPRÉCIATION DE LA CONCEPTION OBJECTIVE DE LA CONVERSION EN DROIT TUNISIEN

539. La conception objective de la conversion en droit tunisien paraît préférable non seulement parce qu'elle est satisfaisante en théorie (*§1*), mais aussi en raison de ses effets vertueux sur le plan pratique (*§2*).

§ 1. Une conception théoriquement justifiée

540. L'objectivisation de la conversion est théoriquement satisfaisante non seulement parce qu'elle vient dépasser les critiques adressées à la théorie de la volonté virtuelle, mais aussi et surtout parce qu'elle est en pleine harmonie avec les nouvelles tendances « *d'objectivisation* » de la notion de contrat (**A**), ainsi que de ses fondements (**B**).

A. Une conception conciliable avec l'objectivisation de la notion de contrat

541. Le contrat est défini par la doctrine classique comme étant « *un accord de volonté destiné à créer des obligations* »[1851]. Cette approche « *juridique* » ou encore « *volontariste* » du contrat fait apparaître que « *l'accord des volontés est considéré comme l'élément essentiel et exclusif du contrat* » [1852]. La rencontre des volontés est l'élément en l'absence duquel aucun contrat ne saurait jamais se former[1853]. M, Rouhette a recensé dans sa thèse des expressions révélatrices à cet égard[1854]. L'accord des volontés se trouve tour à tour désigné comme l'élément moteur, le centre de gravité, la

---

[1851] V. en droit tunisien :
محمد الزين، النظرية العامة للالتزام، 1- العقد، المرجع السابق،عدد 23، ص 30؛ محمد محفوظ ، النظرية العامة للالتزام-1-العقد ، المرجع السابق، ص 15 ؛ محمد بقبق، قانون مدني ، النظرية العامة للالتزام، التصرف القانوني ، المرجع السابق، عدد 352 ، ص 265 ؛محمد المالقي، محاضرات في شرح القانون المدني التونسي، المرجع السابق، ص 29.
L'article 1101 du C.C.F. définit le contrat comme étant : « *un accord de volontés entre deux ou plusieurs personnes destiné à créer, modifier, transmettre ou éteindre des obligations* ».
V. en dr. comp., J. CARBONNIER, Les obligations, *op.cit.*, n° 15 ; *Adde* : G. ROUHETTE, Contribution à l'étude critique de la notion de contrat, th., Paris, 1965, p. 357 ; F. TERRÉ, Ph. SIMLER et Y. LEQUETTE, Droit civil, Les obligations, *op.cit.*, n°49, p.65 ; Ph. MALINVAUD, D. FENOUILLET, M. MEKKI, Droit des obligations, 13e éd. Lexis Nexis, 2014, n°60 p. 45 ; L. FIN-LANGER, L'équilibre contractuel, préf. C. THBIERGE, bibliothèque de droit privé, t. 366, L.G.D.J., 2002, n° 81, p. 65 ; A.-S. COURDIER-CUISINIER, Le solidarisme contractuel, *op.cit.*, n° 169, p. 98 ; Le contrat peut se définir aussi comme étant « *la procédure bilatérale de création des effets de droit* » (F.P. BENOIT, « *Notions et concepts, instruments de la connaissance juridique, Les leçons de la philosophie du droit de Hegel* », *in* Mélanges en l'honneur du professeur G. PEISER, P.U.F., 1995, p. 27).

[1852] L. FIN-LANGER, *op.cit.*, n° 81, p. 65 ; A.-S. COURDIER-CUISINIER, *op.cit.*, n° 169, p. 98.

[1853] L. BEAUCHET, Le droit des obligations, 1897, spéc.p. 29 et 30 ; F. LAURENT, principes de droit civil français, 3e éd., tome XV, spéc .n° 543, p.510.

[1854] G. ROUHETTE, Contribution à l'étude critique de la notion de contrat, th. préc, n° 92, p.349.

trame ou le *subtratum*[1855], le nœud ou le noyau[1856], le fondement, la moelle, l'essence[1857] ou l'âme[1858] du contrat. L'accord c'est le contrat même[1859].

542. La conversion semble fausser cette vision classique du contrat. Les hypothèses de conversion précédemment étudiées montrent que les contractants ne constituent pas les seuls créateurs de la convention. Le juge, mais aussi le législateur, peuvent participer à la réfection d'un acte à la place des parties. L'intervention législative ou judiciaire se trouve au cœur de ces rapports juridiques qui ne naissent pas de la rencontre de la volonté des deux parties liées, mais de la seule volonté du juge ou de la loi. La conception classique du contrat s'avère ainsi trop étroite pour justifier la conversion.

543. Il convient cependant de noter que cette définition subjective du contrat n'est pas unique. La doctrine moderne relève à juste titre que le contrat est une notion qui bouge : la conception individualiste et psychologique du contrat recule au profit d'une notion plus objective[1860]. M. Ghestin affirme en ce sens que le contrat se définit comme « un accord de volonté en vue de produire des effets de droit et auquel le droit objectif fait produire de tels effets »[1861]. De sa part, M. Collart Dutilleul précise que le contrat désigne un « *accord de volonté que la loi et/ ou le juge reconnaissent autoritairement comme tel et qu'ils soumettent au droit des contrats* »[1862].

544. Cette définition objective du contrat correspond à celle proposée par l'analyse économique du contrat et qui est fortement influencée ou imprégnée par la valeur économique ou patrimoniale des conventions[1863]. Le contrat traduit pour les tenants de cette analyse une relation économique entre les parties avant d'être un échange de consentement[1864]. Cette vision

---

[1855] L. JOSSERAND, Cours de droit civil positif français, II, 2e éd., Sirey, 1933, spéc. n° 41, p.25.

[1856] R. SAVATIER, Les métamorphoses économiques et sociales du droit civil d'aujourd'hui, tome I, 2e éd., Dalloz, 1952, spéc . n° 20, p.23, n° 68, p.59 et n° 78, p.68.

[1857] H., L. et J.MAZEAUD, Leçons de droit civil, II, p.106 ; G. MARTY et P. RAYNAUD, Les obligations, Sirey, 1962, spéc. n° 92, p.74 et n° 105, p.89.

[1858] L. BEAUCHET, Le droit des obligations, *op.cit.*, spéc.p. 29 et 30.

[1859] MARCADÉ, explication théorique et pratique du Code civil, 7e éd., 1873, t. IV, spéc. n° 397 cité par A. ENGEL-CRÉACH, Les contrats judiciairement formés, préf. A. BÉNABENT, Economica, Coll. Recherches juridiques, 2002, note n° 286, p.68 ; L. CADIET, « Interrogations sur le droit contemporain des contrats », *in* Le droit contemporain des contrats, préf. G. CORNU, Economica 1987, p. 7 et s. ; D. PUGSLEY, « *L'évolution du droit des contrats vue par un comparatiste* », *in* Le droit contemporain des contrats, préf. G. CORNU, Economica 1987, p. 155 et s

[1860] D. TALLON et D. HARRIS, « *Avant-propos* », *in* Le contrat aujourd'hui : comparaisons franco-anglaises, Paris, L.G.D.J. 1987.

[1861] J. GHESTIN, « *La notion de contrat* », Rev. Droits 1990, n°12, p.7.

[1862] F. COLLART – DUTILLEUL, « *Quelle place pour le contrat dans l'ordonnancement juridique* ? », *in* La nouvelle crise du contrat, Colloque tenu à Lille les 14et15 mai 2001, Dalloz, 2003, n°3, p.230.

[1863] J. MESTRE, « *L'évolution du contrat en droit privé français* », *in* L'évolution contemporaine du droit des contrats, P.U.F. 1986, p. 41 et s., spéc. p. 45. ; S. LE GAC-PECH, La proportionnalité en droit privé des contrats, L.G.D.J. 2000, n° 1012 et s., p. 409 et s.

[1864] L. FIN-LANGER, *op.cit.*, n° 163, p. 115.

plus « *réaliste* »[1865] correspond à l'analyse adoptée par les entreprises : « *pour elles, le contrat, c'est la formalisation sur le plan juridique d'une relation économique et financière ponctuelle ou permanente* »[1866].Cette vision économique du contrat constitue un véritable dépassement de l'analyse juridique du contrat.

545. Le mouvement de prise en considération de l'économie par le droit n'est pas récent. L'histoire des obligations connaît cette approche plus économique que consensualiste du contrat. Ainsi, en droit romain, le contrat était envisagé comme un « *échange de prestations* »[1867] que comme un « *échange de consentement* » [1868]. La cause de l'obligation dans ce droit, apparaît plus souvent dans la *res* que dans le consentement[1869]. Le droit romain donne ainsi une importance particulière à l'élément objectif, matériel, du déplacement de valeur d'un patrimoine à un autre, indépendamment du consentement [1870].

546. Cette vision plus réaliste correspond aussi à l'analyse faite par certains auteurs aujourd'hui. Poughon disait que : « *le contrat se présente comme un « Rapport plus économique que consensuel, il est davantage un échange de prestations qu'un échange de consentements : il y a contrat parce qu'il y a échange de prestations* »[1871]. Certains auteurs semblent aussi conserver cette vision économique du contrat notamment à travers la notion de cause[1872]. Ainsi Maury définit la cause comme l'équivalent voulu[1873]. De même, Louis-Lucas définit la cause comme la contrepartie et la compensation nécessaire qui justifie l'engagement[1874]. De sa part, Gounot rappelle que « *le contrat reste toujours essentiellement ce qu'il était au début : un échange, une commutatio, donnant donnant* »[1875]. Monsieur El-Gammal affirme aussi que : « *le fondement du contrat se trouve dans sa fin*

1865 *Ibid.*, n° 163, p. 116.

1866 J. PAILLUSSEAU, « *Les contrats d'affaires* », art. préc., n°7, p. 172.

1867 J.-M. POUGHON, Histoire doctrinale de l'échange, L.G.D.J., tome 194, 1987, n° 138.

1868 C. DESPOTOPOULOS, « *La notion de synallagma chez Aristote* », A.P.D. 1968, p. 115 et s.

1869 M. VILLEY, « *Préface historique à l'étude des notions de contrat* », A.P.D., 1968, tome 13, p. 8.

1870 J GHESTIN, Traité de droit civil, Les obligations, La formation du contrat, *op.cit.*, n° 231, p. 206 ; J. GHESTIN, « *L'utile et le juste dans les contrats* », A.P.D., t. 26, *in* L'utile et le juste, Sirey 1981, p. 43 ; C. DESPOTOPOULOS, art.préc., p. 115 et s. ; *Adde* sur la conception réaliste du contrat en droit musulman, Ch. CHEHATA, « *Le concept de contrat en droit musulman* », A.P.D., 1968, p. 129 et s.

1871 J. M. POUGHON, *op.cit.*, n° 138, p. 83.

1872 L. FIN-LANGER, *op.cit.*, n° 163, p. 116.

1873 J. MAURY, Essai sur le rôle de la notion d'équivalence en droit civil français, th. Toulouse 1920 ; V. aussi sur cette théorie de la cause, Mohamed ZINE
محمد الزين، النظرية العامة للالتزام، 1- العقد، المرجع السابق،عدد 228، ص 186.

1874 L. LUCAS, Volonté et cause, th. Dijon, 1918.

1875 E. GOUNOT, Le principe de l'autonomie de la volonté en droit privé, Contribution à l'étude critique de l'individualisme juridique, th. DIJON, 1912, p. 357 et 358.

économique : la nécessité de l'échange »[1876]. Le même auteur ajoute « *qu'il s'agisse d'une économie libérale ou collective, l'instrument d'échange reste toujours le contrat : il est la forme unique de jonction entre deux patrimoines* »[1877]. Overstake, enfin, conçoit le contrat comme « *la transposition juridique d'une opération économique* »[1878].

547. La prise en compte de l'économie dans l'analyse du contrat conduit à un passage du « *contrat-promesse-obligation* » au « *contrat-opération* »[1879]. Appréhender le contrat en terme d'opération permet de voir en celui-ci un instrument à caractère économique, en ce sens où il permet le déplacement, la permutation de biens, de valeurs, de services d'un patrimoine à un autre[1880]. Cette conception économique coïncide parfaitement avec la réalité contractuelle[1881]. Le contrat est un instrument d'échange de biens et de service avant d'être « *un instrument de perfectibilité de l'être humain laquelle relève de la morale* ». « *Contracter, ce n'est pas entrer en religion, ni même communiquer dans l'amour de l'humanité, c'est essayer de faire ses affaires* »[1882]. Le contrat n'est pas seulement le lieu de rencontre des volontés. Il est aussi et surtout le lieu de rencontre de l'espoir et de la confiance réciproque entre les parties dans la mesure où chacune espère obtenir de l'autre la satisfaction de ses besoins[1883].

La conception objective de la conversion en droit tunisien contribue à revivifier les apports du droit musulman et du droit romain sur la manière de penser le contrat, mais aussi de donner de vigueur aux tendances contemporaines d'objectivisation de la notion du contrat, ainsi que de ses fondements[1884].

[1876] M. M. EL-GAMMAL, L'adaptation du contrat aux circonstances économiques, L.G.D.J., 1967, n° 98.

[1877] *Ibid.*, n° 109.

[1878] J.F. OVERSTAKE, Essai d'une classification des contrats spéciaux, L.G.D.J. 1969, p. 17.

[1879] G. CORNU, « *L'évolution du droit des contrats en France* », *in* L'évolution du droit des contrats, Journées de la société de législation comparée, R.I.D.C. 1979, numéro spécial, vol. 1, n° 462, p. 51 ; H. RAMPARANY-RAVOLOLOMIARANA, Le raisonnable en droit des contrats, L.G.D.J. 2009, préf. J. BEAUCHARD, L.G.D.J. 2009, n° 263 et s., p. 365 et s.

[1880] A. SERIAUX, Droit des obligations, 2e éd., 1998, n°5, p. 23 ; J. MESTRE, « *L'évolution du contrat en droit privé français* », *in* L'évolution contemporaine du droit des contrats, Journées R. SAVATIER, Poitiers, 24-25 octobre 1985, P.U.F., coll. De la Faculté de Droit et des Sciences Sociales de l'Université de Poitiers, 1986, p. 58 ; B. OPPETIT, « *Droit et économie* », A.P.D. 1992, t. 37, « *droit et économie* », p. 17.

[1881] J. GHESTIN, « *La notion de contrat* », D. 1990, Chron., p. 150.

[1882] F. TERRE, Ph. SIMLER, Y. LEQUETTE, Droit civil, Les obligations, *op.cit.*, n° 42, p. 47.

[1883] *Ibid.* ; *Adde* J. HAUSER, objectivisme et subjectivisme dans l'acte juridique, L.G.D.J. 1971, p 13.

[1884] A.-S. LAVEFVE LABORDERIE, La pérennité contractuelle, préf. C. THIBIERGE, L.G.D.J. 2005, n° 422, p. 236 ; D. GRILLET-PONTON, th. préc., n°267, p.321 ; M. CHAGNY, « *La confiance dans les relations d'affaires* », *in* La confiance en droit privé des contrats, Dalloz 2008, p. 35 et s.

B. Une conception conciliable avec l'objectivisation des fondements du contrat

548. La disparition dans le texte final de l'article 328 du C.O.C. de la formule relative à la volonté virtuelle étant démontrée, il n'est pas sans intérêt maintenant de s'interroger sur les raisons qui ont poussé le législateur à choisir cette solution. Avant de répondre à cette question, il convient de signaler que théoriquement le fait de renoncer à une partie d'un texte après l'avoir envisagé dans un premier temps peut avoir plusieurs significations selon le cas d'espèce. Il peut s'agir ainsi d'un allégement du texte étant donné que cette partie est trop évidente pour être citée[1885]. Mais il peut aussi être question d'éviter une contradiction entre ladite disposition et d'autres[1886]. Il peut, enfin, être le signe d'un changement au niveau du choix législatif et des orientations[1887].

549. Cette dernière alternative semble bien être le cas dans l'hypothèse qui nous retient. Il y a lieu, en effet, de signaler que théoriquement une option était offerte au législateur entre deux alternatives ou plutôt entre deux courants de pensée qui divergent en considération de la conception faite du contrat. Une première conception, dite classique, adopte une lecture volontariste de la convention. Selon cette théorie, le contrat est fondé sur l'autonomie de la volonté, définie comme « *le pouvoir de la volonté d'être la source et la mesure des droits subjectifs, d'être un organe créateur de droit* »[1888]. Une seconde conception du contrat, dite renouvelée, adopte une lecture plus étendue ou plus globale du contrat. Les défenseurs de cette conception considèrent que le contrat ne repose pas seulement sur la volonté exprimée des parties, mais sur d'autres éléments extra volontaires, à l'instar de l'utile, du juste, de la bonne foi et de la sécurité juridique. La conception purement objective de l'article 328 du C.O.C., est en pleine harmonie avec ces tendances contemporaines d'objectivisation des fondements de l'acte juridique[1889].

550. Le choix fait par le législateur dans l'article 328 du C.O.C. est en même temps significatif de la différence d'inspiration ou encore « *d'idéologie* » des rédacteurs de ce texte par rapport à ceux de l'article 140 du BGB. La solution de l'article 140 repose sur une option théorique fondamentale : le respect de l'autonomie de la volonté quel qu'en soit le prix, ce qui permet de dire que ce texte est motivé par un excès d'individualisme et de libéralisme. La position du législateur tunisien, en revanche, est beaucoup plus réaliste :

[1885] M. BADRI, Le Code des obligations et des contrats et la maxime « *Nemo auditur…* », mémoire en vue de l'obtention du diplôme de mastère en droit des affaires, Faculté des sciences juridiques politiques et sociales de Tunis, 2003-2004, pp. 91 et 92.
[1886] *Ibid.*
[1887] *Ibid.*
[1888] E. GOUNOT, Le principe de l'autonomie de la volonté en droit privé, Contribution à l'étude critique de l'individualisme juridique, th. préc., p.3et s.; V. RANOUIL, L'autonomie de la volonté : naissance et évolution d'un concept, Paris II, P.U.F., 1980, p.63.
[1889] HAUSER, objectivisme et subjectivisme dans l'acte juridique, *op.cit.*, p. 13.

le respect de la parole donnée, les règles de la bonne foi et la sécurité juridique sont mieux servies par la conversion que par l'anéantissement de l'acte. Cette orientation montre que les rédacteurs du Code des obligations et des contrats s'étaient montrés sensibles à l'essor de la théorie socialiste et de la doctrine du dirigisme économique[1890]. Le choix fait par le législateur tunisien doit être salué. Une présentation sommaire des bases de la théorie individualiste et la doctrine du libéralisme économique permettra de démontrer aussi que les principes de la conversion sont inconciliables avec les bases de ces théories.

551. La théorie individualiste fait de l'individu, isolé du milieu social, le seul fondement et la seule fin du droit[1891]. Les cas de conversion étudiés révèlent que la conversion porte atteinte à l'individualisme dans ces deux facettes. Il est en effet évident que l'individu n'est plus une source autonome du droit subjectif qu'il crée, puisque la conversion conduit à imposer aux individus un acte nouveau sans qu'il y ait une volonté expresse dirigée vers lui. L'intervention législative ou judiciaire remet en cause l'individu en tant que moyen du droit capable de défendre seul ses intérêts. La conversion peut aussi porter atteinte à l'autre aspect de l'individualisme, celui qui présente l'individu comme la fin du droit. Or, l'intervention du législateur ou du juge est parfois dictée par la volonté de protéger les intérêts de l'un des deux individus, la partie faible, voire l'intérêt collectif[1892].

552. Le libéralisme, prône l'idée de liberté, considérée comme le moyen le plus efficace au service de l'intérêt individuel et général (liberté personnelle, liberté d'expression, liberté économique et liberté contractuelle[1893]). La doctrine contemporaine a pris conscience que la liberté loin d'être le moyen le plus efficace pour assurer l'intérêt individuel peut constituer au contraire un moyen d'oppression du plus fort. Pour y remédier, le législateur ou la jurisprudence doivent intervenir, parlant ainsi de dirigisme législatif ou jurisprudentiel[1894]. La conversion semble être l'un des outils mis à la disposition du juge pour protéger ces intérêts dignes de respect.

Appréciée sous un angle théorique, la solution proposée n'en est pas moins louable d'un point de vue pratique.

[1890] V. en ce sens : M. SOBHY-KHALIL, Le dirigisme économique et les contrats, L.G.D.J. 1967.

[1891] E. GOUNOT, Le principe de l'autonomie de la volonté en droit privé, th. préc., 1912, p.3et s.; V. RANOUIL, L'autonomie de la volonté : naissance et évolution d'un concept, *op.cit.*, p.63.

[1892] V. *supra* n°s 481 et s.

[1893] L. FIN-LANGER, *op.cit.*, n° 48 et s., p. 46 et s.

[1894] L. JOSSERAND, « *Aperçu général des tendances actuelles de la théorie des contrats* », R.T.D.Civ. 1937, n°2, p. 2 ; G. MORIN, « *Les tendances actuelles de la théorie des contrats et les relations du réel et des concepts* », R.T.D. civ. 1937, p. 554.

§ 2. Une conception pratiquement opportune

553. Sur le plan de l'opportunité, il faut souligner les effets vertueux de la conception que se fait le législateur de la conversion en ce qu'elle donne la préférence à l'efficacité (**A**) et à la sécurité juridique (**B**).

A. La faveur législative à la conversion ou la préférence à l'efficacité

554. Pour souligner la faveur de notre législateur à l'idée de sauvetage des actes juridiques par le jeu de la conversion, il semble opportun de recourir à un raisonnement par supposition. On suppose l'existence de la volonté virtuelle dans l'article 328 du C.O.C. afin de déduire comment cette prétendue volonté conduit à la limitation du domaine de la conversion. Ainsi, à raisonner sur le § 140 du BGB, la conversion n'est admise que si les parties « *auraient voulu l'acte second si elles avaient connu la nullité* ». Les commentateurs de cet article considèrent que les termes du § 140 du B.G.B. lient le juge et qu'une interprétation restrictive de ces termes devrait conduire à repousser son application, partout où les parties connaissent la nullité de l'acte[1895]. Contrairement à la solution du B.G.B., le texte de l'article 328 du C.O.C. ne rend pas nécessaire, l'ignorance de la nullité par les parties. L'absence de la formule relative à la volonté hypothétique conduit donc à rendre l'article 328 applicable même dans des espèces, où l'on savait que l'acte majeur ne pouvait valoir pour défaut d'une condition que l'on savait indispensable[1896].

555. La formule relative à la volonté virtuelle constitue ainsi un obstacle sérieux au sauvetage des actes juridiques. On comprend donc déjà pourquoi le législateur tunisien n'a pas voulu ériger la volonté virtuelle comme condition à la conversion. L'objectif est de ne pas resserrer l'application de la conversion dans des limites étroites. La solution la plus logique veut que l'article 328 du C.O .C. doit recevoir application chaque fois qu'il y a utilité à le faire, même si les parties ou l'une d'elles connaissent la nullité, ce qui permet de donner autant que possible effet à la volonté des parties et une sécurité dans les transactions.

556. On peut encore ajouter que la volonté commune des parties, si malaisée à connaître, reste la plupart du temps inexistante. Les volontés des parties, comme leurs intérêts, sont souvent antagonistes et opposés. Chacune

---

[1895] X. PERRIN, th. préc., n° 42 et s., p. 57 et s.

[1896] Il y a lieu de signaler que la connaissance de la nullité pourra rendre inapplicable l'article 328. On se retrouvera normalement, dans cette hypothèse, en présence d'une simulation : les parties connaissent également l'existence de l'acte mineur, et il y aura lieu de lui donner effet parce qu'il est l'acte réel. Mais on peut se trouver aussi dans une espèce où les parties ont connu la nullité, et où cependant elles pensaient s'engager sérieusement. Il en est ainsi notamment lorsqu'elles veulent former un acte juridique solennel auquel manque encore un élément qu'elles savent indispensable, mais qu'elles sont empêchées par un événement fortuit, indépendant de leur volonté, de remplir cette condition (X. PERRIN, th. préc., n° 43., pp. 57 et 58).

d'entre elles ayant en réalité concouru à des objectifs qui lui sont propres. Si donc on scrute leurs volontés éventuelles, ce que d'ordinaire on découvre, ce ne sont pas des volontés concordantes, mais un désaccord virtuel[1897]. Généralement une partie veut se soustraire à ses obligations, alors que l'autre cherche la conversion. Il est par conséquent à craindre, faute de déceler cette prétendue volonté commune des parties, que le juge ne prononce pas la conversion avec les conséquences fâcheuses qui en découlent. Du reste, une décision judiciaire qui n'a d'autres fondements qu'une commune volonté manifestement inexistante, est une décision qui n'est pas motivée et qui par suite mérite la censure de la Cour de cassation pour absence ou du moins pour insuffisance de motivation[1898].

557. Il paraît au bout de compte que notre ordre juridique préfère l'efficacité d'un acte juridique à son inefficacité. Le vœu du législateur à travers l'article 328 du C.O.C. est incontestablement que tout soit mis en œuvre pour sauver l'acte et que son anéantissement ne soit accepté qu'en désespoir de cause. La faveur législative pour la conversion est d'autant plus remarquable que la sanction s'impose parfois nonobstant l'absence d'une volonté virtuelle des parties dirigée sur l'acte nouveau. Le critère habituel fondé sur la prétendue volonté virtuelle des parties se trouve alors déjoué. Pareille solution, qui donne de la préférence au maintien d'un acte juridique plutôt que de servir la volonté des parties doit être saluée, d'autant plus qu'elle compose convenablement avec la sécurité juridique.

B. Une solution soucieuse de la sécurité juridique

558. La notion de sécurité juridique a un aspect théorique d'une part, et un aspect technique d'autre part[1899]. D'un point de vue théorique ou philosophique, la sécurité correspond à la protection de l'ordre, de la paie sociale, à la lutte contre l'arbitraire. On imagine aisément le désordre qui

---

[1897] E. GOUNOT, th. préc., pp. 208-209.

[1898] La motivation est une obligation légale imposée par l'article 123 du C.P.C.C. Ce dernier prévoit que « *tout jugement doit contenir : 5) les motifs en fait et en droit* ». Le défaut de motif et le manque de base légale est un cas d'ouverture à cassation, en application de l'article 175 du C.P.C.C.

V. en doctrine sur la motivation des jugements : Ahmed JANDOUBI et HOUCIN BEN SLIMA

أحمد الجندوبي و حسين بن سليمة، أصول الرافعات المدنية و التجارية، الطبعة الثالثة،2011، ص 366 و ما بعدها و ص .455

La Cour de cassation rappelle la règle de l'article 123 du C.P.C.C., à maintes reprises. V. en ce sens : cass.civ. n° 33377 du 1 novembre 1994, B.C.C., 1994, I, p. 39.

" تعليل الأحكام من الناحية الواقعية و القانونية و التعرض لكل عناصر الدعوى وأدلتها و الدفوع الجوهرية المثارة و تمحيصها ومناقشتها

والرد عليها بكيفية مستساغة و استخلاص النتائج القانونية منها هو شرط أساسي طبقا لأركان الفصل 123 م. م.م.ت."

V. dans le même sens : Cass.civ. n° 38527, du 7 mai 1996, B.C.C. 1996, p. 95 ; Cass.civ. n° 34086, du 26 déc. 1996, B.C.C. 1996, p. 16.

[1899] T. PIAZZON, La sécurité juridique, préf. L. LEVENEUR, Coll. Doctorat et notariat, éd. Alpha, *Défrénois*, 2010, n°8, p. 13.

résulterait d'un droit des contrats qui laisserait au débiteur le soin d'apprécier l'opportunité d'exécuter ses obligations ou, plus sérieusement, de lui permettre de se défaire du lien contractuel dès lors qu'il éprouve quelques difficultés à satisfaire à ses obligations[1900]. D'un point de vue de la technique juridique, la sécurité renvoie à un contenu plus précis ; il s'agit de la sécurité relative aux modes d'expression et de réalisation du droit qui forme la sécurité juridique proprement dite[1901]. Les deux sous-exigences principales qui découlent de cette définition technique de la sécurité juridique sont la stabilité et la prévisibilité[1902]. Notre objectif, ici, est de démontrer que la conception subjective est gravement attentatoire à l'impératif de sécurité juridique. L'objectivisation de la conversion, à l'inverse, s'inscrit dans une logique téléologique soucieuse de l'impératif de sécurité juridique jusqu'à l'obsession[1903].

559. L'objectivisation de la conversion permet, d'abord, de prévenir le risque d'arbitraire lié au subjectivisme. En effet, la prise en considération de la volonté virtuelle des parties laisserait une part trop belle à l'appréciation du juge ce qui ouvre la porte à l'arbitraire. Le rôle du juge serait dans ce cas celui d'un psychologue qui, de certaines attitudes, de certaines situations objectives, conclut à l'existence de tel ou tel état d'âme[1904]. Le droit ne serait plus dans cette hypothèse « *une science, mais un art de divination* »[1905]. La juridiction qui statue risque inéluctablement de « *s'enliser dans de vaines recherches psychologiques* »[1906], sans avoir la certitude de rendre une décision conforme à la prétendue volonté virtuelle des parties. Le risque d'arbitraire lié au subjectivisme, relève Monsieur N. Besrour, s'aggrave encore du fait que la recherche de la volonté des parties est soumise à l'appréciation souveraine des juges du fond, et échappe ainsi au contrôle de la Cour de cassation[1907]. Par ailleurs, cette méthode risque de transformer le juge en un expert-psychiatre et un psychologue dans chaque procès[1908]. Il y a lieu par la suite de redouter les pouvoirs démesurés dont disposent les magistrats qui s'inspirent de la soi-disant volonté contractuelle.

1900 *Ibid.*

1901 *Ibid.*, n°8, p. 12.

1902 *Ibid.*

1903 N. BESROUR, art. préc., p. 20.

1904 X. PERRIN, th. préc., n° 40, p. 53.

1905 *Ibid.*

1906 Selon l'expression de B. TEYSSIE, « *Réflexions sur les conséquences de la nullité d'une clause d'un contrat* », D. 1976, Chron. 281, spéc. n° 22 ; V. dans le même sens : M. DEFFOSSEZ, « *Réflexions sur l'emploi des motifs comme cause des obligations », R.T.D.civ. 1985, 521.* L'auteur considère que la méthode de recherche d'intention est un « *psychologisme pour qui mène à une impasse* ».

1907 H. RAMPARANY-RAVOLOLOMIARANA, Le raisonnable en droit des contrats, *op.cit.*, n° 270, p. 379.

1908 P. JOURDAIN, Recherches sur l'imputabilité en matière de responsabilité civile et pénale, th. Paris II, 1982.

L'affirmation de l'objectivité de la conversion constitue ainsi une première garantie contre le risque de voir développer le pouvoir arbitraire du juge.

560. La conception purement objective de la conversion en droit tunisien permet également de prévenir l'insécurité qui résultait de la décision du juge, compte tenu de l'imprévisibilité du critère qu'il prendra finalement en considération lors de la mise en œuvre de la conversion[1909]. En effet, tantôt il s'attache à faire prédominer la volonté des parties, tantôt il s'attache à faire prévaloir un critère objectif, l'efficacité de la sanction. Les plaideurs, mais aussi les tiers, ne disposeraient pas dès lors de paramètres précis leur permettant de savoir quelle priorité le magistrat fera triompher. Une telle situation est néfaste pour la sécurité juridique puisque des solutions contradictoires font leur apparition ; un raisonnement est admis dans telle hypothèse, non dans telle autre, alors qu'il était également justifié dans les deux cas. Lorsque le choix de la conversion est exclusivement tributaire des volontés contractuelles, la solution du litige est susceptible dans ce cas de varier d'un procès à l'autre. Les justiciables se verraient réserver la surprise d'un dispositif judiciaire imprévisible.

561. Considérer que le choix de la conversion dépend uniquement de critères objectifs, tels que l'efficacité de la sanction ou l'utilité de l'acte, revient à admettre que la solution sera identique toute les fois où le juge est saisi d'une action tendant à la prononciation de la conversion[1910]. C'est pourquoi on peut raisonnablement penser qu'une conception purement objective de la conversion permet d'unifier les solutions régissant la matière. Le rôle unificateur de la Cour de cassation et le contrôle qu'elle exerce sur la décision de conversion, lorsqu'elle est fondée sur des considérations purement objectives, réduit aussi le risque de diversité des solutions.

562. La particularité de la conversion en droit tunisien, concept purement objectif, loin de créer une insécurité permet d'assurer la sécurité juridique dans la mesure où elle permet de prévenir non seulement l'arbitraire judiciaire, mais aussi l'imprévisibilité et l'instabilité en matière d'acte juridique. La sécurité ne rime point, en effet, avec subjectivité et s'accommode avec l'objectivité. La solution contraire, semble dangereuse pour la sécurité juridique puisqu'elle change l'idée directrice du droit : le respect de la volonté des contractants devient l'idéal. Une solution libérée d'hégémonie du dogme de l'autonomie de la volonté, et une solution soucieuse de l'exigence de sécurité juridique jusqu'à l'obsession. C'est aussi une solution respectueuse de l'ordre des priorités tel que fixé par la doctrine, pour qui « *la sécurité juridique est l'impératif qui doit commander prioritairement tout système juridique* »[1911].

[1909] Ch. LARROUMET, Les obligations, *op.cit.*, n° 574.

[1910] V. *infra*, n°s 658 et s.

[1911] Y. LUCUYER, « *Redéfinir la force obligatoire du contrat* ? », *in* Le contrat : liberté contractuelle et sécurité juridique, 94e congrès des notaires de France, 17-20 mai 1998, Lyon, L.P.A., 6 mai 1998, pp. 44 et 45.

563. A l'issue des précédents développements, il nous est permis d'affirmer que le législateur tunisien se montrait avant-gardiste à travers son attachement à une conception purement objective de la conversion. On verra toutefois que la jurisprudence tunisienne ne s'est pas ralliée à cette conception moderniste et se montrait conservatrice à travers son attachement à un rôle passif du juge dans la conversion. Or, la mise en œuvre de la conversion a beaucoup à gagner à l'intervention active du juge. C'est la raison pour laquelle, il est souhaitable de procéder à la rénovation du régime d'intervention du juge dans la conversion.

CHAPITRE II

LA RÉNOVATION SOUHAITABLE DU RÉGIME D'INTERVENTION DU JUGE

564. La question qui n'a pas cessé de soulever de grandes discussions doctrinales, tient essentiellement à l'extension extraordinaire des pouvoirs du juge dans la conversion. Celle-ci met, en effet, à la disposition du juge le pouvoir de s'immiscer dans l'acte juridique pour le refaire à la place des parties. Les auteurs classiques semblent toutefois s'opposer à l'intervention active du juge dans la conversion. Or, soutenir aujourd'hui que le rôle du juge est singulièrement réduit en la matière semble relever d'un penchant pour l'archaïsme. Sans anticiper sur les développements qui vont suivre, il paraît que l'intervention active du juge dans la conversion s'impose comme étant plus conforme à la réalité. Il convient toutefois de relever que cette hypertrophie des pouvoirs du juge ne peut qu'inquiéter dans la mesure où elle est potentiellement source de réels risques d'arbitraire judiciaire et d'insécurité juridique. « *Le juge est un protecteur auquel on fait appel et qui deviendrait un tyran s'il s'imposait* »[1912]. Pour parer à ces risques, et pour éviter toutes déviations, il y a lieu d'assigner aux pouvoirs du juge des garde-fous.

Après avoir révélé l'extension des pouvoirs du juge dans la conversion (***Section I***), il y a lieu donc d'assigner des garde-fous contre l'arbitraire du juge (***Section II***).

SECTION I. L'EXTENSION DES POUVOIRS DU JUGE DANS LA CONVERSION

565. Pour se convaincre de l'extension des pouvoirs du juge dans la conversion, il convient au préalable d'en exposer ses manifestations. Il importera, dans un second temps, de démontrer que l'intervention active du juge peut se concilier avec les principes fondamentaux du contrat, et qui, de

[1912] R. MARTIN, « *La saisine d'office du juge, essai de sa signification* », J.C.P. éd. G.1973, IV, 6313, p. 231.

prime abord, paraissent même en constituer un obstacle. L'étude des manifestations de l'accroissement des pouvoirs du juge (*§1*), précédera donc celle relative à la justification de tels pouvoirs (*§2*).

§ 1. Les manifestations des pouvoirs du juge

566. Les manifestations de l'extension des pouvoirs du juge dans la conversion sont doubles : elles résultent de la maîtrise par celui-ci du procédé de la conversion, d'une part (**A**) et de son prononcé, d'autre part (**B**).

A. La maîtrise par le juge du procédé de conversion

567. L'objectif est de démontrer que la loi confère au juge une maîtrise sur les moyens ou les procédés techniques qui lui permettent de parvenir à la conversion. Il convient toutefois de relever, à l'examen de la jurisprudence tunisienne, que le juge use parfois de subterfuges pour aboutir à la conversion. Afin de révéler, le décalage séparant les textes de la pratique jurisprudentielle, il semble opportun de distinguer la conversion explicitement autorisée par la loi (**1**), de la conversion masquée ou voilée dans la jurisprudence (**2**).

1) La conversion explicite, autorisée par la loi

568. Le passage d'une situation juridique à une autre peut être atteint par différentes voies : la conversion proprement dite (**a**), la nullité partielle (**b**) et l'interprétation utile ou téléologique (**c**).

a. La conversion fondée sur l'article 328 du C.O.C.

569. L'article 328 du C.O.C., qui n'a pas fait référence à la volonté virtuelle semble investir le juge du pouvoir de « *faire* » lui-même le contrat qui liera les parties comme si elles l'avaient voulu. C'est aussi une reconnaissance implicite que dans la recherche de cette prétendue volonté virtuelle, le juge serait forcément amené à substituer - purement et simplement - sa propre volonté à celles des parties[1913]. Le juge n'est pas donc obligé dans l'état actuel du droit tunisien de construire une volonté virtuelle des parties pour lui servir comme un prétexte à son pouvoir de substitution. Le législateur considère - à juste titre - que la volonté virtuelle est inutile pour être ajoutée à l'article 328 du C.O.C. Elle est une fiction commode dissimulant en fait la volonté du juge. Cette position favorable à un rôle actif du juge dans la conversion avait été soutenue très tôt par certains auteurs français. Saleilles, avait déjà écrit au début du XX ème siècle que « *sous le § 140, le juge refait aux lieux et place des parties, un acte juridique qu'elles*

[1913] BARTHON, De la divisibilité des clauses du contrat de mariage, th. Paris 1913, p. 59.

avaient mal conçu au point de vue juridique »[1914]. Il semble donc difficile d'admettre le point de vue qui considère que la conversion s'impose au juge et aux parties et que son rôle est seulement de découvrir par interprétation si les parties auraient voulu convertir[1915].

570. Pour mettre en relief le rôle actif du juge dans la conversion, il semble opportun de décrire les deux phases du raisonnement du juge dans le cadre de cette opération[1916]. La première phase consiste à détruire l'acte initial[1917]. La destruction de l'acte est décidée lorsque celui-ci ne peut plus déployer d'effets pour une cause concomitante ou postérieure à sa formation[1918]. Mais « *si l'édifice est détruit, il reste encore des matériaux utilisables* »[1919]. L'action du juge permettra de rassembler les éléments subsistants du premier acte pour en former un second conformément la volonté ayant sous-tendu l'acte détruit[1920]. On s'aperçoit ainsi que l'office du juge dans la conversion est décliné dans une double fonction : la destruction de l'acte initial, d'une part, et la reconstruction d'un acte nouveau conformément au but économique originellement poursuivi par les parties, d'autre part.

571. La maîtrise de la qualification appartient ainsi au juge et non aux parties[1921]. La volonté déclenche le processus ; mais elle n'a pas la maîtrise du résultat. Ce résultat est déterminé par la loi ou par le juge[1922]. Il ne faut pas pour autant, dit M. Couret, « *exclure radicalement le rôle de la volonté dans la conversion* ». La volonté, relève-t-il, « *peut être prise en considération par le juge, qui va procéder à la conversion afin surtout de réaliser, conformément à la volonté des parties, un objectif économique désiré par delà l'échec de l'opération juridique primitive* »[1923].

572. Au terme de cet exposé, il est permis de conclure que la conception objective de la conversion est en pleine harmonie avec les nouvelles analyses doctrinales contemporaines reconnaissant au juge un rôle actif en matière d'acte juridique[1924]. Elle est aussi en harmonie avec la doctrine moderne qui limite le principe de l'autonomie de la volonté à la phase de formation de

---

1914 R. SALEILLES, De la déclaration de volonté, th. préc., *loc. cit.*

1915 X. PERRIN, th. préc., n° 40, pp. 52-53.

1916 *Ibid.*, n° 61, p. 82.

1917 *Ibid.*

1918 P. LIPINSKI, art. préc., n° 15, p. 1176.

1919 J. PIEDELIEVRE, « Quelques réflexions sur la maxime *quod nullum et nullum producit effectum* », art. préc., spéc. p. 648.

1920 O. GOUT, *op.cit.*, n° 718, p. 488 ; A. BOUJEKA, art. préc., n° 33, p. 237 ;

1921 A. COURET, art. préc., n° 83, p. 257.

1922 *Ibid.*, n° 44, p. 242.

1923 *Ibid.*, n° 23, p. 233.

1924 S. MELLOULI, « *Contribution à l'étude des sources : la jurisprudence source de la loi* », R.T .D. 1995, n° 5, p. 190 ; S. BELAID, Essai sur le pouvoir créateur et normatif du juge, L.G.D.J. 1973 ; J. BOULANGER, « Notation sur le pouvoir créateur de la jurisprudence civile », R.T.D. civ. 1961, p. 419 et s. ; M.V. HOECHE, « *L'activisme du juge* », R.I.E.J. 1991, n° 27, p. 30 ; L. FAVOREU et M. COELLETTI, Le pouvoir des juges, des juges législateur, *in* coll. Droit public positif, éd. Economica 1990, p. 36.

l'acte juridique[1925]. Or, cette phase est déjà dépassée suite à l'annulation de l'acte majeur. La conversion de ce dernier relève dès lors de la phase des effets de l'acte juridique. Le juge doit faire recours par voie de conséquence au droit objectif pour rechercher ce qui répond à la bonne foi, à l'équité et à l'utilité économique.

b. La conversion par voie de nullité partielle

573. La notion de nullité partielle a été définie par Philippe Simler comme « *la sanction qui se réalise par la suppression dans l'acte d'un élément vicié ou par la réduction d'un quantum excessif et qui, lorsque, cela est conforme à l'intention des parties, laisse subsister l'acte lui-même* »[1926]. La nullité partielle se réalise, essentiellement au moyen de deux techniques que l'on tend classiquement à opposer : L'amputation d'une clause ou d'une partie de l'acte et la réduction des stipulations excessives[1927]. « *La première se caractérise si l'on peut recourir à cette image, par l'emploi d'une paire de ciseaux. L'acte est amputé d'une partie plus au moins grande de lui-même ; d'une phrase, d'un paragraphe, parfois d'un seul mot, exceptionnellement de sa plus grande partie. La réduction, au contraire, est un procédé plus subtil : une quantité, un chiffre est remplacé par une autre quantité, par un autre chiffre, l'acte subsiste pour le reste intégralement* »[1928].

574. Le particularisme et le singularisme du mécanisme de la conversion par rapport à la nullité partielle, réside, selon M. Simler, « *dans le fait qu'en cas de nullité partielle c'est l'acte initial qui subsiste en tant que tel, simplement amputé d'un élément, alors qu'en cas de conversion, l'acte initial voulu par les parties est entièrement nul. Un de ses éléments essentiels fait défaut ou est vicié, et c'est un autre acte qui le remplace, édifié, en quelques sortes, avec les débris du premier* »[1929]. Reprenant les grandes lignes de l'analyse de M. Simler, M. Couret relève que dans le cas de nullité partielle, nous sommes en présence d'une opération négative, alors que dans le cas de conversion, nous nous trouvons dans une hypothèse bien différente, caractérisée par une volonté positive de reconstruire[1930]. La démarche du juge diffère donc selon qu'il prononce la nullité partielle ou la conversion. Dans le premier cas, il procède de manière négative, dans la mesure où il va tout simplement retrancher et effacer la ou les stipulations viciées, ou plus modestement réduire les stipulations excessives. Dans le

[1925] Ch. JAMIN, « *Pour en finir avec la formation du contrat* ! », L.P.A. 1998, n°54-55
[1926] Ph. SIMLER, La nullité partielle des actes juridiques, *op.cit*, n°11, p.11.
[1927] *Ibid.*, n° 30, p. 33.
[1928] *Ibid.*, n° 174, p. 210.
[1929] *Ibid.*, n° 13, p. 13.
[1930] A. COURET, art. préc., n° 46, p. 243.

second, il opère positivement en ajoutant à la situation primitive au travers une volonté de reconstruire[1931].

575. Cette analyse semble largement exacte, mais sans pour autant rendre compte de la réalité. Nous avons pourtant le sentiment que la nullité partielle ne peut être réduite purement et simplement à un procédé négatif. L'activité du juge en matière de nullité partielle n'est plus toujours destructrice. En procédant à l'amputation ou à la réduction de l'acte, le juge participe parfois à la création d'une nouvelle figure juridique. C'est en ce ses que l'amputation d'une clause aussi bien que la réduction du quantum peuvent conduire dans certaines hypothèses à la conversion. La suppression dans l'acte des éléments viciés peut laisser cependant d'autres éléments sains qui pourraient constituer le contenu d'un acte juridique autonome[1932]. Les termes mêmes de l'article 327 du C.O.C laissent entrevoir un tel résultat. Aux termes de ce texte : « *la nullité d'une partie de l'obligation annule l'obligation pour le tout, à moins que celle-ci puisse continuer à subsister à défaut de la partie atteinte de nullité, auquel cas elle continuera à subsister comme contrat distinct* ». Les auteurs allemands relèvent qu'en est en présence d'une « *partie* » nulle chaque fois que le reste de l'acte est susceptible d'une existence juridique autonome[1933]. La partie nulle peut se traduire par une clause, une fraction du texte ou seulement par un chiffre excessif[1934].

576. L'hypothèse de conversion qui est la plus simple et à laquelle on songe en premier lieu concerne le cas d'un acte amputé d'une partie plus au moins grande, de sorte que « *le reliquat contractuel* » [1935] qui survit peut correspondre à une nouvelle figure juridique distincte de la première. La conversion du testament mystique défectueux en un testament olographe en est l'illustration la plus saillante. Mais, afin de mener à bien notre démonstration, et notamment pour insister sur l'idée que la nullité partielle par amputation peut parvenir dans l'exemple cité à la conversion, il n'est pas inutile de revenir rapidement sur les deux étapes nécessaires à la confection du testament mystique[1936]. La première étape concerne le testament même

---

1931 *Ibid.*

1932 Ph. SIMLER, La nullité partielle des actes juridiques, *op.cit.*, n° 381, p. 463 ; A. BOUJEKA, art. préc., n° 35, p. 237.

1933 Ph. SIMLER, La nullité partielle des actes juridiques, *op.cit.*, n° 343 et s., p. 418 et s.

1934 *Ibid.*, n° 344, p. 420.

1935 Le terme est utilisé par C. RIGALLE-DUMETZ, dans sa thèse sur la résolution partielle du contrat, *op.cit.*, n° 248, p.151.

1936 La confection du testament mystique se fait en deux temps distincts. Il est d'abord, écrit par le testateur ou par un tiers, à la main ou mécaniquement, et signé du testateur. Puis il est présenté clos et scellé au notaire et à deux témoins, le testateur déclarant que le contenu est son testament et, s'il ne l'a pas écrit lui-même, qu'il en a personnellement vérifié le libellé. Le notaire dresse en brevet sur l'enveloppe un acte de suscription portant la mention de sa date, du lieu où il a été passé, la description du pli, du sceau qui le clôt ; il est signé du testateur, du notaire et des deux témoins (H. et L. MAZEAUD ; J. MAZEAUD, F. CHABAS, Leçons de droit civil, Successions- Libéralités, *op.cit.*, n° 991 et s.).

qui doit être écrit par le testateur ou par un tiers, à la main ou mécaniquement, et signé du testateur[1937]. La seconde tient à la nécessité de présenter ce testament clos et scellé au notaire qui doit rédiger un acte de suscription portant la mention de sa date, du lieu où il a été passé, la description du pli, du sceau qui le clôt ; il est signé du testateur, du notaire et des deux témoins[1938].

577. Le testament mystique résulte ainsi de l'accolement de deux actes distincts, le testament et l'acte de suscription, procès-verbal rédigé par le notaire. Le testament est un acte sous seing privé, alors que l'acte de souscription est authentique. L'acte de suscription dressé par le notaire a toujours été regardé par la plupart des auteurs comme détachables du testament et rend par conséquent la conversion envisageable[1939]. La divisibilité de l'acte et l'utilité du reliquat contractuel prônent en faveur de cette solution. Le même raisonnement devrait aussi conduire à admettre que la caducité partielle comme la nullité partielle peut conduire à la conversion. La conversion n'est envisageable que dans l'hypothèse où la caducité atteint, non pas une clause, mais une partie de l'acte. Il en est ainsi par exemple lorsque l'exécution du contrat est fortuitement rendue impossible pour disparition partielle de l'objet[1940].

578. La conversion d'un acte à un autre peut également être atteinte par le recours à la deuxième technique de nullité partielle, la réduction. Pour s'en convaincre, il suffit de citer quelques exemples. On pense, d'abord, à l'hypothèse de transformation d'un contrat de travail perpétuel en contrat de travail à durée indéterminée. On sait tous que la présence d'une clause conclue dans l'ignorance du principe de prohibition des engagements perpétuels entraîne inéluctablement la nullité du contrat. Il a été relevé cependant qu'admettre la nullité parvient à la solution absurde de permettre à la partie qui a imposé à l'autre la prétendue perpétuité du contrat, d'en demander l'annulation si tel était son intérêt[1941]. C'est l'une des raisons invoquées par la doctrine pour soutenir que la sanction la plus adéquate réside dans la réduction de la durée de l'engagement au *quantum* légal[1942]. Admettre ce point de vue, revient finalement à reconnaître que la réduction peut provoquer la création d'une nouvelle situation juridique. De perpétuel, le contrat devient à durée indéterminée avec la possibilité pour l'une ou l'autre des parties de résilier l'engagement qu'elle ne souhaite plus. On

[1937] Sauf déclaration ultérieure devant le notaire qu'il ne sait pas signer.
[1938] Henri, Léon et Jean MAZEAUD, F. CHABAS, Successions- Libéralités, *op.cit.*, n° 992.
[1939] X. PERRIN, th. préc., n° 120, p. 183 ; H., L. et J. MAZEAUD, F. CHABAS, Successions-Libéralités, *op.cit.*, n° 993, p. 309 ; P. LIPINSKI, art. préc., n° 11, p. 1173.
[1940] R. CHAABAN, La caducité des actes juridique, *op.cit.*, n° 556, p. 467 et s.
[1941] K. DE LA ASUNCION PLANES, La réfaction du contrat, *op.cit.*, n° 153, p. 115.
[1942] *Ibid.*

s'aperçoit ainsi que la réduction peut parvenir à la transformation d'un contrat à un autre[1943].

579. Par ailleurs, dans un autre domaine, si l'on avait continué à diminuer le taux du prêt usuraire, on serait arrivé, à un moment donné, par le même procédé à former un prêt simple. Il est donc facile de se rendre compte que la distinction entre la conversion et la réduction contient de nombreuses nuances. Il convient cependant de souligner qu'en cas de doute sur la qualification appropriée on doit adopter la règle posée avec netteté par Perrin. L'auteur observe que lorsque « *l'acte mineur apparaîtra comme ayant une unité nouvelle, il y aura conversion ; au contraire, quand on jugera que le même acte demeure, bien qu'avec des éléments moindres, il y aura simple réduction* »[1944]. On s'aperçoit ainsi que la nullité partielle n'est pas une simple opération de réduction ; elle est comme la conversion créatrice d'un état de droit nouveau[1945]. Par là, on doit abandonner la conception selon laquelle la nullité partielle est un acte négatif, une simple opération de réduction, pour soutenir une conception contraire envisageant parfois la nullité partielle comme un acte purement positif, aboutissant à la création d'une nouvelle situation juridique.

580. La réduction, analysée sous l'angle de nullité partielle, est présentée aujourd'hui comme une technique de résolution partielle[1946]. On peut en conséquence admettre avec M. Pascal Lipinski que dans le cas où le juge prononce « *la résolution partielle* », il convertit en réalité l'acte[1947]. La résolution partielle ne constitue pas comme l'a déjà relevé le même auteur une simple opération de réduction. La résolution partielle a l'avantage de substituer un nouveau contrat à un ancien mal exécuté. Tous les éléments constitutifs de la conversion sont réunis. Il y a bien disparition totale de l'acte majeur consécutivement au prononcé de la résolution. Il y a ensuite apparition d'un acte nouveau qui s'organise à partir des éléments laissés par l'acte anéanti, et qui lui succède[1948].

581. Pour étayer ses dires Monsieur Lipinski, prend l'exemple dans lequel le juge prononce la résolution d'un contrat de bail d'un immeuble défectueux en l'assortissant d'une réduction du loyer[1949]. Dans cet exemple, dit-il, la diminution du loyer, conséquence d'une jouissance diminuée, constitue un autre prix que celui qui était initialement convenu. Ce loyer est l'objet d'une nouvelle obligation qui se fonde sur une nouvelle cause, en

---

[1943] *Contra*. K. DE LA ASUNCION PLANES considère qu'il s'agit d'un cas de réfaction dans la mesure où le juge va remplacer une quantité par une autre, ce qui ne peut être assimilé à la nullité partielle (La réfaction du contrat, *op.cit.*, n° 153, p. 115 et n° 666 et s., p. 400 et s).

[1944] X. PERRIN, th.préc., n° 17, p. 22.

[1945] A. COURET, art. précit. p.223, note 12.

[1946] C. RIGALLE-DUMETZ, La résolution partielle du contrat, *op.cit.*, n° 250 et s., p.151 et s..

[1947] P. LIPINSKI, art. préc., n° 35, p. 1191.

[1948] *Ibid.*

[1949] *Ibid.*

l'occurrence une nouvelle contrepartie, la jouissance d'un immeuble défectueux[1950]. A la fin de son raisonnement, l'auteur conclut que l'ancien contrat de bail, l'acte majeur, totalement anéanti du fait de l'inexécution de l'obligation du bailleur, a été converti en un nouveau bail (acte mineur)[1951]. Cet exemple montre que la prétendue résolution partielle du contrat constitue en réalité un cas de conversion.

c. La conversion par voie de l'interprétation utile ou téléologique

582. L'opération d'interprétation tend avant tout à la recherche de la volonté individuelle ou commune des parties[1952]. But que l'on retrouve d'ailleurs inscrit dans les termes du texte de référence, l'article 515 du C.O.C. : « *On doit dans les conventions rechercher quelle a été la commune intention des parties contractantes…* » L'analyse traditionnelle de l'interprétation juridique privilégie clairement la recherche psychologique[1953]. La question se pose dès lors de savoir si cette forme d'interprétation peut parvenir à la conversion ? Une réponse négative s'impose dans la mesure où la conversion va plus loin que l'interprétation, en ce qu'elle ne repose pas sur la volonté réelle des parties[1954].

583. Il ne faut pas cependant en déduire que l'interprétation ne peut réaliser une conversion. C'est l'opinion à laquelle s'est rallié le Professeur Sami Jerbi, dans sa thèse sur « *l'interprétation du contrat* »[1955]. L'auteur commence d'abord par rappeler que l'interprétation conformément à l'intention de son ou de ses auteurs doit demeurer indiscutablement la règle privilégiée et souhaitable, mais seulement lorsque la volonté peut être

---

[1950] *Ibid.*

[1951] *Ibid.*

[1952] V. sur la question Sami JERBI :

سامي الجربي، "تفسير العقد"، المرجع السابق، عدد 27 و ما بعدها، ص 35 و ما بعدها.

V. en droit français : B. GELOT, Finalités et méthodes objectives d'interprétation des actes juridiques, aspects théoriques et pratiques, préf. Y. FLOUR, bibl. dr. pr. tome 403, L.G.D.J., 2003, n° 11, p.10 ; Ph. SIMLER, Contrats et obligations, Interprétation des contrats, L'instrument : notion, normes, champ d'application, J.-Cl. Civ. 2009, art. 1156 à 1164 : fasc. 10, n° 6, p. 4 ; J. FLOUR, J.L. AUBERT et E. SAVAUX, Les obligations, L'acte juridique, *op.cit.* n° 401 ; F. TERRE, Ph. SIMLER et Y. LEQUETTE, Les obligations, *op.cit.*, n° 457 et s., p. 508 et s. ; A. SERIAUX, Droit des obligations,2e éd., P.U.F., 1998, n° 43 ; V° Dictionnaire encyclopédique de théorie et de sociologie du droit, 2e éd., sous la dir. d'A.J.ARNAUD, L.G.D.J., V° Interprétation.

Contra., C. LARROUMET, Droit des obligations, *op.cit.*, n° 141 : « *L'interprétation du contrat est, par principe, une interprétation de volonté (…) L'obligation pour le juge de respecter la volonté contractuelle enferme nécessairement l'interprétation du contrat dans la recherche de cette volonté, à la seule condition que celle-ci ne s'impose point à l'évidence (…)* ».

[1953] B. GELOT, *op.cit.*, n° 21, p.20.

[1954] O. CORNAZ, *op.cit.*, p. 119.

[1955] V. Sami JERBI :

سامي الجربي، "تفسير العقد"، المرجع السابق ، فقرة عدد 377 و ما بعدها، ص 494 و ما بعدها.

découverte avec certitude par l'interprète[1956]. Cependant, lorsque la volonté demeure inconnue ou incertaine, la méthode d'interprétation subjective n'est d'aucun secours. Le juge, au lieu de se cacher derrière une prétendue volonté virtuelle des parties, il doit passer à la recherche d'une volonté idéale[1957]. Le juge s'oriente, en fait, vers une interprétation objective, utile et pragmatique pour assurer la survie du contrat ou à sa meilleure efficacité[1958]. But que l'on retrouve d'ailleurs inscrit dans les termes de l'article 518 du C.O.C.[1959]. Ce dernier dispose que : « *Lorsqu'une expression ou une clause est susceptible de deux sens, on doit plutôt l'entendre dans celui avec lequel elle peut avoir quelque effet, que dans le sens avec lequel elle n'en aurait aucun* ».

584. La solution de l'article 518 du C.O.C. repose sur le postulat que les parties qui ont contracté ont réellement voulu quelque chose, et qu'en conséquence, lorsque deux sens sont possibles, on peut raisonnablement présumer, que leur volonté commune correspond au sens investi d'efficacité plutôt qu'au sens constitutif d'une absurdité ou encore à celui qui serait constitutif d'une contravention à la loi[1960]. L'opération d'interprétation ne se limite pas donc à découvrir la volonté réelle des parties, mais doit aussi donner effet à l'acte et rétablir l'efficacité dont il a été privé en raison de son obscurité ou de son ambiguïté[1961]. C'est une application du principe de l'effet utile, appelé aussi principe de l'effectivité (*ut res magis valeat quam pereat*)[1962]. C'est une invitation au juge de « *sauver* » au maximum les actes juridiques, de leur donner, sauf à ne pas les dénaturer, leur maximum

---

1956 V. Sami JERBI :
سامي الجربي، "تفسير العقد"، الأطروحة سابقة الذكر، عدد 307 و ما بعدها، ص 367 و ما بعدها.

1957 V. en cc sens Sami JERBI :
"الأولى للقاضي أو الحكم - عوضا عن التفتيش بدون جدوى عن إرادة و همية للأطراف - الاعتراف بتوخيه طرائق أخرى للتفسير لا ترتكز على الإرادة الحقيقية، و لكن على الإرادة المثالية الأنموذجية Standard، و محاولة إعادة الاتفاق كما يفعله رجل عاقل و عادل. وهي رؤية ايجابية في تأويل العقد، و رؤية واقعية تساير ظاهرة اقتحام القاضي نطاق العقد و إنشاء قواعد على أسسه تتبلور في إحداث التزامات مثالية. لأن القاضي إذ يتحرر من ربقة نص العقد، يعمل قيمه المهنية الاجتماعية و الجماعية، و ينطلق من سلمها ليوجه الأطراف إلى الخيار الصائب"(سامي الجربي، "تفسير العقد"، الأطروحة سابقة الذكر، فقرة عدد 307 و ما بعدها، ص 367 و ما بعدها).

1958 B. GELOT, *Op. cit.*, n°52, p. 38 ; Ph. MALAURIE, note sous Lyon, 9 juillet 1990, D. 1991, 49 ; O. GOUT, *op.cit.*, n° 630, pp. 434 et 435.

1959 V. en ce sens Sami JERBI :
" الإرادة المثالية تقتضي أن يقوم الأطراف بالاتفاق على عمل قانوني صحيح، لو كانا عالمين ببطلان التصرف الأساسي. و بذلك لا ينتفي دور الإرادة بشكل مطلق في التحول، و يكون الفصل 518 م. ا. ع. المرشد لها نحو طريق النجاة" (سامي الجربي، "تفسير العقد" ، الأطروحة سابقة الذكر، عدد 382 ، ص 498).

1960 Ph. SIMLER, Contrats et obligations, Interprétation des contrats, J.-Cl. Civ., préc., n° 42, p. 13 ; V. Cass. civ., 3e, 19 décembre 1968, Bull. civ. 1968, III, n° 573 ; C.A. Lyon, 8 novembre 1954, J.C.P. éd. G. 1955, IV, 43 ; B. GELOT, *op cit.*, n°88, pp. 57 et 58.

1961 *Ibid.*, n° 20, p. 19 ; *Contra* le doyen CARBONNIER. L'auteur remarque qu'il « *faudrait avoir le courage de reconnaître que l'interprétation du contrat, comme celle de la loi, a des limites, et qu'à un certain point d'obscurité et de contradiction, la commune intention des parties ne pourra être retrouvée : c'est un pouvoir de réfection qu'exerce le juge. Il essaie de refaire le contrat tel qu'un homme raisonnable et équitable, meilleur peut-être que ne l'étaient les contractants, sans doute plus civique, ne fût-ce que parce qu'il est sous le feu de l'opinion* » (J. CARBONNIER, Droit civil, Les obligations, *op.cit.*, n° 146).

1962 B. GELOT, *op.cit.*, n° 102, p. 65.

d'efficacité juridique et de les interpréter dans le sens le plus favorable à leur validité[1963].

585. La solution de l'article 518 du Code des obligations et des contrats puise ses racines dans le droit musulman, plus particulièrement dans la règle qui énonce qu' « *il vaut mieux donner effet à la parole, plutôt que de n'en donner aucun* »[1964], ou encore celle qui considère que « *ce qui ne peut être obtenu dans son intégralité, ne doit pas être délaissé dans son intégralité* »[1965]. Il n'est pas aussi superflu de rappeler que la solution de l'article 518 du C.O.C. conforte les aspirations doctrinales et jurisprudentielles contemporaines favorables à l'idée du « *favor contractus* » ou plutôt du « *favor negotii* », principe selon lequel il faut, autant que possible, prendre des mesures destinées à favoriser la validité. Philippe Simler affirmait en ce sens qu' « *il y a lieu de considérer, plus simplement, que les actes juridiques ont par eux-mêmes une certaine utilité sociale et économique et qu'en conséquence, expression du « favor contractus », l'efficacité est toujours préférable à l'inefficacité, dès lors que la solution ne heurte pas la volonté des parties et réalise approximativement l'objectif visé par elles* »[1966]. Cette vision est partagée, notamment par le doyen Carbonnier, pour qui la règle de l'article 1191 du Code civil français prône la faveur du contrat[1967] : « *c'est que tout contrat représente un effort humain et une utilité sociale, qui ont leur prix et méritent d'être, autant que possible, sauvegardés* »[1968].

586. L'article 518 du C.O.C. n'a pas eu l'occasion, à notre connaissance, de s'appliquer par les tribunaux[1969]. La solution est toute autre dans la jurisprudence française. En atteste la décision rendue par la Cour d'appel de

---

[1963] Sur le plan juridique, l'efficacité a été définie comme « *le caractère d'un acte ou d'une décision qui produit l'effet recherché par son auteur* » (F. RANGEON, « *Réflexions sur l'effectivité du droit* », *in* Les usages sociaux du droit, œuvre collective, P.U.F. 1989, p. 126).

[1964] C'est notre traduction de la règle :

" إعمال الكلام خير من إهماله".

Voir en ce sens, Sami JERBI:

سامي الجربي، "تفسير العقد"، عدد 381، ص 498-499.

[1965] C'est une traduction de la règle :

"ما لا يدرك كله لا يترك كله"

[1966] Ph. SIMLER, Contrats et obligations, Interprétation des contrats, J.-Cl. Civ., préc. n° 42, p. 14.

[1967] L'article 1191 du C.C.F. tel que modifié par l'ordonnance n° 2016-131 du 10 février 2016 portant réforme du droit des contrats, du régime général et de la preuve des obligations, dispose que : « *Lorsqu'une clause est susceptible de deux sens, celui qui lui confère un effet l'emporte sur celui qui ne lui en fait produire aucun* ».

[1968] Droit civil, t. IV, Les obligations, Thémis, 13 e éd., n° 66, p. 265.

[1969] On n'en trouve pas d'ailleurs dans certains Codes des obligations et des contrats annotés une référence à des applications jurisprudentielles au bas de l'article 518 du C .O.C.

V. par ex. Mustapha SAKHRI

مصطفى صخري، مجلة الالتزامات و العقود معلق عليها، المغاربية لطباعة و إشهار الكتاب، تونس 2014.

V. aussi Mohamed Habib CHERIF

محمد الحبيب الشريف، مجلة الالتزامات و العقود معلق عليها، دار الميزان للنشر، سوسة،تونس،طبعة أولى، 2003.

Lyon le 11 mai 1942[1970]. En l'espèce, une femme avait rédigé un testament, dans les termes suivants : « ... *Je déclare vouloir laisser tout ce que je possède à mon mari ; après sa mort mes biens devront revenir à mon neveu X... ainsi qu'à ma nièce Y...* ». Les héritiers demandent à la Cour de prononcer la nullité d'une telle disposition comme constituant une substitution fidéicommissaire, interdite par les termes formels de l'article 896 du Code civil français. Les neveux et nièces répondent qu'il ne s'agit que d'un double legs fait en usufruit au conjoint, et après sa mort, en nue propriété à eux-mêmes. Or, le testament par lequel l'usufruit est légué à l'un et la nue propriété à l'autre est valable aux termes de l'article 899 du Code civil français. Les termes du testament laissent ainsi planer un doute entre deux alternatives : la double libéralité en usufruit et nue propriété, d'une part et le fidéicommis, d'autres parts. La validité du testament dépendait par conséquent de la qualification technique donnée à la volonté de la disposante. La Cour de Lyon s'est décidée en faveur de la première alternative, du double legs en usufruit et en nue propriété[1971].

587. La Cour repousse ainsi l'argument, invoqué d'ailleurs par les héritiers, d'après lequel « *le fait de donner à un acte une qualification technique susceptible de lui conférer une efficacité juridique irait au-delà du pouvoir d'interprétation des tribunaux et constitue purement et simplement un cas de réfection de l'act* »[1972]. Un commentateur de cet arrêt, P. Voirin, considère, au contraire, que dans le cas où le juge habille d'une forme technique appropriée le but économique exprimé, il n'y a pas à proprement parler réfection de l'acte par les juges, c'est encore de l'interprétation qu'il s'agit[1973]. L'auteur semble aller plus loin encore en affirmant que : « *dès lors...le but exprimé n'est ni illicite, ni immoral, le juge, qui l'étoufferait en jetant sur lui le manteau de la substitution prohibée, au lieu de choisir un vêtement juridique plus propice à sa réalisation, irait manifestement à l'encontre des principes d'une saine interprétation* »[1974].

588. L'auteur explique son point de vue en disant qu'il faut s'attacher en matière d'interprétation des actes juridiques au but poursuivi, indépendamment du procédé technique employé pour le réaliser[1975]. Le testateur par exemple, se soucie d'abord de la transmission matérielle de ses biens avant de s'interroger sur l'expression juridique de la volonté[1976]. Le but économique est, en effet, le moteur ou l'animateur de l'acte, il le vivifie[1977].

[1970] Lyon, (1re ch.), 11 mai 1942, J.C.P. 1942, II, 2007, obs. P. VOIRIN.
[1971] *Ibid.*
[1972] *Ibid.*
[1973] P. VOIRIN, obs. sous Lyon, (1re ch.), 11 mai 1942, préc. ; V. dans le même sens : R. PERROT, De l'influence de la technique sur le but des institutions juridiques, préf. M.R. LE BALLE, Paris, Sirey, 1953., n° 136, p. 195.
[1974] Lyon, (1re ch.), 11 mai 1942, préc.
[1975] préc.
[1976] B. GELOT, *op.cit.*, n° 94, p.61.
[1977] Lyon, (1re ch.), 11 mai 1942, préc.

Si donc, par ignorance, le testateur avait coulé la disposition testamentaire dans un moule défectueux, ou s'il a négligé de recouvrir le but d'une forme quelconque, l'interprète pourra habiller le but économique d'une forme juridique appropriée[1978].

589. Mais encore faut-il que le testateur n'a pas enfermé le but économique dans un cadre technique aux contours précis et d'une nature incontestable[1979]. La précision technique excessive, relève P. Voirin, « *lie le but économique au sort de la technique qui l'enferme et risque de le compromettre. Libéré de cette entrave, le but économique conserve, au contraire, un dynamisme intégral ; il pourra se réaliser avec le secours d'une technique appropriée, qui sera découverte et appliquée par les juges* »[1980]. En procédant de la sorte, « *les juges feront, dans notre exemple, après le décès du testateur, ce qu'aurait fait, lors de la rédaction du testament, le notaire, si l'intervention de celui-ci avait été sollicitée : ils traduisent en langage juridique la volonté du de cujus* »[1981].

590. On peut encore multiplier les exemples. Un écrit manuscrit, daté et signé de la main du disposant est ainsi libellé « *je soussigné...déclare faire une rente de 600 F par année à C.L...et au cas où je viendrais à décéder cette rente sera augmentée de 400 F par an* »[1982]. La disposition relative à l'augmentation de la rente avait été ajoutée après coup. Cet écrit peut recevoir une double qualification, celle d'une donation nulle en la forme, ou celle de libéralité testamentaire, et elle est valable en la forme. C'est ce qu'ont admis les juges. Au lieu de qualifier la disposition à cause de mort de clause de la donation entre vifs visant l'hypothèse du décès, ils lui ont donné une autre qualification, celle de disposition testamentaire, pour la sauver[1983].

En définitive, on s'aperçoit que les articles 327, 328 et 518 du Codes des obligations et des contrats investissent le juge du pouvoir de refaire l'acte juridique. Paradoxalement, la position actuelle de la jurisprudence tunisienne semble retirer au juge un tel pouvoir, accordant ainsi la maîtrise du procédé de conversion aux parties.

2) La conversion masquée ou voilée dans la jurisprudence tunisienne

591. Pour rester fidèle à une conception classique du rôle du juge en matière d'acte juridique, la Cour de cassation tunisienne emprunte parfois des moyens détournés pour parvenir à la conversion. Le plus souvent le passage d'une situation juridique à une autre se fait sous couvert d'interprétation de la volonté (**a**), sous le voile de nullité partielle (**b**), ou encore en faisant recours au subterfuge de requalification (**c**).

[1978] *Ibid.*
[1979] *Ibid*
[1980] *Ibid.*
[1981] *Ibid.*
[1982] L'exemple a été cité par M. A. GUERRIERO, L'acte juridique solennel, *op.cit.*, p. 391.
[1983] Req. 4 août, 1857, D.P., 1958, I, 118.

a. La conversion sous couvert d'interprétation

592. Dans la conversion, le juge remplace un acte par un autre en dehors de toute volonté réelle des parties. La méthode d'interprétation subjective n'est plus alors d'aucun secours faute de volonté décelable dirigée sur l'acte nouveau[1984]. Cependant, c'est par voie d'interprétation de volonté que la Cour de cassation a converti un acte nul en un autre valable. Dans l'espèce qui a donné lieu à l'arrêt du 25 mars 1955[1985], il s'agit d'un contrat de société à champart (mouçakâte)[1986], nul pour absence d'un élément caractéristique de celui-ci. Il s'agit en l'occurrence d'une plantation en rapport ou d'une récolte qui a déjà levé[1987]. Pour le sauver, les juges du fond ont converti le contrat de mouçakâte en une forme plus simple, celle d'une société agricole. Celle-ci est régie par les articles 1365 à 1368 du C.O.C. Ces textes constituent le cadre général pour des espèces particulières de sociétés agricoles, telles que le colonat paritaire (société de Khammas), le mouçakâte et le moughâraça.

593. Dans cet arrêt, les juges ont remplacé un acte nul par un autre valable qui n'a fait l'objet ni des prévisions ni de la volonté des parties. La Cour de cassation semble toutefois adopter une position contraire à cette analyse. Pour elle, les juges du fond n'ont pas changé la nature du contrat conclu. Ils n'ont fait qu'interpréter le contrat parce que les termes utilisés ne reflètent pas la volonté réelle des parties, hypothèse de l'article 514 du C.O.C.[1988]. Ainsi, la Haute juridiction a approuvé la position des juges du fond et a considéré qu'il s'agit en l'espèce d'un cas d'interprétation de volonté et non de conversion. En remplaçant le contrat de mouçakâte nul par un contrat de société agricole, les juges n'ont fait qu'interpréter l'acte conformément à la volonté des parties comme l'exige l'article 515 du C.O.C. La position de la Cour de cassation ne peut emporter notre conviction pour la simple raison que la qualification de « *société agricole* » n'a pas été réellement voulue par la partie. Elle est choisie en fait par le juge, mais sous couvert ou sous le voile de l'interprétation de la volonté des parties.

[1984] Dans l'interprétation subjective, le juge œuvre à dévoiler la commune volonté des parties.

[1985] Cass.civ., n° 6557, R.J.L. 1960, p. 278.

[1986] L'article 1395 du C.O.C. dispose que « *La société à champart (mouçakâte) est un contrat par lequel le maître d'une plantation en rapport ou d'une récolte qui a déjà levé charge une autre personne, dénommée colon, de faire les travaux nécessaires jusqu'à la cueillette des fruits, ou l'enlèvement de la récolte, moyennant une part déterminée des produits* ».

[1987] La Cour affirme en ce sens que :
" أن عقد المساقاة يشترط فيه أن يكون الشجر قد بلغ حد الإطعام و أن يكون الزرع قد ظهر إلى وقت اقتطاف الغلة أو جمع الصابة و ذلك مفقود في قضية الحال".

[1988] Cass.civ., n° 6557, du 25 mars 1955, préc.
جاء في أحد الحيثيات ما يلي " وحيث أن بطلان الالتزام لا يقتضي الفسخ الفاصم للعلاقة إذا كانت المحكمة قد تولت تأويل العقد بما
يرجع الى تحقيق المقصود منه فيصبح بذلك التزاما غير الذي اقتضاه ظاهر التحرير و تجري عليه القواعد المقررة لذلك الالتزام كما اقتضى
ذلك الفصل 514-1 م.ا.ع.".

b. La conversion sous couvert de nullité partielle

594. Dans un arrêt du 29 janvier 1974[1989], la Cour de cassation avait admis la conversion d'un contrat d'institution d'héritier en un testament valable. Les faits d'espèce sont les suivants : une personne a institué des étrangers à la succession comme héritiers[1990]. Après sa mort, ses frères survivants ont demandé l'annulation d'un tel contrat au motif qu'ils étaient les seuls successeurs et que leur frère par cette opération a violé les règles de la succession qui sont d'ordre public[1991]. Le procédé technique employé par les juges paraît cependant critiquable. Dans un premier temps, ils ont annulé la clause illicite par laquelle le *de cujus* a institué des personnes étrangères comme héritières. Le fondement juridique adopté est l'article 172 du C.S.P. Ce dernier prévoit que « *La disposition testamentaire sous condition illicite est valable, la condition étant réputée non écrite* ». Dans un deuxième temps, les juges ont déclaré que le contrat litigieux peut être qualifié de testament, en s'appuyant sur l'existence d'une intention libérale chez le *de cujus*. Il s'agit donc d'un cas de conversion d'un contrat d'institution d'héritier en un testament valable. Cependant, il semble comme l'a déjà relevé M. Sami JERBI, que les juges ont suivi la technique de nullité partielle : seule la clause illicite était supprimée, le reste du contrat reste valable.

595. Le recours à la technique de nullité partielle est critiquable. En effet, le fait d'instituer une personne comme héritière annule le contrat pour illicéité de l'objet. La nullité porte ainsi sur un élément essentiel. La Cour aurait dû déclarer la nullité totale du contrat, puis appliquer la technique de conversion pour le sauver. Les juges n'ont pas cependant l'audace de faire recours à la conversion.

c. La conversion sous couvert de requalification

596. La conversion par réduction, on l'a déjà relevé, se distingue de la requalification notamment par le fait qu'elle « *ne se limite pas à modifier l'appellation d'un contrat, à cause de l'existence d'un hiatus entre la mise en œuvre du contrat par les parties et la qualification retenue, mais elle conduit à modifier le contenu même des relations contractuelles, et opère en conséquence une mutation matérielle de la nature de l'opération. Elle fait naître de la sorte une situation juridique nouvelle, et développe ses effets par changement de catégorie* »[1992]. La jurisprudence tunisienne ne semble pas

---

[1989] Cass.civ. n° 9842, du 29/1/1974, B.C.C. 1974, I, p.175.

[1990] V. sur l'institution d'héritier en droit tunisien :

محمد القروي،" أحكام الوصية و التنزيل في الشرع الإسلامي"، م.ق.ت. 1959،ص7.

[1991] V. en droit tunisien :

بهاء الدين، البكاري، "الوصية الواجبة"، م.ق.ت. 1990، عدد3، ص 16.

[1992] O. GOUT, *op.cit.*, n° 716, p. 487 ; V. *infra* n°

cependant distinguer les deux techniques. En atteste un arrêt récent rendu par la Cour de cassation le 7 mai 2012[1993].

597. Les faits d'espèce de cet arrêt sont les suivants : une partie sollicitait la nullité d'un contrat de leasing immobilier comprenant l'engagement d'un établissement de leasing, en l'occurrence « *bâtiment leasing* », d'affecter une somme de 500 milles dinars pour bâtir des constructions sur un terrain, avant d'en transférer la propriété au preneur après sept ans, date prévue pour le remboursement du montant du prêt[1994]. Le motif invoqué par la demanderesse pour demander l'annulation du contrat de leasing immobilier était l'édification des constructions sur le terrain d'autrui, plus précisément sur le terrain d'une caution hypothécaire, en violation des articles premier et 4, alinéa 2, de la loi 94-89 du 26 juillet 1994, relative au leasing[1995]. Une telle situation ne peut que faire obstacle au mécanisme de leasing qui, par définition, doit permettre au preneur d'accéder au statut de propriétaire du bien financé pendant la période de location ou à sa fin[1996].

598. La Cour de cassation dans cet arrêt a accueilli la demande en nullité du fait que les constructions ont été édifiées sur le terrain d'autrui[1997]. Les juges relèvent cependant dans un autre attendu que le contrat de leasing nul comme tel peut se transformer en un contrat de prêt valable, en application de la théorie de conversion consacrée par l'article 328 du C.O.C. La conversion est admise, selon la Cour de cassation, parce que les conditions

---

[1993] Cass.civ., n° 62249, préc., (V. annexe III).

[1994] Le contrat de leasing immobilier peut être défini comme étant une opération de location de biens immobiliers achetés à cette fin par un bailleur ou construit pour son compte. Tout en demeurant propriétaire de l'immeuble, il le donne en location à un professionnel qui a la possibilité de l'acquérir en fin du bail moyennant un prix convenu qui tient compte des versements effectués à titre de loyer, en vertu d'une promesse unilatérale de vente ou par le mécanisme de l'accession lorsque les constructions sont édifiées sur le terrain appartenant au preneur (S. ABDELJELIL, Le leasing immobilier, Etude de la formation du contrat, mémoire pour l'obtention du diplôme d'études approfondies en droit des affaires, Faculté des sciences juridiques, politiques et sociales (Tunis II), 1994-1995, p.12).

[1995] L'article premier, alinéa 2, de cette loi dispose que « *Le leasing s'effectue par un contrat écrit, pour une durée déterminée, en échange d'un loyer et permet au preneur l'acquisition, à l'expiration de la durée de la location, de tout ou partie des équipements, du matériel ou des bien immobiliers, moyennant un prix convenu qui tient compte, au moins en partie, des versements effectués à titre de loyers* ». L'article 4 al. 2 de la même loi ajoute que « Le transfert au preneur des équipements, du matériel ou des biens immobiliers acquis ou édifiés sur le terrain du bailleur s'effectue par cession en exécution d'une promesse unilatérale de vente. Lorsque les constructions sont édifiées sur le terrain appartenant au preneur, le transfert s'effectue par l'effet de l'accession à l'expiration du contrat de la location… ».

[1996] V. article premier de la loi n° 94-89 relative au Leasing.

[1997] La caution hypothécaire est toute personne physique ou morale qui apporte un ou plusieurs bien(s) immobilier(s) en garantie d´un prêt contracté par une autre personne. Le bien apporté en garantie sera hypothéqué c´est à dire qu´en cas de non paiement des échéances, il pourra être saisi par l'organisme prêteur. Le risque encouru par la caution hypothécaire est limité à la valeur de ce bien, elle n´engage pas ses propres revenus ou autres biens personnels.

de mise en œuvre de cette institution sont remplies, notamment celle relative à la direction de la volonté virtuelle des contractants sur l'acte nouveau[1998].

599. La position adoptée par la Cour de cassation doit, dès l'abord, être saluée, notamment parce qu'elle a fait expressément référence à l'article 328 du C.O.C, siège de la technique de conversion en droit tunisien. Mais si on exprime notre soutien total et sans réserve à l'arrêt de 2012 qui a mis fin à la langue période au cours de laquelle la Cour de cassation ignore la technique de conversion, on ne peut pas en revanche formuler le même soutien à cet arrêt lorsqu'il a fait référence à la volonté virtuelle des parties, comme si celle-ci constitue une condition de la conversion en droit tunisien. Une telle attitude méconnaîtrait les termes de la loi, plus particulièrement la conception purement objective de l'article 328 du C.O.C[1999].

600. Plus encore, la Cour de cassation estime que pour découvrir la volonté virtuelle, le juge doit se référer à l'intention commune des parties qui sera déterminée à la lumière des clauses du contrat et de ses modalités d'exécution. La Cour de cassation semble ainsi retirer aux juges du fond la maîtrise de la qualification pour l'accorder aux parties. Et, par-là même on retomberait encore une fois dans l'hypothèse de requalification précédemment évoquée. Le juge doit interpréter la volonté des contractants afin de donner au contrat sa véritable qualification juridique sans pour autant s'arrêter à la qualification choisie par les parties[2000]. La Cour de cassation trouve d'ailleurs dans cet arrêt que la demanderesse a évidemment un intérêt de demander la nullité du contrat de leasing et subsidiairement sa requalification en contrat de prêt[2001].

Cette jurisprudence qui s'appuie sur une prétendue volonté virtuelle des parties est doublement réductrice de la notion d'acte juridique et du rôle du juge en la matière. Elle doit de ce fait être vigoureusement critiquée, d'autant plus qu'elle ne reconnaît pas au juge le pouvoir de prononcer la conversion.

[1998] V. en ce sens : Cass.civ., n° 62249, du 7 mai 2012, préc. (V. annexe III).

" و حيث لما كان البطلان يستتبع اعتبار العقد معدوما و إرجاع كل شيء إلى أصله و لما كانت إمكانية تحويل التصرف الباطل إلى تصرف
آخر صحيح واردة إعمالا لنظرية تحول العقد مناط الفصل 328 من مجلة الالتزامات و العقود كلما توفرت شروط تحول العقد و التي من ضمنها شرط ثبوت انصراف **إرادة المتعاقدين المحتملة** إلى هذا التصرف الآخر كشرط يكون متاحا الوقوف على توافره من خلال البحث
عن النية المشتركة للمتعاقدين التي يستهدي القاضي للكشف عنها على ضوء مضمون بنود العقد و الطريقة التي ينفذ بها فان مصلحة الطاعنة
في القيام بطلب إبطال عقد الإيجار المالي و احتياطيا إعادة تكييفه كعقد قرض تكون قائمة بلا جدال".

[1999] V. *supra* n°s 528 et s.

[2000] O. GOUT, *op.cit.*, n° 712, p. 485.

[2001] V. en ce sens : Cass.civ., n° 62249, du 7 mai 2012, préc. (V. annexe III).

"... فان مصلحة الطاعنة في القيام بطلب إبطال عقد الإيجار المالي و احتياطيا **إعادة تكييفه** كعقد قرض تكون قائمة بلا جدال".

B. La maîtrise par le juge du prononcé de la conversion

601. L'étude entreprise sur les fondements de la conversion a permis de montrer que la volonté des parties ne peut à elle seule fonder la conversion[2002]. L'intervention du juge se révélera indispensable pour prononcer la conversion au moyen d'une décision constitutive. Pourtant, la plupart des analyses classiques sont allées dans le sens de l'affirmation du caractère déclaratif du jugement de conversion[2003]. Cette tendance a été vivement dénoncée par la doctrine contemporaine[2004]. Afin de condamner la thèse courante du caractère déclaratif de la décision de conversion, il convient en premier lieu de rappeler la distinction classique des jugements déclaratifs et des jugements constitutifs (**1**), pour critiquer en second lieu le prétendu caractère déclaratif du jugement de conversion (**2**), et conclure enfin au caractère constitutif de la décision de conversion (**3**).

1) La distinction entre jugements déclaratifs et jugements constitutifs

602. La doctrine affirme à l'unanimité que les jugements rendus par le tribunal peuvent être qualifiés de déclaratifs ou de constitutifs de droit[2005]. Les tenants de cette distinction relèvent que les jugements déclaratifs sont ceux qui se bornent à reconnaître, à déclarer ou à constater un droit antérieur ou préexistant[2006]. Le jugement déclaratif se contente donc à consolider les droits des plaideurs, qui existent avant même que l'action soit exercée, et ne

---

[2002] V. *supra* n°s 462 et s.

[2003] V. *infra* n° 606.

[2004] V. *infra* n° 610.

[2005] Voir notamment J. VINCENT et S. GUINCHARD, Procédure civile, Paris Dalloz, 27e éd. 2003, spéc. n° 19 et 193, p.235 ; L.MAZEAUD, « *De la distinction des jugements déclaratifs et des jugements constitutifs de droits* », R.T.D.civ. 1929, p.17, spéc. p.33 ; L. BOYER, « *Les effets des jugements à l'égard des tiers* », R.T.D.civ.1951, p.163 et s.

Certains auteurs ont contesté que soit admis, aux côtés des jugements déclaratifs, des jugements constitutifs. Selon eux, tout jugement constitutif est pour partie déclaratif, car le juge doit nécessairement reconnaître les droits préexistants ou constater leur violation avant de créer une situation nouvelle ; et tout jugement déclaratif est pour partie constitutif (V. en ce sens : MONTAGNE, De l'effet déclaratif ou constitutif des jugements en matière civile, th. Paris, 1912, spéc. n° 19 et s., p.38 ; R. MERLE, Essai de contribution à la théorie générale de l'acte déclaratif, th. Toulouse, 1948, spéc. n° 110 et s. ; R. WEIL, Contribution à l'étude de l'effet déclaratif des jugements, th. Paris, 1926, spéc. p.22 ; P. ESMEIN, Des effets des décisions de justice sur la renaissance et la création des droits, th. Paris, 1914, p.238 et s. ; L. MAZEAUD, « *De la distinction des jugements déclaratifs et des jugements constitutifs de droits* », art.préc., p.39 ; C. GUYHO, « *Un jugement peut-il être assimilé à un contrat ? A-t-il un effet translatif* ? » Revue pratique de droit français, 1872, tome XXXIV, 2, p.132 et s.)

[2006] L. MAZEAUD, « *De la distinction des jugements déclaratifs et des jugements constitutifs de droits* », art. préc., p.21.

Il importe de ne pas confondre les jugements déclaratifs et les jugements déclaratoires, à propos desquelles il n'est pas demandé au juge d'appliquer une règle de droit, mais seulement de constater que ses éléments constitutifs sont réunis. (R. DAVID, Ordres de *mandamus* et jugements déclaratoires dans le droit anglais, *in* Mélanges M. WALINE, L.G.D.J. 1974, p. 19 et s.).

leur en confère pas de nouveaux[2007]. L'hypothèse est celle du jugement de réputé non-écrit qui se borne à constater que la clause litigieuse est privée de valeur contraignante dès la conclusion du contrat[2008]. Le rôle du jugement, pour emprunter une image de L. Mazeaud, est comparable à celui d'un révélateur qui sur une plaque photographique obscure fait apparaître l'image encore invisible, mais déjà imprimée ; révéler, faire apparaître et préciser des contours incertains, ce n'est pas les créer[2009].

603. Inversement, les jugements constitutifs ne se contentent pas de reconnaître un état de droit préexistant, mais créent un nouvel état de droit, une nouvelle situation juridique, différente de celle qui existait auparavant[2010]. Ainsi, pour reprendre une image, empruntée à Mme Engel-Créach, le jugement déclaratif n'est qu'un miroir reflétant sans créer[2011]. Ainsi par exemple, le jugement qui frappe un condamné d'incapacité, à la suite d'un changement dans ses facultés mentales est vraiment constitutif d'incapacité. Le rôle du juge ne consiste pas seulement de constater une incapacité préexistante, mais de prononcer ou de créer cette incapacité[2012].

604. Le critère retenu par la doctrine classique pour reconnaître la nature déclarative ou constitutive d'un jugement et qui est fondé sur la préexistence du droit ou sa création par le jugement, n'est pas unique[2013]. La doctrine moderne propose encore d'autres critères de distinction. Certains auteurs proposent de considérer que les jugements constitutifs sont ceux relatifs aux litiges qui ne peuvent être résolus sans l'intervention du juge alors que les jugements déclaratifs relèveraient des hypothèses où la résolution du litige aurait pu être faite par les parties elles-mêmes[2014]. D'autres auteurs proposent un nouveau critère de distinction applicable en matière d'inefficacité des actes juridiques. Le critère retenu consisterait à mesurer l'étendue des pouvoirs conférés au juge statuant sur la sanction à appliquer[2015]. A ce titre,

---

2007 J. VINCENT et S. GUINCHARD, Procédure civile, *op.cit.*, spéc. n° 192, p.248.

2008 S. GAUDEMET, La clause réputée non écrite, *op.cit.*, n° 164 et s., p. 89 et s.

2009 L. MAZEAUD, « *De la distinction des jugements déclaratifs et des jugements constitutifs de droits* », art. préc., p.31.

2010 Le *Vocabulaire juridique* publié sous la direction de G. CORNU propose une définition de l'adjectif constitutif : « *qui crée un nouvel état de droit ; qui établit une situation juridique nouvelle* ». Selon R. MERLE « un acte est réellement constitutif lorsqu'il crée de toutes pièces un droit ou une situation juridique », Essai de contribution à la théorie générale de l'acte déclaratif, th. Toulouse, 1948, spéc. n° 75, p.117 ; J. VINCENT et S. GUINCHARD, Procédure civile, *op.cit.*, spéc. n° 192, p.248.

2011 L'image est empruntée à L. MAZEAUD, « *De la distinction des jugements déclaratifs et des jugements constitutifs de droits* », art. préc., p. 17, spéc. p. 155.

2012 *Ibid.*, p.25.

2013 *Ibid.*, p.23.

2014 C. BLERY, L'efficacité substantielle des jugements civils, th. L.G.D.J., 2000, préf. P.MAYER, n° 144, p. 101 ; C. GUELFUCCI-THIBIERGE, Nullités, restitutions et responsabilité, *op.cit.*, n° 542, p. 322 ; J. HERON, « *Eléments de typologie des jugements à partir de l'idée de réalisation du droit* », R.R.J., Droit prospectif, 1994, n°5, p. 961 et s.

2015 C. GUELFUCCI –THIBIERGE, Nullités, restitutions et responsabilité, *op.cit.*, n° 619, p. 356-457 ; O. GOUT, *op.cit.*, n° 502 et s., p. 348 et s. ; F. TERRE, Ph. SIMLER et Y.

ces auteurs font remarquer que le juge est tenu de prononcer la nullité en cas de violation de la règle. Sa décision est alors déclarative[2016]. Dans l'hypothèse de la résolution judiciaire, au contraire, le juge dispose d'un large pouvoir d'appréciation dans le choix de la sanction applicable en fonction de l'intérêt du créancier[2017]. Il peut décider soit la résolution du contrat, soit le maintien de celui-ci avec le versement d'une indemnité compensatrice[2018]. En raison de l'éventail de sanctions offertes, la décision judiciaire est constitutive[2019].

605. La distinction entre les jugements déclaratifs et constitutifs n'est pas une question seulement théorique. Les conséquences pratiques qui peuvent résulter de cette distinction sont multiples. Il est indiscutable que le principal intérêt de la distinction, c'est l'effet du jugement dans le temps[2020]. Le jugement déclaratif produit un effet rétroactif qui remonte au jour de la naissance du droit. Le jugement constitutif ne produit au contraire ses effets qu'à sa date et sans rétroactivité puisque le droit créé n'existe que du jour du prononcé du jugement[2021]. Le jugement constitutif ne produit dès lors ses effets que pour l'avenir[2022]. L'intérêt de la distinction réside également dans l'office du juge, qui n'est pas le même selon qu'il est tenu de créer un état de droit nouveau ou simplement de déclarer un état de droit antérieur. L'intervention du juge est nécessaire dans le premier cas, alors que dans le second, on peut se dispenser de l'intervention du juge[2023].

2) La réfutation de l'automaticité et du caractère déclaratif de la conversion

606. La doctrine classique considère que la conversion opère *ipso facto* dès que ses conditions se trouvent réunies[2024]. Il n'y a donc pas besoin d'un

---

LEQUETTE, Les obligations, *op.cit.*, n° 390, p. 437 ; L. MAZEAUD, « *De la distinction des jugements déclaratifs et des jugements constitutifs de droits* », art. préc., p. 39 et s.

[2016] L. MAZEAUD, « *De la distinction des jugements déclaratifs et des jugements constitutifs de droits* », art. préc., p. 39 et s.

[2017] I. ARIBI, « *L'article 273 du C.O.C. et l'option entre l'action en exécution et l'action résolutoire* », A.J.T. 12/1998, p. 137 ; V° aussi : Cass.civ, (chambres réunies), n° 35530, du 29 fév. 1996, Les arrêts des chambres réunies de la Cour de cassation 1995/1996, p.32 ; R.J.L. 1996, p. 267, obs. N. BEN AMMOU (en arabe).

[2018] J. MESTRE, « *Observation sur l'attitude du juge face aux difficultés d'exécution du contrat* », *in* Le juge et l'exécution du contrat, Colloque organisé le 28 mai 1993 par l'Institut de Droit des affaires d'Aix-en-Provence, avant-propos de J. MESTRE, P.U.A.M., 1993, p. 91 et s.

[2019] V. en ce sens : L. MAZEAUD, « *De la distinction des jugements déclaratifs et des jugements constitutifs de droits* », art. préc., spéc., p. 39 et s.

[2020] *Ibid.*, p.44.

[2021] *Ibid.*

[2022] *Ibid.*

[2023] R. CHAABAN, *op.cit.*, n° 511, p. 433 ; S. GAUDEMET, La clause réputée non écrite, *op.cit.*, n° 151., p. 85.

[2024] O. CORNAZ, th. préc., p.45 ; X. PERRIN, th.préc.n°39, p. 52.

jugement[2025]. Si un litige survient et qu'il est porté devant le juge, le rôle de celui-ci consiste seulement à constater, à reconnaître que toutes les conditions de la conversion existent, situation juridique qui existe en dehors de sa décision. Le jugement de conversion est donc purement déclaratif[2026]. Cette analyse emporte une double critique. La première tient à la fausseté du caractère de plein droit de la conversion. La seconde critique concerne la fausseté du caractère déclaratif du jugement de conversion. Analysons successivement ces deux idées.

607. Le caractère automatique de la conversion revient à considérer que celle-ci s'impose naturellement par la force des choses dès que ses conditions se trouvent réunies[2027]. Il n'y a donc pas besoin d'une déclaration de volonté des parties et encore moins d'un jugement[2028]. L'effet automatique traditionnellement rattaché à la conversion signifie, selon les défenseurs de cette analyse, qu'elle puisse se dispenser de l'intervention du juge. En ce sens, X. Perrin souligne que « *la conversion ne nécessite pas en principe l'intervention du juge, et lorsque celle-ci est nécessaire, -quand les parties ne sont pas d'accord- ce n'est pas pour prononcer la conversion, mais pour la reconnaître* »[2029]. Un tel raisonnement encourt les reproches suivants. Le recours à la justice est un passage obligé puisque nul ne peut faire justice à soi-même[2030]. L'idée selon laquelle la conversion joue de plein droit ne relève que de la spéculation doctrinale. Le caractère de plein droit de la conversion est d'autant plus douteux que la jurisprudence relative à la clause résolutoire, censée opérée de plein droit, révèle un pouvoir d'appréciation dans la mise en œuvre de celle-ci[2031]. Olivier Cornaz avait déjà souligné que la conversion « *est une source de procès. Elle suppose un désaccord entre les parties* »[2032]. Le même auteur ajoute que « *si, en effet, elles sont d'accord, rien ne les empêche de refaire l'acte initial ou de passer l'acte second ou de laisser tomber l'un et l'autre. Si elles font l'acte second, il vaudra parce qu'elles l'ont voulu et non en vertu de la conversion* »[2033]. L'auteur conclut enfin que « *La conversion ne peut se concevoir que si l'une des parties veut être libérée, et que l'autre entende maintenir entre elles un rapport de droit. Leur litige risque fort de donner un procès, car il est facile*

[2025] O. CORNAZ, th. préc., p.45.
[2026] *Ibid.*; X. PERRIN, th.préc., n°39, p. 52.
[2027] O. CORNAZ,th. préc., p.45 ; A. COURET, art. préc., n° 37, p. 240 ; X. PERRIN, th. préc., n°39, p. 52.
[2028] O. CORNAZ, th. préc., p.45 ; A. COURET, art. préc., n° 37, p. 240.
[2029] X. PERRIN, th. préc., n° 93, p. 146.
[2030] J. BEGUIN, « L'adage *« nul ne peut faire justice à soi-même en droit français »*, *in* « Nul ne peut se faire justice à soi-même », Le principe et ses limites en droit privé, Travaux de l'association Henri Capitant, tome XXVIII, Paris, Dalloz, 1969, p. 41 et s.
[2031] Com. 24 nov. 1998, J.C.P. 1999, II, 2151, note Y. PICOD.
[2032] O. CORNAZ, th. préc., p.120.
[2033] *Ibid.*

de diverger d'opinion sur ce que les parties auraient voulu si elles avaient connu la nullité »[2034].

608. La deuxième critique tient à la fausseté du caractère déclaratif de la décision de conversion. Cette analyse a été retenue, à tort, par certains auteurs. Jamil Charkhaoui est de cet avis. L'auteur égyptien affirme que le rôle du juge dans la conversion est seulement de faire apparaître l'acte nouveau, ce n'est pas le créer[2035]. Dans le même ordre d'idées X. Perrin affirme qu'« *il est exagéré de dire qu'il (le juge) refait l'acte juridique, car dès qu'il a reconnu que toutes les conditions de la conversion existent, elle s'impose à lui, aussi bien qu'il s'impose aux parties. Il se borne à sanctionner une transformation qui opère en dehors de lui, et seulement par rapport à la croyance qu'avaient les parties en l'état de l'acte ; il ne saurait modifier en quoi que ce soit le contenu de l'acte mineur qui apparaît spontanément. Quand il a admis qu'il y a lieu à conversion, il doit nécessairement reconnaître la vie- mais non la donner- à un acte dont les parties elles-mêmes ont fourni les éléments, et lui, le juge n'ajoute rien qui lui soit personnel. Il n'est là que pour arbitrer si oui ou non les conditions requises se trouvent remplies* ».

609. Nous n'adhérons pas cependant à cette analyse. Il faut repousser l'idée selon laquelle la conversion interviendra de façon exclusivement mécanique sans aucune interférence venant de l'extérieur[2036]. Le concours de la loi ou du juge s'impose comme une nécessité absolue pour voir véritablement naître la conversion[2037]. La décision a ici un effet constitutif et non déclaratif[2038].

3) L'affirmation du caractère constitutif de la décision de conversion

610. Le jugement constitutif de droit, par opposition au jugement déclaratif, ne se borne pas à reconnaître, un état de droit préexistant, mais crée une situation juridique nouvelle, différente de celle qui existait auparavant. Cette définition conduit à qualifier de constitutif le jugement de conversion[2039]. La doctrine contemporaine dans sa grande majorité se rallie à cette position[2040]. M. Alain Couret affirme en ce sens que la « *volonté des parties ne peut pas être seule opérante, il faudra attendre l'intervention du juge pour voir véritablement naître la conversion* »[2041]. Le même auteur

[2034] *Ibid.*

[2035] V. en ce sens J. CHARKHAOUI
جميل الشرقاوي، النظرية العامة للالتزام، الكتاب الأول، مصادر الالتزام، دار النهضة العربية، القاهرة، ص 259(غير مؤرخ).

[2036] A. BOUJEKA, art. préc., n° 29, p. 234.

[2037] X. PERRIN, th. préc., n° 51, p. 244.

[2038] A. COURET, art. préc., n° 41, p. 241.

[2039] A. COURET, art. préc., n° 37, p. 240 ; P. LIPINSKI, art. préc., n° 31, p. 1188.

[2040] A. BOUJEKA, art. préc., n° 29, p. 234 ; A. COURET, art. préc., n° 37, p. 240 ; P. LIPINSKI, art. préc., n° 31, p. 1188.

[2041] A. COURET, art. préc., n° 37, p. 240.

ajoute que « *cette volonté... n'est qu'un mode de déclenchement d'un processus légal dont elle ne contrôle aucunement les effets... La volonté est ici seulement à l'origine de la décision prise ; elle n'en est pas la véritable source. La conversion n'a, dès lors, aucun caractère automatique : elle doit être prononcée par le juge. La décision, ici, a un effet constitutif et non déclaratif* »[2042].

611. Dans le même ordre d'idées, M. Augustin Boujeka relève que : « *...le juge qui ordonne la conversion crée un état de droit nouveau en s'inspirant de l'acte nul ou plutôt de ce qu'il en reste, pour en découvrir un nouveau* ». Le jugement, dit-il, « *emporterait en l'espèce constitution d'un acte nouveau, mais réduit quant à sa portée juridique* »[2043]. Le rôle du juge est alors nettement actif, constructif et partant constitutif. Il est « *décliné dans une double fonction de destruction de l'acte initial et de reconstitution d'un acte nouveau par la mise en œuvre de la conversion par réduction, conformément à la volonté ayant sous-tendu l'acte détruit* »[2044].

612. Pour toutes ces raisons, on penche pour le caractère constitutif de la décision portant sur la conversion. Le juge ne se contente pas comme dans la requalification de changer l'appellation d'un contrat, mais à en créer une nouvelle figure juridique[2045]. La conséquence pratique en est extrêmement appréciable. En effet, si le jugement est constitutif, il ne saurait donc produire de conséquences avant le moment où il est rendu puisqu'il crée par définition des droits nouveaux[2046]. Il y aura par la suite maintien des effets produits par l'acte majeur dans le passé[2047]. L'acte mineur ne produira ses effets que pour l'avenir[2048]. Mais l'action bienfaisante de la conversion est de faire sortir des effets économiques analogues à ceux du premier acte[2049].

613. L'intervention active du juge dans le processus de conversion par réduction étant affirmée, il est dès lors souhaitable que le juge tunisien se montrer plus audacieux afin d'endiguer le creuset séparant les textes à une pratique jurisprudentielle caractérisée par un conservatisme déplorable. Une telle évolution, si bien sûr elle devait se réaliser, emporterait, en dehors d'évidentes conséquences pratiques, de nombreuses conséquences théoriques. Appelant à redéfinir certains des principes directeurs du droit civil afin de les concilier avec la logique de l'intervention active du juge dans la conversion.

[2042] *Ibid.*, n° 41, p. 241.
[2043] A. BOUJEKA, art. préc., n° 28, p. 234.
[2044] *Ibid.*
[2045] P. LIPINSKI, art. préc., n° 32, p. 1190.
[2046] *Ibid.*, n° 31, p. 1188.
[2047] X. PERRIN, th. préc., n° 101, p. 157 ; O. CORNAZ, th.préc., p. 50 ; A. COURET, art. préc., p. 252, note 5.
[2048] X. PERRIN, th. préc., n° 101, p. 157 ; O. CORNAZ, th.préc., p. 50 ; A. COURET, art. préc., p. 252, note 5.
[2049] O. CORNAZ, th.préc., p. 43.

§ 2. Les justifications des pouvoirs du juge

614. La doctrine civiliste classique estime que le rôle du juge dans la conversion est singulièrement réduit sous peine de heurter les principes fondamentaux du droit des contrats. On essaiera de démontrer, toutefois, que le pouvoir de conversion judiciaire est conciliable avec les principes fondamentaux du droit tunisien des contrats, tels que la force obligatoire du contrat (**A**), la sécurité juridique (**B**) et l'office du juge en matière contractuelle (**C**).

A. La compatibilité du pouvoir de conversion avec la force obligatoire du contrat

615. Le principe de la force obligatoire du contrat est posé par l'article 242 du Code des obligations et des contrats, ainsi formulé : « *les obligations valablement formées tiennent lieu de loi à ceux qui les ont faites* »[2050]. Selon la lecture classique, cette disposition traduit la force de la volonté comme égale à la loi. La formule paraît singulièrement forte comme disait Ripert[2051]. Le législateur a voulu hausser la convention au rang d'une loi dans le but de lui conférer une autorité et une force comparable[2052]. La force obligatoire implique selon la doctrine volontariste une double conséquence à l'égard des obligations des parties et du rôle du juge. Les parties sont tenues d'exécuter leurs obligations, mais aussi qu'elles y seront éventuellement contraintes par l'autorité publique, qui veille au respect des contrats comme à l'observation de la loi[2053]. En ce qui concerne le rôle du juge, « *il est enchaîné à la loi privée du contrat au même titre qu'une disposition législative* »[2054]. Le juge est « *un serviteur respectueux du contrat* »[2055]. Il ne lui appartient pas notamment de modifier ses termes, au prétexte d'interprétation. A cet égard, Morin précise que « *la volonté humaine(...) est un absolue devant lequel le juge chargé de l'exécution du contrat n'a qu'à s'incliner sans avoir jamais*

[2050] Ce texte est l'équivalent de l'article 1193 du C.C.F. Aux termes de ce texte « *Les contrats ne peuvent être modifiés ou révoqués que du consentement mutuel des parties, ou pour les causes que la loi autorise* ».

[2051] G. RIPERT, La règle morale dans les obligations civiles, 4ème éd., 1949, n° 22.

[2052] J.-P. CHAZAL, « *De la signification du mot loi dans l'article 1134 alinéa 1er du code civil* », R.T.D.civ. 2001, n° 2, p. 266 et n° 6, p. 270.

[2053] J. FLOUR et J.-L. AUBERT, Les obligations, t.1, L'acte juridique, *op.cit.*, n° 385 ; L. et J. MAZEAUD, Leçons de droit civil, t. 2, 1er volume, *op.cit.*, n° 720 pour qui « *le débiteur est tenu, obligé (obligatus), d'exécuter la prestation due. Une obligation à l'exécution de laquelle le débiteur pourrait se soustraire, serait dénuée de portée* ». Henri Capitant écrivait dans une chronique publiée en 1934 que « *le respect de la signature, c'est-à-dire l'obligation de tenir ce qu'on a promis, d'exécuter les obligations que l'on a librement contractées relève de la morale aussi bien que du droit* » (H. CAPITANT, « *Le régime de la violation des contrats* », D.H. 1934, Chron., p. 1).

[2054] G. BAUDRY-LACANTINERIE et L. BARDE, Traité théorique et pratique de droit civil, t.3, Les obligations, Librairie de la société du recueil général des lois et arrêts, 1905, n° 333.

[2055] F. TERRE, Ph. SIMLER et Y. LEQUETTE, Droit civil, Les obligations, *op.cit.*, n° 25, p. 34.

la faculté de révision »[2056]. La lecture volontariste du principe de force obligatoire explicite ainsi une immutabilité du contrat et son intangibilité[2057].

616. Cette conception classique de la force obligatoire du contrat trouve sa raison d'être dans le dogme de l'autonomie de la volonté[2058]. La doctrine de l'autonomie de la volonté attribue à la volonté une toute-puissance dans la détermination des droits et obligations des parties et dans la création des effets du contrat[2059]. Cette théorie est la traduction de l'idée selon laquelle l'homme étant libre, souverain et autonome, ne peut s'obliger que par sa propre volonté, qu'aucune volonté autre que la sienne propre, ne peut commander[2060]. Or, dans la mesure où la volonté est toute puissante, le juge doit s'y soumettre en exigeant l'exécution de la convention telle que les parties l'ont initialement voulue. L'intervention du juge ne se conçoit pas avec la force obligatoire du contrat qui constitue une émanation de la volonté des parties. Dans cette perspective, l'intervention judiciaire constitue la négation de la sacro-sainte volonté des parties.

617. L'article 242 du C.O.C. semble à première vue constituer un obstacle insurmontable à l'intervention du juge pour substituer un acte nouveau à l'acte initialement envisagé par les parties. La conversion se réalise en effet grâce à une pluralité d'acteurs, ce qui semble contredire fortement le principe de force obligatoire du contrat tel qu'envisagé par la doctrine classique. Cette remarque préliminaire semble privé de pertinence du fait qu'elle ignore que l'article 242 du C.O.C. n'accorde de force obligatoire à un accord de volonté que lorsque celui-ci est valablement formé, c'est-à-dire respectant les conditions de validité posées par la loi[2061]. La conversion d'un acte nul en un acte valable devient dans cette optique envisageable sans pour autant heurter le principe de la force obligatoire du contrat qui n'existe, par hypothèse, que pour les conventions remplissant les conditions de validité des actes juridiques. Ainsi, rien ne paraît contradictoire entre l'affirmation de la force obligatoire du contrat et

---

[2056] G. MORIN, « *La désagrégation de la théorie contractuelle du Code* », A.P.D., 1940, p.19.

[2057] P. STOFFEL-MUNCK, Regards sur la théorie de l'imprévision, Vers une souplesse contractuelle en droit privé français contemporain, Mémoire de D.E.A., AIX-Marseille, P.U.A.M., 1994, n°25.

[2058] O. GOUT, *op.cit.*, n° 686, p. 465.

[2059] J. GHESTIN (sous la dir.), Traité de droit civil, La formation du contrat, *op.cit.*, n° 36, p. 27.F. TERRE, Ph. SIMLER et Y. LEQUETTE, Droit civil, Les obligations, *op.cit.*, n° 25, p. 34 et s. ; H. L. MAZEAUD, J. MAZEAUD et F. CHABAS, Leçon de droit civil, Obligations, *op.cit.*,n° 28 ; A. RIEG, Le rôle de la volonté dans l'acte juridique en droit civil français et allemand, L.G.D.J., 1961, tome 19 ; J. HAUSER, Objectivisme et subjectivisme dans l'acte juridique, L.G.D.J., tome 117, 1971.

[2060] J. GHESTIN (sous la dir.), Introduction générale, 3ème éd. 1990, par j. GHESTIN et G. GOUBEAUX, nos 13 et s. et n° 173 ; G. MORIN, « *La désagrégation, de la théorie contractuelle du Code* », art. préc., p.19.

[2061] O. GOUT, *op.cit.*, n° 690, p. 468 ; M.-E. BEN CHAABANE, La moralisation du contrat, Mémoire pour l'obtention du mastère de recherche en droit des affaires, Faculté des sciences économiques politiques et sociales de Tunis, 2008-2009, p. 132.

l'intervention du juge pour substituer un acte valable à l'acte qui n'est pas plié aux exigences du Droit. L'intervention du juge doit d'autant plus être encouragée du fait qu'elle va conduire à mettre le contrat en conformité avec la loi.

618. Par ailleurs l'obstacle majeur que constituait la lecture volontariste du contrat paraît aujourd'hui franchi grâce à une lecture nouvelle du principe de la force obligatoire du contrat. La conception moderne de la force obligatoire du contrat est le résultat de la remise en cause par la doctrine au début du XX^{è} siècle du principe de l'autonomie de la volonté. La désacralisation du principe de l'autonomie de la volonté a permis aux auteurs de repenser les fondements de la force obligatoire des contrats. Il a été démontré que l'autonomie de la volonté n'est pas vraiment la source de la force obligatoire[2062]. Elle constitue un « *mythe périmé* »[2063] ou un « *fondement apparent* »[2064]. Le fondement « *réel* » de la force obligatoire du contrat est ailleurs[2065]. La force de l'engagement ne provient pas seulement de la volonté, mais du droit objectif qui en garantit l'effectivité[2066]. « *En réalité le sujet a voulu contracter et c'est tout. Les effets du droit sont du domaine objectif dans ce cas et sont produits par le droit objectif sans que la volonté y ait un rôle quelconque* »[2067].

619. L'autonomie de la volonté et le respect de la parole donnée ont cédé du terrain devant de nouveaux fondements, tels que le fondement normativiste, ou encore la théorie de l'utile et du juste. Monsieur Ghestin affirme en ce sens que « *la recherche par le droit objectif du juste et de l'utile justifie la force obligatoire du contrat et en fixe les conditions et les limites* »[2068]. Le droit objectif conférerait donc force obligatoire aux conventions en raison de leur utilité sociale, et à condition qu'elles soient justes. M. Ghestin affirme ainsi que « *le contrat est obligatoire parce qu'il est utile* »[2069] et que « *le contrat n'est obligatoire que s'il est juste* »[2070]. L'utilité du contrat provient de la réalisation d'échanges économiques[2071].

[2062] P. STOFFEL-MUNCK, Regards sur la théorie de l'imprévision, mémoire préc., n° 29, p. 35.

[2063] E. SAVAUX, Théorie générale du contrat, mythe ou réalité, Paris, L.G.D.J., Bibl. de droit privé, tome 264, n° 213, p. 174.

[2064] P. STOFFEL-MUNCK, Regards sur la théorie de l'imprévision, mémoire préc., n° 29 et s., p. 35 et s.

[2065] *Ibid.*

[2066] J. GHESTIN, Traité de droit civil, La formation du contrat, *op.cit.*, n° 8, p.9.

[2067] J. HAUSER, Objectivisme et subjectivisme dans l'acte juridique, *op.cit.*, n° 52, p. 68.

[2068] J. GHESTIN, Traité de droit civil, La formation du contrat, *op.cit.*, 1993, n° 225 E. GOUNOT, Le principe de l'autonomie de la volonté en droit privé, th. préc., p. 385 : « *Les libres contrats sont sanctionnés par le droit non parce qu'ils émanent de volontés individuelles qui posséderaient par elles-mêmes une valeur juridique absolue et inconditionnée, mais parce qu'ils sont objectivement justes ou présumés tels* ».

[2069] J. GHESTIN, Traité de droit civil, La formation du contrat, *op.cit.*, n° 227, p. 203 et s.

[2070] *Ibid.*

[2071] P. HEBRAUD, « *Rôle respectif de la volonté et des éléments objectifs dans les actes juridiques* », *in* Mélanges offerts à Jacques Maury, 1960, Univ. Toulouse, tome II, p. 435.

Or, l'étude précédemment conduite au sujet de l'utilité de la conversion a montré à quel point le contrat représentait une valeur économique. L'étude entreprise a montré aussi que l'anéantissement de l'acte signe l'échec de l'opération économique. Il faudrait dès lors considérer qu'il a perdu tout effet obligatoire ; il ne devrait plus être regardé comme créateur d'un lien contraignant.

620. La conversion et la force obligatoire ne s'opposent plus donc, mais se complètent[2072]. Le seul moyen de le rendre obligatoire est de procéder à la conversion. Celle-ci va restaurer l'utilité de l'acte et sa conformité à la justice contractuelle, en le rendant viable. Les diverses hypothèses de conversion montrent que cette institution loin de représenter un danger pour le principe de la force obligatoire des conventions, constitue une technique de protection de ce principe. Une illustration intéressante en est fournie par la conversion d'un contrat de travail perpétuel en un contrat à durée indéterminée. La conversion permettra en l'occurrence de protéger le lien contractuel présentant encore une utilité pour le salarié, partie socialement faible.

621. La conversion retrouve une véritable explication théorique dans le principe de la force obligatoire du contrat nouvellement compris, car il envisage la convention comme un acte souple et évolutif. Ce principe autorise l'appréhension du contexte général dans lequel évolue le contrat notamment les besoins économiques et sociaux[2073]. Cette évolution des mentalités qui va jusqu'à prôner la souplesse contractuelle afin que l'acte s'adapte pour survivre[2074], nous permet d'appréhender l'éventuelle compatibilité du pouvoir de conversion avec la force obligatoire du contrat dans un contexte beaucoup moins hostile qu'on pouvait le redouter *ab initio*.

622. De même, c'est en se tournant vers le créancier que « *certaines doctrines contemporaines tendent d'établir le fondement de la force obligatoire du contrat, en le recherchant dans la confiance du créancier - version italienne- ou dans les attentes de ce dernier – version anglo-américaine* »[2075]. Parmi les auteurs adhérant à ce courant, on peut citer Carbonnier. L'auteur considère que « *ce qui fonde la force obligatoire du contrat, c'est l'attente du créancier, qui ne doit pas être déçue…* »[2076].

[2072] G. PIETTE, La correction du contrat, t.1, *op.cit.*, n° 282, p. 157.

[2073] *Ibid.*, n° 334 et 335, pp. 192-193 ; P. STOFFEL-MUNCK, Regards sur la théorie e l'imprévision, mémoire préc., n° 71 et s., p. 54 et s.

[2074] C. THIBIERGE-GUELFUCCI, « *Libres propos sur la transformation du droit des contrats* », R.T.D.civ., 1997, spéc., n° 23, p. 375.

[2075] Y. LUCUYER, « *Redéfinir la force obligatoire du contrat* ? », *art. préc.*, pp. 44 et 45 ; M. CHAGNY, « La confiance dans les relations d'affaires », *in* La confiance en droit privé des contrats, Dalloz 2008, p. 35 et s.

[2076] J. CARBONNIER, « *Introduction* », *in* L'évolution contemporaine du droit des contrats, 1res journées R. SAVATIER, Poitiers, 24 et 25 octobre 1985, Paris, P.U.F., 1986, p. 35 ; Cf. OPPETIT, « *L'endettement et le droit* », *in* Mélanges Breton et Derrida, Paris, Dalloz, 1991, pp. 295 et s. ; Y. LUCUYER, « *Redéfinir la force obligatoire du contrat ?* », *art.préc.*, p. 44 ; G. MORIN, « *La désagrégation, de la théorie contractuelle du Code* », *art. préc.*, p. 20.

L'observation s'inscrit dans une nouvelle conception de la force obligatoire du contrat, qui serait moins fondée sur l'engagement du débiteur que sur l'attente raisonnable du créancier. Or, la conversion ne conduit pas à déjouer les prévisions des parties, mais au contraire à les conforter dans la mesure où l'acte de remplacement satisfait les attentes des parties et s'avère conforme aux prévisions des contractants.

623. Il est enfin possible de se demander si le processus de la conversion ne doit pas primer celui de la force obligatoire du contrat à partir du moment où il s'inscrit dans la lignée d'objectifs particulièrement dignes d'intérêt, c'est-à-dire reconnus et défendus par le droit[2077]. L'idée de justice objective, de confiance légitime, de loyauté et de bonne foi des contractants, et même d'efficacité économique, sont autant de moyens justifiant les incursions du juge dans le contrat et légitimant parallèlement le relâchement du principe de la force obligatoire. Le législateur n'a, en effet, jamais entendu accorder toute puissance à l'autonomie de la volonté et au caractère impératif des actes juridiques. Ceux-ci ne peuvent s'exprimer pleinement qu'à la condition que certains principes fondamentaux régissant le bon fonctionnement d'une société soient remplis. Or, la conversion du contrat constitue indubitablement un moyen parmi d'autres de réaliser une plus pragmatisme et de souplesse, et manifeste ainsi une conception d'un droit plus flexible et plus adaptable[2078].

B. La compatibilité du pouvoir de conversion avec la sécurité juridique

624. La sécurité juridique peut être définie dans son sens général comme « *la situation, l'état tranquille qui résulte de l'absence réelle de danger* »[2079]. Cela se vérifie aussi à la vue de l'étymologie du mot « *sécurité* », qui procède du latin *securus*, signifiant « *exempt d'inquiétude, de danger* »[2080]. La sécurité dont il sera ici question est la sécurité juridique entendue comme « *l'absence de danger du droit, c'est-à-dire plus simplement comme la confiance dans le droit* »[2081]. La définition de la sécurité juridique donnée par le Dictionnaire *Vocabulaire juridique* de l'Association Henri Capitant publié sous la direction du Doyen Gérard Cornu peut servir de base à la réflexion. Pour l'auteur, la sécurité juridique peut être définie comme « *toute garantie, tout système juridique de protection tendant à assurer, sans surprise, la bonne exécution des*

[2077] O. GOUT, *op.cit.*,n° 689, p. 467 ; *Adde* M. CHAGNY, « *La confiance dans les relations d'affaires* », *in* La confiance en droit privé des contrats, Dalloz 2008, p. 35 et s.
[2078] *Ibid.*, n° 692, p. 469.
[2079] *Le petit Robert*, vol. 1, V° « *sécurité* ».
[2080] Dictionnaire encyclopédique de théorie et de sociologie du droit, V° « *Sécurité* », L.G.D.J., 2ème éd., 1993, p. 544.
[2081] G. PIETTE, La correction du contrat, *op.cit.*, n° 206, p. 125.

obligations, à exclure ou au moins réduire l'incertitude dans la réalisation du droit »[2082].

625. La sécurité juridique est unanimement reconnue comme un besoin, un impératif ou une exigence majeure du droit[2083]. C'est ainsi que Jean Carbonnier considère que la sécurité juridique est ce « *besoin juridique élémentaire et, si l'on ose dire, animal* »[2084]. Dans le même sens, le professeur Lecuyer estime que « *la sécurité juridique est l'impératif qui doit commander prioritairement tout système juridique* »[2085]. La sécurité juridique, à l'instar de la justice, du bien commun ou encore de l'idée de progrès social, constitue un idéal à atteindre, ou encore l'une des valeurs classiques sur lesquelles repose le droit[2086]. Le droit s'oppose à l'arbitraire et à l'anarchie qui résultent de la loi du plus fort[2087].

626. La sécurité juridique, d'un point de vue technique, possède deux facettes, l'une objective, l'autre subjective. La sécurité objective désigne la sécurité du droit objectif et du système juridique[2088]. La sécurité juridique envisagé sous un angle subjectif concerne la situation personnelle des individus en tant qu'ils agissent dans l'ordre juridique[2089]. L'accent est mis ici sur la sécurité dans les relations interpersonnelles au détriment de la sécurité juridique du droit objectif lui-même. Il s'agit de la sécurité des droits au détriment de la sécurité du Droit[2090]. La notion de sécurité juridique dans les relations interpersonnelles possède principalement deux facettes ou deux sous-exigences distinctes : la stabilité et la prévisibilité[2091]. Pour mesurer à quel point le pouvoir de conversion dont dispose le juge est

---

[2082] G. CORNU, *Vocabulaire juridique*, dictionnaire préc., V° « *Sécurité* ».

[2083] T. PIAZZON, La sécurité juridique, préf. L. LEVENEUR, Coll. Doctorat et notariat, éd. Alpha, *Défrénois*, 2010, n° 45 et s., p. 57 et s. ; G. PIETTE, La correction du contrat, *op.cit.*, n° 202, p. 123.

[2084] Selon l'expression de J. CARBONNIER, « *la part du droit dans l'angoisse contemporaine* », *in* Flexible droit. Pour une sociologie du droit sans rigueur, *op.cit.*, p. 194.

[2085] H. LECUYER, « *Redéfinir la force obligatoire du contrat* », *art. préc.*, pp. 44-45.

[2086] T. PIAZZON, La sécurité juridique, *op.cit.*, n°7, p. 11.

[2087] *Ibid.*

[2088] La stabilité du droit objectif s'oppose à l'idée d'instabilité législative et juridique, résultant de la multiplication des modifications du contenu de la règle par celui qui a compétence pour la modifier (T. PIAZZON, La sécurité juridique, *op.cit* ., n° 22 et s., p. 31 et s. et n°58 et s., p. 74 et s.).

[2089] T. PIAZZON, La sécurité juridique, *op.cit* ., n°4, p. 7 et n° 63 et s., p. 84 et s.

[2090] T. PIAZZON, La sécurité juridique, *op.cit* ., n°4, p. 7.; M. MOLFESSIS, « *La sécurité juridique et l'accès aux règles de droit* », R.T.D. civ., p. 662 et s. ; G. PIETTE, La correction du contrat, *op.cit.*, n° 203, pp. 123-124 ; D. FOUSSARD, « *Sécurité juridique et jurisprudence. Rapport de synthèse* », Entretiens de Nanterre, 16-17 mars 1990, Cahiers de droit de l'entreprise, n° 48, 29 novembre 1990, Supplément 6, p. 17 et s.).

[2091] La notion sécurité juridique possède encore une troisième facette: l'accessibilité du droit. La notion d'accessibilité du droit possède deux aspects. Il s'agit d'une part de l'accessibilité matérielle des règles lesquelles doivent être à la portée de tous les usagers du droit. Il s'agit d'autre part, de l'accessibilité intellectuelle entendue dans le sens de la lisibilité, la clarté, la compréhensibilité ou encore de l'intelligibilité du droit (T. PIAZZON, La sécurité juridique, *op.cit* ., n°10 et s., p. 17 et s.)

conciliable avec ces deux sous-exigences, il paraît au préalable opportun de s'interroger sur le sens exact de ces deux notions.

627. La stabilité des droits subjectifs est la nécessité de protéger les espérances nées, les droits préconstitués qui sont source de richesse et sur lesquels on doit pouvoir compter[2092]. La stabilité des droits s'inscrit dans le cadre d'une réflexion qui lie les notions de temps et de droit[2093]. Dans les deux cas, la stabilité évoque « *la continuité quand on regarde vers l'avenir et, si l'on se tourne vers le passé, l'absence de remise en cause de ce qui est* »[2094]. La stabilité des droits subjectifs constitue une vertu classique du droit[2095]. C'est elle qui justifie en partie des institutions aussi importantes que la prescription ou des principes aussi fondamentaux que celui du non-rétroactivité de la loi[2096]. La prescription met certaines situations juridiques à l'abri de toute contestation et a donc un rôle pacificateur[2097]. Il en va de même pour le principe de non-rétroactivité qui, en interdisant qu'un acte ou un fait quelconque ait des conséquences pour une période antérieure à la date où il survient, assure également le respect du passé en le mettant à l'abri de remises en cause[2098].

628. Le principe de sécurité juridique commande d'autre part le respect des prévisions des contractants. La prévisibilité est « *le caractère de ce qui est prévisible* », c'est-à-dire de « *ce que l'on peut normalement prévoir et qui doit donc être raisonnablement prévu* »[2099]. La notion de prévisibilité est profondément ancrée au cœur de notre droit des contrats. Il est aujourd'hui courant de considérer le contrat comme un acte de « *prévision* »[2100] ou

---

[2092] *Ibid.*, n° 25, p. 36.

[2093] V° sur le lien entre le droit et le temps: F. *MECHRI, « Voyage* dans l'espace du temps juridique, in Philosophie du droit et droit économique, Quel dialogue ? », *in* Mélanges en l'honneur de G. FARJAT, éd. Frison-Roche, 1999, p. 427 et s. ; F. OST, Le temps du droit, éd. O. JACOB, 1999 ; P. HEBRAUD, « *Observations sur la notion du temps dans le droit civil* », *in* Etudes offertes à P. KAYSER, t. 2, P.U.A.M. 1979, p. 1.

[2094] T. PIAZZON, La sécurité juridique, *op.cit* ., n° 23, p. 34.

[2095] *Ibid.,* n° 22, p. 33.

[2096] *Ibid.*, n° 23, p. 34.

[2097] *Ibid.* ; Un autre auteur ajoute que La présomption d'autorité de la chose jugée, posée par l'article 481 du C.O.C et l'article 1351 du Code civil, remplit la même fonction, en tendant à la paie sociale, à l'extinction des conflits, et donc à la sécurité (G. PIETTE, La correction du contrat, *op.cit.*, n° 214, p. 129).
V. sur l'autorité de la chose jugée en droit tunisien Hatem RWETBI
حاتم الرواتبي، "مفهوم اتصال القضاء في فقه القضاء"، مقال منشور ضمن خمسون عاما من فقه القضاء المدني 1959-2009، تحت إشراف الأستاذ كمال شرف الدين، مركز النشر الجامعي، تونس 2010، ص 1041.

[2098] T. PIAZZON, La sécurité juridique, *op.cit* ., n° 23, p. 34.

[2099] G. CORNU, *Vocabulaire juridique*, dictionnaire préc., V° « *Prévisibilité* » et « *Prévision* ».

[2100] P. HEBRAUD, « *Observation sur la notion de temps dans le droit civil* », art.préc., n°20, p.28 ; V° plus récemment : H. LÉCUYER, « *le contrat, acte de prévision* », *in* L'avenir du droit, Mélanges en hommage à F. TERRE, P.U.F., 1999, p.643 et s. ; T. PIAZZON, La sécurité juridique, *op cit* ., n° 33, p. 46.

« *d'anticipation* »[2101]. Ces expressions présentent le mérite de montrer que le contrat constitue un acte tourné vers l'avenir. La célèbre formule de G. Ripert : « *Contracter c'est prévoir* »[2102] est éclairante à plusieurs titres. La fonction sociale du contrat comme instrument de prévision sur l'avenir a été signalé par plusieurs auteurs[2103]. Ainsi selon Haurioux, le contrat est défini comme « *la tentative la plus hardie qui puisse se concevoir, pour rétablir la domination de la volonté humaine sur les faits, en les intégrant d'avance dans un acte de prévision* »[2104].

629. La notion de prévisibilité étant définie, il semble opportun maintenant de s'interroger sur la nature exacte (l'objet) de ces prévisions. La réponse à cette question diffère selon que le raisonnement s'opère en termes d'objet ou de cause[2105]. Du point de vue de l'objet, la sécurité juridique suppose que chacun puisse prévoir les effets juridiques découlant mécaniquement du type de contrat en cause[2106]. Ainsi le bailleur doit pouvoir compter sur le paiement du loyer stipulé dans le contrat, dès lors que les règles légales impératives en la matière ont été respectées[2107]. Comme le souligne avec force M. Hervieu, l'important, en matière de sécurité juridique, est de savoir à l'avance les conséquences juridiques qui découlent du type de contrat en cause[2108]. Bergel écrit que « *Ce n'est que s'il peut prévoir les conséquences qui s'attacheront à ses actes que l'Homme pourra décider sciemment d'entreprendre une activité, qu'il pourra organiser son travail, fonder une famille, qu'il espérera conserver ce qu'il acquiert…* »[2109]. Du point de vue de la cause, les contractants poursuivent à travers le type de contrat choisi la satisfaction de certains besoins ou encore d'un but déterminé[2110]. Il est donc semble-t-il, normal que leurs prévisions ne soient pas ensuite trahies, ce qui suppose que l'on en tienne compte du but initialement poursuivi par elles[2111]. Ainsi ce qui compte, au nom de la sécurité juridique, c'est « *la conformité du résultat obtenu au résultat attendu* »[2112].

2101 A. SERIAUX, « *Le futur contractuel* », *in* Le droit et le futur, P.U.F., 1985, p.77 et s., *spéc.* n°5, p.78.

2102 G. RIPERT, « La règle morale dans les obligations civiles », *op.cit.*,n° 84, p. 151.

2103 La prévision a été définie comme la « *représentation actuelle de l'avenir* » (P. HEBRAUD, « *Observations sur la notion du temps dans le droit civil* », *art.préc.*, n° 19, p. 28).

2104 M. HAURIOUX, Principes du droit public, 1re éd., 1906, p. 106.

2105 H. LECUYER, « *Le contrat, acte de prévision* », art. préc., p. 644.

2106 T. PIAZZON, La sécurité juridique, *op.cit* ., n° 33, p. 48.

2107 *Ibid.,* n° 34, p. 49.

2108 « *Observations sur l'insécurité de la règle jurisprudentielle* », R.R.J. droit prospectif 1989, p. 257 et s., *spéc.*, p. 269.

2109 T. PIAZZON, La sécurité juridique, *op. cit.*, n° 34, p. 49.

2110 *Ibid.*, n° 33, p. 48.

2111 *Ibid.*, n° 33, pp.46 et 47 ; J. MESTRE, « *Rupture abusive et maintien du contrat* », R.D.C. 2005, p. 105.

2112 L. DEJOIE, « *Propos introductif* », *in* Le contrat : liberté contractuelle et sécurité juridique, 94 ème Congrès des notaires de France, Les petites affiches, pp. 4-5 ; V° aussi dans

630. Faut-il ainsi conclure que le principe de sécurité juridique suppose que les parties elles-mêmes, mais aussi le juge doivent se montrer respectueux du lien de droit volontairement créé[2113]. La modification judiciaire du contrat peut être facteur d'insécurité juridique dans la mesure où elle peut conduire à des conséquences imprévisibles pour les individus[2114]. Le principe de sécurité juridique plaide ainsi pour l'immutabilité ou encore l'intangibilité du contrat[2115]. Les auteurs classiques ne manquent pas d'ailleurs de relever que le principe de sécurité juridique peut être considéré en harmonie avec un principe traditionnel en matière de contrat, celui de la force obligatoire du contrat, énoncé par l'article 242 du C.O.C. Le principe de la force obligatoire des conventions, représente une garantie de sécurité juridique dans la mesure où il permet de garantir la prévision et la stabilité dans les relations contractuelles[2116]. L'intervention du juge dans le contrat peut, au contraire, être analysée comme un facteur d'insécurité juridique dans la mesure où elle peut conduire à des conséquences imprévisibles pour les individus[2117].

631. La conversion en tant qu'opération de substitution d'un acte à un autre peut-elle s'avérer, à première vue, inconciliable, voire gravement attentatoire à l'impératif de sécurité juridique. L'intervention du juge pour refaire l'acte à la place des parties est de nature à déjouer les prévisions des parties. Les applications nombreuses de la conversion permettent cependant de nuancer les craintes d'une atteinte éventuelle à la sécurité contractuelle. On peut même prétendre que la conversion constitue une garantie pour la sécurité juridique. L'exemple le plus explicite et le plus caractéristique peut être trouvé en matière des sociétés commerciales. La conversion d'une société nulle en une société de fait met, on l'a déjà relevé, les actes passés à l'abri d'une remise en cause rétroactive et contribue, grâce à la stabilité qu'elle procure, à assurer indirectement la sécurité juridique des associés eux-mêmes et des tiers avec lesquels ils ont traité[2118]. La conversion est l'un des moyens qui pourront être mis en œuvre par le juge pour remédier à l'insécurité résultant de l'anéantissement de l'acte.

---

le même sens : le Doyen Roubier qui estime que la sécurité juridique consiste à « *garantir la sécurité des résultats de telle manière que chacun puisse prévoir ces résultats et compter sur eux* » (P. ROUBIER, Théorie générale du droit, histoire des doctrines juridiques et philosophie des valeurs sociales, Sirey 1946, p. 76).

[2113] T. PIAZZON, La sécurité juridique, *op.cit* ., n° 27, p. 38 ; J. MESTRE, « Rupture abusive et maintien du contrat », *art.préc.*, p. 105 ; G. RIPERT, Le déclin du droit, L.G.D.J., 1949, n° 59, p. 181.

[2114] T. PIAZZON, La sécurité juridique, *op.cit.*, n° 27, p. 38.

[2115] V. sur l'ensemble de la question les actes du colloque tenu à Chambéry le 28 novembre 1997, sous le thème : « *Que reste-t-il de l'intangibilité du contrat* ? », Dr. et pat. Mars 1998, n° 58 ; P. STOFFEL-MUNCK, Regards sur la théorie de l'imprévision…mémoire préc.

[2116] F. TERRE, Ph. SIMLER et Y. LEQUETTE, Les obligations, *op.cit.*, n°438, p.485 et s. ; O. GOUT, *op.cit.*, n° 687, p. 466.

[2117] T. PIAZZON, La sécurité juridique, *op.cit.*, n° 27, p. 38.

[2118] *Ibid.*, n° 28, p. 41.

632. Mais, les bienfaits de la conversion en tant que technique de sauvetage ne consistent pas seulement à empêcher la remise en cause rétroactive du passé contractuel. En effet, si l'on regarde vers l'avenir, on peut aisément relever que cette institution assure également la continuité de la relation contractuelle. La conversion permet de la sorte de remédier à l'incertitude ou à la contrariété constatée entre les prévisions initiales des contractants de voir leur acte exécuté et la situation résultant de l'anéantissement de l'acte. L'anéantissement de l'acte ruinait, en effet, la fonction sociale du contrat, instrument de prévision sur l'avenir[2119]. Inversement, la particularité de la conversion comme technique destinée à la réalisation d'une équivalence conduit à conforter les prévisions des parties dans la mesure où l'acte créé doit satisfaire l'objectif économique qu'elles se sont assigné[2120]. La conversion permet de rétablir la puissance du vouloir, et sauve de la sorte les prévisions des parties. La prévisibilité du contrat n'est pas donc ébranlée par l'intervention du juge[2121]. Aussi, la considération de la valeur patrimoniale du contrat et des intérêts économiques et sociaux attachés au maintien du lien contractuel devrait conduire nos tribunaux à multiplier les hypothèses de conversion dans le dessein de protéger la sécurité juridique.

633. La conversion fait apparaître que l'intervention du juge, loin de créer une insécurité permet d'assurer la sécurité. L'intervention du juge ne constitue pas un danger pour la sécurité juridique. Bien au contraire, la sécurité est obtenue grâce à l'ingérence du juge pour refaire l'acte à la place des parties. La sécurité juridique ne se confond pas avec l'immutabilité pure et simple[2122] ni encore avec l'immobilisme[2123]. Tenir compte de l'exigence de la sécurité juridique commande parfois de la souplesse[2124]. La doctrine moderne rappelle cette idée avec force. Comme l'indique M. Chazal, « *Il faudrait rompre avec cette conception de la sécurité juridique qui rime avec l'intangibilité des droits et lui préférer une sécurité plastique, qui épouse les différences et les changements de situations* »[2125].

2119 K. DE LA ASUNCION PLANES, La réfaction du contrat, *op.cit.*, n° 491, p. 305.
2120 A. COURET, art. préc., n° 12, p. 226.
2121 T. PIAZZON, La sécurité juridique, *op.cit* ., n° 36, p. 50.
2122 *Ibid.*, n° 30, p. 44.
2123 *Ibid.*, n° 103, p. 173
2124 *Ibid.*, n° 39, p. 53 ; D. MAZEAUD, « *Constats sur le contrat, sa vie, son droit* », L.P.A. 1998, n°54, p.8 et s., spéc. p.12 ; D. MAZEAUD, La réduction des obligations contractuelles, *in* Que reste-il de l'intangibilité du contrat ? Actes du colloque organisé à la faculté de droit et d'économie de Chambéry, le 28 nov. 1997, Dr. et patrimoine, 58/1998, p. 58.
2125 J.-P. CHAZAL, « *Les nouveaux devoirs des contractants. Est-on allé trop loin* ? », *in* La nouvelle crise du contrat, Dalloz, coll. Thèmes et commentaires, 2003, p. 99 et s., spéc. p. 126.

C. La compatibilité du pouvoir de conversion avec l'office du juge

634. L'image traditionnelle du contrat fait apparaître que les contractants constituent les seuls créateurs de la convention. Le juge ou encore le législateur ne peut pas se substituer aux parties pour « *faire* » un contrat à leur place[2126]. La conversion semble fausser ce modèle traditionnel de formation des contrats. Les hypothèses de conversion précédemment étudiées ont permis d'observer que le juge, mais aussi le législateur peuvent participer à la réfection d'un acte à la place des parties. La conversion place ces deux acteurs au rang de véritables formateurs ou de « *faiseurs* »[2127] du contrat. L'image du contrat, en tant que fruit de la volonté des parties, se trouve bien contrariée[2128]. La question qui se pose dès lors est de savoir si l'office actuel du juge lui permet de mener à bien cette entreprise, la réfection de ce que les parties n'avaient pas correctement effectué ?

635. La réponse est, à nos yeux, affirmative. L'époque où le rôle du juge se limite simplement et essentiellement à prononcer la nullité du contrat qui ne s'est pas formé régulièrement, ou encore à condamner les parties à exécuter leurs obligations contractuelles telles décrites dans le contrat sans pouvoir les modifier paraît aujourd'hui révolue [2129]. Cette appréciation stricte de l'office du juge ne se conçoit pas aujourd'hui, voire elle est obsolète. Les théoriciens contemporains reconnaissent un rôle actif au juge. On a d'ailleurs pu dire avec M. Cadiet que « *Le juge du contrat n'est plus le spectateur passif de la querelle contractuelle, prisonnier d'un prétendu principe de l'autonomie de la volonté qui lui impose de respecter les termes de la convention et lui interdire d'en modifier le contenu, fût-ce pour rétablir, entre les parties, un équilibre injustement rompu. Le juge et l'artisan de la justice contractuelle et cette mission lui donne, à l'égard du contrat, un pouvoir d'intervention au sens quasiment procédural du terme comme si, de tiers, le juge devenait partie au contrat* »[2130]. En outre, M. Collart Dutilleul précise que le contrat désigne un « *accord de volonté que la loi et/ ou le juge reconnaissent autoritairement comme tel et qu'ils soumettent au droit des contrats* »[2131]. L'auteur n'hésite pas à intégrer un

---

[2126] L. FIN-LANGER, L'équilibre contractuel, *op.cit.*, n° 82, p. 66.

[2127] J. MASSIP, La réforme du divorce, *defrénois*, 1976, spéc., n° 197, p.244.

[2128] A-S. LAVEFVE LABORDRDERIE, La pérennité contractuelle, préf. de C. THIBIERGE-GUELFUCCI, Bibliothèque de droit privé tome 447, L.G.D.J., 2005, n° 264, pp. 160.

[2129] F. TERRÉ, Ph. SIMLER et Y. LEQUETTE, Droit civil, Les obligations, *op.cit.*, n° 25, p.34. ; A. ENGEL-CRÉACH, Les contrats judiciairement formés, préf. A. BÉNABENT, Economica, coll. Recherches juridiques, 2002, n° 14, p.13.

[2130] L. CADIET, « *Une justice contractuelle, l'autre* », *in* Mélanges offerts à J. GHESTIN, p. 181 ; V. aussi pour le même auteur : « *Les jeux du contrat et du procès : esquisse, philosophie du droit et droit économique* », *in* Mélanges en l'honneur de G. FARJAT, éd. Frison-Roche, 1999, p. 23 et s. spéc. p. 42.

[2131] F. COLLART-DUTILLEUL, « *Quelle place pour le contrat dans l'ordonnancement juridique* ? », *in* La nouvelle crise du contrat, colloque tenu à Lille les 14et15 mai 2001, Dalloz, 2003, n°3, p.230.

troisième acteur présent dans le « *paradigme* » du contrat, le juge[2132]. Comme le remarque M. Mazeaud, « *le contrat n'est plus conçu comme la chose des parties. De plus en plus, que ce soit au stade de sa conclusion ou de son exécution, il se présente comme un ménage à trois, voire plus si nécessité…* »[2133]. Ces réflexions révèlent un accroissement du rôle du juge qui se manifeste à travers les expressions telles que « *processualisation contrat* »[2134], « *le gouvernement des juges* »[2135], ou de « *la tutelle* » des juges[2136].

636. Le phénomène d'intervention du juge dans le contrat puise sa source dans une conception renouvelée du rôle du juge en matière contractuelle, à laquelle le législateur n'est pas étranger. En témoigne l'article 136 du C.O.C. qui vient autoriser l'intervention du juge pour accorder au débiteur un délai de grâce pour exécuter ses obligations ou encore pour lui accorder la « *faculté de se libérer par paiements échelonnés* ». De même, la possibilité donnée par l'article 327 du C.O.C. d'amputer la partie du contrat qui était en contradiction avec la légalité, revient, en dernière instance, à admettre son immixtion dans le contrat. Mais, ce sont surtout les lois postérieures au Code qui accordent au juge un droit d'intervention dans la sphère contractuelle. L'intervention du juge trouve le plus souvent sa justification dans des considérations socio-économique. On peut donc considérer que l'extension du rôle du juge est d'abord d'origine législative. Comme le relève M. Paisant, « *la loi fait du juge son bras armé pour intervenir dans les contrats et notamment alléger les obligations de l'une de ses parties* »[2137].

637. Le Doyen Noomen Rekik, dans un article sur les clauses abusives et la protection du consommateur, a cité quelques cas d'intervention du juge sur autorisation de la loi pour démonter que ces immixtions constituent une sorte de tremplin permettant aux magistrats d'intervenir en dehors de toute

---

2132 COLLART – DUTILLEUL, art. préc., p.227 ; A-S. LAVEFVE LABORDRDERIE, La pérennité contractuelle, *op.cit.*, n°21, p.14.

2133 D. MAZEAUD, « *Constats sur le contrat, sa vie, son droit* », *art.préc.*, n° 54, p. 8 et s.

2134 L. CADIET, « *Les jeux du contrat et du procès* », *in* Philosophie du droit et droit économique, Quel dialogue ? Mélanges en l'honneur de G. FARJAT, éd. Frison-Roche, 1999, p. 23 et ., spéc., n° 32 et s., p. 41 et s. ; Cet auteur définit « la processualisation du contrat comme l'intervention du juge dans la solution d'un litige contractuel » (n° 32, p. 41) ; du même auteur : « *une justice contractuelle, l'autre* », *art. préc.*, *spéc.*, n° 2 – Sur les principales manifestations de ce phénomène : J. GHESTIN (sous la dir.), Traité de droit civil, Les obligations, Le contrat : Formation, *op.cit.*, n° 251 et s., p. 225 et s.

2135 H. DE PAGE, A propos du gouvernement des juges, l'équité en face du droit, Paris, Sirey, Bruxelles, Bruylant, 1931, p. 161, D. DE BECHILLON, « *Le gouvernement des juges : une question à dissoudre* », D. 2002, Chron. p. 973.

2136 D. MAZEAUD, « *Loyauté*, solidarité, fraternité contractuelle : la nouvelle devise contractuelle ? », *in* Mélanges offerts à F. TERRE, Dalloz, P.U.F. éd. Juris-classeur, 1999, n° 23, p. 603.

2137 G. PAISANT, « *Introduction* », *in* Que reste-il de l'intangibilité du contrat ? Actes du colloque organisé à la faculté de droit et d'économie de Chambéry, le 28 nov. 1997, Dr. et patrimoine, 58/1998, p. 43.

autorisation législative[2138]. L'auteur cite surtout l'article 10 de la loi du 7 décembre 1992 relative à la protection du consommateur, qui accorde au juge le droit d'intervenir pour annuler la clause qui exclut ou limite la responsabilité du fournisseur du dommage causé par le produit n'offrant pas lé sécurité et la santé légitimement requises pour le consommateur. On peut encore citer l'hypothèse des articles 28 et 29 de la loi n° 37-1977 du 25 mai 1977, laquelle confère au juge un pouvoir de révision du montant des loyers des locaux commerciaux, transformant ainsi le juge en expert économique du contrat.

638. Parallèlement à l'extension législative de leur rôle, les juges développent leur intervention de leur propre initiative. Ainsi, dans un arrêt célèbre qui date du 28 avril 1994, la Cour de cassation tunisienne a autorisé la révision du montant de la clause pénale en se fondant sur l'équité[2139]. Les manifestations de cette intervention judiciaire dans le contrat sont impressionnantes au point que certains auteurs se demandent si le juge est encore tenu de respecter la loi des parties[2140]. Il a aussi été démontré par la doctrine que le juge, depuis quelques années, ajoute de façon « *autoritaire* » des stipulations tacites auxquelles les parties n'avaient pas pensé, à l'instar de l'obligation de sécurité[2141].

639. L'immixtion judiciaire dans le processus de formation des contrats atteint son paroxysme lorsque la décision du juge remplace la volonté concordante des parties, pour donner elle-même naissance au lien de droit. Les parties se trouve engagées sans avoir exprimé leur volonté, et en ayant parfois même manifesté une volonté contraire. C'est ainsi que de nombreux arrêts reconnaissent l'existence d'un contrat en matière d'assistance

---

[2138] N. REKIK, « *Les clauses abusives et la protection du consommateur* », Etudes juridiques, N° 7, Revue publiée par la Faculté de Droit de Sfax, 2000, p. 120 et s. L'auteur invoque la justice corrective et la bonne foi comme des fondements éventuels à l'intervention du juge pour annuler les clauses abusives.

[2139] Cass. civ. n° 42624 du 28 avril 1994, R.T.D.1996, p. 231 et s. (partie arabe), note N. BEN AMMOU. Ce dernier a considéré que malgré le recours à l'article 278 du C.O.C., le fondement essentiel de la décision est l'équité, p. 251, n° 17. *Contra.*, arrêt du 28 avril 1975 qui interdit au juge de modifier le montant de la clause pénale par respect du principe de la force obligatoire du contrat consacré dans l'article 242 du C.O.C. (V. sur la question : F. LOKSAIER, « *La clause pénale en droit tunisien* », Etudes juridiques, N° 7, revue publiée par la Faculté de Droit de Sfax, 2000, p. 85).

[2140] « *Que reste-il de l'intangibilité du contrat* » ? Actes du colloque organisé à la faculté de droit et d'économie de Chambéry, le 28 nov. 1997, Dr. et patrimoine, 58/1998, p. 41 et s. ; *Adde*, J.P. CHAZAL, « *De la signification du mot loi dans l'article 1134 alinéa 1er du Code civil* », R.T.D. civ. 2001, p. 265 ; A. LAUDE, La reconnaissance par le juge de l'existence d'un contrat, P.U.A.M., 1992, préf. J. Mestre.

[2141] S. ABID, L'obligation de sécurité dans les contrats, mémoire de D.E.A. en droit des affaires, Faculté de droit de Sfax, 2001 ; *Adde* J. MESTRE et A. LAUDE, « *L'interprétation « active » du contrat par le juge* », *in* Le juge et l'exécution du contrat, P.U.A.M., 1993, p. 9, not. P. 18 et s. et les références citées par ces auteurs ; V. aussi L. JOSSERAND, « *L'essor moderne du concept contractuel* », *in* Recueil d'Etudes en l'honneur de Monsieur F. Gény, tome 2, Les sources générales des systèmes juridiques actuels, Sirey, 1935, p. 333, spéc. p. 346.

bénévole à l'insu des parties [2142]. Dans d'autres hypothèses, le juge impose même la formation d'un contrat aux parties. L'hypothèse se rencontre notamment dans le cadre d'une promesse synallagmatique de vente, lorsque le vendeur se refuse de réitérer la vente par un acte authentique alors que le transfert de propriété est le plus souvent subordonné à sa rédaction[2143]. Le juge vient forcer la main du contractant qui n'aurait pas décidé de s'engager[2144]. Le recours plus systématique à la conversion du contrat contribue à renforcer l'idée que les temps modernes sont favorables à la reconnaissance du juge du pouvoir de refaire l'acte pour le sauver dans l'objectif de préserver, tant l'intérêt particulier des contractants que l'intérêt général[2145]. Opérant en quelque sorte réfection de l'acte, la conversion apparaît comme un « *acte d'autorité* »[2146]. C'est pourquoi, il convient d'éviter l'arbitraire et l'insécurité, ces deux écueils des jugements d'équité si souvent et si justement décriés[2147].

SECTION II. LES GARDE-FOUS CONTRE L'ARBITRAIRE DU JUGE DANS LA CONVERSION

640. Reconnaître au juge un véritable pouvoir de refaire l'acte à la place des parties fait resurgir le spectre de l'arbitraire judiciaire et le risque de l'insécurité juridique. Par ailleurs, on ne peut relever l'arbitraire pour critiquer l'intervention du juge dans le contrat, car l'arbitraire est inhérent à la fonction de juger. Comme le remarque Perrin, « *l'arbitraire n'est qu'un mot, car en tout procès règne l'arbitraire du juge, et l'arbitraire n'est pas à craindre si on lui assigne des limites raisonnables* »[2148]. L'arbitraire inhérent à tout jugement peut toutefois être atténué lorsqu'on assigne des limites aux pouvoirs du juge (**§1**), mais aussi et surtout par la rationalisation de ses pouvoirs (**§2**).

[2142] Pour l'exposé de cette jurisprudence, V. Ph. Le TOURNEAU et L. CADIET, Droit de la responsabilité et des contrats, Dalloz-Action, 2000/2001, n° 1953.

[2143] A. ENGEL-CREACH, Les contrats judiciairement formés, *op.cit.*, n° 109, p. 72.

[2144] *Ibid.*, n° 109, p 72 ; A. LAUDE, La reconnaissance par le juge de l'existence d'un contrat, *op.cit.*

[2145] L. GRYNBAUM, « *Le juge et les tensions dans les relations contractuelles* », R.D.C. 2003, p. 290.

[2146] P. LIPINSKI, art. préc., n° 30, p. 1187.

[2147] MONTESQUIEU, De l'esprit des lois, Livre XI, chap.VI ; F. GENY, Méthode d'interprétation et sources en droit privé, t.2, L.G.D.J., 1919, n°196 et s. ; G. BOLARD, « *L'arbitraire du juge, dans le juge entre deux millénaires* »,*in* Mélanges offerts à P.DRAI, Dalloz 2000, p. 225 et s. spéc. p. 225- comp. J. CARBONNIER, Sociologie juridique, 3e éd., Paris, P.U.F., 2016, p. 240.

[2148] J. PERRIN, Essai sur la réductibilité des obligations excessives, th., Paris, 1905, p. 294.

§ 1. La limitation des pouvoirs du juge

641. L'activité du juge dans la conversion est strictement limitée par un double cadre, l'un objectif, la contrainte de ne pas dépasser le cadre fourni par l'acte majeur (**A**), l'autre subjectif, l'obligation de ne pas passer outre la volonté des parties de ne pas convertir (**B**).

A. Les limites objectives à la conversion

642. La première limite consiste dans la « *nullité* » de l'acte majeur. Technique de substitution, la conversion par réduction exige et présuppose qu'un acte juridique disparaisse pour qu'un autre prenne sa place. L'acte majeur déclare l'article 328 du C.O.C. doit être nul, mais rien n'empêche que cet acte soit caduc ou exposé à résolution. L'essentiel pour la mise en œuvre du procédé est que l'acte majeur ne soit pas encore viable. Ainsi, une donation valable ne peut être convertie, quelque soit le motif en un testament[2149]. Le juge est tenu de s'incliner devant la volonté des contractants. La solution contraire risque de porter atteinte au principe de la force obligatoire du contrat consacré par l'article 242 du C.O.C.

643. La seconde limite assignée par l'article 328 du C.O.C. au pouvoir du juge, consiste dans la présence des « *conditions de validité* » d'un autre acte juridique dans les « *débris* » de l'acte majeur conclu par les parties. Le législateur entend évidemment par là toutes les « *conditions* » nécessaires à la validité d'un acte juridique, à l'exception d'une volonté juridique qualifiée, c'est-à-dire une volonté spécialement dirigée sur l'acte second[2150]. Les parties, en effet, n'auront pas su d'ordinaire que leur acte était nul, et qu'elles ne pouvaient pas par conséquent prévoir l'acte second, même subsidiairement. C'est l'opinion que représentent les commentateurs allemands du §140 BGB, à l'instar de Rutenbeck[2151], Finger[2152] et Voss[2153]. Cette interprétation était également retenue par M. Besrour. L'auteur estime que « *si on exige que tous les éléments de l'acte second y compris la volonté soient réunis dans l'acte nul, les dispositions de l'article 328 du C.O.C. seront superflues. En effet, si l'acte second et valable réunit tous ses éléments et qu'il est bien voulu par les parties, il vaut en tant que tel sans besoin de conversion* »[2154].

2149 V. en ce sens Mohamed SABRI SAIIDI
محمد صبري السعيدي، شرح القانون المدني الجزائري، النظرية العامة للالتزامات، مصادر الالتزام، ج1، التصرف القانوني، العقد و الإرادة المنفردة، ط 1، دار الهدى، الجزائر، 91-92، ص 275.

2150 O. CORNAZ, th. préc., p. 35.

2151 RUTENBECK, *Der gegensatz der sogenannten konversion zur Bestätigung nicht gültiger Rechtsgeschäfte*. Erlangen, 1907, p. 42, cité par O. CORNAZ, *op.cit.*, p. 35.

2152 H.G. FINGER, *Die Umgsetaltung nichtiger Rechtgescchäfe,* Berlin, 1932, p. 72, cité par O. CORNAZ, th. préc., p. 36.

2153 H.A. VOSS, *Die konversion des Rechtsgeschäfts* BGB § 140, th. Rostock 1905, p. 45, cité par O. CORNAZ, th. préc., p. 35.

2154 N. BESROUR, th. préc., p.19.n°312, p. 469.

644. Cette volonté qui fait défaut est remplacée en droit allemand, où la théorie de la conversion a été forgée par une volonté hypothétique[2155]. Il ne faut pas pour autant conclure que la position des rédacteurs du C.O.C., hostile à une conception subjective, traduit le désir d'exclure radicalement le rôle de la volonté dans la conversion[2156]. La prise en considération de la volonté des effets économiques ou encore de la volonté téléologique des parties s'impose logiquement. M. Besrour paraît se rallier à cette interprétation. L'auteur estime qu'en plus des deux conditions objectives posées par l'article 328 du C.O.C., « *il convient d'exiger aussi la similitude des effets économiques des deux actes. L'effet économique de l'acte doit être entendu, à cet effet, non dans un sens subjectif, mais plutôt dans un sens objectif. En effet, si on ne requiert pas cette condition, le juge peut se trouver obligé d'opérer la conversion bien que le second acte ait des effets contraires à ceux de l'acte initial. Ceci constitue évidemment une solution violente et injustifiée, car on impose aux parties un acte dont non seulement la déclaration de volonté ne lui a pas été spécialement dirigée, mais qui peut même aller à l'encontre des effets normaux de l'acte initial* »[2157].

645. Dans le même ordre d'idées, M. Alain Couret souligne, à juste titre que« *l'opération juridique de conversion n'est pas étrangère à la volonté des parties ou tout au moins de l'une d'entre d'elles. Cependant, la volonté n'opère jamais dans une sphère d'autonomie qui la rapproche d'une opération de novation* »[2158]. La volonté dans la conversion, dit-il, va opérer d'une façon différente[2159]. Elle peut être *« prise en considération par le juge, qui va procéder à une conversion afin surtout de réaliser, conformément à la volonté des parties, un objectif économique désiré par delà de l'opération juridique primitive* »[2160].

646. Hormis la volonté, on pense que l'acte majeur doit contenir les autres conditions nécessaires à la validité de l'acte mineur. La mise en œuvre de la conversion suppose d'abord, que le contractant ait la capacité requise pour la validité de l'acte mineur[2161]. On comprend déjà pourquoi la conversion d'un pacte successoral, nul pour incapacité du contractant, en un testament est admise[2162]. Le testament n'exige en effet pour sa validité qu'une capacité limitée. L'article 178 du C.S.P. permet à l'interdit pour faiblesse d'esprit ou pour prodigalité de disposer par testament. La conversion n'est aussi admise que si elle porte sur le même objet de l'acte ancien[2163]. Ainsi en cas de vente d'une maison moyennant un prix dérisoire,

---

[2155] O. CORNAZ, th. préc., p. 40.
[2156] A. COURET, art. préc., n° 23, p. 233.
[2157] N. BESROUR, th. préc.,n° 324, p. 478
[2158] A. COURET, art. préc., n° 19, p. 232.
[2159] *Ibid.*, n° 23, p. 233.
[2160] *Ibid.*
[2161] O. CORNAZ, th. préc., p. 35.
[2162] X. PERRIN, th.préc., n° 50, p. 65et s. ; O. CORNAZ, *op.cit.*, P. 107.
[2163] V. en ce sens Abdelfattah ABDELBEKI :

la conversion en une donation n'est possible que si elle porte sur cette même maison. Si celle-ci est démolie, la conversion serait impossible, même si les parties apportent une autre maison analogue à la première. La conversion ne peut enfin opérer que si l'acte mineur repose sur une cause équivalente de celle de l'acte majeur. La cause est entendue ici comme le but poursuivi par les parties[2164]. « *Le contrat n'est pas une expérience gratuite, il sert un but* »[2165]. Henri Capitant écrivait aussi que « *toute personne qui consent à s'obliger envers une autre est déterminée par la considération d'un but qu'elle se propose d'atteindre par la voie de cette obligation... S'obliger sans but ne pourrait être que l'acte d'un fou* »[2166].

647. Outre les conditions générales, l'acte mineur exige parfois pour sa validité le respect de certaines règles de forme. Dans telle hypothèse, l'acte mineur ne peut valoir que s'il trouve dans les « *débris* » de l'acte majeur la forme requise pour sa validité. La forme que doit contenir l'acte ancien revêt deux aspects. L'acte nouveau peut, d'abord, exiger pour sa validité la forme authentique. Dans ce cas, la conversion n'est possible que si l'authenticité existe dans les « *ruines* » de l'acte initial[2167]. Ainsi, la conversion de la vente d'un immeuble moyennant un prix dérisoire en une donation n'est possible que si la vente a été conclue sous la forme d'un acte authentique[2168].

648. L'acte nouveau peut aussi exiger pour sa validité le respect de certaines mentions obligatoires. Dans cette hypothèse, le juge ne peut mettre en œuvre la conversion que si l'acte ancien renferme ces mentions. Ainsi par exemple, la conversion d'une lettre de change en un billet à ordre suppose la réunion d'un minimum d'éléments mentionnés dans l'article 339 du Code de commerce[2169]. Le titre qui comporte une promesse de payer de la part de son signataire, mais qui ne mentionne pas le bénéficiaire, ne vaut pas par voie de conséquence comme billet à ordre[2170]. Il en est de même lorsque la clause à ordre, exigée pour la validité du billet à ordre, fait défaut[2171]. Par ailleurs,

---

عبد الفتاح عبد الباقي - نظرية العقد و الإرادة المتفردة، دراسة معمقة و مقارنة بالفقه الإسلامي، 1984 ص. 502.

[2164] H. CAPITANT, De la cause des obligations, (Contrats, Engagements unilatéraux, legs) 3e éd., Dalloz, Paris, 1927, n°1, p. 17 ; J. GHESTIN, Cause de l'engagement et validité du contrat, *op.cit.*, n° 34, p. 27.

[2165] Ph. STOFFEL-MUNCK, L'abus dans le contrat, essai d'une théorie générale, préf. R. BOUT, bibl. de droit privé, tome n° 337, L.G.D.J., 2000, n° 665, p. 487.

[2166] H. CAPITANT, De la cause des obligations, *op.cit.*, n°1, p. 17

[2167] V. en ce sens Soulaïman MARKHAS
سليمان مرقس، الوافي في شرح القانون المدني، الالتزامات، المجلد الأول، نظرية العقد و الإرادة المنفردة، ط 4، القاهرة 1987، عدد 245، ص 460.

[2168] L'article 204 du C.S.P. prévoit que : « *pour être valable, toute donation doit être passée par un acte authentique* ».

[2169] M.A. GUERRIERO, L'acte juridique solennel, *op.cit.*;A. COURET, art. préc., n° 84, p. 258.
Cass. com. 18 mars 1959, Bull. civ. III, n°148 R.T.D. Com. 1959, obs. J. BECQUE et H. CABRILLAC ; Orléans, 8 mars 1963, J.C.P. 64, II, 13618, note Ch. GAVALDA.

[2170] Cass. com., 24 nov.1992, RTD com. 1993, p. 137, obs. M. CABRLLAC et B. TEYSSIE.

[2171] Cass. com. 18 mars 1959, Bull. civ. III, n°148 R.T.D. Com. 1959, obs. J. BECQUE et H. CABRILLAC

pour qu'une lettre de change soit convertie en une délégation de créance au profit d'un tiers porteur, il faut que celui-ci soit désigné dans l'acte majeur lors de l'engagement du débiteur[2172]. La conversion d'une lettre de change en une reconnaissance de dette n'est possible que si la signature du débiteur est apposée sur la lettre de change. En ce sens, le tribunal de première instance de Sfax a décidé que l'irrégularité formelle de la lettre de change entraîne la dévaluation de titre sur le plan du droit cambiaire. Cependant la reconnaissance de la défenderesse de sa signature, rend celle-ci débitrice au sens de l'article 449 du Code des obligations et des contrats[2173]. Faute de signature, la lettre de change ne peut valoir que comme commencement de preuve par écrit[2174].

649. On peut encore multiplier les exemples : les actes authentiques sont soumis pour leur validité à certaines règles de forme en l'absence desquelles ils sont nuls[2175]. Cette nullité n'empêche pas l'acte authentique d'être converti en un acte sous seing privé[2176]. La conversion n'est toutefois admise que si l'acte authentique renferme les éléments de forme nécessaires à la validité de l'acte sous seing privé, en particulier la signature[2177]. Celle-ci doit être apposée de la propre main de la partie au bas de l'acte[2178]. Un timbre ou un cachet ne peut y suppléer[2179]. A défaut de signature, l'acte authentique nul ne peut valoir que comme un commencement de preuve par écrit[2180].

650. On s'aperçoit ainsi que malgré sa transformation, et c'est sans doute l'aspect le plus original de l'opération de conversion, la situation juridique ancienne survit dans la nouvelle, tout au moins en un certain nombre de ses éléments[2181]. Ce qui revient à dire que la conversion conduit à la

---

[2172] Cass. com., 24 mars 1998, Bull. IV, n° 114, p. 91 ; Defrénois, 1998, art. 36860, p. 1074, n° 109, obs. Ph. DELEBECQUE ; D. 1999, p. 174, note P. ROSSI.

[2173] T.P.I. de Sfax n°28197 du 13-11-2000, préc., (V. annexe V).

"وحيث و لئن وجدت إخلالات شكلية بالكمبيالة تحط من قيمتها على صعيد القانون الصرفي، فإن إقرار المطلوبة بإمضائها عليها تجعل هاته المحكمة تعتمدها مدينا عملا بأحكام الفصل 449 م.إ.ع".

L'article 449 du C.O.C. dispose que : « *L'acte sous seing privé, reconnu par celui auquel on l'oppose, ou légalement tenu pour reconnu, fait la même foi que l'acte authentique, envers toutes personnes, des dispositions et énonciations qu'il renferme...* ».

V. dans la jurisprudence française : Cass. com**.**, 10 février 1941, Bull. **civ.** IV, n° 42 ; R.T.D. Com. 1972, p.126 obs. M. CABRILLAC et J.L. Rives LANGES

[2174] L'article 477 du C.O.C. définit le commencement de preuve par écrit comme étant : « *tout écrit qui rend vraisemblable le fait allégué et qui émane de celui auquel on l'oppose, de son auteur, ou de celui qui le représente* ».

[2175] V. article 448 du C.O.C.

[2176] V. *supra.* n° 60.

[2177] V. Amel BOUHJAR

آمال بوحجر، الكتب الرسمي، مذكرة لنيل شهادة الدراسات المعمقة في العلوم الجنائية، كلية الحقوق و العلوم السياسية بتونس، 1993-1994، ص 61.

[2178] L'article 452 du C.O.C. prévoit que « *l'acte sous seing privé peut être d'un autre main que celle de la partie pourvu qu'il soit signé par elle* ».

[2179] V. article 453 du C.O.C.

[2180] V. Trib. civ. de Langers, 15 mars 1900, D. 1900, 2, 422.

[2181] A. COURET, art. préc., n° 65, p. 250.

« *reconduction* »[2182] ou encore la « *récupération* » [2183] des éléments de la situation juridique ancienne. Ce cadre objectif est en réalité censé refléter la volonté des parties[2184]. La conversion suppose ainsi la disparition de la figure juridique initiale et l'apparition d'une autre figure qui se contente des éléments qui subsistent[2185] ou pour être plus précis des éléments originellement prévus par les parties[2186].

B. Les limites subjectives à la conversion

651. La doctrine relève dans sa grande majorité qu'une volonté de convertir positivement et clairement exprimée par les parties n'est pas nécessaire à la mise en œuvre de la conversion[2187]. Mais si la volonté des parties ne peut pas être seule opérante, la question qui se pose ici est de savoir si une manifestation de volonté contraire, résultant d'un attachement exclusif à la forme majeure lors de l'échange initial des consentements permet, à l'inverse, d'écarter la mise en jeu de la conversion ? La conversion une fois devenue possible par la mise en œuvre de critères objectifs, peut-elle être écartée par la volonté contraire des parties ? Le juge pourrait-il passer outre une volonté de ne pas convertir clairement exprimée au moment de la formation de l'acte? Disons que la volonté d'exclure la conversion peut résulter d'une clause exprimant clairement l'interdiction au juge de mettre en œuvre la conversion en présence d'une nullité, par exemple, ou s'induire des termes même du contrat. La question se pose de savoir alors quelle portée à attacher aux clauses par lesquelles les parties soufflent leur volonté au juge. Ces clauses visent-elles à imposer au juge une ligne de conduite ou simplement à le guider ?

652. *A priori*, on peut repousser l'application de la conversion lorsque les contractants manifestent un choix exclusif à un type contractuel déterminé[2188]. En pareil cas, un seul acte convient pour parvenir au résultat qu'ils désirent[2189]. S'il est nul, on ne pourra lui substituer un autre acte juridique sous peine de modifier la volonté des parties[2190]. C'est l'opinion à

[2182] *Ibid.*, n° 73, p. 254.
[2183] *Ibid.*, n° 81, p. 257.
[2184] *Ibid.*, n° 84, p. 258.
V. aussi, Helmi BAHJAT BADAOUI

حلمي بهجت بدوي، المقال السابق، ص 413.

[2185] M.-E. PANCRAZI-TIAN, La protection judiciaire du lien contractuel, *op.cit.*, n° 27, p. 37.
[2186] K. DE LA ASUNCION PLANES, La réfaction du contrat, *op.cit.*, n°186, p. 134.
[2187] V. *Infra* n° 403 et 413.
[2188] D. GRILLET- PONTON, th. préc., n° 268, p. 309.
[2189] O. CORNAZ, th. préc., p. 105 ; D. GRILLET-PONTON, th. préc., n° 268, p. 309.
[2190] O. CORNAZ, th. préc., p. 105 ; D. GRILLET-PONTON, th. préc., n° 268, p. 309 ; P. LIPINSKI, art.préc.,
n° 26, p. 1182, note 125.

laquelle paraissent se rallier les auteurs classiques[2191]. En ce sens, Olivier Cornaz souligne que les articles 1318 du Code civil français et 1316 du Code civil italien sont de droit dispositif et que les parties peuvent stipuler que leur convention ne vaudra que si l'acte notarié est valable[2192]. Le même auteur ajoute que la conversion d'un pacte successoral en testament ne peut opérer que s'il est prouvé que le disposant n'a pas attaché d'importance à l'irrévocabilité des dispositions prises[2193]. Le moyen juridique devient dans ce cas une fin que l'on poursuivra pour elle-même[2194]. Japiot avait aussi admis que « *la conversion ne peut être mise en œuvre s'il était démontré que les parties souhaitaient faire produire effet au contrat dans la forme spéciale et initiale qu'elles lui avaient donné, et non dans celle d'une autre* »[2195]. Dans cette dernière hypothèse, relève Monsieur O. Gout, « *les éléments du deuxième acte ne se trouveraient pas compris dans la déclaration de volonté originaire, et la conversion par réduction irait à l'encontre de la volonté des contractants* »[2196].

653. La doctrine contemporaine dominante semble aussi aller dans le même sens. Mme D. Grillet-Ponton affirme qu'« *une manifestation de volonté contraire, résultant d'un attachement exclusif porté par les contractants à un type juridique déterminé permet d'écarter la conversion* »[2197]. La mise en œuvre de la conversion par le juge n'est donc possible aux yeux de cet auteur que si « *les parties n'ont pas lié le but poursuivi à un cadre juridique unique, en manifestant pour ce dernier un attachement exclusif* »[2198]. L'auteur reconnaît toutefois que « *La manifestation d'un choix univoque, mais non exclusif, pour le moule contractuel atteint de nullité constitue l'exigence la plus délicate de la mise en œuvre de la conversion par réduction* »[2199]. De sa part, Pascal Lipinski considère que le magistrat qui va lier les parties par un rapport de droit nouveau « *ne pourrait passer outre une volonté clairement exprimée de ne pas convertir* »[2200].

[2191] V. notamment : R. JAPIOT, th. préc., p. 672, note1 ; X. PERRIN, th. préc., n° 82, p. 123 ; O. CORNAZ, th. préc., p. 105 ; D. GRILLET-PONTON, th. préc., n° 268, p. 309 et n° 275, p. 317 ; P. LIPINSKI, art.préc., n° 26, p. 1182 et note n°151, p.1187. ; P. VOIRIN, note sous Lyon 11 mai 1942, J.C.P. 1942, II, 2007.

[2192] O. CORNAZ, th. préc., p. 59. Il est à noter que l'article 1318 du C.C.F. a changé de numérotation après la réforme du10 février 2016 pour devenir l'article 1370. Aux termes de ce texte : « *L'acte qui n'est pas authentique du fait de l'incompétence ou de l'incapacité de l'officier, ou par un défaut de forme, vaut comme écrit sous signature privée, s'il a été signé des parties* »

[2193] *Ibid.*, p. 105 et p. 106, note 20.

[2194] O. CORNAZ, th. préc., p. 43.

[2195] R. JAPIOT, th.préc., p. 672, note1 ; V° aussi dans le même sens : X. PERRIN, th. préc., n° 82, p. 123 ; P. VOIRIN, note sous Lyon 11 mai 1942, préc.

[2196] O. GOUT, *op.cit.*, n° 721, p. 491.

[2197] D. GRILLET- PONTON, th. préc., n° 275, p. 317.

[2198] *Ibid.*, n° 268, p. 309.

[2199] *Ibid.*

[2200] P. LIPINSKI, art. préc., p.1187, note151.

654. Cette solution peut trouver sa justification dans le principe de la liberté contractuelle et le principe de la force obligatoire du contrat. En vertu de ces principes le juge est tenu de s'incliner devant la volonté déclarée des contractants. « *S'il allait dans le sens contraire de la clause par laquelle les contractants ont pris le soin de fixer le sort du contrat, il commettrait indubitablement une violation de la loi contractuelle, car il substituerait sa propre volonté à celle des parties* »[2201]. Cette analyse peut trouver encore appui dans l'opinion de certains auteurs qui ont affirmé que malgré son déclin, l'autonomie de la volonté demeure la règle[2202].

655. La question se pose aussi de savoir si le juge doit forcément s'incliner dans tous les cas devant la volonté des parties au nom du respect de la force obligatoire du contrat. La question se pose particulièrement dans les matières d'ordre public[2203]. La prise en considération de la volonté des parties ne conduit-elle pas à affaiblir l'efficacité des dispositions impératives de la loi? Plus encore, il est légitime de s'interroger pour savoir si le maintien du lien contractuel par le biais de la conversion ne devient pas dans cette hypothèse d'ordre public ? Une réponse affirmative paraît s'imposer. Cette solution devrait être retenue en droit tunisien pour deux raisons au moins. La première s'induit des termes mêmes de l'article 328 du Code des obligations et des contrats qui a exclu la formule de la volonté virtuelle. Cette exclusion traduit, on l'a déjà relevé, une volonté délibérée du législateur de priver la volonté des parties de jouer un rôle déterminant dans la mise en œuvre de la conversion. L'argument tiré de l'objectivisation du texte a été aussi invoqué par le Doyen N. Rekik pour défendre l'idée du caractère d'ordre public de l'article 327 du C.O.C[2204]. La seconde raison tient au fait que l'ordre public constitue traditionnellement une limite à la liberté contractuelle. « *Là où il commence, là s'arrête le règne du principe d'autonomie* »[2205]. Délaisser le sort de la relation contractuelle à la volonté des parties enlèverait dès lors toute utilité à cet ordre public. La volonté des parties doit être écartée pour ne pas faire manquer son objectif à un texte d'ordre public ce qui est de nature à mettre en échec l'efficacité de la sanction[2206].

L'assignation des limites aux pouvoirs du juge constitue une première garantie contre le risque d'arbitraire judiciaire. Le risque d'arbitraire diminue encore en permettant au juge de faire des choix rationnels.

2201 O. GOUT, *op.cit.*, n° 603, p. 416.

2202 J. FLOUR, J.-L. AUBERT, E. SAVAUX, Les obligations, L'acte juridique, *op.cit.*, n°120.

2203 V. généralement sur cette question : N. REKIK, L'ordre public et le contrat civil, préface M.-K. CHARFEDDINE, éd. LATRACH, Tunis 2015.

2204 *Ibid.*, n° 372, p. 368.

2205 Ph. SIMLER, La nullité partielle des actes juridiques, *op. cit.*, n° 326, p. 398.

2206 La même solution a été retenue par M. Ph. SIMLER en matière d'étendue de la nullité (Ph. SIMLER, La nullité partielle des actes juridiques, *op.cit.*, spécialement n° 336, p. 409) ; *Adde* O. GOUT, *op.cit.*, n° 610, p. 421.

§ 2. La rationalisation des pouvoirs du juge

656. L'extension des pouvoirs du juge dans la conversion est source de réels risques d'insécurité juridiques et d'arbitraire. Toutefois, il est possible de démontrer que ces mêmes risques peuvent être atténués en permettant au juge de faire des choix rationnels non seulement de la conversion (**A**), mais aussi de l'acte nouveau (**B**). Soumettre la démarche du juge à une double rationalisation contribue à faire de la conversion « *un bel exemple de sagesse judiciaire et de mesure* »[2207].

A. La rationalisation du choix de la conversion

657. Le juge bénéficie d'un choix entre plusieurs effets envisageables. Il peut préférer faire disparaître le contrat si ce dernier ne présente plus l'utilité pour les parties. Dans l'hypothèse inverse, le juge pourra opter pour la conversion, sanction jugée plus adaptée et plus proportionnelle[2208]. Mais pour que le choix soit rationnel, faut-il reposer sur des critères purement objectifs (**1**) et en faisant recours à des méthodes de raisonnement(**2**).

1) Les critères (objectifs) de choix de la conversion

658. Le juge dispose en principe de deux types de critères pour se prononcer sur l'opportunité de la conversion. Il peut tout d'abord se référer à un critère subjectif, la volonté virtuelle des parties. Dès lors, la conversion ne serait admise que si elle aurait été voulue par les parties. Le juge peut également se référer à des critères purement objectifs. L'analyse des rares applications jurisprudentielles montrent que la jurisprudence tunisienne, à l'heure actuelle, fait prévaloir le critère de la volonté virtuelle des parties[2209]. Cette position ne peut emporter notre conviction d'autant plûs qu'elle méconnaît la conception objective de l'article 328 du C.O.C.

[2207] L'expression est empruntée à J. MESTRE et B. FAGES, note sous C.A. Paris, 25e chambre, 19 janvier 2001, R.T.D. civ. 2001, p. 360.

[2208] V. sur le principe de proportionnalité notamment : A. REBAÏ, « *Le principe de proportionnalité et le droit de la consommation* », *in* Mélanges BEN HALIMA, C.P.U. Tunis 2005, p. 969 ; S. LE GAC-PECH, La proportionnalité en droit privé des contrats, *op.cit.* ; M. BEHAR-TOUCHAIS, « *Rapport introductif* », *in* « Existe-t-il un principe de proportionnalité en droit privé ? », Actes du colloque organisé le 20 mars 1998, L.P.A., 30 septembre 1998, n° 12, p. 7 ; G. BRAIBANT, « *Le principe de proportionnalité* », *in* Mélanges offerts à M. WALINE, tome 1, 1974, p. 298 ; M. FROMONT, « *Le principe de proportionnalité* », A.J.D.A. 1995, p. 156 et s.

[2209] V. en ce sens : Cass.civ., n° 62249, du 7 mai 2012, préc. (V. annexe III).

" و حيث لما كان البطلان يستتبع اعتبار العقد معدوما و إرجاع كل شيء إلى أصله و لما كانت إمكانية تحويل التصرف الباطل إلى تصرف
آخر صحيح واردة إعمالا لنظرية تحول العقد مناط الفصل 328 من مجلة الالتزامات و العقود كلما توفرت شروط تحول العقد و التي من ضمنها شرط ثبوت انصراف **إرادة المتعاقدين المحتملة** إلى هذا التصرف الآخر كشرط يكون متاحا الوقوف على توافره من خلال البحث عن النية المشتركة للمتعاقدين التي يستهدي القاضي للكشف عنها على ضوء مضمون بنود العقد و الطريقة التي ينفذ بها فان مصلحة الطاعنة في القيام بطلب إبطال عقد الإيجار المالي و احتياطيا إعادة تكييفه كعقد قرض تكون قائمة بلا جدال".

L'objectivisation de la conversion laisse présager que les rédacteurs du Code des obligations et des contrats ont définitivement pris parti en faveur des critères purement objectifs dans le choix de la sanction de conversion. Parmi les différents critères objectifs qui ont été proposés par la doctrine pour tenter d'accroître la prévisibilité de la solution et réduire les incertitudes que peut faire naître une conception purement subjective de la conversion, l'utilité économique de l'acte (**a**) et l'efficacité de la sanction (**b**) sont très souvent mises en avant.

a. Le critère de l'utilité de l'acte

659. L'utilité est une notion clef dans toute relation contractuelle puisque le contrat n'est qu'un moyen pour les parties de satisfaire un intérêt préexistant[2210]. Si une personne contracte c'est parce qu'elle trouve un intérêt à la conclusion d'un contrat[2211]. Pourtant l'utilité particulière du contrat pour chacune des parties ne constitue pas une condition nécessaire de sa validité[2212]. Il ne faut pas cependant en déduire que l'utilité ou l'unitilité d'un contrat ne joue aucun rôle dans la théorie générale du contrat. Le droit des contrats fait une certaine place à l'utilité particulière du contrat lorsqu'il s'agit d'apprécier la capacité ou les pouvoirs de l'une des parties[2213]. L'article 13 du Code des obligations et des contrats, par exception au principe de l'effet rétroactif de la nullité, dispose que « *le mineur et l'incapable sont toujours obligés, à raison de l'accomplissement de l'obligation par l'autre partie, jusqu'à concurrence du profit qu'ils ont tiré. Il y a profit, lorsque l'incapable et le mineur ont employé ce qu'ils ont reçu en dépenses nécessaires ou utiles, ou lorsque la chose existe encore dans leur patrimoine* ». Cette solution peut être rapprochée de celle qui est admise en matière de gestion d'affaires[2214]. Le maître de l'affaire devra en application de l'article 1185 du Code des obligations et des contrats rembourser au gérant d'affaires toutes les dépenses utiles qui ont été engagées à son profit, mais sans qu'il y ait consenti[2215].

[2210] C. OUERDANE-AUBERT DE VINCELLES, Altération du consentement et efficacité des sanctions contractuelles, préf. Y. LEQUETTE, Paris, Dalloz 2002, n° 39, p. 56.

[2211] *Ibid.*, n° 39, p. 56.

[2212] J GHESTIN, Traité de droit civil, Les obligations, La formation du contrat, *op.cit.*, n° 228, p. 204 ; J. GHESTIN, « *L'utile et le juste dans les contrats* », A.P.D., tome 26, L'utile et le juste, Sirey 1981, p. 42.

[2213] J GHESTIN (sous la dir.), Traité de droit civil, Les obligations, La formation du contrat, *op.cit.*., 1993, n° 228, p. 203 ; J. GHESTIN, « *L'utile et le juste dans les contrats* », art.préc., p. 41.

[2214] L'article 1179 et s. du C.O.C.

[2215] L'article 1185 du C.O.C. dispose que « *Si l'affaire est administrée dans l'intérêt du maître et d'une manière utile, le maître a tous les droits provenant de la gestion et il est tenu directement envers le tiers de toutes les obligations que le gérant a contractées pour son compte…* ».

V. sur la gestion d'affaires en droit tunisien.

660. Il est aussi devenu banal d'invoquer l'utilité comme le critère en fonction duquel le juge se prononce sur le sort du contrat[2216]. La référence à l'utile comme critère signifie que le juge décide du sort du contrat en mettant en balance les intérêts positifs et négatifs[2217]. Il s'agit par conséquent moins de déterminer dans l'absolue si le contrat est utile ou inutile, que de déterminer si son anéantissement est plus utile que son maintien ou son maintien est plus utile que son anéantissement[2218]. Le juge bénéficie donc d'une certaine liberté et d'un choix entre plusieurs effets envisageables avec la remarque que chaque effet présente des avantages. La faculté d'option n'appartient pas aux parties[2219]. Il revient au juge d'exercer ce choix avec l'obligation de motiver sa décision pour éviter l'arbitraire[2220].

661. En application de cette idée, le juge peut préférer faire disparaître le contrat si ce dernier ne présente plus l'utilité pour les parties ou s'il s'avère qu'il ne peut plus être exécuté[2221]. Ainsi, l'achat d'un terrain qui se révélera non constructible n'a plus aucun intérêt pour la victime, dès lors que son but était de construire une maison sur ce terrain[2222]. La sanction la plus adéquate consiste alors dans le retour au *statu quo ante*, l'anéantissement de l'engagement[2223]. Cependant si l'inutilité du contrat rend la nullité efficace, son utilité au contraire, malgré la violation rend cette sanction inefficace. Le constat de l'inefficacité et du caractère disproportionné de l'annulation du contrat doit logiquement amener le juge à l'éviter en recourant à des sanctions palliatives qui favorisent au contraire le maintien du lien contractuel[2224]. Ces sanctions sont aujourd'hui suffisamment nombreuses

---

محمد الزين، النظرية العامة للالتزام، 1- العقد، المرجع السابق، عدد 25، ص33 ؛ محمد بقبق، قانون مدني ، النظرية العامة للالتزام، التصرف القانوني ، المرجع السابق، عدد 452 و ما بعدها ، ص 333 و ما بعدها ؛ محمد المالقي، محاضرات في شرح القانون المدني التونسي، المرجع السابق، ص 91 و ما بعدها.

2216 Cass.civ, (Chambres réunies), n° 35530, du 29 fév. 1996, Les arrêts des chambres réunies de la Cour de cassation 1995/1996, p.32 ; R.J.L. 1996, p. 267, obs. N. BEN AMMOU (en arabe). Dans cet arrêt la Cour de cassation affirme que la sanction de résolution n'est prononcée que si elle présente une utilité pour le créancier ; *Adde*, I. ARIBI, « *L'article 273 du C.O.C. et l'option entre l'action en exécution et l'action résolutoire* », art.préc., p. 137 ; V. aussi en droit français :Y.-M. LAITHIER, Etude comparative des sanctions de l'inexécution du contrat, préf. H. MUIR-WATT, L.G.D.J., Bib.dr. pr., tome 419, 2004, n° 214, p. 297.

2217 F. OST, Droit et intérêt, vol 2, Entre droit et non-droit : l'intérêt, Bruxelles, Facultés universitaires Saint Louis, 1990, p. 176 ; Y.-M. LAITHIER, *op.cit.*, n° 219, p. 304.

2218 Y.-M. LAITHIER, *op.cit.*, n° 219, p. 305.

2219 Il convient de noter qu'en matière des sanctions d'inexécution du contrat notre droit confère le choix au créancier. Ce dernier dispose en effet du choix entre l'exécution forcée et la résolution. L'exercice de l'option se fait sous le contrôle du juge

2220 La motivation est une obligation légale imposée par l'article 123 du C.P.C.C. Le défaut de motif ou le manque de base légale est un cas d'ouverture à cassation, par application de l'article 175 du C.P.C.C.

2221 C. OUERDANE-AUBERT DE VINCELLES, *op.cit.*, n° 44 et s., p. 58 et s. ; L. FIN-LANGER, L'équilibre contractuel, *op.cit.*, n° 544, p. 387.

2222 C. OUERDANE-AUBERT DE VINCELLES, *op.cit.*, n° 46, p. 59.

2223 *Ibid.*

2224 *Ibid.*, n° 75, pp. 78-79.

pour laisser à la nullité du contrat une place très réduite[2225]. La conversion constitue évidemment l'une de ces sanctions dans la mesure où la substitution d'un acte à un autre permet le maintien du lien contractuel souvent utile pour la victime.

662. Les bienfaits de la conversion se révèlent plus nettement lorsqu'il existe un lien de dépendance fort entre la victime contractante et le contrat[2226]. La conversion d'un contrat de travail perpétuel en un contrat à durée indéterminée illustre parfaitement cette idée[2227]. Admettre dans cette hypothèse la nullité parvient à la solution injuste d'anéantir le contrat de travail et de priver par voie de conséquence le salarié de son emploi. La nullité est non seulement une sanction inefficace, mais également préjudiciable pour le salarié[2228]. Les effets de la nullité ne sont pas donc forcément à l'avantage de la partie faible et il est souvent préférable de maintenir la relation contractuelle, le cas échéant sous une nouvelle qualification. Le juge peut donc opter pour la conversion du contrat à condition que ce dernier reste utile pour les parties. Dans la négative, la nullité s'impose[2229]. Il est aussi devenu banal de considérer la nullité comme une sanction à caractère « *subsidiaire* »[2230] ou « *exceptionnelle* »[2231] ou encore un « *remède ultime* »[2232].

La méthode consiste alors à rechercher si, en dépit de la nullité ou de la caducité, le maintien du lien contractuel présente encore une utilité économique. La démarche se veut purement objective parce que l'utilité ne se résume pas à l'intérêt du créancier[2233]. Les juges doivent tenir compte également de l'intérêt du débiteur et dans une certaine mesure celui des tiers lorsqu'ils choisissent la sanction la plus efficace[2234].

b. Le critère de l'efficacité de la sanction

663. La sanction peut être définie comme « *une mesure frappant la violation d'une règle* »[2235]. Elle constitue une notion fondamentale pour le

---

[2225] *Ibid.*, n° 75, p. 78.
[2226] *Ibid.*, n° 46 et s., p. 59 et s.
[2227] K. DE LA ASUNCION PLANES, La réfaction du contrat, n° 551, p. 338.
[2228] C. OUERDANE-AUBERT DE VINCELLES, *op.cit.*, n°50, p. 61.
[2229] Y.-M. LAITHIER, *op.cit.*, n° 214, p. 298.
[2230] *Ibid.*; M. ALTER, L'obligation de délivrance dans la vente de meubles corporels, préf. P. CATALA, Paris, L.G.D.J., 1972, n° 168, p. 287 ; M.-E. ROUJOU DE BOUBEE, Essai sur la notion de réparation, préf. P. HEBRAUD, Paris, LG.D.J., 1972, p.194.
[2231] P. MALAURIE, L. AYNES, P. STOFFEL-MUNCK, Les obligations, *op. cit.*, n° 873.
[2232] M.-E. PANCRAZI-TIAN, *op.cit.*, n° 5, p. 12, n° 305 et 306, p. 254, n° 363, p. 303.
[2233] *Ibid.*, n° 219, p. 305.
[2234] *Ibid.*, n° 227 et s., p. 311 et s.
[2235] C. OUERDANE-AUBERT DE VINCELLES, *op.cit.*, n° 2, p. 3.
Il convient de signaler que la notion de sanction renvoie à l'idée de peine destinée à réparer une infraction. Il s'agit là du sens courant qu'en donnent le dictionnaire Robert, le Lexique des termes juridiques et le Petit Larousse Illustré. Cette définition étroite n'a pas été retenue par la majorité des auteurs, favorables plutôt à une définition plus large. Ainsi, A.

droit[2236]. Une règle de droit doit disposer d'une sanction pour être respectée[2237]. Georges Ripert écrivait que « *Si la loi peut être impunément violée elle est inutile, et permet seulement le mouvais exemple d'une désobéissance impunie* »[2238]. Les sanctions civiles disposent de deux fonctions. La première consiste dans le rétablissement de la légalité transgressée par la réparation des conséquences de la violation[2239]. La seconde est une fonction de prévention ou de dissuasion[2240]. La fonction réparatrice n'intervient qu'*a posteriori*, une fois la violation réalisée, alors que le rôle dissuasif de la sanction agit en amont de la violation en incitant les justiciables au respect de la règle[2241]. Pour que les sanctions soient efficaces, il faut que les effets qu'elles produisent soient de nature à atteindre ces finalités, c'est-à-dire à remplir au mieux ses deux fonctions : une adéquation doit donc exister entre la fonction et l'effet produit[2242]. L'application du critère de l'efficacité de la sanction conduirait alors le juge à ne retenir la conversion que si elle permet de répondre efficacement à ces objectifs, qu'il s'agisse de la réparation (**α**) ou de la dissuasion (**β**).

α. La vertu curative de la conversion

664. La violation des règles relatives à la formation ou à l'exécution des actes juridiques donne lieu à l'application d'une sanction civile[2243]. La finalité essentielle de cette sanction est le rétablissement de la légalité transgressée ou encore le « *redressement de l'autorité de la loi* »[2244]. La réparation la plus efficace consistera à rétablir, aussi exactement que possible, l'équilibre détruit par la violation de la loi et de replacer la victime

---

BENABENT, considère que la sanction renvoie à deux types de mesures différentes : « *réprimer un comportement ou simplement en tirer les conséquences » (« Sanction et réparation* », *in* La sanction, justice et cassation, Revue annuelle des Avocats au Conseil d'Etat et à la Cour de cassation, D. 2005 p. 95 et s.) De même, Madame M. JAOUEN, considère que la sanction juridique s'entend de « toute mesure prononcée en réaction à la violation d'une norme » (« *La sanction prononcée par les parties au contrat* » Etude sur la justice privée dans les rapports contractuels de droit privé, Economica, p.4).

[2236] C. OUERDANE-AUBERT DE VINCELLES, *op.cit.*, n° 1, p. 1.

[2237] *Ibid.*

[2238] G. RIPERT, Les forces créatrices du droit, L.G.D.J., 2 e éd., n° 128.

[2239] C. OUERDANE-AUBERT DE VINCELLES, *op.cit.*, n° 23, p. 38.

[2240] La fonction dissuasive est renforcée pour les sanctions pénales du fait de leur nature. Le châtiment, notamment la privation de liberté, dote celui qui en est frappé d'une image particulièrement négative, honteuse et infamante (M. CUSSON, « *Pourquoi punir* ? », D. 1987, p. 117 et s. ; C. OUERDANE-AUBERT DE VINCELLES, *op.cit.*, n° 23, p. 38).

[2241] C. OUERDANE-AUBERT DE VINCELLES, *op.cit.*, n° 36, p. 55.

[2242] *Ibid.*, n° 23, p. 40.

[2243] V° en ce sens:

محمد الزين، النظرية العامة للالتزام، 1- العقد، المرجع السابق، عدد 239 و ما بعدها، ص 107 و ما بعدها ؛ محمد محفوظ ، النظرية العامة للالتزام ،العقد ، المرجع السابق، ص 78 و ما يليها ؛ محمد بقبق، قانون مدني ، النظرية العامة للالتزام، التصرف القانوني ، المرجع السابق ، عدد 297 و ما بعدها ، ص 217 و ما بعدها؛

[2244] T. IONASCO et E.A. BARASCH, La conception de la nullité des actes juridiques dans le droit civil socialiste roumain, L.G.D.J. 1978, n° 6.

dans la situation où elle se serait trouvée si cette violation n'avait pas eu lieu[2245]. Ainsi, lorsque la violation d'une règle imposant une obligation d'information a conduit un contractant à accepter un prix élevé, la réparation va consister à compenser cette perte, ce qui revient à abaisser le prix[2246]. La réduction du prix permet de rétablir la victime dans la situation qui aurait été la sienne si la règle avait été respectée[2247]. La réparation des conséquences de la violation sur la situation de la victime participera au rétablissement de la légalité transgressée[2248].

665. Le rétablissement de la légalité transgressée, objectif premier du législateur, peut être atteint par le recours à diverses sanctions. Le choix de la sanction revient toujours au juge avec l'obligation de motiver sa décision pour éviter l'arbitraire. La sanction finalement retenue doit répondre à une certaine finalité, corollaire de la finalité de la règle violée elle-même[2249]. Aussi, le juge se doit interroger la finalité de la règle violée pour apprécier le meilleur moyen de rétablir la légalité transgressée. En procédant de la sorte, le juge pourra conclure que le meilleur moyen de rétablir la légalité qui a été transgressé consiste dans le prononcé de la nullité parce que précisément le maintien du lien contractuel servirait les intérêts de celui qui a eu l'initiative de l'illicéité[2250]. Le meilleur moyen de rétablir la légalité est de tout mettre à néant afin d'éviter qu'un acte illégal produise des effets affirmant ainsi l'autorité de la loi[2251]. L'annulation d'un contrat était alors considérée

---

[2245]G. CORNU, *Vocabulaire juridique*, Association HENRI CAPITANT, V° « *Réparation* » ; C. Ouerdane-Aubert de vincelles, th. préc., n° 21 et s., pp. 32 et s. ;

[2246] C. OUERDANE-AUBERT DE VINCELLES, *op.cit.*, n° 21, p. 34.

[2247] *Ibid.*

[2248]G. MARTY et P. RAYNAUD, Introduction générale à l'étude du droit, Paris, Sirey 1972, n° 178 ; F. TERRE, Introduction générale du droit, *op.cit.*, n° 611. ; C. OUERDANE-AUBERT DE VINCELLES, *op.cit.*, n° 21, p. 34.

Contra : M.-E. ROUJOU DE BOUBEE qui limite considérablement la notion de réparation. Pour l'auteur, toute sanction consistant à rétablir la situation de la victime, comme une réparation en nature, est analysée comme le rétablissement de la légalité, que l'auteur oppose à la réparation. (V. la thèse de l'auteur, Essai sur la notion de réparation, L.G.D.J., 1974, préf. P. HEBRAUD, spéc., p. 135 et s.).

[2249]Ph. SIMLER, La nullité partielle des actes juridiques, *op.cit.*, n° 327, p. 399.

[2250] V. en ce sens

محمد الزين، النظرية العامة للالتزام، 1- العقد، المرجع السابق، عدد 240، ص198.

V. aussi : M.-E. PANCRAZI-TIAN, La protection judiciaire du lien contractuel, *op.cit.*, n° 192, p. 168 ; G. CHANTEPIE, La lésion, préf. G. VINEY, Bibl. dr. pr., tome 467, L.G.D.J. 2006, n° 569, p. 370.

La nullité de l'acte reste une sanction efficace, mais seulement dans deux hypothèses particulières. Il en est ainsi lorsque le contrat ne représente aucun intérêt pour la victime. C'est le cas lorsque la victime a été contrainte de conclure un acte à cause de la pression et de la violence exercée sur elle. De même, la nullité est efficace pour les actes désavantageux ou inutiles conclus par les incapables (C. OUERDANE-AUBERT DE VINCELLES, *op.cit.*, n° 46, p. 59).

[2251]G. CHANTEPIE, La lésion, *op.cit.*, n° 569, p. 370 ; C. GUELFUCCI-THIBIERGE, Nullité, Restitution et Responsabilité, *op.cit.*, n° 405, p. 240 ; G. RIPERT, Le régime démocratique et le droit civil moderne, L.G.D.J., 1948, p. 265.

comme la meilleure façon d'assurer une sanction efficace, c'est-à-dire de lui donner son maximum de perfection[2252].

666. Il convient cependant de relever que la perfection de la sanction s'accommode souvent assez mal avec la seule disparition de l'illicite[2253]. En effet, pour que la sanction acquise une entière efficacité, il ne faut pas détruire purement et simplement l'illicite, mais plus généralement de faire en sorte que les prescriptions du Droit soient respectées[2254] afin de ne pas trahir les objectifs que le législateur s'était assignés[2255]. Le meilleur moyen de servir le but de loi consiste parfois non pas dans l'anéantissement du lien contractuel, mais, à l'inverse, en sa continuation[2256]. La conversion de l'acte pourra être l'un des moyens à mettre en œuvre par le juge pour parvenir à ce résultat. La préférence des juges à la conversion de l'acte plutôt qu'à son anéantissement est d'autant plus justifiée par le fait qu'elle constitue parfois la sanction la plus efficace et la plus apte à contribuer à l'effectivité de la loi.

667. La conversion de l'acte s'avère particulièrement souhaitable lorsqu'est en cause l'ordre public économique de protection[2257]. C'est même plus spécialement en ce domaine que la conversion trouvera un terrain de prédilection, et que l'on découvrira les exemples les plus convaincants de ses bienfaits. En effet, l'ordre public de protection a pour but de protéger le contractant qui par essence se trouve en position d'infériorité dans un rapport contractuel donné. L'anéantissement du lien contractuel en ce domaine risquerait le plus souvent de se retourner contre le contractant que l'on veut protéger[2258]. Les auteurs ne manquent pas d'évoquer le cas particulier d'un contrat de travail contenant des stipulations illicites. Ils se plaisent alors à démontrer le caractère disproportionné et inopportun de l'annulation d'un tel contrat. On peut même prétendre qu'il serait absurde d'annuler un contrat de travail, car une telle mesure contrarierait l'objectif poursuivi par le législateur d'assurer à ces contrats une certaine stabilité[2259].

668. Aussi, il n'est pas superflu de souligner que la protection effective du salarié passe parfois par la mise en conformité du contrat à la loi, quitte à substituer un contrat à un autre[2260]. La conversion d'un contrat de travail perpétuel, expressément condamné par la loi, en un contrat à durée

---

[2252] O. GOUT, *op.cit.*, n° 516, p. 362 ; G. FARJAT, L'ordre public économique, th., L.G.D.J., 1963, n° 454 et s. et n° 472 et s. ; M. EL GAMMAL, L'adaptation du contrat aux circonstances économiques, L.G.D.J., 1967, n° 303.

[2253] O. GOUT, *op. cit.*, n° 671, p. 456

[2254] *Ibid.*, p. 455-456

[2255] *Ibid.*, n° 670, p. 455.

[2256] *Ibid.*, n° 547, p. 384.

[2257] V. généralement sur cette notion : N. REKIK, L'ordre public et le contrat civil, *op.cit.*; G. COUTURIER, L'ordre public de protection, Etudes FLOUR, 1979, n° 9, p. 104 ; J. FARJAT, L'ordre public économique, Bibl. dr. privé, t. 37, L.G.D.J., 1963, n° 455 et s.

[2258] V. *supra* n°s 482 et s.

[2259] M.-E. PANCRAZI-TIAN, La protection judiciaire du lien contractuel, *op.cit.*, n° 114, p. 106.

[2260] *Ibid.*

indéterminée illustre parfaitement nos propos. La conversion permet ainsi la convergence de l'intérêt particulier du demandeur, qui ne perd pas son emploi, et de l'intérêt général à la suppression de l'illicite. La conversion peut également se révéler une sanction sur mesure dans le domaine de l'ordre public économique de direction. La sanction la plus efficace à la violation des règles touchant l'intérêt général consistera parfois en la continuation du lien contractuel, le cas échéant par le biais de la conversion. Divers exemples sont susceptibles d'illustrer le rôle que peut jouer la conversion dans ce domaine. Le premier tient à l'hypothèse de conversion d'une lettre de change en un billet à ordre[2261]. Le second exemple concerne la conversion d'une société commerciale en une autre forme sociétaire[2262]. La conversion procède dans les deux cas de l'idée de mettre fin à un état anti-économique.

On s'aperçoit ainsi que la conversion permet au magistrat de sauver l'acte tout en pliant la volonté des contractants à celle du législateur[2263]. Le juge doit, en effet, être au service de la loi et non exclusivement au service de la volonté des parties.

β. La vertu préventive de la conversion

669. Mme Ouerdane-Aubert de Vincelles écrivait : « *Une sanction est dissuasive si elle incite les contractants à respecter la règle de droit malgré leur volonté primaire de la violer* »[2264]. Il est en effet évident que l'existence, et non plus le prononcé, d'une potentielle sanction de la violation des règles de formation ou d'exécution des actes juridiques peuvent inciter les individus à la mesure. Le même auteur ajoute que la sanction ne peut produire un effet dissuasif que si quatre conditions sont respectées ou réunies[2265]. Les trois premières concernent le contractant, l'auteur principal de la violation. Il doit, d'abord, être de mauvaise foi, c'est-à-dire doit avoir une intention délibérée de violer la loi pour en retirer un avantage[2266]. Le contractant doit ensuite en connaître la sanction et ses effets, ce qui implique qu'il ait connaissance de la règle elle-même[2267]. Il est enfin nécessaire que l'auteur puisse croire à la réalisation effective de la sanction, ce qui suppose non seulement la dénonciation de la violation, mais aussi l'application de la sanction prononcée[2268]. La dernière condition tient à la sanction elle-même.

[2261] V. *supra* n° 99.
[2262] V. *supra* n°s 120 et 214 et s.
[2263] Rapp. O. GOUT, l'auteur relève que : « *si une disposition d'un acte va manifestement à l'encontre d'un tel objectif, le meilleur moyen d'harmoniser le contrat avec le but de l'ordre public consiste, non pas en la mise à néant du contrat, mais plutôt en sa réadaptation* » (O. GOUT, *op.cit.*, n° 547, p. 384).
[2264] C. OUERDANE-AUBERT DE VINCELLES, *op.cit.*, n° 68, p. 73.
[2265] *Ibid.*, n° 25, p. 43.
[2266] *Ibid.*, n° 25, p. 43 et n° 68, p. 74.
[2267] *Ibid.*, n° 25, p. 43.
[2268] *Ibid.*, n° 25, p. 43 et n° 68, p. 74.

Celle-ci doit être de nature à dissuader l'auteur de la violation d'agir[2269]. Cela suppose que les effets de la sanction soient proportionnels à l'avantage procuré par la violation[2270] : la perte infligée par la sanction doit être au moins égale, voire légèrement supérieure au profit retiré de la violation, sans pour autant être trop forte[2271]. La sévérité de la sanction infligée par rapport à la faute commise est néfaste et inefficace[2272]. A l'opposé, si la perte provoquée par la sanction est plus faible que le profit procuré de la violation, l'auteur sera encouragé dans son acte répréhensible[2273].

670. La destruction de l'acte juridique à laquelle conduit notamment la nullité était considérée comme la meilleure façon d'assurer une sanction efficace, c'est-à-dire de lui donner son maximum de perfection[2274]. Les auteurs classiques estimaient que « *les effets de la nullité étaient drastiques et sans pitié pour les contractants qui n'avaient pas respecté la loi, mais en plus la nullité instituait à n'en pas douter, de par son caractère radical, un véritable rôle de prévention et de dissuasion* »[2275]. Cette assertion mérite d'être nuancée. Il s'est avéré que la nullité caractérisée par son effet destructif n'est pas toujours la sanction la plus effective. L'ineffectivité de la nullité, due à la réticence des victimes de se produire en justice pour dénoncer la violation, ne permet pas de dissuader un contractant malhonnête de violer la loi[2276]. On sait tous qu'un contractant ne sera incité à dénoncer l'illicite que s'il trouve un intérêt personnel et concret, ou mieux encore lorsqu'il réalise que cette dénonciation ne lui porte pas préjudice[2277]. Or, la nullité ne peut toujours assurer la dénonciation de l'illicite. Il y a en effet des

---

[2269] *Ibid.*, n° 25, p. 43.

[2270] A. REBAÏ, « *Le principe de proportionnalité et le droit de la consommation* », *in* Mélanges BEN HALIMA, C.P.U. Tunis 2005, p. 969 ; C. OUERDANE-AUBERT De VINCELLES, *op.cit.*, n° 25, p. 43.

[2271] C. OUERDANE-AUBERT de VINCELLES, *op.cit.*, n° 25, p. 43.

[2272] Les études sociologiques menées en matière criminelle « *ont montré que la peine de mort, la plus sévère que soit, ne dispose pas d'un effet dissuasif clair dans la mesure où le taux d'homicides volontaires est resté relativement stable depuis son abolition* » (C. OUERDANE-AUBERT DE VINCELLES, *op.cit.*, n° 25, p. 43).

[2273] C. OUERDANE-AUBERT DE VINCELLES, *op.cit.*, n° 25, p. 44.

Par ailleurs, la disproportion, *« l'excès provoque l'incrédulité des délinquants potentiels et des juges qui deviennent réticents à prononcer la sanction : mû par un sentiment de juste et donc de proportion, le juge, s'il n'a pas la possibilité de réduire la sévérité de la sanction, sera incité à ne pas condamner l'auteur d'un acte pourtant fautif, ce qui conduit à l'effet inverse de celui qui était recherché »* (C. OUERDANE-AUBERT de VINCELLES, *op.cit.*, n° 25, p. 44).

[2274] O. GOUT, *op.cit.*, n° 516, p. 362 ; G. FARJAT, L'ordre public économique, *op.cit.*, n° 454 et s. et n° 472 et s. ; M. EL GAMMAL, L'adaptation du contrat aux circonstances économiques, L.G.D.J., 1967, n° 303.

[2275] O. GOUT, *op.cit.*, n° 516, p. 362

[2276] M.-E. PANCRAZI-TIAN, *op.cit.*, n° 121 ;G. CHANTEPIE, La lésion, *op.cit.*, n° 569 et s., p. 370 et s. ; C. OUERDANE-AUBERT DE VINCELLES, *op.cit.*, n° 69, p. 75.

[2277] C. GUELFUCCI-THIBIERGE, Nullité, Restitution et Responsabilité, *op.cit.*, n° 378, p. 226 et n° 491, p. 289 ; N. BESROUR, « *Approche en vue d'une sécurisation du système de sanction des règles de formation du contrat* », Info. Juridiques, N°44/45, Avril 2008, p. 24.

cas où le demandeur s'abstient de demander une nullité par crainte d'un anéantissement du contrat au risque de se retourner contre lui-même, lui faisant perdre le bénéfice de l'acte et la protection qui y est parfois attachée. Un salarié revendiquerait-il la nullité d'une clause de son contrat de travail s'il risquait de perdre son emploi ? La perspective de la nullité risque inéluctablement de supprimer tout intérêt à l'action en nullité[2278]. La certitude ou la chance de ne pas voir la violation dénoncée ne permet pas de dissuader un contractant malhonnête de violer la loi. Au contraire, comme l'a déjà relevé un auteur, « *il y serait presque incité, car, en tentant sa chance, le pire qui puisse lui arriver est de retrouver sa situation initiale* »[2279].

671. C'est la raison pour laquelle la conversion peut apparaître parfois comme l'une des techniques les plus propices à décourager l'une des parties à violer les règles du contrat. Le contractant responsable de la malformation de l'acte court le risque de voir l'autre demander la nullité de l'acte initial puis sa conversion en un autre. L'exemple qui illustre par excellence l'effet préventif que peut jouer la conversion est celui de la substitution d'un contrat de travail à durée indéterminée à un contrat perpétuel. De la sorte, le salarié victime sera encouragé à dénoncer l'illicéité. De même, la partie qui a imposé à l'autre la perpétuité du contrat, en violation de la règle de prohibition des engagements perpétuels, ne peut pas invoquer ce vice comme prétexte pour se débarrasser d'un salarié indésirable. Le maintien du lien contractuel au détriment des intérêts de l'employeur vise à déjouer ses prévisions qui ne sont pas conformes à la loi. Mais surtout on décourage la violation de la loi en la rendant inutile voire dangereuse pour un contractant qui pourra se voir lié par une nouvelle convention[2280].

672. Le procédé de conversion est utile non seulement parce qu'il incite à la dénonciation de l'illicite, mais aussi parce qu'il empêche la dénonciation inopportune de l'illicite. Or, la dénonciation inopportune de la nullité constitue une autre cause de l'inefficacité de la sanction. La nullité constitue parfois un simple prétexte pour se délier d'un contrat devenu désavantageux à son égard. Le contractant peu scrupuleux peut par la suite rééditer son stratagème[2281], et conclure un nouvel accord, dans les mêmes conditions d'illicéité, avec un partenaire à des conditions meilleures[2282]. La spéculation que le législateur souhaitait éviter pourra ainsi être renouvelée. La meilleure sanction consiste parfois à obliger le contractant malhonnête à persister dans le lien contractuel sous une nouvelle qualification juridique choisie par le juge. La crainte de voir leurs actes juridiques remis en cause, puis remplacés

---

[2278] O. GOUT, *op.cit.*, n° 545, p. 383.
[2279] C. OUERDANE-AUBERT DE VINCELLES, *op.cit.*, n° 69, p. 75.
[2280] G. RIPERT, L'ordre public économique, Etudes Gény, n° 8, p. 352.
[2281] C. GUELFUCCI-THIBIERGE, Nullité, Restitution et Responsabilité, *op.cit.*, n° 520, p. 309.
[2282] N. BESROUR, « *Approche en vue d'une sécurisation du système de sanction des règles de formation du contrat* », Info. Juridiques, N°44/45, Avril 2008, p. 25.

par d'autres a sûrement de quoi les inviter à une certaine retenue et une certaine prudence tant au stade de leur formation qu'à celui de leur exécution. En sanctionnant le contractant qui s'est livré à une attitude déloyale, le juge prévient, il donne l'exemple du comportement ou encore « *le modèle de conduite* »[2283] que doivent afficher les parties. La conversion intervient pour éviter que les illicéités ou les comportements déloyaux que l'on voulait éviter ne se renouvellent.

673. A travers cet exposé, on s'est efforcé de démontrer que la sanction finalement choisie par le juge doit produire des effets en adéquation avec sa finalité réparatrice et dissuasive[2284]. On a découvert que la conversion peut en constituer l'un des moyens mis à la disposition du juge lui permettant de mettre en œuvre une sanction adaptée et proportionnée au but de la règle à sanctionner. La destruction de l'acte n'est pas toujours la solution meilleure, ni la plus efficace[2285]. Le principe de proportionnalité peut donc servir comme l'un des instruments dont dispose le juge pour choisir la sanction la plus adéquate, en tant qu'il permet un ajustement de la sanction[2286]. Mme Behar-Touchais avait déjà affirmé en ce sens que « *la proportionnalité requise est le signe de la juste mesure, de l'adéquation, voire de la modération* »[2287]. Or, la conversion rend compte de l'idée de proportionnalité en ce qu'elle constitue une sanction mesurée et raisonnée.

2) Les méthodes de raisonnement

674. Le raisonnement mené par le juge pour trouver une solution sur mesure peut reposer sur plusieurs méthodes de pesée : la méthode du bilan coût-avantage (**a**), celle de la balance des intérêts (**b**) et enfin la méthode conséquentialiste (**c**).

a. La méthode du bilan coût-avantage

675. La méthode du bilan coût-avantage, ou encore coût-bénéfice, repose sur une comparaison entre les bénéfices et les charges découlant d'une mesure juridique projetée ou d'ores et déjà en vigueur[2288]. Cette mesure est retenue lorsque le bilan est positif et écartée lorsqu'il est négatif[2289]. On peut aussi faire recours à cette méthode pour établir un bilan comparatif des effets prévisibles, positifs et négatifs, de deux ou plusieurs mesures alternatives en

---

[2283] K. DE LA ASUNCION PLANES, La réfaction du contrat, *op.cit.*, n° 553, p. 339.
[2284] Ouerdane-Aubert de vincelles, th. préc., n° 34, p. 54.
[2285] *Ibid.*
[2286] S. LE GAC-PECH, La proportionnalité en droit privé des contrats, *op.cit.*, n° 1162, p. 475.
[2287] M. BEHAR-TOUCHAIS, « *Rapport introductif* », préc., n° 6, p. 5 ; Cf. définition du Doyen CORNU, *Vocabulaire juridique*, dictionnaire préc.
[2288] B. FRYDMAN, Le sens des lois. Histoire de l'interprétation et de la raison juridique, *op.cit.*, n° 214, p. 448.
[2289] *Ibid.*

vue de sélectionner la plus performante[2290]. Cette méthode suppose un calcul, et donc une évaluation quantitative, le plus souvent en argent, des effets prévisibles de la ou des mesures envisagées[2291]. Contrairement à la méthode de balance des intérêts qui renvoie à l'idée d'équilibre[2292], la méthode du bilan coût-avantage se rapporte davantage à l'idée d'optimisation, de maximisation des richesses et de l'utilité telle qu'elle a été élaborée par Bentham dans sa doctrine de l'utilitarisme et reprise plus récemment par l'analyse économique du droit[2293].

676. Le domaine traditionnel de la méthode du bilan coût-avantage est le droit public[2294]. Plus particulièrement, c'est en matière d'expropriation pour cause d'utilité publique que la technique a connu ses premières heures de gloire[2295]. La consécration de la méthode du bilan coût-avantage, tel que nous la connaissons aujourd'hui, fut consacrée à l'occasion de l'arrêt du conseil d'Etat du 28 mai 1971, affaire « *Ville Nouvel-Est* ». Le juge administratif dans un considérant aujourd'hui célèbre précise « *qu'une opération ne peut être déclarée d'utilité publique que si les atteintes à la propriété privée, le coût financier et éventuellement les inconvénients d'ordre social qu'elle comporte ne sont pas excessif eu égard à l'intérêt qu'elle présente* »[2296]. Cette emprise du bilan coût-avantage ne s'arrête pas aux frontières du droit public. La généralisation de la technique est encore plus flagrante en droit privé, en particulier, en droit de la famille[2297] et du droit travail[2298].

[2290] *Ibid.*
[2291] *Ibid.*
[2292] V. *Infra* n° 680.
[2293] *Ibid.*
[2294] M. MEKKI, L'intérêt général et le contrat, Contribution à une étude de la hiérarchie des intérêts en droit privé, préf. J. Ghestin, bibl. dr. pr., tome 411, L.G.D.J. 2004, n° 630 et s., pp. 383 et s.
[2295] *Ibid.*
[2296] C.E. Ass., 28 mai 1971, « *Ministère de l'Equipement et du Logement c/ Fédération de défense des personnes concernées par le projet Ville Nouvel-Est* », A.J.D.A. 1971, pp. 404-407 et pp. 463-468, concl. G. BRAIBANT et Chr. D. LABETOULLE et P. CABANES ; D. 1972, pp. 194-201, note J. LEMASRIER.
[2297] La technique de bilan coût-avantage infiltre également l'ensemble du droit de la famille. Le standard juridique le plus fréquemment évoqué est ici l'intérêt de l'enfant. Il s'agit toujours pour le juge d'opérer un bilan pragmatique entre les intérêts, mais il doit, en priorité, s'assurer que l'intérêt de l'enfant est suffisamment protégé. L'intérêt de l'enfant devient un intérêt éducatif et directif et devient un intérêt supérieur. Il est de même en matière d'adoption où l'intérêt de l'enfant se présente comme l'âme de l'adoption, la finalité unique et supérieure qui justifie et transcende tous les intérêts en présence. C'est en opportunité que le juge met en œuvre le bilan des intérêts en présence par référence à cet étalon qu'est l'intérêt de l'enfant (M. MEKKI, L'intérêt général et le contrat, *op.cit.*, n° 665, pp.407-408).
[2298] Le juge va opérer une pondération, un balancement des intérêts en présence. Le bilan apparaît comme le seul moyen de concilier des valeurs aussi différentes que le Travail et le Capital. Ce n'est que par un jugement mêlé de légalité et d'opportunité que les intérêts apparemment contradictoires au sein de l'entreprise seront hiérarchisés. La hiérarchie opérée entre les intérêts en présence est alors qualifiée par le juge d'intérêt social, comme par le souci de légitimation (M. MEKKI, L'intérêt général et le contrat, *op.cit.*, n° 700, p.424).

677. La méthode du bilan coût-avantage peut semble-t-il recevoir application en matière de conversion par réduction. Le juge adopte en réalité exactement la même démarche lorsqu'il énonce que le maintien du contrat par le jeu de la conversion, doit être préféré à son anéantissement. Les conséquences économiques des sanctions ont une influence sur la décision des juges. Or, il n'est pas inutile de rappeler que l'anéantissement de l'acte semble parfois une solution trop brutale au regard de ses conséquences sur la stabilité des relations contractuelles. La suppression du lien contractuel impose également de refaire le contrat et de recommencer l'opération ce qui suppose des démarches et des négociations coûteuses[2299]. L'anéantissement du contrat, enfin, à travers les résultats qu'il produit perturbe l'ordre économique, « *le circuit que devait suivre la marchandise est interrompu, l'acheteur ne pouvant délivrer à un sous-acquéreur, ni celui-ci à son propre acheteur (...). Il en résultera une cascade de procédure, des frais des sommes d'argent inemployés…* »[2300].

678. La prise en considération du coût économique de la nullité, par exemple, doit normalement amener le juge à lui préférer une sanction qui préserve le lien contractuel. La conversion participe de cette philosophie. Le maintien du lien contractuel résultant de la mise en jeu de la conversion serait parfois la sanction la plus utile économiquement. Elle aboutirait en effet à des économies de temps et de coût dans la mesure où elle va dispenser les parties de la réfection parfois complexe et coûteuse de l'acte[2301]. Outre la minimisation des coûts, la conversion participe à la maximisation des utilités. La prise en compte des coûts et des avantages dans les calculs faits par le juge transforme le jugement de conversion en un jugement d'efficacité[2302].

679. La solution de conversion n'est pas le résultat d'une déduction logique et formelle, mais plutôt le fruit d'une mise en balance d'une pluralité de solutions envisagées, un choix opéré entre plusieurs alternatives[2303]. Telle solution est consacrée non parce qu'elle est conforme à ce que dicterait une règle abstraite préétablie, ni parce qu'elle serait intrinsèquement juste, mais

---

[2299] V. *supra* n°.499.

[2300] J.-MARTIN DE LA MOUTTE, « *Les sanctions de l'obligation de délivrance* », *in* La vente commerciale de marchandises, Etudes de droit commercial sous la direction de J. HAMEL, Paris 1951, n° 3, p. 191.

[2301] V. *supra* n°.499.

[2302] En ce sens, cf. Y.-M. LAITHIER, Etude comparatives des sanctions de l'inexécution du contrat, *op.cit.*, p. 21.

[2302] P. DEUMIER, « *Synthèse* », *in* Le raisonnement juridique, Recherche sur les travaux préparatoires des arrêts, sous dir. de P. DEUMIER, coll. Méthodes du droit dirigée par Ph. Jestaz, Dalloz 2013, p. 262.

[2303] Ch. PROS-PHALIPPON, « *La référence aux précédents de la juridiction* », *in* Le raisonnement juridique, Recherche sur les travaux préparatoires des arrêts, P. DEUMIER (dir.), coll. Méthodes du droit dirigée par Ph. JESTAZ, Dalloz 2013, n° 68. p.58 ; P. DEUMIER, « *Synthèse* », préc., p. 250.

parce que ses conséquences- ici économiques- la rendent appropriée et opportune[2304].

b. La méthode de la balance des intérêts

680. La méthode de la mise en balance des intérêts se rapporte à l'idée d'harmonie et d'équilibre[2305]. Signalons que dans la littérature française, et plus encore dans la littérature anglophone, le terme *« balance »* est utilisé pour signifier équilibre. Le symbole de la balance qui, depuis l'aube des temps, associé à la justice et l'équilibre en témoigne[2306]. Le terme « *intérêt* » doit être compris dans une acception large, comme ce qui est attendu du contrat, et non pas seulement comme un gain[2307]. L'intérêt est le pourquoi de l'engagement[2308] ; c'est ce qui détermine chacune des parties à se contracter[2309]. C'est la recherche d'un intérêt à satisfaire qui pousse en effet chaque partie à contracter[2310]. J. Rochfeld lui accorde le rôle de « *moteur du contrat* »[2311]. Ainsi comprise, la notion d'intérêt entretient un lien étroit avec celle de l'utilité. L'intérêt et l'utilité constitueraient les deux faces, les deux points de vue (de la personne ou de la chose) du même phénomène[2312]. En effet, quand nous nous référons désormais à l'intérêt des parties, nous entendrons par là leur intérêt au contrat. En se plaçant du coté du contrat, et non plus des contractants, on peut alors dire qu'il revêt une utilité pour chaque partie[2313].

681. Historiquement, le modèle de balance des intérêts est né pendant les dernières années du 19ème siècle, simultanément, aux Etats-Unis et en Europe, particulièrement en Allemagne, en Belgique et en France[2314]. Le principal promoteur de ce modèle de l'office du juge, en France, a été François Gény. L'auteur a défendu dans son célèbre ouvrage « *Méthodes d'interprétation et sources en droit privé* »[2315] l'idée selon laquelle « *l'objet*

2304 E. RUBI-CAVAGNA, « *Les arguments d'opportunité* », *in* Le raisonnement juridique, Recherche sur les travaux préparatoires des arrêts, sous dir. de P. DEUMIER, coll. Méthodes du droit dirigée par Ph. Jestaz, Dalloz 2013, n° 245et s.. p. 217 et s ; P. DEUMIER, « *Synthèse* », art. préc., p. 265 ; A. JACQUEMIN et B. REMICHE, « *Le pouvoir judiciaire entre l'opportunité et la légalité économique* », *in* Les magistratures économiques et la crise sous la dir.de A. JACQUEMIN et B. REMICHE, 1984, pp. 9-36.

2305 T. SACHS, *op. cit.*, n° 460 et ss., pp. 288 et ss.

2306 B. FRYDMAN, Le sens des lois. Histoire de l'interprétation et de la raison juridique, *op.cit.*, n° 214, p. 448 ; T. SACHS, *op.cit.*, n° 460, p. 288.

2307 A.-S. COURDIER-CUISINIER, Le solidarisme contractuel, *op.cit.*, n° 69, p. 49.

2308 J. GHESTIN, Cause de l'engagement et validité du contrat, *op.cit.*, n° 113, p. 175.

2309 *Ibid.*

2310 A.-S. COURDIER-CUISINIER, Le solidarisme contractuel, *op.cit.*, n° 60, p. 45.

2311 J. ROCHFELD, Cause et type de contrat, *op.cit.*, n° 80, p. 74.

2312 Ibid.

2313 *Ibid.*, n° 59, p. 44.

2314 Sur le contexte d'émergence de ce modèle, Cf. B. FRYDMAN, Le sens des lois. Histoire de l'interprétation et de la raison juridique, *op.cit.*, n° 205 et s.,p. 423 et s.

2315 F. GENY, Méthodes d'interprétation et sources en droit privé, Sirey, 2e éd., 1919, t. 1, p. 173.

de l'organisation juridique positive n'est pas autre que de donner satisfaction la plus adéquate aux diverses aspirations rivales dont la juste conciliation apparaît nécessaire pour réaliser la fin sociale de l'humanité. Le moyen général d'obtenir ce résultat consiste à reconnaître les intérêts en présence, à évaluer leur force respective, à les peser en quelque sorte avec la balance de la justice, en vue d'assurer la prépondérance des plus importants, d'après un critérium social, et établir entre eux l'équilibre éminemment désirable »[2316].

682. La méthode de la mise en balance des intérêts connaît un succès considérable auprès des juristes et influence la pratique judiciaire[2317]. Les magistrats qui ont longtemps envisagé avec réticence ou du moins avec précaution le recours à cette méthode, se réfèrent aujourd'hui à la balance des intérêts de manière habituelle et presque banale[2318]. La mise en balance des intérêts tend à devenir le mode obligé de règlement du litige lorsque, comme c'est presque toujours le cas, les parties au procès revendiquent chacun l'exercice d'un droit subjectif concurrent[2319].

683. L'image du juge comme un arbitre chargé de départager les intérêts en présence repose sur une représentation du social[2320] « *comme un champ de forces, où s'affrontent, de manière permanente et potentiellement violentes, des valeurs et des intérêts antagonistes, où à tout le moins concurrents, qui luttent pour la domination et la reconnaissance* »[2321]. Le diagnostic des facteurs sociaux devient donc le préalable d'une décision jurisprudentielle[2322]. Celle-ci n'est plus appréhendée comme le produit passif de facteurs sociaux, mais bien comme un moyen d'action sur la société[2323]. L'intervention du juge doit certes favoriser le progrès, mais aussi et surtout à canaliser les mouvements sociaux, à préserver l'ordre ou l'équilibre, ou encore à résoudre ou d'apaiser les tensions et les conflits d'intérêts qui alimentent la vie sociale[2324]. L'intervention du juge devient un moyen ou un outil de « *régulation et d'apaisement des tensions sociales* »[2325]. Aussi la méthode de balance des intérêts participe-t-elle, selon F. Ost, à transformer

---

[2316] *Ibid.*, p. 167.

[2317] B. FRYDMAN, Le sens des lois. Histoire de l'interprétation et de la raison juridique, *op.cit.*, n° 217,p. 455.

[2318] *Ibid.*

[2319] *Ibid.*, n° 217,pp. 455-456.

[2320] T. SACHS, La raison économique en droit du travail, Contribution à l'étude des rapports entre le droit et l'économie, préf. G. Borenfreund, bibl. dr. soc., tome 58, L.G.D.J. 2013, n° 459, p. 287.

[2321] B. FRYDMAN, Le sens des lois. Histoire de l'interprétation et de la raison juridique, *op.cit.*, p. 436.

[2322] *Ibid.*, n° 211,p. 441.

[2323] *Ibid.*

[2324] *Ibid.*, n° 213, p. 447.

[2325] *Ibid.*, n° 211,p. 441 et n° 214, p. 449.

le juge en un véritable « *ingénieur social* »[2326] ou pour emprunter une expression de M. Frydman un « *gestionnaire du social* »[2327] .

684. Ce modèle traduit une « *nouvelle acception* »[2328] ou une « *évolution* »[2329] de la fonction de juger. Juger ce n'est pas seulement appliquer mécaniquement la loi[2330]. L'image de la pesée des intérêts figure le juge comme « *un arbitre* » [2331] chargé de départager les intérêts en présence. Du syllogisme, le juge passe à la pondération des intérêts[2332]. « *Il est demandé au juge de préserver des équilibres entre des intérêts divergents plutôt que d'attribuer des droits nettement définis* »[2333]. Les auteurs entendent ainsi souligner que *« le juge ne se contente pas d'appliquer mécaniquement la loi, mais tranche le litige à l'issue d'une pesée des intérêts en présence* »[2334].

685. La figure de la balance des intérêts peut être invoquée pour rendre compte du raisonnement du juge dans la conversion. Les cas de conversion précédemment examinés font apparaître que la décision du juge est le produit de ce procédé arbitral, le résultat d'une pesée des intérêts en présence. L'intérêt du créancier est de toute évidence un élément primordial pour décider s'il y a lieu de maintenir ou d'anéantir le contrat. Le sort du contrat ne devait cependant dépendre que du seul intérêt du créancier. Le débiteur peut avoir un intérêt pressant au maintien du contrat notamment lorsque le contrat a reçu un commencement d'exécution et que les dépenses effectuées par le débiteur pour satisfaire à ses obligations risquent d'être définitivement perdues[2335]. C'est la raison pour laquelle les juges doivent tenir compte de l'intérêt du débiteur à l'exécution du contrat lorsqu'ils choisissent la sanction la plus adéquate. Le cercle d'appréciation judiciaire doit donc être élargi de façon à englober l'intérêt du débiteur[2336] et dans une certaine mesure celui des tiers[2337]. Le contrat n'étant pas « *un monde fermé, hermétiquement clos* »[2338], il est clair que des tiers puissent être intéressés

---

[2326] F. OST, Jupiter, Hercule, Hermès: trois modèles du juge, La force du droit sous. la dir. De P. Pouretz, Seuil-Esprit, 1991, p. 250.

[2327] B. FRYDMAN, Le sens des lois. Histoire de l'interprétation et de la raison juridique, *op.cit.*, p. 438.

[2328] M. MEKKI, L'intérêt général et le contrat, *op.cit.*, n° 669, p. 409.

[2329] T. SACHS, *op.cit.*, n° 459, p. 287.

[2330] M. MEKKI, L'intérêt général et le contrat, *op.cit.*, n° 669, p. 409.

[2331] F. OST, « *Juge-pacificateur, juge arbitre, juge entraîneur* », *in* P. GERARD, M. VAN DE CHOVE et F. OST (dir), Fonction de juger et pouvoir judiciaire, transformations et déplacements, Facultés universitaires de Saint-Louis, Bruxelles, 1983, pp. 2-5.

[2332] F. OST, art. préc., p. 60.

[2333] *Ibid.*

[2334] T. SACHS, *op.cit.*, n° 462, p. 288.

[2335] Y.-M. LAITHIER, Etude comparative des sanctions de l'inexécution du contrat, *op.cit.*, n° 228, p. 311.

[2336] *Ibid.*, n° 227 et s., p. 311 et s..

[2337] *Ibid.*, n° 230 et s., p. 313 et s..

[2338] C. THIBIERGE-GUELFUCCI, art. préc., n° 3, p. 359

par son exécution ou son anéantissement[2339]. Le juge saisi d'une action tendant au prononcé de la conversion doit donc en définitive adopter une position intermédiaire satisfaisant les divers intérêts en présence[2340].

c. La méthode conséquentialiste

686. Le raisonnement conséquentialiste défend une analyse éminemment pragmatique, consistant à évaluer un acte, un fait, une règle ou une décision judiciaire par ses conséquences politiques, économique, ou sociales[2341]. Il faut entendre par « *conséquences* » tous les résultats que peut produire une action à court ou à long terme[2342]. Cette conception du conséquentialisme est structurellement identique à la théorie du choix rationnel[2343]. Selon cette théorie, un agent est rationnel si seulement il maximise son utilité attendue. Si un certain but est considéré comme bon, et que l'agent a le choix entre plusieurs options pour l'atteindre, il devra choisir celle qui lui permet de le faire de la meilleure façon. La maximisation serait l'unique option pour tout être s'il est rationnel[2344].

687. Les conséquentialistes distinguent deux versions du conséquentialisme, l'une positive, l'autre dite négative[2345]. Les adeptes d'une version positive du conséquentialisme soutiennent qu'un acte donné est moralement juste ou acceptable, seulement si ses conséquences sont bonnes[2346]. Cette définition revient à poser que l'action juste est celle dont les conséquences sont les meilleures, et qu'elle contient implicitement l'idée que ce que nous

---

[2339] Y.-M. LAITHIER, Etude comparative des sanctions de l'inexécution du contrat, *op.cit.*, n° 230, p. 313.

[2340] A. ANTOINE, Droit social, droit de la concurrence et juge administratif, A.J.D.A. 2008, p. 1692.

[2341] A. J. KERHUEL, L'efficience stratégique du contrat d'affaires, un champ d'action de la liberté contractuelle, préf. J. MESTRE, P.U.A.M., 2010, n° 83, p. 91 Ch. PERELMAN, L'empire rhétorique-Rhétorique et argumentation, Vrin, Bibliothèque d'histoire et de philosophie, Paris 2009,p. 111

[2342] D. PARFIT, *Reasons and persons*, Oxford, Clarendon Press, 1984, p. 26, trad. Partielle dans la Catherine Audard, (dir), *L'utilitarisme*, vol. 3, Paris, P.U.F., 1998 ; Philip Petit "conséquentialism", Dans P. Singer, (dir), *A companion to Ethics*, Oxford, Blackwell, 1991 et *« conséquentialisme »* ; D. SOSA, « *The consequences of Consequentialism, Mind*, vol. 102, 1993, PP. 110-122, PP. 102-103, cités par R. OGIEN et Ch. TAPPOLET, Les concepts de l'Ethique, Faut-il être conséquentialiste ?, 2e éd, HERMANN EDITEURS, 2009, p.133, note 4.

[2343] R. OGIEN et Ch. TAPPOLET, Les concepts de l'Ethique, Faut-il être conséquentialiste ?, 2e éd, HERMANN EDITEURS, 2009, p. 156.

[2344] *Ibid.*, pp. 156-157.

[2345] K. POPPER, *The Open Society and Its Enemies*, Londres, Routledge Kegan Paul, 1966, vol 1, pp. 284-5, cité par R. OGIEN et Ch. TAPPOLET, Les concepts de l'Ethique, Faut-il être conséquentialiste ?, 2e éd, HERMANN EDITEURS, 2009, p.135, note n° 9.

[2346] C. AUDARD, Anthologie historique et critique de l'utilitarisme, T. 3, « thèmes et débats de l'utilitarisme contemporain », P.U.F., 1999, p. 255.

devons faire, c'est de « *maximiser* » l'utilité[2347]. Les partisans d'une conception négative du conséquentialisme considèrent qu'une définition qui présenterait la maximisation du bien commun comme l'unique forme de conséquentialisme serait erronée et réductrice[2348]. Cette version négative du conséquentialisme demande seulement à l'agent d'éviter les conséquences négatives sans chercher à produire le plus, ou simplement une quantité suffisante, de conséquences positives[2349].

688. Le raisonnement conséquentialiste pourrait être très utile pour le juge lorsqu'il va se prononcer sur la conversion. Le juge examine les conséquences que pourraient conduire les différentes solutions juridiques pour écarter la nullité, si ses effets lui apparaissent non souhaitables, et lui privilégier la conversion dont les effets pourraient être positifs pour les contractants ainsi que pour la collectivité[2350].

B. La rationalisation du choix de l'acte nouveau

689. La mise en œuvre de la conversion n'est pas à l'abri de tout risque d'arbitraire dans la mesure où elle conduit à la substitution d'un acte à un autre. Ce danger peut toutefois être limité en partie par la prudence judicaire, définie comme la mise en application des moyens les mieux appropriés aux fins. L'analyse des applications nombreuses de la conversion démontrent que cette institution procède toujours de l'idée d'équivalence dans la mesure où l'acte nouveau choisi par le juge doit être en adéquation avec la finalité poursuivie par les parties (**1**). La référence à la volonté raisonnable des parties justifie encore une intervention « *sans risque* » du juge dans la conversion (**2**).

1) La conversion, technique d'équivalence des résultats

690. La doctrine conçoit la conversion comme un procédé technique destiné à la réalisation d'une équivalence en ce que l'apparition de l'acte majeur permet d'atteindre un résultat économique équivalent à celui de l'acte

---

[2347] D. PARFIT, *Reasons and persons*, Oxford, Clarendon Press, 1984, p. 26, trad. Partielle dans la Catherine Audard, (dir), *L'utilitarisme*, vol. 3, Paris, P.U.F., 1998 ; Philip Petit "conséquentialism", Dans P. Singer, (dir), *A companion to Ethics*, Oxford, Blackwell, 1991 et « *conséquentialisme* » ; D. SOSA, « *The consequences of Consequentialism, Mind*, vol. 102, 1993, PP. 110-122, PP. 102-103, cités par R. OGIEN et Ch. TAPPOLET, *op.cit.*, p.134

[2348] R. OGIEN et Ch. TAPPOLET, *op.cit.*, p.157 ; M. SOLTE, *Sastisficing Consentialism, Proceeding of the Aristotelian Society*, supp. Vol. 58, 1984, pp. 65-76, cité par R. OGIEN et Ch. TAPPOLET, *op.cit.*, p.135, note 8.

[2349] R. OGIEN et Ch. TAPPOLET, *op.cit.*, p.157.

[2350] P. DEUMIER (sous la dir.), Le raisonnement juridique, Recherche sur les travaux préparatoires des arrêts, coll. Méthodes du droit dirigée par Ph. Jestaz, Dalloz 2013, n° 295, pp. 240-241.

majeur[2351]. Il n'est pas nécessaire que ce résultat soit atteint intégralement, pourvu qu'il ait été atteint partiellement[2352]. Il n'est pas aussi nécessaire que ce but soit atteint à l'avenir, pourvu qu'il ait été atteint dans le passé[2353]. L'exemple souvent cité pour rendre compte de cette idée d'équivalence est celui de la conversion d'un billet à ordre en une promesse de paiement du souscripteur transmissible par endossement. L'acte mineur, la promesse de paiement, permet d'atteindre un résultat économique semblable à celui de l'acte majeur, le billet à ordre[2354].

691. L'idée d'équivalence des résultats plaide logiquement en faveur de la détermination d'une technique équivalente à la forme primitive[2355]. Cette observation peut *a priori* surprendre. Les procédés techniques ne sont jamais interchangeables[2356]. Le droit donne à chaque technique une spécialité, une utilité propre[2357]. Il n'y a pas plus de « *synonymes* » dans le vocabulaire juridique qu'il n'en existe dans le langage. Les techniques ne se « *recouvrent* » jamais exactement, et si en apparence, elles semblent être identiques ce n'est toujours qu'une illusion. En poussant plus avant l'analyse, on se convainc rapidement qu'il y a entre eux une différence, légère peut-être, mais qui n'en existe pas moins[2358]. Comme l'a fort justement écrit un jurisconsulte belge : « *plusieurs moyens peuvent, en général, conduire au but capital, mais, parmi eux, il y en a toujours un qui, aussi efficace que les autre, tient le mieux compte du but global à atteindre et mérite, par excellence, d'être appelé moyen* »[2359].

692. M. Perrot relève cependant que plusieurs techniques répondent parfois en gros aux mêmes besoins[2360]. La raison en est que les catégories juridiques ne correspondent pas toujours avec les catégories économiques : la même fonction économique peut s'accomplir à l'aide de contrats différents[2361]. Cette idée peut être illustrée au moyen de quelques exemples

---

2351 J. PATARIN, Le problème de l'équivalence juridique des résultats, th. Paris 1952, n° 90, p. 223 ; D. GRILLET-PONTON, th. préc., n° 277, p. 320 ; A.COURET, art. préc., n°12, p. 226 ; P. LIPINSKI, art. préc., n° 35, p. 1190 et 1191

2352 La conversion d'un acte sous seing privé en un commencement de preuve par écrit illustre parfaitement cette idée. Le commencement de preuve par écrit ne peut, en effet, faire preuve complète de la convention. Il autorise seulement le recours à d'autres moyens de preuve imparfaits (V. *supra*. n° 60 et 70).

2353 Il se peut que la conversion ne maintienne des effets que dans le passé. Tel est le cas lorsqu'à la société voulue succède une société de fait (X. PERRIN, th. préc., p. 156, note 2). V. *supra*. n° 308 et 318.

2354 L'exemple est cité par M. P. LIPINSKI, art. préc., n° 35, p. 1191

2355 A. COURET, art. préc., n°16, p. 229.

2356 J. PATARIN, *op.cit.*, n° 4, p. 19

2357 *Ibid.*

2358 R. PERROT, De l'influence de la technique sur le but des institutions juridiques, Paris, 1947, n° 28, p. 45.

2359 VAN DER EYKEN, Méthode positive de l'interprétation juridique, 1907, p. 65, cité par R. PERROT, *op.cit.*, p. 45, note 1.

2360 R. PERROT, *op.cit.*, n° 29, p. 48 et n° 30, p. 51.

2361 V. *supra*, n° 436.

choisis parmi les plus évocateurs. Ainsi, un transfert de créance peut être réalisé au moyen de plusieurs procédés techniques comme la novation, la délégation, la subrogation et la cession de créances[2362]. Or tous ces procédés techniques qui, en gros, permettent de réaliser le transfert, ne se superposent nullement, car leur domaine d'application et leurs effets sont assez sensiblement différentes[2363]. De même, un testateur désirant de faire profiter successivement de ses biens après sa mort plusieurs personnes, peut atteindre cette fin soit en léguant l'usufruit à l'un et la nue propriété à l'autre, soit en combinant deux legs alternatifs conditionnels[2364].

693. Le particularisme de la conversion en droit tunisien pousse à se poser la question de savoir si le juge doit tenir compte de la volonté téléologique des parties lorsqu'il va convertir un acte à un autre. La question est d'autant plus justifiée que le législateur tunisien ne prévoit aucune restriction d'ordre subjectif aux pouvoirs du juge. Il a en effet rejeté délibérément dans l'article 328 du Code des obligations et des contrats la formule exigeant la prise en compte volonté hypothétique des parties[2365]. Faut-il en déduire dès lors que la conversion serait admise en droit tunisien même si l'acte mineur a une finalité différente de celle poursuivie par les parties ? Le juge peut-il mettre en œuvre la conversion même si le second acte ait des effets contraires à ceux de l'acte initial ? La réponse ne peut, à l'évidence, être que par la négative[2366]. On peut raisonnablement estimer qu'en plus des deux conditions objectives mentionnées expressément par l'article 328, il convient d'exiger aussi la similitude des effets économiques des deux actes[2367]. Cette solution a le mérite de prévenir l'arbitraire des juges.

694. Les arguments qui militent en faveur de cette opinion ne manquent pas. Le premier argument est d'ordre textuel. Les cas de conversion légale déjà examinés attestent la prise en compte du but poursuivi par les parties. Ainsi, lorsque le législateur convertit dans l'article 448 du C.O.C. un acte authentique en un acte sous seing privé, il ne fait que répondre au but originellement poursuivi par les parties, qui est de procurer d'un moyen de preuve. Le second argument est d'ordre doctrinal. Un auteur, Monsieur N. Besrour, relève, à juste titre, que la méconnaissance du but initialement poursuivi par les parties « *constitue une solution violente et injustifiée, car on impose aux parties un acte dont non seulement la déclaration de volonté ne lui a pas été spécialement dirigée, mais qui peut même aller à l'encontre des effets normaux de l'acte initial* »[2368]. Le même auteur ajoute que si par contre « *les deux actes engendrent les mêmes effets économiques, la loi*

[2362] R. PERROT, *op.cit.*, n° 30, p. 51.
[2363] *Ibid.*, n° 29, p. 48 et n° 30, p. 51.
[2364] P. VOIRIN, obs. sous Lyon, 11 mai 1942, préc.
[2365] V. *infra* n°s 529 et s.
[2366] N. BESROUR, th. préc., n° 324, pp. 478-479.
[2367] *Ibid.*
[2368] *Ibid.*

remplace la déclaration de volonté sans qu'elle soit arbitraire, puisque les parties ne vont en fin de compte que subir les mêmes effets que l'acte ayant fait l'objet d'une déclaration de volonté »[2369]. L'auteur conclut, enfin, que « *les parties ne seront donc engagées que dans les limites de ce qu'elles devraient s'attendre* »[2370]. L'examen des applications de la conversion, argument d'ordre jurisprudentiel, montre enfin que le juge prend toujours en considération la finalité économique de l'acte[2371]. La conversion d'une lettre de change en un titre de créance, ou encore l'aval en un cautionnement illustre parfaitement nos propos[2372].

695. Le droit international cautionne cette démarche dans divers textes. On remarque par exemple que les Principes d'Unidroit relatifs au commerce international font une part considérable à la prise en compte de la finalité économique de l'opération[2373]. « *La nature et le but du contrat » sont l'un des considérations permettant de déterminer les avantages excessifs » (art. 3.10). « La nature et le but du contrat* » constituent aussi des directives qui doivent guider le juge dans l'interprétation complétive, explicative et modératrice des contrats du commerce international (art. 4.3 ; 4.8 et 5.2)[2374]. Les Principes Européens du Droit des Contrats élaborés par la commission Lando offrent aussi un autre exemple de ce que le but du contrat doit guider le travail du juge. Ainsi, aux termes de l'article 5 :102, « *pour interpréter le contrat on a égard en particulier ; c- à la nature et au but du contrat* ». De même l'article 4 :109 autorise à une partie de provoquer l'annulation du contrat, si l'autre partie a pris avantage de la situation de dépendance, de besoin, d'ignorance et d'inexpérience (de la première) dont elle se trouve pour en tirer un avantage excessif, eu égard les circonstances et le but du contrat.

696. La question relative à la prise en compte du but économique du contrat étant tranchée, il convient à présent de s'interroger sur les éléments sur lesquels le juge peut s'appuyer pour déclarer que l'acte nouveau répond au but poursuivi par les parties. Sans doute, le juge pourra d'abord puiser les ressources nécessaires à la détermination du but économique poursuivi par les parties dans la nature de l'acte primitif. Ainsi, par exemple, dans le cas où l'acte est à titre onéreux, le but immédiat que les parties se proposent d'atteindre par le seul fait qu'elles recourent à telle sorte de contrat est de

---

[2369] *Ibid.*
[2370] *Ibid.*
[2371] Il est à noter que la découverte par le juge des suites qui va adjoindre au contrat pour compléter ce qui est exprimé, en application de l'article 243 du C.O.C., doit être exclusivement dictée par la volonté de satisfaire le but économique poursuivi par les parties (A. ZARROUK, L'implicite et le contenu contractuel, Etude de droit comparé : droit français et droit tunisien, préf. Ph. DELEBECQUE, L'Harmattan, 2012, n° 749, p. 535).
[2372] V. *supra* n° 101 et 104.
[2373] « *la nature et le but du contrat* » sont une des considérations permettant de déterminer les avantages excessifs (art. 3.10) et de guider l'interprétation complétive, explicative et modératrice du contrat (art. 4.3 ; 4.8 et 5.2).
[2374] V. J.C.P. 1995, III, 67399.

parvenir à un échange de valeurs économiques[2375]. A l'inverse, lorsque le contrat conclu est à titre gratuit, le but poursuivi consiste à attribuer un avantage à l'une des parties sans équivalent. Le juge pourra aussi à la lumière du contenu de l'acte primitif, déterminer ce à quoi aspiraient les contractants quand ils ont conclu la convention[2376]. Mais le plus important dans la prise de décision du juge, relève M. O. Gout, sera le dossier constitué par les parties lors de l'instance litigieuse[2377]. Le même auteur ajoute que si le juge estime insuffisant les éléments fournis par les contractants, il aura toute latitude de demander un supplément d'information afin de se faire une idée précise de leurs motivations passées et actuelles[2378].

697. Du reste, il nous est permis de dire que le juge aura le droit de rechercher partout les éléments qui lui dicteront son appréciation. C'est ainsi qu'il peut découvrir le but économique qui anime les parties à travers leurs transactions préalables, ainsi que les transactions factuelles qui entourent chaque cas d'espèce[2379]. En application de cette idée, une lettre de change nulle ne peut se convertir en une reconnaissance de dette s'il résulte des circonstances que le créancier détient déjà ce dernier titre[2380]. Cela prouve que la volonté téléologique du créancier n'est plus de détenir un moyen de preuve, mais d'avoir un instrument ayant des caractéristiques propres qui est la lettre de change.

698. Au terme de ces développements, on s'aperçoit que la conversion adopte une conception relativement instrumentalisée du contrat, conception qui consiste à envisager la convention comme un instrument juridique dont les structures participent à la réalisation de la finalité voulue par les parties. La conversion apparaît comme un mode de satisfaction des intérêts des parties même si, pour parvenir ce résultat, elle opère substitution d'un acte à un autre[2381]. On peut aussi dégager l'idée selon laquelle la conversion, loin d'être un procédé autoritaire et « *exorbitant* »[2382], constitue une technique traduisant l'idée de la mesure et du raisonnable.

2) La conversion, une expression du raisonnable

699. Le raisonnable est une notion difficile à saisir en raison de sa nature essentiellement imprécise et variable[2383]. Madame Ramparany-Ravololomiarana, dans une thèse récente sur « *le raisonnable en droit des contrats* » a

[2375]J.-F. OVERSTAKE, Essai d'une classification des contrats spéciaux, préf. J-B. De La GRESSAYE, L.G.D.J. 1969, p. 17 et s.
[2376] O.GOUT, *op.cit.*, n° 724, p. 492.
[2377] *Ibid.*, n° 567, n° 395 et n° 724, p. 492.
[2378] *Ibid.*
[2379] O. CORNAZ, *op.cit.*, p. 43.
[2380] H. RAMPARANY-RAVOLOLOMIARANA, *op.cit.*, n° 1 et s., p. 1 et s.
[2381] A. COURET, art. préc., n°12, pp. 225-226 ; D. GRILLET-PONTON, th. préc., n° 277, p. 320.
[2382] L'expression est employée par Mme D. GRILLET-PONTON, th. préc., n° 252, p. 291.
[2383] H. RAMPARANY-RAVOLOLOMIARANA, *op.cit.*, n° 1, p. 1.

tenté de saisir le raisonnable à travers une double approche, l'une positive, l'autre négative[2384]. Dans une approche positive, le mot raisonnable renvoie à ce qui est rationnel ou à la rationalité[2385]. En effet dans le langage courant, l'individu raisonnable est celui qui « *pense selon la raison, se conduit avec bon sens et mesure, d'une manière réfléchie* »[2386]. Le terme raisonnable a aussi un sens plus large, il est synonyme de ce qui est « *modéré, mesuré qui se tient dans une juste moyenne* »[2387]. Il désigne également ce qui est « *acceptable* »[2388]. Le raisonnable désigne aussi ce qui est adapté ou en adéquation avec la situation en cause[2389]. Le raisonnable serait un « *moyen d'apprécier l'adéquation des moyens aux fins* »[2390]. La définition de ce qui est raisonnable peut également se faire grâce à une délimitation négative, par la constatation de ce qui est déraisonnable, *unreasonable*[2391]. Le déraisonnable renvoie à l'absurde, le ridicule ou l'inapproprié[2392]. Il est aussi synonyme de la démesure et de l'inadmissible[2393].

700. La conversion entretient une relation très étroite avec le raisonnable. On peut même affirmer que la théorie de la conversion s'impose comme reposant sur le bon sens et le raisonnable. En énonçant le postulat que les parties qui ont contracté ont réellement voulu quelque chose, on peut raisonnablement penser que la conversion doit être admise dès lors que l'acte nouveau répond au but économique poursuivi par elles. Il est déraisonnable

---

2384 *Ibid.*

2385 La rationalité quant à elle est définie comme « *le caractère de ce qui obéit aux lois de la raison* » ou ce qui « *peut être expliquée par la raison* » (Le nouveau *Petit Robert,* nouvelle édition millésime 2009, V° rationalité).

Il convient cependant de relever que même si les notions de raisonnable et de rationalité partagent la même racine, la raison, elles ne se confondent pour autant pas. Comme le remarque le doyen Carbonnier, « *raisonnabilité, ce n'est pas la rationalité, la logique rigoureuse, mais un bon sens pratique* » (J. CARBONNIER, Droit civil, Les biens, Les obligations, vol. 2, Quadrige, P.U.F., Paris, 2004, n° 936, p. 1956- *Adde* H. RAMPARANY-RAVOLOLOMIARANA, *op.cit.*, n° 2, p. 9). Le terme raisonnable représente selon madame Rochfeld, « *cette rationalité pratique, propre à un contexte et à une société donnée* » (J. ROCHFELD, Cause et type de contrat, *op.cit.*, n° 126).

2386 Le nouveau *Petit Robert* ; nouvelle édition millésime 2009, V° Raisonnable 2 ; Selon le *vocabulaire juridique*, lorsqu'il vise une personne, le raisonnable, désigne celui qui est « *doué de discernement* » ou « *doté d'une capacité normale (moyenne) de compréhension* » (G. CORNU, *Vocabulaire juridique*, Quadrige/PUF, 2007, V. raisonnable 1).

2387 Le nouveau *Petit Robert* ; nouvelle édition millésime 2009, V. Raisonnable.

2388 *Ibid.*

2389 H. RAMPARANY-RAVOLOLOMIARANA, *op.cit.*, n° 2, p. 9.

2390 J. SALMON, « *Le concept de raisonnable en droit international public* », *in* Mélanges P. Reuter, Pedone 1982, p. 452 et s.

2391 Ch. PERELMAN, « *La réforme de l'enseignement du droit et la nouvelle rhétorique* », *in* Le raisonnable et le déraisonnable en droit, au-delà du positivisme juridique, A.P.D. 1978, t. 23, p. 79.

2392 Ch. PERELMAN, « *Le raisonnable et le déraisonnable en droit* », *in* Le raisonnable et le déraisonnable en droit, au-delà du positivisme juridique, A.P.D. 1978, t. 23, p. 19.

2393 H. RAMPARANY-RAVOLOLOMIARANA, *op.cit.*, n° 2, p. 8.

de penser que les parties aient parlé pour ne rien dire[2394]. Il est aussi déraisonnable d'admettre « *que les parties eussent préféré que leur accord n'ait aucun effet plutôt qu'un effet moindre* »[2395].

701. De l'analyse des différentes applications de la conversion ressortira nettement l'idée générale selon laquelle cette notion poursuit ce qui est raisonnable[2396]. C'est l'opinion que formule indirectement M. Virgile Rossel[2397] : « *il va de soi au surplus qu'un contrat pour lequel la loi prescrit une certaine forme peut être, le cas échéant, valable à un autre titre, même en l'absence de cette forme : ainsi un billet de change irrégulier peut valoir comme reconnaissance de dette* ». Ainsi par exemple, dans le cas de la vente de la chose d'autrui, la solution rationnelle pose que lorsque la vente ne peut produire son effet translatif, on doit néanmoins faire valoir l'obligation de faire, contenue dans la vente[2398]. La solution contraire serait déraisonnable dans la mesure où l'exécution de cette obligation de faire aurait souvent en pratique les mêmes effets économiques que la vente elle-même[2399]. Le vendeur qui n'a pas la propriété de la chose, peut l'acquérir plus tard pour la faire livrer à l'acheteur[2400]. Il serait dès lors ridicule d'admettre que le vendeur n'a pas voulu au moins contracter une obligation de faire[2401].

702. Le raisonnable peut ainsi servir comme fondement donnant légitimité à la conversion. Mais il peut encore constituer un outil ou un instrument entre les mains du juge participant à la détermination de l'acte jugé approprié pour la réalisation du but poursuivi par les contractants[2402]. Le doyen Carbonnier avait déjà remarqué en ce sens « *qu'il fallait avoir le courage de reconnaître que l'interprétation du contrat, comme celle de la loi, a des limites, et qu'à un certain point d'obscurité et de contradiction, la commune intention des parties ne pourra être retrouvée : c'est un pouvoir de réfection qu'exerce alors le juge. Il essaie de refaire le contrat tel qu'un homme raisonnable et équitable, meilleur peut-être que ne l'étaient les contractants, sans doute plus civique, ne fût-ce que parce qu'il est sous le feu de l'opinion* »[2403]. C'est aussi l'opinion que formule le professeur Sami Jerbi lorsqu'il indique au juge de refaire l'acte tel qu'un homme raisonnable, de chercher la volonté idéale, mieux que de recourir derrière une prétendue

---

2394 J. DUPICHOT, « *Pour un retour aux textes : défense et illustration du « petit guide-âne »* des articles 1156 à 1164 du code civil, *in* Etudes offertes à Jacques Flour, 1979, n° 18, p. 197.
2395 O. CORNAZ, th. préc., p. 106.
2396 V. *supra* n°s 125 et 307.
2397 Manuel du droit fédéral des obligations, 1905, n° 32, p. 53, cité par X. PERRIN, n° 49, p. 65, note 1.
2398 P. GUIHO, « *Les actes de disposition sur la chose d'autrui* », R.T.D.civ. 1970, n° 14, pp. 10-11 ; X. PERRIN, th. préc.n° 151 et s., p. 230.
2399 X. PERRIN, th.préc., n°153, p. 231.
2400 *Ibid.*, n° 152., p. 231 ; P. GUIHO, art. préc., n° 14, pp. 10-11.
2401 X. PERRIN, th. préc., n° 152 et 153, p. 230 et 231.
2402 H. RAMPARANY-RAVOLOLOMIARANA, *op.cit.*, n° 6, p. 21.
2403 CARBONNIER, Droit civil, Les obligations, *op.cit.*, n° 146.

volonté virtuelle des parties[2404]. Le même auteur ajoute que la volonté idéale suppose que les parties auraient conclu un acte conforme à la loi si elles avaient connu la nullité de leur acte[2405].

703. L'analyse des étapes que doit suivre le juge pour parvenir à la conversion laisse entrevoir aussi que l'office du juge est empreint du raisonnable et qu'aucune décision ne peut être valablement rendue sans suivre un raisonnement, un schéma ou encore une procédure. La procédure rend visible le parcours décisionnel[2406]. Au cours de cette procédure, le raisonnement du juge est fractionné en deux étapes principales. La première consiste à repérer l'objectif économique poursuivi par les parties. De manière évidente, on peut relever que si les parties concluent un contrat, c'est dans le but de réaliser un résultat économique[2407]. La seconde étape consiste à sélectionner le moyen juridique ou la technique juridique la plus adéquate, permettant d'atteindre la finalité préalablement déterminée. Le juge parvient ainsi à identifier la solution raisonnable parce qu'elle est en adéquation avec la finalité du contrat primitif[2408]. De cette manière, relève un auteur, « *l'arbitraire du juge sera limité, si pour rendre sa décision, le magistrat procède toujours en suivant la même ligne de conduite, c'est-à-dire en suivant ce modèle de travail. Très souvent, l'arbitraire résulte de l'absence de méthode* »[2409].

704. La doctrine allemande avait déjà relevé que « *lorsque le résultat économique peut être obtenu en grande partie par l'acte second, on pourra raisonnablement admettre que les parties l'auraient voulu si elles avaient connu la nullité du premier acte* »[2410]. Le juge est donc invité à rechercher quelle aurait été la volonté d'un individu raisonnable appartenant à la même catégorie de contractant placé dans la même situation concrète. Se référer à la personne raisonnable (*reasonable man*) renvoie systématique-ment à l'idée de normalité ou de moyenne et de modération[2411]. La volonté que le juge doit donner satisfaction est la volonté raisonnable par opposition à la

---

[2404] Sami JERBI :
" الأولى للقاضي أو الحكم - عوضا عن التفتيش بدون جدوى عن إرادة و همية للأطراف - الاعتراف بتوخيه طرائق أخرى للتفسير لا ترتكز على الإرادة الحقيقية، و لكن على الإرادة المثالية الأنموذجية Standard، و محاولة إعادة الاتفاق كما يفعله رجل عاقل و عادل. وهي رؤية ايجابية في تأويل العقد، و رؤية واقعية تساير ظاهرة اقتحام القاضي نطاق العقد و إنشاء قواعد على أسسه تتبلور في إحداث التزامات مثالية. لأن القاضي إذ يتحرر من ربقة نص العقد، يعمل قيمه المهنية الاجتماعية و الجماعية، و ينطلق من سلمها ليوجه الأطراف إلى الخيار الصائب"(سامي الجربي، "تفسير العقد"، الأطروحة سابقة الذكر، فقرة عدد 307 و ما بعدها، ص 367 و ما بعدها).

[2405] V. en ce sens Sami JERBI :
" الإرادة المثالية تقتضي أن يقوم الأطراف بالاتفاق على عمل قانوني صحيح، لو كانا على علم ببطلان التصرف الأساسي. و بذلك لا ينتفي دور الإرادة بشكل مطلق في التحول، و يكون الفصل 518 م. ا. ع. المرشد لها نحو طريق النجاة" (سامي الجربي، "تفسير العقد" ، الأطروحة سابقة الذكر، فقرة عدد 382 ، ص 498).

[2406] Sécurité juridique et droit économique (sous la dir. de L. BOY, J.B. RACINE et F. SIIRIAINEN), Larcier 2008, p. 227.

[2407] F. COLOMBAN, L'excès de pouvoir contractuel, th. Lyon 1935, p. 20.

[2408] H. RAMPARANY-RAVOLOLOMIARANA, *op.cit.*, n° 6, p.20.

[2409] L. FIN-LANGER, L'équilibre contractuel, *op.cit.*, n° 555, p. 330.

[2410] FINGER, *op.cit.*, p. 75

[2411] H. RAMPARANY-RAVOLOLOMIARANA, *op.cit.*, n° 182, p.260.

volonté pure des individus. La volonté raisonnable est supposée comme correspondant logiquement à la volonté des contractants[2412]. De ce qui précède, on peut conclure que « *le contrat est aujourd'hui de moins en moins la chose des parties et de plus en plus la chose que des parties raisonnables aurait voulu* »[2413].

705. La démarche est donc purement finaliste ou encore téléologique. Le juge pénètre dans les profondeurs du contrat afin d'appréhender son identité et l'opération économique qu'il véhicule. Une fois qu'il arrive à une certitude sur la nature de cette opération, il procède au remplacement de l'acte nul, caduc ou résolu par un autre qui permet la réalisation du but économique visible en filigrane. La doctrine classique a tort d'analyser la conversion comme reposant sur une interprétation des volontés réelle ou virtuelle. Les contractants n'ont ni prévu, ni voulu l'acte second. Il est donc plus raisonnable de considérer que le juge va, de façon purement objective, c'est-à-dire à la lumière de l'acte primitif déterminer ce à quoi aspiraient les contractants quand ils ont conclu la convention litigieuse[2414].

706. Chaque contractant tire, à la suite de la conversion, tout le profit qu'il espérait[2415]. Le résultat de la conversion correspond encore aux attentes raisonnables des contractants. « *L'attente raisonnable englobe tous les avantages que les parties peuvent raisonnablement attendre du contrat. Autrement dit, elle désigne l'objectif contractuel global poursuivi par les parties* »[2416]. L'intervention du juge n'a pas donc pour objectif de bafouer la volonté des parties, mais bien de la servir. L'utilité du recours au raisonnable réside également dans la prévisibilité qu'elle procure aux justiciables, en particulier en matière commerciale. Grâce à la référence au but économique des parties, le résultat de la conversion peut être raisonnablement anticipé par les parties dès la naissance du litige[2417]. Le danger d'un pouvoir démesuré, voire arbitraire du juge, est donc moins grand, nous semble-t-il, qu'on affirme souvent.

707. La conversion, pour réaliser un résultat équivalent, suppose la prise en compte du but poursuivi par les parties. « *Le contrat n'est pas une expérience gratuite, il sert un but* »[2418]. Cette vision plus réaliste est partagée par la plupart des auteurs. Henri Capitant disait que « *toute personne qui consent à s'obliger envers une autre est déterminée par la considération d'un but qu'elle se propose d'atteindre par la voie de cette*

2412 *Ibid.*, n° 145, p.198.
2413 Ph. DELEBECQUE, « *Clause d'allégement des obligations* », J. Cl. Contrats et distributions, fasc 110, mis à jour, fév. 1991, § 137, p. 20.
2414 O. GOUT, *op.cit.*, n° 724, p. 492.
2415 A. ZARROUK, *op.cit*, n° 779, p. 550.
2416 H. RAMPARANY-RAVOLOLOMIARANA, *op.cit.*, n° 38, p.58.
2417 Ph. STOFFEL-MUNCK, L'abus dans le contrat, *op.cit.*, n° 665, p. 487.
2418 *Ibid.*, n° 665, p. 487.

obligation...s'obliger sans but ne pourrait être que l'acte d'un fou »[2419]. Dans le même ordre d'idées, Voirin soulignait que « *ce qui est essentiel dans un acte juridique, c'est le but économique, il est le moteur ou l'animateur de l'acte, il le vivifie* »[2420].

A travers ce premier titre, on s'est efforcé de démontrer que la conversion peut gagner en accordant au juge un rôle actif. Il convient toutefois de relever que la rénovation du régime substantiel de la conversion dans le sens de l'accroissement des pouvoirs du juge en la matière ne peut, à lui seul, rendre la notion de conversion plus effective dans la pratique, si on ne s'engage pas sur la voie de rénovation de son régime processuel.

[2419] H. CAPITANT, De la cause des obligations (contrats, engagement unilatéraux, legs), 3e éd., Dalloz, Paris, 1927, n° 1, p. 17 ; *Adde* F. COLOMBAN, l'auteur écrivait qu'« *En vérité, on ne contracte pas dans le but de créer un lien juridique, mais dans celui de réaliser un résultat économique* » (F. COLOMBAN, L'excès de pouvoir contractuel, th. Lyon 1935, p. 20).

[2420] C.A. Lyon, 11 mai 1942, J.C.P. 1943, II, 2007, note P. VOIRIN (à propos d'un testament).

TITRE II

LA RÉNOVATION DU RÉGIME PROCESSUEL DE LA CONVERSION

708. Deux questions méritent d'être abordées dans le cadre de l'étude du régime processuel de la conversion. Il convient d'abord, de s'interroger sur la possibilité pour le juge de soulever d'office la conversion alors même qu'il est saisi d'une action tendant à l'anéantissement de l'acte ? La doctrine civiliste a eu tendance pendant longtemps à admettre que le juge ne peut pas prononcer de sa propre initiative la conversion quand on ne l'invoque pas[2421]. Cette attitude est avant tout la conséquence du principe dispositif qui lui interdit d'introduire des éléments nouveaux dans le procès[2422]. On essaiera toutefois de démontrer que le juge pourra soulever d'office la conversion sans pour autant heurter les principes processuels. Il s'agit ensuite de rechercher si la décision prononçant la conversion a un caractère juridictionnel ou non juridictionnel. La doctrine classique penche pour le caractère judiciaire, mais non juridictionnel de la conversion. On s'efforcera de démontrer, au contraire, le caractère juridictionnel de la décision de conversion avec toutes les conséquences qui en découlent.

709. La modernisation de notre institution, d'un point de vue procédural, suppose donc d'abord, la rénovation du régime applicable à l'exercice de la conversion (***Chapitre I***), avant de s'engager sur la voie de rénovation du régime applicable à la décision prononçant cette sanction (***Chapitre II***).

[2421] X. PERRIN, th. préc., n° 93, p. 146.
[2422] V. *infra* n°s 723, 750 et 755.

CHAPITRE I

LA RÉNOVATION DU RÉGIME APPLICABLE A L'EXERCICE DE LA CONVERSION

710. La conversion doit en principe être invoquée par l'une des parties (***Section I***). La multiplication des chances de sauvetage des actes juridiques plaide également en faveur de l'opinion qui permet au juge de soulever d'office la conversion (***Section II***).

SECTION I. LA CONVERSION SOULEVÉE À L'INITIATIVE D'UNE PARTIE

711. L'étude précédemment menée à propos de la nature du jugement de conversion a montré que celle-ci est une source de procès dans la mesure où elle ne peut se concevoir que si l'une des parties veut être libérée et que l'autre entende poursuivre la relation contractuelle[2423]. La partie qui veut se prévaloir de la conversion doit donc formuler une demande au juge pour se prononcer sur la question (***§1***). Encore, faut-il que cette demande soit étayée par la preuve des conditions de la conversion (***§2***).

§ 1. Les titulaires du droit d'action

712. Partant de l'idée que plus on dénombrera de personnes susceptibles de revendiquer la conversion, plus il y aura de chances à la continuation de la relation contractuelle, on peut parfaitement admettre que celle-ci peut être invoquée soit par le demandeur (**A**), soit opposée par voie d'exception par le défendeur (**B**).

[2423] *Supra* n°s 607 et 711.

A. La conversion invoquée par le demandeur

713. La conversion peut être soulevée par le demandeur soit par voie d'action, soit par voie de réplique[2424]. La première hypothèse se rencontre lorsqu'une personne saisit le juge dans le but de prononcer la conversion[2425]. Le demandeur doit dans ce cas appuyer sa demande en prouvant que les éléments de l'acte mineur se trouvent contenus dans l'acte majeur[2426]. Son adversaire, à son tour, pourra intenter recours contre la décision du juge, en invoquant notamment l'absence de l'une des conditions nécessaires à la validité de cette forme mineure[2427].

714. Cette hypothèse présente cependant un intérêt minime dans la pratique. Dans la très grande majorité des cas, c'est sous forme de réplique que l'on invoquera la conversion[2428]. Le procès se présente comme suit : le demandeur réclamera l'exécution de l'acte majeur, le défendeur arguera de la nullité de cet acte, et le demandeur répliquera à son tour que les éléments qui demeurent suffisent à la formation d'un acte mineur[2429]. Le défendeur pourrait alors, dans une duplique critiquer ce dernier acte s'il veut en éviter les effets[2430].

La conversion invoquée par le demandeur sous forme d'action ou de réplique, n'est pas l'unique voie procédurale. Celle-ci peut également être opposée par le défendeur.

B. La conversion opposée par le défendeur

715. La conversion peut être invoquée par voie d'exception par le défendeur. Cette hypothèse, certes plus fréquente, se présente lorsqu'une partie intente une action en nullité de l'acte majeur dans le but de rétablir l'état des choses antérieur ; l'autre partie sans nier la nullité alléguera la conversion par voie d'exception[2431]. Il est donc loisible au défendeur de rester passif, c'est-à-dire d'attendre que son contractant agisse contre lui et l'assigne en justice pour solliciter l'anéantissement et demander par la suite la conversion.

716. La conversion par voie d'exception, soulevée au cours d'un procès déjà engagé, ne constitue pas seulement un moyen tendant à faire rejeter la prétention de son adversaire, mais s'analyse en une véritable demande reconventionnelle[2432]. Le Professeur Farouk Mechri définit celle-ci comme étant : « *la demande par laquelle le défendeur originaire prétend obtenir un*

[2424] X. PERRIN, th. préc., n° 93, p. 146.
[2425] *Ibid.*; O. CORNAZ, th. préc., p. 54.
[2426] X. PERRIN, th. préc., n° 93, p. 146 ; O. CORNAZ, th. préc., p. 54.
[2427] X. PERRIN, th. préc., n° 93, pp. 146-147.
[2428] *Ibid.*
[2429] *Ibid.*; O. CORNAZ, th. préc., p. 54.
[2430] X. PERRIN, th. préc., n° 93, p. 147.
[2431] *Ibid.*; O. CORNAZ, th. préc., p. 45.
[2432] Le siège de la demande reconventionnelle est l'article 227 du C.P.C.C.

avantage autre que le simple rejet de la prétention de son adversaire »[2433]. Il ressort de cette définition que la demande reconventionnelle remplit généralement une double fonction de défense et d'attaque[2434]. En effet, si le défendeur réussit, il fait coup double, rejet de la demande tendant à l'anéantissement de l'acte et - avantage supplémentaire - sa conversion en un autre acte. Le défendeur paralysera alors l'action du demandeur dans la limite des effets produit par le nouvel acte ; il n'y aura lieu à une remise en état que jusqu'à concurrence de ces effets[2435]. La demande du défendeur ne peut toutefois aboutir que s'il réussit à faire la preuve que les conditions de la conversion se trouvent réunies[2436].

§ 2. La preuve de la conversion

717. L'étude du régime de la preuve de la conversion suppose de répondre à deux questions. La première concerne la charge de la preuve de la conversion (**A**) alors que la seconde s'intéresse aux moyens de preuve (**B**).

A. La charge de la preuve

718. L'article 328 du Code des obligations et des contrats ne pose aucune présomption de nature à renverser la charge de la preuve. Le fardeau de la preuve incombe dès lors à celui qui allègue la conversion pour en tirer un droit, en application de l'article 420 du même Code[2437]. La partie qui se prévaut de la conversion est tenue donc de faire la preuve que les conditions

---

[2433] F. MECHRI, Traité de procédure civile, préf. R. PERROT, éd. Latrach 2012, p. 216,
V. aussi sur la demande reconventionnelle A. KHAHLOUN
علي كحلون، النظرية العامة للنزاع المدني، الإشكالات الإجرائية للنزاع المدني، ط 1، منشورات مجمع الأطرش للكتاب المختص، تونس 2016، ص 61.
V. aussi : Ahmed JANDOUBI et HOUCIN BEN SLIMA
أحمد جندوبي و حسين بن سليمة، أصول الرافعات المدنية و التجارية، المرجع السابق، ص 234 و ما بعدها.
V. sur les applications jurisprudentielles de l'article 227 du C.P.C.C., Cass. civ., n° 2707, du 13 mars 1980, R.J.L. juin 1981, p. 99 ; Cass. civ., n° 12934, du 27 fév. 1986, B.C.C.1986, p. 78.
Adde en dr. comp. SIEDLECKI, « *Les demandes reconventionnelles, étude critique et comparative* », R.T.D. civ. 1937.773 ; « *Heurte, les demandes reconventionnelles* », A.J.D.A. 1960, II, p.130 à 139.

[2434] J. VINCENT et S. GUINCHARD, *op.cit.*, n° 1151.

[2435] X. PERRIN, th. préc., n° 93, p. 147.

[2436] O. CORNAZ, th. préc., p. 45.

[2437] Aux termes de cet article : « *La preuve de l'obligation doit être faite par celui qui s'en prévaut* ».
Sur la charge de la preuve, v. M. CHARFI, Introduction à l'étude du droit, *op.cit.*, n° 535 et s., p. 243 et s. ; S. MELLOULI, Droit civil, Introduction à l'étude du droit, *op.cit*, n° 690 et s., p. 211 et s.
V. aussi :
عبد الله الأحمدي،القاضي و الإثبات في النزاع المدني، 1991، ص 111 و ما بعدها وص 216 و ما بعدها؛ محمد الشرفي و علي المزغني، أحكام الحقوق، المرجع السابق، عدد 375 و ما بعدها، ص 282 و ما بعدها.

de la conversion sont réunies[2438]. Plus précisément, la preuve devra porter sur les éléments nécessaires à l'existence de la nouvelle figure juridique[2439]. On entend par là, d'abord, les éléments de forme. Si par exemple la nouvelle forme juridique exige pour sa validité des solennités, le plaideur devra les apporter[2440]. Il pourra se faire, en effet, que la disparition de l'acte voulu laisse subsister un écrit, qui pourra servir encore d'élément *ad solemnitatem* dans l'acte mineur[2441]. Il en est ainsi par exemple, dans le cas de conversion d'une lettre de change nulle en un billet à ordre. Il en est de même lorsqu'une vente moyennant un prix dérisoire se convertit en un contrat de donation. La simple présentation du titre permettra dans les deux hypothèses d'en rapporter la preuve[2442]. De la même manière, s'il faut un élément réel, la tradition de la chose par exemple, le demandeur doit en apporter la preuve[2443]. Cette hypothèse se présente notamment en cas de conversion d'une vente nulle pour absence de prix en une donation[2444]. Le demandeur doit apporter au tribunal la preuve de la tradition de la chose, condition requise pour la validité de la donation[2445]. Cette preuve, élément de pur fait, pourra être faite par tous les moyens[2446].

719. En dehors des éléments formels, le demandeur doit prouver également les autres éléments substantiels nécessaires à l'existence de l'acte mineur. C'est le cas d'abord, de la capacité requise pour la validité de l'acte mineur[2447]. Logiquement cette preuve devient impossible si l'autre partie avait prouvé directement que le vendeur par exemple, était incapable de disposer de la chose. Il va de soi qu'une telle preuve s'opposerait, sans autre examen, au maintien de l'acte sous la qualification de donation[2448]. La critique opérée par l'adversaire est également destructrice de la forme mineure, exigeant elle aussi pour sa validité la capacité de contracter[2449]. En outre, le demandeur doit démontrer que la conversion portera sur le même objet de l'acte majeur. La Cour de cassation égyptienne a décidé en ce sens que la conversion d'un contrat de vente d'une maison, nulle en raison du caractère dérisoire du prix, en une donation n'est admise que si elle porte sur cette même maison. S'il s'avère qu'elle a été démolie, la conversion serait exclue[2450].

2438 O. CORNAZ, th. préc., p. 45 ; X. PERRIN, th. préc., n° 94, p. 149.
2439 X. PERRIN, th. préc., n° 93, p. 147.
2440 *Ibid.*
2441 *Ibid.*, n° 70, p. 96.
2442 *Ibid.*, n° 93, p. 147.
2443 *Ibid.*
2444 *Ibid.*, n° 93, p. 148.
2445 Selon l'article 201 du C.S.P., la donation n'est parfaite que par la délivrance au donataire de la chose donnée.
2446 X. PERRIN, th. préc., n° 93, pp. 147-148.
2447 *Ibid.*; O. CORNAZ, th. préc., pp. 35-36.
2448 X. PERRIN, th. préc., n° 93, p. 148.
2449 *Ibid.*
2450 V. Cass. civ. du 6 déc 1976, cité par Anoir TOLBA

720. Il convient de préciser, toutefois, que le demandeur n'est pas tenu de prouver la volonté de convertir[2451]. La volonté des parties est évidemment dirigée vers l'acte majeur. Le demandeur est aussi dispensé de prouver la cause de l'acte mineur[2452]. Il est tenu simplement démontrer l'accord sur le but économique[2453]. Le demandeur se bornera à démontrer que tous les effets ou seulement certains des effets visés par l'acte majeur peuvent être réalisés par l'acte mineur[2454]. Ainsi par exemple, le plaideur qui demande au juge de reconnaître la conversion d'une vente moyennant un prix dérisoire en une donation, n'aurait qu'à démontrer que cette vente avait comme effet économique d'enrichir l'autre partie, et la donation peut atteindre le même résultat. De la même manière, si un plaideur demandait au juge de reconnaître que la vente de la chose d'autrui s'est convertie en une promesse de faire, il n'aurait qu'à démontrer par les moyens de preuve autorisés par la loi que l'exécution de cette promesse, comme la vente elle-même, aurait eu l'effet de mettre la chose dans son patrimoine[2455].

B. Les moyens de preuve

721. La preuve de la conversion obéira aux règles du droit commun[2456]. Il s'ensuit que la preuve doit se faire suivant qu'il s'agit d'une opération dont l'intérêt dépasse ou non mille dinars[2457]. Au-dessus de mille dinars, il faudra présenter un acte écrit, à moins que l'on ne se trouve en présence de l'une des exceptions, prévues par le législateur, à l'exigence de l'écrit[2458]. Au-dessous de mille dinars, la preuve devient libre ; elle pourra être faite par simples présomptions et témoignages[2459]. Généralement le mode de preuve convenant à l'acte majeur conviendra à l'acte mineur, sauf si une disposition expresse de la loi exige pour la preuve de ce dernier l'emploi d'un moyen différent[2460]. Les tiers, toutefois, pourront faire cette preuve par tous les moyens, ce qui est logique[2461]. Ils ne peuvent, en effet, se procurer de preuves directes[2462].

722. En somme, la partie qui veut se prévaloir de la conversion doit rapporter la preuve que ses conditions sont réunies. Il est toutefois douteux

---

أنور طلبة، مجموعة المبادئ القانونية التي قررتها محكمة النقض في خمسين عاما، 1931-1981، ج 5، ص 56.

[2451] O. CORNAZ, th. préc., pp. 35-36.

[2452] X. PERRIN, th. préc., n° 93, p. 148 ; O. CORNAZ, th. préc., pp. 35-36.

[2453] X. PERRIN, th. préc., n° 93, p. 148.

[2454] *Ibid.*, n° 93, p. 147.

[2455] *Ibid.*, n° 93, pp. 148-149.

[2456] Ibid., n° 93, p. 149.

[2457] V° article 473 du C.O.C. ; X. PERRIN, th. préc., n° 70, p. 95.

[2458] M. CHARFI, Introduction à l'étude du droit, *op.cit.*, n° 547 et s., p. 247 et s. ; S. MELLOULI, Introduction à l'étude du droit, *op.cit.*, n° 763, p. 232.

[2459] M. CHARFI, Introduction à l'étude du droit, *op.cit.*, n° 556 et s., pp. 248-249. ; S. MELLOULI, Introduction à l'étude du droit, *op.cit.*, n° 763, p. 232.

[2460] X. PERRIN, th. préc., n° 94, p. 149.

[2461] *Ibid.*, n° 70, p. 95.

[2462] *Ibid.*

que les parties formulent expressément une demande en conversion. Le plus souvent, c'est le juge qui assure la survie du lien contractuel à l'occasion d'une demande tendant principalement à l'anéantissement du contrat.

SECTION II. LA CONVERSION SOULEVÉE D'OFFICE PAR LE JUGE

723. Il est traditionnellement enseigné que la procédure civile relèverait d'une procédure qui serait accusatoire par nature, puisqu'elle s'intéresse à des matières d'intérêts privés[2463]. Les parties y assument un rôle d'initiative et d'impulsion. Le juge ne pourra pas dès lors relever de son propre mouvement la conversion du contrat sous peine d'heurter de front l'un des principes directeurs du procès : le principe dispositif [2464]. Ce principe comprend une double branche : l'indisponibilité et l'immutabilité du litige[2465]. L'indisponibilité du litige signifie que le procès est la chose des parties[2466]. Le juge ne peut en principe s'immiscer dans la « *chose des parties* »[2467]. Il faut entendre par là que le juge ne peut connaître que des litiges qui lui sont soumis spontanément par les parties ; il ne peut par sa propre initiative mettre en mouvement le procès privé[2468]. Le principe de l'immutabilité du litige signifie que le juge est tenu de statuer dans le cadre fixé par les parties. Il n'est jamais admis à modifier ni l'objet ni la cause de la demande dont il est saisi[2469]. Le principe dispositif semble constituer une

---

[2463] V. en ce sens : M. CHARFI, Introduction à l'étude du droit, *op.cit.*, n° 531et s., p. 241et s. ; S. MELLOULI, Introduction à l'étude du droit, *op.cit.*, n° 671 et s., p. 207 et s.
V. aussi :
عبد الله الأحمدي،القاضي و الإثبات في النزاع المدني، المرجع السابق، ص101 و ما بعدها؛ محمد الشرفي و علي المزغني، أحكام الحقوق، المرجع السابق، عدد 371 و ما بعدها، ص 279 و ما بعدها؛ علي كحلون، النظرية العامة للنزاع المدني، المرجع السابق، ص 510.
V. en dr.comp. notamment : L. CADIET, Droit judiciaire privé, 2e éd. Litec 1998, n°1100.

[2464] Le principe dispositif signifie que seules les parties disposent. Ce sont elles qui délimitent le champ du litige. Le litige est la chose des parties.
Sur ce principe V. A. AHMADI
عبد الله الأحمدي،القاضي و الإثبات في النزاع المدني، المرجع السابق ، ص 57 و ما بعدها و ص 102 و ما بعدها.
V. aussi : H. MBARKI, Le principe dispositif, mémoire de D.E.A., droit privé,]aculté de droit et des sciences politiques de Tunis, 1999-2000.
V. en dr. comp. G. COUCHEZ, Procédure civile, 16e éd., Sirey, 2001, n° 225 ; S. GUINCHARD, Droit pratique de la procédure civile, 6 ème éd., Dalloz 2009, n° 217 ; J. HERON et Th. Le BRAS, Droit judiciaire privé, 6 ème éd., Paris, L.G.D.J., 2015, n° 254.

[2465] C. MARTELLO, Pour une approche téléologique de l'action en nullité du contrat, th., Toulon, 2004, .187 et 188.

[2466] En ce sens A. AHMADI
عبد الله الأحمدي،القاضي و الإثبات في النزاع المدني، المرجع السابق، ص 57 و ما بعدها.
V. aussi : C. MARTELLO, th. préc., p. 188.

[2467] C. MARTELLO, th. préc., p.190.

[2468] R. MARTIN, « *La saisine d'office du juge : essai de sa signification* », J.C.P. 1973, IV, 6313, p. 231 ; O. GOUT, *op.cit.*, n° 432, pp. 292 et 293.

[2469] V. en ce sens Ali KAHLOUN
علي كحلون، النظرية العامة للنزاع المدني، المرجع السابق، ص 176 و ما بعدها.

limite à l'initiative du juge. La régularité de la conversion paraît, dès l'abord, discutable au regard de ce principe dans la mesure où le juge va lier les parties par un rapport juridique nouveau. On comprend déjà pourquoi la majorité des auteurs n'accorde pas au juge le pouvoir de soulever d'office la conversion quand les parties ne l'invoquent pas[2470]. Suivant les remarques de ces auteurs, on tentera de mener une réflexion sur cette apparente contradiction pour montrer que le pouvoir de soulever d'office la conversion par le juge est conciliable avec le principe dispositif, tant au niveau de l'objet de la demande (*§1*) que de la cause de la demande (*§2*).

§ 1. Le juge et l'objet de la demande

724. Après avoir montré dans un premier temps que la conception juridique et classique de l'objet de la demande délimite les pouvoirs du juge de soulever d'office la conversion (**A**), on essaiera de démontrer, dans un second temps, que l'objet de la demande, largement défini, ne constitue pas un obstacle à cette entreprise (**B**).

A. La conception juridique de l'objet délimite l'office du juge

725. L'objet de la demande désigne ce que le plaideur demande au juge de consacrer dans sa décision : exécution d'une obligation, annulation ou résolution d'un contrat, revendication d'un bien d'une servitude ou d'une propriété, condamnation de l'adversaire au paiement de dommages-intérêts[2471]. L'objet de la demande a été défini par le législateur dans les articles 43 et 70 du C.P.C.C. comme étant la « *prétention* » formulée par le demandeur dans la requête introductive d'instance[2472]. La question se pose de savoir si cette prétention est une notion purement matérielle (je réclame une somme d'argent) ou juridique (je réclame des dommages-intérêts, une pension alimentaire, une prestation compensatoire). Inclut-elle la qualification qu'en donnent les plaideurs ? Dans l'affirmative le juge ne pourra pas requalifier la prétention, et inversement.

V. en dr.comp. notamment : C. MARTELLO, th. préc., p.190.

2470 X. PERRIN, th. préc., n° 93, p. 146.

2471 En ce sens v. A. KHAHLOUN

علي كحلون، النظرية العامة للنزاع المدني، المرجع السابق، ص 180.

V. en dr. comp. H. SOLUS et R. PERROT, Droit judiciaire privé, tome 3, Procédure de première instance, Sirey-Delta, 1991, n°62, p.57 et n°64, p.59 ; S. GUINCHARD, Droit et pratique de la procédure civile, Dalloz-Delta, 2004, n°221.32, p.490.

2472 Le Code de procédure civile et commerciale utilise t-il dans l'article 70 le mot « *prétention* » pour désigner spécifiquement l'objet de la demande.

V. en ce sens :A. KHAHLOUN

علي كحلون، النظرية العامة للنزاع المدني، الإشكالات الإجرائية للنزاع المدني، المرجع السابق، ص 177؛ عبد الله الأحمدي،القاضي و الإثبات في النزاع المدني، المرجع السابق، ص 103.

726. La doctrine classique avait soutenu que l'objet de la demande est un concept purement juridique[2473]. Selon les défendeurs de cette conception de l'objet, le juge est invité à se prononcer sur la reconnaissance d'un droit (usufruit, servitude, usage), sur l'établissement d'une situation juridique nouvelle (divorce), sur la nullité d'un contrat ou sur sa résolution, c'est-à-dire, sur des questions dont on ne peut pas faire qu'elles n'aient pas une « *coloration juridique* »[2474]. L'objet de la demande est alors entendu comme étant une mesure juridique pure et simple.

727. L'objet de la demande doit être déterminé dans la requête introductive d'instance, laquelle doit énoncer les prétentions du demandeur[2475]. Mais une fois la demande formulée, le demandeur n'a plus le droit de la modifier en cours d'instance conformément au principe de l'immutabilité de l'objet, qui est une conséquence logique du principe dispositif[2476]. Le principe d'immutabilité s'explique par la volonté d'éviter que les procès se compliquent et s'éternisent[2477]. Toutefois la portée de ce principe est relative. Ce fondement de l'immutabilité justifie les tempéraments qui lui sont apportés. Au premier degré les demandes incidentes, qu'elles soient reconventionnelles[2478] ou additionnelles[2479], ne sont recevables en première instance comme en appel que si elles « *se rattachent aux prétentions originaires par un lien suffisant à la seule condition, énoncée aux articles 28 et 84 du C.P.C.C., qu'elles présentent un lien suffisant avec les faits de la qualification juridique* »[2480].

[2473] H. SOLUS et R. PERROT, *op.cit.*, n°62, p.57 et n°66, p.61 ; R. MOREL, Traité élémentaire de procédure civile, 2e éd. Sirey, 1949, n° 348, p.287.

[2474] H. SOLUS et R. PERROT, *op.cit.*, n°62, p.57 et n°66, p.61 ; R. MOREL, Traité élémentaire de procédure civile, *op.cit.*, n° 348, p.287.

[2475] L'article 43 du C.P.C.C. prévoit que la requête présentée par le demandeur au greffe du tribunal cantonal doit contenir « *l'objet de la demande et les prétentions du demandeur* ». De la même manière, l'article 70 du C.P.C.C. dispose que le tribunal de première instance est saisi par une requête comprenant plusieurs mentions obligatoires, notamment celle relative aux « *prétentions du demandeur* ».

[2476] C. MARTELLO, th. préc., p.191.

[2477] J. NORMAND, « *Principes directeurs du procès, Office du juge, Détermination des éléments de l'instance. Les parties. L'objet du litige* », J.-Cl. Proc. Civ. 1995, Fasc. 151, n°28, p.8 ; E. BLANC, « Principes généraux de la nouvelle procédure civile, Etudes analytique des « *dispositions liminaires* » du décret du 9 septembre 1971 », J.C.P.1973, I, 2559.

[2478] Aux termes de l'article 28 du C.P.C.C. « *la demande reconventionnelle est celle qui est formée par le défendeur pour servir de défense à l'action principale ou pour obtenir la compensation judiciaire ou l'allocation de dommages-intérêts à raison du préjudice causé par le procès* ».

[2479] Elle est définie comme « la demande par laquelle une partie modifie ses prétentions antérieures » (S. GUINCHARD, Droit et pratique de la procédure civile, Dalloz-Delta, 2004, n° 311.05, p.525). En ce sens l'article 84 du C.P.C.C. prévoit que « *le demandeur peut... modifier sa demande en partie, la préciser ou former de plus amples prétentions* ».

[2480] En ce sens A. KHAHLOUN
علي كحلون، النظرية العامة للنزاع المدني، الإشكالات الإجرائية للنزاع المدني، المرجع السابق، ص 60.
V. aussi Ahmed JANDOUBI et Houcin BEN SLIMA
أحمد الجندوبي و حسين بن سليمة، أصول الرافعات المدنية و التجارية، المرجع السابق، ص 232 و ما بعدها.

728. L'immutabilité du litige ne s'impose pas seulement aux parties. La même contrainte pèse aussi sur le juge. Le magistrat n'a pas le droit de modifier la demande des parties, ni en plus ni en moins ou selon les expressions latines consacrées par l'usage, il ne peut pas statuer *ultra* ou *infra petita*[2481]. Le juge statue *infra petita* lorsqu'il omet de statuer sur tout ce qui lui a été demandé[2482]. Il arrive en pratique que, dans un procès complexe, le juge oublie l'une des dix demandes secondaires que lui ont été soumises par les parties[2483]. Le juge statue *ultra petita* lorsqu'il accorde ce qu'il ne lui a pas été demandé. Il accorde au demandeur la réparation de son préjudice moral alors qu'il n'avait sollicité que la réparation de son préjudice matériel[2484].

729. Il doit, en effet, sous peine d'arbitraire se prononcer sur tout ce qui est demandé et seulement sur ce qui est demandé[2485]. Sur tout ce qui est demandé ce qui suppose que le litige soit vidé en tous ses aspects sinon sa décision serait entachée d'une omission de statuer constitutive d'un vice d'*infra petita*. Le juge doit se prononcer seulement sur ce qui lui est demandé, sinon il statuerait *ultra petita*[2486] et porterait atteinte aux droits des parties de délimiter elles-mêmes l'objet du litige qu'elles entendent soumettre au juge. Le juge ne peut davantage substituer à l'objet réclamé un autre objet de sa façon. Saisi d'une demande en nullité, le juge ne peut transformer d'office l'objet de la demande et refaire le contrat.

730. L'interdiction faite au juge de statuer *ultra* ou *infra petita* est sans doute l'une des règles les mieux établies de notre procédure civile. L'article 175-6 du C.P.C.C. dispose que le recours en cassation est ouvert contre le jugement rendu en dernier ressort dans les cas où « *il a été statué sur des choses non demandées, ou sur plus qu'il n'a été demandé, ou si la décision*

V. sur les applications jurisprudentielles de l'article 84, les arrêts cités par Mohamed Habib CHERIF

محمد الحبيب الشريف، مجلة المرافعات المدنية و التجارية، دار الميزان للنشر، سوسة، تونس،طبعة أولى،2002، ص 210-211.

[2481] En ce sens A. KHAHLOUN

علي كحلون، النظرية العامة للنزاع المدني ، المرجع السابق، ص 423

V. en dr. comp. J. HERON et Th. Le BRAS, Droit judiciaire privé, 6 ème éd., Paris, L.G.D.J., 2015, n°255, p.188 ; L. CADIET, Droit judiciaire privé, 3e éd. Litec 2000, n°1068, p.456.

[2482] V. en ce sens Cass. civ., n° 36888, du 25 janv. 1993, B.C.C. 1993, p. 44.

" من أسباب الطعن بالتعقيب إذا صدر الحكم بأكثر مما طلبه الخصوم".

[2483] J. HERON et Th. Le BRAS, Droit judiciaire privé,6 ème éd., Paris, L.G.D.J., 2015, n°255.

[2484] *Ibid*

[2485] R. MARTIN, « *Le double langage de la prétention* », J.C.P. 1982, I, 3024, n°1 ; G. BOLARD, « *L'arbitraire du juge* », *in* Le juge entre deux millénaires, Mélanges offerts à P.DRAI, Dalloz 2000, p. 225 et s. spéc. p. 227.

[2486] L'*extra petita* provient de ce que le juge accorde des choses qui ne lui étaient pas réclamée : V. en ce sens : cass. civ. n° 9784, du 21 mai 1974, B.C.C. 1974, p. 160.

" إذا اقتضت الدعوى طلب الحكم بمدخول جرار عن سنة معينة و قضت له المحكمة بمدخول سنتين دون أن يتوسع الطالب في دعواه كان
حكمها منقوضا بسبب القضاء بأكثر مما وقع طلبه".

d'appel a négligé de statuer sur les prétentions déjà jugées par le premier juge... »[2487]. Ce texte fondamental exprime de la façon la plus nette la maîtrise des parties sur l'objet du litige en même temps que le double devoir qui en découle pour le juge. Ainsi, le juge est enfermé dans le cadre d'une instance dont les limites ont été tracées par les plaideurs[2488]. Il ne peut faire l'économie du contenu intégral de l'instance sous peine de statuer *infra petita*. En sens inverse, il ne peut spontanément franchir ces limites sous peine de statuer *ultra* ou *extra petita*[2489]. La Cour de cassation ne cesse de répéter cette règle en soulignant « *que la cour d'appel avait modifié l'objet de la demande lorsqu'elle a prononcé la résolution du contrat de vente, alors qu'elle a été saisie seulement d'une demande en dommages-intérêts* »[2490]. Il ne faut pas cependant en déduire que l'objet de la demande s'oppose au pouvoir du juge de soulever d'office la conversion.

B. La conciliation du principe de l'immutabilité de l'objet et de l'office du juge

731. Le vieux principe de l'immutabilité de l'objet, jadis compris d'une manière beaucoup trop rigide, est entré, depuis longtemps, dans la voie des assouplissements. Parmi les manifestations les plus éclatantes de cette tendance, la possibilité pour le juge de statuer sur des demandes qui n'ont pas été expressément formulées dans les écritures des parties. Cette conception large de l'objet de la demande peut justifier le pouvoir du juge de soulever d'office la conversion en s'appuyant notamment sur la théorie des demandes implicites ou virtuelles (**1**) ou encore sur la notion de demande fondamentale ou globale (**2**).

[2487] V. en ce sens A. KHAHLOUN
علي كحلون، النظرية العامة للنزاع المدني، الإشكالات الإجرائية للنزاع المدني، المرجع السابق، ص 423.
V. dans la jurisprudence tunisienne : Cass. civ. n° 5946 du 7 mai 1981, B.C.C. 1981, I, p. 286.
" طالما أن الدعوى تنحصر في اعتبار قرار النقلة تعسفي و الحكم بالغرامات و المنح المستحقة طبق القانون فان الحكم ببطلان قرار النقلة و إرجاع المعقب عليه إلى عمله مع أن الدعوى لم تصله يعتبر خرقا لمقتضيات الفصل 175 من م.م.م.ت.".
V. dans le même sens : Cass. civ. n° 36888 du 25 janvier 1993, B.C.C. 1993, I, p. 5.
" من أسباب الطعن بالتعقيب إذا صدر الحكم بأكثر مما طلبه الأطراف".

[2488] V. cass.civ., n° 32093, du 26 avr. 1994, B.C.C. 1994, p. 102.
" انه من المتفق عليه فقها و قضاء أن المحكمة مقيدة في قضائها بطلبات الخصوم و لاحق لها في تجاوزها و إلا كان حكمها خارقا لأحكام الفصل 175 من م.م.م.ت.".

[2489] C. MARTELLO, th. préc., p.191.

[2490] Cass. civ., n° 15325 du 11 février 2008, B.C.C. 2008, I, p.81.
" إن في تغيير محكمة الأصل موضوع الدعوى من طلب الغرم عما فات من ربح و الذي يقتضي مواصلة تنفيذ الالتزام إلى طلب فسخ العقد الذي يؤول إلى اضمحلال جميع نتائج البيع و إعادة الطرفين للحالة التي عليها عند التعاقد خرق لمبدا الحياد و تجاوز لطلبات القائم بالدعوى ضرورة أن محكمة الموضوع لما قضت بفسخ العقد تكون قضت بما لم يطلب منها".
V. dans le même sens Cass. civ., n° 11623, du 25 mars 1976, B.C.C., 1976, I, 143.

1) La théorie des demandes implicites ou virtuelles

732. Le procédé des demandes virtuelles consiste à découvrir derrière la demande explicite les prétentions qui s'y trouvent virtuellement comprises. Est virtuellement comprise dans la demande, la prescription de mesures, voire la reconnaissance de droits sans lesquels la prétention ne peut être accueillie. Ainsi, une demande d'exequatur d'un jugement de divorce prononcé à l'étranger est-elle implicitement comprise dans l'action du mari qui se fonde sur un jugement pour faire interdire à son ex-femme l'usage de son nom[2491]. La demande implicite d'exequatur constitue ainsi une « *mesure préalable* », un antécédent nécessaire de la prétention énoncée. Si le tribunal, malgré le silence de l'une des parties à cet égard, avait déclaré n'y avoir lieu à statuer tant qu'une demande expresse d'exequatur ne lui serait pas présentée, il aurait inutilement retardé la solution du litige[2492]. Mieux vaut considérer que la demande d'exequatur découle nécessairement de toute prétention fondée sur l'exécution d'un jugement étranger en Tunisie ou en France[2493]. Aussi, si en apparence on peut être tenté de penser que le juge change l'objet de la demande, il convient de considérer, semble-t-il, que la question relative à la validité de l'acte figure implicitement, mais nécessairement, dans l'action en exécution qui est intentée.

733. Est aussi virtuellement comprise dans la demande, la requête de décisions qui sont la conséquence nécessaire[2494] ou la suite logique[2495] de la prétention formulée. De cette façon, le juge ne statue pas véritablement *ultra petita* lorsqu'il se prononce sur une demande implicitement, mais nécessairement comprise dans les prétentions du demandeur[2496]. Ainsi, la demande d'annulation d'un acte qui sert de fondement à une procédure subséquente, implique virtuellement une demande d'annulation de cette procédure[2497]. Aussi, la demande de résolution d'une convention implique nécessairement pour le débiteur une demande d'annulation pour défaut de cause de la lettre de change qu'il avait acceptée en exécution de cette convention[2498].

734. Du reste, est virtuellement comprise dans la prétention formulée, la décision qui accorde un droit moins étendu au lieu du droit réclamé. On peut avancer que le juge statue *ultra petita*, s'il accorde l'effet le plus important alors que seul le moins important a été sollicité. Mais, dans le cas inverse, il

---

2491 Trib. Grande inst. Seine, 1ère Ch., 8 juillet 1963, J.C.P. 1964, II, 13537, obs. J.A. ; R.T.D.civ. 1964, 363, obs. P. Hébraud

2492 Préc.

2493 Préc.

2494 J. NORMAND, Principes directeurs du procès, préc., n° 92, p.19.

2495 H. SOLUS et R. PERROT, *op.cit.*, n°67, p.62.

2496 J. HERON et Th. Le BRAS, Droit judiciaire privé, *op.cit.*, n°256.

2497 Paris, 30 déc. 1961, J.C.P. 1962, éd. Avoués, IV, 3989, R.T.D.Civ. 1962, 397, obs. P. RAYNAUD ; Cass. civ. 3 nov. 1969, Bull. civ. I, n° 328, p. 263 ; Cass. civ. 19 mars 1985, Gaz. Pal. 1985, 2, panor. 194 ; Cass. civ. 20 mars 1989, Bull. civ., I, n° 119, p. 77.

2498 Cass. com., 10 nov. 1982, J.C.P. 1982, éd. G., IV, p.33.

est raisonnable de penser que l'effet le moins important est implicitement demandé à titre subsidiaire[2499]. Par exemple, si le juge estime que l'inexécution par une des parties n'est pas telle qu'elle justifie la résolution d'un contrat synallagmatique, il peut néanmoins accorder des dommages-intérêts à l'autre partie[2500]. Ainsi, la demande ayant pour objet un droit de passage sur un couloir est implicitement contenue dans la demande portant sur la propriété de ce couloir dont le juge a été formellement saisi[2501]. Aussi, la demande de reconnaissance d'un droit de visite est implicitement contenue dans la demande plus ample portant sur un droit de garde[2502]. En procédant de la sorte, le juge ne modifie pas à proprement parler l'objet de la prétention, il en réduit seulement la portée[2503].

735. Mais cette affirmation suppose – et c'est la principale difficulté pratique - que les objets puissent être ordonnés en fonction de leur plus ou moins grande portée pratique. Pour résoudre cette difficulté, le professeur H. Croze propose un double critère : l'un quantitatif, l'autre qualitatif[2504]. Si l'objet est quantifié, il est en effet facile de déterminer si la nouvelle prétention est moindre que la prétention initiale. Il en est ainsi d'abord lorsque l'objet consiste dans la réclamation d'une somme d'argent, mais aussi lorsqu'il est divisible en prétentions élémentaires, la réduction consistant dans l'abandon d'une ou plusieurs d'entre elles[2505]. S'agissant, en revanche, d'un objet non évaluable et indivisible, l'introduction d'une relation d'ordre apparaît problématique. Mais, en général, il est permis d'affirmer que tel objet sera inclus dans l'autre, et pourra donc lui être substitué, si sa réalisation entraîne des conséquences concrètes moins perturbatrices pour l'ordre social que celui auquel il est comparé[2506].

736. La liberté prise par le juge à l'égard de l'objet de la demande peut être justifiée par cette théorie des demandes virtuelles[2507]. Cette théorie des demandes virtuelles peut semble-t-il jouer un rôle en notre matière. On peut, en effet, concevoir que la demande en nullité peut contenir virtuellement une demande en conversion dont les conséquences sont moins perturbatrices dans l'ordre social[2508]. L'initiative du juge est donc justifiée par la fiction d'une volonté contractuelle présumée. « *Les parties au minimum, ont voulu faire quelque chose, de sorte que le moindre souci de leur volonté doit conduire à écarter la qualification juridique qui la stérilise pour chercher à*

[2499] J. HERON et Th. Le BRAS, Droit judiciaire privé, *op.cit.*, n°256.
[2500] *Ibid.*
[2501] Cass. civ. 6 janv. 1959, Bull. civ., I, n° 8, p.7.
[2502] Cass. civ., 10 mars 1958, D. 1959, 29, note R. SAVATIER.
[2503] J. NORMAND, Principes directeurs du procès, préc., n° 95, p.20.
[2504] H. CROZE, Recherche sur la qualification en droit processuel français, th. Lyon 1981, n°358, p. 377.
[2505] *Ibid.*
[2506] *Ibid.*
[2507] D. GRILLET-PONTON, th. préc., n° 276, p. 319.
[2508] *Ibid.*

lui en substituer une autre »[2509]. Le même phénomène d'extension peut se produire en prenant pour référence les fins de l'action.

2) La notion de demande fondamentale ou globale

737. La doctrine moderne reconnaît au juge le pouvoir de statuer sur un objet différent de celui dont il a été formellement saisi[2510]. Cette transmutation d'objets repose sur la notion de demande fondamentale ou globale. Cette conception de la demande permet de rattacher l'objet expressément demandé à une notion plus large, celle de la finalité de l'action judiciaire[2511]. La coloration juridique ou la couverture juridique qui enveloppe l'objet de la demande est donc étrangère à l'objet proprement dit[2512]. Ainsi défini, l'objet de la demande en matière contractuelle consistera alors dans le paiement d'une somme d'argent, la restitution d'une chose, l'anéantissement d'un rapport contractuel ou encore l'exécution d'une obligation contractuelle[2513]. La demande globale peut encore résider dans la sanction des irrégularités de l'acte, ce qui offre au juge le choix dans l'arsenal juridique de la sanction la plus adéquate.

738. Cette conception découle des enseignements de Motulsky pour qui : « *la prétention, contrairement à un usage répandu, n'a pas à porter sur des notions juridiques...mais uniquement d'une requête tendant vers un résultat social ou économique qui ne doit être traduit en langage conceptuel que par le juge* »[2514]. Pour étayer ses dires, l'auteur considère, en prenant l'exemple de la demande en dommages-intérêts que « *le résultat que l'acte juridictionnel doit procurer au demandeur, c'est uniquement le versement d'une somme d'argent. Conférer à ce versement la nature de dommages-intérêts, c'est une qualification juridique ; et il importe de souligner que le demandeur n'a pas à alléguer celle-ci...* »[2515]. Dans le même ordre d'idées, Messieurs Vincent et Guinchard considèrent que l'objet de la demande est « *la fin vers laquelle tend la demande en justice, le résultat qui est recherché. Peu importe que le demandeur habille sa demande par des*

[2509] R. PERROT, L'influence de la technique sur le but des institutions juridiques, Paris, 1947, n° 136, p. 195.
[2510] V. notamment : J. VINCENT et S. GUINCHARD, *op.cit.*, n° 515, p. 58.
[2511] J. VINCENT et S. GUINCHARD, *op.cit.*, n° 515, p. 58 ; J. VAN-COMPERNOLLE, « *L'office du juge et le fondement du litige* », Revue critique de jurisprudence belge, 1982, n° 7, p.18.
V. aussi A. KHAHLOUN
علي كحلون، النظرية العامة للنزاع المدني، المرجع السابق، ص 180.
[2512] V. en ce sens A. KHAHLOUN
علي كحلون، النظرية العامة للنزاع المدني، المرجع السابق، ص 180.
[2513] O. GOUT, *op.cit.*, n° 436, p. 294 ; J. VAN-COMPERNOLLE, art. préc., n° 7, p.18.
[2514] H. MOTULSKY, « Le rôle respectif du juge et des parties dans l'allégation des faits », *Ecrits,* t. I, n° 12, p. 44.
[2515] H. MOTULSKY, « *Le rôle respectif du juge et des parties dans l'allégation des faits* », préc., n° 12, p. 44.

notions juridiques connues (demande en résolution, en annulation, etc.) »[2516].

739. Si l'on adopte cette vision des choses, on peut admettre que le juge peut s'inspirer de la finalité d'une demande pour déterminer librement les modalités qui semblent les plus appropriées au résultat économique recherché[2517]. Il est communément admis, en matière contractuelle par exemple, que des demandes aussi différentes par leur objet que l'exécution d'un contrat, sa résolution ou la réparation du préjudice subi du fait de son inexécution, tendent toutes à une même fin économique qui est le rétablissement de l'équilibre contractuel entre les parties[2518]. De même, en matière de responsabilité civile les demandes tendant à une réparation en nature ou par équivalent, sous forme de rente ou en capital, ont des objets différents dans le cadre d'une même finalité qui est la réparation du préjudice subi. Si l'on admet que le but de la demande est la réparation du préjudice causé à la victime, rien n'interdit au juge de choisir, parmi les divers modes de réparation, celui qui lui semble le plus convenable[2519].

740. La Cour de cassation française va même plus loin. Elle a admis que, saisi d'une demande de résolution avec dommages-intérêts, le juge peut ordonner sous astreinte l'exécution forcée de la convention sans encourir pour autant le reproche d'avoir modifié l'objet de la demande[2520]. Cette jurisprudence se concilie parfaitement avec les principes directeurs du procès. Si l'on admet que l'objet la demande n'est pas à proprement parler la résolution sollicitée, mais la sanction de l'inexécution ou de l'exécution défectueuse du contrat, le juge décide souverainement qu'elle est dans l'arsenal juridique, la sanction la plus adaptée. Les propositions du demandeur ne le lient pas. On notera cependant que ce pouvoir ne lui est conféré qu'en vue d'assurer dans toute la mesure du possible la stabilité du contrat[2521].

741. Si, dans la conception que nous défendons, l'objet de la demande sera assimilé à la fin vers laquelle tend une action en justice, ou encore au « *résultat économique ou social* » auquel le plaideur veut parvenir, l'on peut

---

[2516] J. VINCENT et S. GUINCHART, *op.cit.*, n° 515 ; *Adde* SOLUS et PERROT qui considèrent que « *l'objet de la demande s'entend du résultat de l'action exercée que l'on demande au juge de consacrer dans sa décision* » (H. SOLUS et R. PERROT, Droit judiciaire privé, *op.cit.*, n°62, p.57 et n°64, p.58).

[2517] *Ibid.*, n° 89, p.90.

[2518] Cass. civ. 1ère, 3 juillet 1962, Bull. civ., I, n° 339, p. 299 ; Cass. Com., 12 janv.1993, Bull. civ., IV, n°4 ; Cass. civ. 1ère, 22 avr. 1997, Bull. civ., I, n° 129, p. 85 ; J.C.P. 1997, II, 22944, note G. BOLARD.

[2519] H. SOLUS et R. PERROT, Droit judiciaire privé, *op.cit.*, n° 89, p.90.
Sauf lorsque la victime demande la réparation en nature, que seule efface totalement le préjudice subi, toute précision de sa part n'a, pour le juge, qu'une valeur indicative (J. NORMAND, Principes directeurs du procès, préc., n° 98, p.21).

[2520] Cass. com., 24 avr. 1972, Bull. civ. IV, n° 117.

[2521] PICARD et PRUD'HOMME, « La *résolution judiciaire du contrat pour inexécution des obligations* », R.T.D.civ. 1912, p. 61 ; CASSIN, « *Réflexions sur la résolution judiciaire du contrat pour inexécution* », R.T.D.civ. 1945, p. 159 et s.

déduira que le juge peut soulever de sa propre initiative la conversion, quant bien même la demande initiale tendrait à l'annulation de l'acte. Il faut en effet considérer que dans cette hypothèse le but de l'action fondamentale consiste, non pas simplement dans la nullité à cause de la présence d'un vice, mais de manière plus générale dans la sanction des irrégularités du contrat ou la mise de cet acte en conformité avec la loi[2522]. Dans cette optique le juge peut choisir entre l'anéantissement systématique et intégral de l'acte, ou de le faire accéder à la vie juridique, soit en éliminant certaines clauses, soit en aménageant directement son contenu, voire en le remplaçant par un autre valable. Pareille solution a l'avantage de maintenir les parties dans le lien contractuel, tout en faisant disparaître l'illicéité, ce qui correspond à l'objectif initial recherché par la partie qui demande l'annulation de la convention. La nullité n'est pas l'unique sanction de la méconnaissance des règles de formation de l'acte juridique : on note aussi l'inopposabilité aux tiers, la nullité partielle et encore la conversion.

742. Dans cette hypothèse, on ne peut considérer que le juge méconnaît l'action fondamentale qui réside de manière plus générale dans la sanction des conditions de validité du contrat. Fondamentalement ce qu'une partie au litige sollicite c'est de sanctionner une irrégularité, et peu importe à son égard la sanction finalement retenue pour satisfaire son désir. Le juge doit donc procéder à la recherche de ce que les parties entendent sanctionner pour appliquer la sanction la plus opportune. En procédant de la sorte, il ne transforme pas l'objet de la demande, il la corrige par rapport à l'objectif initialement déterminé par les parties. Comme on l'a signalé très justement, le pouvoir de conversion ne va pas contre le principe de l'immutabilité de l'objet qui est la conséquence logique du principe dispositif, puisqu'en dernière instance, le juge ne fait qu'indiquer ce que le plaideur voulait véritablement entendre. L'attitude du juge est, au contraire, conciliable avec ce principe car en réalité il ne contredit pas les termes du litige tels que fixés par les colitigants[2523].

Au terme de cette analyse, on peut conclure que tout en restant dans le cadre de l'action dressée initialement, c'est-à-dire l'action en nullité, de caducité ou de résolution, le juge peut évoluer à l'intérieur de ce même cadre, puisque la fin de l'action reste identique, sans pour autant modifier l'objet de la demande et porter atteinte au principe de l'immutabilité du litige[2524]. Mais il reste à savoir si la cause de la demande constitue un obstacle aux pouvoirs du juge de soulever d'office la conversion.

[2522] C. MARTELLO, th. préc., p.192 et s. ; O. GOUT, *op.cit.*, n° 301, p. 205 ; K. DE LA ASUNCION PLANES, *op.cit.*, n° 495, pp. 308-309.
[2523] C. MARTELLO, th. préc., p.192.
[2524] O. GOUT, *op.cit.* n° 438, p. 296.

§ 2. Le juge et la cause de la demande

743. La doctrine processualiste est unanime lorsqu'il s'agit simplement de dire que la cause est la justification, la raison, le pourquoi et le fondement de la prétention[2525]. Mais cette unanimité cesse lorsqu'il s'agit de préciser en quoi consiste ce fondement. La doctrine classique donne à la cause un contenu essentiellement juridique. La doctrine moderne, critiquant cette vision, préfère donner à la cause un aspect purement factuel. Le choix de la définition de la notion de cause soutenue par les différents auteurs n'est pas neutre. C'est l'office du juge qui est en jeu. En effet, si la conception juridique de la cause délimite l'office du juge (**A**), la conception factuelle semble autoriser le juge de soulever d'office la conversion (**B**).

A. La conception juridique de la cause délimite l'office du juge

744. La doctrine classique a toujours soutenu que la cause est une notion purement juridique. La controverse naît sur le sens qu'il faut donner à cette notion de cause. Un premier courant doctrinal soutenait que la cause devait être confondue avec son fondement juridique et ne voyait dans la cause que le fondement juridique sur lequel la prétention est fondée[2526]. En pratique la cause serait constituée soit par la règle de droit invoquée à l'appui de la demande, soit par un principe ou une catégorie juridique[2527]. Par exemple, l'article 273 du C.O.C. dans le cadre d'une action en résolution du contrat, ou encore l'article 96 du même Code dans celui d'une action en responsabilité du fait des choses. La cause est alors située exclusivement sur le terrain du droit[2528]. Les faits n'étant dans cette conception que de simples moyens destinés à étayer la cause[2529]. La Cour de cassation tunisienne rappelle parfois que « *le tribunal est obligé de se conformer au fondement juridique invoqué par le demandeur* »[2530]. Dans cette optique, le juge ne pouvait prendre une qualification différente[2531].

[2525] H. SOLUS et R. PERROT, Droit judiciaire privé, *op.cit.*, n° 62, p.304 ; J. VINCENT et S. GUINCHARD, *op.cit.*, n° 514.

[2526] G. COUCHEZ, Procédure civile, *op.cit.*, n° 226, p. 175 ; J. VINCENT et S. GUINCHARD, Procédure civile, op.cit., n°519, p.478 ; H. MOUTULSKY, « *La cause de la demande dans la délimitation de l'office du juge* », D. 1964, Chron., n°4, p.236 ; J. VAN-COMPERNOLLE, « *L'office du juge et le fondement du litige* », art. préc., n° 11, p.20 ; H. SOLUS et R. PERROT, Droit judiciaire privé, *op.cit.*, n°70, p.66 ; S. ABID MNIF, L'option entre la responsabilité contractuelle et la responsabilité délictuelle : comparaison des droits français et tunisien, préf. P. JOURDAIN, L'Harmattan, 2014, n° 91 ; O. GOUT, *op.cit.*, n° 446, p. 304.

[2527] J. VINCENT et S. GUINCHARD, Procédure civile, *op.cit.*, n°519, p.478 ; H. SOLUS et R. PERROT,
Droit judiciaire privé, *op.cit.*, n°70, p.66

[2528] G. COUCHEZ, Procédure civile, *op.cit.*, n° 226, p. 175.

[2529] H. SOLUS et R. PERROT, Droit judiciaire privé, *op.cit.*, n°70, p.66.

[2530] Cass. civ. arrêt n° 75842 du 17 avril 2000, B.C.C. 2000, II, p. 157 ; V dans le même sens cass.civ. n° 10945 du 24 janvier 2002, B.C.C. 2002, I, p. 333.

745. Le second courant doctrinal analyse la cause comme étant un ensemble de faits juridiquement qualifiés[2532]. Cette thèse procède de l'idée qu'il existe des interférences constantes entre le fait et le droit. La règle de droit ne devient la cause d'une prétention qu'en s'incorporant à une situation de fait et, inversement, une situation de fait ne revêt une signification juridique que si elle prend appui sur une règle de droit. Bien que présentant l'une par rapport à l'autre des différences qui vont assurément au-delà d'une simple question de mots, il paraît cependant qu'au regard de l'office du juge, la seconde théorie ne constitue qu'un approfondissement de la première : dans l'une comme dans l'autre, le juge se trouve enfermé dans le cadre juridique tracé par les parties. Qu'il s'agisse en effet de la règle de droit proposée (première théorie) ou de la qualification invoquée (seconde théorie), le choix de la définition acquiert une influence déterminante sur les pouvoirs du juge : celui-ci, ne pouvant en vertu du principe dispositif modifier la cause de la demande, se trouve lié par la règle ou la qualification avancée et ne saurait, sans excès de pouvoir, aborder les mêmes faits sous l'éclairage nouveau d'une requalification ou d'une substitution de base légale[2533]. Ainsi par exemple, le juge ne peut donner à des faits ayant reçu la qualification de faute délictuelle celle de la faute contractuelle. Reste la question de savoir si ces vues nouvelles se concilient avec l'état actuel du droit positif tunisien.

746. Le Code de procédure civile et commerciale n'a pas expressément choisi entre ces différentes conceptions. Il ne nous dit pas avec précision si la cause est le texte juridique ou le fait juridiquement qualifié. Toutefois, il semble bien qu'à défaut de choix exprès, les rédacteurs dudit code se soient implicitement référés à la deuxième théorie ci-dessus présentée. La cause est l'ensemble de fait et de droit que notre code met à la charge du demandeur. En effet, l'article 70 du C.P.C.C. dispose que le demandeur doit délimiter le champ du litige dans la requête introductive, en déterminant ses prétentions, les parties à l'instance, le fondement juridique et l'exposé des faits. Il ne nous dit pas explicitement si ces deux derniers éléments constituent ensemble ou séparément la cause. Si l'on pousse plus loin l'analyse du Code

---

" حلول المحكمة محل المدعي في اختيار نوع الدعوى التي سيقدمها عندما يخول له القانون عدة دعاوى في نفس الوقائع مثل القيام على الفصل 96 من م. ا. ع. عوضا عن الفصل 93 من نفس المجلة يشكل خرقا من المحكمة لمبدا الحياد".

2531 O. GOUT, *op.cit.*, n° 446, p. 304.

2532 Cette thèse a trouvé son expression la plus achevée dans une chronique de P. Hébraud à la revue trimestrielle de droit civil, (1966, p. 125 à 129) et dans un Rapport de synthèse présenté aux journées d'études des avoués d'appel (Gaz. Pal. 1975, II, doct, 538) ; *Adde*, du même auteur, obs. R.T.D. civ. 1955, 699 ; G. COUCHEZ, Procédure civile, *op.cit.*, p. 175 ; J. VINCENT et S. GUINCHARD, Procédure civile, *op.cit.*, n°519, pp.479-480 ; H. MOUTULSKY, « *La cause de la demande dans la délimitation de l'office du juge* », art. préc., n°4, p.236 ; J. VAN-COMPERNOLLE, « *L'office du juge et le fondement du litige* », art. préc., n° 11, p.21 ; H. SOLUS et R. PERROT, Droit judiciaire privé, *op.cit.*, n°70, p.67 ; S. ABID MNIF, *op.cit.*, n°92, p. 113 ; O. GOUT, *op.cit.*, n° 446, pp. 304-305.

2533 J. VAN-COMPERNOLLE, « *L'office du juge et le fondement du litige* », Revue critique de jurisprudence belge, 1982, n° 12, p.21.

de procédure civile et commerciale, on peut constater que le législateur n'a pas manqué de nous donner des éclaircissements sur sa conception de la cause à propos des demandes nouvelles en instance d'appel[2534].

747. L'article 148 du C.P.C.C. dispose que « *l'appelant peut modifier la cause de sa demande, si l'objet de celle-ci reste le même et à condition que la cause nouvelle ne repose pas sur des faits nouveaux, non soumis au premier juge...* ». La cause serait le texte juridique pur et simple puisqu'il serait le seul à pouvoir changer si l'objet et les faits sont identiques dans les deux instances. Ce texte établit un lien direct entre la cause et les faits. Il nous dit clairement que la cause nouvelle ne doit reposer sur des faits nouveaux non soumis aux premiers juges. Le texte juridique ne suffit pas à donner à lui seul une définition générale de la cause. A l'évidence la cause nouvelle n'est pas seulement juridique, mais apparaît comme un ensemble de fait et de droit. La cause serait pour le législateur tunisien sinon le droit pur, du moins le fait juridiquement qualifié[2535].

B. La conciliation de la notion factuelle de la cause et l'office du juge

748. A l' opposé de la théorie qui donne à la cause un contenu juridique, l'on trouve la théorie de Henri Motulsky selon laquelle la cause n'est que le « *complexe* » ou « *l'édifice de fait* » invoqué par les parties à l'appui de la prétention[2536]. Le même auteur poursuit en disant que la règle de droit avancée ou la qualification juridique proposée par les parties n'est qu'une suggestion qui ne lie pas le juge[2537]. La cause est ainsi constituée par les seules circonstances de fait invoquées par le demandeur, la qualification juridique n'y point comprise[2538]. La qualification de ce « complexe de faits » est l'œuvre du juge. Ce que l'on appelait autrefois la cause de la demande se retrouve donc exprimée par l'ensemble des faits allégués par les parties au soutien de leur demande. Tout élément de droit est donc exclu de la notion de cause. Le juge n'est pas tenu dès lors par les arguments et les qualifications juridiques des parties, les qualifications ne sont pas incluses dans la cause de la demande[2539].

749. Cette analyse s'appuie sur la séparation tranchée du fait et du droit. Le demandeur saisirait le juge en lui apportant la situation de fait dans toute sa complexité ; il appartiendrait à ce dernier de qualifier et de dégager la

---

[2534] M.H. BEN ABDALLAH, L'office du juge en procédure civile tunisienne, th., Dijon 1992, n°16, p.24.

[2535] M.H. BEN ABDALLAH, th. préc., n°17, pp.24-25.

[2536] H. MOUTULSKY, « *La cause de la demande dans la délimitation de l'office du juge* », art. préc., n°10, p.238 ; H. MOUTULSKY, « *La cause est factuelle* », D. 1972, Chron., p. 91 ; *Adde* J. VINCENT et S. GUINCHARD, Procédure civile, *op.cit.*, n°519, pp.478-479.

[2537] H. MOUTULSKY, « *La cause de la demande dans la délimitation de l'office du juge* », art. préc., n°10, p.238

[2538] *Ibid.*

[2539] S. GUINCHARD, Droit et pratique de la procédure civile, Dalloz 2004, n° 2322, p.529.

règle de droit applicable à la prétention qui lui est soumise[2540]. Aux parties la charge d'alléguer et de prouver les faits, au juge d'appliquer la règle juridique approprié. L'adage *da mihi factum, tibi daho jus* (donne-moi le fait, je te donnerai le droit) illustre bien cette situation[2541]. Ceci signifie que le juge demeure maître du droit et doit donc « *procéder d'office à l'application de la règle de droit non invoquée, à la substitution à la règle à ses yeux appropriée à celle qui a été invoquée à tort par les plaideurs. Le juge doit de même procéder à la qualification des faits présentés sans coloration juridique et à la requalification de ceux qui lui ont été soumis avec une coloration selon lui erronée* »[2542].

750. Mais, ce n'est point à dire que dans cette conception la liberté du juge serait totale. Deux limitations lui sont apportées. La première tient à ce que le juge ne peut en vertu du principe dispositif modifier la cause de la demande, c'est-à-dire le complexe de faits sur lequel le plaideur appuie sa demande[2543]. Si, dans la conception que nous défendons, la cause devient l'ensemble des faits allégués pour obtenir en justice le résultat souhaité en application d'une norme juridique, l'on déduira que le juge ne peut fonder sa décision sur des faits qui ne sont pas dans le débat. Cela signifie que les parties restent maîtresses des faits qu'elles veulent, en accord ou unilatéralement, mettre dans le débat. Ce sont les éléments de leur vie personnelle, de leur vie familiale, de leur activité professionnelle. Il appartient de n'en dévoiler que ce qu'elles estiment opportun.

751. Le Code de procédure civile et commerciale qui a été promulgué en 1959 ne paraît pas adopter cette conception moderne de la cause. Ledit Code a simplement rappelé, sinon consacré expressément, dans son article 12, le principe de neutralité du juge et son corollaire le principe dispositif[2544]. Le Code de procédure civile français en revanche semble consacrer la théorie de Motulsky. Son article 12 disposait que : « *le juge est tenu de trancher le litige conformément aux règles de droit qui lui sont applicables. Il doit donner ou restituer leur exacte qualification aux faits et aux actes litigieux, nonobstant la dénomination que les parties auraient proposée, et peut relever d'office les moyens de pur droit* ».

752. Pourtant, une partie de la jurisprudence, encouragée par une partie de la doctrine semble épouser la théorie de Motulsky. L'arrêt rendu par les

---

2540 J. VINCENT et S. GUINCHARD, Procédure civile, *op.cit.*, n°519, p.479

2541 *Ibid.*, n°519, pp.478-479.

Il convient de noter que certains arrêts invoquent expressément cet adage. V. en ce sens : C.A de Tunis, n° 7019 du 14 avril 2004(inédit) ; cass. civ. arrêt n°574 du 6 juillet 2006 (inédit), cités par.S. ABID MNIF, *op.cit.*, note n° 687.

2542 H. MOUTULSKY, « *Prolégomènes pour un futur Code de procédure civile* », D. 1972, Chron. XVII et reproduit *in* Ecrits, vol.1, p. 294.

2543 J. NORMAND, Le juge et la contestation, L.G.D.J. 1965, p.139.

2544 Sur le principe de neutralité du juge dans le procès civil, V. notamment A. AHMADI

عبد الله الأحمدي،القاضي و الإثبات في النزاع المدني، المرجع السابق، ص 79 و ما بعدها

V. dans le même sens : M.H. BEN ABDALLAH, L'office du juge en procédure civile tunisienne, th. préc., n° 213, p. 314.

chambres réunies de la Cour de cassation le 30 janvier 1976 illustre parfaitement cette tendance[2545]. En voici la formule : « *il est du devoir du juge de requalifier conformément à la loi, les faits qu'on lui soumet sans s'attacher à ce que soutiennent les parties* »[2546]. Loin d'être isolée, cette solution a été également retenue par la Cour de cassation dans son arrêt du 18 juillet 1974[2547]. En l'espèce, un contrat d'entreprise a été conclu entre particulier et un entrepreneur ayant pour objet la construction d'une maison. Mais après la livraison, le demandeur a découvert des vices de construction. Il a choisi d'assigner son débiteur en réparation sur la base des articles 82 et 83 du C.O.C. La Cour d'appel, constatant l'inapplicabilité de ces articles, a replacé d'office le débat sur le terrain contractuel. La Cour de cassation confirme cette position au motif que « *la qualification juridique de la demande relève de l'office du juge* ». La haute juridiction ajoute que « *la Cour d'appel n'a pas violé l'article 12 du C.P.C.C. qui prescrit la neutralité du juge à l'égard des faits puisqu'elle n'a pas soulevé d'office des faits nouveaux, elle a statué sur les faits apportés par les parties* »[2548]. Plus récemment, dans un arrêt rendu le 30 avril 1992, la Cour de cassation a approuvé les juges du fond qui ont « *prononcé la résolution du contrat de vente, alors même qu'ils étaient saisis d'une action tendant à la nullité* »[2549]. Cette attitude est justifiée, selon la Cour de cassation, par le fait que « *le tribunal a le droit de qualifier les faits et d'appliquer le texte juridique adéquat* ». La Cour de cassation semble ainsi admettre la distinction entre les faits qui doivent être apportés par les plaideurs et le droit qui serait l'apanage du juge.

753. Cette analyse a été approuvée par Mme Salma Abid Mnif, dans une thèse récente sur l'option entre la responsabilité contractuelle et la responsabilité délictuelle[2550]. Pour elle, l'utilisation de l'article 12 relatif à la neutralité du juge est pour le moins fallacieuse[2551]. Cet article, dit-elle, ne vise que la question de preuve, la règle de droit quant à elle, est l'apanage du juge et ne peut faire l'objet de preuve[2552]. Le même auteur ajoute qu'« *il est communément admis que depuis la réforme du 3 avril 1980, la neutralité du*

[2545] Arrêt n° 12082, R.J.L. février 1976, p. 37.

[2546] Arrêt préc. ; V. dans le même sens : cass. civ. arrêt n° 60189, du 4 janvier 1999, B.C.C. 1999,I, p. 257 et s. ; cass. civ. arrêt n° 21370, du 19 février 2003, B.C.C. 2003, I, p. 428 ; cass.civ.arrêt n° 7461, du 4 avril 2005, B.C.C. 2005, II, p. 67.

[2547] B.C.C. 1974, I, p.204.

[2548] L'article 12 du C.P.C.C. dispose que: « *Le tribunal n'a pas l'obligation de constituer, compléter ou produire les moyens de preuve à l'appui des prétentions des parties* ».

[2549] Cass.civ. n° 33317, B.C.C. 1992, p. 519.

" لئن كانت الدعوى ترمي الى طلب فسخ عقد البيع فلن للمحكمة الحق في تكييف الوقائع و تطبيق النص القانوني المناسب ولما قضت بالابطال عوض الفسخ المطلوب فان قضاءها كان على هذا الأساس متناسبا مع وجهة نظرها في خصوص التزام الأمي الذي لا يمضي حتى يتلقاه مأمور عمومي طبق الفصل 454 من م.ا.ع.".

[2550] S. ABID MNIF, *op.cit.*, n°109.

[2551] *Ibid.*

[2552] Voir dans le même sens, A. AHMADI, le juge et la preuve, *op.cit. Loc. cit.* ; M.H. BEN ABDALLAH, th. précit. *Loc. cit.*

juge est désormais facultative »[2553]. Le juge peut choisir d'être neutre et ne pas intervenir dans la direction du procès, mais il peut tout à fait user des pouvoirs qui lui sont reconnus par le législateur. Ceci dit, la qualification juridique des faits ne relève pas de la compétence des plaideurs, mais fait plutôt partie intégrante de l'office du juge[2554]. C'est, par conséquent à juste titre que la Cour de cassation a abandonné ce raisonnement. L'article 12 du C.P.C.C. n'empêche pas le juge de procéder à des requalifications. Aux yeux de la Haute juridiction, le juge du fond est même dans l'obligation de chercher le fondement juridique adéquat, si la règle invoquée lui paraît inappropriée[2555].

754. Dans ce nouveau cadre, le juge saisi d'une action en nullité peut soulever d'office la conversion sans que l'on puisse lui reprocher l'atteinte à la cause de la demande. La conversion, on l'a déjà relevé, révèle que les faits peuvent rester exactement les mêmes sous le changement de la couverture ou la coloration juridique. Les faits ne changent, en effet, absolument pas selon qu'on traite ce complexe de lettre de change ou de billet à ordre, de cautionnement ou de promesse de garantie. La conversion suppose une disparition de la figure juridique originelle et l'apparition d'une autre figure qui se contente des éléments qui subsistent[2556]. Le juge ne fera qu'« *habiller* »[2557] les débris ou les éléments de fait restants de l'acte initial, d'une forme juridique appropriée.

755. Dans le même ordre d'idées, on peut encore ajouter que si les règles du Code de procédure civile constituent la matière première des pouvoirs du juge, et permettant de savoir dans quelle mesure il peut soulever d'office la conversion, il importe parallèlement de ne pas négliger aussi les principes régissant sur le fond l'emploi de la conversion et qui donnent la mesure des pouvoirs du juge en procédure[2558]. En ce sens, Mme D. Grillet-Ponton, après avoir relevé que l'initiative du juge paraît discutable au regard du principe dispositif dans la mesure où le magistrat va lier les parties par un rapport de droit nouveau, souligne que « *le rappel des conditions régissant quant au fond l'emploi de la conversion est cependant de nature à atténuer la portée de cette objection* »[2559]. La première condition concerne les effets de l'acte mineur. Ceux-ci doivent être, au plus équivalents à l'acte majeur[2560]. Il y a

---

[2553] V. sur le commentaire de l'article 12 nouveau du C.P.C.C. Abdallah AHMADI
عبد الله الأحمدي،القاضي و الإثبات في النزاع المدني، المرجع السابق، ص 82 و ما بعدها.
V. aussi : N. GHAZOUANI
نور الدين الغزواني، التعليق على قانون المرافعات المدنية و التجارية، الأحكام العامة و الاختصاص، مطابع شركة أوربيس، قصر السعيد، تونس، 2006، ص 111 و ما بعدها.

[2554] S. ABID MNIF, *op.cit.*, n°109.

[2555] *Ibid.*

[2556] M.-E. PANCRAZI-TIAN, *op.cit.*, n° 27, p. 37 .

[2557] P. VOIRIN, obs. sous, Lyon, 11 mai 1942, préc.

[2558] D. GRILLET-PONTON, th. préc., n° 276, pp. 318-319.

[2559] *Ibid.*, n° 276, pp. 319-320 .

[2560] *Ibid.*, n° 276, p. 320 ; *Adde* P. LIPINSKI, La conversion des actes juridiques, art. préc., note n°151, p.1187 .

lieu par voie de conséquence de penser qu'il est indifférent pour les parties d'être engagées dans les liens du contrat originaire ou dans ceux du contrat de rechange produisant des effets économiques semblables[2561]. La seconde condition consiste à relever que « *la mutation du contrat en une forme mineure n'étant possible qu'en l'absence de volonté contraire exprimée par les parties* »[2562].

756. Au terme de ces développements, il apparaît que l'objet et la cause de la demande ne constituent pas un obstacle au pouvoir du juge de soulever d'office la conversion. Les initiatives des magistrats doivent cependant être subordonnées au respect de la contradiction. Donnant une nouvelle qualification aux faits, le juge doit inviter les parties à présenter leurs observations sur cette nouvelle qualification[2563]. La Cour de cassation rappelle toujours cette règle en considérant que le principe du contradictoire est l'un des principes fondamentaux de la procédure et que son respect constitue l'une des garanties du procès équitable[2564]. Il n'est pas enfin inutile de rappeler que l'accroissement des pouvoirs du juge au regard des principes juridiques et de droit processuel, n'est pas sans conséquence sur la nature de la décision prononçant la conversion.

[2561] D. GRILLET-PONTON, th. préc., n° 276, p. 320 ; *Adde* P. LIPINSKI, art. préc., note n°151, p.1187 ; A. COURET, art. préc., n° 12, p. 226.

[2562] P. LIPINSKI, art. préc., note n°151, p.1187 ; D. GRILLET- PONTON, th. préc., n° 268, p. 309 ; V. *supra* n°s 651 et s.

[2563] S. GUINCHARD, Droit et pratique de la procédure civile, Dalloz 2004, n° 217.

[2564] V. par ex. Cass.civ., n° 42423, du 24 déc. 2009, B.C.C. 2009, II, 131.
" ان مبدأ المواجهة هو من المبادئ الاجرائية الأساسية التي لا تتوفر المحاكمة العادلة بدون احترامها".

CHAPITRE II

LA RÉNOVATION DU RÉGIME APPLICABLE À LA DÉCISION DE CONVERSION

757. La participation du juge à la réfection ou à la reconstruction d'un acte juridique, pousse à s'interroger sur la nature de la décision prononçant la conversion. La doctrine classique considère que la décision de conversion a un caractère non juridictionnel. Cette position ne peut emporter notre conviction ; elle est la résultante d'une conception classique du rôle du juge en la matière. L'objectif dans les développements qui suivent est de démontrer que la décision de conversion est pourvue du caractère juridictionnel (***Section I***). Loin de demeurer stérile, la constatation du caractère juridictionnel de la conversion est riche de conséquences sur le régime applicable à cette nouvelle qualification (***Section II***).

SECTION I. LA RÉNOVATION DE LA NATURE DE LA DÉCISION DE CONVERSION

758. Avant de préciser la véritable nature de la décision de conversion *(§2)*, il semble utile de rappeler au préalable la judicieuse distinction entre les actes juridictionnels et les actes non juridictionnels (*§1*).

§ 1. La distinction entre les actes juridictionnels et les actes non-juridictionnels

759. Comme l'expriment Messieurs Vincent et Guinchard, « *il n'est pas sûr que tout ce qui est judiciaire soit juridictionnel* »[2565]. Au sein des interventions judiciaires on distingue, en effet, entre les actes juridictionnels (**A**) et les actes judiciaires non juridictionnels (**B**).

[2565] J. VINCENT et S. GUINCHART, Procédure civile, *op.cit.*, n° 151, p. 199 ; *Adde*: R. Colsan, La fonction de juger, Etude historique et positive, th. (dacty.), Nantes, Mars 2003.

A. Les actes à caractère juridictionnel

760. L'acte juridictionnel est l'acte posé par un organe juridictionnel (critère organique) selon des procédures spécifiques (critère formel) pour trancher une prétention formulée par les parties, par application d'une règle de droit (critère matériel)[2566]. L'acte juridictionnel implique ainsi un contrôle de légalité ou de conformité au droit de la part du juge dans la mesure où il serait nécessairement amené à vérifier le respect ou non de la règle de droit[2567]. L'acte juridictionnel constitue la fonction essentielle du juge dans la mesure où il lui donne le pouvoir de dire le droit, d'appliquer le droit à une situation de fait dont il est saisi[2568]. Les actes juridictionnels ont des effets communs qui leur sont propres et qui les différencient de l'acte non juridictionnel, principalement l'autorité de la chose jugée[2569].

761. L'acte juridictionnel peut être aussi bien contentieux que gracieux suivant qu'il y ait ou non litige[2570]. Dans le premier cas, le juge intervient pour régler un litige, pour mettre fin à une contestation, ce qui suppose un désaccord de volontés et un conflit d'intérêts entre les parties relativement à un objet[2571]. L'acte juridictionnel contentieux se caractérise ainsi par deux

---

[2566] Sur la notion d'acte juridictionnel, consulter par ordre chronologique et pour l'essentiel : DUGUIT, « *L'acte administratif et l'acte juridictionnel* », Rev. Dr. publ. 1906, p. 446 ; WALINE, « *Du critère des actes juridictionnels* », Rev. dr. publ. 1933, n° 565 ; Ch. CHAUMONT, « *Esquisse d'une notion de l'acte juridictionnel* », Rev. dr. publ. 1942, p. 93 ; P. LAMPUE, « *La notion d'acte juridictionnel* », Rev. dr. publ. 1946, p. 6 ; DE SOTO, « *La notion de juridiction* », D. 1956, chron., 45 ; R. GUILLIEN, « *Retour sur quelques sujets d'acte juridictionnel et l'autorité de la chose jugée* »,*in* Mélanges VINCENT, 1981, p. 117 ; M. BANDRAC, « *De l'acte juridictionnel et de ceux des actes du juge qui ne le sont pas* », *in* Mélanges Drai, Dalloz, 2000 ; J. VINCENT et S. GUINCHART, Procédure civile, *op.cit.*, n° 155 et s., p. 204 et s.

V. en droit tunisien notamment Mohamed Taher El HAMDI

محمد الطاهر الحمدي، "العمل القضائي و العمل الولائي"، م.ق.ت. مارس 1998، ص 55 و ما بعدها.

V. aussi :

علي كحلون، النظرية العامة للنزاع المدني، الإشكالات الإجرائية للنزاع المدني، المرجع السابق، ص 11 و ما بعدها؛ أحمد الجندوبي و حسين بن سليمة، أصول المرافعات المدنية و التجارية، المرجع السابق، ص 396 و ما بعدها.

[2567] S. GUINCHARD, F. FERRAND, C. CHAINAIS, Procédure civile, 4e éd. Paris, Dalloz, 2015, n°4 ; J. HERON et Th. Le BRAS, Droit judiciaire privé, *op.cit.*, n° 309 et s., p. 233 et s.

[2568] J. VINCENT et S. GUINCHARD, Procédure civile, *op.cit.*, n° 159, p. 207 ; S. GUINCHARD, F. FERRAND, C. CHAINAIS, Procédure civile, *op.cit.*, n°4.

[2569] Selon l' article 481 du C.O.C. l'autorité de la chose jugée attachée à un jugement interdit que soit soumis à nouveau à un tribunal ce qui a déjà été jugé, sous la triple condition de l'identité des parties, de l'objet et de cause (V. en ce sens S. GUINCHARD, F. FERRAND, C. CHAINAIS, Procédure civile, op.cit., n°17 et s.

[2570] V.sur cette distinction en droit tunisien, notamment Mohamed Taher El HAMDI

محمد الطاهر الحمدي، "العمل القضائي و العمل الولائي"، المقال السابق، 1998، ص 55 و ما بعدها.

V. en dr. comp., J. VINCENT et S. GUINCHARD, Procédure civile, *op.cit.*, n° 162, p. 211. *Contra.* Devèze qui ne reconnaît la qualité de jugement qu'à ceux ayant un caractère contentieux, les jugements gracieux étant dépourvus, selon lui, d'autorité de la chose jugée (Ch. DEVEZE, De la règle : voies de nullité n'ont lieu contre les jugements, th. Toulouse, 1938, spéc., p. 91).

[2571] J. VINCENT et S. GUINCHARD, Procédure civile, *op.cit.*, n° 163.

éléments : l'existence d'un litige ou d'une contestation d'une part, et l'acceptation des parties de soumettre le litige à un juge public afin qu'il donne une solution, d'autre part[2572]. Dans le deuxième cas, le juge, en dehors de tout litige, reçoit certains actes juridiques (homologation d'une décision intéressant un mineur ; jugement d'adoption)[2573]. Mais dans les deux cas, le juge dit le droit[2574]. Le juge statue en matière gracieuse lorsqu'en l'absence de litige ou de contestation, il est saisi d'une demande dont la loi exige, en raison de la nature de l'affaire ou de la qualité du requérant, qu'elle soit soumise à son contrôle[2575]. L'acte juridictionnel gracieux peut être défini par un double critère. Le premier est tiré de la nécessité d'intervention d'un magistrat chargé d'exercer un contrôle de légalité et d'opportunité. Le second critère est l'absence de litige, l'absence d'adversaire contre lequel la décision sera prise à son insu[2576]. On s'aperçoit ainsi que l'absence de contestation ne permet pas de refuser à un acte tout caractère juridictionnel[2577]. Pour mettre en œuvre l'activité juridictionnelle du juge, une prétention unilatérale suffit[2578].

762. Les modes de contestation sont conditionnés par la nature -juridictionnelle ou non- de la décision à l'encontre de laquelle les griefs sont formulés[2579]. En effet, tandis que la décision dépourvue de caractère juridictionnel peut faire l'objet d'une action en nullité ou d'une action paulienne, on trouve à propos des jugements la fameuse règle voies de nullité n'ont lieu contre les jugements[2580]. L'interdiction de principe d'introduire une action en nullité contre la décision du juge présentant un caractère juridictionnel, ne permet d'envisager que l'exercice d'une voie de recours, ordinaire ou extraordinaire : appel, pourvoi en cassation[2581] ou tierce opposition[2582]. Japiot disait en ce sens que « *la validité de la sentence ne pourra pas être contestée au moyen d'une action ordinaire en nullité, c'est-à-dire que, si l'on veut élever cette contestation, on ne pourra pas employer, pour cela, la voie d'une action principale portée devant le tribunal de*

[2572] *Ibid.*, n° 158.
[2573] *Ibid.*, n° 165.
[2574] *Ibid.*, n° 162.
[2575] *Ibid.*, n° 166.
[2576] V. en ce sens : Mohamed Taher El HAMDI
محمد الطاهر الحمدي، "العمل القضائي و العمل الولائي"، المقال السابق، 1998، ص58 و ما بعدها
[2577] *Ibid.* ; J. VINCENT et S. GUINCHARD, *op.cit.*., n° 158.
[2578] *Ibid.*
[2579] A. ENGEL-CREACH, Les contrats judiciairement formés, préf. A. BENABENT, coll. Recherches juridiques, Economica 2002, n° 159, p. 109.
[2580] *Ibid.*
[2581] N. BEN AMMOU, Le pouvoir de contrôle de la cour de Cassation, th. dactyl. Faculté de droit et des sciences politiques de Tunis 1996 ; A. BEN AMMAR, Essai sur les fonctions de la Cour de cassation en matière civile, mémoire D.E.A., droit privé, Faculté de droit et des sciences politiques de Tunis 1984.
V. aussi : Ahmed JANDOUBI et Houcin BEN SLIMA
أحمد الجندوبي و حسين بن سليمة، أصول المرافعات المدنية و التجارية، المرجع السابق، ص 396 و ما بعدها.
[2582] A. ENGEL-CREACH, *op.cit.*, n° 159, p. 109.

première instance, comme si l'on demandait la nullité d'un contrat de vente. On ne pourra employer qu'une voie de recours »[2583]. La solution est toute autre, concernant les actes dépourvus de caractère juridictionnel.

B. Les actes judiciaires non juridictionnels

763. La fonction normale d'un juge est d'accomplir des actes juridictionnels, de rendre des jugements. Il y a cependant des cas où le juge se livre à une activité purement administrative, même si elle emprunte des formes judiciaires[2584]. Les actes administratifs à forme judiciaire ne sont pas à proprement parler des « *jugements* »[2585], mais des actes judiciaires non juridictionnels[2586]. L'acte est dépourvu de caractère juridictionnel « *lorsque le juge ne dit pas le droit, qu'il ne fait pas usage de son juridictio, mais de son seul pouvoir de commandement, son imperium, aucun caractère juridictionnel ne peut être reconnu à l'intervention judiciaire* »[2587]. Lorsque le juge n'exerce aucun contrôle de légalité, du respect ou non de la règle de droit, sa décision serait dépourvue de caractère juridictionnel[2588].

764. L'exemple le plus célèbre des actes judiciaires non juridictionnels est sans doute le contrat judiciaire. L'expression contrat judiciaire désigne « *tout accord de volonté des parties dont l'existence est constatée par le juge* »[2589]. Il s'agit d'une décision par laquelle « *le tribunal donne la forme d'un jugement à un contrat intervenu entre les parties* »[2590]. Le contrat judiciaire a la forme d'un jugement, mais, au fond, c'est une véritable convention. Cette convention est le plus souvent une transaction par laquelle chacun des adversaires, pour faire cesser le conflit, abandonne une partie de ses prétentions[2591]. La constatation judiciaire de la transaction présente des avantages pour les parties dans la mesure où elle leur permet d'obtenir un titre qui sera inattaquable dès l'instant que les délais des voies de recours seront expirés, tandis qu'un contrat ordinaire demeure éventuellement soumis à une action en nullité pendant quinze ans[2592]. Le juge ne fait que constater l'accord, l'authentifier, sans se prononcer sur sa validité. Son rôle est réduit à un simple « *observateur* »[2593], relatant la survenance d'un contrat

---

[2583] R. JAPIOT, Procédures civile et commerciale, 3e éd., 1935, spéc. n° 141, p. 127.
[2584] J. VINCENT et S. GUINCHARD, Procédure civile, *op.cit.*, n° 197, p. 253.
[2585] A. ENGEL-CREACH, *op.cit.*, n° 171, p. 119.
[2586] J. VINCENT et S. GUINCHARD, *op.cit.*, n° 200 et s.
[2587] A. ENGEL-CREACH, *op.cit.* n° 171, p. 119.
[2588] J. VINCENT et S. GUINCHART, Procédure civile, *op.cit.*, n° 200.
[2589] Y. MULLER, Répertoire procédure civile, Dalloz, 1996, n°3 ; *Adde*, pour le même auteur : Le contrat judiciaire en droit privé, th. Paris,I, 1995.
[2590] J. VINCENT et S. GUINCHARD, Procédure civile, *op.cit.* n° 164, pp. 211 et 212.
[2591] *Ibid.*, n° 164, p. 212 ; A. ENGEL-CREACH, *op.cit.*, n° 20, p. 17.
[2592] J. VINCENT et S. GUINCHARD, Procédure civile, *op.cit..*, n° 164, p. 212.
[2593] A. ENGEL-CREACH, *op.cit.* n° 24, p. 19.

portant règlement du litige au fond. Il constate simplement que la transaction a été réellement consentie par les parties, comme le ferait un « *notaire* »[2594].

765. On peut encore multiplier d'autres exemples. L'acte par lequel le juge homologue une convention a aussi un caractère judiciaire non-juridictionnel. L'homologation ne peut être analysée comme un véritable jugement, mais comme un acte en forme judiciaire dans lequel le magistrat intervient comme administrateur[2595]. Il en est de même lorsque le juge est saisi pour rendre un jugement « *valant contrat* ». L'hypothèse se rencontre notamment dans le cadre d'une promesse synallagmatique de vente, lorsque le vendeur se refuse de réitérer la vente par un acte authentique alors que le transfert de propriété est le plus souvent subordonné à sa rédaction[2596]. Le « *jugement d'adjudication* » a été également rangé par la doctrine parmi les « *jugements* » dépourvus de caractère juridictionnel, à raison du rôle réduit joué par le juge. Le juge doit simplement constater que telle personne a porté l'enchère la plus haute ou que, aucune enchère n'ayant été faite, sans procéder à aucune vérification de la violation ou du respect d'une règle de droit[2597]. Il y a lieu de relever, enfin, qu'une partie de la jurisprudence tunisienne[2598], encouragée par certaines opinions doctrinales, opte pour le caractère judiciaire non juridictionnel de la décision d'adoption[2599].

766. L'acte judiciaire non juridictionnel tire son autorité de la seule volonté des parties[2600]. La décision du juge ne confère pas de droits aux parties qu'il n'en résulte de leur convention[2601]. Ces actes n'ont donc pas autorité de la chose jugée et relève du régime des conventions, notamment en ce qui concerne les voies de recours : il faudra les attaquer par voie de

---

[2594] *Ibid.*, n° 24, pp. 19 et 20.

[2595] J. VINCENT et S. GUINCHARD, Procédure civile, *op.cit..*, n° 151, p. 199 ; L. AMIEL-COSME, « *La fonction d'homologation judiciaire* », Justices, Revue générale de droit processuel, Janv.-mars 1997, p. 135 ; *Adde* I. BALENSI, « *L'homologation judiciaire des actes juridiques* », R.T.D.civ. 1978, p. 42 et s.

[2596] Cass. civ. n° 584 du 7 octobre 1976, B.C.C. 1976, III, p. 38.
" الوعد بالبيع يتكون منه التزام فاذا وعد انسان آخر بأن يبيع له مساحة من الأرض وقبض جانبا من الثمن و علق إتمامه على حادثة مثل الحصول على الرخصة و تم ذلك يكون ملزما بالوفاء و الا فان الحكم الذي يصدر يكون قائما مقام العقد".
V. aussi : A. ENGEL-CREACH, *op.cit.*, n° 109, p 72.

[2597] A. ENGEL-CREACH, *op.cit.* n° 178, p 123.

[2598] V. notamment : Jugement du TPI de Grombalia, n° 10130, du 25 janv. 1972, R.T.D. 1979, p. 128.
" حيث أن علاقة التبني تكتسي صبغة مزدوجة تتواجد فيها إرادة الأطراف و القوة الإلزامية للقرار القضائي حسب ما يستروح من الفصل 13 من قانون 4 مارس 1958 و أن هاته الصبغة تكتسيها طابعا قضائيا مؤسسا على إرادة الأطراف".
Contra, Cass. civ. n° 29577 du 23 mars 1993, B.C.C. 1993, p. 290.
" التبني ليس حكما على إطلاقه بمعناه القضائي و ان كان يصدر في صيغة الحكم حسب تعبير الفصل 13 من قانون 4 مارس 1958 و هو لذلك قابل للرجوع فيه عند قيام ما يقتضي ذلك.
حرص المشرع على العناية بمصلحة المتبني باعتبارها السبب الجوهري لسن عقد التبني و تبعا لذلك يكون هذا العقد قابلا للرجوع فيه متى أقيم الدليل على فساده شأن غيره من بقية العقود المدنية أو عند حدوث أسباب خطيرة مستوجبة لذلك تتعلق بمصلحة الطفل المتبني التى انعدمت أو زالت أو تعرضت للهضم و الخطر".

[2599] V. sur l'ensemble de cette question ; Ikbel BJAOUI ATTAR
اقبال البجاوي عطار، "الرجوع في التبني"، أ. ق. ت. 1998/12، ص 39 و خاصة ص 56.

[2600] J. VINCENT et S. GUINCHART, Procédure civile, *op.cit.*, n° 200, p. 257.

[2601] *Ibid.*

nullité ou de rescision. L'appel, le pourvoi en cassation et la tierce opposition ne sont pas recevables[2602]. En effet, si voies de nullité n'ont lieu contre les jugements, elles ont certainement lieu contre les actes du juge qui ne sont pas à proprement parler des jugements[2603]. Il s'ensuit que la participation du juge à la formation de l'acte ne remet pas en cause la recevabilité de l'action en nullité, lorsque deux conditions sont réunies. Il faut en premier lieu, que le contrat soit le fruit d'un accord de volonté des parties et non de la décision du juge, auquel cas toute référence au régime de la nullité des contrats est exclue. Il faut en second lieu que le contrat conserve son individualité et son identité par rapport à la décision intervenue[2604]. La présence du juge n'altère pas la nature contractuelle du rapport juridique[2605].

La distinction entre les actes juridictionnels et les actes non juridictionnels étant établie, il convient à présent de déterminer la nature exacte de la décision de conversion.

§ 2. La nature juridictionnelle de la décision de conversion

767. A la lumière de la distinction précédemment décrite, nous attacherons à la décision prononçant la conversion un caractère juridictionnel (**B**). Auparavant cependant, il convient de rejeter les analyses doctrinales classiques qui rangent la décision de conversion dans la catégorie des actes judiciaires non juridictionnels (**A**).

A. La réfutation du caractère non juridictionnel de la décision de conversion

768. La doctrine classique semble ranger la décision prononçant la conversion dans la catégorie des actes non juridictionnels[2606]. C'est l'opinion à laquelle paraît se rallier X. Perrin dans sa thèse sur la conversion des actes juridiques[2607]. L'auteur appuyant sa position, mettant en avant la possibilité pour l'une des parties de diriger une action en nullité contre l'acte nouveau, ce qui suppose que la décision de conversion est dépourvue de caractère juridictionnel[2608]. Perrin, affirme, en effet, qu'« *il n'y a pas à craindre de trouver la partie, contre laquelle la conversion opère, sans moyens de défense, puisque précisément elle pourra à son tour exercer sa critique*

[2602] *Ibid.*

[2603] Ch. DEVEZE, De la règle : voies de nullité n'ont lieu contre les jugements, th. préc., spéc., p. 91 ; A. ENGEL-CREACH, *op.cit.*, n° 171, p. 119.

[2604] A. ENGEL-CREACH, *op.cit.* n° 205, p. 140.

[2605] *Ibid.*, n° 34, p. 25.

[2606] X. PERRIN, th. préc., n° 88, p. 141.

[2607] *Ibid.*

[2608] *Ibid.*

contre les éléments de l'acte mineur, par une action en nullité »[2609]. Le même auteur ajoute que « *la critique de l'adversaire aura lieu sous forme d'action en nullité, dirigée contre le nouvel acte. Elle pourra porter sur les éléments formels ou bien sur l'identité prétendue des effets économiques des deux actes, ce denier mode consistant à démontrer qu'il existe entre les effets une différence essentielle* »[2610].

769. L'affirmation du caractère judiciaire non-juridictionnel de la décision de conversion, semble être le fruit et la résultante d'une analyse réductrice du rôle du juge dans la conversion. Les tenants de cette analyse, rappelons-le, considèrent que le rôle du magistrat se réduit seulement à la traduction d'une volonté commune aux deux parties, qu'elle soit réelle ou virtuelle[2611]. X. Perrin, qui est l'un des défenseurs de cette analyse, affirme en ce sens qu'« *il est exagéré de dire qu'il (le juge) refait l'acte juridique, car dès qu'il a reconnu que toute les conditions de la conversion existent, elle s'impose à lui comme aux parties et son rôle est seulement de découvrir par interprétation si les parties auraient voulu convertir, ce qui est le rôle normal du juge* »[2612]. Le même auteur ajoute que dans l'hypothèse où le juge admet « *qu'il y a lieu à conversion, il doit nécessairement reconnaître la vie- mais non la donner- à un acte dont les parties elles-mêmes ont fourni les éléments, et lui, juge, n'ajoute rien qu'il lui est personnel* »[2613].

770. On retombe alors sur la définition du contrat judiciaire précédemment évoquée[2614]. Le juge propose une qualification mineure pour prendre acte de cette volonté tendue vers l'acte mineur ce qui semble donner à la conversion un caractère conventionnel[2615]. Mais, encore une fois, il paraît superflu de rappeler que le rôle du juge dans la conversion n'est pas seulement de constater, de déclarer et d'arbitrer que les conditions requises se trouvent remplies, mais de prononcer, de créer et de faire naître la conversion[2616]. C'est au juge de décider la conversion[2617]. La décision, ici, a un effet constitutif et non déclaratif[2618]. La particularité que le contrat trouve sa source dans la décision du juge sans être le fruit d'un accord de volonté fait, douter de l'adéquation de l'utilisation de la qualification contrat judiciaire et invite à retenir celle d'acte juridictionnel.

[2609] *Ibid.*

[2610] *Ibid.*

[2611] A. COURET, art. préc., n° 38, p. 240. ; P. LIPINSKI, art. préc., n° 29, p. 1185 et 1186 ; V. *supra* n° 395 et s. et n° 425 et s.

[2612] X. PERRIN, th. préc., n° 39, p. 52 ; O. CORNAZ, th. préc., p.45.

[2613] X. PERRIN, th. préc., n° 39, p. 52.

[2614] V. *supra* n° 764.

[2615] A. COURET, art. préc., n° 34, p. 238. ;

[2616] *Ibid.*, n° 37, p. 240 ; P. LIPINSKI, art. préc., n° 32, p.1189 ; V. *supra* n° 610.

[2617] P. LIPINSKI, art. préc., n° 32, p.1189.

[2618] A. COURET, art. préc., n° 41, p. 241 ; V. *supra* n° 610.

B. L'affirmation du caractère juridictionnel contentieux de la décision de conversion

771. La plupart des auteurs contemporains considèrent que le jugement de conversion ne relève pas de la catégorie des actes judiciaires non juridictionnels, mais de la catégorie des actes juridictionnels contentieux[2619]. Monsieur Lipinski, qui est l'un des défendeurs de cette analyse, remarque, à juste titre, que la « *décision prononçant la conversion est... un acte juridictionnel contentieux* »[2620]. L'auteur repousse ainsi l'idée selon laquelle la décision de conversion est un contrat judiciaire pour soutenir l'opinion contraire consistant à admettre que le juge rend un « *véritable jugement* »[2621]. Afin d'étayer sa position, l'auteur relève que « *Le juge n'homologue pas un accord de conversion passé entre les parties ; il ne se contente pas de contrôler un accord conclu entre elle*[2622]*, ni de donner acte aux parties de leur accord* »[2623]. La constatation judiciaire, dit-il, absorbe l'accord des parties qui disparaît en tant que tel[2624]. Le caractère juridictionnel de la conversion est donc la conséquence de ce que le juge ne se contente pas de « *parfaire un acte juridique* »[2625] conclu entre les parties, mais prononce lui-même la conversion.

772. L'affirmation du caractère juridictionnel contentieux du jugement de conversion, est une solution satisfaisante pour deux raisons. La première est tirée du fait que la conversion intervient toujours pour trancher l'opposition des prétentions, pour mettre fin à une contestation. L'existence d'une contestation paraît bien être le signe révélateur d'une situation contentieuse[2626]. Olivier Cornaz avait déjà relevé en ce sens, que la conversion « *est une source de procès. Elle suppose un désaccord entre les parties* »[2627]. Le même auteur ajoute que « *si, en effet, elles sont d'accord, rien ne les empêche de refaire l'acte initial ou de passer l'acte second ou de laisser tomber l'un et l'autre. Si elles font l'acte second, il vaudra parce qu'elles l'ont voulu et non en vertu d la conversion* »[2628]. L'auteur conclut enfin en disant que « *la conversion ne peut se concevoir que si l'une des*

[2619] P. LIPINSKI, art. préc., n° 32, p. 1189.
[2620] *Ibid.*
[2621] *Ibid.*, n° 32, p. 1189 et la note n° 166.
[2622] I. BALENSI, « *L'homologation judicaire des actes juridiques* », R.T.D. civ. 1978, p. 42, spéc. n° 33, p. 61 ; L.AMIEL-COSME, « *La fonction d'homologation judiciaire* », Justices 1997, n°5, p. 135 ; Ch. FARDET, « La notion d'homologation », Droits, 1999, tome 28, p. 181.
[2623] Sur cette question V° : J. VINCENT et S. GUINCHARD, Procédure civile, *op.cit.*., n° 164 et s., p. 21 et s.- *Adde* Y. MULLER, Le contrat judiciaire en droit privé, th. Paris,I, 1995 ; Y. MULLER, Rép. Proc. Civ. Dalloz, V° Contrat judiciaire ; P. LIPINSKI, art. préc., n° 32, p. 1189, note n° 166.
[2624] P. LIPINSKI, art. préc., n° 32, p. 1189.
[2625] L. CADIET, Droit judiciaire privé, *op.cit.*, n°318.
[2626] Cass. com., 21 mai 1963, Gaz. Pal. 9 oct. 1963, R.T.D.civ. 1963, p. 775, obs. HEBRAUD.
[2627] O. CORNAZ, th. préc., p.120.
[2628] *Ibid.*

parties veut être libérée, et que l'autre entende maintenir entre elles un rapport de droit. Leur litige risque fort de donner un procès, car il est facile de diverger d'opinion sur ce que les parties auraient voulu si elles avaient connu la nullité »[2629].

773. La seconde raison concerne le rôle actif du juge dans la mise en œuvre de la conversion et qui paraît bien être le signe révélateur d'une activité juridictionnelle. C'est en effet l'attitude du juge qui conditionne la qualification de « *contrat judiciaire* » ou de « *jugement* »[2630]. Saisie d'une demande de conversion, le juge est tenu d'abord de vérifier que les conditions objectives de la conversion posées par l'article 328 du C.O.C. sont réunies. La réunion des conditions posées par la loi est nécessaire, mais pas suffisante. Le juge reste libre d'apprécier l'opportunité de la conversion par rapport aux exigences morales, sociales et économiques[2631]. Au contrôle de la légalité, s'ajoute ainsi un contrôle de l'opportunité de la conversion. C'est donc au juge de décider de la conversion[2632]. La décision judiciaire en est la source du contrat[2633]. L'article 328 du C.O.C. investit le juge du pouvoir de « *faire* » lui-même le contrat. Son intervention ne se réduit pas à une simple formalité. La situation est toute autre, la décision du juge supplée l'accord de volonté pour donner elle-même naissance au rapport de droit qui s'appliquera aux parties comme si elles l'avaient voulu. L'ampleur du rôle imparti au juge apparaît, cette fois, antinomique de la possibilité de maintenir la qualification de contrat judicaire à la décision prononçant la conversion.

774. Il résulte des réflexions ci-dessus que la conversion ne constitue pas un contrat judiciaire. La notion de contrat judiciaire ne peut s'appliquer à la conversion pour une raison essentielle. Le contrat judiciaire suppose un accord de volonté des parties constaté par le juge. Or, lorsque le juge prononce la conversion, ne se contente pas de donner acte aux parties de leur accord[2634]. La conversion intervient en tant que sanction, elle est imposée par le juge. La conversion est le résultat du pouvoir sanctionnateur du juge, elle tire par conséquent son autorité de l'intervention juridictionnelle. L'extension des pouvoirs du juge contribue à faire passer la situation créée du contractuel au juridictionnel. Le jugement de conversion fait disparaître l'acte mineur en tant qu'acte conventionnel[2635]. C'est pourquoi poser la

---

[2629] *Ibid.*
[2630] A. ENGEL-CREACH, *op.cit.* n° 9, p. 8.
[2631] V. *supra* n°s 675 et 686.
[2632] P. LIPINSKI, art. préc., n° 32, p. 1189.
[2633] A. ENGEL-CREACH, *op.cit.*, n° 161, p. 111.
[2634] Sur cette question V° : J. VINCENT et S. GUINCHARD, Procédure civile, *op.cit.*, n° 164 et s., p. 21 et s.- *Adde* Y. MULLER, Le contrat judiciaire en droit privé, th. préc., *passim* ; Y. MULLER, Rép. proc. civ. Dalloz, V° Contrat judiciaire ; P. LIPINSKI, art. préc., n° 32, p. 1189, note 166.
[2635] P. LIPINSKI, art. préc., n° 39, p. 1194.

question des effets de l'acte mineur revient à s'interroger sur les effets du jugement de conversion[2636].

SECTION II. LA RÉNOVATION DES EFFETS DE LA DÉCISION DE CONVERSION

775. Les effets du jugement de conversion diffèrent selon qu'ils concernent les parties (*§1*) ou les tiers (*§2*).

§ 1. Les effets à l'égard des parties

776. La décision de conversion, acte juridictionnel, est dotée de l'autorité de la chose jugée. L'autorité rattachée au jugement de conversion (**A**), n'empêche pas une remise en cause postérieure de ce jugement (**B**).

A. L'autorité de la chose jugée du jugement de conversion

777. L'autorité de la chose jugée signifie que le jugement de conversion doit être respecté par les parties et ne peut être remis en cause que par l'usage de l'une des voies de recours offertes par la loi[2637]. Cette autorité est reconnue par l'article 481 du Code des obligations et des contrats. L'autorité de la chose jugée est accordée par la loi uniquement à toute décision à caractère juridictionnel, contentieux ou gracieux, quelle que soit la juridiction dont elle émane[2638]. On précisera que si l'acte avait un caractère non juridictionnel, il ne bénéficierait pas de cette autorité[2639]. L'autorité de la chose jugée s'applique donc à la décision de conversion dans la mesure où celle-ci a un caractère juridictionnel.

778. L'autorité de la chose jugée est très importante dans la mesure où elle donne à l'acte une double présomption de vérité et de régularité[2640]. La

---

[2636] *Ibid.*

[2637] La présomption d'autorité de la chose jugée, posée par l'article 481 du C.O.C et l'article 1351 du C.C.F.
Sur l'autorité de la chose jugée en droit tunisien, v. Hatem RWETBI
حاتم الرواتبي، "مفهوم اتصال القضاء في فقه القضاء"، خمسون عاما من فقه القضاء المدني 1959-2009، تحت إشراف الأستاذ كمال شرف الدين، مركز النشر الجامعي، تونس 2010، ص 1041.
V. aussi Ali KHAHLOUN
علي كحلون، النظرية العامة للنزاع المدني، الإشكالات الإجرائية للنزاع المدني، المرجع السابق، ص 354.
V. dans la jurisprudence tunisienne : Cass. civ. (ch. réunies), n° 39190, du 4 juillet 1997, Les arrêts des chambres réunies de la Cour de cassation, 1996/1997, p. 7.
" إن اتصال القضاء قرينة من القرائن و مبناها أن الحقيقة القضائية قرينة قاطعة لا يجوز معها إعادة نشر النزاع بدعوى جديدة استشعارا في ذلك لما يفرضه القانون من حجية مطلقة للأحكام يتحقق بها حسن سير العدالة و يمنع بمقتضاها النظر مكررا في ذات النزاع المقضي فيه حتى لا تتجدد النزاعات و تتعارض الأحكام في نفس الموضوع و بين نفس الخصوم و لنفس السبب و هذا كفيل بضمان الاستقرار من الناحيتين الاقتصادية و الاجتماعية وذلك ما يستروح من الفصل 481 من م.ا.ع.".

[2638] J. VINCENT et S. GUINCHART, Procédure civile, *op.cit.*, n° 173, p. 223.

[2639] *Ibid.*, n° 172, p. 222.

[2640] *Ibid.*

loi attache à l'autorité de la chose jugée un double effet. L'effet positif, tout d'abord, implique que le plaideur dont le droit a été reconnu peut se prévaloir du jugement et des avantages qui en découlent pour lui[2641]. L'avantage le plus important est de donner au plaideur le droit d'exiger l'exécution du jugement par la force[2642]. L'effet négatif de l'autorité de la chose jugée interdit que soit soumis à nouveau à un tribunal ce qui a déjà été jugé, si les conditions de l'article 481 du C.O.C. sont réunies[2643]. L'autorité de la chose jugée consiste alors à rendre la décision judiciaire « *indiscutable* »[2644] ou « *irrévocable* »[2645]. L'autorité de la chose jugée exprime l'effet extinctif de la transaction avec comme conséquence l'interdiction de rouvrir un litige déjà tranché[2646].

779. L'acte juridictionnel, en dépit de la force de vérité légale qui le caractérise, n'a cependant qu'une autorité limitée ou encore relative[2647], en ce sens que la décision judiciaire ne peut créer des droits et des obligations qu'à l'encontre des parties, de la même manière que le contrat ne produit d'effets qu'à l'encontre des parties contractantes[2648]. Cette autorité est limitée pour deux raisons : La première tient au fait que les parties peuvent conventionnellement supprimer l'acte valable s'il ne les satisfait pas[2649]. La seconde raison consiste à relever que l'intervention du juge ne constitue pas un obstacle à l'inexécution de la sanction par la partie qui est soumise. Le plaideur insatisfait devra dans cette hypothèse à nouveau saisir le juge afin de contraindre la partie défaillante à l'exécution forcée de ces obligations. A l'image du contractant ordinaire insatisfait, le créancier a la possibilité de demander l'exécution forcée en nature de l'acte nouveau[2650]. Le non-respect de la décision de conversion peut aussi être sanctionné par la condamnation à des dommages-intérêts suivant l'article 275 du C.O.C. qui prévoit que « *L'obligation de faire ou de ne pas faire se résout en dommages-intérêts en cas d'inexécution…* »

780. Ceci dit, l'approfondissement de l'analyse peut nous conduire à affirmer que le jugement de conversion développe une série de conséquences

---

2641 *Ibid*., n° 179, p. 230 ; A. ENGEL-CREACH, *op.cit*., n° 170, p. 118.
2642 J. VINCENT et S. GUINCHART, Procédure civile, *op.cit*., n° 179, p. 230.
2643 *Ibid*., n° 179, p. 231.
2644 P. EISMEN, Des effets des décisions de justice sur la reconnaissance et la création des droits, th. Paris 19214, p. 239.
2645 R. PERROT, Autorité de la chose jugée, Rép. Proc. Civ. Dalloz, n° 192.
2646 J. VINCENT et S. GUINCHART, Procédure civile, *op.cit*., n° 179, p. 231 ; A. ENGEL-CREACH, *op.cit*., n° 170, p. 118 ; K. DE LA ASUNCION PLANES, La réfaction du contrat, *op.cit*., n° 563, p. 343.
2647 J. VINCENT et S. GUINCHART, Procédure civile, *op.cit*., n° 182, p. 235.
2648 *Ibid.*
2649 O. CORNAZ, th. préc., p.45.
2650 L'autorité de la chose jugée empêche, en principe, que ce qui a été décidé par le juge puisse être remis en cause autrement que par le biais d'une voie de recours à l'encontre de la décision. L'action en résolution est par conséquent irrecevable (A. ENGEL-CREACH, *op.cit*., n° 170, p. 118 ; K. DE LA ASUNCION PLANES, La réfaction du contrat, *op.cit*., n° 442, p. 298).

juridiques qui touchent les uns au fond du droit, les autres à la procédure. On se limitera ici à l'étude des effets procéduraux du jugement de conversion[2651]. Sous l'angle de la procédure, la conversion introduit un changement sur le régime de la preuve, de la prescription et de la compétence juridictionnelle[2652]. L'importance de ses conséquences se révèle toutefois nettement en matière des effets de commerce[2653].

781. Le régime de la preuve à appliquer suite à la conversion dépend de la qualification retenue par le juge pour l'acte nouveau. Si par exemple, un titre se transforme en un autre, comme c'est le cas lorsqu'une lettre de change se convertit en un billet à ordre, le nouveau titre continuera comme le premier de faire preuve par lui-même[2654]. En revanche, si le titre dégénère en un engagement de droit commun, la détermination du régime de la preuve supposera de prendre en considération la qualité des parties en cause. Si le litige opposera des personnes civiles, on appliquera les dispositions du Code des obligations et des contrats relatives à la preuve. Le tribunal de première instance de Sfax avait récemment affirmé que la nullité de la lettre de change fait perdre le titre sa valeur cambiaire. Le demandeur est dès lors tenu de prouver l'existence de la créance selon les règles du droit commun relatives à la preuve[2655]. A cet égard, il n'est pas inutile de rappeler que conformément à l'actrice 473 du Code des obligations et des contrats « *Les conventions ou autres faits juridiques, ayant pour but de créer, de transférer, de modifier ou d'éteindre des obligations ou des droits, et excédant la somme ou la valeur de mille dinars, ne peuvent être prouvés par témoins, il doit en être passé un acte authentique ou sous seing privé* ». Un commencement de preuve par écrit ne peut donc être admis pour faire preuve des engagements des signataires. Si le litige oppose des commerçants, la preuve est commerciale et donc libre[2656]. La liberté de la preuve en matière commerciale semble avoir été retenue depuis le Code des obligations et des contrats. L'article 478 de ce code prévoit en effet que la preuve testimoniale est recevable entre commerçants dans les affaires où il n'est pas d'usage d'exiger des preuves écrites[2657]. Avec l'article 598 Code de commerce, le législateur consacre le principe de la liberté des preuves en matière commerciale. D'après ce texte, les engagements commerciaux se constatent par différents moyens qui vont

---

2651 Sur les effets substantiels de la conversion, v. *supra* n°s 382 et s.

2652 V. en ce sens : Cass.civ., n° 2803, du 6 déc. 2004, B.C.C. 2004.II.317.
" إذا سلمنا بخضوع الأوراق التجارية لنظامين متلازمين ومتى تعذّر اعتماد النظام الأول سبيلا لاقتضاء الدين فإن الاحتكام لقواعد القانون المدني العام توجب اعتماد وسائل الإثبات وإجراءات التقاضي والسقوط على معنى القانون العام "

2653 A. BOUJEKA, art. préc., n° 47 et s., p. 242 et s.

2654 *Ibid.*, n° 48, pp. 242-243.

2655 T.P.I. de Sfax, n° 52094, du 29 juin 2015, inédit (V. annexe IX).
"وحيث طالما فقد السند صفة الكمبيالة فانه يتم الرجوع الى القواعد العامة خاصة في ما يتعلق بالإثبات و يكون المدعي تبعا لذلك ملزم بإثبات وجود المديونية و المدعي عليه ملزم بإثبات انقضائها و عدم لزومه للدين المطالب به عملا بأحكام الفصل 421 من م.ا.ع.".

2656 *Ibid.*, n° 48, p. 243.

2657 Le texte apporte une dérogation à l'art. 474 du C.O.C. qui n'admet pas la preuve testimoniale contre et outre le contenu des actes dont la valeur dépasse 1000 dinars.

de l'acte authentique aux témoignages et présomptions en passant par les correspondances, les factures et les livres des parties[2658].

782. En dehors de la preuve, la conversion peut modifier sensiblement le régime de la prescription. La conversion d'une lettre de change nulle en une reconnaissance de dette, régie par le droit commun, illustre, encore une fois, nos propos. En ce cas, l'acte nouveau suivra la prescription de droit commun et non celle du droit cambiaire. En ce sens, le tribunal de première instance de Sfax a décidé que l'absence d'une mention obligatoire prive le titre de la qualification de lettre de change[2659]. Le délai de prescription retenu dans ce cas est non pas celui du droit cambiaire, mais celui du droit commun des obligations, c'est-à-dire quinze ans (art. 402 C.O.C.)[2660]. Par comparaison, les délais de prescription en matière cambiaire, allant de six mois à trois ans. Par ailleurs, les intérêts seront dus non à partir de l'échéance (art. 311-2 du C.Com.), mais du jour de l'interpellation faite par le créancier au débiteur (art. 278 du C.O.C.)[2661].

[2658] Cass. civ. n°56/1290 du 27/10/1960, B.C.C. 105 ; Cass. civ. n°9261 du 7/3/1973, B.I., 84.

[2659] Jugement n° 22226, du 19 avril 2001, inédit (V. annexe II).

" حيث أن نفي المستأنف صفة الكمبيالة عن سند الدين يتعارض مع تمسكه بالأحكام المنظمة للكمبيالة في ما يتعلق بسقوط الدعوى بمرور الزمن، خصوصا وأن المستأنف ضدها لم تؤسس قيامها على أحكام القانون الصرفي و إنما على الأحكام العامة للالتزامات و التي تجعل حق القيام مفتوحا مدة 15 عاما كاملة عملا بأحكام الفصل 402 م اع"

V. aussi : Tribunal de première instance de Tunis, n° 6443 du 8 mai 1972, R.J.L. 1974, p. 13.

" إذا خلت الكمبيالة من أحد الأركان الجوهرية لإنشائها كإمضاء الساحب مثلا فإنها لا تعتبر كمبيالة تنطبق عليها أحكام الفصل 269 و ما بعده من المجلة التجارية، و ينبغي النظر إليها كسند دين عادي خاضع للقواعد العامة، و على هذا الأساس فلا مجال لتطبيق الفصول المذكورة و من بينها الفصل 335 المتعلق بالتقادم في مادة الكمبيالة".

[2660] Une jurisprudence constante n'applique les courts délais de prescription prévus par le Code des obligations et des contrats que lorsque l'affaire oppose un commerçant à un non commerçant. Lorsque le litige oppose deux commerçants entre eux le délai de prescription retenu est non pas celui du droit cambiaire, mais celui du droit commun des obligations c'est-à-dire quinze ans (art. 402 C.O.C.). Le motif d'une telle solution réside dans l'idée que les courts délais sont destinés à protéger le non commerçant dans ses rapports avec les commerçants. Lorsqu'il s'agit de commerçants entre eux il leur revient d'aménager par eux mêmes les moyens de leur propre protection (Cass.civ. n°2340, du 5/5/64 B.C.C. 1964.21 ; Cass.civ. n°16562 du 11.5.89, B.C.C. 1989.197.)

V. plus récemment : Cass.civ. n° 33554, du 2 avril 2013 (inédit), cité par M. KCHAOU, Les effets de commerce, Cours dacty, Institut Supérieur de la Magistrature, Tunis, 2016-2017, p. 23, note 49.

" وحيث أن الفصل 403 من م ا ع يعد استثناء للقاعدة العامة المنصوص عليها بالفصل 402 من م ا ع ذلك أنه مكن طرفا دون الآخر في القيام بالدعوى على خلاف الفصل 402 المذكور الذي جاء مطلقا وعاما ومستوعبا للدعاوى القائمة بين التجار. إذ ينص على أن " كل دعوى ناشئة عن تعمير الذمة لا تسمع بعد مضي خمسة عشر سنة عدا ما استثنى بنص وما قرره القانون في صور مخصوصة وهو ما يتأكد من خلاله أن الالتزامات عامة مدنية كانت أم تجارية تتقادم بانقضاء الأجل الوارد بالفصل 402 المذكور بما يصح معه القول بان القاعدة العامة في مادة التقادم هي خمسة عشر عاما وهذه المدة تسري بالنسبة لكل التزام ما لم ينص القانون في خصوصه على مدة أخرى وكذلك فيما عدا ما استثنى بالفصول 403 وما بعده من م ا ع ".

[2661] V. Tribunal de première instance de Tunis, n° 980, du 31 décembre 1963, R.J.L. 1964, p. 778 :

" إذا خلت الكمبيالة من أحد الأركان الجوهرية لإنشائها كإمضاء الساحب مثلا فإنها لا تعتبر كمبيالة وفقا للفصل 269 من المجلة التجارية ، و ينبغي النظر إليها كسند دين عادي خاضع للقواعد العامة ، من ذلك أن أجل جريان الفائض يبتدئ احتسابه لا من يوم الحلول، و إنما ابتداء من تاريخ الاستدعاء القائم مقام الإنذار عملا بالفصل 278 من مجلة الالتزامات و العقود".

783. Quant à la compétence juridictionnelle, son importance paraît bien négligeable dans les conséquences de la conversion en matière des instruments de crédit et de paiement[2662]. Il y a cependant des cas où la détermination de la juridiction compétente devient une question importante, voire problématique. L'hypothèse se rencontre notamment lorsqu'une lettre de change se convertit en un billet à ordre ou encore en un engagement de droit commun. Dans cette hypothèse se pose la question de savoir si la juridiction compétente pour connaître le litige est le tribunal commercial, tribunal spécialisé, ou les tribunaux de droit commun. Rappelons que les chambres commerciales ne connaissent pas de toutes les affaires commerciales, celles-ci sont définies par le paragraphe 5 de l'article 40 du Code de procédure civile et commerciale comme étant celles qui opposent les commerçants en raison de leurs activités commerciales[2663]. En sont donc exclues les affaires opposant des commerçants à des non-commerçants ou encore celles opposant des commerçants pour des affaires non-commerciales.

784. La détermination du juge compétent en cette hypothèse suppose de prendre en compte l'objet du litige (titre civil ou commercial) ainsi que la qualité des parties en cause (personnes civiles ou commerçants)[2664]. En effet si la lettre de change est un acte de commerce par la forme[2665], le billet à ordre n'est commercial que par accessoire. Le billet à ordre souscrit par un commerçant pour les besoins de son commerce est un acte de commerce, et ce n'est qu'à ce titre qu'il relève de la compétence de la chambre commerciale lorsque le litige oppose deux commerçants. Faute de satisfaire à ces conditions, le billet à ordre devient un acte civil relevant de la compétence du tribunal de première instance et du tribunal cantonal dans les limites de leurs ressorts respectifs.

785. La conversion introduit ainsi un changement procédural important lequel s'ajoute un changement substantiel. La conversion provoque le plus souvent un changement de qualification, qui va répondre à un nouveau régime juridique. Si du fait de la conversion, le contrat de vente se transforme en un contrat de donation, il obéira désormais au régime juridique et fiscal applicable à la nouvelle qualification. L'article 328 du C.O.C. prévoit en effet que : « *l'obligation qui est nulle comme telle, mais qui a les conditions de validité d'une autre obligation légitime, doit être*

[2662] A. BOUJEKA, art. préc., n° 50, p. 243.

[2663] Aux termes de l'article 40-5 du C.P.C.C. « *Est considérée commerciale en vertu du présent article, toute action relative à un litige entre commerçants en ce qui concerne leur activité commerciale* ».

V. sur les attributions des chambres commerciales, notamment Néji BACCOUCHE

ناجي البكوش، الدوائر التجارية: الإشكاليات الدستورية و القانونية، دراسات قانونية، مجلة تصدرها كلية الحقوق بصفاقس، عدد5، 1997، ص7.

[2664] A. BOUJEKA, art. préc., n° 50, p. 243.

[2665] L'article 269 du C.Com. dispose que « *la loi répute acte de commerce entre toutes personnes, la lettre de change* ».

régie par les règles établies pour cette obligation ». Il en résulte qu'à compter du prononcé de la conversion, les droits et obligations des parties au contrat ne seront plus régis par les règles résultant de la qualification primitive, mais par celles qui sont issues de la nouvelle qualification. Le vendeur sera tenu en qualité de donateur et l'avaliseur sera tenu en tant que caution. La force obligatoire qui caractérise l'acte nouveau ne doit pas constituer un obstacle à une éventuelle remise en cause du jugement de conversion.

B. Les moyens de critique du jugement de conversion

786. Lorsque la décision qui a donné naissance à la conversion revêt un caractère juridictionnel, les voies de recours offerts aux parties sont les seuls moyens compatibles avec l'autorité de la chose jugée et permettant de faire valoir d'éventuels griefs[2666]. L'interdiction de principe d'introduire une action en nullité contre la décision du juge, ne permet d'envisager que l'exercice d'une voie de recours, ordinaire ou extraordinaire contre la décision judiciaire intervenue et présentant un caractère juridictionnel[2667]. Les parties liées par le « *contrat* » formé par le juge sont privées des ressources du droit des contrats. La seule façon pour invoquer une irrégularité du contrat ou pour échapper à l'exécution des obligations que celui-ci développe consiste à attaquer la décision judiciaire[2668].

787. Privé de l'action principale en nullité, celui qui entend adresser ses critiques contre la décision de conversion ne peut trouver secours qu'auprès des voies de recours ordinaires ou extraordinaires. Deux types de voies de recours sont en principe à la disposition des parties : l'appel et le recours en cassation. L'appel est régi par les articles 130 à 155 du Code de procédure civile et commerciale. Il peut être défini comme une voie de recours ordinaire qui tend à faire réformer par la juridiction du deuxième degré la décision rendue en première instance[2669]. Le pourvoi en cassation est au contraire une voie de recours extraordinaire, notamment parce qu'elle ne peut être formée que pour certaines causes limitativement énumérées par l'article 175 du Code de procédure civile et commerciale[2670]. A ce titre, M.

[2666] V. en ce sens : Ahmed JANDOUBI et Houcin BEN SLIMA
أحمد الجندوبي و حسين بن سليمة، أصول المرافعات المدنية و التجارية، المرجع السابق، ص 396.

[2667] A. ENGEL-CREACH, *op.cit.* n° 159, p. 109.

[2668] *Ibid.*, n° 164, p. 114 et n° 269, p. 180.

[2669] F. MECHRI, Traité de procédure civile, *op.cit.*, p. 145 et s.
V. aussi A. KHAHLOUN
علي كحلون، النظرية العامة للنزاع المدني، المرجع السابق، ص 394 و ما بعدها.
V. également : Ahmed JANDOUBI et Houcin BEN SLIMA
أحمد الجندوبي و حسين بن سليمة، أصول المرافعات المدنية و التجارية، المرجع السابق، ص 401 و ما بعدها.

[2670] N. BEN AMMOU, Le pouvoir de contrôle de la cour de cassation, th. préc.; S. BOURAOUI et F. MECHRI, « *La Cour de cassation en Tunisie* », R.T.D. 1987, p. 299 et s. ; S. KRAIEM, « *Le bien-fondé de la multiplicité des cas d'ouverture à cassation* », Etudes juridiques 2008, p. 95 et s. ; F. MECHRI, Traité de procédure civile, *op.cit.*, p. 174 et s. ; A.

Sami Kraiem relève que loin de constituer de véritables cas, les ouvertures à cassation telles qu'énumérées par l'article 175 du C.P.C.C. se réduisent en un « *cas principal* » de violation de la loi[2671]. Le demandeur peut en conséquence se pourvoir en cassation pour invoquer notamment l'inobservation par le juge des conditions de l'article 328 du C.O.C. ou encore l'absence ou l'insuffisance de motivation dans la décision prononçant la conversion[2672].

§ 2. Les effets à l'égard des tiers

788. Préciser les effets de la conversion à l'égard des tiers conduits à s'interroger non seulement sur l'opposabilité du jugement de conversion (**A**), mais aussi sur les moyens de critique qui sont offerts aux tiers (**B**).

A. L'opposabilité du jugement de conversion aux tiers

789. La chose jugée qui lie les parties à l'instance n'a aucun effet à l'égard des tiers : « *res inter alois judicata nec nocet, nec prodest* », en ce sens que le jugement ne peut créer de droit ou d'obligations en faveur ou à l'encontre de ceux-ci, de la même façon que le contrat ne produit d'effet qu'entre les parties contractantes[2673]. Les tiers dont il est question ici ne sont pas les tiers à un acte conventionnel[2674], mais les tiers à un acte juridictionnel : les tiers au jugement qui a prononcé la conversion. Il s'agit de tous ceux qui n'ont été ni parties ni représentés à l'instance, c'est-à-dire les « *tiers véritables* »[2675], qu'il importe de bien distinguer des personnes qui ont été représentées à l'instance par l'un des plaideurs, notamment les créanciers chirographaires ou les ayants cause universels ou à titre universel

---

TUNC, « *Les fonctions de la cour de cassation* », R.T.D. 1983, p. 445 ;R. ZAARA BEN HADDADA, Les cas d'ouverture du recours pour excès de pouvoir et du recours en cassation, Approche comparative, mémoire soutenu à la faculté de des sciences juridiques, politiques et sociales de Tunis, 1997-1998 ; A. BEN AMMAR, Essai sur les fonctions de la cour de cassation en matière civile, mémoire préc..

V. aussi

علي كحلون، النظرية العامة للنزاع المدني، الإشكالات الإجرائية للنزاع المدني، المرجع السابق، ص 418 و ما بعدها؛
أحمد الجندوبي و حسين بن سليمة، أصول المرافعات المدنية و التجارية، المرجع السابق، ص 455 و ما بعدها.

2671 S. KRAIEM, art. préc., n°15, p. 95.

2672 V. *supra* n° 556 et les renvois

2673 J. VINCENT et S. GUINCHART, Procédure civile, *op.cit.*, n° 182, p. 235.

2674 Sur la notion de tiers au contrat V° notamment : J. GHESTIN, « *La distinction des parties et des tiers* », J.C.P. éd. G. 1992, I, 3628 ; J.-L. AUBERT, « *A propos d'une distinction renouvelée des parties et des tiers* », R.T.D. civ. 1993, p. 263 ; C. GUELFUCCI-THIBIERGE, « *De l'élargissement de la notion de parties au contrat... à l'élargissement de la portée du principe de l'effet relatif », R.T.D. civ. 1994, p. 275 ;* J. GHESTIN, « *Nouvelles propositions pour un renouvellement e la distinction des parties et des tiers* », R.T.D. civ 1994, p. 777 ; *Adde* J. FLOUR, J.-L. AUBERT, E. SAVAUX, Les obligations, tome 1, L'acte juridique, A. Colin, 9 e éd. 2000, n° 431 et s.

2675 J. VINCENT et S. GUINCHART, *op. cit. et loc. cit.*

de ceux-ci[2676]. Mais si l'acte juridictionnel ne peut créer des droits et des obligations qu'entre les parties, les tiers doivent le respecter[2677]. Le jugement leur est opposable[2678]. Ils ne peuvent ignorer les effets liés à la modification de l'ordre juridique que provoque la décision de conversion[2679]. On dira que le jugement est opposable à tous même s'il ne crée des effets qu'à l'égard de certaines parties au procès[2680]. Une distinction s'impose donc entre la relativité et l'opposabilité du jugement. La première concerne les parties, la seconde les tiers.

790. Le rayonnement de la décision de justice à l'égard des personnes étrangères au débat a provoqué une confusion entre les auteurs au plan des concepts[2681]. La doctrine classique considère que le jugement est opposable à tous, et que par voie de conséquence il a autorité absolue[2682]. La doctrine moderne dans sa très grande majorité rejette pourtant cette analyse : « *En réalité, il n'y a pas d'autorité absolue de certains jugements, au sens où ceux-ci, produiraient des effets à l'encontre de ceux qui n'ont été ni parties ni représentés à l'instance. Il n'y a que des jugements opposables aux tiers. Ainsi entendue, la prétendue autorité absolue, qui n'est autre que l'opposabilité n'exclut pas l'autorité relative du jugement* »[2683].

791. Les effets du jugement de conversion à l'égard des tiers sont susceptibles de varier. Dans certains cas, ils n'auront pas d'incidence. Ainsi le créancier qui a obtenu la constitution d'une sûreté grevant le bien objet d'un acte de vente (acte majeur) ne saurait perdre sa sûreté en raison de la conversion de cet acte en donation (acte mineur). C'est là une conséquence de ce que la conversion n'emporte pas la novation du contrat[2684]. La

---

2676 J. VINCENT et S. GUINCHART, Procédure civile, *op.cit.*, n° 182, p. 235 ; P. LIPINSKI, art. préc., n° 39,
p. 1194.

2677 P. LIPINSKI, art. préc., n° 39, p. 1195.

2678 J. VINCENT et S. GUINCHART, Procédure civile, *op.cit.*, n° 182, p. 235 ; P. LIPINSKI, art. préc., n° 39,
p. 1195.

2679 J. VINCENT et S. GUINCHART, Procédure civile, *op.cit.*, n° 182, p. 235 ; P. LIPINSKI, art. préc., n° 39,
p. 1195.

2680 V. DUCLOS, L'opposabilité, th. Rennes, Préf. D. MARTIN, L.G.D.J.,1984 ; J. VINCENT et S. GUINCHART, Procédure civile, *op.cit.*, n° 182, p. 235.

2681 V. DUCLOS, L'opposabilité, th. Rennes, préf. D. MARTIN, L.G.D.J.,1984, n° 75, p. 102.

2682 D. TOMASIN, Essai sur l'autorité de la chose jugée en matière civile, L.G.D.J., 1975, préf. P. HEBRAUD, spéc., n° 60 et s. ; H.L. et J. MAZEAUD, F. CHABAS, Leçons de droit civil, tome1, volume 2, Les personnes, La personnalité, Les incapacités, Montchrestien, 8e éd. 1997, par F. LAROCHE-GISSEROT, n° 484 ; L. BOYER, « *Les effets des jugements à l'égard des tiers* », R.T.D.civ. 1951, p. 163, spéc., n° 11, p. 174.

2683 J. VINCENT et S. GUINCHART, Procédure civile, *op.cit.*, n° 182, p. 236.

2684 Puisque la conversion n'a pas un effet novatoire, il faut déduire aussi qu'elle n'a pas aussi d'influence sur l'application de la loi dans le temps. La loi applicable au contrat demeure inchangée. Il s'agit toujours de la loi qui était en vigueur au jour de sa conclusion. Il est à noter que la solution aurait été différente si la conversion avait eu un effet novatoire. Dans ce

conversion n'est pas une novation parce que le lien de droit qui existe entre les contractants n'est pas rompu, mais maintenu. Dès lors, il faut admettre avec M. Couret que la conversion ne fait pas disparaître les garanties et les sûretés accompagnant l'acte[2685]. C'est une différence fondamentale avec la nova-tiyn[2686]. Dans d'autres cas, l'effet produit par le jugement de conversion sera perturbateur. L'hypothèse se rencontre notamment lorsque la conversion conduit à modifier la situation au sein d'une chaîne de contrats[2687]. Lorsqu'un même bien est l'objet de plusieurs contrats successifs et que se forme une chaîne de contrats, la nature de la responsabilité diffère selon la nature du groupe de contrats. En cas de ventes successives d'un bien, la responsabilité du vendeur originaire à l'égard du sous-acquéreur est nécessairement contractuelle[2688]. Dans les chaînes de contrats comprenant une vente et un ou plusieurs contrats non translatifs de propriété, la responsabilité est délictuelle[2689]. Dans ces conditions, la conversion d'un contrat de vente, faisant partie d'une chaîne de ventes, en contrat d'entreprise a pour conséquence de transformer la nature de la responsabilité : de contractuelle, elle devient délictuelle[2690].

B. Les moyens de critique du jugement de conversion

792. La règle de l'autorité relative de la chose jugée, limitant les effets du jugement de conversion aux parties présentes ou représentées à l'instance, ne protège pas suffisamment les tiers. Il existe en effet des cas où il faut réserver à ceux qui sont demeurés étrangers à une instance, une arme, une voie de recours pour défendre leurs intérêts et contester l'opposabilité du jugement de conversion. A ce titre M. Lipinski relève que les moyens de défense offerts aux tiers varient selon l'attitude active ou passive du tiers[2691].

---

cas, la loi désormais applicable aurait alors été celle qui était en vigueur au jour de la conversion. (V. en ce sens A. COURET, art. préc., n° 66, pp. 250-251).

[2685] V. en ce sens A. COURET, art. préc., n° 67, p.251.

[2686] L'article 366 du C.O.C. prévoit que « *Les privilèges et hypothèques de l'ancienne créance ne passe point à celle qui lui est substituée, si le créancier ne les a expressément réservés* ». Il ressort de la lecture de cet article que, sauf volonté contraire, la novation, puisqu'elle éteint la dette initiale, éteint également les accessoires de celle-ci. La conversion, n'ayant pas d'effet novatoire, n'a pas d'effet extinctif sur les accessoires de la dette.

[2687] La chaîne de contrats se présente « *Lorsque plusieurs contrats, unis par une identité d'objet, car organisé à propos d'une même chose, autour d'une même prestation essentielle, sont successivement conclus* » (B. TEYSSIÉ, Les groupes de contrats, bibl.dr. privé, L.G.D.J. 1975, tome 139, préf. De J.M. MOUSSERON., n°69, p.39).

[2688] Cass. Civ. 1re, 9 octobre 1979, Bull. civ. I, n° 241 ; R.T.D. civ. 1980, p. 354, obs. G. DURRY.

[2689]P. JOURDAIN, « *La nature de la responsabilité civile dans les chaînes de contrats après l'arrêt d'Assemblée plénière du 12 juillet 1991* », D. 1992, p. 149.

[2690] Exemple cité par M. Pascal LIPINSKI, art. préc., n° 39, p. 1195.

[2691] P. LIPINSKI, art. préc., n° 40, p. 1195. Cette distinction revient en réalité à J. DUCLOS, L'opposabilité, essai d'une théorie générale, L.G.D.J., 1984, préf. MARTIN, p. 120 et 121.

793. Le tiers a, tout d'abord, la possibilité d'adopter une attitude active en prenant l'initiative de former tierce opposition qui est régie par les articles 168 à 174 du C.P.C.C. La tierce opposition peut être définie comme « *une voie de recours extraordinaire ouverte à tous les tiers quand ils sont lésés ou même simplement menacés d'un préjudice par l'effet d'un jugement auquel ils sont restés étrangers* »[2692]. Le tiers, menacé par un jugement qui lui est directement opposable dispose ainsi d'un moyen de se soustraire aux conséquences directes ou indirectes de la décision, c'est de faire tierce opposition[2693]. Lorsque la tierce opposition réussit, le jugement est alors rétracté ou réformé, mais non pas toujours à l'égard de tous[2694]. Les effets de cette rétraction ou de cette réformation sont limités au tiers qui a usé de la tierce opposition[2695]. L'article 173 du C.P.C.C. dispose que « *La tierce opposition a pour effet un nouvel examen de l'affaire. Elle ne profite aux parties succombantes au jugement entrepris que dans le cas où l'objet du litige est indivisible* ». La tierce opposition produit le même effet qu'une action en nullité[2696]. La tierce opposition contre le jugement, à l'instar d'une action paulienne contre le contrat, rend inopposable à celui qui l'a exercée avec succès tout ou partie des effets de l'acte attaqué, contrat ou jugement[2697]. Ainsi par exemple, le créancier du débiteur et véritable vendeur peut-il former une tierce opposition afin que le jugement de conversion qui porte atteinte à son droit de gage général lui soit déclaré inopposable.

794. Le tiers peut choisir aussi d'engager une action principale lui permettant d'obtenir une décision sur la « *même question* » que celle déjà tranchée par le jugement de conversion, sans pour autant s'y attaquer directement[2698]. La recevabilité de cette action suppose la preuve par ce tiers d'un droit propre susceptible de fonder une action en justice[2699]. Le cas se présente lorsque le tiers intente une action en revendication contre la personne reconnue propriétaire de la chose à la suite d'un jugement de conversion[2700].

795. Le tiers peut choisir, seconde alternative, de rester passif. L'hypothèse se rencontre lorsque le tiers laisse à la partie qui entend se

---

[2692] F. MECHRI, Traité de procédure civile, *op.cit.*, p. 170 et s ; J. VINCENT et S. GUINCHARD, Procédure civile, *op.cit.*, n° 1484, p. 1048 ; R. MARTIN, « *De l'utilité de la tierce opposition* », Gaz.Pal. 1991, doct. 303.
V. aussi A. KHAHLOUN:
علي كحلون، النظرية العامة للنزاع المدني، الإشكالات الإجرائية للنزاع المدني، المرجع السابق، ص 438 و ما بعدها.
V. également : Ahmed JANDOUBI et Houcin BEN SLIMA
أحمد الجندوبي و حسين بن سليمة، أصول المرافعات المدنية و التجارية، المرجع السابق، ص 440 و ما بعدها.

[2693] J. VINCENT et S. GUINCHARD, Procédure civile, *op.cit.*, n° 1485, p. 1050.

[2694] *Ibid.*, n° 1494, p. 1058.

[2695] *Ibid.*

[2696] A. ENGEL-CREACH, *op.cit.*, n° 194, p 132.

[2697] *Ibid.*

[2698] P. LIPINSKI, art. préc., n° 40, p. 1195.

[2699] *Ibid.*, n° 40, pp. 1195- 1196.

[2700] *Ibid.*

prévaloir du jugement de conversion, le soin d'introduire une action principale en justice. La critique du tiers-défendeur prendra alors la forme d'une tierce opposition incidente puisque, par hypothèse, intervenant au cours d'une instance. La demande reconventionnelle, déclare l'article 227 du C.P.C.C, est une demande incidente formée par le défendeur en réponse à celle du demandeur et qui a pour but la défense de l'action principale, la compensation ou le la réparation du préjudice né du contrat.

796. Le jugement de conversion peut aussi être attaqué par voie de requête civile, dénommée en France après la réforme du Code de procédure civile de recours en révision[2701]. Le siège de la matière se trouve dans les articles 156 à 167 du C.P.C.C. La requête civile peut être définie comme « *une voie de recours extraordinaire par laquelle la partie qui a succombé au procès en raison de malhonnêtetés caractérisées de son adversaire porte le jugement devant la juridiction qui l'a rendu pour qu'elle l'a rétracte en conséquence* »[2702]. Etant une voie extraordinaire, le recours en révision n'est ouvert que dans les trois cas prévus par l'article 156 du C.P.C.C. Ces cas concernent des situations dans lesquelles la matérialité des faits n'a pas été exactement présentée au juge, par la faute ou sans la faute de l'un des plaideurs[2703].

[2701] F. MECHRI, Traité de procédure civile, *op.cit.*, p. 166 et s ; J. VINCENT et S. GUINCHARD, Procédure civile, *op.cit.*, n° 11495, p. 1058 ; BARRERE, « *La rétractation du juge civil* », *in* Mélanges P. HEBRAUD, 1981, p. 1 et s. ; P. LIPINSKI, art. préc., n° 42, p. 1197.

V. aussi A. KHAHLOUN:

علي كحلون، النظرية العامة للنزاع المدني، الإشكالات الإجرائية للنزاع المدني، المرجع السابق، ص 449 و ما بعده.

V. également : Ahmed JANDOUBI et Houcin BEN SLIMA

أحمد الجندوبي و حسين بن سليمة، أصول المرافعات المدنية و التجارية، المرجع السابق، ص 444 و ما بعدها.

[2702] F. MECHRI, Traité de procédure civile, *op.cit.*, p. 166 et s ; J. VINCENT et S. GUINCHARD, Procédure civile, *op.cit.*, n° 11495, p. 1058 ; BARRERE, « *La rétractation du juge civil* », *in* Mélanges P. HEBRAUD, 1981, p. 1 et s. V. aussi A. KHAHLOUN:

علي كحلون، النظرية العامة للنزاع المدني، الإشكالات الإجرائية للنزاع المدني، المرجع السابق، ص 449 و ما بعدها

[2703] L'article 156 du C.P.C.C. dispose que « *Les jugements rendus en dernier ressort peuvent être rétractés par la voie de la requête civile pour les causes ci-après : 1)s'il y a eu dol personnel ayant motivé le jugement et qui était inconnu de la partie succombante, en cours d'instance ; 2) si l'on a jugé sur pièces ou autres preuves reconnues ou déclarées judiciairement fausses postérieurement à ce jugement et antérieurement à l'introduction de la requête civile, alors qu'elles constituaient le motif principal ou unique de ce jugement ; 3) Si depuis le jugement, et à une date certaine, l'auteur de cette requête a recouvré des pièces décisives qui avait été retenues par le fait de l'adversaire* ».

Conclusion de la deuxième partie

797. Au terme de cette deuxième partie, il est permis d'affirmer que le régime de la conversion mérite d'être renouvelé, aussi bien d'un point de vue substantiel que processuel.

Le régime substantiel de la conversion connaît, à l'issue des développements précédents, une évolution importante, qui découle en bonne partie de l'intervention **active** du juge. Soutenir aujourd'hui que le rôle du juge est simplement de découvrir par interprétation si les parties auraient convertir, semble relever d'un penchant pour l'archaïsme. Il est au contraire plus conforme à la réalité d'affirmer que le juge **refait** l'acte juridique à la place des parties.

798. Il n'y a pas cependant lieu de diaboliser l'office du juge en prétendant que la conversion est un procédé exorbitant et autoritaire. Certes la conversion est une source potentielle d'insécurité juridique et d'arbitraire judiciaire. Toutefois, c'est la conversion elle-même qui fournit les armes pour les combattre. Les inquiétudes que peut faire naître l'accroissement du rôle du juge dans la conversion s'apaisent comme nous l'avons souligné dès lors que le juge est tenu de puiser les éléments de l'acte nouveau dans l'acte initial. Elles doivent encore être tempérées par la recherche constante d'un acte nouveau qui répond au but initialement voulu par les parties. Faut-il encore ajouter que l'obligation pour le juge de motiver sa décision constitue aussi et surtout un « *rempart contre l'arbitraire* »[2704]. Le contrôle de la qualification de rechange par la Cour de cassation constitue, enfin, une autre garantie contre l'arbitraire du juge.

799. Le régime processuel de la conversion connaît aussi, au terme de cette étude, une double évolution. L'exercice de l'action en conversion était réservé uniquement aux parties. On a pu démontrer que le juge peut soulever d'office la conversion alors même qu'il est saisi d'une action tendant à l'anéantissement de l'acte. La multiplication des chances de dénonciation de la conversion doit conduire évidemment à la multiplication des chances de sauvetage des actes juridiques. L'étude entreprise a permis également de démontrer que la décision de conversion, contrairement aux analyses

---

[2704] Ch. MOULY, « *La motivation des arrêts d'appel* », *in* La Cour d'appel d'Aix-en-Provence, colloque Aix-en-Provence, 11 et 12 déc. 1993, P.U. Aix, 1994, p. 87.

classiques, est pourvue du caractère juridictionnel. Le juge ne se contente pas, en effet, de contrôler un accord conclu entre les parties, il rend un véritable jugement. Les contractants ne sont pas pour autant démunis. Ils peuvent attaquer le jugement de conversion par l'exercice des voies de recours offertes par le Code de procédure civile et commerciale.

800. On a pu constater enfin que l'évolution souhaitée du régime de la conversion ne constitue pas une crainte pas plus un danger pour la sécurité juridique dans la mesure où elle peut se faire selon nos principes juridiques et de droit processuels nouvellement définis. Elle est aussi confortée par la conception purement objective de la conversion en droit tunisien.

CONCLUSION GÉNÉRALE

801. Le constat de départ relativement à la notion de conversion et de son régime était négatif à plus d'un titre. La notion paraît incertaine, protéiforme et lacunaire. Le régime est caractérisé par son archaïsme. Le constat opéré a montré aussi que la conversion n'est pas encore entrée dans la tradition juridique tunisienne. Elle est une notion négligée, voire ignorée par la doctrine, non invoquée par les justiciables et partant très rarement appliquée par les tribunaux. En un mot, la conversion paraît souffrir d'obsolescence et de désuétude.

802. Face à ce constat, l'objectif de ce travail était, dès le départ, double : la redéfinition de la notion de conversion d'une part, et la rénovation de son régime, d'autre part. On s'est proposé de démontrer que cette analyse renouvelée de la conversion est susceptible de garantir l'essor et l'épanouissement de notre institution. La tentation était grande compte tenu des défauts apparemment rédhibitoires de la conversion. L'étude entreprise est toutefois riche d'enseignements. Le bilan qu'il s'impose de dresser paraît à notre sens très positif.

803. Le premier enseignement, heureux, qui semble pouvoir être tiré, tient à la notion même de conversion. Historiquement définie comme l'opération qui consiste à tirer d'un acte nul un acte nouveau valable, la conversion ne peut être aujourd'hui comprise comme telle. L'analyse du droit positif révèle que le concept classique de la conversion peut s'élargir à un double point de vue : On ne s'était occupé jusqu'à alors que de la conversion des actes juridiques ; on a découvert qu'elle peut être étendue aux actes instrumentaires. Dans le même sens, on n'avait envisagé qu'une cause de la conversion, la nullité d'un acte ; on admet aujourd'hui qu'elle pouvait opérer à la suite d'un évènement postérieur à la formation d'un acte. Ainsi définie, la conversion apparaît comme ayant un champ d'application beaucoup plus étendu que ne le concevaient les auteurs allemands.

804. Cette étude nous a permis aussi de montrer que malgré l'élargissement de son domaine, la conversion demeure une notion unitaire. L'unicité de la notion paraît pouvoir être déduite de l'existence d'un ensemble de traits et de caractéristiques invariables qui, réunies, singularisent le procédé de conversion et lui confèrent son individualité. Les caractéristiques identitaires de la conversion ont permis de conclure qu'il y a place aujourd'hui, en droit tunisien, pour une institution originale, distincte des notions subjectives telles que l'interprétation des volontés, en ce qu'elle opère substitution d'un acte à un autre en dehors de l'intervention d'une volonté. La notion de conversion révèle ainsi son unité, en même temps qu'un aspect objectif permettant une sécurité juridique accrue. Un concept d'une telle importance ne peut sans risque comporter une trop forte dose de subjectivité. En conséquence, il s'avère indispensable d'objectiver la définition que nous avons proposée. Celle-ci peut, en effet, être définie comme *la technique qui donne effet, par la volonté de la loi ou du juge, à un acte juridique, qui n'a pu se former, à cause d'un vice originaire, ou qui n'a pu survivre, en raison d'une cause survenant a posteriori, lorsque les éléments qui demeurent correspondent à la définition d'une figure juridique nouvelle, satisfaisant l'objectif économique poursuivi par les parties.*

805. Le second enseignement, heureux, qui semble pouvoir être tiré, tient au fait que par son régime renouvelé la conversion est devenue une institution pratique. Le juge peut désormais prononcer la conversion sans pour autant s'interroger sur une prétendue volonté réelle ou virtuelle des parties. Aussi faut-il saluer le législateur tunisien qui a le mérite de débarrasser la conversion de tout subjectivisme. Les rédacteurs du C.O.C. semblent estimer qu'on n'aboutit à une disposition véritablement pratique qu'en renonçant à l'exigence de la volonté virtuelle. On a pu d'ailleurs constater que la formule relative à la volonté virtuelle constitue un obstacle sérieux au sauvetage des actes juridiques. L'objectivisation de la conversion en droit tunisien traduit une faveur législative à la sécurité et à la stabilité, plutôt que de servir la volonté des parties. La stabilité des rapports contractuels est un impératif primordial et vital dépassant les intérêts des parties et touchant les tiers et l'intérêt général, et ne doit pas dès lors dépendre d'une hasardeuse recherche de volonté. Le Code des obligations et des contrats de 1906 semble donc prêt à reconnaître l'évolution souhaitée à travers cette conception objective de la conversion. « *Un bon Code est celui qui parvient à réagir face à des réalités changeantes* »[2705]. Cette conception objective, disons avant-gardiste, dénote aussi « *d'un esprit clairvoyant de son rédacteur en dotant son pays, vers la fin du 19ème siècle donc de manière précoce, d'outils juridiques dignes d'un pays développé* »[2706].

806. L'espoir est que cette recherche aura au moins permis de sensibiliser les esprits des praticiens du droit à la prise en considération de la conversion dans la pratique. Von Jhering disait que : « *L'essence du droit est la*

2705 M. AYARI, « *Les définitions juridiques dans le code des obligations et des contrats* », *in* Livre du
centenaire du Code des obligations et des contrats, 1906-2006, sous la dir. de M.-K. CHARFEDDINE, C.P.U., Tunis 2006, p. 137.

2706 A. REBAÏ, « *La période précontractuelle dans le Code des obligations et des contrats* », art. préc.
in Livre du centenaire du Code des obligations et des contrats, *op.cit.*, n° 36, p. 295.

réalisation pratique »[2707]. A l'issue de cette étude, on peut raisonnablement penser que, désormais, la réticence de la doctrine ou le caractère apparemment insolite de la jurisprudence n'est qu'une forme « *d'ingratitude* »[2708] à l'égard de cette notion remplissant une fonction essentielle en droit. Le vœu est d'autant plus justifié, semble-t-il, par le fait que notre étude possède les caractéristiques préconisées par Saleilles[2709], lorsqu'il écrivait que ces sortes de constructions juridiques sont profitables quand « *elles peuvent répondre à quelque chose de concret...* » Le souhait devient encore plus légitime que l'étude entreprise possède les caractéristiques mêmes de notre institution : le **changement** de la configuration de la conversion par la **réduction** des incertitudes entourant son acception et son régime. La conversion, au terme de cette étude, est vouée à un avenir prospère, mais encore faut-il se convaincre, doctrine et jurisprudence, de l'idée de la **conversion** de la **conversion.**

[2707] Rud Von Jhering, « *la lutte pour le droit* », traduction de l'allemand par O. de Meulenaere, Paris,
Lib. Marescq Aine, 1890, p. 54.

[2708] P. MARKHOFF, Le droit entre raison et déraison. Contribution à l'étude du rôle de la raison dans la pratique judiciaire, th. Toulouse, 2006, n° 521, p. 317.

[2709] Annales de droit commercial, t. IV, 1892, p. 291, cité par Ph. Simler, La nullité partielle des actes juridiques, *op.cit.*, n° 390, p. 474, note 2.

ANNEXES

- L'article 375 de l'avant-projet de Code civil et commercial tunisien. (V. annexe I).
- Jugement du TPI de Sfax, n° 22226, du 19 avril 2001, inédit (V. annexe II).
- Cass.civ., n° 62249, du 7 mai 2012, inédit (V. annexe III).
- Jugement du T.P.I. de Sfax, n° 47664 du 24, mars 2016, inédit (V. annexe IV).
- Jugement du T.P.I. de Sfax, n° 28197, du 13 nov. 2000, inédit (V. annexe V).
- Cass.civ. n° 2794, du premier mars 2008, Bull. des arrêts de la Cour suprême marocaine 2008, p. 14. (V. annexe VI).
- Jugement du TPI de Sfax, n° 55232, du 23 mars 2015, inédit (V. annexe VII).
- Cass. civ. n° 68741, du 12 mars 2013, inédit (V. annexe VIII).
- Jugement du T.P.I. de Sfax, n° 52094, du 29 juin 2015, inédit (V. annexe IX).

ANNEXE I. L'article 375 de l'avant-projet de Code civil et commercial tunisien

ART. 375 HAMAOUI sur Ibn NANDJIM, II, 57, 4 ; KHANIAT ap. HAMAOUI, II, Gi, note 6 : cf., Ibn NANDJIM, II, 48. Une vente nulle pour défaut de prix peut-elle être valable comme donation ? Non : Ibn NANDJIM, I, 323. Un gage nul, comme tel peut valoir comme dépôt : *Eddor-El-Mokhtar*, v, 442 ; le bail à complant, nul comme tel, peut valoir comme louage d'ouvrage : lb. v, 343 ; le marché à forfait, nul comme tel, peut valoir comme louage d'ouvrage, ZARKANI, VII, 64.	ART. 375 L'obligation qui est nulle comme telle, mais qui a les conditions de validité d'une obligation légitime, peut valoir sous cette nouvelle forme, lorsqu'il résulte des circonstances que les parties l'auraient ainsi voulue si elles avaient connu la nullité de l'obligation primitive. DIGESTE, XLVI, 4, 8, 19 pr ; XVIII, 5,5 pr ; XXIX, 1, 3 ; XIII, 5, §4. - 140 all. – Aubry et Rau, .§ 349 ; § 418 et note 5.

ANNEXE II

س/ب
الجمهورية التونسية
وزارة العدل
المحكمة الابتدائية بصفاقس
عـــ22226ـــدد القضية
تاريخ الحكم: 2001/4/19
تلخيص القاضي السيد :وليد بن جديدية

الحمد لله

اصدرت المحكمة الابتدائية بصفاقس بوصفها محكمة استئناف لأحكام محاكم النواحي بدائرتها بجلستها العمومية المنعقدة ة يوم 19أفريل 2001

برئاسةالسيد: المنذر المغربي
وعضوية القاضيين السيدين: سفيان جمال و وليد بن جديدية.
الممضين اسفله
وبمساعدة كاتبة المحكمة السيدة: وسيلة العفاس.

الحكم الآتي بيانه بين :

المستأنف:
الهادي غرابة
قاطن بطريق المطار معمل شمبوان شركة إيمان كوسميتيك بعد القنطرة.
نائبته الأستاذة فريدة خماخم.

من جهة

المستأنف ضدها:حذام الشرفي
أمينة فلسة حدائق الكوسميتيك مقرها بنهج 19جويلية صفاقس.
نائبتها الأستاذة شادية القلسي كريشان.

من جهة اخرى

طلب الاستئناف قدم بتاريخ 2000/11/20من الأستاذة فريدة خماخم طعنا في الحكم الابتدائي عـــ40354ـــدد الصادر عن محكمة ناحية صفاقس بتاريخ 2000/05/22 والقاضي نصه قضينا ابتدائيا بإلزام المطلوب بأن يدفع للمدعية : 1 - ألف وثمانمائة دينار (1800.000 د) أصل الدين 2- الفائض القانوني بداية من تاريخ القيام في 03/11/ 2000إلى الخلاص النهائي 3- مائة دينار (100.000 د) لقاء أتعاب التقاضي وإشراف محاماة وحمل المصاريف القانونية على المحكوم عليه ورفض طلب الاذن بالنفاذ العاجل .

-1من حيث الشكل :

حيث استوفى مطلب الاستئناف الاصلي والعرضي جميع اوضاعهما القانونية واتجه لذلك قبولهما شكلا.

-2من حيث الاصل:

موضوع الدعوى الابتدائية

حيث قامت المدعية في الأصل (المستأنف ضدها) عارضة انه تخلد بذمة المطلوب (المستأنف) دينا قدره 1800 د موثق بكمبيالة حل اجل خلاصها في 1995/10/20 ورغم حلول الاجل فقد تلدد هذا الاخير في الخلاص.

وطلبت على ذلك الاساس الزام المطلوب بأداء الدين مع الفوائض القانونية من تاريخ الحلول إلى الخلاص النهائي و300 د لقاء اتعاب التقاضي واجرة المحاماة وحمل المصاريف القانونية عليه والاذن بالنفاذ العاجل.

وحيث وبعد استيفاء الإجراءات القانونية قضت محكمة البداية بحكمها السالف تضمين نصه استنادا الى ان طلب الاداء مؤسس على كمبيالة مؤرخة في 1992/10/20 ممضى عليها من المطلوب لم يقم بخلاصها رغم حلول الاجل.

فاستأنفه المحكوم عليه ناعيا عليه ما يلي :

I. مستندات الطعن:

وفيها لاحظت نائبة المستأنف ما يلي:

-1المدعية في الاصل اسست قيامها على كمبيالة مختلة من الناحية الشكلية باعتبار وانها لا تحمل إمضاء الساحب كما لا يوجد بها مكان الإنشاء وهما تنصيصان وجوبيان لصحة الكمبيالة حسب صريح الفصل 269 من المجلة التجارية.

-2الدعوى قد سقطت بمرور الزمن باعتبار ان الكمبيالة حل أجل خلاصها في 1995/10/20 في حين كان القيام بالدعوى في 2000/03/11 وطلبت على ذلك الاساس قبول مطلب الاستئناف شكلا واصلا ونقض الحكم الابتدائي والقضاء من جديد بعدم سماع الدعوى وتغريم المستأنف ضدها لفائدة منوبها ب 300 د لقاء اتعاب المحاماة.

.IIالرد على مستندات الاستئناف :

وفيها لاحظت الاستاذة شادية القلسي كريشان ما يلي :

(1منوبتها منذ قيامها ضد المستانف لم تلتجئ للقانون" الصيرفي ولم تستصدر امرا بالدفع وقامت بقضية اصلية باعتبار ان هذا الاخير ملتزم بدين لفائدة شركة حدائق الكوسميتيك المفلسة وبالتالي فان استناده على شروط القانون الصيرفي لرد دعوى اصلية لا يستقيم من الناحية القانونية .

(2حق القيام على اساس القانون العام لم يسقط بمرور الزمن عملا بأحكام الفصل 411 من م ا ع .

(3عدم التنصيص على مكان الانشاء وغياب امضاء الساحب لا ينقص شيئا من التزام المدين.

وطلبت على ذلك الاساس رفض الاستئناف الاصلي موضوعا عند قبوله شكلا واقرار الحكم المطعون فيه وقبول استئناف منوبتها العرضي شكلا واصلا وتغريم المستأنف لفائدتها ب500 دينار اجر ة محاماة عن الطورين وحمل المصاريف القانونية عليه .

المحكمة

حيث لم ينازع المستأنف في المديونية وفي التعامل مع الشركة المفلسة وانما انحصرت منازعته حول مدى سقوط حق المطالبة بمرور الزمن ومدى تأثير عدم استيفاء الكمبيالة لتنصيصاتها الوجوبية.

.Iاثر عدم استيفاء الكمبيالة لتنصيصاتها الوجوبية :

حيث ولئن عرف الفصل 269 من م ت الكمبيالة من خلال تنصيصاتها الوجوبية فان من المسلم به فقها وقضاء أن غياب إحدى التنصيصات التي لا يمكن تداركها عن السند لا تنزع عنه كل قيمة قانونية باعتبار ان هذا الاخير يستحيل الى اعتراف بالمديونية يخول لصاحبه تأسيس دعواه عليه.

وحيث وترتيبا على ذلك فان تأسيس المستأنف ضدها لدعواها على كمبيالة مختلة من الناحية الشكلية لا توهن دعوى المطالبة في شيء باعتبار ان ذلك السند يشكل اعترافا بالدين.

II. في سقوط دعوى المطالبة بمرور الزمن:

حيث أن نفي المستأنف صفة الكمبيالة عن سند الدين يتعارض مع تمسكه بالأحكام المنظمة للكمبيالة في ما يتعلق بسقوط الدعوى بمرور الزمن خصوصا وان المستأنف ضدها لم تؤسس قيامها على احكام القانون الصرفي وانما على الاحكام العامة للالتزامات والتي تجعل حق القيام مفتوحا مدة خمسة عشر عاما كاملة عملا بأحكام الفصل 402 من م ا ع باعتبار ان الفصل 411 من نفس المجلة يتعلق بالدعوى الصرفية والذي تم نسخه ضمنيا بالفصل 335 من المجلة التجارية.

(المحكمة الابتدائية بتونس: حكم عدد1502 صادر في 1962/3/31، م ق ت 64، ص 803 وحكم عدد907 صادر في1964/3/10، م ق ت سنة 64 ص 775).

KNANI Youssef, Droit commercial, Les effets de commerce : le chèque, le virement et la carte de paiement, 2eme éd. p 213).

وحيث لم يأت المستأنف بأي دفع جدي من شأنه ان يوهن حكم البداية في شيء واتجه تبعا لذلك اقراره واجر ا ء العمل به.

وحيث اخفق المستأنف في استئناف وتعين لذلك تخطئته بالمال المؤمن وحمل المصاريف القانونية عليه عملا بأحكام الفصلين 128 و151 من م م م ت.

و حيث تكبدت المستأنف ضدها أتعاب تقاضى وأجرة محاماة كانت في غنى عنها واتجه التعويض لها عن ذلك بغرامه معدلة من المحكمة عن هذا الطور تبعا لسبق محكمة البداية التعويض لها عن اتعاب المحاماة عن الطور الابتدائي .

ANNEXE III

الجمهورية التونسية
وزارة العدل و حقوق الانسان
محكمة التعقيب
عـ62249ـدد القضية
تاريخه: 7-5-2012

الحمد لله

أصدرت محكمة التعقيب القرار الآتي :
بعد الاطلاع على مطلب التعقيب المضمن تحت عدد 13265 والمقدم من طرف الاستاذ محمد الهادي الاخوة بتاريخ 2011/4/12
في حق: شركة زيت صفاقس للتصدير في شخص ممثلها القانوني مصفيها
ضد: شركة الامان للإيجار المالي في شخص ممثلها القانوني مصفيها محاميها الاستاذ حاتم الحبشي
طعنا في القرار الاستئنافي الصادر عن محكمة الاستئناف بتونس تحت عدد 95369 بتاريخ 2010/11/4 والقاضي نهائيا بقبول الاستئنافين الأصلي والعرضي شكلا وفي الأصل بإقرار الحكم الابتدائي وإجراء العمل به وتخطيه المستأنفة بالمال المؤمن وتغريمها لفائدة المستأنف ضده الاول بخمسمائة دينار 500د لقاء اتعاب التقاضي واجرة المحاماة عن هذا الطور وحمل المصاريف القانونية عليها.
وبعد الاطلاع على مستندات التعقيب المبلغة نسخة منها للمعقب ضدها بواسطة عدل التنفيذ السيد محمد الحبيب بلعيد بتاريخ 2011/4/24 رقيمها 8307.
وبعد الاطلاع على القرار المنتقد وكافة الوثائق التي يوجب الفصل 185 من م م م ت تقديمها.
وعلى ملحوظات الادعاء العام بتاريخ 2011/10/24 والرامية الى طلب الرفض اصلا.
وبعد الاطلاع على مذكرة الرد على مستندات التعقيب من طرف الاستاذ حاتم الحبشي والرامية الى طلب رفض مطلب التعقيب شكلا -
وبعد الاطلاع على كافة مظروفات الملف والمداولة طبق القانون صرح بما يلي :
من حيث الشكل:
حيث جاء مطلب التعقيب مستوفيا لجميع صيغه واوضاعه القانونية فتعين قبوله من هذه الوجهة.
من حيث الاصل :
حيث تفيد وقائع القضية كما اوردها القرار المنتقد والأوراق التي انبنى عليها قيام المدعية في الاصل الطاعنة ألان لدى محكمة البداية وعرضت بواسطة محاميها أنها ابرمت عقد ايجار مال عقاري مع ايجار للبناء بموجب العقد المؤرخ في2000/11/21 تعهدت بموجبه المطلوبة معقب ضدها الآن بدفع مبلغ 500 ألف دينار لبناء قطعة ارض مساحتها 33.92.12 م 2 كما تعهدت بنقل ملكية البناء لفائدتها بعد انتهاء الخلاص المحددة مدته ب 7 سنوات وبتاريخ 07.12.10 تم تعين السيد رشيد الشرفي مصفيا للمدعية والذي وفي نطاق مهامه تعرض الى عديد التجاوزات القانونية إذ تبين له أن المدعية لا تملك قطعة الارض المزمع البناء عليها بل هي على ملك المدعو حياة يعيش كما يتضح من عقد قرض برهن به ضمان المحرر بحجة عادلة بتاريخ 00/11/23 بما يكون معه البناء مشيدا على القطعة موضوع الرهن والراجعة بالملكية للغير منذ ابرام عقد الايجار لذا قامت بهذه القضية لتطلب القضاء مبدئيا ببطلان عقد الايجار المالي والغاء جميع بنوده عملا بقانون1994/7/26 كالتصريح ببطلان ما لحقه من التزامات وخصوصا عقد الرهن بضمان المؤرخ في2000/11/23 واحتياطيا تكييف العقد موضوع التداعي تكييفا صحيحا والتصريح بعدم انطباق وصف عقد الايجار المالي عليه واحتياطيا جدا اذا ما تم اعتباره عقد قرض مالي فحفظ الحق في الجواب لما في ذلك من تأثير على مستوى الاثار القانونية على المدعية بخصوص نسبة الفوائض الموظفة عليه مع المصاريف القانونية ومنها الفي دينار اجرة محاماة وأتعاب تقاضي مع رقيم استدعاء للجلسة.
وحيث وباستيفاء جميع الإجراءات قضت محكمة البداية بعدم سماع الدعوى الاصلية وابقاء مصاريفها محمولة على القائم بها وقبول الدعوى المعارضة شكلا وفي الاصل بالزام المدعية في شخص ممثلهاالقانوني بان تؤدي للمدعي عليها في ش م ق مبلغ ثلاثمائة دينار لقاء اتعاب التقاضي واجرة المحاماة .
وحيث استأنفت المحكوم ضدها حكم البداية وبعد الترافع قضت محكمة الدرجة الثانية بالإقرار وفق ما تم تضمين نصه طالع هذا.
فتعقبته الطاعنة ناسبة له المطاعن التالية :
1/المطعن الاول :خرق الفصل 19 من م مم ت وضعف التعليل بخصوص المصلحة في طلب الابطال :

بمقولة وان محكمة الأصل اثارت من تلقاء نفسها للدفع المتعلق بمصلحة الطاعنة من القيام بطلب ابطال العقد الرابط بين الطرفين منتهية إلى انعدام هذه المصلحة في جانبها في حين ان الطاعنة بينت اوجه الضرر الذي حصل لها بسبب ما اعترى العقد من اخلالات وأهمها عدم نقل ملكية البناءات اليها تنفيذا للعقد وللقانون ذلك ان نقل ملكية البناءات الى المستأجر هو الغاية المنشودة من عقد الايجار المالي وهو ما يفترض أن تكون البناءات منجزة على ارض المؤجر فتنتقل إلى المستأجر عن طريق الإحالة او منجزة على ارض المستأجر فتنتقل ملكيتها اليه عن طريق الالتصاق فمخالفة عقد الإيجار المالي لأحكام الفصل 4 من القانون عدد 98 لسنة 1994، المؤرخ في1994/7/27 هي التي منعت الطاعنة من التملك بالبناية المقامة على ارض الغير ثم إن لمشرع فرق ين صورتين فقط :

*صورة البناءات المنجزة فوق أرض المؤجر والي تتم إحالتها للمستأجر تنفيذا لوعد بيع من طرف واحد .

*و صورة البناءات المنجزة فوق ارض المستأجر والي تنتقل فيها ملكيتها إليه عند نهاية عقد الايجاربمقتضى الالتصاق تطبيقا لمقتضيات الفصل 27 من م ح ع وهو الفصل الذي يكرس المبدا القائل بان مالك الاصل هو مالك الفرع وهو ما يقتضي اتحاد المالك في العقارين اما في قضية الحال فان الاصل قطعة الارض المقام فوقها البناء لا ترجع بالملكية للطاعنة انما الغير الامرالذي استحال معه تطبيق الفصل 4 من ق 1994 والفصل 27 من م ح ع واستحال معه بالتالي تمليكالطاعنة بالبناء وهو ما يبرر المصلحة المشروعة للطاعنة والي لم تنتبه اليها محكمة الأصل هذا بالإضافة إلى أن الطاعنة وجدت نفسها في مأزق حسابي لتبرير المبالغ الي دفعتها الطاعنة بعنوان معين كراء مع فوائض للضد بحساباتها دون ان يقع انهاء عملية الايجار المالي بتمليكها بالبناء الذي دفعت مقابلة تلك المبالغ ذلك ان عقد الايجار المالي ليسمجرد عقد قرض عادي ينتهي بمجرد تسديد اصل مبلغه مع فوائضه وإنما الغاية منه ما يوفره من امتياز للمقترض وذلك بانتقاد ملكية المكرى إليه عند نهاية امد الكراء وهو الامر الذي لميحصل في قضية الحال نتيجة مخالفة العقد المطعون فيه لأحكام الفصلين 1 و 4 من ق 94.

ثم ومن جهة أخرى، فان مصلحة الطاعنة تستشف باعتبارها طرفا في العقد وليست غيرا ومن مصلحتها التحلل من الالتزامات بمقتضى عقد باطل من اصله اضافة الى الدفوعات المثارة والمستمدة من الفصول 1 و2 و4 من ق 94 و الفصل 325 م اع تهم النظام العام، وكان على المحكمة أن تنظر في جديتها و مساسها بالنظام العام بقطع النظر عن مصلحة الاطراف في طلب البطلان وان ما اسست عليه محكمة الاصل لاستنتاج انعدام المصلحة في غير طريقه لأنه لا دخل للعلم أو عدم العلم بتلك الاخلالات بتوفر المصلحة في القيام خصوصا وقد ثبت أن ضرر الطاعنة من العقد اكثر بكثير من انتفاعها به.

2/المطعن الثاني :

خرق الفصل547 من م ا ع :

بمقولة وان القيام بدعوى الابطال يعد استثناء للمبدأ الوارد بالفصل 547 م اع فقد اجاز القانون القيام بدعوى البطلان المطلق بنص صريح وهو الفصل 325 من م ا ع وبذلك فلا تعارض بين القيام بدعوى البطلان والفصل 547 مدني لان هذا السعي في نقض ما تم من جهة المدعي مشمول بالاستثناء الوارد في اخر الفصل 547 م ا ع .

3/المطعن الثالث:

خرق الفصل 123 من م م م ت وانعدام التعليل بخصوص طلب إعادة تكييف العقد :

قولا بان هذا الطلب تأسس خاصة على ثبوت علم الضد بعدم ملكية الطاعنة للأرض المقام فوقها البناء وعلمها ايضا بان البناءات موضوع العقد سبق تشيدها على الارض المذكورة وهو آمر ثابت بمظروفات الملف خاصة عقد الرهن المبرم بين مالكة الارض بوصفهاكفيلة راهنة والفصل 7 من الشروط العامة للعقد الذي يعلق الكراء على الادلاء بالرسم العقاري والذي يثبت بان العقار على ملك الكفيلة وكذلك الفصل 1 من الشروط الخاصة للعقد والذي يثبت علم الخصيمة بهوية مالكة الارض اذ يستعرض كتائب شراء الكفيلة الراهنة.

وثبت أيضا من تقرير الاختبار المجرى بتاريخ 2000/4/5 ان البناءات سبقت اقامتها قبل ابرام عقد الايجار المالي مما يجعل التكييف القانوني الصحيح لعملية التمويل يتمثل في عقد قرض مالي وليس عقد ايجار مالي والفرق الواضح على مستوى الآثار القانونية بخصوص نسبة الفوائض الموظفة وقد اثبت الاختبار المجرى بواسطة الخبير كمال مقني بتاريخ 2007/7/28 أن الطاعنة تحملت ودفعت العديد من المبالغ التي كان من المفروض ان لا تتحملها لفائدة شركة الأمان للايجارالمالي التي قامت بتثقيلها على خلاف ما تقتضي القوانين ضمن فواتيرها المتعلقة بعقود الايجار المالي والبالغة 736.939د153 دينار وان صمت المحكمة عن تناول هذا الطلب يعد انعداما للتعليل وخرقا للفصل 123 م م م ت.

4/المطعن الرابع :

خرق الفصول 2 و1 و4 من ق 94/7/26 المتعلق بالايجارالمالي والفصل 325 من م ا ع:

قولا بان أحكام الفصل 14 من ق 1994 فرق بين صورتين لا ثالث لهما ويؤخذ منه ان نقل ملكية البناءات للمستأجر وهو الغاية المنشودة من عقد الايجارالمالي يفترض أن تكون هذه البناءات منجزة على ارض المؤجر

فتنتقل للمستأجر عن طريق الإحالة او منجزة على ارض المستأجر فتنتقل ملكيتها إليه عن طريق الالتصاق وبالتالي فان انتقال ملكية العقارات المنجزة إلى المستأجر لا يمكن تصورها الا اذا كانت محدثة على ارض على ملكه او على ملك المؤجر ويتضح بالرجوع الى اوراق الملف انه لم يتم انجاز البناءات فوق أرض المؤجر ولا فوق أرض المستأجر وإنما فوق ارض الغير وذلك بعلم الخصيمة التي أبرمت عقد قرض برهن مع مالكة الأرض حياة يعيش ما يجعل عقد الايجار المالي باطل بطلانا مطلقا على معنى الفصل 325 من م ا ع وطالما انتفت صفة التملك عن المؤجر المعقب ضدها وفي ذلك مخالفة للفصل 1 من ق 94 والفصل 2 من نفس القانون.
ولهذه الاسباب طلب نائب الطاعنة النقض مع الإحالة.

المحكمة

عن المطعن الأول :

حيث غنى عن البيان ان المصلحة مناط الدعوى هى المنفعة التى يجتنيها المدعي من التجائه الى القضاء والباعث على رفع الدعوى والغاية المقصودة منه.
وحيث تمسك الطاعن بان البناءات المتفق على انجازها وفق عقد الايجار المالي المطعون في صحته انما هي موجودة على الأرض من ذي قبل وبالتالي فانه لم يستوف منفعتها من معاقدته شركة الايجار المالي حتى تعتبر المبالغ المدفوعة لها بعنوان معلوم الايجار فضلا عن استحالة تسليم البناءات المنجزة اليه بالنظر الى كون الارض ليست على ملك المؤجرة ولا على ملكه طالبا بطلان عقد الايجار المالي واحتياطيا اعادة تكييفه عقد قرض.
وحيث لما كان البطلان يستتبع اعتبار العقد معدوما وإرجاع كل شيء إلى أصله، ولما كانت إمكانية تحويل التصرف الباطل إلى تصرف أخر صحيح واردة اعمالا لنظرية تحول العقد مناط الفصل 328 من مجلة الالتزامات والعقود كلما توفرت شروط تحول العقد والتي من ضمنها شرط ثبوت انصراف ارادة المتعاقدين المحتملة الى هذا التصرف الاخر كشرط يكون متاحا الوقوف على توافره من خلال البحث عن النية المشتركة للمتعاقدين التي يستهدي القاضي للكشف عنها على ضوء مضمون بنود العقد والطريقة التي ينفذها بها فان مصلحة الطاعنة ق القيام بطلب ابطال عقد الايجار المالي واحتياطيا اعادة تكييفه كعقد قرض تكون قائمة بلا جدال وحينئذ فان محكمة القرار المنتقد لما قضت على النحو المذكور معتبرة ان مصلحة الطاعن في القيام منعدمة تكون خالفت احكام الفصل 19 من مجلة المرافعات المدنية والتجارية واتجه قبول المطعن.

عن المطعن الثاني :

حيث تبين بالرجوع الى اسانيد القرار المنتقد ان المحكمة التي اصدرته اقامت قضاءها على قاعدة عدم جواز نقض المعقب ما تم من جهته حال كونها قاعدة عامة لا تتماشى ومنطق البطلان الذي يقتضى زوال اثر العقد الباطل كلما توفرت مقومات ابطاله وارجاع كل شيء الى اصله فالطاعنة في صورة الحال عرضت عقد الإيجار المالي مثار النزاع على المحكمة طالبة القضاء لها بما طلبت استنادا لأحكام القانون عدد 98 لسنة 1994 بما كان يوجب على محكمة القرار المنتقد منطلقا إنزال حكم القاعدة القانونية الواردة بالفصل 4 من القانون المذكور على وقائع النزاع كقاعدة تقتضي بداهة ان تكون الارض المنجز فوقها البناء اما على ملك المؤجر أو المستاجر ثم البت لا حقا في مسالة صحة العقد المطعون فيه من عدمه لاستحالة وفاء المعقب ضدها بالتزامها المتمثل في تمليك الطاعنة بالبناءات المؤجرة بسبب رجوع ملكية الارض المقامة عليها للغير كل ذلك على ضوء البنود المتفق عليها عقدا من ضمنها البند 7 فقرة 2 الوارد بالشروط العامة للعقد والذي رتب على عدم إدلاء المستأجر بما يثبت ملكيته للأرض جزاء يتمثل في انقضاء عقد الايجار بصفة الية.
وحيث أن محكمة القرار المنتقد لما نحت هذا المنحى واستبعدت الأحكام المتعلقة بالإيجار المالي وقواعد البطلان المنصوص عليها بالفصل 325 من م ١ ع معتبرة ان احكام الفصل 547 من مجلة الالتزامات والعقود منطبقة في صورة الحال تكون قد طبقت قاعدة عامة تتعارض مع المنطق القانوني للبطلان وتعين قبول المطعن.
وحيث لاحاجة لمناقشة بقية أسباب الطعن.

لذا ولهذه الأسباب

قررت المحكمة قبول مطلب التعقيب شكلا واصلا ونقض الحكم المطعون فيه واحالة القضية على محكمة الاستئناف بتونس لإعادة النظر فيها مجددا هيئة اخرى واعفاء الطاعنة من الخطية وإرجاع المال للمؤمن إليها:
وصدر هذا القرار بحجرة الشورى بجلسة يوم 2012/5/7 عن الدائرة الاولى المتركبة من رئيسها السيد محمد الصالح بن حسين ومستشارتيها السيدتين حياة البصلي وعبلة بن شعبان وبحضور المدعي العام السيدة سلوى النهدي وبمساعدة كاتبة الجلسة السيدة عائدة اسكندر.

وحرر في تاريخه

ANNEXE IV

الجمهورية التونسية
وزارة العدل
عدد القضية:47664
تاريخ الحكم: 2016/03/24
تلخيص القاضي السيدة صباح بورقعة

الحمد لله

أصدرت المحكمة الابتدائية بصفاقس بوصفها محكمة استئناف لأحكام النواحي بدائرتها بجلستها العلنية المنعقدة يوم 24 مارس 2016 برئاسة السيد ثامر دمق وكيل رئيس و عضوية القاضيين السيدتين ريم محمد وصباح بورقعة الممضيتين أسفله و بمساعدة السيدة ريم بلغيث كاتبة الجلسة.

الحكم الآتي بيانه بين:

المستأنف:

محسن بن حسن بن صالح بنخضرة قاطن بسيدي مهذب الصخيرة صفاقس نائبه الاستاذ سامي بلطيف المحامي بصفاقس.

من جهة

و المستأنف ضده:

المستشفى الجامعي الحبيب بورقيبة في شخص ممثله القانوني مقره بطريق العين كلم 0.5 صفاقس نائبه الأستاذ رشاد الكراي المحامي بصفاقس.

من جهة أخرى

الإجراءات

طعنا في الأمر بالدفع عدد 84951 الصادر عن محكمة ناحية صفاقس بتاريخ 2014/02/06 والقاضي نصه "نأمر السيد محسن بنخضرة بأن يدفع للعارض عينا او ما يقوم مقام العين من الوثائق:

1- مبلغا قمه 3.913.600 دينار و هو معين اصل الدين مع الفوائض القانونية من تاريخ الانذار الى اجل الخلاص النهائي

2- مبلغا قدره 3.000دينارا معلوم تامبر الكمبيالة مع 67.185 دينار معلوم محضر إنذار بالدفع بعنوان المصاريف التكميلية

3- المصاريف القانونية مع20 دينارا اتعاب تقاضي"

وبعد الاطلاع على التصريح المقدم من طرف المحامي الاستاذ سامي بلطيف الى كتابة المحكمة الابتدائية بصفاقس في 2015/04/23 مصحوبا ببطاقة خلاص المعاليم القانونية وبنسخة من الأمر بالدفع المطعون فيه يعلم أنه يستأنف باسم منوبه الأمر بالدفع المشار إليه وبموجبه سلم له كاتب المحكمة وصلا في وصول العريضة ثم كاتب في توجيه ملف القضية من المحكمة الابتدائية وقيدت بمحكمة الاستئناف تحت عدد 47664 وأذن بنشر القضية التحضيرية المعينة لها. ثم تتابع نشر القضية بعدة جلسات اقتضاها سيرها وآخرها جلسة المرافعة وبها تمسك لسان الدفاع و لم يحضر المستأنف ضده الثاني بعدالنداء وبعد استفاء جميع الإجراءات وأصبحت القضية جاهزة للفصل قررت المحكمة حجز القضية للمفاوضة والتصريح بالحكم بالجلسة المعين تاريخها بالطالع وبها وبعد المفاوضة القانونية صرح بالحكم الآتي بيان مستنداته

مستندات الاستئناف

مستندات الاستئناف:

لاحظ نائب المستأنفين انه و قبل الخوض في الاصل يتجه مطالبة المستأنف ضده الادلاء بسند الامر بالدفع المطعون حتى يتمكن من معرفة المبلغ المطلوب و يتأكد من صحته و مدى حجيته و بعد الاطلاع على سندات الدين لاحظ ان اجل الحلول المتعلق بالكمبيالة هو 2008/09/30 و ان الامر بالدفع المطعون فيه قد تم استصداره بتاريخ 2014/02/06 بما يجعل الامر بالدفع قد صدر بعد مضي الاجل القانوني للدعوى المصرفية طالبا الحكم بقبول الاستئناف شكلا و في الاصل بالرجوع في الامر بالدفع المطعون فيه كتغريم المستأنف ضده لفائدة المستأنف ب500 دينار لقاء اتعاب تقاضي و حمل المصاريف القانونية عليه

الرد على مستندات الاستئناف المقدمة من طرف نائب المستأنف ضده:

حيث جوابا عن مستندات الاستئناف لاحظ نائب المستأنف ضده الأول أن مستندات الاستئناف لم تأت بما يوهن الامر بالدفع المطعون فيه ضرورة أن دين منوبه تجاه المستأنفين ثابت مدليا بسندات الدين والمتمثلة في عدد

01 كمبيالة و محضر انذار بالدفع طالبا على هذا الاساس في صورة قبول الاستئناف الاصلي شكلا رده اصلا و قبول الاستئناف العرضي شكلا و أصلا تغريم المستأنف لفائدة منوبهب300 دينار لقاء أتعاب التقاضي و أجرة المحاماة وحمل المصاريف القانونية عليه

المحكمة

حيث كان الاستئناف يهدف إلى ما سبق بسطه

حيث دفع نائب المستأنف بأنه لم يتسن لمنوبه الاطلاع على مؤيدات الدين سند الأمر بالدفع و حيث و جوابا على ذلك أدلى نائب المستأنف ضده الاول بسند الدين و المتمثل في كمبيالة مستوفية لجميع شروطها القانونية حسب الفصل 269 من المجلة التجارية.

و حيث اقتضى الفصل 59 من م مم ت انه يمكن تطبيق إجراءات الأمر بالدفع الواردة بالفصول التالية على المطالب المتعلقة بأداء دين إذا كان الالتزام فيه ناتجا عن كمبيالة

و حيث و تعقيبا على ذلك لاحظ نائب المستأنف ان اجل الحلول المتعلق بالكمبيالة هو 2008/09/30 و ان الامر بالدفع المطعون فيه قد تم استصداره بتاريخ 2014/02/06 بما يجعل الامر بالدفع قد صدر بعد مضي الاجل القانوني للدعوى الصرفية.

و حيث و خلافا لذلك و من جهة اولى فان اجل سقوط الدعوى الصرفية موضوع الفصل 335 من م ت هو أجل تقادم يقبل القطع و التعليق.

و حيث نص الفصل 396 من م ا ع على ان " مرور الزمان المعين لسقوط الدعوى ينقطع في الصور الآتية :

أولا - إذا قام الدائن على المدين وطالبه بالوفاء بما عليه قضائيا أو بطريقة أخرى بما له تاريخ ثابت ولو كان الطلب لدى محكمة غير مختصة أو كان باطلا لعيب شكلي.

ثانيا- إذا طلب الدائن تقييد دينه مع بقية ديون المفلس.

ثالثا- إذا اتخذ الدائن عملا من الأعمال القانونية لعقلة أموال مدينه أو لاستيفاء حقه منها أو استأذن من له النظر في اتخاذ تلك الوسائل"

و حيث بالرجوع إلى مظروفات الملف يتبين و ان المستأنف هنده كان تولى إنذار المدين بضرورة أداء الدين المتخلد بذمته طبق ما اقتضاه النمل 60 م مم ت و ذلك بمقتضى محضر الإنذار بالدفع المحرر بواسطة عدل التنفيذ الأستاذ نادر دربال حسب رقيمه عدد 9489 بتاريخ 2011/03/17.

و حيث ان ذلك الإنذار يعن قاطعا لأجل التقادم على معنى الفصل 396 المذكور بما يجعل الدعوى الصرفية في طريقها و لم يمض عليها أجل التقادم.

و حيث و من جهة اخرى و على فرض سقوط الدعوى الصرفية عملا بأحكام الفصل 335 من م.ت فان ذلك لا بمنع من اعتبار حجة الدين (الكمبيالة) نافذة طبق القانون العام باعتبارها تستحيل الى كتب اعتراف بدين ممضى من قبل المدين وقد اقتضى الفصل 328 من م.ا.ع انه "إذا بطل الالتزام وكانت به من الشروط ما يصح به التزام اخر جرت عليه القواعد المقررة لهذا الالتزام."

و حيث استقر فقه قضاء محكمة التعقيب ان القيام على اساس وجود مديونية مبناها سند عادي و ليس ورقة تجارية متمثلة في كمبيالة يجعل اعتماد الاجل الطويل لسقوط الدعوى و استبعاد الاجل القصيرالخاص بالدعوى الصرفية سليما" (القرار التعقيبي عدد 1174 المؤرخ في 10/14 /2005نشرية محكمة التعقيب 2005 صفحة 225)

و حيث و نتيجة لذلك فقد أثبت المستأنف ضده وجود الالتزام عملا بأحكام الفصل421 م إ ع ولم يثبت المستأنف انقضائه أو عدم لزومه له مما يجعل استصدار الأمر بالدفع المطعون فيه ضده في طريقه وسليم المبنى فيما قضى به

و حيث خاب المستأنف في استئنافه و اتجه تخطيته بالمال المؤمن وفقا للفصل 151 م مم ت،

و حيث تحمل المصاريف القانونية على من تسلط عليه الحكم عملا بمقضيات الفصل 28 م م م ت.

و حيث سجل المستأنف ضده استئنافا عرضيا اتجه قبوله شكلا و في الأصل تغريم المستأنف لفائدته بغرامه لقاء أتعاب التقاضي و أجرة المحاماة في حدود الطلب.

ANNEXE V

س/ت
الجمهورية التونسية
وزارة العدل
المحكمة الابتدائية بصفاقس
عـــ28197ـــدد القضية
تاريخ الحكم 2000/11/13

الحمد لله،

أصدرت المحكمة الابتدائية بصفاقس عند انتصابها للقضاء في المادة المدنية بجلستها العمومية المنعقدة يوم 2000/11/13

برئاسة السيدة :**شادية بلحاج براهيم**
وعضوية القاضيين السيدين :**نادرة اللحياني و مهذب الشواشي**
-الممضية اسفله-
وبمساعدة كاتبة الجلسة السيدة :**سعاد ساســـي**

الحكم الآتي بيانه بين

المدعي:طه السلامي حرفته تاجر قاطن بطريق سيدي منصور الميل 9 منتزه السلامي صفاقس
نائبه الأستاذ عز الدين الشرفي المحامي بصفاقس .
- من جهة -

المدعي عليها :سلوى بنت الصادق كسودة حرفتها موظفة بالصندوق القومي للضمان الاجتماعي قاطنة بطريق تونس مركز قدورة زنقة البساج صفاقس.
نائبها الاستاذة فاطمة العيادي شورى المحامية بصفاقس .
- من جهة أخرى-

الاجراءات

بمقتضى عريضة الدعوى المرفوعة للمطلوبة في 2000/4/3 بواسطة عدل التنفيذ السيد مصطفى الحديجي حسب رقيمه عـــ26533ـدد و المقدمة من نائب المدعية بالحضور لدى هاته المحكمة المنعقدة بجلسة يوم 8 ماي 2000 للنظر في الدعوى المرفوعة ضدها و التي بيان موضوعها:

موضوع الدعوى

يعرض نائب المدعي انه تخلد بذمة المطلوبة لفائدة منوبه مبلغا قدره اثنين و ثلاثين الف و اربعمائة دينارا (32.400,000د) موثق ب 15 كمبيالة حل اجل الاولى في غرة فيفري 1993 بقيت كلها بدون خالص رغم تكرار الطلب و اضاف ان المدعي عليها تعتبر مدينة مماطلة طبق ما نصت عليه مجلة الالتزامات و العقود لذلك طلب القضاء بالزام المطلوبة بان تدفع لمنوبه.
- 32.400.000 د بعنوان اصل الدين.
- الفائض القانوني الجاري على هذا المبلغ بداية من 7 مارس 2000 الى تاريخ الخلاص النهائي مع مصاريف الاذن على عريضة و محاضر العقل التحفظية و 15 الف دينار لقاء غرامة المماطلة و الف دينار لقاء أتعاب تقاضيه و إشراف المحاماة و حمل المصاريف القانونية على المحكوم عليها.
و موجب ذلك كله رسمت القضية بالدفتر المعد لنوعها تحت عـــ28197ـــدد و نشرت بالجلسة التحضيرية المعينة لها بالاستدعاء و بها طلب الأستاذ الشرفي صرف القضية للمرافعة و لم تحضر المطلوبة.
ثم تولينشر القضية بعدة جليسات تحضيرية اخرها اقتضاها سيرها تبادل خلالها الطرفان مالهما من ملحوظات كتابية.
و لما اصبحت القضية جاهزة للفصل صرفت للمرافعة لامعينة ليوم 2000/10/30 وبها حضر لسان للدفاع و تمسك كل بما قدمه.
و اثر ذلك قررت المحكمة حجز القضية و التصريح بالحكم بجلسة اليوم المبين تاريخها بالطالع و بها و بعد المفاوضة القانونية صرح علنا بمايلي

المستندات

حيث جوابا عن الدعوى قدمت الاستاذة فاطمة العيادي شورى تقريرا لاحظت فيه انه زيادة على وجود اخلالات شكلية بالكمبيالات سند الدعوى فان منوبتها تصرح بأنها غير مدينة للمدعي و تطلب اجراء تحريرات مكتبية بينهما حتى ردودها واسانيدها.

المحكمة

حيث كانت الدعوى تهدف الى طلب القضاء بالزام المطلوبة بدفع مبلغ قدرة 32.400,000د مضمنة بعدد 15 كمبيالة.
وحيث لم تنكر المطلوبة امضاءها على الكمبيالات سند الدعوى و إنما تمسكت بوجود اخلالات شكلية بها و بعدم مديونيتها.
وحيث ولئن وجدت اخلالات شكلية بالكمبيالات تحط من قيمتها على صعيد القانون الصرفي فان إقرار المطلوبة بإمضائها عليها تجعل هاته المحكمة تعتمدها مدينا عملا بأحكام الفصل 449 من م ا ع الذي جاء به ان الكتب الغير الرسمي اذا اعترف به الخصم أو ثبتت صحته قانونا و البغية اعتراف اعتمد ككتب رسمي بالنسبة للطرفين و غيرهما.
وحيث لم تقدم المطلوبة ما يفيد خلاصها او براءة ذمتها من الدين المطلوب واتجه الزامها بان تدفع للمدعي مبلغ قدره 32.400,000د وهوما يمثل أصل الدين.
وحيث عملا بأحكام الفصل 278 من م ا ع يتجه القضاء لفائدة المدعي بالفائض القانوني بداية من تاريخ القيام بقضية الحال في 2000/4/3 لانعدام ما يفيد مطالبة المدعى بدينه قبل ذلك التاريخ و ذلك إلى إتمام الوفاء.
وحيث تكبد المدعي أتعاب تقاضي و اشراف محاماة كان في غنى عليها واتجه التعويض له عنها بما قدره مائتان و خمسون دينارا.
وحيث تحمل المصاريف القانونية على المعلوم ضده عملا بأحكام الفصل 128 من م م م ت.

ANNEXE VI

أملاك حبسية

-نفاذ الحبس بعد الموت - يتحول إلى وصية.

المقرر فقها أن من حبس في صحته، وقال ينفذ بعد الموت، فإن ذلك يكون في الثلث إذا كان المحبس عليه غير وارث، والمحكمة مصدرة القرار المطعون فيه تكون قد صادفت الصواب عندما حولت الالتزام من حبس إلى وصية، وذلك بترتيبها خروج الحبس المعقود من لدن المحبس، الذي وقف نفاذه إلى ما بعد مماته، مخرج الوصية ؛ ويحصره ق حدود الثلث.

رفض الطلب

الأساس القانوني

"إذا بطل الالتزام باعتبار ذاته وكان به من الشروط ما يصح به التزام آخر جرت عليه القواعد المقررة لهذا الالتزام الأخير. (الفصل 309 من قانون الالتزامات والعقود).

القرار عدد 2794

الصادر بتاريخ 15 يوليوز 2009

في الملف عدد 2008/3/1/2730

باسم جلالة الملك

حيث يستفاد من وثائق الملف والقرار المطعون فيه عدد 420 الصادر عن محكمة الاستئناف بطنجة بتاريخ 2008/04/24 في الملف عدد 11-06-08 أن المدعيتين وزارة الأوقاف والشؤون الإسلامية ونظارة الأوقاف بالعرائش ادعيتا في مقالها أمام المحكمة الابتدائية بنفس المدينة أن أوقاف العرائش المذكورة حبست عليها الهالكة فاطمة بنت عبدالله المرابط الدار الواقعة بحي كليطو جنان المساري وذلك حسب رسم التحبيس عدد 3 صحيفة 2 المؤرخ في 1999/07/30 وأصبحت بذلك تملك الدار المحبسة المذكورة، وأن المدعى عليهم قدور عبد الله المرابط ومن معه يحتلونها دون سند ولا قانون، طالبتين الحكم بإفراغهم هم ومن يقوم مقامهم أو بإذنهم، وأجاب المدعى عليهم أن الحبس لم يقع حوزه، مما يجعله باطلا، وأن المحبسة فضلا عن ذلك رجعت فيه وأشهدت عل رجوعها وهي لا تملك إلا الزينة التي هي منفعة لا أصل، ولم تخرج منها إلى أن ماتت، وهي اشترطت في الحبس الذي صدر منها ألا يقع ملك وحوز المحبس عليها إلا بعد مماتها، وهو دليل عل عدم حصول الحوز فضلا عن وجوب إخلائها الدار عاما كاملا، وأن المدعيتين بادعائهما عل الورثة تلزمان بالإدلاء بالإراثة للهالكة المحبسة، و إلا لا تقبل الدعوى، طالبين عدم قبول الدعوى واحتياطيا في الموضوع الحكم برفضها، وعقبت المدعيتان أنهما ادعيتا عل المدعى عليهم بصفتهم محتلين بدون سند، وأن المحبسةاشهدت على نفسها أنها بسطت يد المحبس عليها وحوزها للشيء المحبس، و أنهما لا تتكرانأن المحبسة حبست الزينة التي تملكها فقط، وبعد تمام المناقشة، قضت المحكمة برفض الطلب، فاستأنفته المدعيتان متمسكتين بما أثارتاه ابتدائيا، ومضيفتين أنهما تطلبان عل سبيل الاحتياط تطبيق مقتضيات الفصل 309 من ق ل ع الذي يقضي بأن الالتزام إذا أبطل باعتبار ذاته، وكان به من الشروط ما يصح به التزام آخر جرت عليه القواعد المقررة لهذا الالتزام الآخر، طالبتين إلغاء الحكم المستأنف، والحكم وفق الطلب، وبعد ابواب الرامي إلى التأييد وتمام المناقشة، قضت محكمة الاستئناف بإلغاء الحكم المستأنف، والحكم باستحقاق المدعية نظارة أوقاف العرائش ثلث الدار الكائنة بحي كليطو جنان الساري بدون رقم، العرائش بناء على أن عقد التحبيس المعلق عل نفاذه بعد موت المحبسة يصح به التزام آخر، ويخرج مخرج الوصية، عملا بالفصل 309 من ق. ل.ع وهذا هوالقرار المطلوب نقضه.

في شأن وسائل النقض الثلاثة مجتمعة

حيث يعيب الطالبون عل القرار خرق القانون، وخرق قواعد الفقه المقررة و انعدام التعليل وفساده، ذلك أن المحكمة طبقت الفصل 309 من ق. ل.ع، رغم عدم توفر شروطه التي من بينها بطلان التصرف الأصلي أو قابليته للبطلان، وتضمنه عناصر وشروط التصرف الآخر المحول إليه، و أن تنصرف إرادتا الطرفين إلى إنشائه لو علما ببطلان تصرفهما الأصلي، وهو ما لا يتوفر في عقد التحبيس للمطلوبتين، وأنهم أثاروا انعدام شروط الحوز الذي لا يصح التحبيس إلا به، ولم تجب المحكمة عن ذلك، وطبقت حكم الوصية على العقد، كما لم تقض بسقوط الدعوى لتناقض مقالها مع الحجة المدلى بها المتضمنة للزينة فقط، بينما المقال تضمن أصل الدار، وقضت باستحقاق الثلث من الدار بينما الطلب انصب عل الإفراغ، مما خرقت معه الفصل 3 من ق م م ولم تجب كذلك عما أثاروه من رجوع المحبسة عن حبسها، وعن أن المحبسة في مرضها يخرج حبسها مخرج الوصية.

لكن حيث إن المقرر فقها أن من حبس في صحته، وقال ينفذ بعد الموت، فإن ذلك يكون في الثلث إذا كان المحبس عليه غير وارث قاله في الوثائق المجموعة (البهجة في شرح التحفة ج.2.ص384دار الكتب العلمية بيروت - لبنان الطبعة الأول 1418هجري1998) والمحكمة مصدرة القرار المطعون فيه لما عللت قرارها بأن

"تعليق نفاذ التحبيس بعد ممات المحبسة يجعل الرسم المستدل به من طرف المستأنفتين يخرج من دائرة التحبيس وآثاره إلى الوصية وما يترتب عنها من آثار، وذلك يجعل حق المستأنفة نظارة أوقاف العرائش مقتصرا على الثلث مما خلفته الهالكة فاطنة بنت عبد الله المرابط في الدار الواقعة بحي كليطو، جنان المساري بدون رقم، العرائش عملا بالفصل 309 من ق ل ع" فإنها بذلك رتبت نفس أثر الرأي الفقهي أعلاه القائل بخروج الحبس المعقود من لدن المحبس الذي يوقف نفاذه إلى ما بعد موته، مخرج الوصية، وذلك بحصره ق الثلث لغير الوارث المحبس عليه، وتحل هذه العلة المستمدة من الوقائع الثابتة لقضاة الموضوع والأدلة المدلى بها أمامهم محل العلة المنتقدة التي ردت بها المحكمة الدفع بأن التزام المحبسة الذي لم يصح منها لتعليقه على وفاتها، يصح به التزامها الوصية، وبذلك يكون الدفع بانعدام شرط الحور مجابا عنه خلاف ما ورد في الوسيلة، وما أثير بشأن تناقض الحجة مع المقال، أجابت عنه المطلوبتان في الدعوى أمام قضاة الموضوع بأن الحبس ورد عل الزينة فقط، وبذلك ينصرف منطوق القرار المطعون فيه باستحقاق, لثلث من الدار المحبسة، وصية للمطلوبة نظارة أوقاف العرائس إلى البناء وحده، ولا يصح الرجوع في الحبس إلا إذا كان بمعنى الهبة، ومن الأب أو الأم لأولادهما، وتعتبر المحكمة قد أجابت ضمنا برفض الدفع لما أعملت آثار عقد التحبيس وأخرجته مخرج الوصية، وذلك بناء على طلب المطلوبة تطبيق الفصل 309 من ق. ل.ع، فلم تخرق المحكمة أي مقتضى قانوني مما استدل به الطالب وعللت قرارها تعليلا سليما، وما أثير بشأن مرض المحبسة وخروج تصرفها مخرج الوصية غامض و مبهم وغير مقبول، وما بالوسائل علىغير أساس.

لهذه الأسباب

قضى المجلس الاعلى برفض الطلب.

السيد أحمد اليوسفي العلوي رئيسا والمستشارون السادة : محمد بن يعيش مقررا وجميلة المدور والحنفي المساعدي ومحمد تيوك أعضاء وبحضور المحامي العام السيد الحسن هوداية وبمساعدة كاتب الضبط السيد بوعزة الدغمي.

ANNEXE VII

وزارة العدل
المحكمة الابتدائية بصفاقس
عدد القضية 55232
تاريخ الحكم :2015/03/23
تلخيص القاضية: السيدة ويسام نصر **الحمد لله**
حكم مدني
أصدرت المحكمة الابتدائية بصفاقس بدائرتها المدنية الأولى بالجلسة العلنية المنعقدة بقصر العدالة بصفاقس بتاريخ 23 مارس 2015
برئاسة وكيل الرئيس السيد **ثامر دمق**
وعضوية القاضيين السيدتين **ويسام نصر** و **هاجر قصارة**
الممضين عقبه
وبمساعدة كاتبة الجلسة السيدة **سارة اليانقي**
الحكم الآتي بيانه بين:
المدعي :المستشفى الجامعي الحبيب بورقيبة في شخص ممثله القانوني.
الكائن مقر بطريق العين كلم 0.5 صفاقس.
نائبه الأستاذ رشاد الكراي المحامي بصفاقس.
من جهة
المدعى عليه : محمد بن صالح بن منصور عكاشة.
الكائن مقره ببئر صالح الحنشة عند التاجر عمار الهذيلي صفاقس.
نائبته الأستاذة مفيدة البهلول المحامية بصفاقس.
من جهة أخرى
بمقتضى عريضة الدعوى المقدمة من طرف نائب المدعي إلى كتابة المحكمة و المبلغة إلى المدعى عليه بتاريخ 2014/09/18 بواسطة عدل التنفيذ الأستاذ نادر دربال حسب رقيمه عـ23451ـدد والمتضمنة إستدعائه للحضور أمام هذه المحكمة لجلسة يوم 2014/10/13 والجواب عن الدعوى الآتي بيان موضوعها والتنبيه عليه بما إقتضاه الفصل 70 م م م ت.

موضوع الدعوى

يعرض المدعي بواسطة نائبه أنه تخلد بذمة المدعى عليه لفائدته مبلغا ماليا قدره أصلا ثمانية آلاف ومائة وثمانية وثمانون دينارا ومليمـ450ـات (8.188,450د) وهو معين كمبيالة حل أجل خلاصها في 2009/12/30 معلوم إقامة حسن العبيدي بالمستشفى للفترة الممتدة من 2009/09/12 إلى 2009/10/03 حسب أصل الفاتورة المصاحبة.
ويحق للمدعي مطالبة المدعى عليه بأداء المبلغ الذي لم يقع خلاصه إلى حد الآن.
وقد إقتضى الفصل 420 من مجلة الإلتزامات والعقود أن إثبات الإلتزام محمول على المدعي الشيء المتوفر بتحوز المدعي إلى حد هذا التاريخ بالكمبيالة سند الدين.
وقد إقتضى الفصل 421 من مجلة الإلتزامات والعقود وأنه إذا أثبت المدعي وجود الإلتزام كانت البينة على من يدعي إنقضاءه أو عدم لزومه له.
ويحق للمدعي المطالبة بالتعويض عن أتعاب التقاضي وأجرة المحاماة عن هاته القضية.
وقد تضمنت الكمبيالة شرط إختصاص محكمة الجناب بالنظر في كل نزاع في خصوص عدم خلاصها.
وقد تضرر المدعي من تقاعس المدعى عليه من الأداء وإتجه بالتالي الحكم بإلزامه أن يؤدي أصل الدين مع الفوائض القانونية من تاريخ الحلول إلى أجل الخلاص النهائي.
لذلك فهو يطلب الحكم بإلزام المدعى عليه بأن يؤدي المبالغ المالية التالية:
- 8.188,450 دينارا بعنوان أصل الدين.
- الفائض القانوني من تاريخ الحلول إلى تاريخ الخلاص النهائي.
- ألف دينار لقاء أتعاب التقاضي وأجرة المحاماة.
وحمل المصاريف القانونية عليه والإذن بالنفاذ العاجل في خصوص أصل الدين عملا بأحكام الفصل 125 من مجلة المرافعات المدنية والتجارية.

الإجراءات

وبموجب ذلك قيدت القضية بالدفتر المخصص لنوعها تحت عـ55232ـدد ونشرت بالجلسة المعينة لها بالاستدعاء و بها أعلنت الأستاذة البهلول نيابتها عن المطلوب وطلبت التأخير وفوض الأستاذ الكراي النظر ثم تتالى نشر القضية بعدة جلسات إقتضاه سيرها العادي ولما تهيأت للفصل حجزت لجلسة اليوم المبين بالطالع للمفاوضة والتصريح بالحكم وفيها صرح علنا بالحكم الآتي بيانه سندا ونصا:

المستندات

حيث كانت الدعوى تهدف أساسا الى طلب الحكم وفقا لما تضمنته عريضة إفتتاحها من طلبات.

وحيث قدم المدعي تأييدا لدعواه:

-أصل رقيم الاستدعاء للجلسة و عريضة دعوى.

-أصل الكمبيالة عـ2819ـدد.

-أصل الفاتورة عـ2009/15913.

وحيث جوابا عن الدعوى لاحظت نائبة المدعى عليه:

__أولا__:أن سبب إقامة المدعو حسن العبيدي بالمستشفى المذكور هو تعرضه لحادث مرور أدى إلى وفاته تسببت فيه الوسيلة الصادمة المؤمنة لدى شركة التأمين ستار.

__ثانيا__:لم يقع خلاص معلوم الكمبيالة من قبل شركة التأمين ستار لا لورثة المدعو حسن العبيدي ولا للمستشفى ضرورة أنها ملزمة بدفعها.

__ثالثا__:المدعى عليه لا يعد سوى ضامنا في إقامة المدعو حسن العبيدي وأن شركة التأمين ستار هي الملزمة قانونا بدفع معلوم الكمبيالة المحمولة عليه لأنها الضامنة مدنيا في التعويض للوسيلة المؤمنة لديها.

وطلبت في حق منوبها الإذن بإدخال شركة التأمين ستار في شخص ممثلها القانوني وحلولها محل المدعى عليه وإلزامها بخلاص الكمبيالة وإخراج المدعى عليه من القضية و تغريمها لفائدته بألف دينار لقاء أتعاب التقاضي وأجرة المحاماة كان في غنى عنها.

المحكمـــة

حيث كانت الدعوى تهدف إلى إلزام المدعى عليه بأداء قيمة الدين المضمن بعـ01ـدد كمبيالة قدره ثمانية آلاف ومائة و ثمانية و ثمانون دينارا و مليمـ450ـات (8.188,450د) مع الفائض القانوني المترتب عن أصل الدين من تاريخ الحلول الموافق لـ2009/12/30 إلى تاريخ الخلاص النهائي.

وحيث ولئن إستوفت الكمبيالة سند الدين جميع التنصيصات الوجوبية على معنى أحكام الفصل 269 من المجلة التجارية و كانت مقبولة من المدعى عليه وحالة الأداء ويعول عليها وتقوم حجة بين الطرفين في إثبات ما تضمنته من إلتزام عملا بأحكام الفصل 242 من مجلة الإلتزامات والعقود إلا أنها تقادمت بمرور الزمن المنصوص عليه بالفصل 411 من المجلة المذكورة بمرور أكثر من خمس سنوات من تاريخ حلولها.

وحيث خول المشرع للمستفيد من الكمبيالة المطالبة بإستخلاص الدين المضمن بها في إطار دعوى مدنية على أساس القانون العام في حال سقوطها صرفيا كما هو الشأن في قضية الحال.

وحيث ثبت من الكمبيالة المظروفة بالملف تحت عـ2819ـدد بتاريخ 2009/10/05 والتي حل أجل خلاصها في 2009/12/30 أن ذمة المدعى عليه عامرة لفائدة المدعي بالمبلغ المذكور أعلاه.

وحيث إقتضى الفصل 421 من مجلة الإلتزامات والعقود أنه إذا أثبت المدعي وجود الإلتزام كانت البينة على من يدعي إنقضاءه أو عدم لزومه له.

وحيث أثبت المدعي تعمير ذمة المدعى عليه بمعين الكمبيالة سند القيام ولم يفلح هذا الأخير بالإدلاء بما يفيد انقضاء الدين المضمن بالكمبيالة المذكورة أو عدم لزومه له على النحو المفروض بالفصل 421 من مجلة الإلتزامات والعقود.

وحيث جاء دفع نائبة المدعى عليه بكون هذا الأخير لا يعد سوى ضامنا وأن شركة التأمين ستار في شخص ممثلها القانوني هي الملزمة بدفع معلوم الكمبيالة سند الدعوى في غير طريقه ذلك أن الكمبيالة سند القيام تثبت المديونية القائمة بين المدعي والمدعى عليه وهي مستوفية لجميع تنصيصاتها الوجوبية وحق للمدعي في شخص ممثله القانوني أن يطالب بخلاص دينه المتخلد بذمة المدعى عليه.

وحيث أن طلب الفائض القانوني في طريقه واقعا و قانونا لتوفر شروط الفصلين 277 و 278 من مجلة الإلتزامات والعقود في قضية الحال وإتجه الحكم به لا من تاريخ حلول الكمبيالة سند الدين بل من تاريخ رفع دعوى الحال الموافق لـ2014/09/18 إلى تاريخ الخلاص النهائي.

وحيث تكبد المدعي أتعاب تقاضي وأجرة المحاماة كان في غنى عنها وإتجه التعويض له عنها حسب ما تم الإتفاق عليه بين الطرفين صلب الكمبيالة سند الدين بما قدره مائة وخمسين دينارا (150,000د).
وحيث أن المصاريف القانونية تحمل على المحكوم عليه عملا بأحكام الفصل 128 من مجلة المرافعات المدنية والتجارية.
وحيث جاء طلب الإذن بالنفاذ العاجل غير مستوجب لشروط الفصلين 125 و 126 من مجلة المرافعات المدنية والتجارية وإتجه رفضه.

<u>لذا ولهذه الأسباب</u>

قضت المحكمة إبتدائيا بإلزام المدعى عليه بأن يؤدي للمدعي في شخص ممثله القانوني ثمانية آلاف ومائة وثمانية وثمانون دينارا ومليمـ450ـات (8.188,450د) لقاء أصل الدين معين الكمبيالة عـ2819ـدد مع الفائض القانوني المترتب عن المبلغ المذكور بداية من تاريخ رفع الدعوى الموافق لـ2014/09/18 إلى تاريخ الخلاص النهائي وتغريمه لفائدة المدعي في شخص ممثله القانوني بمائة وخمسين دينارا (150,000د) لقاء أتعاب التقاضي وأجرة المحاماة وحمل المصاريف القانونية على المدعى عليه ورفض طلب الإذن بالنفاذ

ANNEXE VIII

الجمهورية التونسية
وزارة العدل و حقوق الإنسان
محكمة التعقيب
عـ68741.2011ـدد القضية
تاريخه: 12-03-2013

الحمد لله

أصدرت محكمة التعقيب القرار الآتي :

بعد الاطلاع على مطلب التعقيب المقدم مع بطاقة خلاص المعاليم القانونية في 2011/11/9 من طرف الأستاذ محمد الزعنوني

نيابة عن: الشركة الكندية التونسية للصناعات الغذائية في ش م ق
مقرها بنهج بحيرة فكتوريا عمارة لارش البحيرة مكتب س في ضفاف البحيرة تونس
محاميها الأستاذ محمد الزعنوني

ضد: شركة بيول شيم في ش م ق الكائن مقرها الطريق الرئيسي عدد 5 كلم 16 طريق المرناقية
ينوبه الاستاذ ازر بن العابدين

طعنا في الحكم الاستئنافي عدد 6824 الصادر عن محكمة الاستئناف بتونس بتاريخ 24 ماي 2011 قاضي بقبول الاستئنافين الاصلي والعرضي شكلا و في الأصل بإقرار الأمر بالدفع المطعون فيه وإجراء العمل به وتخطية المستأنفة بالمال المؤمن وحمل المصاريف القانونية عليها وتغريمها للمستأنف ضدها بثلاثمائة دينارا لقاء اتعابالتقاضي واجرة المحاماة

وبعد الاطلاع على القرار المطعون فيه ومستندات التعقيب ومحضر تبليغها للمعقب ضدها
وعلى بقية الوثائق التي اوجب الفصل 185 من م م م ت تقديمها.
وعلى ملحوظات النيابة العمومية الرامية الى قبول مطلب التعقيب شكلا ورفضه أصلا.
وعلى كافة أوراق الملف وبعد المداولة طبق القانون صرح بما يلي:

من حيث الشكل

حيث استوفى مطلب التعقيب جميع صيغه واوضاعه الشكلية واتجه قبوله من هذه الناحية

من حيث الاصل

حيث تفيد وقائع القضية كيفما اوردها الحكم المطعون فيه ان المعقب ضدها استصدرت الامر بالدفع استنادا الى كمبيالتين مؤرختين في2008/6/12 مضمن كل واحد منهما مبلغ 14.400.000 د حل أجل خلاصهما بتاريخ 2008/8/30و بلغ بشأنها إنذار بالدفع في2010/2/24 بواسطة العدل منفذ إبراهيم البركاوي بموجب رقيمه عدد 1152 ومحضر احتجاج من عدم خلاص كمبيالة تحت عدد 1151
فاستأنفت المحكوم ضدها الأمر بالدفع المطعون فيه
وبعد الترافع أصدرت محكمة الدرجة الثانية الانف تضمين نصه بالطالع
فتعقبته الطاعنة بواسطة محاميها الذي نسب للحكم المطعون فيه الاخلالات الآتي بيانها :

-1المطعن الاول المتعلق بمخالفة القانون

قولا انه خلافا لما ذهب اليه الحكم المنتقد فان الطاعنة تمسكت بمنازعتها الجدية في عدم وجود المؤونة الدين ولا شيء بالملف يثبت وان الوثائق المحتج بها من المعقب ضدها والمستند اليها الحكم المنتقد لا تثبت وجود المؤونة فتصريح الديوانة قد تضمن التنصيص بان الثمن الصافي قدره 13750.000د وهو ما يتعارض مع مبلغ الدين الصادر في شانه الامر بالدفع مما يجعل وصل الديوانة المذكور لا يتعلق بالبضاعة وثمنها المضمنة بوصل الطلب ولا بالدين محل التداعي وكان على محكمة الحكم المنتقد ان تتحقق من التصريح المذكور ومدى مطابقته مع وصل الطلب بخصوص كمية البضاعة المضمنة به وثمنها.

المطعن الثاني المتعلق بمخالفة الفصل 307 من المجلة التجارية

قولا انه خلافا لما ذهب اليه الحكم المطعون فيه فان المنازعة في عدم وجود المؤونة كما هو الحال يجعل الاحتجاج عن عدم خلاص الكمبيالتين سند الامر بالدفع بعد الاجل المنصوص عليهبالفصل 307 السالف الذكر يفقد صفتهما كسند تجاري ولا يمكن بالتالي على أساسها استصدار الأمر بالدفع.

المطعن الثالث المتعلق بضع ف التعليل

قولا بان إهمال محكمة الحكم المطعون فيه للدفوعات التي تمسكت بها الطالبة ومنازعتها الجدية في عدم وجود المؤونة وانتفاء سبب التعاقد واختلاف المبلغ ين ما ذكر بتصريح الديوانة الذي لم يقع التنصيص به على كمية البضاعة ومن ما نص عليهوصل الطلب وخلو الملف من اي دليل قانوني يفيد تسلم البضاعة للطاعنة متطابقة

مع وصل الطلب والثمن المضمن بما يجعل حكمها قاصر التسبيب طالبا في الآخر نقض الحكم المطعون فيه مع الإحالة.

المحكمة

عن المطعن الاول والثالث

حيث اقتضى الفصل 275 من المجلة التجارية ان القبول قرينة على وجود المؤونة وانه على الساحب وحده سواء حصل القبول أو لم يحصل إن يثبت في حالة الانكار ان المسحوب عليه كان لديه المؤونة عند الحلول والا لزمه ضمانها حتى ولو ان الاحتجاج قداقيمبعدالآجال المعينة

وحيث يؤخذ من احكام الفصل 275 من المجلة التجارية ان القبول قرينة على وجود المؤونة وانه في صورة انكار المسحوب عليه للمؤونة فعلى الساحب وحده ان يثبت ان المسحوب عليه كان لديه المؤونة مما يستخلص منه ان قرينة القبول هي قرينة بسيطة قابلة للدحض

وحيث ان الكمبيالتين سند الامر بالدفع تربط بين الساحبة المعقب ضدها والمسحوب عليها المعقبة ممضى عليها بالقبول وقد اثبتت الساحبة المعقب ضدها وجود المؤونة عند حلول اجل دفع الكمبيالتين بمؤيدات تمثلت في نسخة من وصل الطلب المتعلق بالبضاعة موضوع الكمبيالة وتصريح الديوانة ووصل خلاص معاليم الديوانة المتعلقة بالبضاعة وتقدير حجيتها وقيمتها يندرج في صلاحيات محكمة الموضوع دون رقابة عليها من محكمة التعقيب مادام انها عللت رايها كما يجب بما هو سائغ قانونا بتعليل سليم ينطلق من قرينة الفصل 275 من م ت.

عن المطعن الثاني

حيث ورد بهذا المطعن ان الكمبيالتين سند الامر بالدفع فقدت صفتهما كسند تجاري لوقوع الاحتجاج عن عدم الخلاص بعد الاجل المنصوص عليه بالفصل 307 من م ت.

وحيث خلافا لما دفعت به الطاعنة فان عدم تحرير احتجاج في الاجل القانوني المضروب بالفصل 307 من المجلة التجارية لا يترتب عنه سقوط حقوق الحامل الاتجاه المظهرين والساحب وليس تجاه المسحوب عليه الذي قبل الكمبيالة تطبيقا للفصل 315 من المجلة التجارية زيادة ان الكمبيالة وان فقدت حجيتها الصرفية وعدم صلاحيتها لان تكون سندا تجاريا فان ذلك لا ينفي عنها صبغتها التعاقدية وفق الفصل 59 من م م م ت سيما وان الاحتجاج هو لغاية ضمان التنفيذ المعجل وفق الفصل 317 من م م م ت بما يتعين معه رد هذا المطعن.

لهذه الأسباب

قررت المحكمة قبول مطلب التعقيب شكلا ورفضه اصلا وحجز معلوم الخطية المؤمن.

وقد صدر هذا القرار بحجرة الشورى يوم الثلاثاء 12 مارس 2013 عن الدائرة الرابعة مدنية برئاسة السيد المنصف الكشو و المستشارين السيدين شادية الصافي و زهرة السلامي بحضور المدعي العام السيد شكري التاج و مساعدة كاتبة الجلسة السيدة عائدة البرقاوي.

و حرر بتاريخه

ANNEXE IX

الجمهورية التونسية
وزارة العدل
المحكمة الابتدائية بصفاقس
عدد القضية : 52094
تاريخ الحكم :2015/06/29
تلخيص القاضية: السيدة ويسام نصر الحمد للّـه

حكم مدنـي

أصدرت المحكمة الإبتدائية بصفاقس بدائرتها المدنية الأولى بالجلسة العلنية المنعقدة بقصر العدالة بصفاقس بتاريخ 29 جوان 2015
برئاسة وكيل الرئيس السيد **محمد بلطيف**
وعضوية القاضيين السيدتين **ويـسـام نصر** و **خيرة بن خليفة**
الممضين عقبه
وبمساعدة كاتبة الجلسة السيدة **سارة اليانقي**

الحكم الآتي بيانه بيـــن:

المدعي :البشير الأزهر الهمامي.
مقره المختار لدى شركة العناية لإستخلاص الديون بصفاقس مقرها بشارع الحبيب بورقيبة عمارة الإنطلاقة 2 صفاقس.
نائبها الأستاذ محمد جبير المحامي بصفاقس.

من جهــــة

المدعى عليه : نجيب المكشر.
الكائن مقره بطريق الأفران كلم 4 على يسار الطالع قصاص سيدي جيلاني الزنقة الأولى صفاقس.
نائبه الأستاذ عبد الرحمان الجبنوني المحامي بصفاقس.
الدخلاء: ورثة البشير الأزهر الهمامي وهم:
-أرملته ليليا بنت عمر ميساوي في حق نفسها وفي حق إبنتها القاصر مريم الهمامي.
-إبنته ملاك بنت البشير الهمامي.
-والدته سعاد بنت عمر الجلاصي.
مقرهم جميعا عمارة ب1 الإنطلاقة الطابق الخامس نهج حفوز صفاقس.
نائبهم الأستاذ محمد جبير المحامي بصفاقس.

من جهة أخــــرى

بمقتضى عريضة الدعوى المقدمة من طرف نائب المدعي إلى كتابة المحكمة و المبلغة إلى المدعى عليه بتاريخ 2012/06/16 بواسطة عدل التنفيذ الأستاذ مرشد الزواري برقيمه عـ62769ـدد والمتضمنة إستدعائه للحضور أمام هذه المحكمة لجلسة يوم 2012/07/09 والجواب عن الدعوى الآتي بيان موضوعها والتنبيه عليه بما إقتضاه الفصل 70 م م م ت.

موضوع الدعوى

يعرض المدعي بواسطة نائبه أنه تخلد بذمة المدعى عليه مبلغ مالي قدره أربعة وأربعون ألفا وثمانمائة دينار (44.800,000د) موثقة بعـ10ـدد كمبيالات ممضاة من طرفه بصيغة القبول.
وقد امتنع المدعى عليه عن الخلاص رغم التنبيه عليه بواسطة عدل تنفيذ.
ويعتبر المدعى عليه مماطلا على معنى أحكما الفصل 269 م إ ع بعد أن قام المدعي بالتنبيه عليه بالأداء إلا أنه امتنع عن ذلك بدون سبب.
ويحق للمدعي عملا بأحكام الفصل 273 م إ ع إلزام المدعى عليه بالوفاء كما يحق له المطالبة بالفوائض القانونية من تاريخ التنبيه بالأداء إلى تاريخ الخلاص النهائي وذلك عملا بأحكام الفصل 278 م إ ع.
وأن الدين المتخلد بذمة المدعى عليه موثق بكمبيالات ممضاة من طرفه بصيغة القبول مما يتجه معه الإذن بالنفاذ العاجل بخصوص أصل الدين عملا [احكما الفصلين 125 و 126 م م م ت.
وتكبد المدعي أتعاب تقاض وأجرة محاماة عن قضية الحال كان في غنى عنها وإتجه التعويض له عنها.
لذلك فهو يطلب الحكم بإلزام المدعى عليه بأن يؤدي له:

- 44.800,000 دينارا بعنوان أصل الدين.
-الفائض القانوني المترتب عنه من تاريخ التنبيه بالأداء إلى تاريخ الخلاص النهائي.
-60,000 دينار معلوم محضر التنبيه بالأداء.
- 1.000,000 دينار لقاء أتعاب التقاضي وأجرة المحاماة.
و حمل المصاريف القانونية عليه مع الإذن بالنفاذ العاجل بخصوص أصل الدين.

الإجراءات

وبموجب ذلك قيدت القضية بالدفتر المخصص لنوعها تحت عـ52094ـدد ونشرت بالجلسة المعينة لها بالاستدعاء و بها أعلن الأستاذ الجبنوني نيابته عن المدعى عليه وطلب التأخير وفوض الأستاذ جبير النظر ثم تتالى نشر القضية بعدة جلسات إقتضاه سيرها العادي ولما تهيأت للفصل حجزت لجلسة اليوم المبين بالطالع للمفاوضة والتصريح بالحكم وفيها صرح علنا بالحكم الآتي بيانه سندا ونصا:

المستندات

حيث كانت الدعوى تهدف أساسا إلى طلب الحكم وفقا لما تضمنته عريضة افتتاحها من طلبات.
وحيث قدم المدعي تأييدا لدعواه:
-أصل رقيم الاستدعاء للجلسة و عريضة دعوى.
-عـ10ـدد نسخ من كمبيالات.
وحيث جوابا عن الدعوى لاحظ نائب المدعى عليه:
-سبق للمدعي أن استصدر أمرا بالدفع بخصوص هذا الدين وتم نقضه إستئنافيا
-الكمبيالات خالية من تاريخ إنشائها ومن إمضاء الساحب ومن بيان المكان الذي يجب فيه الدفع ومن مكان إنشائها.
-لا وجود لمؤونة وعلى المدعي إثبات خلاف ذلك عملا بالقاعدة الأصولية في الإثبات.
وطلب الحكم بعدم سماع الدعوى وتغريم المدعي لفائدة المدعى عليه بألف دينار لقاء أتعاب التقاضي وأجرة المحاماة.
وحيث أصدرت المحكمة حكما تحضيريا يقضي بالتحرير على طرفي النزاع شخصيا وتلقي ما لديهما من مؤيدات وبينة بواسطة القاضي المقرر.
وحيث توفي المدعي وأذنت المحكمة تبعا لذلك لنائبه بإدخال ورثته في قضية الحال طبق مقتضيات الفصل 225 م م م ت.
وحيث تعقيبا على جلسة التحريرات المكتبية قدم نائب ورثة المدعي طلباته النهائية وذلك بإلزام المدعى عليه بأن يدفع لهم مبلغ قدره 44.800,000 دينار لقاء أصل الدين مع الفوائض القانونية من تاريخ التنبيه بالأداء إلى تمام الخلاص النهائي و60,000 دينارا لقاء معلوم محضر التنبيه بالأداء وتغريمه لفائدتهم بألف دينار لقاء أتعاب التقاضي وأجرة المحاماة وحمل المصاريف القانونية عليه بما في ذلك معلوم محضر الإستدعاء للجلسة وقدره 33,465 دينارا ومعلوم محضر الإدخال وقدره 55,000 دينار.
وحيث تعقيبا على جلسة التحريرات المكتبية لاحظ نائب المدعى عليه أن قيمة الأصل اتجاري هو ثلاثون ألف دينار وثبت أن المدعي توصل بكامل المبلغ فإن المنازعة تبقى محصورة فيما زاد على ذلك المبلغ والذي تأكد أنه يتعلق بشقة إعترف المدعي أنه لم يقم بالتفويت فيها للمدعى عليه وبالتالي لم يعد هناك مجال لمطالبته بثمنها.

المحكمـــة

حيث كانت الدعوى تهدف إلى بإلزام المدعى عليه بأن يدفع لورثة المدعي مبلغ قدره 44.800,000 دينارا لقاء أصل الدين مع الفوائض القانونية من تاريخ التنبيه بالأداء إلى تمام الخلاص النهائي و60,000 دينارا لقاء معلوم محضر التنبيه بالأداء وتغريمه لفائدتهم بألف دينار لقاء أتعاب التقاضي وأجرة المحاماة وحمل المصاريف القانونية عليه بما في ذلك معلوم محضر الإستدعاء للجلسة وقدره 33,465 دينارا ومعلوم محضر الإدخال وقدره 55,000 دينار.
وحيث استند المدعي في إثبات دعواه على عـ10ـدد كمبيالات ممضاة بصيغة القبول من قبل المدعى عليه.
وحيث دفع نائب المدعى عليه بكون الكمبيالات المدلى بها خالية من تاريخ إنشائها ومن إمضاء الساحب ومن بيان المكان الذي يجب فيه الدفع ومكان إنشائها وهو ما يجعلها فاقدة لصفة الكمبيالة عملا بأحكام الفصل 269 من المجلة التجارية.

وحيث ثبت بالرجوع إلى الكمبيالات سند الدين المطالب بأدائه أنها خالية من البيانات المذكورة أعلاه.
وحيث أنه في حالة غياب أحد الشروط الشكلية المنصوص عليها بالفصل 269 من المجلة التجارية فإن الوثيقة لا تعتبر كمبيالة عدا الإستثناءات المنصوص عليها بالفصل المذكور وهو ما يفقد السند قيمته على صعيد الاحتجاج طبق القواعد الصيرفية.
وحيث طالما فقد السند صفة الكمبيالة فإنه يتم الرجوع إلى القواعد العامة خاصة فيما يتعلق بالإثبات ويكون المدعي تبعا لذلك ملزم بإثبات وجود المديونية والمدعى عليه ملزم بإثبات إنقضائها وعدم لزومه للدين المطالب به عملا بأحكام الفصل 421 من مجلة الإلتزامات والعقود الذي يقتضي أنه إذا أثبت المدعي وجود الإلتزام كانت البينة على من يدعي إنقضاءه أو عدم لزومه له.
وحيث بين الشاهد عبد القادر بن محمد الذي حضر بجلسة التحريرات المكتبية المجراة بواسطة القاضي المقرر أنه شهد الإتفاق المبرم بين الطرفين بخصوص بيع الأصل التجاري بثمن قدره تسعين ألف دينار إلا أن المدعى عليه قام باكتتاب عـ18ـدد كمبيالة مضمن بها مبلغ ثمانون ألف دينار وتولى هذا الأخير خلاص عـ08ـدد كمبيالات بها مبلغ خمسة وثلاثون ألفا ومائتي دينار (35.200,000د).
وحيث أقر المدعى عليه صلب جلسة التحريرات المكتبية أنه إكتتب عـ18ـدد كمبيالة مضمن بها مبلغ جملي قدره ثمانون ألف دينار وادعى أنه رصد مبلغ ثلاثين ألف دينار كثمن للأصل التجاري و باقي المبلغ وقدره خمسون ألف دينار لقاء ثمن شقة كان المدعي وعده ببيعها دون تحرير عقد.
وحيث نفى المدعي ملكيته للشقة المزعومة كما لم يتول المدعى عليه إثبات صحة إدعاءاته وبقيت تصريحاته مجردة ولا وجود لما يؤكد صحتها.
وحيث نص الفصل 269 من المجلة المذكورة أعلاه "يعد المدين مماطلا بمضي الأجل المعين في العقد فإذا لم يعين أجل فلا يعد المدين مماطلا إلا بعد أن ينذره الدائن".
وحيث تم التنبيه على المدعى عليه بوجوب خلاص ما تخلد بذمته بواسطة عدل التنفيذ الأستاذ عماد بسباس برقيمه عـ19241ـدد بتاريخ 2011/11/18 إلا أنه لم يحرك ساكنا وهو ما يجعله مماطلا واتجه إلزامه بأداء ما تخلد بذمته.
وحيث توفي المدعي وتم إدخال ورثته في قضية الحال واتجه تبعا لذلك إلزام المدعى عليه بخلاص ما تخلد بذمته لفائدة الدخلاء بوصفهم خلفا عاما لمورثهم.
وحيث ثبت أن الدخيلة مريم الهمامي قاصر واتجه لذلك الإذن بتأمين منابها من مبلغ الدين بأحد المصارف البنكية على أن لا يقع السحب إلا بموجب إذن قضائي.
وحيث إقتضى الفصل 278 من نفس المجلة أنه "في الالتزامات الخاصة بأداء مقدار مالي معين فغرم الضرر لا يكون إلا بالحكم بأداء الفائض الذي عينه القانون..."
وحيث يحق للدخلاء المطالبة بالفائض القانوني المترتب عن الدين المذكور واتجه لذلك الحكم بإلزام المدعى عليه بأدائه بداية من تاريخ محضر الإنذار بالدفع الموافق لـ2011/11/18 إلى تمام الخلاص النهائي و ذلك حسب النسبة المعمول بها في المادة المدنية تطبيقا لمقتضيات الفصلين 278 و1100 من مجلة الالتزامات والعقود.
وحيث بذل مورث الدخلاء معلوم محضر الإنذار بالدفع عـ19241ـدد وقدره ستون دينارا (60,000د) واتجه تعويضه عنه.
وحيث تكبد مورث الدخلاء أتعاب تقاضي وأجرة محاماة كان في غنى عنها واتجه التعويض لهم عنها بغرامة معدلة من المحكمة قدرها ثلاثمائة دينارا (300,000د).
وحيث أن المصاريف القانونية تحمل على المحكوم عليه بما في ذلك معلوم محضر الاستدعاء للجلسة عـ62769ـدد وقدره ثلاثة وثلاثون دينارا ومليمـ465ـات (33,465د) ومعلوم محضر الإدخال عـ66181ـدد وقدره خمسة وخمسون دينارا (55,000د) عملا بأحكام الفصل 128 من مجلة المرافعات المدنية والتجارية.

<u>لذا ولهذه الأسباب</u>

قضت المحكمة إبتدائيا بإلزام المدعى عليه بأن يؤدي للدخلاء ورثة المرحوم البشير الأزهر الهمامي كل حسب منابه من الإرث أربعة و أربعين ألفا وثمانمائة دينار (44.800,000د) لقاء أصل الدين مع الفائض القانوني المترتب عنه بداية من تاريخ محضر الإنذار بالدفع في 2011/11/18 إلى تمام الخلاص النهائي وتسعة وأربعون دينارا ومليمـ061ـات لقاء معلوم محضر التنبيه بالأداء عـ19241ـدد وثلاثمائة دينار (300,000د) لقاء أتعاب التقاضي وأجرة المحاماة وحمل المصاريف القانونية عليه بما في ذلك معلوم محضر الإستدعاء للجلسة عـ62763ـدد وقدره ثلاثة وثلاثون دينارا ومليمـ465ـات (33,465د) ومعلوم محضر الإدخال عـ66181ـدد وقدره خمسة و خمسون دينارا (55,000د) والإذن بتأمين مناب القاصرة مريم الهمامي بأحد المصارف البنكية على أن لا يقع السحب إلا بموجب إذن قضائي.

BIBLIOGRAPHIE EN LANGUE FRANÇAISE

I. OUVRAGES GÉNÉRAUX, TRAITÉS, MANUELS ET COURS

BEN FADHEL (O.), Introduction au droit privé comparé, Publications de l'Imprimerie Officielle de la République Tunisienne, 2001.

BEN NASR (T.), Droit bancaire tunisien, Tunis, 2009.

BENABENT (A.), Droit civil, Les obligations, coll. Domat droit privé, 12e éd., Paris, Montchrestien, 2010.

BERGEL (J.-L.), Théorie générale du droit, Paris, Dalloz, coll. « Méthodes du droit », 5e éd., 2012.

BETTI, Corpus de droit civil comparé, t.2, Etude d'un système juridique, Système du Code civil allemand, Milano, 1965.

BUFFELAN-LANORE (Y.), **LARRIBAU-TERNEYRE (V.)**, Droit civil, Première année, Introduction, Biens, Personnes, Famille, 19 e éd., Sirey 2015.

CABRILLAC (R.) et **BEN FADHEL (O.)**, Introduction au droit des affaires, Abrégé de droit tunisien des obligations contractuelles, C.P.U. 2000.

CADIET (L.), Droit judiciaire privé, 3e éd. Litec 1999.

CARBONNIER (J.), Les obligations, 22e refondue, P.U.F., 2000.

CARBONNIER (J.), Sociologie juridique, 3e éd., Paris, P.U.F., 2016.

CHAPUT (Y.), Effets de commerce, chèques et instruments de paiement, P.U.F. 1992.

CHARFI (M.), Introduction à l'étude du droit, Cérès Editions, 1997.

CHEHATA (C.), Théorie générale de l'obligation en droit musulman hanéfite, Sirey 1969, p. 99.

CORNU (G.), Regards sur le titre III du livre III du Code civil, Cours de D.E.A., droit privé, Paris II, 1976-1977.

COUCHEZ (G.), Procédure civile, 16e éd., Sirey, 2011.

DAHDOUH (H.) et **LABASTIE-DAHDOUH (Ch.)**, Droit commercial, vol. 2, Entreprises sociétaires, t.1, règles communes, 1e éd., IHE Editions, 2003.

DAHDOUH (H.), et **LABASTIE-DAHDOUH (Ch.)**, Droit commercial, Entreprises sociétaires et groupements privés, t.2, vol. 2, règles particulières, 1e éd., IHE Editions, 2007.

DEMOGUE (R.), Traité des obligations en général, t. 6, Paris, 1932.

DEVEZE (J.), **PETEL (Ph.)**, Droit commercial, Instruments de paiement et de crédit, Paris, Montchrestien, 1992.

FLOUR (J.), **AUBERT (J.- L.)** et **SAVAUX (É.)** Les obligations, t.1 : L'acte juridique, 16ème éd. Par J.- L. AUBERT et É. SAVAUX, Dalloz, 2014.

FLOUR, AUBERT (J.-L.), **SAVAUX (E.)**, t.3, Le rapport d'obligation, 9e éd., Sirey, 2015.

GAVALDA (Ch.) et **STOUFFLET (J.)**, Instrument de paiement et de crédit, effets de commerce, chèque, carte de paiement, transfert de fonds, 7ème éd., Paris, Litec 2009.

GHESTIN (J.) (sous la dir.), Traité de droit civil, Les obligations, La formation du contrat, 3ème éd., L.G.D.J. 1993.

GHESTIN (J.) (sous dir.), Traité de droit civil, Les effets du contrat, par GHESTIN (J.), JAMIN (Ch.), et BILLIAU (M.), 3e éd., L.G.D.J., 2ème éd. 2001.

GHESTIN (J.) (sous la dir.), Traité de droit civil, Les obligations, Le contrat : formation, 2e éd. 1988, par GHESTIN (J.).

GHESTIN (J.) (sous dir.), Traité de droit civil, Introduction générale, par GHESTIN (J.) et GOUBEAUX (G.), avec le concours de FABRE-MAGNAN (M.), L.G.D.J., 4e éd. 1994.

GHESTIN (J.) (sous la dir.), Traité de droit civil, Droit spécial des sûretés réelles, vol. 1, par E. PUTMAN et M. BILLIAU, L.G.D.J. 1996.

GIRARD (F.), Manuel élémentaire de droit romain, 2e éd., Paris, A. ROUSSEAU, 1898.

GRIMALDI (M.), Droit civil, Successions, 6e éd., Litec, 2001.

GROSS (B.), **BIHR (Ph.)**, Contrats, t.1, ventes civiles et commerciales, baux d'habitation, baux commerciaux, P.U.F., 2 e éd., Coll. Thémis, 2002.

GUINCHARD (S.), Droit pratique de la procédure civile, 6 ème éd., Dalloz 2009.

GUINCHARD(S.), **FERRAND (F.)**, **CHAINAIS (C.)**, Procédure civile, 4e éd. Paris, Dalloz, 2015.

GUYENOT (J.), Cours de droit commercial, préf. J. HEMARD, Librairie du Journal des Notaires et des Avocats, Paris 1977.

GUYON (Y.), Droit des affaires, t.1, Droit commercial général et sociétés, 12e éd. Economica 2003.

HERON (J.) et **Le BRAS (Th.)**, Droit judiciaire privé, 6ème éd., Paris, L.G.D.J., 2015.

HOUTCIEFF (D.), Droit commercial : actes de commerce, Commerçants, Fonds de commerce, Instruments de paiement et de crédit, 3e éd., Sirey, Dalloz, 2011.

JEANTIN (M.), Droit commercial, Instruments de paiement et de crédit, Entreprises en difficulté, 6e éd., Dalloz, 2003.

JEANTIN (M.), Le CANNU (P.), Droit commercial, Instruments de paiement et de crédit. Entreprises en difficulté, Dalloz, 5e éd., 1999.

JEANTIN (M.), **Le CANNU (P.)**, **GRANIER (Th.)**, Droit commercial, Instruments de paiement et de crédit, Titrisation, 8e éd., Dalloz, 2010.

JOSSERAND (L.), Cours de droit civil positif français, II, 2e éd., Sirey, 1933.

KHARROUBI (Kh.), Droit des sociétés commerciales, t.1, éd. Latrach 2016.

KNANI (Y.), Droit commercial, Les effets du commerce, Le chèque, le virement et la carte de paiement, Collection M/sciences juridiques, 2e éd., C.P.U. 1999.

LAKHOUA (M.H.), Cours de droit commercial, Fasc.1, Les effets de commerce, Quatrième année droit, Faculté de Droit et des Sciences Politiques de Tunis, 1989.

LARROUMET (Ch.), Droit civil, Les obligations, Le contrat, t.3, 1ére partie : conditions de formation, 6ème éd., ECONOMICA, 2007.

Le TOURNEAU (Ph.) et **CADIET (L.)**, Droit de la responsabilité et des contrats, Dalloz Action, 2000/2001.

LEGEAIS (D.), Droit commercial et des affaires, Coll. Université, Droit privé, 23e éd., Paris, Sirey 2016.

LINANT DE BELLE FONDS (Y.), Traité de droit musulman comparé, t.1, théorie de l'acte juridique, MOUTON et CO., Paris La Haye 1965.
LOKSAIER (F.), Abrégé du droit des effets de commerce, Les Editions la balance 1997.
MALAURIE (P.), Les successions, Les libéralités, Défrénois, 5è éd., 2012.
MALAURIE (Ph.) et **AYNÈS (L.)**, Cours de droit civil, t.VI, Les obligations, 11ème éd., par L. AYNÈS, Editions Cujas 2001.
MALAURIE (Ph.) et **AYNES (L.)**, Droit civil, Les successions, Les libéralités, 3ème éd., *Defrénois*, 2008.
MALAURIE (Ph.), AYNES (L.), GAUTHIER (P.-Y.), Droit civil, Les contrats spéciaux, 6e éd., Défrénois, 2012.
MALAURIE (Ph.), AYNÈS (L.), STOFFEL- MUNCK (Ph.), Droit civil, Les obligations, Paris, L.G.D.J., 2013.
MALINVAUD (Ph.), Droit des obligations, 10ème éd., Litec 2007.
MALINVAUD (Ph.), FENOUILLET (D.), MEKKI (M.), Droit des obligations, 13e éd. Lexis Nexis, 2014.
MARTY (G.), RAYNAUD (P.), JESTAZ (PH.), Droit civil, Les obligations, t.2, Le régime, Sirey, 2e éd., 1989.
MARTY(G.), RAYNAUD (P.), Droit civil, Les obligations, t.1, Les sources, Sirey, 2e éd., 1988.
MAZEAUD (H, L., J.) et **CHABAS (F.)**, Leçons de droit civil, Les obligations : théorie générale, t. II, Vol. 1, 9e édition par F. CHABAS, Paris, Montchrestien, 1998.
MAZEAUD (H. L.et J.), CHABAS (F.), Leçons de droit civil, t. IV, vol. 2, Successions- Libéralités, 5 é éd. par L. LEVENEUR et S. MAZEAUD-LEVENEUR, Montchrestien, 1999.
MAZEAUD (H., L. et J.), Leçon de droit civil, t.3, vol. 2, Principaux contrats, 1re partie, vente et échange, Montchrestien, 7e éd., 1987, par M. De JUGLART.
MAZEAUD (H.L.) et (J.), **CHABAS (F.)**, Leçons de droit civil, t.1, vol. 2, Les personnes, La personnalité, Les incapacités, 8e éd. par F. LAROCHE-GISSEROT, Paris, Montchrestien, 1997.
MAZEAUD (J. H. et L.), CHABAS (F.), Leçons de droit civil, t. 3, vol. 1, Sûreté, Publicité foncière, 7è éd. par Y. PICOD, Montchrestien, 1999.
MECHRI (F.), Traité de procédure civile, préf. R. PERROT, éd. Latrach 2012.
MELLOULI (S.) et **FRIKHA (S.)**, Les sociétés commerciales, La maison du livre, Tunis 2013.
MELLOULI (S.), Droit civil, Introduction à l'étude du droit, Publications de l'I.O.R.T., 2000.
MERLE (Ph.) et **FAUCHON (A.)**, Droit commercial, Sociétés commerciales, 20e éd., Paris, Dalloz, 2016.
MERLE (Ph.), Droit commercial, Sociétés commerciales, 18e éd., Dalloz, 2015.
MESTRE (J.), VELARDOCCHIO (D.), Le Lamy sociétés commerciales, Paris, Lamy, 2016.
MEZGHANI (A.), Commentaire du Code de droit international privé, C.P.U. 1999.
MOREL (R.), Traité élémentaire de procédure civile, 2e éd. Sirey, 1949.
MOUGENOT (D.), Droit des obligations, La preuve, 3e éd., Larcier 2002.
PERELMAN (Ch.), Logique juridique, Nouvelle rhétorique, 2é éd., Coll. Bibliothèque Dalloz, Paris, Dalloz, 1999.

PEROCHON (F.), **BONHOMME (R.)**, Entreprises en difficulté, Instruments de crédit et de paiement, 7e éd., L.G.D.J. 2006.

PIEDELIEVRE (S.), Instruments de crédit et de paiement, 9e éd., Dalloz, 2016.

PLANIOL (M.), Traité élémentaire de droit civil, t.2, 3e éd., Paris, L.G.D.J., 1949.

PUTMAN (E.), Droit des affaires, moyens de paiement et de crédit, P.U.F., Coll. Thémis, droit privé, 1re éd., 1995.

RIPERT (G.) et **ROBLOT (R.)**, Traité de droit commercial, t.2, Les sociétés commerciales, 21e éd. par GERMAIN (M.), L.G.D.J, 2014.

RIPERT (G.), **ROBLOT (R.)**, Traité de droit commercial, t.2, Effets de commerce-Banque- Contrats commerciaux - Procédures collectives, 17e éd., L.G.D.J. 2004.

ROBLOT (R.), Les effets de commerce : lettre de change, billets à ordre et au porteur, warrants, facture protestable, Paris, Sirey. 1975.

SALEILLES (R.), Etude sur la théorie générale de l'obligation, 2e éd. 1901.

SOLUS (H.) et **PERROT (R.)**, Droit judiciaire privé, t.3, Procédure de première instance, Paris, Sirey, 1991.

STARCK (B.), **ROLAND (H.)** et **BOYER (L.)**, Droit civil, Les obligations, t. 2 : Contrat, 6ème éd., Litec 1998.

STARCK (B.), ROLAND(H.) et **BOYER (L.)**, Droit civil, Les obligations, t.2, Contrat, 6e éd., Litec, 1998.

STOUFFLET (J.), Instruments de paiement et de crédit : effets de commerce, chèque, carte de paiement, transfert de fonds, 7e éd., Litec, 2009.

TERRE (F.), Introduction générale au droit, 6e éd., Dalloz, 2003.

TERRE (F.), introduction générale, Dalloz, 10e éd. 2015.

TERRE (F.), **SIMLER (Ph.)** et **LEQUETTE (Y.)**, Droit civil, Les obligations, 11e éd., Dalloz, 2013.

VINCENT (J.) et **GUINCHARD (S.)**, Procédure civile, 27e éd., Dalloz, 2003.

VOIRIN (P.), Manuel de droit civil, conforme au nouveau programme des facultés de droit, 1ère année Licence, L.G.D.J., 1957.

WERY (P.), Droit des obligations, vol.1, Théorie générale du contrat, 2e éd., Larcier 2011.

WITZ (C.), Droit privé allemand, t.1, Actes juridiques, droits subjectifs, B.G.B., partie générale, loi sur les conditions générales d'affaires, Litec, 1992.

II. OUVRAGES SPÉCIAUX, MONOGRAPHIES, THÈSES ET MÉMOIRES

ABDELJELIL(S.), Le leasing immobilier, Etude de la formation du contrat, Mémoire D.E.A., Faculté des sciences juridiques, politiques et sociales (Tunis II), 1994-1995.

ABEILLE (J.), La simulation dans la vie juridique et particulièrement dans le droit des sociétés, th. Marseille, 1938.

ABID MNIF (S.), L'option entre la responsabilité contractuelle et la responsabilité délictuelle : comparaison des droits français et tunisien, préf. P. JOURDAIN, L'Harmattan, 2014.

AGNES (R.), Théorie générale de l'apparence en droit privé, th., Paris II, 2001.

ALBIGE (Ch.), De l'équité en droit privé, préf. de R. CABRILLAC, bibl. dr. pr., t. 329, L.G.D.J., 2000.

ALTER (M.), L'obligation de délivrance dans la vente de meubles corporels, préf. P. CATALA,Paris,L.G.D.J.,1972.

ANDRE (M. E.), DUMONT (M. P.) et **GRIGNON (Ph.)**, L'après contrat, éd. F. Lefebvre, 2005.

ARFAOUI (E.), Les règles écrites d'interprétation de la loi, Essai d'une méthode officielle d'interprétation des lois, thèse de doctorat, F.D.S.P.E.T., Tunis, 2000.

ARIBI (I.), Notion et rôle de la résiliation en droit privé interne, th. Grenoble 1995.

ARISTOTE, Ethique à Nicomaque, Paris, Librairie générale française, 1992, Livre V.

ARROUAS (D.), Les clauses léonines en droit privé, Mémoire de D.E.A., Université de droit, d'économie et des sciences politiques d'Aix-Marseille, 2002-2003.

ATTUEL-MENDES (L.), Consentement et actes juridiques, préf. E. LOQUIN, Litec 2008.

AUBERT (J.-L.), Le contrat, Coll. Connaissance du droit, 2e éd., Dalloz, 2000.

AUBERT (J.-L.), Notions et rôles de l'offre et de l'acceptation dans la formation du contrat, préf. J. FLOUR, Paris, L.G.D.J., 1970.

AUDARD (C.), Anthologie historique et critique de l'utilitarisme, t.3, « thèmes et débats de l'utilitarisme contemporain », P.U.F., 1999.

AUDIAC (O.), Les fonctions du document en droit privé, th. Paris 1, Panthéon-Sorbonne, 2002.

AYNES (L.), La cession de contrat, préf. Ph. Malaurie, Paris, Economica, 1984.

AYNES (R.), Théorie générale de l'apparence en droit privé, th., Paris II, 2001.

BADRI (M.), Le Code des obligations et des contrats et la maxime « *Nemo auditur…* », Mémoire de D.E.A. en droit des affaires, Faculté des sciences juridiques politiques et sociales de Tunis, 2003-2004.

BAG BAG (M.), De la déclaration de volonté, source d'obligation dans le Code des obligations et des contrats, Essai d'une théorie générale, th. Faculté de droit et des sciences politique de Tunis, 1993-1994.

BAKOUCHE (D.), L'excès en droit civil, préf. GOBERT(M.), Bibl. de dr. pr., tome 432, L.G.D.J., 2005.

BANDRAC (M.), La nature juridique de la prescription extinctive en matière civile, préf. P. Raynaud, Economica, 1986.

BARTHON, De la divisibilité des clauses du contrat de mariage, th. Paris 1913.

BEHAR-TOUCHAIS (M.), Le décès du contractant, préf. G.CHAMPENOIS, Economica, 1988.

BEKELYNCK (E.), Etude critique du formalisme testamentaire, th. Paris, 1967.

BELAID(S.), Essai sur le pouvoir créateur et normatif du juge, Publications de l'Université de Tunis, 1973.

BEN ABDALLAH (M.-H.), L'office du juge en procédure civile tunisienne, th. de doctorat, Dijon, 1992.

BEN AHMED (N.), La signature en droit privé, éd. Latrach, 2013.

BEN AMMAR (A.), Essai sur les fonctions de la Cour de cassation en matière civile, mémoire de D.E.A., en droit privé, Faculté de droit et des sciences politiques de Tunis, 1984.

BEN AMMOU (N.), Le pouvoir de contrôle de la cour de cassation, th. dactyl., Faculté de droit et des sciences politiques de Tunis, 1996.

BEN CHAABANE (M.-E.), La moralisation du contrat, mémoire pour l'obtention du mastère de recherche en droit des affaires, Faculté des sciences économiques politiques et sociales de Tunis, 2008-2009.

BEN SLIMA (H.), Contribution à l'étude de l'article 243 du C.O.C., mémoire D.E.A., F.D.S.P.T., 1986.
BESROUR (N.), Sanction des règles de formation du contrat et maintien du rapport contractuel, thèse de doctorat, Faculté de Droit er des Sciences politiques de Tunis, 2001.
BILLIAU (M.), La délégation de créance, L.G.D.J. 1989, préf. J. GHESTIN.
BLERY(C.), L'efficacité substantielle des jugements civils, préf. MAYER(P.), L.G.D.J., 2000.
BOUSSAADA (S.), La conversion en matière de lettre de change, mémoire pour le mastère en droit des affaires, Faculté de Droit et des sciences politiques et économiques de Sousse, 2005.
BRUSCHI (M.), La prescription en droit de la responsabilité civile, préf. A. SERIAUX, coll. Droit civil, Série Etudes et recherches, Paris, Economica 1997.
BUFFELAN-LANORE (Y.), Essai sur la caducité des actes juridiques en droit civil, L.G.D.J., 1963.
CAPITANT (H.), De la cause des obligations, (Contrats, Engagements unilatéraux, legs) 3e éd., Dalloz, Paris, 1927.
CARBONNIER (J.), Flexible droit, Pour une sociologie du droit sans rigueur, 10e éd., Paris, L.G.D.J. 2014.
CARDOSO-ROULOT (N.), Les obligations essentielles en droit privé des contrats, préf. E. LOQUIN, L'Harmattan, 2008.
CELICE (B.), Les réserves et le non-vouloir dans les actes juridiques, préf J. CARBONNIER, Bibl. dr. pr., t. 84, Paris, L.G.D.J., 1968.
CHAABAN (R.), La caducité des actes juridiques, Etude de droit civil, préf. Y. LEQUETTE, L.G.D.J., 2006.
CHAFFAI (M.-M.), La demeure du débiteur dans l'exécution du contrat, th., F.D.S.P.E.T. 1984.
CHANTEPIE (G.), La lésion, préf. G. VINEY, Bibl. de droit privé, tome 467, L.G.D.J. 2006.
CHARFEDDINE (M.-K.), Les droits des tiers et les actes translatifs de propriété immobilière, préf. M.L. HACHEM, Centre d'Etudes, de Recherches et de Publications, C.E.R.P., Tunis 1993.
COCHET (D.), Le droit au bénéfice des associés, th. Paris 2002.
COLOMBAN (F.), L'excès de pouvoir contractuel, th. Lyon 1935.
CONTAMINE-RAYNAUD (M.), L'*intuitus personae* dans les contrats, th., Paris II 1974.
CORNAZ (O.), La conversion des actes juridiques, th. Lausanne 1937.
COURDIER-CUISINIER (A.-S.), Le solidarisme contractuel, préf. E. LOQUIN, Litec 2006.
CROZE (H.), Recherche sur la qualification en droit processuel français, th. Lyon 1981.
CUNHA (V.), Le formalisme en droit des contrats, th. Nice 2002.
DAGOT, La simulation en droit privé, th. L.G.D.J. 1967.
DE L'ASUNCION PLANES (K.), La réfaction du contrat, préf. Y. PICOD, Bibliothèque de droit privé, t. 476, Paris, L.G.D.J. 2006.
DE PAGE (H.), A propos du gouvernement des juges, l'équité en face du droit, Sirey, 1931.
DEMOGUE (R.), Les notions fondamentales du droit privé, Essai critique, éd. La Mémoire du droit, Paris, Rousseau et Cie Editeurs, 1911.

DEREUX (G.), De l'interprétation des actes juridiques privés, éd. Arthur Rousseau, Paris, 1905.

DESBOIS, La notion de fraude à la loi et la jurisprudence française, th. Paris 1927.

DESSENS (H.), Essai sur la notion d'équité, th. Toulouse, 1934.

DEUMIER (P.) (sous dir.), Le raisonnement juridique, Recherche sur les travaux préparatoires des arrêts, coll. Méthodes du droit dirigée par Ph. Jestaz, Dalloz 2013.

DEVEZE (Ch.), De la règle : voies de nullité n'ont lieu contre les jugements, th. Toulouse, 1938.

DORAT DES MANTS (R.), La cause immorale, th. Paris, 1956.

DUCLOS (J.), L'opposabilité, essai d'une théorie générale, L.G.D.J., 1984, préf. Martin.

DUCLOS (V.), L'opposabilité, préf. D. MARTIN, L.G.D.J., 1984.

DURAND (P.), (sous la direction), La tendance à la stabilité du rapport contractuel, L.G.D.J., 1960.

DYPEYRON (Ch.), La régularisation des actes nuls, préf. HEBRAUD (P.) L.G.D.J., 1973.

EL BEHI (S.), Les sociétés de fait, mémoire de D.E.A., F.D.S.P.T., 1989-1990.

EL GAMMAL (M.), L'adaptation du contrat aux circonstances économiques, L.G.D.J., 1967.

EL-GAMAL (M.), Finance islamique, aspects légaux, économiques et pratiques, traduction et adaptation Jacqueline Haverals, préf. Marc DESCHAMPS,Bruxelles,DeBoeck,2010.

ENGEL-CRÉACH (A.), Les contrats judiciairement formés, Coll. Recherches juridiques, préf. BÉNABENT (A.), Economica, 2002.

ESMEIN (P.), Des effets des décisions de justice sur la renaissance et la création des droits, th.Paris,1914.

FABRE-MAGNAN (M.), De l'obligation d'information dans les contrats, Essai d'une théorie, préf. GHESTIN (J.), L.G.D.J., 1992.

FAGES (B.), Le comportement du contractant, préf. J. MESTRE, P.U.A.M.1997.

FARJAT (N.G.), L'ordre public économique, Préf. GOLDMAN (B.), L.G.D.J 1963.

FIN-LANGER (L.), L'équilibre contractuel, préf. THBIERGE (C.), bibl. dr. pr., tome 366, L.G.D.J., 2002.

FOREST (G.), Essai sur la notion d'obligation en droit privé, préf. F. LEDUC, Dalloz, 2012.

FRANCOIS (J.), Les opérations juridiques triangulaires attributives (stipulation pour autrui et délégation de créance), th. Paris II, 1994.

FRIKHA (H.), Les techniques permettant d'éviter la dissolution des sociétés commerciales, Mémoire pour l'obtention du mastère en droit des affaires, Faculté de Droit de Sfax, 2005-2006.

FRIKHA AJMI (S.), Le déséquilibre du contrat, thèse pour le doctorat en droit, Faculté de droit de Sfax, 2012- 2013.

GALLET (A.), Etude de la fiction de rétroactivité dans le droit français, th. Poitiers, 1903.

GANIAGE (J.), Les origines du Protectorat français en Tunisie (1861-1881) M.T.E. 1968.

GARGOURI (H.), La S.U.A.R.L. (entre contrat et patrimoine). Etude de droit tunisien et du droit comparé, mémoire D.E.A. en droit des affaires, Faculté de Droit de Sfax, 2002.

GARRON (F.), La caducité du contrat : étude de droit privé, préf. J. MESTRE, P.U.A.M. 2000.

GAUDEMET (S.), La clause réputée non écrite, préf. LEQYETTE (Y.), Economica, 2006.

GELOT (B.), Finalités et méthodes objectives d'interprétation des actes juridiques, aspects théoriques et pratiques, préf. FLOUR (Y.), bibl. de droit privé tome 403, L.G.D.J., 2003.

GENY (F.), Méthode d'interprétation et sources en droit privé, t.2, L.G.D.J., 1932.

GENY (F.), Méthodes d'interprétation et sources en droit privé positif, t.1, L.G.D.J., 1932.

GHESTIN (J.), Cause de l'engagement et validité du contrat, Paris, L.G.D.J. 2006.

GHOZI (A.), La modification de l'obligation par la volonté des parties, Etude de droit français, préf. TALLON (D.), Paris, L.G.D.J.1980.

GOUNOT (E.), Le principe de l'autonomie de la volonté en droit privé : contribution à l'étude critique de l'individualisme, th. Dijon, 1912.

GOUT (O.), Le juge et l'annulation du contrat, P.U.A.M. 1999, préf. ANCEL (P.).

GRILLET-PONTON (D.), Essai sur le contrat innomé, th. dact., Lyon 3, 1982.

GRIMALDI (M.), Droit civil, Libéralités, Partage d'ascendants, Litec, 2000.

GRYNBAUM (L.), NICOD (M.), Le solidarisme contractuel, Coll. Etudes juridiques, Economica, 2004.

GUELFUCCI-THIBIERGE (C.), Nullité, restitutions et responsabilité, préf. GHESTIN (J.), Bibl. de droit privé, tome 218, L.G.D.J., 1992

GUERRIERO (M.A.), L'acte juridique solennel, Bibliothèque de droit privé, tome 137, L.G.D.J., Paris 1975, préf. VIDAL (J.).

HAURIOUX (M.), Principes du droit public, 1re éd., 1906,

HAUSER (J.), objectivisme et subjectivisme dans l'acte juridique, L.G.D.J. 1971.

HEMARD (J.), Les sociétés de fait en droit français, Association H. Capitant 1957.

HEMARD (J.), Théorie et pratique des nullités des sociétés et des sociétés de fait, 2ème éd., Sirey, 1926.

HOUTCIEFF (D.), Le principe de cohérence en matière contractuelle, préf. H. MUIR WATT., P.U.A.M., 2001, (2vol.).

IONASCO (T.) et **BARASCH (E.A.)**, La conception de la nullité des actes juridiques dans le droit civil socialiste romain, L.G.D.J. 1978.

JACQUEMIN (H.), Le formalisme contractuel, mécanisme de protection de la partie faible, préf. E. MONTERO, Larcier 2010.

JALUZOT (B.), La bonne foi dans les contrats. Etude comparative des droits français, allemand et japonais, Nouvelle bibliothèque de thèses, Paris, Dalloz, 2001.

JAPIOT (R.), Des nullités en matière d'actes juridiques. Essai d'une théorie d'ensemble, th. Dijon, 1909.

JOUHET (Ch.), L'acte authentique en droit privé français, th. Bordeaux, 1930.

JOURDAA (J. B.), Traité de l'acte authentique et de l'acte sous seing privé et considérations pratiques, Paris, L. Simonet, Librairie- Editeur, 1880.

JOURDAIN (P.), Recherches sur l'imputabilité en matière de responsabilité civile et pénale, th. Paris II, 1982.

KERHUEL (A.-J.), L'efficience stratégique du contrat d'affaires, un champ d'action de la liberté contractuelle, préf. J. MESTRE, P.U.A.M., 2010.

KHALED SLAMA (S.), L'exclusion d'un associé dans les sociétés commerciales à la lumière de la modification du code des sociétés commerciales par la loi du 16 mars 2009, La maison du livre 2013.

KHALIL (M.-S.), Le dirigisme économique et les contrats, L.G.D.J. 1967.

KRAJESKI (D.), « L'*intuitus personae* », (sous la dir. de Ph. Le TOURNEAU), coll. Doctorat et notariat, éd. La Baule : le Mouette, 2001.

LAITHIER (Y.-M.), Etude comparative des sanctions de l'inexécution du contrat, préf. H. MUIR-WATT, L.G.D.J., Bib. de droit privé, tome 419, 2004.

LAMETHE (D.), La signature dans les actes sous seing privé, th., Paris 11, 1975.

LAMOUR (M.-P), Le sauvetage du contrat, th. Grenoble, 2001.

LAUDE (A.), La reconnaissance par le juge de l'existence d'un contrat, P.U.A.M., 1992, préf. J. Mestre.

LAVEFVE LABORDRDERIE (A-S.), La pérennité contractuelle, Préface de Catherine THIBIERGE, Bibliothèque de droit privé tome 447, L.G.D.J., 2005.

LE GAC-PECH (S.), La proportionnalité en droit privé des contrats, L.G.D.J. 2000.

LECUYER (H.), La théorie générale des obligations dans le droit patrimonial de la famille, th. Paris II, 1993.

LEVENEUR (L.), Situations de fait et droit privé, préf. GOBERT(M.), Paris, L.G.D.J. 1990.

LUXEMBOURG (F.), La déchéance des droits, Contribution à l'étude des sanctions civiles, préf. A. GHOZI, éd. Panthéon-Assas, 2007.

MACKAAY (E.), ROUSSEAU (S.), Analyse économique du droit, 2e éd., Dalloz 2008.

MALAURIE (M.), Les restitutions en droit civil, Cujas, 1991, préf. Cornu (G.).

MALAURIE (Ph.), Les contrats contraires à l'ordre public, (Etude de droit civil comparé) ; France, Angleterre, U.R.S.S.), th. Paris, Ed. Matot-Braine, 1953.

MANQUIW (N.G.), Principes de l'Economie, Economica, 1998.

MARKHOFF (P.), Le droit entre raison et déraison. Contribution à l'étude du rôle de la raison dans la pratique judiciaire, th. Toulouse, 2006.

MARRO (Ph.), Le formalisme des actes juridiques, th., Aix-En- Provence 2001-2002.

MARTELLO (C.), Pour une approche téléologique de l'action en nullité du contrat, th., Toulon, 2004.

MAURY (J.), Essai sur le rôle de la notion d'équivalence en droit civil français, th., Toulouse, 1920.

MAZABRAUD (E.), La conversion de la séparation de corps en divorce après la loi du 2 avril 1941, th. Strasbourg, 1943.

MBARKI (H.), Le principe dispositif, mémoire de D.E.A., droit privé, Faculté de droit et des sciences politiques de Tunis, 1999-2000.

MEAU-LAUTOUR (H.), La donation déguisée en droit civil français, préf. P. RAYNAUD, L.G.D.J. 1985.

MEKKI(M.), L'intérêt général et le contrat, Contribution à une étude de la hiérarchie des intérêts en droit privé, préf. J. Ghestin, bibliothèque de droit privé, tome 411, L.G.D.J. 2004.

MELLOULI(S.), La responsabilité du transporteur maritime des marchandises, C.E.R.P., Tunis, 1993.

MERLE (R.), Essai de contribution à la théorie générale de l'acte déclaratif, th. Toulouse, 1948.

MOENECLAEY (P.), De la renaissance du formalisme dans les contrats en droit civil et commercial français, th. Lille, 1914.

MONTAGNE, De l'effet déclaratif ou constitutif des jugements en matière civile, th. Paris, 1912.

MONTREDON (J.-F.), La désolennisation des libéralités, préf. B. TEYSSIE, L.G.D.J. 1989.

MORVAN(P.), Le principe en droit privé, préf. **SOURIOUX (J-L.)**, Ed. Panthéon-Assas, Paris, L.G.D.J. 1999.

MUIR-WATT (H.), Du contrat relationnel, Travaux de l'association Henri Capitant, Journées nationales, L.G.D.J., 2000. **BOISMAIN (C.)**, Les contrats relationnels, P.U.A.M., 2005.

NORMAND (J.), Le juge et la contestation, L.G.D.J. 1965.

OGIEN (R.) et **TAPPOLET (Ch.)**, Les concepts de l'Ethique, Fut-il être conséquentialiste ?, 2 e éd., HERMANN EDITEURS, 2009.

OMAR (A.-M.), La notion d'irrecevabilité en droit judiciaire privé, préf. R. PERROT, L.G.D.J. 1967.

OST (F.), Droit et intérêt, vol 2, Entre droit et non-droit : l'intérêt, Bruxelles, Facultés universitaires :SaintLouis,1990.

OUERDANE-AUBERT DE VINCELLES (C.), Altération du consentement et efficacité des sanctions contractuelles, th. Paris II, préf. Y. LEQUETTE, Dalloz 2002.

OVERSTAKE (J.-F.), Essai d'une classification des contrats spéciaux, L.G.D.J. 1969.

PANCRAZI-TIAN (M.-E.), La protection judiciaire du lien contractuel, P.U.A.M., 1996.

PATARIN (J.), Le problème d'équivalence juridique des résultats, th. Paris, 1952.

PELLETIER (C.), La caducité des actes juridiques en droit privé français, préf. JESTAZ, L'Harmattan, 2004.

PERELMAN (Ch.), L'empire rhétorique-Rhétorique et argumentation, Vrin, Bibliothèque d'histoire et de philosophie, Paris 2009.

PERELMAN (Ch.), Logique juridique, Nouvelle rhétorique, Paris, Dalloz, coll. Méthodes du droit, 2e éd., 1979, p. 166.

PERRIN (J.), Essai sur la réductibilité des obligations excessives, th., Paris, 1905.

PERRIN (X.), La conversion par réduction des actes et des personnes juridiques. Essai d'une théorie en droit français, th. Dijon, 1911.

PERROT(R.), De l'influence de la technique sur le but des institutions juridiques, Paris, 1947.

PIAZZON (T.), La sécurité juridique, Coll. Doctorat et notariat, éd. Alpha, Defrénois, 2010 préf. LEVENEUR (L.).

PICOD (Y.), Le devoir de loyauté dans l'exécution du contrat, Bibl. dr. pr., tome 208, L.G.D.J., Paris, 1989, préf. G. COUTURIER.

PIEDELIEVRE (J.), Des effets produits par les actes nuls. Essai d'une théorie d'ensemble, th. Paris 1911.

PIETTE (G.), La correction du contrat, préf. M. MENJUCQ, t.2, P.U.A.M. 2004 (2vol.).

PIMONT (S.), L'économie du contrat, préf. J. BEAUCHARD, P.U.A.M. 2004.

POUGHON (J.-M.), Histoire doctrinale de l'échange, th. Strasbourg, 1982, L.G.D.J., t.194, 1987.

RAMPARANY-RAVOLOLOMIARANA (H.), Le raisonnable en droit des contrats, L.G.D.J. 2009, préf. BEAUCHARD (J.), L.G.D.J. 2009.

RANOUIL (V.), L'autonomie de la volonté : naissance et évolution d'un concept, Paris II, P.U.F., 1980.

RAYNAUD (P.), L'ordre public économique, Cours de doctorat, Paris II, 1965-1966.

REKIK (N.), L'ordre public et le contrat civil, préf. CHARFEDDINE (M.K.), éd. LATRACH, Tunis 2015.

RIEG (A.), Le rôle de la volonté dans l'acte juridique en droit civil français et allemand, tome 19, L.G.D.J., 1961.

RIGALLE-DUMETZ (C.), La résolution partielle du contrat, préf. Ch. JAMIN, Paris, Dalloz, 2003.

RIPERT (G.), Aspects juridiques du capitalisme moderne, 2e éd., Paris, L.G.D.J., 1948.

RIPERT (G.), La règle morale dans les obligations civiles, 4ème éd., 1949.

RIPERT (G.), Le régime démocratique et le droit civil moderne, L.G.D.J., 1948.

RIPERT (G.), Les forces créatrices du droit, L.G.D.J., 1955.

ROCHFELD (J.), Cause et type de contrat, préf. GHESTIN (J.), Coll. Bibl. dr. pr., tome 311, L.G.D.J., 1999.

ROLAND (H.) et **BOYER (L.)**, Adages du droit français, 4e éd., Litec 1999.

ROUHETTE (G.), Contribution à l'étude critique de la notion de contrat, th. Paris, 1965.

ROYER (G.), L'efficience en droit pénal économique, Avant propos de Canivet (G.), préf. STASIAK (F.), L.G.D.J., 2009.

ROUJOU DE BOUBEE (M.-E)., Essai sur la notion de réparation, préf. P. HEBRAUD, Paris, LG.D.J., 1972.

RUIMY (M.), La finance islamique, Coll. Finance d'aujourd'hui, éd. Arnaud Franel, 2008.

SACHS (T.), La raison économique en droit du travail, Contribution à l'étude des rapports entre le droit et l'économie, préf. G. Borenfreund, bibliothèque de droit social, tome 58, L.G.D.J. 2013.

SALEILLES(R.), De la déclaration de volonté, Contribution à l'étude de l'acte juridique dans le Code civil allemand (art. 116 à 144), Paris, F. Pichon, 1901.

SAVATIER (R.), Les métamorphoses économiques et sociales du droit civil d'aujourd'hui, tome I, 2e éd., Dalloz, 1952.

SAVAUX (E.), Théorie générale du contrat, mythe ou réalité, Paris, L.G.D.J., Bibl. de droit privé, tome 264.

SEFTON-GREEN (R.), La notion d'obligation fondamentale : comparaison franco-anglaise, th., Paris 1, 1997.

SIMLER (Ph.), Cautionnement et garanties autonomes, 3 ème éd., Litec, 2000.

SIMLER (Ph.), La nullité partielle des actes juridiques, préf. Alex WEIL, Paris, L.G.D.J., 1969.

STOFFEL-MUNCK (Ph.), L'abus dans le contrat, essai d'une théorie générale, préf. BOUT(R.), bibl. dr. pr., tome n° 337, L.G.D.J., 2000.

TAISNE (J.-J.), La notion de condition dans les actes juridiques. Contribution à l'étude de l'obligation conditionnelle, th. dacty., Lille 1977, 2vol.

TANAGHO (S.), De l'obligation judiciaire, L.G.D.J. 1965.

TANDOGAN (H.), La nullité, l'annulation et la résiliation partielles des contrats : contribution à l'étude de l'inefficacité partielle des actes juridiques, Genève, éd. A. KUNDIG, 1952.

TEMPLE (H.), Les sociétés de fait, préf. CALAY-**AULOY (J.)**, Coll. Bibl. dr. pr., t. 141, Paris, L.G.D.J. 1975.

TERRE (F.), L'influence de la volonté individuelle sur les qualifications, préf. Le Balle (R.), L.G.D.J. 1957.

TEYSSIÉ (B.), Les groupes de contrats, bibl.dr. privé, L.G.D.J. 1975, tome 139, préf. J.M. MOUSSERON.

TOMASIN (D.), Essai sur l'autorité de la chose jugée en matière civile, L.G.D.J., 1975, préf. P. HEBRAUD.

VERGEZ (P.), La conversion de la séparation de corps en divorce, th., Paris 1934.

VIDAL (J.), Essai d'une théorie générale de la fraude en droit français, Le principe « *fraus omnia corrumpit* », préf. Gabriel MARTY, Dalloz 1957.

VOIRIN, De l'imprévision dans les rapports de droit privé, th. Nancy 1922.

VOLANSKY, Essai d'une définition expressive du droit basée sur l'idée de bonne foi, Paris, E. Duchemin, 1929, n° 76, p. 163.

WEIL (R.), Contribution à l'étude de l'effet déclaratif des jugements, th. Paris, 1926.

WICKER (G.), Les fictions juridiques, Contribution à l'analyse de l'acte juridique, Bibl. dr. pr., t. 23, L.G.D.J., 1997.

ZAARA BEN HADDADA (R.), Les cas d'ouverture du recours pour excès de pouvoir et du recours en cassation, Approche comparative, mémoire soutenu à la faculté de des sciences juridiques, politiques et sociales de Tunis, 1997-1998.

ZARROUK (A.), L'implicite et le contenu contractuel, Etude de droit comparé : droit français et droit tunisien, préf. Ph. DELEBECQUE, L'Harmattan, 2012.

III. ARTICLES ET CHRONIQUES

AGOSTINI (E.), « *L'équité* », D. 1978, Chron., p. 7.

AMIEL-COSME (L.), « *L'efficience des nullités* », Dr. et patrimoine 2000, p. 98 et s.

AMIEL-COSME (L.), « *La fonction d'homologation judiciaire* », Justices, Revue générale de droit processuel, Janv.-mars 1997, p. 135.

ANTOINE (A.), « *Droit social, droit de la concurrence et juge administratif* », A.J.D.A. 2008, p. 1692.

ARIBI (I.), « *L'article 273 du C.O.C. et l'option entre l'action en exécution et l'action en résolution* », A.J.T. 12/1998, p. 137.

ARIBI (I.), *Regards sur* « Al Iquala » *mutuus dissensus*, R.T.D. 1999, p. 21.

ARMAND-PREVOST(M.) et **RICHARD (D.)**, « *Le contrat déstabilisé* » (de l'autonomie de la volonté au dirigisme contractuel), J.C.P. éd. G. 1979. I. 2952.

AUBERT (J.-L.), « *A propos d'une distinction renouvelée des parties et des tiers* », R.T.D. civ. 1993, p. 263.

AUBERT (J.-L.), « *Le formalisme* » (Rapport de synthèse), *in* Le formalisme, Journée J. FLOUR, Ass. H. Capitant, Université Panthéon-Sorbonne (Paris1), Université Panthéon-Assas (Paris II), Rép. Defrénois 2000, art. 37213, p. 929.

AYARI (M.), « *Les définitions juridiques dans le Code des obligations et des contrats* », *in* Livre du centenaire du Code des obligations et des contrats, 1906-2006, sous la dir. de CHARFEDDINE (M.-K.), C.P.U., Tunis, 2006, p. 103.

BAG BAG (M.), « *Le formalisme, naissance ou réminiscence* », *in* L'apport du 20ème siècle au droit privé tunisien, actes du colloque tenu les 23-24-25 avril 1998, Coll. forum des juristes, n°8, Faculté de Droit et des Sciences Politiques de Tunis, Tunis 2000, p. 139.

BALENSI (I.), « *L'homologation judicaire des actes juridiques* », R.T.D. civ. 1978, p. 42.

BANDRAC (M.), « *De l'acte juridictionnel et de ceux des actes du juge qui ne le sont pas* », *in* Mélanges Drai, Dalloz, 2000.

BARRERE, « *La rétractation du juge civil* », *in* Mélanges P. HEBRAUD, 1981, p. 1.

BASTIAN (D.), « *La situation des sociétés commerciales avant leur immatriculation au registre de commerce* », Etudes de droit commercial à la mémoire de CABRILLAC (H.), 1968, p. 23.

BATIFFOL, « *La crise du contrat et sa portée* », A.P.D., 1968, tome XIII, p.13.

BEGUIN (J.), L'adage *« nul ne peut faire justice à soi-même en droit français », in* « Nul ne peut se faire justice à soi-même, Le principe et ses limites en droit privé, Travaux de l'association Henri Capitant, tome XXVIII, Paris, Dalloz, 1969, p. 41 et s.

BEHAR-TOUCHAIS (M.), « *Les autres moyens d'appréhender les contradictions illégitimes en droit des contrats* », *in* : L'interdiction de se contredire au détriment d'autrui, Actes du colloque organisé par le Centre de Droit des affaires et de gestion (CEDAG) de l'Université de Paris V, le 13 janvier 2000, sous la dir. de BEHAR-TOUCHAIS (M.), Economica 2001, p. 95.

BEHAR-TOUCHAIS (M.), « *Rapport introductif* », *in* Colloque : Existe-t-il un principe de proportionnalité en droit privé ? 20 mars 1998, L.P.A., 30 septembre, p. 11.

BEL HAJ. HAMOUDA (A.), « *La volonté est-elle encore l'élément moteur du processus contractuel ?* », *in* Livre du centenaire du Code des obligations et des contrats, 1906-2006, sous la dir. de CHARFEDDINE (M.-K.), C.P.U., Tunis, 2006, p. 607 et s.

BEL-HADJ HAMOUDA (A.), « *Le C.O.C. et les conditions de validité du contrat : étude rétrospective* », R.T.D. 1997, p.16.

BEL-HADJ HAMOUDA (A.), « *Le droit de rétention dans le Code des obligations et des contrats* », R.T.D. 1976-2, p. 45.

BELKNANI (F.), « *Le rôle du formalisme dans l'hypothèque* », *in* Droit et culture, Mélanges en l'honneur du Doyen Yadh BEN ACHOUR, C.P.U. 2008, p. 553 (en arabe).

BEN AMMOU (N.), « *L'avant-propos de l'avant-projet de code civil et commercial tunisien* », *in* Livre du centenaire du Code des obligations et des contrats, 1906-2006, sous la dir. de CHARFEDDINE (M.-K.), C.P.U., Tunis 2006, p. 64.

BEN AMMOU (N.), « *La doctrine tunisienne de droit privé de l'aube du XX ème à la veille du XXIème siècle* », *in* L'apport du XX ème siècle au droit privé tunisien, Actes de colloque tenu les 23-24 et 25 avril 1998 à la Faculté de droit et des sciences politiques de Tunis, Coll. Forum des juristes, n°8, Tunis, 2000, p. 98.

BENABENT (A.), « *Sanction et réparation* », *in* La sanction, justice et cassation, Revue annuelle des Avocats au Conseil d'Etat et à la Cour de cassation, D. 2005 p. 95.

BENABENT (A.), « *Rapport français* », *in* La bonne foi, Association Henri Capitant, 1992, t. XLIII, p.291.

BENOIT (F.P.), « *Notions et concepts, instruments de la connaissance juridique, Les leçons de la philosophie du droit de Hegel* », *in* Mélanges en l'honneur du professeur PEISER (G.), P.U.F., 1995, p. 27.

BERGEL (J.-L.), « *Différence de nature égale différence de régime* », R.T .D. civ. 1984, p. 255 et s.

BERGEL (J.-L.), « *La loi du juge, Dialogue ou duel* ? », Etudes offertes à KAYSER (P.), t.1, Aix-en-Provence, P.U.A.M., 1979, p.21 et s.

BERNALD LESION (E.), « *La survie de la personnalité morale dissoute* », R.T.D.com. 2003, p. 1.

BERTEL (J.-.P.), « *Le débat sur la nature de la société* », Etudes SAYAG, Litec, 1988.

BESROUR (N.), « *Approche en vue d'une sécurisation du système de sanction des règles de formation du contrat* », Info. Juridiques, N°44/45, Avril 2008, p. 24.

BETTAIB (A.), « *La réglementation de la finance islamique en Tunisie, Regards comparés et pistes de réflexion* », *in* La finance islamique, diversité juridique et enjeux économiques, sous la dir. de BOSTANJI (S.) et HORCHANI (F.), Maison du livre 2015, p. 223.

BLANC(E.), « *Principes généraux de la nouvelle procédure civile, Etudes analytique des « dispositions liminaires » du décret du 9 septembre 1971* », J.C.P.1973, I, 2559.

BOLARD (G.), « *L'arbitraire du juge* », Le juge entre deux millénaires, Mélanges offerts à P.DRAI, Dalloz 2000, p. 225.

BOUILLOUX (A.), « *La survie de la personnalité morale pour les besoins de la liquidation* », Rev. Soc. 1994, p. 393.

BOUILLOUX (A.), « La survie de la personnalité morale pour les besoins de la liquidation », Rev. Soc. 1994, p. 395.

BOUJEKA (A.), « *La conversion par réduction : contribution à l'étude des nullités des actes juridiques formels* », R.T.D.com. 2002, p. 222.

BOULANGER (J.), « *Notation sur le pouvoir créateur de la jurisprudence civile* », R.T.D. civ. 1961, p. 419 et s.

BOULANGER (J.), « *Principes généraux du droit et droit positif* », *in* Le droit privé français au milieu du XXème siècle, Etudes offertes à G. Ripert, 1950, tome I, p. 57.

BOURAOUI (S.) et **MECHRI (F.)**, « *La Cour de cassation en Tunisie* », R.T.D. 1987, p. 299.

BOY (L.), « *Les utilités du contrat* », L.P.A.., 10 septembre 1997, p. 3 et s.

BOYER (G.), « *La notion d'équité et son rôle dans la jurisprudence des parlements* », *in* Mélanges Maury, t. 2, p. 257.

BOYER (L.), « *Les effets des jugements à l'égard des tiers* », R.T.D.civ.1951, p.163 et s.

CHAGNY(M.), « *La confiance dans les relations d'affaires* », *in* La confiance en droit privé des contrats, Dalloz 2008, p. 35 et s.

BOYER (L.), « *Les effets des jugements à l'égard des tiers* », R.T.D.civ. 1951, p. 163.

BREDIN (J.-D.), « *Remarques sur la conception jurisprudentielle de l'acte simulé* », R.T.D. civ. 1956, p. 265.

BRETON (A.) : Encyclopédie Dalloz, V. « *Séparation de corps* ».

BRIERE DE L'ISLE (G.), « *La notion de contrat successif* », D. 1957, Chron.,p. 153.

BRODISCOU (C.), « *Défense du titre au porteur* », J.C.P., 1977, n° 12567, p. 515
BROUSSEAU (E.), « *L'économiste, le juriste et le contrat* », *in* Etudes offertes à J. GHESTIN, Le contrat au début du XXIe siècle, L.G.D.J. 2001, p. 174.
BYK (C.), « *La forme internationale du testament* », J.C.P. éd. N. 1994, I, 331.
CADIET (L.), « *Interrogations sur le droit contemporain des contrats* », *in* Le droit contemporain des contrats, préf. **CORNU (G.)**, Economica 1987, p. 7 et s. **PUGSLEY (D.)**, L'évolution du droit des contrats vue par un comparatiste, *in* Le droit contemporain des contrats, préf.
CADIET (L.), « *L'équité dans l'office du juge* », *in* Justice et équité, Justices, janvier-mars 1998, p. 87 et s.
CADIET (L.), « *Les jeux du contrat et du procès* », *in* Philosophie du droit et droit économique, Quel dialogue ? Mélanges en l'honneur de M, **FARJAT (G.)**, éd. Frison-Roche, 1999, p. 23.
CADIET (L.), « *Une justice contractuelle, l'autre* », *in* Mélanges offerts à J. GHESTIN, p. 181.
CALAY-AULOY (J.) (sous la dir.), « *La protection des tiers dans le droit des sociétés* », R.T.D.com. 1971, p. 29.
CANIVET (G.), « *Du principe d'efficience en droit judiciaire privé* », *in* Le juge entre deux millénaires, *in* Mélanges offerts à P. DRAI, Paris, Dalloz, 2000, p. 243.
CAPITANT (H.), « *Le régime de la violation des contrats* », D.H. 1934, Chron., p. 1.
CAPITANT, « *La prohibition des pactes sur succession future* », R.C.L.J., 1933, p. 86.
CARBONNIER (J.), « *Introduction* », *in* L'évolution contemporaine du droit des contrats, 1res journées R. SAVATIER, Poitiers, 24 et 25 octobre 1985, Paris, P.U.F., 1986, p. 35.
CARBONNIER (J.), « *Notes sur la prescription extinctive* », R.T.D. civ. 1952, p. 171.
CASSIN (R.), « *Réflexions sur la résolution judiciaire pour inexécution* », R.T.D.civ. 1945.159.
CASSIN, « *Réflexions sur la résolution judiciaire du contrat pour inexécution* », R.T.D.civ. 1945, p. 159 et s.
CATALA (P.), « *Le formalisme et les nouvelles technologies* », Rép. Defrénois 2000, art. 37210, p. 897.
CHAGNY (M.), « *La confiance dans les relations d'affaires* », *in* La confiance en droit privé des contrats, Dalloz 2008, p. 35 et s.
CHAMPAUD (C.), « *Le contrat de société existe-t-il encore* » ?, *in* Le droit contemporain des contrats, Travaux et recherches de la Faculté de Rennes, Economica 1987, p. 125.
CHARFEDDINE (M.-K.), « *Esquisse sur la méthode normative retenue dans l'établissement du Code tunisien des obligations et des contrats* », R.T.D.comp. 1996, p. 421.
CHAUMONT(Ch.), « *Esquisse d'une notion de l'acte juridictionnel* », Rev. dr. publ. 1942, p. 93.
CHAUVEAU, « Dissolution et liquidation des sociétés commerciales », G.P. 1976, I, doct. 1964.
CHAZAL (J.-P.), « *De la signification du mot loi dans l'article 1134 alinéa 1er du Code civil* », R.T.D. civ. 2001, p. 265.

CHAZAL (J.-P.), « *Les nouveaux devoirs des contractants. Est-on allé trop loin* ? », *in* La nouvelle crise du contrat, Dalloz, coll. Thèmes et commentaires, 2003, p. 99 et s.

CHEHATA (C.) « *Le concept de contrat en droit musulman* », A.P.D. 1968, p. 130.

CHEHATA (Ch..), « *Volonté réelle et volonté virtuelle* », R.I.D.comp. 1952, p. 241.

CHEVALLIER (J.), « *La volonté source d'obligation dans le projet du code civil révisé* », Revue droit et économie, 1942, année n° 12, p. 195

CHOLET (D.), « *la novation du contrat* », R.T.D.civ. 2006, p. 467 et s.

COLLART-DUTILLEUL (F.), « *Quelle place pour le contrat dans l'ordonnancement juridique* ? », *in* La nouvelle crise du contrat, Colloque tenu à Lille, les 14 et15 mai 2001, Dalloz, 2003, p.230.

COLLIN (A.), « *Pour une conception renouvelée de la prescription* », Rép. Défrénois, 2010, n° 587, p. 465.

CORNU (G.), « *L'évolution du droit des contrats en France* », *in* L'évolution du droit des contrats, Journées de la société de législation comparée, R.I.D.C. 1979, numéro spécial, vol. 1, p. 51.

COUDERT (M. A.), « *La garantie d'éviction dans les ventes commerciales* », D. 1973, Chron. 113.

COURET (A.), « *La notion juridique de conversion* », in Mélanges offerts à Monsieur P. Vigreux, tome1, Collection travaux et recherches de l'I.P.A.-I.A.E. de Toulouse, 1981, p. 219.

COUTURIER (G.), « *Les finalités et les sanctions du formalisme* », *in* Le formalisme », Journée Jacques FLOUR, Ass. H. Capitant, Université Panthéon-Sorbonne (Paris1), Université Panthéon-Assas (Paris II), Rép. *Defrénois* 2000, art. 37209, p. 880.

CRIONNET (M.), « De l'omission des mentions obligatoires de la lettre de change », D. 1989, Chron., p.131.

CROS (M.-L.), « *Les contrats à exécution échelonnée* », D. 1989, Chron., p. 47.

CUSSON(M.), « *Pourquoi punir* ? », D.1987, p. 117.

DALY (H.), AYARI (M.), « *La date dans la lettre de change au regard de la théorie de la preuve* », R.T.D. 1998, p. 11.

DAVID (R.), « *La doctrine, la raison, l'équité* », R.R.J. 1986-1, p. 109 et s.

DAVID (R.), « *Ordres de mandamus et jugements déclaratoires dans le droit anglais* », *in* Mélanges WALINE (M.), L.G.D.J. 1974, p. 19 et s.

DE BECHILLON (D.), « *Le gouvernement des juges : une question à dissoudre* », D. 2002, Chron. p. 973.

DE LA MOUTTE (J.-M.), « *Les sanctions de l'obligation de délivrance* », *in* La vente commerciale de marchandises, Etudes de droit commercial sous la direction de J. HAMEL, Paris 1951, p. 191.

DE SOTO, « *La notion de juridiction* », D. 1956, Chron., 45.

DEFFOSSEZ (M.), « *Réflexions sur l'emploi des motifs comme cause des obligations* », R.T.D.civ. 1985, 521.

DEJOIE (L.), « *Propos introductif* », *in* Le contrat : liberté contractuelle et sécurité juridique, 94 ème Congrès des notaires de France, L.P.A., p. 4.

DEL VECCHIO (G.), « *Essai sur les principes généraux du droit* », Rev. Crit. Lég. Jur. 1925, pp. 153.

DEPREZ (J.), « *La lésion dans les contrats aléatoire* », R.T.D.civ. 1955, p. 22.

DEROUIN (Ph.), « *Pour une analyse « fonctionnelle de la condition* », R.T.D.civ. 1978.1.

DESPOTOPOULOS (C.), « *La notion de synallagma chez Aristote* », A.P.D. 1968, p. 115.

DEUMIER(P.), « *Synthèse* », *in* Le raisonnement juridique", Recherche sur les travaux préparatoires des arrêts, sous. la dir. de P. DEUMIER, coll. Méthodes du droit dirigée par Ph. Jestaz, Dalloz 2013, p. 262.

DIDIER (P.), « *La théorie contractualiste »*, Rev. Soc. 2000, p. 95.

DION (N.), « *Le juge et le désir du juste* », D. 1999, Chron., p.195.

DONNIER (M.), « *Remarques sur la conception jurisprudentielle de la prohibition des pactes successoraux* », R.T.D.civ. 1956, p. 633.

DUGUIT, « *L'acte administratif et l'acte juridictionnel* », Rev. Dr. publ. 1906, p. 446.

DUPICHOT (J.), « Pour un retour aux textes : défense et illustration du « petit guide-âne » des articles 1156 à 1164 du code civil », *in* Etudes offertes à Jacques Flour, 1979, p. 197.

DURAND (P.), « *Aux frontières du contrat et de l'institution : la relation du travail* », J.C.P. 1944, I, 387.

DURAND(P.), « *La contrainte légale dans la formation du rapport contractuel* », R.T.D.civ., 1944, p. 73.

FARDET(Ch.), « *La notion d'homologation* », Droits, 1999, tome 28, p. 181.

FAVARIO (Th.), « *Regards civilistes sur le contrat de société* », Rev. Soc. 2008, p. 53.

FAVOREU (L.) et **COELLETTI (M.)**, « *Le pouvoir des juges, des juges législateur* », *in* coll. Droit public positif, éd. Economica 1990, p. 36.

FLOUR (J.), « *Quelques remarques sur l'évolution du formalisme* », *in* Mélanges Ripert, t.1, L.G.D.J., 1950, p. 93.

FONTAINE (M.), « *La protection de la partie faible dans les rapports contractuels (rapport de synthèse)* », *in* La protection de la partie faible dans les rapports contractuels, Comparaison franco-belge, Ouvrage collectif sous la direction de GHESTIN (J.) et FONTAINE (M.), Bibliothèque de droit privé, tome 261, L.G.D.J. 1996, p. 640.

FOUSSARD (D.), « *Sécurité juridique et jurisprudence. Rapport de synthèse* », Entretiens de Nanterre, 16-17 mars 1990, Cahiers de droit de l'entreprise, n° 48, 29 novembre 1990, Supplément 6, p. 17 et s.

FREYRIA (Ch.), « *Le prix de vente symbolique* », D. 1997, Chron. p. 51.

FRIKHA (S.), « *La distribution des bénéfices sociaux, quoi de neuf dans la loi n° 2005-65 du 27 juillet 2005 modifiant et complétant le code des sociétés commerciales*? », Actes du colloque, Le code des sociétés commerciales après la modification 2005 » organisé par le Centre d'études juridiques et judiciaires les 3 et 4 février 2006, Publication du Centre d'études juridiques et judiciaires, Tunis, 2006, p. 77 (partie en langue française).

FRIKHA (S.), « *Les principaux contrats des banques islamiques* », *in* La finance islamique, diversité juridique et enjeux économiques, sous la dir. De S. BOSTANJI et F. HORCHANI, Maison du livre 2015, p. 25 et s.

FRISON-ROCHE (M.-A.), « *Le contrat et la responsabilité : consentements, pouvoirs et régulation économique* », R.T.D. Civ., 1998, 47.

FROGER (D.), « *Contribution notariale à la définition de la notion d'authenticité* », Rép. Def. 2004, art. 37873, p. 173 et s.

GADHOUM (O.), « *L'accord de principe* », Etudes juridiques, Revue publiée par la Faculté de Droit de Sfax, n° 15, 2008, p. 171.

GARRIGUES (B.), « *La contre-prestation du franc symbolique* », R.T.D.civ. 1991, p. 459.

GAVALDA (Ch.), « *La signature par griffe* », J.C.P. 1960, I, 1579.

GHAZOUANI (N.), « *Réflexions sur la sanction de la vente de la chose d'autrui* », R.T.D. 1987, p. 123.

GHESTIN (J.), « *L'absence de cause de l'engagement : absence de la contrepartie convenue* », J.C.P. éd. G. 2006, I, 177.

GHESTIN (J.), « *L'effet rétroactif de la résolution des contrats à exécution successive* », *in* Mélanges RAYNAUD (P.), Dalloz-Sirey, 1985.

GHESTIN (J.), « *L'utile et le juste dans les contrats* », A.P.D., t. 26, *in* L'utile et le juste, Sirey 1981, p. 43.

GHESTIN (J.), « *La distinction des parties et des tiers* », J.C.P. éd. G. 1992, I, 3628.

GHESTIN (J.), « *La notion de contrat au regard de la diversité de ses éléments variables* », *in* La relativité du contrat, Travaux de l'association H. Capitant, Journées nationales, t. IV, Nantes 1999, L.G.D.J., p. 223 et s.

GHESTIN (J.), « *La notion de contrat* », D. 1990, Chron., p. 150 et Rev. Droits 1990, n°12, p.7.

GHESTIN (J.), « *Nouvelles propositions pour un renouvellement de la distinction des parties et des tiers* », R.T.D. civ 1994, p. 777.

GHESTIN (J.), « *L'utile et le juste dans les contrats* », D. 1982, Chron., p. 5.

GIBIRILA (D.), « *Société, Constitution de la société : contrat de société* », Juris-classeur, Art. 1832 à 1844-17 : fasc. 10.

GORE (F.), « *Le fondement de la gestion d'affaires, source autonome et générale d'obligations* », D. 1953, Chron.39.

GOUBEAUX (G.) et **BIHR (Ph.)**, Encyclopédie Dalloz, 1979, V. « *preuve* »,

GRIDEL (J.-P.), « *L'article 970 du code civil : instantané de jurisprudence* », *in* « Regards sur le formalisme en droit privé », Actes du colloque tenu à Tunis le 9-10-11 décembre 2004, Coll. forum des juristes, n° 12, Faculté de Droit et des Sciences Politiques de Tunis, Tunis 2007, p. 121.

GRYNBAUM (L.), « *Le juge et les tensions dans les relations contractuelles* », R.D.C. 2003, p. 290.

GUELFUCCI-THIBIERGE(C.), « *De l'élargissement de la notion de parties au contrat...à l'élargissement de la portée du principe de l'effet relatif* », R.T.D. civ. 1994, p. 275.

GUIHO, (P.), « *Les actes de disposition sur la chose d'autrui* », R.T.D.civ. 1954, p. 1.

GUYHO (C.), « *Un jugement peut-il être assimilé à un contrat ? A-t-il un effet translatif* ? » Revue pratique de droit français, 1872, t. XXXIV, 2, p.132 et s.

GUILLIEN(R.), « *Retour sur quelques sujets d'acte juridictionnel et l'autorité de la chose jugée* », *in* Mélanges VINCENT, 1981, p. 117.

GUYENOT, « *Les huit causes communes de dissolution des sociétés civiles et commerciale* »s, G.P. 1980, 2, doct. 357.

HASSEN (M.), « *La circulation du Code des obligations et des contrats au Maroc* », *in* Livre du centenaire du Code des obligations et des contrats, 1906-2006, sous la dir. de CHARFEDDINE (M.-K.), C.P.U., Tunis 2006, p. 501.

HEBRAUD (P.), « *Observations sur la notion du temps dans le droit civil* », *in* Etudes offertes à P. KAYSER, t. 2, P.U.A.M. 1979, p. 1.

HEBRAUD (P.), « *Rôle respectif de la volonté et des éléments objectifs dans les actes juridiques* », *in* Mélanges offerts à **MAURY (M. J.)**, t.2, Droit comparé. Théorie générale et droit privé,Dalloz,Sirey,1960,p.422.

HERON (J.), « *Eléments de typologie des jugements à partir de l'idée de réalisation du droit* », R.R.J., Droit prospectif, 1994, n°5, p. 961 et s.

HERVIEU (M.) « *Observations sur l'insécurité de la règle jurisprudentielle* », R.R.J. 1989, p. 257 et s.

HOECHE (M.V.), « *L'activisme* du juge », R.I.E.J. 1991, p. 20.

HOUIN(R.), « *Les situations de fait et le droit* », R.I.D.comp 1958, p. 84

JACQUEMIN (A.) et **REMICHE (B.)**, « *Le pouvoir judiciaire entre l'opportunité et la légalité économique* », *in* Les magistratures économiques et la crise sous la dir. de A. JACQUEMIN et B. REMICHE, 1984, p. 9.

JAMBU-MERLIN (R.), « *Essai sur la rétroactivité dans les actes juridiques* », R.T.D.civ., 1948, p.297.

JAMIN (Ch.), « *Plaidoyer pour le solidarisme contractuel* », *in* Mélanges GHESTIN (J.), 2001, p. 441.

JAMIN (Ch.), « *Pour en finir avec la formation du contrat* ! », L.P.A. 1998, n°54-55.

JAMIN (Ch.), « *Quelle nouvelle crise du contrat* ? », *in* La nouvelle crise du contrat, 2003, p.7.

JAMIN (Ch.), « *Révision et intangibilité du contrat ou la double philosophie de l'article 1134 du Code civil* », Droit et patrimoine, mars 1998, p. 46.

JAOUEN(M.), « *La sanction prononcée par les parties au contrat* » Etude sur la justice privée dans les rapports contractuels de droit privé, Economica, p.4.

JERBI (S.), « *La résolution du contrat dans la jurisprudence tunisienne : un humne en quatre temps* », *in* Cinquante ans de jurisprudence civile 1959-2009, sous la dir. de CHARFEDDINE (M.-K.), C.P.U. 2010, p. 5 et s.

JESTAZ (Ph.), « *L'équité* », Rep. Civ. Dalloz, V. « Equité ».

JEULAND(E.), « *L'énigme du lien de droit* », R.T.D.civ. 2003, p. 455.

JOSSERAND (L.), « *Aperçu général des tendances actuelles de la théorie des contrats* », R.T.D.Civ. 1937, p. 2.

JOSSERAND (L.), « *L'essor moderne du concept contractuel* », *in* Recueil d'Etudes en l'honneur de Monsieur Gény (F.), t.2, Les sources générales des systèmes juridiques actuels, Sirey, 1935, p. 333.

JOSSERAND (L.), « *Les dernières étapes du dirigisme contractuel : le contrat forcé et le contrat légal* », D.H. 1940, Chron., p. 5 et s.

JOURDAIN(P.), « *La nature de la responsabilité civile dans les chaînes de contrats après l'arrêt d'Assemblée plénière du 12 juillet 1991* », D. 1992, p. 149.

KAYSER (P.), « *Les nullités d'ordre public* », R.T.D. civ. 1933, p. 1115.

KAYSER (P.), « *L'équité modératrice et créatrice de règles juridiques en droit français* », R.R.J. 1999-1, p. 13.

KELSEN (H.), « *La théorie juridique de la convention* », A.P.D., 1940, p. 33.

KHOUILDI (A.), « *La finance islamique moderne et droit positif* », R.J.L. juin, 2011, p. 41 et s.

KRAIEM (S.), « *Le bien-fondé de la multiplicité des cas d'ouverture à cassation* », Etudes juridiques 2008, p. 95 et s.

KRAJESKI (D.), « *Les outils jurisprudentiels de la moralisation* », *in* Libre droit, Mélanges en l'honneur de Le TOURNEAU (Ph.), Dalloz, 2008, p. 563 et s.

LAGARDE (X.), « *Observations critiques sur la renaissance du formalisme* », J.C.P., éd. G. 1999, I, 170, p. 1765.

LAITHIER (Y.-M.), « *A propos de la réception du contrat relationnel en droit français* », D. 2006, Chron., p. 1003.

LAMPUE (P.), « *La notion d'acte juridictionnel* », Rev. dr. publ. 1946, p. 6.

LAPEYRE (A.), « *L'authenticité* », J.C.P. éd. G, 1970, I, 2365.

LE TOURNEAU (Ph.), Encycl. dalloz droit civil, V° « *Bonne foi* ».

LEBLOND (J.), « *De la réunion de toutes les parts ou actions d'une société entre les mains d'une seule personne, au point de vue juridique et fiscal* », R.T.D. com., 1963, p. 417.

LÉCUYER (H.), « *Le contrat, acte de prévision* », *in* L'avenir du droit, Mélanges en hommage à F. TERRE, P.U.F., 1999, p.643 et s.

LEFEBVRE (J.), « *Le squelette de la loi. Quelques remarques sur l'instrumentum et le negotuim* », *in* Le titre préliminaire du code civil, sous la dir. de G. FAURE et G. KOUBI, Economica 2003, p. 41 et s.

LEQUETTE (Y.), « *Bilan des solidarismes contractuels* », *in* Mélanges offerts à DIDIER (P.), Economica 2008, p. 247 et s.

LEVENEUR (L.), « *Le forçage du contrat* », *in* Que reste-il de l'intangibilité du contrat ? Dr et patrimoine, 58/1998, p. 69 et s.

LIBCHABER (R.), « *La société contrat spécial* », *in* Mélanges JEANTIN, 1999, p. 281.

LIBCHABER (R.), « *Réflexions sur les effets du contrat, propos sur les obligations et quelques autres thèmes fondamentaux du droit* », *in* Mélanges offerts à AUBERT (J.-L.), Dalloz, 2005, p. 211.

LIPINSKI (P.), « *La conversion des actes juridiques* », R.R.J., étude prospectif, 2002-3, p. 1167.

LOISEAU (G.), « *Typologie des choses hors du commerce* », R.T.D.civ. 2000.47.

LOKSAIER (F.), « *La clause pénale en droit tunisien* », Etudes juridiques, n° 7, revue publiée par la Faculté de Droit de Sfax, 2000, p. 75.

LOUSSOUARN (Y.), « *La bonne foi, Rapport de synthèse* », *in* La bonne foi, Travaux de l'association Henri CAPITANT, p.9.

LUCAS (A.), « *Le recul de la prohibition des pactes sur succession future en droit positif* », R.T.D.civ. 1976, p. 458.

LUCUYER (Y.), « *Redéfinir la force obligatoire du contrat ?* », *in* Le contrat : liberté contractuelle et sécurité juridique, 94e congrès des notaires de France, 17-20 mai 1998, Lyon, L.P.A., 6 mai 1998, p.44.

MAHFOUDH (M.), « *Formalisme et théorie générale du contrat* », *in* Regards sur le formalisme en droit privé, Actes du colloque tenu à Tunis le 9-10-11 décembre 2004, Coll. forum des juristes, n° 12, Faculté de Droit et des Sciences Politiques de Tunis, Tunis 2007, pp. 15 et s.

MARTIN(R.), « *De l'utilité de la tierce opposition* », Gaz. Pal. 1991, doctrine 303.

MARTIN(R.), « *Le double langage de la prétention* », J.C.P. 1982, I, 3024.

MARTIN (R.), « La saisine d'office du juge, essai de sa signification », J.C.P. 1973, IV, 6313, p. 231.

MARTIN DE LA MOUTTE (J.), « Les sanctions de l'obligation de délivrance », *in* La vente commerciale de marchandises, Etudes de droit commercial sous la direction de J. HAMEL, Paris, 1951, p. 190.

MASSIP (J.), « *La réforme du divorce* », *Rép. Def*, 1976, p.244.

MAURY (J.), « *Le concept et le rôle de la cause des obligations dans la jurisprudence* », R.I.D.C. 1951, pp. 485 et s.

MAZEAUD (D.), « *Constats sur le contrat, sa vie, son droit* », L.P.A. 1998, n°54, p.8.

MAZEAUD (D.), « *La réduction des obligations contractuelles* », *in* Que reste-il de l'intangibilité du contrat ? Actes du colloque organisé à la faculté de droit et d'économie de Chambéry, le 28 nov. 1997, Dr. et patrimoine, 58/1998, p. 58.

MAZEAUD (D.), « *Le juge et le contrat, Variations optimistes sur un couple « illégitimes* » *in* Propos sur les obligations et quelques autres thèmes fondamentaux du droit, *in* Mélanges offerts à J.-L. AUBERT, Dalloz, 2005.

MAZEAUD (D.), « *Loyauté, solidarité, fraternité : la nouvelle devise contractuelle* ? » *in* L'avenir du droit, Mélanges TERRE (F.), Dalloz, P.U.F., 1999.

MAZEAUD (D.), « *Regards positifs et prospectifs sur « le Nouveau Monde contractuel* », L.P.A., du 7 mai 2004, p. 53.

MAZEAUD (D.), « *Solidarisme contractuel et réalisation du contrat* », *in* Le solidarisme contractuel, 2004, p. 57.

MAZEAUD (D.), « *Le nouvel ordre contractuel* », R.D.C. 2003, p. 295.

MAZEAUD (L.), « *De la distinction des jugements déclaratifs et des jugements constitutifs de droits* », R.T.D.civ. 1929, p. 27.

MECHRI (F.), « *La procédure d'injonction de payer en Tunisie* », R.T.D. 1974, p. 20.

MECHRI (F.), « *Voyage dans l'espace du temps juridique* », in Philosophie du droit et droit économique, Quel dialogue ? », *in* Mélanges en l'honneur de G. FARJAT, éd. Frison-Roche, 1999, p. 427 et s.

MELLOULI (S.), « Contribution à l'étude des sources : la jurisprudence source de la loi », R.T .D. 1995, p. 190.

MELLOULI (S.), « *La preuve des actes juridiques dans le code des obligations et des contrats* », *in* Livre du centenaire du Code des obligations et des contrats, 1906-2006, sous la dir. de M.-K. CHARFEDDINE, C.P.U., Tunis 2006, p.242.

MELLOULI (S.), « *Le contrat de transporteur maritime des marchandises à l'épreuve du formalisme* », R.T.D. 2004, n° 15, p.557.

MELLOULI (S.), « *Le juge et l'équité* », R.T.D. 1983, pp. 508-509.

MELLOULI (S.), « *Le juge et l'équité, Réflexions sur le recours à l'équité par le juge en droit privé interne* 1983-1953 ثلاثينية المجلة القانونية التونسية., p.508 .

MESTRE (J.) et **LAUDE (A.)**, « L'interprétation « active » du contrat par le juge », *in* Le juge et l'exécution du contrat, P.U.A.M., 1993, p. 9.

MESTRE (J.), « *D'une exigence de bonne foi à un esprit de collaboration* », R.T.D. civ. 1986, p. 101

MESTRE (J.), « *L'évolution du contrat en droit privé français* », *in* L'évolution contemporaine du droit des contrats, Journées René SAVATIER, Poitiers, 24-25 octobre 1985, P.U.F., Coll. De la Faculté de Droit et des Sciences Sociales de l'Université de Poitiers, P.U.F. 1986, p. 41 et s.

MESTRE (J.), « *Observation sur l'attitude du juge face aux difficultés d'exécution du contrat* », *in* Le juge et l'exécution du contrat, Colloque organisé le 28 mai 1993 par l'Institut de Droit des affaires d'Aix-en-Provence, avant-propos de MESTRE (J.), P.U.A.M., 1993, p. 91 et s.

MESTRE (J.), « *Rupture abusive et maintien du contrat* », R.D.C. 2005, p. 105.

MIGNOT (M.), « *De la solidarité en général et du solidarisme contractuel en particulier ou le solidarisme a-t-il un rapport avec la solidarité ?* », R.R.J. droit prospectif, 2004, p. 2153.

MIGNOT (M.), « *Prescription extinctive, Dispositions générales* », J.-Cl. Civ., 2009, art. 2219 à 2223, p. 6.

MOLFESSIS (M.), « *La sécurité juridique et l'accès aux règles de droit* », R.T.D. civ., p. 662 et s.

MONSERIE-BON (M.-H.), « *Transformation de société* », J. Cl. 2011, Fasc. 33-10.

MORIN (G.), « *La désagrégation de la théorie contractuelle du Code* », A.P.D., 1940.

MORIN (G.), « *Les tendances actuelles de la théorie des contrats et les relations du réel et des concepts* », R.T.D. civ. 1937, p. 554.

MOULY (Ch.), « *L'analyse économique du droit, présentation du colloque* », R.R.J. 1987-2, p. 423 et s.

MOULY(Ch.), « *La motivation des arrêts d'appel* », *in* La Cour d'appel d'Aix-en-Provence, colloque Aix-en-Provence, 11 et 12 déc. 1993, P.U.F., 1994, p. 87.

MOURY (J.), « *Une embarrassante notion : l'économie du contrat* », D. 2000, Chron., p. 382.

MOUTULSKY (H.), « *La cause de la demande dans la délimitation de l'office du juge* », D. 1964, Chron., p.235.

NAJJAR (I.), « *L'accord de principe* », D. 1991, Chron., p. 57 et s.

NOIREL (J.), « *Le droit civil contemporain et les situations de fait* », R.T.D. civ. 1959, p. 456.

NORMAND (J.), « *Principes directeurs du procès, Office du juge, Détermination des éléments de l'instance. Les parties. L'objet du litige* », J.-Cl. Proc. Civ. 1995, Fasc. 151.

NORMAND (P. E.), « *La loi, le contrat et l'acte authentique* », J.C.P. éd. N, 1990, doctrine, n° 41 et s., p. 363 et s,

NUYTTEN (B.) et **LESAGE (L.)**, « *Formation des contrats : regard sur les notions de consensualisme et de formalisme* », Rép. Defrénois 1998, art. 36784, p. 501.

OMRANE (A.), « *Le droit tunisien des sociétés entre l'archaïsme et la modernité* », Etudes juridiques, Revue publiée par la Faculté de Droit de Sfax, 2003, p. 117.

OPPETIT (B.), « *Droit et économie* », A.P.D., tome 37, Droit et économie, Sirey 1992, p. 26 et s.

OPPETIT (B.), « *L'endettement et le droit* », *in* Mélanges Breton et Derrida, Paris, Dalloz, 1991, pp. 295 et s.

OST (F.), « *Juge-pacificateur, juge arbitre, juge entraîneur* », *in* Fonction de juger et pouvoir judiciaire, transformations et déplacements, Facultés universitaires de Saint-Louis, Bruxelles, 1983, pp. 2-5.

OST (F.), « *Jupiter, Hercule, Hermès : trios modèles du juge* », La force du droit sous. la dir. de P. Pouretz, Seuil-Esprit, 1991.

PACTET (Ch.), « *De la réalisation de la novation* », R.T.D.Civ. 1975, p.439.

PAGNON (Ch.), « *L'apparence face à la réalité économique et sociale* », D. 1982, Chron., p. 286.

PAILLUSSEAU (J.), « *Les contrats d'affaires* », *in* Le droit contemporain des contrats, Bilan et perspectives, 1985, p. 170.

PERELMAN(Ch.), « *La réforme de l'enseignement du droit et la nouvelle rhétorique* », *in* Le raisonnable et le déraisonnable en droit, au-delà du positivisme juridique, A.P.D. 1978, t. 23, p. 79.

PERELMAN(Ch.), « *Le raisonnable et le déraisonnable en droit* », *in* Le raisonnable et le déraisonnable en droit, au-delà du positivisme juridique, A.P.D. 1978, t. 23, p. 19.

PERROT(R.), « *Autorité de la chose jugée* », Rép. Proc. Civ. Dalloz.

PETEL-TEYSSIE (I.), « *Contrats et obligations, preuve littérale, acte authentique* », J.-Cl. Civ. 1996, art. 1317 à 1320, Fasc. 135 à 137.

PICARD et **PRUD'HOMME**, « *La résolution judiciaire du contrat pour inexécution des obligations* », R.T.D.civ. 1912, p. 61.

PIEDELIEVRE, « *Quelques réflexions sur la maxime « quod nullum et, nullum effectum producit* », *in* Mélanges VOIRIN, 1966, p. 638 et s.

PLANIOL (G.), « Classification des sources des obligations », Rev. Crit. Lég. Jur. 1904, p. 224.

PROS-PHALIPPON(Ch.), « *La référence aux précédents de la juridiction* », *in* Le raisonnement juridique, Recherche sur les travaux préparatoires des arrêts, sous. la dir. de P. DEUMIER, coll. Méthodes du droit dirigée par Ph. Jestaz, Dalloz 2013, p.58.

PUTMAN (E.), « *La révocation amiable* », *in* La cessation des relations contractuelles d'affaires, Aix-en-Provence, 30 et 31 mai 1996, P.U. Aix-Marseille, 1997, p. 136.

RANGEON (F.), « *Réflexions sur l'effectivité du droit* », *in* Les usages sociaux du droit, œuvre collective, P.U.F. 1989, p. 126.

REBAÏ (A.), « *La classification des sources de l'obligation dans le Code tunisien des obligations et des contrats* », *in* Mélanges JESTAZ (Ph.), pp. 481 et s.

REBAÏ (A.), « *La période précontractuelle dans le Code des obligations et des contrats* », *in* Livre du centenaire du Code des obligations et des contrats, 1906-2006, sous la dir. de CHARFEDDINE (M.-K.), C.P.U., Tunis 2006, p. 265.

REKIK (N.), « *Les clauses abusives et la protection du consommateur* », Etudes juridiques, n° 7, Revue publiée par la Faculté de Droit de Sfax, 2000, p. 120.

REKIK (N.), « *Les contrats de financement islamique à l'épreuve du Droit positif* », R.J.L., octobre 2013, p.9,

REVILLARD (M.), « *Une nouvelle forme de testament : le testament international* », Rép. Défrénois 1995, art. 36021.

RICHARD (J.), « *La convention de croupier* », J.C.P., éd. N, 1987, I, 245.

RIEG (A.), « La *punctation, Contribution à l'étude de la formation successive du contrat* », *in* Mélanges A. JAUFFRET, L.G.D.J. 1976, p. 593.

RIEG (A.), « *Novation* », Rép. civ. Dalloz, 2003.

RIPERT, « *Le statut du fermage* », D. 1946, Chron. p.1.

RIZZO (F.), « *Regards sur la prohibition des engagements perpétuels* », Dr. et patrimoine, janvier 2000, p. 6.

ROCHFELD (J.), « *Les modes temporels d'exécution du contrat* », R.D.C. 2004, p. 47.

ROMDHANA (S.), « *Le formalisme cambiaire* », *in* Regards sur le formalisme en droit privé, actes du colloque organisé par l'association tunisienne de droit privé les 9-10-11décembre avec le soutien de l'Institut Français de Coopération, coll. forum des juristes, n° 12, Faculté de droit et des sciences politiques de Tunis, 2007, p.41.

ROZES (L.), « *Le projet de contrat* », *in* Mélanges L. BOYER, Université des sciences sociales de Toulouse, 1996, p. 639.

RUBI-CAVAGNA(E.), « *Les arguments d'opportunité* », *in* Le raisonnement juridique, Recherche sur les travaux préparatoires des arrêts, sous. la dir. de P. DEUMIER, coll. Méthodes du droit dirigée par Ph. Jestaz, Dalloz 2013, n° 245et s.

SAADI-RAIS (N.), « *Rapport algérien, La révision du contrat* », *in* Le contrat, Journées Brésiliennes, Société de législation comparée, p. 425.

SALMON (J.), « *Le concept de raisonnable en droit international public* », *in* Mélanges P. Reuter, Pedone, 1982, p. 452 et s.

SANA-CAHILLÉ DE NÉRÉ(S.), « *Contrats et obligations, Nullité ou rescision des conventions* », Effets de la nullité, J.-Cl. Civ. 2008, art. 1304à1314.

SANHOURY (A.A.), « *Le standard juridique* », *in* Recueil d'études sur les sources du droit en l'honneur de F. Gény, T. II, Les sources générales des systèmes juridiques actuels, 1934, p. 146.

SAVATIER (R.), « *L'ordre public économique* », D. 1965, Chron. 37

SAVATIER (R.), « *La nécessité de l'enseignement d'un droit économique* », D. 1961, p. 117 et s.

SCHAEFFER, « *Des causes d'ordre public de dissolution des sociétés* », *in* Dix ans de conf. D'agrég., hommage à J. HAMEL 1961, p. 227 et s.

SCHMIDT-SZALEWSKI (J.), « *Les conséquences de l'annulation d'un contrat* », J.C.P. éd. G. 1989, I, 3397.

SCHMIDT-SZALEWSKI (J.), « *Les fictions en droit privé* », A.P.D. 1975, tome XX (20), p. 274.

SERIAUX (A.), « *La notion de contrat synallagmatique* », *in* Le contrat au début du XXIe siècle, Etudes offertes à J. GHESTIN, Paris, L.G.D.J., 2015, p. 780.

SILANCE (L.), « *Un moyen de combler les lacunes en droit : l'induction amplifiante* », *in* Le problème des lacunes en droit, Publié par Perelman (Ch.), éd. Bruylant, 1968, p. 511.

SIMLER (Ph.), « *Contrats et obligations, Interprétation des contrats, L'instrument : notion, normes, champ d'application* », J.-Cl. Civil 2009, art. 1156 à 1164 : fasc. 10 et 20.

SIMLER (Ph.), « *La sanction de l'absence de cause* », *in* Mélanges en l'honneur d'YVES SERRA, Dalloz 2006.

SOUCHON (Ch.), « *Rapport français* », *in* Forme et preuve du contrat, sous la dir. de R. RODIERE, éd. A. PEDONE, 1979, p. 29 et s.

STORCK, « *La continuation d'une société par l'élimination d'un associé* », Rev. Soc. 1982, p. 233.

TALLON (D.) et **HARRIS (D.)**, « *Avant-propos* », Le contrat aujourd'hui : comparaisons franco-anglaises, Paris, L.G.D.J. 1987.

TERRE (F.), « *Retour sur la qualification* », *in* Mélanges en l'honneur de Jean-Buffet, L.P.A., 2004.419.

TEYSSIE (B.), « *Réflexions sur les conséquences de la nullité d'une clause d'un contrat* », D. 1976, Chron. 281.

TROPER (M.), « *Fonction juridictionnelle ou pouvoir judiciaire* ? », Revue Pouvoirs, n° 16, La justice, P.U.F., Paris, 1981, p. 18.

TUNC (A.), « *Les fonctions de la Cour de cassation* », R.T.D. 1983, p. 445.

TUNK (A.), « *Aux frontières du droit et du non-droit, l'équité* », *in* L'hypothèse du non-droit, XXXe séminaire organisé à liège les 21 et 22 octobre 1977, Liège 1978, p. 282.
URBAIN-PARLEANI (I.), « *Convention de croupier et société en participation* », Rev. soc. 1999, p. 753.
VAN OMMESLAGHE (P.), « *Rapport général sur la bonne foi dans la formation des contrats* », *in* La bonne foi, Association Henri Capitant, tome XLIII, p.25.
VAN-COMPERNOLLE (J.), « *L'office du juge et le fondement du litige* », Revue critique de jurisprudence belge, 1982, p.21.
VATINET(R.), « Le *mutuus dissensus* », R.T.D. civ., p. 261 et s.
VIATTE (J.), « *La preuve des actes juridiques, commentaire de la loi n° 80-525 du 12 juillet 1980* », G.P. 1980, II, doct., p. 58.
VILLEY(M.), « *Préface historique à l'étude des notions de contrat* », A.P.D., 1968, tome XXIII, p. 3.
WESTER-OUISSE, « *La caducité en matière contractuelle : une notion à réinventer* », J.C.P. éd. G., 290, p. 184.
ZAKI (M. S.), « *Définir l'équité* », A.P.D. 1990, tome 35, p. 87.
ZELCEVIC-DUHAMEL (A.), « *La notion d'économie du contrat en droit privé* », J.C.P. éd. G. 2000, I, 300.
ZENATI (F.) et **FOURNIER (S.)**, « *Essai d'une théorie unitaire de la prescription* », R.T.D. civ. 1996, p. 339.

IV. NOTES, OBSERVATIONS ET CONCLUSIONS

ANCEL (P.), note sous, Cass. civ. 1re, 23 février 1999, D. 1999, p. 411.
AUBERT (J.-L.), **DELEBECQUE (Ph.)** et **MAZEAUD (D.)** note sous, Cass. fr., 16 juin 1993, Rép. Defrénois, 1994, p. 339.
AUBERT (J.-L.), obs. sous, Cass. com. 29 juin 1982, Rep. Def. 1983, p. 393.
AYNES (L.), note sous, Cass. 3e civ., 7 janvier 1987, Rép. Defrénois 1987, art. 34120, n° 112, p. 1490.
AYNES (L.), obs. sous, Cass. civ. 3e, 7 avril 1993, Rép. Defrénois, 1993, 1063.
AYNES, note sous, Cass. Ass. Plén. 1er décembre 1995, D. 1996, j., 13.
BEN AMMOU (N.), note sous, Cass. civ. n° 42624 du 28 avril 1994, R.T.D.1996, p. 231 et s. (en arabe).
BEN AMMOU (N.), obs. sous, Cass.civ, (chambres réunies), n° 35530, du 29 fév. 1996, R.J.L. 1996, p. 267 (en arabe).
BOLARD (G.), note sous, Cass. civ. 1ère, 22 avr. 1997, J.C.P. 1997, II, 22944.
BONNEAU (Th.), note sous, Com. 23 juin 1997, Droit des sociétés, 12/1997, p. 7.
BOUTEILLER (P.), note sous, Cass. com. 29 juin 1982, J.C.P. 1984, II, 20148.
BRAIBANT (G.), **LABETOULLE (Ch.)** et **CABANES (P.)**, concl. sur, C.E. Ass., 28 mai 1971, A.J.D.A. 1971, pp. 404-407 et pp. 463-468.
CABRILLAC (H.) et **BECQUE (J.)**, obs. sous, Cass. com. 18 mars 1959, R.T.D. com. 1959.909.
CABRILLAC (M.) et **TEYSSIE (B.)**, obs. sous, Cass. civ.1ère, 26 janv. 1988, R.T.D.com. 1988.471.
CABRILLAC (M.), obs. sous, Cass. com. 15 janvier 2002, R.T.D.com. 2002.521.
CABRILLAC (M.), obs. sous, Cass. Com. 24 mars 1998, R.T.D.com. 1998, 647.
CABRILLAC (M.), obs. sous, Cass. com. 5 février 1991, D. 1991, somm. P. 217.
CABRILLAC (M.), obs. sous, Cass. com., 17 juillet 1984, D. 1985, inf. rap., p. 29.

CABRILLAC (M.), obs. sous, Paris 30 septembre 1986, D. 1987, somm. 170.
CABRILLAC et **RIVES-LANGE**, obs. sous Com. 10 février 1971, R.T.D.com. 1972.126.
CABRILLAC et **TEYSSIE**, obs. sous, Cass. com. 29 juin 1982, R.T.D. Com. 1983, p. 97.
CABRILLAC et **TEYSSIE**, obs. sous, Com. 24 novembre 1992, R.T.D.com. 1993.137.
DAGORNE-LABBE (Y.), note sous, Cass. civ. 3e, 7 Juin 1989, J.C.P. éd. G. 1990, 21456.
DAGOT (M.), note sous, C. A. de Paris, 28 avril 1989, J.C.P. 1990, éd. G., I, 21569.
DE FONTBRESSIN (P.), note sous, Cass. Ass. Plén. 1er décembre 1995, G.P. 9 décembre 1995
DELEBECQUE (Ph.), obs. sous, Cass. com., 24 mars 1998, Defrénois, 1998, art. 36860, p. 1074.
DESIRY, note sous, Req. 6 décembre 1933, D.P. 1935, 1, 61.
DURRY (G.), obs. sous, Cass. Civ. 1re, 9 octobre 1979, R.T.D. civ. 1980, p. 354.
FURKEL (F.), obs. sous, Cass. com., 30 avril 1974, J.C.P. 1976,II, 18282.
GAVALDA (Ch.), note sous, Orléans, 6 mars 1963, J.C.P.1964, II, 13618.
GHESTIN, note sous, Cass. Ass. Plén. 1er décembre 1995, J.C.P. 1996, II, 22565.
GRIMALDI (M.), note sous, Cass. civ., 10 octobre 2012, R.T.D. civ. 2012, pp. 761-762.
GUYON (Y.), note sous Cass. civ. 1re, 1er avril 1924, Compagnie d'exploitation forestière c/ Charbonneau et Sarda, *in* Les grands arrêts de la jurisprudence commerciale, Bibl. dr. com., t. 2, Sirey, 1962, p. 415.
HEBRAUD (P.), obs. sous T.G.I. Seine, 1ère Ch., 8 juillet 1963 R.T.D.civ. 1964. 363.
HEBRAUD (P.), obs. sous, Cass. com., 21 mai 1963, R.T.D.civ. 1963, p. 775.
HOLLEAUX (G.), note sous, Cass. civ. 1re, 18 mai 1960 ; D. 1960.J.681.
J.A., obs sous, T.G.I. Seine, 1ère Ch., 8 juillet 1963, J.C.P. 1964, II, 13537.
JELLOULI (A.), obs. sous Cass. civ. n° 11257, du 22.4.1985, R.T.D. 1988, p. 61.
JEOL, conc. sur, Cass. Ass. Plén. 1er décembre 1995, D. 1996, j., 13.
JLASSI-JEBLI (R.), note sous, Cour d'appel de Tunis, n° 10298, du 22 déc. 1993, R.T.D. 1995 (en arabe).
KARILO DE VAN (J.), note sous, C.A. Paris, 20 octobre 1983, D. 1985, p. 445.
LAKHOUA (M. H.), note sous, Cour d'appel de Tunis, n° 58513, du 6 avril 1999, R.T.D. 1999, p. 287 et s.
LARROUMET (C.), note sous, Cass. civ. 1re, 20 oct. 1981, D. 1983.73.
LAURENT-BONNE (N.), note sous, Cass. civ., 12 juin 2014, D. 2014, p. 1747 et s.
LEMASRIER (J.), note sous, C.E. Ass., 28 mai 1971, D. 1972, pp. 194-201.
LYON-CAEN, note sous, Cass. civ., 31 octobre 1906, S. 1908.1.305.
MALAURIE (Ph.), note sous, Cass. com., 4 juillet 1972, D. 1972, p. 732.
MALAURIE (Ph.), note sous, Lyon, 9 juillet 1990, D. 1991, 49.
MARTIN (D.R.), note sous, Cass. com. 15 janvier 2002, D. 2003. 341.
MAZEAUD (D.), note sous, Cass.civ. 3e, 21 sept. 2011, D. 2011, 2711.
MAZEAUD (D.), obs. sous, Cass. 8 mars 2005, R.D.C. 2005, p. 1015.
MAZEAUD (D.), note sous Civ. 3ème, 12 janvier 2005, R.D.C., oct. 2005, p. 1020.
MAZEAUD (D.), obs. sous, Cass. com. 20 janvier 1998, D. 1999, somm. p. 11.
MAZEAUD (D.), obs. sous, Cass. Com., 26 novembre 2003, R.D.C. 2004, p. 257.

MESTRE (J.) et **FAGES (B.)**, note sous, C.A. Paris, 25e chambre, 19 janvier 2001, R.T.D. civ. 2001, p. 360.
MESTRE (J.) obs. sous, Cass. civ. 13 nov. 1996, R.T.D. civ. 1998, p. 110.
MESTRE (J.), obs. sous, Cass. Ass. Plén. 1er décembre 1995, R.T.D.civ. 1996. 153.
MESTRE (J.), obs. sous, Cass. civ., 16 juin 1993, R.T.D.civ. 1994, p. 361.
MESTRE (J.), obs. sous, Com. 17 juillet 1984, R.T.D.civ. 1985.377.
MESTRE (J.), obs. sous, Pau, 5 fév. 1987, R.T.D.Civ., 1987, p. 579.
MOULY (C.), note sous, Cass. com. 29 juin 1982, D. 1983, J., 360.
PICOD (Y.), note sous, Com. 24 nov. 1998, J.C.P. 1999, II, 2151.
PIEDELIEVRE (A.), obs. sous, Cass. 3e civ., 7 janvier 1987, Gaz. Pal. 1987, I, p. 169.
RAYNAUD (P.), note sous, Cour de Paris, 26 mai 1948, J.C.P. 1949, II, 4558.
RAYNAUD (P.), obs. sous, Paris, 30 déc. 1961, R.T.D.Civ. 1962, 397.
REMY, obs. sous, Cass. com. 29 juin 1982, R.T.D. Civ. 1983, p. 354.
ROSSI (P.), note sous, Cass. Com. 24 mars 1998, D. 1999, J, 174.
SERIAUX (A.), note sous, Cass.com., 22 oct. 1996, D. 1997, 121.
VASSEUR, obs. sous, Cass. com. 29 juin 1982, D. 1983, I.R., 189.
VASSEUR, obs. sous, Civ. 1er, 3 Juin 1986, D. 1987, I.R., 296.
VIRASSAMY (G.), obs. sous, Cass. civ. 1ère, 3 mars 1993, J.C.P., éd. G. 1993,I, 3684.
VOIRIN (P.), note sous, Lyon 11 mai 1942, J.C.P. 1942, II, 2007.

V- DICTIONNAIRES

CORNU (G.), *Vocabulaire juridique*, P.U.F., Quadrige, 11e éd., 2016.
DE JEUGE-MAYNARD (I.) (sous la dir.), Le petit Larousse illustré, Paris, L.G.D.J. 2015.
REY-DEBOVE (J.) et REY (A.) (sous la dir.), Le nouveau petit Robert : dictionnaire alphabétique et analogique de la langue française, Paris, Le Robert 2009.
SILEM (A.), ALBERTINI (J.-M.) (sous la dir.), Lexique d'économie, 12 éd., Dalloz, 2012.
TUNK (A.), *Encyclopedia Universalis*, tome 8, Paris, 1995.
Dictionnaire encyclopédique de théorie et de sociologie du droit, L.G.D.J., 2ème éd., 1993.
Dictionnaire encyclopédique de théorie et de sociologie du droit, L.G.D.J., 2ème éd., 1993.

BIBLIOGRAPHIE EN LANGUE ARABE

I. OUVRAGES GÉNÉRAUX, TRAITÉS, MANUELS ET COURS

ابن النجيم، الأشباه و النظائر، دار الطباعة العامرة، القاهرة، 1920 هجري.

ابن رشد القرطبي (محمد) ، بداية المجتهد و نهاية المقتصد، الجزء الثاني، الطبعة التاسعة، دار المعرفة، بيروت 1988.

ابن عابدين، حاشية ابن عابدين، عالم الكتب للنشر و التوزيع، المملكة العربية السعودية، 1423 هجري.

أبو العنين بدران (بدران)، المواريث و الوصية و الهبة في الشريعة الإسلامية، الإسكندرية، مؤسسة شباب الجامعة، 1985.

الأحمدي (عبد الله)، قانون مدني، العقود الخاصة، 1- البيع، مطبعة الوفاء، تونس 1997.

البرعي (أحمد حسن) ، نظرية الالتزام في القانون المغربي،مصادر الالتزام ،1-العقد،دار الثقافة، االدار البيضاء، المغرب، 1981.

بقبق (محمد) ، قانون مدني ، النظرية العامة للالتزام، التصرف القانوني ، مجمع اللأطرش للكتاب المختص ، تونس 2009.

بن الحاج فرج بن يوسف (يوسف)، المواريث الشرعية و الوصية و مجلة الأحوال الشخصية، دار الميزان للنشر، سوسة (غير مؤرخ).

بن عبد السلام التسولي (أبو الحسن علي)، البهجة في شرح التحفة، الجزء الثاني، الطبعة الثانية، دار الفكر القاهرة، 1951.

بن عمو (نذير)، البيع و المعاوضة، مركز النشر الجامعي،تونس 2007.

الجندوبي (أحمد) و **بن سليمة (حسين)** ، أصول المرافعات المدنية و التجارية، الطبعة الثالثة،تونس، 2011.

الحناشي (عماد)، المواريث و الوصية في القانون التونسي، منشورات مجمع الأطرش للكتاب المختص، تونس 2014.

الخروبي (خليفة) ، قانون مدني، العقود المسماة، الوكالة- البيع و المعاوضة-الكراء-الهبة، طبعة ثانية مزيدة و منقحة، منشورات مجمع اللأطرش للكتاب المختص ، تونس، 2013.

الخروبي (خليفة)، التأمينات العينية و الشخصية، منشورات مجمع الأطرش للكتاب المختص ، تونس 2014.

الزرقاء (مصطفى أحمد)، المدخل إلى نظرية الالتزام، الفقه الإسلامي في ثوبه الجديد، المدخل إلى نظرية الالتزام العامة في الفقه الإسلامي، الجزء الثالث، الطبعة العاشرة، دار الفكر دمشق 1964.

الزرقاء (مصطفى)، المدخل الفقهي العام، الجزء الأول، الطبعة العاشرة، دار الفكر، دمشق، 1964.

الزين(محمد) ، النظرية العامة للالتزام، 1- العقد، طبعة 2، مطبعة دار الوفاء، تونس 1997.

السعدي (محمد صبري)، شرح القانون المدني الجزائري، النظرية العامة للالتزامات، مصادر الالتزام، ج1، التصرف القانوني، العقد و الإرادة المنفردة، ط 1، دار الهدى، الجزائر، 91-92، ص 275.

السنهوري (عبد الرزاق) ، الوسيط في شرح القانون المدني الجديد، المجلد الأول، مصادر الالتزام، الطبعة الثالثة، ، منشورات الحلبي الحقوقية.

السنهوري (عبد الرزاق)، مصادر الحق في الفقه الإسلامي، دراسة مقارنة بالفقه الغربي، المجلد عدد 4، الطبعة الثانية، منشورات الحلبي الحقوقية، بيروت، لبنان، 1998.

السنهوري (عبد الرزاق)، نظرية العقد، الجزء الثاني، الطبعة الثانية، منشورات الحلبي الحقوقية، بيروت، لبنان، 1998.

شرف الدين (محمد كمال)، قانون مدني، النظرية العامة، الأشخاص، إثبات الحقوق، سلسة معرفة القانون، الطبعة الأولى، المطبعة الرسمية للجمهورية التونسية، 2002، عدد273، ص280 و ما بعدها.

الشرفي (محمد) و **المزغني (علي)** ، أحكام الحقوق، دار الجنوب للنشر، تونس،1995.
الشرقاوي (جميل) ، النظرية العامة للالتزام، الكتاب الأول ، مصادر الالتزام، دار النهضة العربية، 1984.
صافي(عبد الحق)، القانون المدني، الجزء الأول: المصدر الإرادي للالتزامات، العقد، الكتاب الأول، تكوين العقد، مطبعة النجاح الجديدة، 2006.
طرشونة (المنجي) ، محاضرات في القانون المدني، النظرية العامة للالتزام، العقد، السنة الثانية من الأستاذية في الحقوق، كلية الحقوق و العلوم الاقتصادية و السياسية بتونس، 1993-1994.
العابد (صادق)، الأوراق التجارية من الإنشاء إلى الإيفاء، منشورات مجمع الأطرش للكتاب المختص، 2016.
عبد الباقي (عبد الفتاح)، نظرية العقد و الإرادة المتفردة، دراسة معمقة و مقارنة بالفقه الإسلامي، 1984.
عبد التواب (معوض)، مدونة القانون المدني، الجزء الأول، منشأة المعارف بالإسكندرية، 1987.
عبد الفتاح (حسن)، القضاء الإداري، الجزء الأول، قضاء الإلغاء، 1979.
العبدلاوي(ادريس) ، نظرية العقد، محاضرات في مادة القانون المدني، 1976.
فرج (عبد الرزاق حسن)، نظرية العقد الموقوف في الفقه الإسلامي، دراسة مقارنة بالقانون المدني، دار النهضة العربية، القاهرة 1969.
كحلون (علي) ، النظرية العامة للنزاع المدني، الإشكالات الإجرائية للنزاع المدني، ط 1، منشورات مجمع الأطرش للكتاب المختص، تونس 2016.
كحلون (علي)، القانون العقاري الخاص، طبعة ثانية، النظرية العامة للأموال، نظام العقارات غير المسجلة، نظام العقارات المسجلة، منشورات مجمع الأطرش للكتاب المختص ، تونس 2010.
اللومي (الطيب)، الوسيط في الأوراق التجارية في التشريع التونسي : الكمبيالة - الشيك – السند للأمر، مركز الدراسات و البحوث و النشر،
المالقي(محمد) ، محاضرات في شرح القانون المدني التونسي، ط 2، مركز النشر الجامعي، 2003.
محفوظ (محمد) ، النظرية العامة للالتزام (1) العقد ، مجمع اللأطرش للكتاب المختص ، تونس 2012
مرقس (سليمان)، الوافي في شرح القانون المدني في الالتزامات، المجلد الأول نظرية العقد و الإرادة المنفردة، الطبعة الرابعة، 1987.
المزغني (رضا)، أحكام الإثبات، معهد الإدارة العامة، المملكة العربية السعودية، 1985.
هاشم (محمد العربي) ، القانون المدني، الجزء الأول، محاضرات مرقونة لطلبة السنة الأولى حقوق، كلية الحقوق و العلوم السياسية بتونس، 1987-1988.
الورفلي (أحمد)، الوسيط في قانون الشركات التجارية، منشورات مجمع الأطرش للكتاب المختص، 2015.

II. OUVRAGES SPÉCIAUX, MONOGRAPHIES, THÈSES ET MÉMOIRES

أبو زهرة (محمد)، شرح قانون الوصية، مكتبة الأنجلو المصرية، القاهرة، الطبعة الثانية، 1950.
الأحمدي (عبد الله) ،القاضي و الإثبات في النزاع المدني، 1991.
ادريوش (أحمد) ، أصول قانون الالتزامات و العقود، بحث في الأصول الفقهية و التاريخية، منشورات سلسلة المعرفة القانونية، الرباط ، 1996.
بن طالب (أحمد) ، التفويت في ملك الغير، تقديم كمال شرف الدين، دار الميزان للنشر، 2009.
بن مسعود (نائلة)، الإعلام في العقود، أطروحة دكتوراه في القانون الخاص، كلية الحقوق و العلوم السياسية بتونس، 2007-2008.
بن موسى (مبروك)، دراسات في مختلف فروع القانون الخاص، طبعة أولى، 2008.
بوحجر (آمال)، الكتب الرسمي، مذكرة لنيل شهادة الدراسات المعمقة في العلوم الجنائية، كلية الحقوق والعلوم السياسية بتونس، 1993-1994.
بولعابي (كريم) ، حسن النية في المادة التعاقدية، منشورات مجمع الأطرش للكتاب المختص، 2015.
بوستة (ليليا) ، الكفالة العينية، ، مذكرة لنيل شهادة الدراسات المعمقة في العلوم الجنائية ، كلية الحقوق و العلوم السياسية بتونس، 1997.
الجربي (سامي) ، تفسير العقد، تقديم المرحوم هاشم (محمد العربي) ، الطبعة الثالثة، مركز النشر الجامعي، 2014.
الجلولي(هدى) ، البطلان الجزئي للأعمال القانونية، مذكرة لنيل شهادة الدراسات القانونية، كلية الحقوق و العلوم السياسية بتونس، 1995.

خليل (بهاء) ، تحول الالتزام، مذكرة لنيل شهادة الماجستير في القانون، شعبة القانون الخاص، كلية الحقوق و العلوم السياسية بتونس، 2006.
دبش (كمال)، التزام الأمي، مذكرة لنيل شهادة الدراسات المعمقة في القانون الخاص، كلية الحقوق والعلوم السياسية بتونس، 1991-1992.
الدسوقي (رأفت أحمد) ، فكرة التحول في القرارات الإدارية، دار الفكر الجامعي، الإسكندرية 2004.
ساسي (رمزي)، إشهار الحق العيني، تقديم محمد كمال شرف الدين، منشورات مجمع الأطرش للكتاب المختص ، تونس 2015.
السباعي(أحمد شكري) ، نظرية بطلان العقود في القانون المدني المغربي و الفقه الإسلامي و القانون المقارن، منشورات عكاظ، الدار البيضاء، الطبعة الثانية، 1987.
السحيلي (إبراهيم بن عبد الرحمان بن سعد) ، تحول العقد المالي وأثره، دراسة مقارنة، جامعة الإمام محمد بن سعود الإسلامية، المعهد الأعلى للقضاء،2003.
سعيد (محمد)، القسمة العقارية، أطروحة دكتوراه دولة في القانون الخاص، كلية الحقوق و العلوم السياسية بتونس، 2002.
سوار (محمد وحيد الدين) ، الشكل في الفقه الإسلامي، دراسة موازنة، طبعة ثانية، عمان، مكتبة دار الثقافة للنشر و التوزيع، 1998.
سوار (وحيد الدين)، التعبير عن الإرادة في الفقه الإسلامي، الطبعة الثانية، الشركة الوطنية للنشر والتوزيع، الجزائر 1979.
السوفاني (عبد الله خالد) ، الوجود القانوني للشركة التجارية، أطروحة لنيل شهادة الدكتوراه في القانون الخاص، كلية الحقوق و العلوم السياسية بتونس، 2001.
الشرقاوي (جميل) ، نظرية البطلان في القانون المدني المصري، مطبعة جامعة القاهرة ،1956.
شمام (محمود)، الوصية في الفقه و القانون، دار النجاح للطباعة و النشر و التوزيع، تونس، ص 92 وما يليها (غير مؤرخ).
طلبة (أنور) ، مجموعة المبادئ القانونية التي قررتها محكمة النقض في خمسين عاما: 1931 حتى 31 ديسمبر، ج 5، 1981.
عكاشة (حمدي ياسين)، القرار الإداري في قضاء مجلس الدولة، منشأة المعارف بالإسكندرية، القاهرة، 1987.
العياري (هدى)، عقد الهبة، مذكرة للإحراز على شهادة الدراسات المعمقة في القانون الخاص،كلية الحقوق و العلوم السياسية بتونس، 1998.
الفتلاوي (صاحب عبيد) ، تحول العقد، دراسة مقارنة، الطبعة الأولى، مكتبة دار الثقافة للنشر والتوزيع، الأردن، 1998.
فرج (عبد الرزاق حسن) ، نظرية العقد الموقوف في الفقه الإسلامي، دراسة مقارنة بالقانون المدني، القاهرة، 1969.
القلال (سامي) ، إجازة العقد الباطل من خلال م.ا.ع. ، مذكرة لنيل شهادة الدراسات المعمقة، كلية الحقوق و العلوم السياسية بتونس، 1993.
محمدي (حاتم)، التنازل عن الحق العيني، تقديم بشير المنوبي الفرشيشي، طبعة ثانية منقحة، مركز النشر الجامعي،2014.
المصري (محمد محمود) ، **العابدين (محمد أحمد)** ، الفسخ و الانفساخ و التفاسخ في ضوء القضاء و الفقه، دار المطبوعات الجامعية (غير مؤرخ).
مميش (عماد) ، نجاعة الكفالة، قراءة في تبعية التزام الكفيل، تقديم الأستاذ يوسف الكناني، مركز النشر الجامعي، 2010.
الورتتاني(فتحي)، العقد الموقوف في القانون المدني، مذكرة سابقة الذكر،1990.
يسري(أحمد) ، تحول القرار الإداري، مجلة مجلس الدولة، السنوات 8-9-10 ،.1960.
يسري (أحمد)، تحول التصرف القانوني، دراسة مقارنة للمادة (144) مدني مصري على أساس المادة (140) ألماني، مطبعة الرسالة، 1958.

III. ARTICLES CHRONIQUES ET NOTES DE JURISPRUDENCE

الأخوة (محمد الهادي)، "تعليق على بعض القرارات لمحكمة الاستئناف بتونس في مادة الأوراق التجارية"، المجلة القانونية التونسية، 1999، ض 275 و ما بعدها.

باباي يوسف (سعاد)، ،" مبدا المفعول المنشئ للترسيم من خلال قوانين سنتي 2000 و 2001"، م.ت.ق. 2002، ص 81.

بالحاج (الحبيب)،" حماية الطرف الضعيف و بنود الاعفاء من المسؤولية"، مجلة بحوث و دراسات قانونية، العدد 11 لسنة 2015، منشورات مجمع الأطرش للكتاب المختص، 2015، ص 23.

البجاوي عطار (إقبال)، "الرجوع في التبني"، أ. ق. ت. 1998/12، ص 39.

بدوي (حلمي بهجت) ، "آثار التصرفات الباطلة"، مجلة القانون و الاقتصاد، السنة الثالثة، العدد الأول، 1933، ص 405.

البراهمي (عادل)، "الرهن العقاري الاتفاقي"، م. ق. ت. ، عدد 7، 1989، ص 7

البكاري(بهاء الدين) ، "الوصية الواجبة"، م. ق. ت. 1990، ص 16.

البكوش (ناجي) ، "الدوائر التجارية: الإشكاليات الدستورية و القانونية"، دراسات قانونية، مجلة تصدرها كلية الحقوق بصفاقس، عدد5، 1997، ص7.

بن أحمد (نوفل) ،" نسخة الكتب"، في مسائل في فقه القانون المدني المعاصر، مؤلف جماعي، تحت إشراف الأستاذ محمد كمال شرف الدين، منشورات مجمع اللأطرش للكتاب المختص ، تونس، 2014، ص 619.

بن طالب (أحمد)،" الثمن في عقد البيع"، أ. ق. ت. 1998/12، ص 5.

بن عبد الحميد الرواتبي (حاتم)،" إشهار الرهن العقاري"، دراسات في قانون التأمينات، عمل جماعي لهيئة تدريس قانون التأمينات بكلية الحقوق و العلوم السياسية بتونس ، 1997،ص.245.

بن مسعود (نائلة) ، "تطور واجب الإعلام في العقود"، مقال منشور بكتاب مسائل في فقه القانون المدني المعاصر ، مؤلف جماعي، منشورات مجمع اللأطرش للكتاب المختص ، تونس، 2014، ص 309.

البناني (الحبيب الكامل)، " شركة الشخص الواحد ذات المسؤولية المحدودة"، م. ق. ت.، نوفمبر 2001، عدد 9، ص11.

بوراس (صالح) ،" شركة الشخص الواحد ذات المسؤولية المحدودة"، الملتقى الدولي حول مجلة الشركات التجارية، يومي 5 و 6 أفريل 2001، منشورات مركز الدراسات القانونية و القضائية، تونس 2002، ص 233.

بومية (صلوحة)،"تطور الشكلية في القانون المدني"، مقال منشور في كتاب "مسائل في فقه القانون المدني المعاصر"، مؤلف جماعي، تحت إشراف الأستاذ كمال شرف الدين، منشورات مجمع اللأطرش للكتاب المختص ، تونس، 2014، عدد 31، ص651.

الجويني (عبد الوهاب)، "الشكلية في تكوين الرهون العقارية،" دراسات في قانون التأمينات، عمل جماعي لهيئة تدريس قانون التأمينات بكلية الحقوق و العلوم السياسية بتونس تحت إشراف الأستاذ بشير المنوبي الفرشيشي، طبعة ثانية، تونس 2003، ص 443.

حمودة(محمد) ، "في الوفاء بالالتزام مع تمام الأمانة"، مقال منشور ضمن مجموعة دراسات مهداة للأستاذ ساسي بن حليمة، مركز النشر الجامعي، تونس 2005، ص 1031و ما بعدها.

الخويلدي (عبد الستار) ، "دور الصناعة المالية الإسلامية المعاصرة في إحياء النصوص المهجورة: مجلة الالتزامات و العقود أساس التطبيقات المعاصرة في المعاملات المالية الإسلامية"، م.ق.ت. ماي 2011، ص41.

الدرويش (عماد)، "شركة الشخص الواحد ذات المسؤولية المحدودة"، م. ق. ت. 2002، عدد 8، ض 35.

الدسوقي (أبو الليل ابراهيم) ،" المفهوم القانوني لإنقاص التصرفات القانونية"، مجلة الحقوق الكويتية ، عدد 19 ، 1992، ص 61.

الرباعي(عبد الوهاب)، "نظرية البطلان في فقه قضاء محكمة التعقيب، خمسون عاما من فقه القضاء المدني 1959-"2009، تحت إشراف الأستاذ محمد كمال شرف الدين، مركز النشر الجامعي، تونس 2010، عدد 39، ص 625.

الرزقي (يوسف) ،" القانون التونسي و التشريع الإسلامي"، مقال منشور بكتاب مسائل في فقه القانون المدني المعاصر، ، مؤلف جماعي، منشورات مجمع اللأطرش للكتاب المختص ، تونس، 2014، ص 170 و ما بعدها.

الرواتبي(حاتم عبد الحميد)، "مجلة الالتزامات و العقود و الإسلام"، في كتاب مائوية مجلة الالتزامات والعقود 1906- 2006، مؤلف جماعي تحت إشراف الأستاذ محمد كمال شرف الدين، مركز النشر الجامعي، تونس 2006، ص 185.
الرواتبي (حاتم)، "مفهوم اتصال القضاء في فقه القضاء، خمسون عاما من فقه القضاء المدني 1959-2009 "، تحت إشراف الأستاذ محمد كمال شرف الدين، مركز النشر الجامعي، تونس 2010، ص 1041.
الزين (محمد المنصف) ،"بطلان الأعمال الإجرائية"، المجلة القانونية التونسية، 1991، ص 69 و ما بعدها.
السعيدي(عبد الرزاق) ،" منع التعاقد على التركة المستقبلية"، م .ق.ت. 1970/7، ص 21.
شرف الدين(محمد كمال) ، "قراءة في المبادئ التأصيلية للقانون المدني"، مقال منشور في كتاب مسائل في فقه القانون المدني المعاصر، مؤلف جماعي، منشورات مجمع اللأطرش للكتاب المختص ، تونس، 2014، ص 49.
شرف الدين (محمد كمال)، مبدا المفعول المنشئ للترسيم في قوانين 4 ماي 1992، م.ق.ت. 1993، ص 99 .
شمام (محمود)،" الفقه الإسلامي و تأثيره في التشريع الوضعي"، م.ق.ت. عدد1، سنة 1977، ص 13 وما بعدها.
الطريقي (الصحبي)، "حق الحبس"، م.ق.ت.،عدد1 ، 1996، ص 29.
عبد الصادق (رضا) ،" شركة الشخص الواحد ذات المسؤولية المحدودة"، م. ق. ت. 2001، ص 147.
عبد الصادق (رضا)،" شركة الشخص الواحد ذات المسؤولية المحدودة"، م. ق. ت. 2001، عدد 10، ص 147.
عبود (عبد المنعم)، "الشروط الشكلية لصحة الرهن العقاري"، م. ق. ت. مارس 1998، ص .125.
العياري (كمال) ،" الشكلية في تكوين الرهون العقارية"، م. ق. ت. نوفمبر 2005، ص 47.
القروي(محمد)،" أحكام الوصية و التنزيل في التشريع الإسلامي"، م ق ت 1959، ص 7.
القصير (فرج) ،" أحكام الشرط التغريمي في القانون التونسي"، م. ق. ت. مارس 1998،ص 103 و ما بعدها.
الورفلي (أحمد) ،" تدارك البطلان من خلال أحكام مجلة الالتزامات و العقود"، م.ق.ت. فيفري 1999، ص 99.
اليحياوي (عصام) ،" تقنين المالية الإسلامية: التجربة التونسية "، التنوع القانوني و الرهانات الاقتصادية، تحت إشراف سامي البسطانجي و فرحات الحرشاني، دار الكتاب، تونس 2015، ص37 و ما بعدها.
يوسف المولودة عماري (فتحية)،" الأمر 96-27، و التصور الجديد لمفهوم عقد الشركة: " الشركة ذات المسؤولية المحدودة ذات الشخص الواحد" في القانون الجزائري"، م.ق.ت. 2000، ص 75.

IV. CODES ANNOTÉS

الشريف (محمد الحبيب)، مجلة الالتزامات و العقود معلق عليها، دار الميزان للنشر، سوسة،تونس،طبعة أولى، 2003.
صخري(مصطفى) ، مجلة الالتزامات و العقود معلق عليها، المغاربية لطباعة و إشهار الكتاب، تونس 2014.
الغزواني (نورالدين) ، التعليق على قانون المرافعات المدنية و التجارية، الأحكام العامة و الاختصاص، مطابع شركة أوربيس، تونس، 1996.
محمد الهادي (بن عبدالله)، المجلة التجارية، معلق عليها و مثراة بفقه القضاء التونسي و بنصوصها التطبيقية و بالقانون و فقه القضاء المقارن، دار إسهامات في أدبيات المؤسسة، 2015.

INDEX ALPHABETIQUE

(Les chiffres renvoient aux numéros de paragraphes)

-A-

Acceptation
- de l'offre : 191, 206, 207, 209 et s., 233
- lettre de change : 101, 103, 104, 242
- tardive : 211, 213

Acte authentique
- définition : 58
- conversion de l'- :
  - en un acte sous seing privé : 58 et s., 300, 334, 337, 356, 383, et s., 479, 496, 694
  - en un commencement de preuve par écrit : 386
- force probante : 383 et s.
- illettrée (personne) : 77

Acte instrumentaire : 56, 300, 803

Acte juridique
- au sens d'*instrumentum* : 16
- au sens de n*egotuim* : 16

Acte majeur : 32, 110, 112, 113, 197, 198, 229, 230, 253, 254, 261, 267, 276, 290, 292, 299, 311, 319, 346, 347, 354, 358, 360, 363, 388, 404, 405, 470, 496, 554, 572, 580, 581, 612, 641 et s., 646 et s., 690, 713 et s., 719, 720 et s., 755, 791

Acte mineur : 112, 229, 253, 267, 311, 344, 360, 380, 388, 396, 403 et s., 415, 441, 461, 496, 579, 581, 608, 612, 646, 647, 690, 693, 713, 714, 718, 719, 720, 721, 768, 770, 774, 791

Acte solennel : 56, 80, 93,

Acte sous seing privé
- conversion de l'- : 67 et s., 386
- définition : 67
- force probante : 383 et s.

Acte unilatéral : 144, 148, 210, 327, 414

Analogie : 256, 267, 274, 275 et s., 285, 295, 309
V. Raisonnement

Analyse économique
- du contrat : 544
- du droit : 675

Annulabilité
- définition : 263
- conversion d'un état d' – en un état de validité : 114
- situation d' - : 77, 78

Apparence (théorie de) : 314, 469, 489

Assistance (exigence contractuelle) : 465

Autonomie de la volonté (théorie de l') : 27, 38, 130, 408, 456, 459, 550, 562, 572, 616, 618, 619, 623, 654

Autorité de la chose jugée : 191, 761, 766, 776, 777 et s., 786

-B-

Balance des intérêts (méthode de) : 660, 674, 675, 680 et s.

Bilan coût-avantage (méthode du) : 674, 675 et s.

Billet à ordre : 13, 94, 98 et s., 106, 182, 262, 357, 454, 496, 648, 668, 690, 718, 754, 781, 783, 784

Bonne foi
- croyance erronée : 468
- définition : 464, 465, 467
- devoir de - : 192, 472
- du contractant : 283, 304, 471, 623
- du créancier : 189
- exécution des engagements de - : 192
- fondement de la conversion : 464 et s.
- loyauté : 465, 470, 472
- porteur de - : 182
- principe de - : 468
- tiers de - : 220, 308, 314, 490

But économique : 3, 148, 293, 387, 432, 435, 436, 439, 441, 444, 445, 493, 526, 570, 587, 588, 589, 696, 697, 700, 705, 706, 707, 720

-C-

Caducité
- définition : 278
- et nullité : 278, 279, 280, 281,
- effet de la caducité - : 281 et s.
- fondement de la - : 278 et s.
- partielle : 577

Cause
- absence de cause : 139 et s., 154 et s., 164
- illicéité de la - : 143 et s.
- de la demande
  - notion juridique : 744 et s.
  - notion factuelle : 748 et s.

Cautionnement
- cambiaire : 105
- contrat de - : 14, 203, 204, 343
- de dette déterminée : 203

- de droit commun : 105
- hypothécaire : 92
- réel : 92
- successif : 203

Chèque : 94, 106, 241, 242, 244, 504

Clauses léonines : 162, 168

Cohérence
- principe de - : 167 et s.
- devoir de - : 190 et s., 472

Commencement de preuve par écrit
- conversion en un - : 60, 70, 71, 102, 105, 106, 241, 244, 262, 270, 300, 386, 648, 649
- définition : 70
- force probante, 386, 781

Comportement
- abusif : 184 et s.
- contradictoire : 190 et s.
- définition : 165
- déloyal : 54, 177, 178 et s., 193
- fautif : 179 et s., 233
- frauduleux, V. Fraude
- incohérent : 189, 192, 492
- négligent : 234 et s.
- rédactionnel : 166 et s.
- sanction d'un - : 165 et s.

Collaboration (exigence contractuelle) : 133, 465, 474

Confirmation : 12, 41, 76 et s., 248, 284

Connaissement : 71, 270, 300

Coopération (exigence contractuelle) : 133, 465, 471, 473

Conséquentialisme : V. Raisonnement

Contrat (de)
- antichrèse : 193
- assurance : 343
- à titre gratuit : 155
- à titre onéreux : 140
- atypique : 362, 369
- avant - : 136
- bail : 230, 329, 581
- cadre : 136
- cautionnement : 14, 92, 203, 204, 343
- chaîne de - : 791
- colonat paritaire (Khammas) : 187, 485
- commande (*moudharaba*): 18, 170, 171, 538
- commerce international : 695
- crise du - : 456
- définitif : 136
- définition
  - subjective : 541
  - objective : 543 et s
- déstabilisé : 456
- donation : 74 et s., 154, 164, 196, 785

- financement islamique : 18
- hypothèque : 91, 328, 391
- imparfait : 132, 133, 328, 270, 271,
- incomplet : 132
- inefficace : 132, 133, 269, 274
- innommé : 124, 126, 133, 259, 271, 328, 342 et s.
- institution d'héritier : 594
- international : 23
- *intuitus personae* : 200 et s., 216, 220
- judiciaire : 764, 770 et s.
- leasing : 597, 598, 600
- louage d'ouvrage : 187, 485, 486, 535
- mandat : 112, 316
- mariage : 319, 320
- *maoukouf* : 130 et s., 269, 274
- négociation : 136
- partage : 329
- partiel : 136
- préparatoire : 136
- préposition : 170
- prêt : 158, 170, 171, 177, 598, 600
- projet de - : 134 et s.
- *processualisation* du - : 460, 635
- relationnel : 324
- *salem* : 18
- société : 162, 168, 169, 217, 218, 224, 319, 331, 341, 537
  - à champart (*mouçakâte*) : 123, 261, 592, 593
  - agricole : 123, 592, 593
  - à complant (*moughâraça*) : 261
- solennel : 72 et s.
- successif : 791
- synallagmatique : 139, 155, 228, 734
- transport : 71
- travail : 158, 159, 170, 176, 233, 340, 369, 371, 380, 487, 538, 558, 578, 620, 662, 668, 671
- typique : 362

Contreproposition : 207 et s.

Convention de croupier : 273

Conversion
- définition : 3, 399
- des actes
  - nuls : 55 et s., 257 et s.
  - annulables : 263 et s.
  - entachés d'autres causes d'inefficacité: 269 et s.
  - requis *ad probationem* : 57 et s., 300, 334,
  - requis *ad solemnitatem* : 56, 72 et s.
  - authentiques: 58 et s., 73 et s.
  - sous seing privé : 67 et s., 93 et s.

- de l'*instrumentum* : 17, 56, 57, 59, 70, 71, 334, 337, 101, 102, 382, 383, 387
- du *negotuim* : 17, 299, 388 et s.
- du contrat, V. Contrat
- par réduction : 2, 4, 5, 8, 9, 11, 12, 14, 18, 31, 46, 54, 76, 98, 104, 122, 130, 151, 153, 156, 159, 203, 205, 221, 246, 343, 347, 348, 349, 355, 357, 362, 368, 374, 375, 386, 430, 432, 441, 526, 596, 611, 613, 642, 652, 653, 677
- par « *ampliation* » ou par « *augmentation* » : 31, 246, 363, 366, 368, 370, 371
- et notions voisines
  - confirmation : 9, 12, 41, 76 et s., 248
  - interprétation : 30, 36, 411 et s., V. Interprétation
  - nullité partielle : 11, 12, 41, 248, 314, 373 et s.
  - novation, 7, 322, 416 et s., 791
  - réfaction du contrat : 12, 363, 365 et s.
  - réfection du contrat : 9
  - réduction du contrat : 11, 376 et s., 573 et s.
  - réputé non écrit, 12
  - régularisation : 12
  - requalification : 8, 142, 152 et s.
  - résiliation volontaire : 415, 422
  - simulation, 10
  - transformation ordinaire : 29, 423 et s.
- fondement de la - : 394 et s.
- pour vices originaires de l'acte
  - vice de forme : 56 et s.
  - vice de fond : 108 et s.
  - vices du consentement : 111 et s.
  - incapacité du contractant : 115 et s.
  - objet : 122 et s.
  - cause : 138 et s.
- pour une cause survenant *a posteriori*
  - caducité : 199 et s., 277 et s. ; V. Caducité
  - décès de l'associé : 220 et s.
  - dissolution : 214 et s.
  - forclusion : 242 et s.
  - incapacité de l'associé : 216 et s
  - pertes de pluralité d'associés : 224 et s.
  - prescription : 235 et s.
  - résolution : 228 et s., 289 et s.
  - révocation : 232 et s.
- judiciaire : 306, 614
- légale : 17, 21, 71, 133, 187, 196, 214, 299, 306, 485, 537, 538
- redéfinition de la - : 40, 45, 46 et s., 802

- rénovation du régime : 513 et s.
- remède : 55 et s.
- sanction : 165 et s.

-D-

Décès
- de l'associé : 205, 220 et s., 287, 330
- de la caution : 203
- de la personne : 137, 150, 151
- du contractant : 151, 202, 204
- du *de cujus* : 149
- du donateur : 76, 149, 150, 590
- du testateur : 196, 589

Déchéance : 243 et s.

Déduction
- définition : 304
- extension de la conversion par - : 304 et s.,
- **Dégénérescence** (acte, droit, obligation, volonté) : 8, 105, 134, 236, 328, 330, 351, 352, 496

emande
- fondamentale ou globale : 731, 737 et s.
- implicite ou virtuelle : 731, 732 et s.
- incidente
  - additionnelle : 727
  - reconventionnelle : 716, 727

Dénonciation (de l'illicite) : 669, 670, 672, 799

Dernière maladie : 195, 274, 538

Dissolution
- et nullité : 214
- de la société : 214 et s., 225, 490, 504
- les causes de - liées à la personne des associés : 215 et s.
- les causes de - liées à la société : 224 et s.

Donation
- conversion d'une vente moyennant un prix dérisoire en une - : 8, 74, 142, 154, 164, 174, 259, 321, 355, 389, 647, 718
- conversion de la – en un don manuel : 75
- conversion de la – en une obligation naturelle : 75
- conversion d'une - en un testament : 327, 538, 590, 642
- définition : 74
- déguisée ou indirecte : 142, 155
- faite par un malade : 195, 274, 538

Déséquilibre contractuel : 173 et s.

Disproportion : 173

Disqualification : 95, 96

Droit allemand : 19, 20, 25, 27, 33, 89, 306, 465, 518, 524, 526, 533, 644

Droit musulman : 19, 22, 130, 137, 190, 256, 269, 274, 276, 309, 533 et s., 547, 585

Droit romain : 19, 153, 402, 421, 434, 533, 536, 545, 547

-E-

Économie du contrat : 167, 171

Effets de commerce : 13, 93, 96, 240, 242, 357, 361, 496, 780

Efficacité
- de l'acte juridique : 11, 56, 89, 130, 132, 269, 378, 557
- d'un droit : 184
- de la volonté contractuelle : 108, 584
- de la sanction : 560 et s., 656, 663 et s.
- économique : 504, 508, 623
- perte d' - : 382, 391
- préférence à l' - : 554 et s.,
- juridique : 95, 97, 386, 387, 584, 587
- jugement d' - : 678

Egalité : 475

Engagements perpétuels : 176, 578, 671

Equilibre contractuel : 664, 675, 680, 681, 684, 739

Équité
- correctrice ou modératrice : 475, 476, 638
- fondement de la conversion : 119, 293, 304, 305, 475 et s.
- supplétive ou créatrice : 475

Équivalence des résultats : 690, 691

Excès : 162, 168, 173 et s., 176, 365, 377, 573, 574

-F-

Faute :
- de comportement : 184 et s.
- morale : 192
- précontractuelle : 179, 180, 315

Favor contractus : 23, 585

Fondement (de la conversion) : 42, 250, 394 et s., 447, 475, 481, 601

Force obligatoire du contrat (principe de la) : 38, 191, 458, 614 et s., 630, 642, 654, 655, 785

Forclusion : 234,242 et s., 301, 353, 509

Formalisme
- acte authentique : 73
- acte sous seing privé : 67
- cambiaire : 96, 262
- définition : 93
- de l'acte : 95
- de la mention : 95
- des instruments de crédit et de paiement : 96
- du contrat de travail : 369
- informatif : 113
- par équivalent : 97
- testament authentique : 80

Formes hiérarchisées : 356, 360

Fraude : 194 et s.

-G-

Gage : 119, 194

Groupe de contrats : 791

-H-

Habous : 137

Hypothèque
- conversion du contrat d' - : 90, 91, 114, 328, 360, 361
- promesse d' - : 91, 114, 328, 361

-I-

Immutabilité (principe de l')
- contrat : 615, 630
- objet de la demande : 727, 731
- litige : 723, 728, 742

Incapacité :
- absolue : 116, 258
- d'exercice : 115, 116
- de jouissance : 115, 116
- de l'officier : 17, 58, 61, 65, 262, 338
- de l'associé : 216 et s., 287
- du copartageant : 118, 267
- du contractant : 110, 114 et s., 117, 263, 280, 646
- du mandant : 112
- partielle : 377
- relative : 116

Induction
- « amplifiante » : 298
- définition : 298
- extension de la conversion par - : 296 et s.

Inefficacité
- de l'acte : 127, 131, 265, 266, 274, 604
- de la sanction : 672

Infra petita : 728 et s.

Innommé(e)
- catégorie - : 154, 160
- contrat - : 124, 126, 133, 259, 271, 328, 342, 343, 362, 392
- contrat - « atypique » : 362
- qualification - : 342, 362

Inopposabilité
- et nullité : 272
- du contrat : 272, 274, 741
- des exceptions : 100, 390

Insécurité juridique : 38, 43, 564, 630, 640, 656, 798

Intérêt
- définition : 680
- de la partie faible : 114, 486, 534, 538, 551
- des tiers : 490
- du créancier : 662
- du contractant : 65, 69, 117, 174, 176, 272, 474, 504, 554, 661, 665, 672, 680, 683
- économique : 497, 632
- général : 96, 116, 257, 262, 503, 504, 538, 552, 639, 668
- privé (individuel, particulier) : 263, 552, 639, 668

Interprétation
- conversion par voie de l' – utile ou téléologique : 22, 582 et s.
- conversion sous couvert de l' - : 27, 30, 34, 36, 411, 413, 450, 516, 592 et s.
- de la volonté virtuelle : 430, 439, 443, 446, 450, 453, 485, 524, 569, 705, 769, 797
- objective : 583
- subjective : 583

Invalidité
- de l'acte : 55 et s., 109, 255
- causes d' - : 256 et s.
- du contrat : 272, 274, 741

-J-

Juge
- arbitraire du - : 559, 640 et s., 693
- pouvoirs du - : 4, 36, 38, 43, 44, 309, 446, 461, 484, 563, 564 et s ., 601, 604, 605 et s., 613, 614, 639, 641 et s., 656, 683, 706, 723 et s., 779
- office du - : 634 et s., 703, 748
- raisonnement du - : 4, 157, 478, 644 et s., 685, 703

Jugement constitutif
- définition : 603, 605
- et jugement déclaratif : 602 et s., 605 et s., 610 et s.

- caractère constitutif du jugement de conversion : 36, 609, 610 et s.

Jugement déclaratif
- définition : 34, 602 et s.
- et jugement constitutif : 610
- caractère déclaratif du jugement de conversion : 34, 601, 606 et s.

Juridictionnel
- acte – contentieux : 36, 761, 771
- acte – gracieux : 761
- acte judiciaire non - : 763 et s.
- caractère – de la décision de conversion : 757, 767 et s., 771 et s., 786
- caractère non – de la décision de conversion : 708, 757

Justice
- contractuelle : 488, 620, 635
- déni de - : 309
- matérielle : 88
- objective : 623
- sociale : 484

-L-

Lettre de change : 13, 33, 94, 95, 98 et s., 101 et s., 182, 240 et s., 262, 357, 364, 387, 390, 454, 504, 648, 668, 694, 697, 718, 733, 754, 781 et s.

Libéralité : 17, 73, 90, 162, 274, 299, 377, 424, 537, 587, 590

Liberté contractuelle : 130, 456, 458, 552, 654, 655

Loyauté (du contractant) : 192, 293, 465, 467, 468, 470, 472, 474, 623
Lésion : 141, 263

-M-

Macro-économique (théorie) : 491, 501 et s.

Mariage
- contrat de - : 319, 320
- de fait : 318
- nul : 318
- putatif : 320

Mauvaise foi
- définition : 465, 467
- de l'associé : 537
- du contractant : 174, 234, 470, 669
- du souscripteur de la lettre de change: 182
- fraude : 194
- sanction de la - : 471

Maximisation des utilités : V. Utilité

Micro-économique (théorie) : 491, 492 et s.

Minimisation des coûts : 492, 497 et s., 678

Moralisation du droit : 474

Mutuus dissensus : 232, 322, 323, 415, 422

-N-

Nullité
- cause de conversion : 49, 55
- définition : 49, 256
- de l'acte authentique : 62, 66, 73
- de l'*instrumentum* : 59, 60, 66, 70
- des actes juridiques : 3, 20, 57, 72, 73, 94
- du contrat : 3
- du *negotuim* : 17
- effet de la - : 281 et s.
- fondement de la - : 278 et s.
- pour absence de cause : 139 et s.
- pour illicéité de la cause : 143 et s., 260
- pour inobservation des conditions spécifiques de l'acte juridique : 160 et s., 163 et
- pour méconnaissance de la forme : 262 et s.
- pour violation des conditions relatives à l'objet : 122 et s.
- relative : 256, 262, 263 et s., 487
- totale : 59, 158, 168

Nullité partielle
- conversion par voie de - : 573 et s.
- conversion sous couvert de - : 27, 30, 34, 594 et s.
- définition : 11, 373
- domaine : 168

-O-

Objectivisation
- de la conversion : 527 et s., 540, 558, 559, 658, 805
- de l'article 328 du COC
  - déduite des travaux préparatoires du COC : 529 et s.
  - attestée par les sources d'inspiration du COC : 531 et s.
- de l'article 327 du COC : 655
- fondements du contrat : 548 et s.
- notion de contrat (acte juridique) : 44, 541 et s.

Objet
- de la demande : 724 et s., 737, 738, 740 et s.
- du contrat : 18, 109, 122 et s., 137, 140, 259, 260, 262, 280, 376, 416, 577, 595
- du litige : 729, 730, 784, 793

- immutabilité de l' - : 731

Offre
- définition : 207
- caducité de l' - : 206, 208, 212, 213
- de contracter : 207, 211, 212
- nouvelle : 209, 210

Opposabilité du jugement de conversion : 788, 789 et s.

Ordre public
- contrat : 260, 488, 655
- économique :
  - de direction : 503, 668
  - de protection : 667
- nullité d' - : 96, 262, 143, 144
- lois d' - : 484, 594

-P-

Pacte successoral : 117, 143, 148 et s., 327, 414, 646, 652

Partage
- amiable : 14, 118
- définitif : 14, 118, 267, 329
- provisionnel ou provisoire: 14, 118

Partie faible : 114, 486, 487, 534, 538, 551, 662

Prescription :
- cambiaire : 240
- de l'action en nullité : 314
- délais de - : 235
- extinctive : 235 et s.
- lettre de change, 33, 301
- régime de la - : 782

Prêt
- à intérêt : 380
- à usage : 7, 417
- contrat de - : V. Contrat
- simple : 177, 380, 579
- usuraire : 177, 380, 579

Preuve (de la conversion)
- charge de la - : 718 et s.
- moyen de preuve : 721 et s.

Prévisibilité : 558, 626, 628, 629, 632, 658, 706

Procès équitable : 756

Principe dispositif : 34, 708, 723, 727, 745, 750, 751, 755

Principe du contradictoire : 756

Principes fondamentaux
- du contrat : 565
- du droit processuel : 514, 756

Punctation : 136

-Q-

Qualification (changement de la) : 3, 6, 171, 324, 332, 349, 351, 370, 371, 496, 785

« Quod nullum est nullum producit effectum » : 478

-R-

Raisonnable
- attente - : 706
- critères du - : 699 et s., 702
- définition : 699
- délai - : 212
- individu - : 699, 702, 704
- solution - : 703
- volonté - : 689, 704

Raisonnement
- *conséquentialiste* : 686 et s.
- du juge : 4, 157, 178, 570, 674, 685, 703
- inductif : 296, 304
- méthodes de - : 634 et s.
- par analogie : 275 et s., 295
- par supposition : 554
- syllogistique : 477

Rationalisation
- des pouvoirs du juge : 656 et s.
- du choix de la conversion : 657 et s.
- du choix de l'acte nouveau : 689 et s.

Réfaction (du contrat)
- définition : 365
- et conversion : 12, 363, 365

Réduction
- définition : 11, 376 et s., 573 et s.
- de la durée : 176, 578
- de la personnalité juridique : 205
- de la personne morale : 222
- de la responsabilité : 219, 393
- du cautionnement successif : 203
- du taux : 177
- opération de - : 344 et s.
- quantitative : 345 et s.
- qualitative : 382 et s.

Régime (de la conversion)
- modernisation du –: 36, 43
- rénovation du – : 513 et s.
- rénovation du – substantiel de la conversion : 516 et s.
- rénovation du – légal de la conversion : 517 et s.
- rénovation souhaitable du – d'intervention du juge : 564 et s.
- rénovation du – applicable à l'exercice de la conversion : 710 et s.
- rénovation du – processuel de la conversion : 708 et s.

- rénovation du – applicable à la décision de conversion : 757 et s.

Requalification : 8, 27, 30, 34, 41, 126, 142, 153 et s., 248, 314, 349 et s., 366, 370, 371, 441, 596 et s., 600, 612, 745, 749, 753

Requête civile : 796
Remède (à l'annulation de l'acte) : 54, 55 et s., 120, 488, 662

Réparation
- des conséquences de la violation de la légalité : 663, 664
- dommages-intérêts : 183
- du préjudice : 179, 182, 185, 728, 739, 752, 795
- du vice : 260
- en nature : 180, 181, 185

Rescision (de l'obligation) : 256, 264, 266, 267, 766

Résolution
- conversion, sanction alternative à la - pour inexécution : 228 et s.

conversion des actes affectés par la - : 289, 293, 294, 323
- et nullité : 228, 289, 291, 292
- partielle : 229, 580, 581

Responsabilité civile : 185, 191, 192, 739, 791
- contractuelle : 753, 791
- délictuelle : 180, 753, 791

Rétablissement
- de la légalité transgressée : 663, 664, 665
- l'équilibre contractuel : 739

Révocation
- définition : 232, 323
- de l'acte : 227, 232 et s., 322
- de l'offre : 233
- amiable (*mutuus dissensus*) : 322

-S-

Sanction
- définition : 178, 663
- de nullité : 57, 59, 77, 95, 97, 128, 164, 495
  V. nullité
- des irrégularités formelles : 95
- d'un comportement : 165 et s.
  V. Comportement
- adéquate : 166, 172, 176, 181, 193, 578, 657, 661, 673, 685, 737
- adaptée : 673, 740
- de l'excès : 173 et s.
- des comportements déloyaux : 178 et s., 193
  V. Comportement

- la plus opportune : 477, 479
- efficacité de la - : 560, 561, 655, 662, 663 et s. V. Efficacité
- fonctions de la - :
  - dissuasion : 189, 663, 669 et s.
  - prévention : 171, 189, 663, 670

Sauvetage (de l'acte) : 12, 23, 49, 78, 86, 88, 102, 197, 199, 219, 260, 266, 284, 292, 302, 323, 364, 365, 373, 493, 511, 554, 555, 710, 799, 805

Sécurité juridique : 41, 248, 288, 303, 549, 550, 553, 557, 558 et s., 560, 562, 614, 624 et s., 631 et s., 800, 804

Situation de fait : 308, 317 et s., 745, 749, 761

Société
- à champart (mouçakâte) : 123, 592
- à complant (moughâraça) : 261, 534
- agricole : 123, 592, 593
- à responsabilité limitée : 120, 217, 225, 341, 357, 539
- de colonat paritaire (Khammas) : 592
- civile : 218, 331, 341
- contrat de - : 162, 168, 169, 172, 218, 224
- commerciale par la forme : 331, 341
- de personne : 33, 218, 225, 301
- définition : 168, 217, 224
- de fait : 308, 317 et s., 341, 357, 369, 469, 489, 631
- en commandite simple : 120, 218, 221, 301, 330
- « en cours de constitution » : 271
- en liquidation : 222
- en nom collectif : 120, 217, 219, 221, 271, 273, 287, 301, 330, 393, 425
- nature juridique : 120
- non immatriculée : 369
- nulle : 17, 299, 308, 341, 489
- unipersonnelle à responsabilité limitée : 224, 225, 301, 341, 539

Stabilité
- contractuelle : 141, 191, 288, 558, 626, 631, 667, 740
- des droits subjectifs : 627
- des rapports contractuels : 14, 24, 115, 292, 495, 630, 677, 805

Subjectivisation de la conversion : 519 et s.

-T-

Testament
- forme du testament : 79
- authentique : 80
- olographe :
  - définition : 80
- conversion d'un – authentique en un testament olographe : 81
- conversion d'un – authentique en un testament international : 86, 87, 340
- conversion du - mystique en un testament olographe : 84, 85, 339, 576
- conversion d'un pacte successoral en un - : 117, 143, 147, 148, 260, 327, 594, 646, 652
- conversion de l'acte de constitution de *habous* en un - : 137
- conversion d'une donation en un - : 196, 274, 538
- conversion d'un - public en testament olographe : 337
- international : 83, 86
- *favor testamenti* : 89

Tierce opposition : 766, 793, 795

Tiers
- au contrat : 38, 67, 130, 202, 214, 219, 220, 270, 272 et s., 283, 308, 314, 426, 469, 482, 489, 490, 491, 538, 631, 685
- droits des - : 194
- effets de la conversion : 788 et s.

Transformation : 7, 29, 76, 97, 210, 214, 235, 249, 252, 318, 320, 327, 330, 348, 366, 368, 380, 393, 404, 415, 417, 422, 423 et s., 456, 510, 578,608, 650

-U-

Ultra (extra) petita : 728 et s., 733, 734

Utilitarisme : 675

Utilité (s)
- critère de l' – de l'acte : 659 et s.
- du contrat : 619, 620
- économique: 18, 169, 284, 293, 491, 495, 572, 585, 658, 662
- sociale: 286, 310, 485, 585, 619
- maximisation des – individuelles : 492, 493 et s., 678, 686, 687

-V-

Vente
- à réméré : 193
- Convention de Vienne du 11 avril 1980 sur la -

internationale de marchandises : 498
- Conversion d'un contrat de – en un contrat de *salem* : 18
- définition : 153
- de la chose d'autrui : 124, 125, 128, 129, 131, 183, 259, 307, 328, 343, 392, 701, 720
- moyennant un prix dérisoire : 8, 139, 140, 141, 142, 153, 154, 164, 175, 327, 355, 389, 647, 718, 720
- nulle, 14, 124, 126, 127, 128, 478, 718

Vice
- de fond : 108 et s., 261, 299
- de forme : 9, 56 et s., 66, 75, 76, 78, 81, 82, 88, 90, 96, 299, 328, 335, 361, 391, 479 et s., 263, 267, 470
- *gharar* : 18
- originaire : 35, 49, 52, 53, 54 et s., 196, 278, 292, 299, 303, 305, 510, 804
- postérieur à la formation de l'acte : 216, 288

Volonté
- de convertir : 401, 406, 651, 720
- de ne pas convertir : 651
- économique : 85, 433, 441, 442, 444, 644
- exprimée lors de la formation de l'acte : 397 et s.
- exprimée lors de l'exécution de l'acte : 415 et s.
- idéale : 583, 702
- juridique : 442, 444, 643
- raisonnable : 689, 704
  V. Raisonnable
- réelle : 42, 251, 394, 396 et s., 402, 403, 427, 524, 536, 582, 584, 592, 593
- tacite : 401
- téléologique : 644, 693, 697
- virtuelle : 20, 27, 42, 250, 394, 425 et s., 439, 443, 444, 447 et s., 455 et s., 517, 524, 525, 526, 529, 540, 554, 555, 557, 559, 569, 583, 599, 600, 644, 658, 693

TABLE DES MATIÈRES

DÉDICACE 7

PRÉFACE 9

AVANT-PROPOS 13

LISTE DES PRINCIPALES ABRÉVIATIONS 15

SOMMAIRE 19

INTRODUCTION 21

PREMIÈRE PARTIE : LA REDÉFINITION DE LA NOTION DE CONVERSION 53

TITRE I : LA DUALITÉ FONCTIONNELLE DE LA CONVERSION 55

CHAPITRE I : LA CONVERSION SURVENANT POUR VICES ORIGINAIRES 57

SECTION I : LA CONVERSION, REMÈDE À L'INVALIDITÉ DE L'ACTE 57
§ 1. La conversion des actes nuls pour vice de forme 57
A. La conversion des actes, requis ad probationem 59
B. La conversion des actes, requis ad solemnitatem 70
§ 2. La conversion des actes nuls pour vice de fond 95
A. La conversion pour inobservation des conditions générales de validité des actes juridiques 95
B. La conversion pour inobservation des conditions spécifiques de l'acte juridique 120
SECTION II : LA CONVERSION, SANCTION D'UN COMPORTEMENT 125
§ 1. La conversion, sanction du comportement rédactionnel 126
A. La conversion, sanction de l'inobservation de la cohérence interne du contrat 126
B. La conversion, sanction de l'excès 129
§ 2. La conversion, sanction des comportements déloyaux 132
A. La conversion, sanction d'un comportement fautif 132
B. La conversion, sanction d'un comportement abusif 134
C. La conversion, sanction d'un comportement contradictoire 137
D. La conversion, sanction d'un comportement frauduleux 141

CHAPITRE II : LA CONVERSION POUR UNE CAUSE SURVENANT A POSTERIORI 143

SECTION I : LA CONVERSION POUR CAUSES EXTÉRIEURES AUX PARTIES 143
§ 1. La conversion des actes entachés de caducité 144
A. La conversion pour disparition d'un élément nécessaire à la survie de l'acte 144
B. La conversion pour défaillance d'un élément nécessaire à la formation de l'acte 147

§ 2. La conversion des « actes » atteints d'une cause de dissolution........................... 151
A. Les causes de dissolution liées à la personne des associés............................... 152
B. Les causes de dissolution liées à la société : la perte de pluralité d'associés..... 157
SECTION II : LA CONVERSION POUR CAUSES INHÉRENTES AUX PARTIES..... 159
§ 1. La conversion, sanction d'un comportement répréhensible des parties................ 159
A. La conversion, sanction alternative à la résolution pour inexécution................ 159
B. La conversion, sanction de la révocation de l'acte.. 161
§ 2. La conversion, sanction d'un comportement négligent des parties 163
A. La conversion, sanction de l'inobservation des délais de prescription............. 163
B. La conversion, sanction de l'inobservation des délais de forclusion................. 167

TITRE II : L'UNITÉ CONCEPTUELLE DE LA CONVERSION 171

CHAPITRE I : L'UNITÉ DE L'OPERATION DE CONVERSION 175

SECTION I : LA CONVERSION, UNE OPÉRATION DE TRANSFORMATION 175
§ 1. La disparition de l'acte majeur... 175
A. La conversion pour une cause concomitante à la formation de l'acte 176
B. L'extension de la conversion pour une cause survenant postérieurement à la formation de l'acte 187
§ 2. L'apparition d'un acte mineur.. 207
A. Le principe de l'effet créateur de la conversion 207
B. L'étendue de l'effet créateur de la conversion 213
SECTION II : LA CONVERSION, UNE OPÉRATION DE RÉDUCTION.................... 221
§ 1. La réduction quantitative.. 221
A. La réduction quantitative, un critère distinctif 221
B. La réduction quantitative, un critère non exclusif 233
§ 2. La réduction qualitative... 237
A. La dévaluation de l'instrumentum.. 237
B. La dévaluation du negotuim 240

CHAPITRE II : L'UNITÉ DU FONDEMENT DE LA CONVERSION 243

SECTION I : LA RÉFUTATION DES FONDEMENTS SUBJECTIFS DE LA CONVERSION 244
§ 1. La réfutation de la conversion fondée sur la volonté réelle des parties 244
A. La conversion fondée sur une volonté exprimée lors de la formation de l'acte 244
B. La conversion fondée sur une volonté exprimée lors de l'exécution de l'acte ..252
§ 2. La réfutation de la conversion fondée sur la volonté virtuelle des parties............ 256
A. L'exposé de la doctrine de la volonté virtuelle 256
B. La critique de la doctrine de la volonté virtuelle 265
SECTION II : L'AFFIRMATION DES FONDEMENTS OBJECTIFS DE LA CONVERSION... 272
§ 1. Le fondement moral de la conversion 272
A. La bonne foi au soutien de la conversion... 272
B. L'équité au soutien de la conversion... 279
§ 2. Le fondement socio-économique de la conversion 282
A. Le fondement social de la conversion.. 282
B. Le fondement économique de la conversion 285

CONCLUSION DE LA PREMIÈRE PARTIE.. 293

DEUXIÈME PARTIE : LA RÉNOVATION DU RÉGIME DE LA CONVERSION ...295

TITRE I : LA RÉNOVATION DU RÉGIME SUBSTANTIEL DE LA CONVERSION... 297

CHAPITRE I : LA RÉNOVATION DU RÉGIME LÉGAL.. 299

SECTION I : LE PARTICULARISME DE LA CONVERSION EN DROIT TUNISIEN 299

§ 1. La conversion en droit comparé ou la « subjectivisation » de la conversion........300
A. L'exemple du §140 du Code civil allemand........300
B. L'exemple de l'article 144 du Code civil égyptien........302
§ 2. La conversion en droit tunisien ou « l'objectivisation » de la conversion........304
A. L'objectivation du texte général, l'article 328 du C.O.C. 304
B. L'objectivisation des textes spéciaux........308
SECTION II : L'APPRÉCIATION DE LA CONCEPTION OBJECTIVE DE LA CONVERSION EN DROIT TUNISIEN........310
§ 1. Une conception théoriquement justifiée........310
A. Une conception conciliable avec l'objectivisation de la notion de contrat........310
B. Une conception conciliable avec l'objectivisation des fondements du contrat..314
§ 2. Une conception pratiquement opportune........316
A. La faveur législative à la conversion ou la préférence à l'efficacité........316
B. Une solution soucieuse de la sécurité juridique........317

CHAPITRE II : LA RÉNOVATION SOUHAITABLE DU RÉGIME D'INTERVENTION DU JUGE........321

SECTION I : L'EXTENSION DES POUVOIRS DU JUGE DANS LA CONVERSION.321
§ 1. Les manifestations des pouvoirs du juge........322
A. La maîtrise par le juge du procédé de conversion........322
B. La maîtrise par le juge du prononcé de la conversion........337
§ 2. Les justifications des pouvoirs du juge........343
A. La compatibilité du pouvoir de conversion avec la force obligatoire du contrat........343
B. La compatibilité du pouvoir de conversion avec la sécurité juridique........347
C. La compatibilité du pouvoir de conversion avec l'office du juge........353
SECTION II : LES GARDE-FOUS CONTRE L'ARBITRAIRE DU JUGE DANS LA CONVERSION........356
§ 1. La limitation des pouvoirs du juge........357
A. Les limites objectives à la conversion........357
B. Les limites subjectives à la conversion........361
§ 2. La rationalisation des pouvoirs du juge........364
A. La rationalisation du choix de la conversion........364
B. La rationalisation du choix de l'acte nouveau........381

TITRE II :LA RÉNOVATION DU RÉGIME PROCESSUEL DE LA CONVERSION........391

CHAPITRE I : LA RÉNOVATION DU RÉGIME APPLICABLE. L'EXERCICE DE LA CONVERSION........393

SECTION I : LA CONVERSION SOULEVÉE À L'INITIATIVE D'UNE PARTIE 393
§ 1. Les titulaires du droit d'action........393
A. La conversion invoquée par le demandeur........394
B. La conversion opposée par le défendeur........394
§ 2. La preuve de la conversion........395
A. La charge de la preuve........395
B. Les moyens de preuve........397
SECTION II : LA CONVERSION SOULEVÉE D'OFFICE PAR LE JUGE........398
§ 1. Le juge et l'objet de la demande........399
A. La conception juridique de l'objet délimite l'office du juge........399
B. La conciliation du principe de l'immutabilité de l'objet et de l'office du juge..402
§ 2. Le juge et la cause de la demande........408
A. La conception juridique de la cause délimite l'office du juge........408
B. La conciliation de la notion factuelle de la cause et l'office du juge........410

CHAPITRE II : LA RÉNOVATION DU RÉGIME APPLICABLE À LA DÉCISION DE CONVERSION..........415
SECTION I : LA RÉNOVATION DE LA NATURE DE LA DÉCISION DE CONVERSION..........415
§ 1. La distinction entre les actes juridictionnels et les actes non- juridictionnels..........415
A. Les actes à caractère juridictionnel..........416
B. Les actes judiciaires non-juridictionnels..........418
§ 2. La nature juridictionnelle de la décision de conversion..........420
A. La réfutation du caractère non juridictionnel de la décision de conversion..........420
B. L'affirmation du caractère juridictionnel contentieux de la décision de conversion..........422
SECTION II : LA RÉNOVATION DES EFFETS DE LA DÉCISION DE CONVERSION..........424
§ 1. Les effets à l'égard des parties..........424
A. L'autorité de la chose jugée du jugement de conversion..........424
B. Les moyens de critique du jugement de conversion..........429
§ 2. Les effets à l'égard des tiers..........430
A. L'opposabilité du jugement de conversion aux tiers..........430
B. Les moyens de critique du jugement de conversion..........432

CONCLUSION DE LA DEUXIÈME PARTIE..........435

CONCLUSION GÉNÉRALE..........437

ANNEXES..........441

BIBLIOGRAPHIE EN LANGUE FRANÇAISE..........461

I. OUVRAGES GÉNÉRAUX, TRAITÉS, MANUELS ET COURS..........461
II. OUVRAGES SPÉCIAUX, MONOGRAPHIES, THÈSES ET MÉMOIRES..........464
III. ARTICLES ET CHRONIQUES..........472
IV. NOTES, OBSERVATIONS ET CONCLUSIONS..........485

BIBLIOGRAPHIE EN LANGUE ARABE..........489

I. OUVRAGES GÉNÉRAUX, TRAITÉS, MANUELS ET COURS..........489
II. OUVRAGES SPÉCIAUX, MONOGRAPHIES, THÈSES ET MÉMOIRES..........490
III. ARTICLES CHRONIQUES ET NOTES DE JURISPRUDENCE..........492
IV. CODES ANNOTÉS..........493

INDEX ALPHABETIQUE..........495

Questions juridiques aux éditions L'Harmattan

Dernières parutions

EXISTE-T-IL ENCORE UN SEUL « NON BIS IN IDEM » AUJOURD'HUI ?
Sous la direction de Delphine Brach-Thiel
«Nul ne doit pouvoir être jugé et condamné deux fois à raison des mêmes faits.» Si le principe est simple, c'est précisément son interprétation par de très nombreuses juridictions - pas toujours à l'unisson - qui pose question et explique le retour de ces interrogations sur le devant de la scène aujourd'hui. L'analyse ici présentée se veut riche et féconde de la rencontre entre universitaires belges et français, entre praticiens et chercheurs, entre européanistes, internationalistes ou pénalistes.
(Coll. Comité international des pénalistes francophones, 23.50 euros, 230 p.)
ISBN : 978-2-343-11828-4, ISBN EBOOK : 978-2-14-004143-3

ESSAI SUR LA NOTION D'EXÉCUTION CONTRACTUELLE
Alvarez Isabelle
L'exécution contractuelle constitue la cause impulsive de l'établissement du contrat qui, paradoxalement, est un mécanisme trop familier pour être bien connu. Adopter une méthode d'analyse alternative permet d'esquisser une définition de cette notion juridique. Est ici proposée une approche dynamique des échanges contractualisés, orientés vers la réalisation satisfactoire de l'opération économique, démontrant que cette phase exécutoire recèle un panel étendu de perspectives. (Étude à jour de l'ordonnance n° 2016-131 du 10 février 2016 portant réforme du droit des contrats, du régime général et de la preuve des obligations).
(Coll. Logiques Juridiques, 45.00 euros, 486 p.)
ISBN : 978-2-343-12604-3, ISBN EBOOK : 978-2-14-004271-3

LES ACCORDS COLLECTIFS DE GROUPE
Théodoropoulos Alexandra - Préface de Gérard Vachet
De simple expérimentation issue de la pratique, la négociation collective de groupe est devenue un véritable niveau de négociation collective reconnue par le législateur. L'accord de groupe est désormais consacré comme une norme créatrice de droits et d'obligations entre employeurs et salariés du groupe, mais sa place dans la hiérarchie des normes n'a pas été précisée. Cette situation génère de nombreuses interrogations quant à sa portée et à ses limites.
(Coll. Logiques Juridiques, 44.00 euros, 440 p.)
ISBN : 978-2-343-12269-4, ISBN EBOOK : 978-2-14-004330-7

LA SIMPLIFICATION DU DROIT DES SOCIÉTÉS À L'AUNE DU CAS HONGKONGAIS
L'exemple des SARL et SAS
Tortellier Nathalie - Préface de Mme le professeur Catherine Barreau
Cette étude comparative puise dans les règles et mécanismes de la société fermée à risque limité hongkongaise des techniques pouvant fortement contribuer à l'assouplissement et à

la simplification du droit des sociétés. L'analyse décortique la vie des SARL et SAS et propose l'application de la méthodologie pragmatique du droit hongkongais par thèmes dans un souci d'adaptabilité du droit français. Il ressort de cette analyse comparative 80 recommandations inspirées de la société hongkongaise pour développer une société outil au service de l'entreprise, une société adaptée et adaptable aux acteurs économiques contemporains.
(Coll. Logiques Juridiques, 49.00 euros, 638 p.)
ISBN : 978-2-343-11885-7, ISBN EBOOK : 978-2-14-004220-1

LE DROIT DE L'INFORMATIQUE
4e édition (2017)
Bismuth Yves
À travers l'étude des grands thèmes du droit de l'informatique (protection des logiciels et des données, contrats informatiques, protection des libertés, gestion du risque informatique), cet ouvrage permet au lecteur d'établir lui-même un diagnostic juridique des problèmes rencontrés à l'occasion de la mise en place d'un système informatique. Il est complété par des extraits de code, une bibliographie, un index et un lexique, et est à jour des dernières lois et décrets intervenus en la matière.
(38.00 euros, 436 p.)
ISBN : 978-2-343-11527-6, ISBN EBOOK : 978-2-14-004177-8

MÉTHODE ET ASPECTS FORMELS DE LA RECHERCHE
Petit manuel à l'usage des juristes (2e édition)
Marain Gaëtan
L'ouvrage propose un apprentissage de la recherche et de son formalisme qui doit permettre aux étudiants confrontés à la rédaction d'une thèse ou d'un mémoire en droit d'aborder ce travail avec sérénité. L'auteur donne ainsi une méthode pour définir le sujet, échafauder un plan et trouver la documentation utile. Est également abordée, entre autres, la question du référencement des sources et de la citation d'auteur. Des recommandations propres à l'organisation de la soutenance et à son bon déroulement sont prodiguées. Voici un guide à même d'éclairer les premiers pas du jeune chercheur en droit.
(15.50 euros, 138 p.)
ISBN : 978-2-343-12682-1, ISBN EBOOK : 978-2-14-004300-0

LA PROCÉDURE DE LIBÉRATION CONDITIONNELLE COMME OUTIL DE GESTION DU RISQUE
Ben Gadi Amélie - Préface de Joana Falxa
La procédure d'octroi de la libération conditionnelle des longues peines témoigne d'une sévérité accrue à leur égard. En imposant une évaluation de dangerosité, le législateur a souhaité «verrouiller» la procédure. Cependant, la notion de dangerosité est très complexe à définir et ne fait l'objet d'aucune définition légale. Elle introduit la notion de gestion du risque, ouvrant le chemin vers une justice de précaution. La présente étude éclaire la problématique de la réinsertion des longues peines.
(Coll. Bibliothèques de droit, 15.00 euros, 132 p.)
ISBN : 978-2-343-11550-4, ISBN EBOOK : 978-2-14-004296-6

LETTRE À TOUS CEUX QUI PERSISTENT À VOULOIR FAIRE LEUR DROIT
Charles Thierry
Le droit court derrière la «révolution numérique». Les algorithmes nous espionnent et restreignent les libertés publiques, ils calculent les indemnités au service des compagnies d'assurances. La diminution lente et continue des services chargés de veiller à l'application du droit affaiblit et parfois anéantit l'efficacité de ces lois. L'échec de la loi Hadopi est significatif à cet égard. Le mal est en fait bien plus profond et ne date pas d'hier. Nous vivons une époque de démolition des codes établis. Si le droit est partout, en définitive il n'est nulle part...
(20.50 euros, 204 p.)
ISBN : 978-2-343-12343-1, ISBN EBOOK : 978-2-14-004306-2

FÊTE ET DROIT PUBLIC

Sous la direction d'Adrien Azarete, Elie Guerrero et Thomas Moretto

S'inscrivant dans une approche globale et élargi à tout le droit public, le présent ouvrage, issu du colloque « Fête du Droit Public », a pour objet l'étude de l'application du droit public dans la fête par les différents acteurs de cette branche du droit. De l'autorisation de la fête à sa responsabilité, en passant par son organisation, son coût et sa sécurité, le droit public est présent partout, de par l'évidente présence et implication de la puissance publique et des collectivités territoriales.

(Coll. Bibliothèques de droit, 20.00 euros, 192 p.)

ISBN : 978-2-343-11018-9, ISBN EBOOK : 978-2-14-003946-1

LA DÉMOCRATIE EN DROIT INTERNATIONAL

Étude critique sur le statut juridique de la démocratie en droit international et la légitimité de l'imposer par la force

Alshiabani Abuhamoud

En droit international, la démocratie était jusqu'à très récemment absente. Malgré les appels lancés au début du 20e siècle, celui-ci a toujours considéré la démocratie comme une idéologie dans laquelle il ne doit pas s'impliquer. Après la fin de la Guerre froide et la victoire de la démocratie libérale, la démocratie s'est renforcée au plan international. Elle a exercé une pression considérable sur le droit international pour qu'il s'adapte aux nouvelles exigences des réalités politiques. Cet ouvrage traite de ce sujet et montre le contexte dans lequel se sont développés la démocratie et le concept d'ingérence démocratique.

(Coll. Logiques Juridiques, 39.00 euros, 408 p.)

ISBN : 978-2-343-10818-6, ISBN EBOOK : 978-2-14-003833-4

LES PRINCIPES GÉNÉRAUX DANS LA JURISPRUDENCE DE L'ORGANE DE RÈGLEMENT DES DIFFÉRENDS DE L'OMC

Aydi Ghozzi Mariem - Préface de Slim Laghmani

Représentant la justice marchande, le Système de règlement des différends de l'organisation Mondiale du Commerce (OMC) est censé rendre une meilleure justice. Bien qu'il ne constitue pas une véritable juridiction, il chemine sur les traces du juge international dans la détermination et la régulation du sens du droit de cette organisation, les principes généraux devraient en constituer des instruments de moralisation et de développement. Cependant, la méthode par laquelle l'organe de règlement des différends appréhende lesdits principes mérite une attention particulière.

(Coll. Droit aujourd'hui, 37.50 euros, 368 p.)

ISBN : 978-2-343-12079-9, ISBN EBOOK : 978-2-14-004047-4

LA RESPONSABILITÉ DES ENTREPRISES MULTINATIONALES POUR LES VIOLATIONS DES DROITS DE L'HOMME EN AFRIQUE

Opportunités et défis

Belporo Christelle

La question de la responsabilité des entreprises multinationales pour les violations des droits de l'homme est d'une actualité brûlante. Alors qu'à travers le monde les scandales se multiplient, sur le continent africain, des voix s'élèvent pour dénoncer les nombreuses violations des droits internationalement protégés. Cet ouvrage évalue les réponses offertes par le droit pour l'encadrement de la responsabilité juridique des entreprises multinationales à l'aune des instruments internationaux et africains.

(Coll. Études africaines, 20.50 euros, 200 p.)

ISBN : 978-2-343-11365-4, ISBN EBOOK : 978-2-14-004005-4

CONCEPTS ET PRATIQUES PROFESSIONNELLES EN DOUANES

Origines, procédures, régimes et valeur

Bouga Boukari Dan

Ce livre explique d'abord les concepts, c'est-à-dire le vocabulaire douanier de façon à ne saisir que l'essentiel. Il expose ensuite les exigences des pratiques douanières pour tous les scénarios du

commerce international. Il procède enfin à des illustrations pour une meilleure compréhension des droits et obligations des opérateurs en douane.
(Harmattan Côte-d'Ivoire, 20.00 euros, 184 p.)
ISBN : 978-2-343-11805-5, ISBN EBOOK : 978-2-14-004075-7

LE DROIT POSTMODERNE
Une introduction
Barraud Boris
Au XIXe siècle le droit a changé d'ère passant du droit moderne au droit postmoderne. Sa principale caractéristique résiderait dans le développement d'une forme de concurrence juridique entre puissances publiques et puissances privées. La révolution copernicienne de la pensée juridique serait ainsi la rupture du lien consubstantiel entre droit et État que la modernité avait noué. La société civile serait désormais au cœur du jeu juridique. Ce livre propose quelques pistes et une grille de lecture afin de comprendre le nouveau droit que la globalisation modèle.
(Coll. Droit aujourd'hui, 32.00 euros, 320 p.)
ISBN : 978-2-343-12077-5, ISBN EBOOK : 978-2-14-003633-0

LE CONSEIL DE L'EUROPE ET LES COLLECTIVITÉS TERRITORIALES
Contribution à l'étude de l'autonomie locale
Kalimeri Vasiliki
Le Conseil de l'Europe est la première organisation internationale à avoir intégré l'acteur infra-étatique dans son action. La Charte européenne de l'autonomie locale et le Cadre de référence pour la démocratie régionale ont cristallisé la conception de la notion d'autonomie locale en Europe, élargie désormais à deux niveaux : le local et le régional. Au niveau extérieur, le traité de Maastricht intègre également les collectivités locales dans la reformulation du fonctionnement de l'Europe.
(Coll. Logiques Juridiques, 49.00 euros, 664 p.)
ISBN : 978-2-343-12019-5, ISBN EBOOK : 978-2-14-003697-2

GUIDE PRATIQUE DU CAPITAL INVESTISSEMENT ET DES AIDES PUBLIQUES
Créer, développer, transmettre son entreprise
Battini Pierre - Préface d'Olivier Millet
Cet ouvrage entend démystifier le capital investissement et répondre concrètement aux questions que se posent les entrepreneurs, leur donner les clés pour être efficaces, gagner du temps et avoir plus de chances de réussir leur projet. Beaucoup d'exemples et de cas concrets sont exposés. Ce livre traite la question des fonds d'investissements et des aides publiques sous différents angles : finance et outils financiers, juridique et montage des opérations, valorisations et accompagnement.
(30.00 euros, 292 p.)
ISBN : 978-2-343-12074-4, ISBN EBOOK : 978-2-14-003636-1

ET COMMENT VONT LES ENFANTS ?
Réflexions d'un notaire sur l'évolution de la parentalité des années 60 à nos jours
Dauptain Pierre
PMA, GPA, adoption, statut du beau-parent, familles homoparentales, ces sujets sont au cœur des débats contemporains et témoignent de l'évolution de la parentalité sur les cinquante dernières années. Avec un regard impartial, l'auteur inscrit sa réflexion dans les mouvements de la société tout entière. Fidèle à la méthode qui a fait le succès de son premier essai, il nous parle de droit en termes simples pour exposer les changements que la famille a connus en cinq décennies.
(Éditions Pepper/Harmattan, 22.50 euros, 218 p.)
ISBN : 978-2-343-12076-8, ISBN EBOOK : 978-2-14-003757-3

Structures éditoriales du groupe L'Harmattan

L'Harmattan Italie
Via degli Artisti, 15
10124 Torino
harmattan.italia@gmail.com

L'Harmattan Hongrie
Kossuth l. u. 14-16.
1053 Budapest
harmattan@harmattan.hu

L'Harmattan Sénégal
10 VDN en face Mermoz
BP 45034 Dakar-Fann
senharmattan@gmail.com

L'Harmattan Cameroun
TSINGA/FECAFOOT
BP 11486 Yaoundé
inkoukam@gmail.com

L'Harmattan Burkina Faso
Achille Somé – tengnule@hotmail.fr

L'Harmattan Guinée
Almamya, rue KA 028 OKB Agency
BP 3470 Conakry
harmattanguinee@yahoo.fr

L'Harmattan RDC
185, avenue Nyangwe
Commune de Lingwala – Kinshasa
matangilamusadila@yahoo.fr

L'Harmattan Congo
67, boulevard Denis-Sassou-N'Guesso
BP 2874 Brazzaville
harmattan.congo@yahoo.fr

L'Harmattan Mali
Sirakoro-Meguetana V31
Bamako
syllaka@yahoo.fr

L'Harmattan Togo
Djidjole – Lomé
Maison Amela
face EPP BATOME
ddamela@aol.com

L'Harmattan Côte d'Ivoire
Résidence Karl – Cité des Arts
Abidjan-Cocody
03 BP 1588 Abidjan
espace_harmattan.ci@hotmail.fr

L'Harmattan Algérie
22, rue Moulay-Mohamed
31000 Oran
info2@harmattan-algerie.com

L'Harmattan Maroc
5, rue Ferrane-Kouicha, Talaâ-Elkbira
Chrableyine, Fès-Médine
30000 Fès
harmattan.maroc@gmail.com

Nos librairies en France

Librairie internationale
16, rue des Écoles – 75005 Paris
librairie.internationale@harmattan.fr
01 40 46 79 11
www.librairieharmattan.com

Librairie l'Espace Harmattan
21 bis, rue des Écoles – 75005 Paris
librairie.espace@harmattan.fr
01 43 29 49 42

Lib. sciences humaines & histoire
21, rue des Écoles – 75005 Paris
librairie.sh@harmattan.fr
01 46 34 13 71
www.librairieharmattansh.com

Lib. Méditerranée & Moyen-Orient
7, rue des Carmes – 75005 Paris
librairie.mediterranee@harmattan.fr
01 43 29 71 15

Librairie Le Lucernaire
53, rue Notre-Dame-des-Champs – 75006 Paris
librairie@lucernaire.fr
01 42 22 67 13

www.ingramcontent.com/pod-product-compliance
Lightning Source LLC
LaVergne TN
LVHW021131061026
849535LV00002B/213